2019 全国勘察设计注册工程师执业资格考试用书

Zhuce Daolu Gongchengshi Zhiye Zige Kaoshi
Jichu Kaoshi Fuxi Jiaocheng

注册道路工程师执业资格考试
基础考试复习教程
第2版
（下册）

注册工程师考试复习用书编委会 / 编
魏道升　张　铭 / 主编

人民交通出版社股份有限公司
China Communications Press Co.,Ltd.

内 容 提 要

本书根据2019年道路考试大纲及近几年同类注册土木工程师考试真题编写，内容贴合考试实际，是考生复习必备的参考书。

本书由多位从事道路工程教学、设计和注册土木工程师考试培训工作的专家共同编写。本书内容以2019年考试大纲和近几年同类注册土木工程师考试培训的经验为依据，以最新规范、教材为基础进行编写，力求简明扼要，联系实际，着重对概念和规范的理解运用，精心梳理知识点，凝练考试重点和难点。本书每节后均附有习题，每章后附有习题参考答案，便于考生检验复习效果。

本书适合参加注册道路工程师[也称注册土木工程师(道路工程)]基础考试的人员使用。

图书在版编目(CIP)数据

注册道路工程师执业资格考试基础考试复习教程. 下册/魏道升，张铭主编. —2版. —北京：人民交通出版社股份有限公司，2019.3

ISBN 978-7-114-15401-0

Ⅰ.①注… Ⅱ.①魏…②张… Ⅲ.①道路工程—资格考试—自学参考资料 Ⅳ.①U41

中国版本图书馆CIP数据核字(2019)第053057号

书　　名：注册道路工程师执业资格考试基础考试复习教程(第2版·下册)
著 作 者：魏道升　张　铭
责任编辑：李　坤　刘彩云
责任校对：刘　芹
责任印制：张　凯
出版发行：人民交通出版社股份有限公司
地　　址：(100011)北京市朝阳区安定门外外馆斜街3号
网　　址：http://www.ccpress.com.cn
销售电话：(010)59757973
总 经 销：人民交通出版社股份有限公司发行部
印　　刷：中国电影出版社印刷厂
开　　本：787×1092　1/16
印　　张：25.25
字　　数：620千
版　　次：2015年12月　第1版
　　　　　2019年3月　第2版
印　　次：2019年3月　第2版第1次印刷　总第5次印刷
书　　号：ISBN 978-7-114-15401-0
定　　价：88.00元

前　言

注册道路工程师考试即将开考，为帮助广大考生有效复习，人民交通出版社股份有限公司特组织相关专家编写了一套复习用书，包括：《道路基础考试复习教程》《道路基础考试复习题集》《道路专业考试复习教程》《道路专业考试复习题集》。

本书为《道路基础考试复习教程》（第2版）的下册，以2019版考试大纲和现行规范、教材为依据，并参考近几年同类注册土木工程师考试真题进行编写。编者认真构思，精心梳理知识点，凝练重点和难点，力求内容简明扼要，贴合考试。本书在第1版的基础上进行了较大调整，重新梳理了内容、习题及答案，确保准确、严谨和规范，是值得考生信赖的考前辅导和培训用书。

本书共分6章，涵盖下午段专业基础考试的全部内容，包括：建筑材料、土质学与土力学、工程地质、工程勘测、结构设计原理、职业法规。

每章的章首部分为“复习指导”，帮助考生在复习该章之前先了解考试大纲和复习重点。每章的习题按照其所考查的知识点分别放在各节之后，“参考答案”统一放在每章的章尾。考生在复习完一节内容后，可及时做题练习，以加深印象，巩固复习成果。

本书由张铭统稿，参与本书编写的人员有：第一章，黄维蓉、董天威、陈言；第二章，高传东、徐海深；第三章，唐良琴、毛添；第四章，高传东、阳敏；第五章，赵宁雨、程雨恒、李坤；第六章，魏道升、蔡俊豪。

本书可与《道路基础考试复习题集》（第2版）配套使用。建议考生在复习本书的同时，多做习题，这将对考生巩固、检验复习效果和准备考试大有帮助。

本书配备视频课程，对部分重点知识进行详细的讲解。考生扫封面上的二维码，关注“注册道路工程师微课程”，可免费/付费观看相关视频课程。

由于编者水平有限，编写时间仓促，不足之处在所难免，恳请广大读者批评指正。

预祝各位考生考试取得好成绩！

注册工程师考试复习用书编委会

2019年3月

目　录

下　册

第一章 建筑材料

复习指导

常用的道路建筑材料主要包括：石料与集料、水泥与石灰、水泥混凝土、沥青与沥青混合料、无机结合稳定材料等。应系统掌握这些材料的基本性质、技术指标、测试技术、组成设计等基本知识点，同时掌握建筑钢材、木材和土工合成材料的基本特点。

（一）砂石材料

掌握砂石材料的技术性质及测定方法，物理性质相关定义和计算方法，力学性质、化学性质，矿质混合料的组成设计方法。

（二）水泥和石灰

掌握硅酸盐水泥的矿物熟料的水化速度、放热量、硬化速度、强度、干缩等水化特性，水泥细度、凝结时间、安定性、强度的含义、技术要求与检测评价方法。六大通用水泥（硅酸盐水泥、普通硅酸盐水泥、矿渣硅酸盐水泥、火山灰质硅酸盐水泥、粉煤灰硅酸盐水泥和复合硅酸盐水泥）的特性与工程应用。

掌握石灰的主要成分，熟悉石灰的消化与硬化工程、过火石灰的危害与陈伏的作用，建筑石灰的技术要求。

（三）无机结合料稳定材料

掌握水泥稳定材料、石灰稳定材料、石灰粉煤灰稳定材料的技术性质，无机结合稳定材料配合比设计方法。

（四）水泥混凝土和砂浆

掌握普通混凝土的技术性质（和易性、力学性能、耐久性）及影响因素，普通混凝土配合比设计方法与质量评定方法；熟悉水泥混凝土强度的测定方法；掌握减水剂、引气剂、速凝剂、缓凝剂与早强剂的作用，了解外加剂的种类。

掌握砂浆的主要特性。

（五）沥青材料

掌握石油沥青的主要技术性质的含义与测定方法；熟悉石油沥青的组成结构；掌握改性沥青、乳化沥青的含义，主要技术性质及工程应用。

（六）沥青混合料

掌握热拌沥青混合料的技术性质、影响因素及评价方法，热拌沥青混合料的组成设计方法；熟悉热拌沥青混合料的组成结构与强度形成原理。

（七）建筑钢材

掌握钢材的力学性能、工艺性能及指标，屈服强度、屈强比、伸长率、冷弯性能等含义，了解钢材牌号的表达方法与含义，常见钢材的技术要求及应用。

(八)其他建筑材料

熟悉木材含水率、纤维饱和点、平衡含水率的含义,木材的湿胀干缩、强度特性。

熟悉土工合成材料的物理性质、力学性质、水力学特性等主要技术性能及相关的检测方法。

第一节　砂石材料

石料和集料统称为砂石材料,是道路与桥梁工程及其他建筑工程中使用量最大的一宗材料。

一、砂石材料的技术性质及检测方法

(一)石料

1.物理性质

岩石的物理性质包括密度、毛体积密度、孔隙率、吸水率、饱和吸水率等。

(1)密度

密度是指在规定条件下,石料矿质实体单位体积的质量。根据体积的定义不同,石料的密度包括真实密度、表观密度和毛体积密度等。

①真实密度

是指在规定条件下,烘干石料矿质实体单位真实体积的质量,按式(1-1)计算。

$$\rho_t = \frac{m_s}{V_s} \tag{1-1}$$

式中:ρ_t——石料的真实密度(g/cm^3);

m_s——石料矿物质实体的质量(g);

V_s——石料矿物质实体的体积(cm^3)。

②表观密度

是指在规定条件下,烘干石料矿质实体包括闭口孔隙在内的单位表观体积的质量,按式(1-2)计算。测定石料表观体积时,需将已知质量的干燥石料浸水,使其开口孔隙吸水饱和,然后称出饱水后石料在水中的质量,两者之差即为石料包括闭口孔隙在内的表观体积(V_s+V_n)。

$$\rho_a = \frac{m_s}{V_s+V_n} \tag{1-2}$$

式中:ρ_a——石料的表观密度(g/cm^3);

V_s——石料矿物质实体的体积(cm^3);

V_n——石料矿质实体中闭口孔隙的体积(cm^3)。

③毛体积密度

是指在规定条件下,烘干石料矿质实体包括孔隙(闭口、开口孔隙)体积在内的单位体积的质量,由式(1-3)计算。石料毛体积密度的测定方法可分为体积法、水中称量法和蜡封法。体积法适用于能制备成规则试件的各类岩石;水中称量法适用于除遇水崩解、溶解和干缩湿胀外的其他类岩石;蜡封法适用于不能用体积法或直接在水中称量进行试验的岩石。

$$\rho_h = \frac{m_s}{V_s+V_n+V_i} \tag{1-3}$$

式中：ρ_h——石料的毛体积密度（g/cm^3）；

V_i——石料矿质实体中开口孔隙的体积（cm^3）；

其他符号同式(1-2)。

(2)孔隙率

是指石料孔隙体积占石料总体积（包括孔隙体积在内）的百分率，总孔隙率和开口孔隙率由式(1-4)、式(1-5)计算。

$$n=\frac{V_n+V_i}{V_h}\times 100\%=\left(1-\frac{\rho_h}{\rho_t}\right)\times 100\% \tag{1-4}$$

$$n_i=\frac{V_i}{V_h}\times 100\%=\left(1-\frac{\rho_h}{\rho_a}\right)\times 100\% \tag{1-5}$$

式中：n——石料的总孔隙率（%）；

n_i——石料的开口孔隙率（%）。

相同矿物组成的岩石，孔隙率越低，其强度越大。在孔隙率相同的条件下，连通且粗大孔隙对石料性能的影响显著。

(3)吸水性

是指石料在规定条件下吸入水分的能力。吸水性的大小常用吸水率和饱水率来表征。该指标可有效地反映岩石微裂隙的发育程度，判断岩石的抗冻和抗风化等性能。

吸水率是石料试样在常温、常压条件下最大的吸水质量占干燥试样质量的百分率。饱水率是石料在常温及真空抽气条件下，最大吸水质量占干燥试样质量的百分率。石料的吸水率和饱水率可采用式(1-6)计算。

$$w_x=\frac{m_2-m_1}{m_1}\times 100\% \tag{1-6}$$

式中：w_x——石料试样的吸水率或饱水率（%）；

m_1——烘干至恒重时的试样质量（g）；

m_2——吸水（或饱水）至恒重时的试样质量（g）。

石料吸水性的大小与其孔隙率的大小及孔隙构造特征有关。孔隙构造相同的石料，孔隙越大，吸水率越大。表观密度大的石料，孔隙率小，吸水率也小。吸水性强且易溶蚀的岩石，其耐水性较差。吸水率与饱水率的比称为饱水系数，饱水系数越高，说明常温常压下石料开口孔隙被水充填的程度越高。

2. 力学性质

在结构工程中，石料应具备一定的抗压、抗剪、抗弯拉强度，以及抵抗荷载冲击、剪切和摩擦作用。石料的力学性能常用抗压强度和磨耗率来表示。

(1)抗压强度

我国《公路工程岩石试验规程》(JTG E41—2005)中规定采用单轴加荷的方法对规则形状的石料试样进行抗压强度试验。路面工程用石料试件尺寸为边长（50±2）mm 的正立方体或直径与高均为（50±2）mm 的圆柱体。桥梁工程用石料试件尺寸为边长（70±2）mm 的立方体。按标准方法对试件进行饱水处理后施加荷载，直至破坏，石料的抗压强度按式(1-7)计算。

$$R=\frac{P}{A} \tag{1-7}$$

式中：R——石料的抗压强度（MPa）；

P——试验时石料试件破坏时的极限载荷（N）；

A——石料试件的受力截面积(mm^2)。

石料的抗压强度主要影响因素有岩石自身的矿物组成、结构构造、孔隙构造、含水状态和试验条件(试件形状、大小、加工精度、加荷速率等)。石料在饱水状态强度 R_W 与干燥状态强度 R_D 的比值 K_R,称为软化系数。

(2)磨耗性

磨耗率是指粗集料抵抗撞击、边缘剪切、摩擦等联合作用的能力。磨耗率采用洛杉矶磨耗试验测定。

洛杉矶磨耗试验又称搁板式试验法。将一定质量且有一定级配的石料试样和钢球置于搁板式试验机中,以 30~33r/min 的转速转动至要求次数后停止,取出试样过筛并称量,石料的磨耗率 $Q_{磨}$ 采用式(1-8)计算。在磨耗试验中用于水泥混凝土和沥青混合料的石料对试样的级配和质量要求有所不同。

$$Q_{磨}=\frac{m_1-m_2}{m_1}\times 100\% \tag{1-8}$$

式中:$Q_{磨}$——洛杉矶磨耗损失(%);

m_1——装入圆筒中试样质量(g);

m_2——试验后在 1.7mm 筛上洗净烘干的试样质量(g)。

3.耐久性

石料在长期使用过程中,抵抗各种自然因素及有害介质的作用,保持其原有性能而不变质和不被破坏的能力称为石料的耐久性。主要表现为抗冻性,是指石料在饱水状态下能够经受反复冻结和融化而不破坏,并不严重降低强度的能力。石料抗冻性的室内测定方法有直接冻融法和硫酸钠坚固性法。两种方法均需要将石料制成直径和高均为 50mm 的圆柱体试件,或边长为 50mm 的正立方体试件,在(105±5)℃的烘箱中烘至恒重,并称重。

(1)直接冻融法

直接冻融法是测定石料在饱水状态下,抵抗反复冻融性能的直接方法。试验时首先使试件吸水达到饱和状态,然后置于-15℃冰箱中。冻结 4h 后取出试件,放入(20±5)℃的水中融解 4h,如此为一个冻融循环过程。经历规定的冻融循环次数(如 10 次、15 次、25 次及 50 次)后,详细检查石料试件有无剥落、裂缝、分层及掉角现象,并记录检查情况。将冻融试验后的试件再烘至恒重,称其质量,然后测定石料的抗压强度,按式(1-9)和式(1-10)分别计算石料的冻融质量损失率和耐冻系数。

$$Q_{冻}=\frac{m_1-m_2}{m_1}\times 100\% \tag{1-9}$$

$$K=\frac{R_2}{R_1}\times 100\% \tag{1-10}$$

式中:$Q_{冻}$、K——经历冻融循环作用后,石料的质量损失率和耐冻系数(%);

m_1——试验前烘干石料试件的质量(g);

m_2——经历若干次冻融循环作用后,烘干石料试件的质量(g);

R_1——试验前石料试件的饱水抗压强度(MPa);

R_2——经历若干次冻融循环作用后,石料试件的饱水抗压强度(MPa)。

(2)坚固性试验法

坚固性试验是评定石料试样经饱和硫酸钠溶液多次浸泡与烘干循环后,不发生显著破坏或强度降低的性能,是测定岩石坚固性的一种简易方法。试验时将烘干石料试件置入饱和硫酸钠溶液中浸泡 20h 后，将试件取出置于 105～110℃的烘箱中烘烤 4h，至此完成第 1 个循环。待试样冷却至室温后，即开始第 2 个循环。从第 2 个循环起，浸泡和烘烤时间均为 4h。完成 5 次循环后，仔细观察试件有无破坏现象，将试件洗净烘至恒重，准确称出其质量，按式(1-11)计算坚固性试验质量损失率。

$$Q=\frac{m_1-m_2}{m_1}\times 100\% \tag{1-11}$$

式中：Q——经历 n 次硫酸钠溶液浸泡、烘干循环作用后，石料的质量损失率(%)；

m_1——试验前烘干石料试件的质量(g)；

m_2——经历 n 次浸泡、烘干循环作用后，烘干石料试件的质量(g)。

岩石的抗冻性与其矿物成分、结构特征有关，而与岩石的吸水率指标关系更加密切。岩石的抗冻性主要取决于岩石中大开口孔隙的发育情况、亲水性和可溶性矿物的含量及矿物颗粒间的黏结力。开口孔隙越多，亲水性和可溶性矿物含量越高时，岩石的抗冻性越低；反之，越高。

岩石抗冻性能好坏判断有三个指标，即：①冻融后强度变化；②质量损失；③外形变化。一般公路工程根据上述标准来确定是否需要进行岩石的抗冻性试验。

(二)集料

集料是由不同粒径矿物颗粒组成的混合料，在沥青混合料或水泥混凝土中起骨架和填充作用，包括天然砂、人工砂、卵石、碎石、工业冶金矿渣、再生集料等。在沥青混合料中，粗集料是指粒径大于 2.36mm 的碎石、破碎砾石、筛选砾石和矿渣等；细集料是指粒径小于 2.36mm 的天然砂、人工砂(包括机制砂)及石屑。在水泥混凝土中，粗集料是指粒径大于 4.75mm 的碎石、砾石和破碎砾石；细集料是指粒径小于 4.75mm 的天然砂、人工砂。

集料最大粒径指集料 100%全部通过的最小标准筛筛孔尺寸；集料公称最大粒径指集料可能全部通过或允许少量补通过(筛余部超过 10%)的最小标准筛筛孔尺寸。通常集料公称最大粒径比集料最大粒径要小一个粒级。工程中的最大粒径往往指公称最大粒径。

1.集料的物理性质

(1)表观密度、毛体积密度、表干密度

集料颗粒的表观密度、毛体积密度定义与石料相同。集料的表干密度又称作饱和面干毛体积密度，它的计算体积与计算毛体积密度时相同，但计算质量为集料颗粒的表干质量(饱和面干状态，包括了吸入开口孔隙中的水)。由式(1-12)计算得到。测试集料表干质量时，需要将干燥集料试样饱水后，将试样表面自由水擦干，但保留吸入开口孔隙中的水，称取饱和面干试样在空气中的质量，即为集料的表干质量。

$$\rho_s=\frac{m_a}{V_s+V_n+V_i} \tag{1-12}$$

式中：ρ_s——集料的表干密度(g/cm^3)；

m_a——集料颗粒的表干质量(矿质实体质量与吸入开口孔隙中水的质量之和)(g)；

m_s——集料颗粒矿质实体的体积(cm^3)；

V_n、V_i——分别为集料颗粒矿质实体中闭口孔隙和开口孔隙的体积(cm^3)。

(2)堆积密度

堆积密度是指烘干集料颗粒矿质实体的单位装填体积(包括集料颗粒间空隙体积、集料矿质实体及其闭口、开口孔隙体积)的质量，按式(1-13)计算。

$$\rho=\frac{m_s}{V_s+V_n+V_i+V_v} \tag{1-13}$$

式中：ρ——集料的堆积密度（g/cm^3）；

m_s——集料颗粒的烘干质量（g）；

V_s——集料颗粒矿质实体的体积（cm^3）；

V_n、V_i——分别为集料颗粒矿质实体中闭口孔隙和开口孔隙的体积（cm^3）；

V_v——集料颗粒间的空隙体积（cm^3）。

（3）空隙率

集料颗粒与颗粒之间没有被集料占据的自由空间，称为集料的空隙，空隙率是指集料在一定的堆积状态下的空隙体积（含开口孔隙）占堆积体积的百分率，按式（1-14）计算。

$$n=\frac{V_v+V_i}{V_f}\times 100\%=\left(1-\frac{\rho}{\rho_a}\right)\times 100\% \tag{1-14}$$

式中：n——集料的空隙率（%）；

V_f——集料颗粒的堆积体积（cm^3），其值为：$V_f=V_s+V_n+V_i+V_v$；

V_v、V_i——分别为集料颗粒间空隙与矿物实体开口孔隙的体积（cm^3）；

ρ——集料的堆积密度（g/cm^3）；

ρ_a——集料的表观密度（g/cm^3）。

空隙率反映了集料颗粒间相互填充的致密程度。

（4）集料的颗粒形状与表面特征

①颗粒形状

集料中颗粒形状有蛋圆形、棱角形、针状和片状四种类型，比较理想的形状是接近球体或立方体。《公路工程集料试验规程》（JTG E 42—2005）中对水泥混凝土用粗集料采用规准仪法测定当颗粒的最小厚度（或直径）与最大长度（或宽度）方向的尺寸之比小于规定值时即为针片状颗粒；而用游标卡尺法时测定当颗粒的最大长度（或宽度）方向与最小厚度（或直径）的尺寸之比大于 3 时即为针片状颗粒。

②表面特征

集料的表面特征主要指集料表面的粗糙程度及孔隙特征等，表面粗糙的集料颗粒间的摩阻力较表面光滑、无棱角颗粒要大；表面粗糙、具有吸收水泥浆或沥青中轻质组分的孔隙特征的集料，与结合料间的黏结能力较强，而表面光滑的集料与结合料间的黏结能力一般较差。

（5）含泥量和泥块含量

存在于集料中或包裹在集料颗粒表面的泥土会降低集料与水泥（或沥青）的界面黏结力，显著影响混合料的整体强度与耐久性，对其含量应加以限制。

①含泥量与石粉含量

含泥量是指集料中粒径小于 0.075mm 的颗粒含量，石粉含量是指人工砂中小于 0.075mm 的颗粒含量，两者均按照式（1-15）计算。

$$Q_a=\frac{m_0-m_1}{m_0}\times 100\% \tag{1-15}$$

式中：Q_a——集料的含泥量和石粉含量（%）；

m_0——试验前烘干集料试样的质量（g）；

m_1——经筛洗后，0.075mm 筛上烘干试样的质量（g）。

含泥量应是集料中的泥土含量，而采用筛洗法得到的粒径小于0.075mm的颗粒中实际上包含了矿粉、细砂与黏土成分，而筛洗法很难将这些成分加以区别。将通过0.075mm颗粒部分全部都当作“泥土”的做法欠妥，因此，在《公路工程集料试验规程》(JTG E 42—2005)中，以“砂当量”代替含泥量指标，将筛洗法测定的结果称为<0.075mm颗粒含量；在《建设用砂》(GB/T 14684—2011)中，增加了“甲基蓝MB值”指标。砂当量值越大，表明在小于0.075mm部分所含的矿粉和细砂比例越高。亚甲蓝MB值较小时表明粒径≤0.075mm颗粒主要是母岩化学成分相同的石粉。

②泥块含量

泥块含量是指粗集料中原尺寸大于4.75mm(细集料中大于1.18mm)，但经水浸洗、手捏后小于2.36mm(细集料为小于0.6mm)的颗粒含量，按照式(1-16)计算。集料中的泥块主要以3种类型存在：由纯泥土组成的团块，由砂、石屑与泥土组成的团块，包裹在集料颗粒表面的泥。

$$Q_b=\frac{G_1-G_2}{G_2}\times 100\% \tag{1-16}$$

式中：Q_b——集料中的泥块含量(%)；

G_1——4.75mm(粗集料)或1.18mm(细集料)筛上试样的质量(g)；

G_2——4.75mm(粗集料)或1.18mm(细集料)筛上试样经水洗后，2.36mm(粗集料)或0.6mm(细集料)筛上烘干试样的质量(g)。

2.力学性质

在混合料中，粗集料起骨架作用，应具备一定的强度、耐磨、抗磨耗和抗冲击性能等，这些性能分别用压碎值、磨光值、磨耗值和冲击值等指标表示。

(1)压碎值

集料压碎值用于衡量石料在逐渐增加的荷载下抵抗压碎的能力，是衡量石料力学性质的指标，以评定其在公路工程中的适用性。压碎值是对集料的标准试样在标准条件下进行加荷，测试集料被压碎后，标准筛上筛余质量的百分率。该值越大，说明抗压碎能力越差。

①粗集料的压碎值

粗集料压碎值按式(1-17)计算。

$$Q_a=\frac{m_1}{m_0}\times 100\% \tag{1-17}$$

式中：Q_a——集料的压碎值(%)；

m_0——试验前试样的质量(g)；

m_1——试验后通过2.36mm筛孔的细料质量(g)。

②细集料压碎值

细集料压碎值按单粒级进行试验，细集料分为2.36～4.75mm、1.18～2.36mm、0.6～1.18mm、0.3～0.6mm四档，分别测试这四档在逐渐增加的荷载下抵抗压碎的能力。按式(1-18)计算，取最大单粒级压碎值为细集料的压碎指标值。

$$Y_i=\frac{m_2}{m_1+m_2}\times 100\% \tag{1-18}$$

式中：Y_i　第i粒级细集料的压碎指标值(%)；

m_1——试样的筛余量(g)；

m_2——试样的通过量(g)。

(2)磨光值

磨光值是反映石料抵抗轮胎磨光作用能力的指标,采用加速磨光机磨光石料,并用摆式摩擦系数测定仪测得磨光后集料的摩擦系数。用高磨光值的石料来铺筑道路路面表层,可以提高路表的抗滑能力,保障车辆的安全行驶。该值愈高,表示其抗滑性愈好。石料的磨光值 PSV 按式(1-19)计算。

$$PSV=PSV_{ra}+49-PSV_{bra} \tag{1-19}$$

式中:PSV_{bra}——标准试件的摩擦系数;

PSV_{ra}——用摆式摩擦系数测定仪测定试件的摩擦系数。

(3)冲击值

冲击值反映石料抵抗冲击荷载的能力,对道路表层用集料非常重要。粗集料冲击值试验用击碎后小于 2.36mm 部分的质量百分率表示。该值越大,说明抵抗冲击荷载能力越差。

集料冲击值按式(1-20)计算。

$$AIV=\frac{m_1}{m_0}\times 100\% \tag{1-20}$$

式中:AIV——集料的冲击值(%);

m_0——试样的总质量(g);

m_1——冲击试验后,通过 2.36mm 筛的石屑质量(g)。

(4)磨耗值

磨耗值用于确定石料抵抗表面磨损的能力,适用于对路面抗滑表层所用集料抵抗车轮撞击及磨耗能力的评定。该值越大,说明抗磨损能力越差。

磨耗值的试验方法为道瑞试验法。集料的磨耗值按式(1-21)计算。

$$AAV=\frac{3(m_1-m_2)}{\rho_s} \tag{1-21}$$

式中:AAV——集料的道瑞磨耗率;

m_1——磨耗前试样的质量(g);

m_2——磨耗后试样的质量(g);

ρ_s——集料的表干密度(g/cm^3)。

二、矿质混合料的组成设计

在水泥混凝土或沥青混合料中,需要将两种或两种以上的集料配合使用,构成所谓的矿质混合料,简称矿料。矿料组成设计的目的就是根据目标级配范围要求,确定各档集料在矿质混合料中的合理比例。进行矿料组成设计,必备的已知条件是各档集料的级配组成和矿质混合料的设计级配范围。

(一)矿质混合料的级配

级配是指集料中大小粒径颗粒的搭配比例或分布情况。

1.级配的表示方法

(1)标准筛

矿质集料的级配通常采用筛分试验确定。标准筛是指形状和尺寸规格符合要求的系列样品筛,以方孔筛为准,标准筛尺寸依次为 75mm、63mm、53mm、37.5mm、31.5mm、26.5mm、19mm、16mm、13.2mm、9.5mm、4.75mm、2.36mm、1.18mm、0.6mm、0.3mm、0.15mm 和

0.075mm。

(2)级配参数

在筛分试验中,分别称量集料试样存留在各筛上的筛余质量,然后计算出反映该集料试样级配的有关参数:分计筛余百分率 a_i、累计筛余百分率 A_i 和通过百分率 p_i。

分计筛余百分率 a_i 是指某号筛上的筛余质量占试样总质量的百分率,按式(1-22)计算。

$$a_i=\frac{m_i}{M}\times 100\% \tag{1-22}$$

式中:m_i——存留在某筛孔上的试样质量(又被称为筛上质量或者筛余质量)(g);

M——集料风干试样的总质量(g)。

累计筛余百分率 A_i 是指某筛孔的分计筛余百分率和大于该筛孔尺寸筛的各筛分计筛余百分率之总和,可按式(1-23)计算。

$$A_i=a_1+a_2+\cdots+a_i \tag{1-23}$$

式中:a_1、a_2、…、a_i——各筛的分计筛余百分率(%)。

通过百分率 p_i 是指通过某号筛的试样质量占试样总质量的百分率,即 100 与某号筛累计筛余百分率之差,按式(1-24)计算。

$$P_i=100-A_i \tag{1-24}$$

式中:A_i——某号筛累计筛余百分率(%)。

2.细集料的细度模数

细度模数是用于评价细集料粗细程度的指标,为细集料筛分试验中各号筛上的累计筛余百分率之和,按式(1-25)计算。

$$M_f=\frac{A_{0.15}+A_{0.3}+A_{0.6}+A_{1.18}+A_{2.36}-5A_{4.75}}{100-A_{4.75}} \tag{1-25}$$

式中:　　M_f——砂的细度模数;

$A_{0.15}$、…、$A_{4.75}$——分别为 0.15mm、…、4.75mm 各筛上的累计筛余百分率(%)。

细度模数愈大,表示细集料愈粗。砂按细度模数分为粗、中、细和特细砂四种规格,相应的细度模数分别为:粗砂 $M_f=3.7\sim3.1$;中砂 $M_f=3.0\sim2.3$;细砂 $M_f=2.2\sim1.6$;特细砂 $M_f=1.6\sim0.7$。

细度模数的数值主要决定于 0.15mm 筛到 2.36mm 筛 5 个粒径的累积筛余量,与小于 0.15mm的颗粒含量无关,细度模数在一定程度上能反映砂的粗细概念,但未能全面反映砂的粒径分布情况,不同级配的砂可以具有相同的细度模数。

3.集料的级配曲线

集料的筛分试验结果可以用级配曲线反映。在级配曲线图中,通常用纵坐标表示通过百分率(或累计筛余百分率),横坐标表示某号筛的筛孔尺寸。横坐标通常采用对数坐标,纵坐标通常采用常数坐标。绘制级配曲线时,首先在横坐标上标明筛孔尺寸的对数坐标位置,在纵坐标上标出通过百分率(或累计筛余百分率)的常数坐标位置,然后将筛分试验计算结果点绘于坐标图上,最后将各点连成级配曲线。矿质集料级配曲线按照形状划分为连续级配、间断级配、开级配。

(二)矿质混合料的配合比设计方法

矿质混合料的配合比设计方法有数解法和图解法两大类,两类设计方法均需要在两个已知条件的基础上进行：第一个条件是各种集料的级配参数；第二个条件是根据设计要求、技术规范或理论计算，确定矿质混合料目标级配范围。重点掌握数解法中的试算法及图解法中的修正平衡面积法。

1.数解法

数解法的基本原理是将几种已知级配的集料 j 配制成满足目标级配要求的矿质混合料 M，混合料 M 在某一筛孔 i 上的颗粒是由这几种集料提供的。混合料的级配参数由式(1-26)或式(1-27)确定。

$$a_{M(i)}=\sum a_{j(i)}\times X_{j(i)} \tag{1-26}$$

$$P_{M(i)}=\sum P_{j(i)}\times X_{j(i)} \tag{1-27}$$

式中：$a_{M(i)}$——矿质混合料在筛孔 i 上的分计筛余百分率(%)；

$a_{j(i)}$——某一集料 j 在筛孔 i 上的分计筛余百分率(%)；

$P_{M(i)}$——矿质混合料在筛孔 i 上的通过百分率(%)；

$P_{j(i)}$——某一集料 j 在筛孔 i 上的通过百分率(%)；

$X_{j(i)}$——某一集料 j 在矿质混合料中的质量百分率(%)。

将已知集料的级配参数和矿质混合料的目标级配参数代入式(1-26)或式(1-27)，建立数个方程，方程的个数等于标准筛的个数，然后用正则方程法求解，或用试算法或规划求解法确定各个集料的用量。

(1)试算法

采用试算法求解，需要已知各个集料和矿质混合料的分计筛余百分率。以三种集料为例，介绍试算法的求解步骤。

①基本计算方程的建立

设有 A、B、C 的三种集料在某一筛孔 i 上的分计筛余百分率分别为 $a_{A(i)}$、$a_{B(i)}$、$a_{C(i)}$，欲配制成矿质混合料 M，混合料 M 中在相应筛孔 i 上的分计筛余百分率设计值为 $a_{M(i)}$。假设 A、B、C 三种集料在混合料中的比例分别为 X、Y、Z，由此得式(1-28)和式(1-29)：

$$X+Y+Z=100 \tag{1-28}$$

$$X\cdot a_{A(i)}+Y\cdot a_{B(i)}+Z\cdot a_{C(i)}=a_{M(i)} \tag{1-29}$$

②基本假定

在矿质混合料中，某一粒径的颗粒是由一种集料提供的，在其他集料中不含这一粒径的颗粒。在具体计算时，所选择的粒径应在该集料中占有较大优势。将这一假定作为补充条件，可以简化式(1-29)，从而求出 A、B、C 三种集料在矿质混合料中的用量。

③计算各个集料在矿质混合料中的用量

首先确定在某种集料中占优势含量的某一粒径，忽略其他集料在此粒径的含量。

例如，若在集料 A 中所选择的粒径为 i，该粒径的分计筛余为 $a_{A(i)}$，并令：集料 B 和集料 C 在此粒径的含量 $a_{B(i)}$、$a_{C(i)}$ 均等于零，代入式(1-29)计算出集料 A 在混合料中用量 X。

同理，在计算集料 C 或集料 B 的用量时，先确定这种集料中占优势的某一粒径，而忽略另两种集料中同一粒径的含量，根据上述相同方法，计算集料 C 或集料 B 的用量。可以根据集料的级配情况，选择先求解集料 B 的用量，还是先求解集料 C 的用量。

当集料超过三种时，方程(1-28)的未知数将增加，可按照上述原理重复进行计算。

④合成级配的计算、校核和调整

由于试算法中各种集料用量比例是根据几个筛孔确定的，不能控制所有筛孔，所以应对合成级配进行校核。先按式(1-26)和式(1-27)计算矿质混合料的合成级配 $a_{M(i)}$ 或 $P_{M(i)}$。矿质混合料的合成级配应在设计要求级配范围内,并尽可能接近设计级配范围的中值。当合成级配不满足要求时,应调整各集料的比例。调整配合比后还应重新进行校核,直至符合要求为止。如经计算后确不能满足级配要求时,可掺加单粒级集料或调换其他集料。

(2)规划求解法

规划求解法采用 Microsoft Office 软件 Excel 电子表格中的规划求解分析工具进行,通过设置规划求解中的约束条件,较为准确地计算出各种集料的用量。

2.图解法

通常采用"修正平衡面积法"确定矿质混合料的合成级配。在"修正平衡面积法"中,将设计要求的级配中值曲线绘制成一条直线,纵坐标和横坐标分别代表通过百分率和筛孔尺寸,这样,当纵坐标仍为算术坐标时,横坐标的位置将由设计级配中值所确定。

(1)绘制级配曲线坐标图

按照一定的尺寸绘制矩形图框(通常纵坐标通过量取 10cm,横坐标筛孔尺寸(或粒径)取 15cm),连接对角线作为设计级配中值曲线,见图 1-1。按常数标尺在纵坐标上标出通过量百分率位置,然后将设计级配中值要求的各筛孔通过百分率,标于纵坐标上,并从纵坐标引水平线与对角线相交,再从交点作垂线与横坐标相交,该交点即为相应筛孔尺寸的位置。

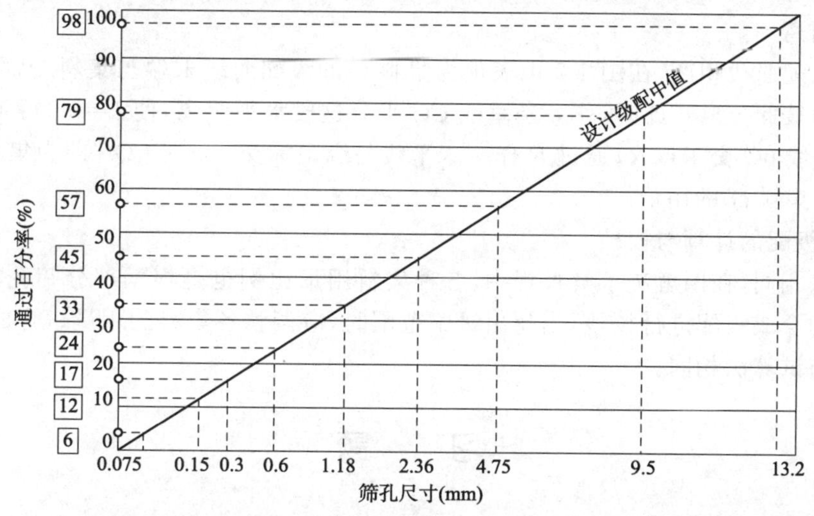

图 1-1 设计级配范围中值曲线

(2)确定各种集料用量

以图 1-1 为基础,将各种集料的级配曲线绘制于图上,结果见图 1-2,然后根据两条级配曲线之间的关系确定各种集料的用量。

由图 1-2 可见,任意两条相邻集料级配曲线之间的关系只可能是下列三种情况之一。

①曲线重叠

两条相邻级配曲线相互重叠,在图 1-2 中表现为集料 A 的级配曲线下部与集料 B 的级配曲线上部搭接。此时,在两级配曲线之间引一根垂线 AA',使其与集料 A、B 的级配曲线截距相等,即 $a=a'$。垂线 AA' 与对角线 $0O$ 交于点 M,通过 M 作一水平线与纵坐标交于 P 点,OP 即为集料 A 的用量。

②曲线相接

两条相邻级配曲线相接,在图 1-2 中表现为集料 B 的级配曲线末端与集料 C 的级配曲线首端正好在同一垂直线上。对于这种情况仅需将集料 B 的级配曲线末端与集料 C 的级配曲线首端直接相连，得垂线 BB'。BB' 与对角线 $0O$ 交于点 N，过点 N 作一水平线与纵坐标交于 Q 点，PQ 即为集料 B 的用量。

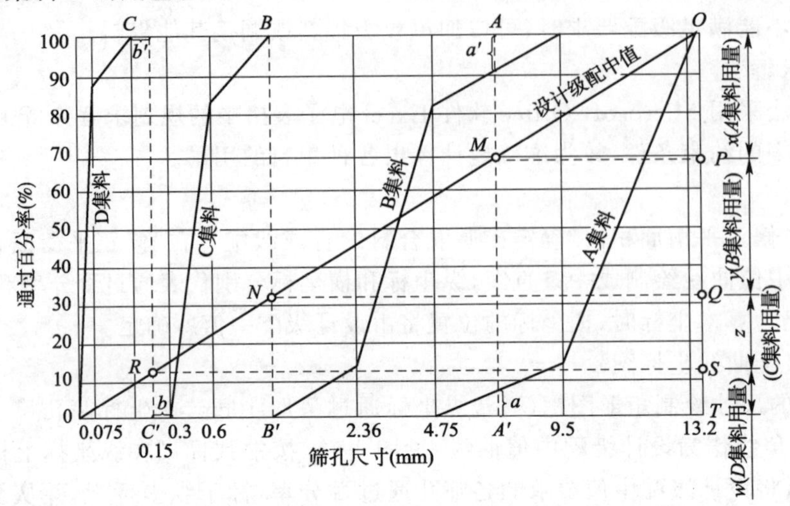

图 1-2　组成集料级配曲线与要求合成级配曲线图

③曲线相离

两相邻级配曲线相离，在图 1-2 中表现为集料 C 的级配曲线末端与集料 D 的级配曲线首端在水平方向彼此分离。此时，作一条垂线 CC' 平分这段水平距离，使 $b=b'$，得垂线 CC'。垂线 CC' 与对角线 $0O$ 交于点 R，通过 R 作一水平线与纵坐标交于 S 点，QS 即为集料 C 的用量。剩余 ST 即为集料 D 的用量。

(3)合成级配的计算与校核

与试算法相同，在图解法求解过程中，各种集料用量比例也是根据部分筛孔确定的，所以需要对矿料的合成级配进行校核，当超出级配范围时，应调整各集料的用量。合成级配的计算及校核方法与试算法相同。

习　题

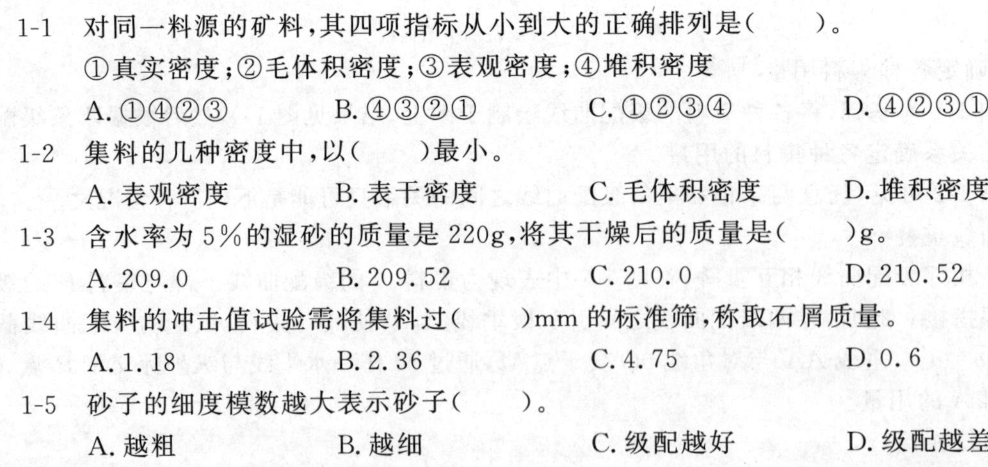

1-1　对同一料源的矿料，其四项指标从小到大的正确排列是(　　)。

①真实密度；②毛体积密度；③表观密度；④堆积密度

A. ①④②③　　B. ④③②①　　C. ①②③④　　D. ④②③①

1-2　集料的几种密度中，以(　　)最小。

A. 表观密度　　B. 表干密度　　C. 毛体积密度　　D. 堆积密度

1-3　含水率为 5% 的湿砂的质量是 220g，将其干燥后的质量是(　　)g。

A. 209.0　　B. 209.52　　C. 210.0　　D. 210.52

1-4　集料的冲击值试验需将集料过(　　)mm 的标准筛，称取石屑质量。

A. 1.18　　B. 2.36　　C. 4.75　　D. 0.6

1-5　砂子的细度模数越大表示砂子(　　)。

A. 越粗　　B. 越细　　C. 级配越好　　D. 级配越差

第二节　水泥和石灰

水泥和石灰是道路工程建设中应用广泛的无机胶凝材料，经物理化学作用，能产生胶结力和强度，将砂石等散状材料胶结成一个整体，或将构件结合成整体。

一、水泥

水泥属于水硬性胶凝材料。水泥的品种按其用途和性能可分为通用水泥、专用水泥与特种水泥三大类。最常用于土木工程的是通用水泥，即硅酸盐水泥、普通硅酸盐水泥、矿渣硅酸盐水泥、火山灰硅酸盐水泥和粉煤灰硅酸盐水泥。适应专门用途的水泥称为专用水泥，如道路水泥、砌筑水泥、大坝水泥等；具有比较突出的某种性能的水泥称为特种水泥，如快硬硅酸盐水泥、膨胀水泥等。按主要水硬性物质名称，水泥又可分为硅酸盐水泥、铝酸盐水泥、硫铝酸盐水泥等。土木工程常用的主要是各种硅酸盐水泥。

(一)硅酸盐水泥熟料各矿物成分特性

由硅酸盐水泥熟料、0～5%石灰石或粒化高炉矿渣、适量石膏磨细制成的水硬性胶凝材料，称为硅酸盐水泥。硅酸盐水泥熟料是由主要含 CaO、SiO_2、Al_2O_3、Fe_2O_3 的原料，按适当比例磨成细粉烧至部分熔融所得以硅酸钙为主要矿物成分的水硬性胶凝物质。熟料的主要矿物有硅酸三钙、硅酸二钙、铝酸三钙、铁铝酸四钙四种，水泥熟料四种矿物的技术特性如表 1-1 所示。

水泥熟料矿物的技术特性　　表 1-1

名　称	硅酸三钙 $3CaO \cdot SiO_2$ (C_3S)	硅酸二钙 $2CaO \cdot SiO_2$ (C_2S)	铝酸三钙 $3CaO \cdot Al_2O_3$ (C_3A)	铁铝酸四钙 $4CaO \cdot Al_2O_3 \cdot Fe_2O_3$ (C_4AF)
水化速率	快	慢	最快	快
28d 水化放热量	多	少	最多	中
早期强度	高	低	低	低
后期强度	高	高	低	低

水泥熟料中除了以上四种主要的矿物成分外，还有少量游离氧化钙(f-CaO)、游离氧化镁(f-MgO)三氧化硫(SO_3)及碱性氧化物等次要成分。

(二)硅酸盐水泥的水化、凝结和硬化

硅酸盐水泥是由多种化合物组成的，这些化合物与水接触，发生水化作用，最终将导致水泥的凝结、硬化。

1. 硅酸盐水泥水化

硅酸盐水泥的性能是由其熟料矿物的性能决定的。熟料矿物与水发生的水解或水化作用统称为水化。熟料矿物与水发生水化反应，生成水化产物，并放出一定的热量。

水化硅酸钙($xCaO \cdot SiO_2 \cdot yH_2O$)几乎不溶于水，生成后立即以胶体颗粒析出并凝聚成凝胶(C-S-H)，附着于水泥颗粒的表面。

2. 硅酸盐水泥的凝结、硬化

水泥加水拌和形成具有一定流动性和可塑性的浆体，经过自身的物理化学变化逐渐变稠失去可塑性的过程称为水泥的凝结。失去可塑性的浆体随着时间的增长产生明显的强度，并逐渐发展成为坚硬的水泥石的过程,称为水泥的硬化。

水泥的凝结硬化按水化反应速率和水泥浆体结构特征分为初始反应期、潜伏期、凝结期和硬化期四个阶段。水泥凝结硬化过程的各个阶段不是彼此截然分开,而是交错进行的。

影响水泥凝结硬化的主要因素有:熟料矿物成分、水泥的种类和细度、石膏掺合料、龄期、温度和湿度等。

(三)硅酸盐水泥的技术性质

国家标准《通用硅酸盐水泥》(GB 175—2007)对硅酸盐水泥的要求有不溶物、氧化镁、三氧化硫、烧失量、细度、凝结时间、安定性、强度等。其中不溶物、氧化镁、三氧化硫、烧失量为化学指标,凝结时间、安定性、强度为物理指标,碱含量、细度为选择性指标。细度、凝结时间、安定性、强度分别如下所述。

1.细度

细度是指水泥颗粒的粗细程度。水泥颗粒越细,比表面积越大,水化反应越快越充分,早期和后期强度都较高,但在空气中的硬化收缩也较大,成本也高。若水泥颗粒过粗,又不利于水泥活性的发挥。国家标准规定:硅酸盐水泥的细度用比表面积表示,不小于 $300m^2/kg$。其他通用水泥的细度用筛析法表示,即 0.08mm 方孔筛筛余不大于 10%或 0.045mm 方孔筛筛余不大于 30%。

2.凝结时间

水泥的凝结时间分为初凝时间和终凝时间。初凝时间是指从加水起至水泥浆开始失去塑性所需的时间;终凝时间是指从加水起至水泥净浆完全失去塑性,并开始具有一定结构强度的时间。

水泥的凝结时间用凝结时间测定仪测定,试样用标准稠度水泥净浆。国家标准规定,硅酸盐水泥初凝不小于 45min,终凝不大于 390min。其他通用水泥的初凝时间不得早于 45min,终凝时间不得迟于 10h。

水泥的初凝时间不宜太短,以保证在施工时有充足的时间完成搅拌、运输、成型等各种工艺;终凝时间不宜太长,以保证施工完毕后水泥能尽快硬化,产生强度。

3.体积安定性

水泥的体积安定性是指水泥浆体在凝结硬化过程中体积变化的均匀性。水泥体积安定性不良,容易产生翘曲和开裂,降低工程质量甚至出现严重事故。

引起水泥安定性不良的因素主要有熟料中所含的游离氧化钙、游离氧化镁过多或掺入的石膏过多三种。根据国家标准规定,由熟料中游离氧化钙引起的安定性不良可用沸煮法检验。沸煮法分为雷氏夹法及试饼法。雷氏夹法是测定标准稠度的水泥净浆在雷氏夹中沸煮后的膨胀值;试饼法是观察标准稠度的水泥净浆试饼沸煮后的外形变化。水泥安定性经沸煮法检验(CaO)必须合格。为避免因过量游离氧化镁或石膏引起的体积安定性不良,国家标准规定,硅酸盐水泥中氧化镁(MgO)含量不得超过 5.0%,如果水泥经压蒸安定性试验合格,则氧化镁的含量允许放宽到 6.0%;三氧化硫(SO_3)的含量不得超过 3.5%。

4.强度

水泥强度是表征水泥质量的重要指标,也是划分水泥强度等级的依据。国家标准规定,采用水泥胶砂法测定水泥强度,即采用水泥与标准砂和水以 1:3:0.5 的比例拌和,并按规定方法制成 40mm×40mm×160mm 的胶砂试件,试件连模一起在湿气中养护 24h 后,再脱模放在标准温度(20±2)℃的水中养护,分别测定 3d 和 28d 抗压强度和抗折强度。硅酸盐水泥强度等级分为 42.5、42.5R、52.5、52.5R、62.5、62.5R，共 6 个等级，其中 R 代表早强型水泥。各强度等级硅酸盐水泥不同龄期的强度不得低于表 1-2 中的数值。

硅酸盐水泥的强度等级要求(GB 175—2007)　　表 1-2

<table>
<tr><th rowspan="2">品　种</th><th rowspan="2">强度等级</th><th colspan="2">抗压强度(MPa)</th><th colspan="2">抗折强度(MPa)</th></tr>
<tr><th>3d</th><th>28d</th><th>3d</th><th>28d</th></tr>
<tr><td rowspan="6">硅酸盐水泥</td><td>42.5</td><td>17.0</td><td rowspan="2">42.5</td><td>3.5</td><td rowspan="2">6.5</td></tr>
<tr><td>42.5R</td><td>22.0</td><td>4.0</td></tr>
<tr><td>52.5</td><td>23.0</td><td rowspan="2">52.5</td><td>4.0</td><td rowspan="2">7.0</td></tr>
<tr><td>52.5R</td><td>27.0</td><td>5.0</td></tr>
<tr><td>62.5</td><td>28.0</td><td rowspan="2">62.5</td><td>5.0</td><td rowspan="2">8.0</td></tr>
<tr><td>62.5R</td><td>32.0</td><td>5.5</td></tr>
</table>

(四)掺混合材料的硅酸盐水泥

掺混合材料的水泥包括普通硅酸盐水泥、矿渣硅酸盐水泥、火山灰质硅酸盐水泥、粉煤灰硅酸盐水泥、复合硅酸盐水泥等。

1. 混合材料的品种及性质

在生产水泥时，为了改善水泥的性能、调节水泥的强度、增加水泥品种、提高产量、节约水泥熟料、降低成本而掺入一定量的混合材料。混合材料分为活性混合材料和非活性混合材料两大类。

活性混合材料是常温下能与氢氧化钙和水发生反应的混合材料。主要有粒化高炉矿渣、粉煤灰、火山灰质混合材料。主要作用是改善水泥的某种性能、调节水泥标号、降低水化热和成本、增加水泥产量。

非活性混合材料是常温下不与氢氧化钙和水反应的混合材料。主要有石灰石、石英砂及矿渣等。作用是调节水泥标号，降低水化热，增加水泥的产量，降低水泥成本等。

2. 掺混合材料的硅酸盐水泥

根据国家标准《通用硅酸盐水泥》(GB 175—2007)规定，矿渣硅酸盐水泥、火山灰质硅酸盐水泥、粉煤灰硅酸盐水泥的强度等级分为 32.5、32.5R、42.5、42.5R、52.5、52.5R 六个等级，普通硅酸盐水泥的强度等级分为 42.5、42.5R、52.5、52.5R 四个等级，复合硅酸盐水泥的强度等级分为 32.5R、42.5、42.5R、52.5、52.5R 五个等级，各龄期的强度应符合标准的规定。

(五)通用水泥的组成、性质和适用范围

硅酸盐水泥、普通硅酸盐水泥、矿渣硅酸盐水泥、火山灰硅酸盐水泥、粉煤灰硅酸盐水泥、复合硅酸盐水泥是土木工程中的应用最广、用量最大的六种水泥(通用水泥)，其主要特性及适用范围见表 1-3、表 1-4。

六种常用水泥的组成、性质与适用范围　　表 1-3

项目	硅酸盐水泥 (P·Ⅰ,P·Ⅱ)	普通水泥 (P·O)	矿渣水泥 (P·S·A, P·S·B)	火山灰水泥 (P·P)	粉煤灰水泥 (P·F)	复合水泥 (P·C)
组分	硅酸盐水泥熟料、0～5%混合材料、适量石膏	硅酸盐水泥熟料、>5%且≤20%混合材料、适量石膏	硅酸盐水泥熟料、>20%且≤50%的粒化高炉矿渣、适量石膏	硅酸盐水泥熟料、>20%且≤40%的火山灰质混合材料、适量石膏	硅酸盐水泥熟料、>20%且≤40%的粉煤灰、适量石膏	硅酸盐水泥熟料、大量(>20%且≤50%)的两种或两种以上规定的混合材料、适量石膏

续上表

项目	硅酸盐水泥（P·Ⅰ,P·Ⅱ）	普通水泥（P·O）	矿渣水泥（P·S·A，P·S·B）	火山灰水泥（P·P）	粉煤灰水泥（P·F）	复合水泥（P·C）
特性	（1）快凝、早强、高强； （2）抗冻性好； （3）水化热高； （4）耐腐蚀性差； （5）耐热性差； （6）抗碳化性好； （7）干缩小； （8）耐磨性好	（1）早期强度较高； （2）抗冻性较好； （3）水化热较大； （4）耐腐蚀性差； （5）耐热性差	（1）早期强度低，后期强度增长快； （2）强度发展对养护温湿度敏感； （3）水化热较低； （4）耐腐蚀性较好； （5）耐热性差	（1）抗渗性较好，但干缩大； （2）耐磨性差； （3）耐热性不及矿渣水泥； （4）其他同矿渣水泥	（1）流动性较好； （2）干缩较小，抗裂性较好； （3）其他同矿渣水泥	（1）耐腐蚀性好； （2）水化热小； （3）抗冻性较差； （4）干缩较大； （5）抗碳化性较差

通用水泥的选用

表 1-4

混凝土工程特点及所处环境特点		优先选用	可以选用	不宜选用
普通混凝土	在一般气候环境中的混凝土	普通水泥	矿渣水泥、火山灰水泥、粉煤灰水泥、复合水泥	
	在干燥环境中的混凝土	普通水泥	矿渣水泥	火山灰水泥、粉煤灰水泥
	在高温、湿度环境中或长时间处于水中的混凝土	矿渣水泥	普通水泥、火山灰水泥、粉煤灰水泥、复合水泥	
	厚大体积混凝土	矿渣水泥、火山灰水泥、粉煤灰水泥、复合水泥		硅酸盐水泥
有特殊要求的混凝土	要求快硬的混凝土	快硬硅酸盐水泥、硅酸盐水泥	普通水泥	矿渣水泥、火山灰水泥、粉煤灰水泥、复合水泥
	高强（大于 C40 级）的混凝土	硅酸盐水泥	普通水泥、矿渣水泥	火山灰水泥、粉煤灰水泥
	严寒地区的露天混凝土，寒冷地区的处在水位升降范围内的混凝土	普通水泥	矿渣水泥	火山灰水泥、粉煤灰水泥
	严寒地区处于水位升降范围内的混凝土			火山灰水泥、矿渣水泥、粉煤灰水泥、复合水泥
	有抗渗要求的混凝土	普通水泥、火山灰水泥		矿渣水泥
	有耐磨要求的混凝土		矿渣水泥	火山灰水泥、粉煤灰水泥

二、石灰

石灰属气硬性胶凝材料，只能在空气中硬化，且只能在空气中保持和连续增长其强度。一般只适用于干燥环境中，而不宜用于潮湿环境，更不可用于水中。

(一)石灰的生产

石灰包括生石灰(块状)、生石灰粉和消石灰粉。产生石灰的原料是以 $CaCO_3$ 为主要成分的石灰石。石灰石原料经过适当温度煅烧，得到以 CaO 为主要成分的块状生石灰。

(二)石灰的消化和硬化

1. 消化

生石灰(CaO)加水反应生成氢氧化钙的过程，称为石灰的消化或熟化。反应生成的产物氢氧化钙称为熟石灰或消石灰。

石灰消化时放出大量的热，体积增大 1～2.5 倍。煅烧良好、氧化钙含量高的石灰消化较快，放热量和体积增大也较多。

工地上消化石灰常用消石灰浆法和消石灰粉法两种方法。

由于有过火石灰和欠火石灰的存在，为了防止过火石灰体积膨胀引起的隆起和开裂，石灰浆应在储灰坑中存放两周以上，此为“陈伏”。“陈伏”期间，石灰浆表面应保持一层水分，与空气隔绝，以免碳化。

2. 硬化

石灰浆在空气中逐渐硬化包括结晶和碳化两个同时进行的过程。硬化石灰浆体的强度一般不高，受潮后更低，强度增长慢。硬化过程中体积收缩大，易开裂。

(三)石灰的性质

(1)保水性和可塑性好。

(2)硬化慢、强度低。

(3)耐水性差。

(4)体积收缩大。

(四)石灰的技术要求

建筑生石灰的化学、物理性质应分别满足表 1-5、表 1-6 的要求；建筑消石灰的化学成分和物理性质应符合表 1-7 的规定。

建筑生石灰的化学成分(%) 表 1-5

名称	(氧化钙＋氧化镁) (CaO＋MgO)	氧化镁 (MgO)	二氧化碳 (CO_2)	三氧化硫 (SO_3)
CL90-Q CL90-QP	≥90	≤5	≤4	≤2
CL85-Q CL85-QP	≥85	≤5	≤7	≤2
CL75-Q CL75-QP	≥75	≤5	≤12	≤2
ML85-Q ML85-QP	≥85	＞5	≤7	≤2
ML80-Q ML80-QP	≥80	＞5	≤7	≤2

注：生石灰块在代号后面加 Q，生石灰粉在代号后面加 QP。

建筑生石灰的物理性质　　表 1-6

名称	产浆量（dm^3/10kg）	细度	
		0.2mm 筛余量（%）	90μm 筛余量（%）
CL90-Q	≥26	—	—
CL90-QP	—	≤2	≤7
CL85-Q	≥26	—	—
CL85-QP	—	≤2	≤7
CL75-Q	≥26	—	—
CL75-QP	—	≤2	≤7
ML85-Q	—	—	—
ML85-QP	—	≤2	≤7
ML80-Q	—	—	—
ML80-QP	—	≤7	≤2

建筑消石灰的化学成分和物理性质(单位%)　　表 1-7

名称	氧化钙＋氧化镁（CaO＋MgO）	氧化镁（MgO）	三氧化硫（SO_3）	游离水	细度		安定性
					0.2mm 筛余量	90μm 筛余量	
HCL90	≥90	≤5	≤2	≤2	≤2	≤7	合格
HCL85	≥85						
HCL75	≥75						
HML85	≥85	＞5					
HML80	≥80						

（五）石灰的应用

石灰在土木工程中应用范围很广，主要用途如下：

1.石灰乳和砂浆

用石灰膏或消石灰粉可配制石灰砂浆或水泥石灰混合砂浆，用于砌筑或抹灰工程。

2.石灰稳定土

将消石灰粉或生石灰粉掺入各种粉碎或原来松散的土中，经拌和、压实及养护后得到的混合料，称为石灰稳定土。它包括石灰土、石灰稳定砂砾土、石灰碎石土等。黏土颗粒表面的少量活性氧化硅和氧化铝与氢氧化钙发生反应，生成水硬性的水化硅酸钙和水化铝酸钙，使混合料的抗渗能力，抗压强度，水稳定性得到改善。广泛用作建筑物的基础、地面的垫层及道路的路面基层。

3.硅酸盐制品

以石灰（消石灰粉或生石灰粉）与硅质材料（砂、粉煤灰、火山灰、矿渣等）为主要原料，经过配料、拌和、成型和养护后可制得砖、砌块等各种制品。常用的有灰砂砖、粉煤灰砖等。

习　题

1-6　硅酸盐水泥熟料的主要矿物成分为(　　)。

A. C_3S、C_2S、C_3A、C_4AF　　B. CaO、Al_2O_3、Fe_2O_3、SiO_2

C. 水化硅酸钙　　D. $Ca(OH)_2$

1-7　适用于海水浸蚀混凝土工程的是(　　)。

A. P. Ⅰ　　B. P. Ⅱ　　C. P. O　　D. P. S

1-8　硅酸盐水泥适用于(　　)混凝土工程。

A. 快硬高强　　B. 大体积　　C. 与海水接触的　　D. 受热的

1-9　矿渣水泥较普通水泥耐腐蚀性强的主要原因是矿渣水泥硬化后,其水泥石中(　　)。

A. $Ca(OH)_2$ 含量少　　B. C-S-H 凝胶多

C. C_3AH6 含量少　　D. (A+C)

1-10　为避免引起水泥的体积安定性不良,需严格控制(　　)。

A. 氧化铝含量　　B. 氧化镁、三氧化硫的含量

C. C_3A 含量　　D. C_4AF 的含量

1-11　关于水泥混合材料的叙述,不正确的为(　　)。

A. 可分为活性混合材料和非活性混合材料

B. 粒化高炉矿渣、粉煤灰属于活性混合材料

C. 活性混合材料是因为自身的成分能与水发生水化反应从而具有活性性质

D. 火山灰硅酸盐水泥中掺入了活性混合材料

1-12　下列(　　)方法不能用来检测水泥的细度。

A. 比表面积法　　B. 负压筛法　　C. 雷氏法　　D. 水筛法

1-13　水泥胶砂强度试验是为了测试(　　)的强度等级的。

A. 水泥砂浆　　B. 水泥混凝土　　C. 水泥　　D. 砂

1-14　水泥的初凝时间不宜太(　　)终凝时间不宜太(　　)。

A. 长,短　　B. 短,长　　C. 长,长　　D. 短,短

1-15　水硬性胶凝材料是(　　)。

A. 只能在水中凝结硬化而不能在空气中凝结硬化

B. 只能在空气中凝结硬化而不能在水中凝结硬化

C. 既能在空气中凝结硬化又能在水中凝结硬化

D. 既不能在空气中也不能在水中凝结硬化

1-16　钙质生石灰的主要成分是(　　);熟石灰的主要成分是(　　);硬化中石灰的主要成分是(　　)。

A. CaO; $Ca(OH)_2$;$Ca(OH)_2 \cdot nH_2O$ 晶体+$CaCO_3$

B. $CaCO_3$;$Ca(OH)_2$;$Ca(OH)_2 \cdot nH_2O$ 晶体+$CaCO_3$

C. $Ca(OH)_2$;CaO ;$Ca(OH)_2 \cdot nH_2O$ 晶体+$CaCO_3$

D. CaO;$Ca(OH)_2$;$Ca(OH)_2 \cdot nH_2O$ 晶体

1-17　石灰等级划分主要是以下列成分含量(　　)。

A. 有效氧化钙加氧化镁　　B. 氧化镁

C. 氧化钙　　D. 氢氧化钙

第三节　无机结合料稳定材料

无机结合料稳定材料是指在各种粉碎或原来松散的土、或矿质碎(砾)石、或工业废渣中，掺入一定数量的无机结合料(如石灰,水泥)及水,经拌和得到的混合料。这类混合料经拌和、摊铺、压实与养生后,可形成具有一定强度和稳定性的板体结构,当其抗压强度和使用性能符合设计要求时,可用于道路路面结构的基层与底基层。

无机结合料稳定材料按所用无机结合料种类分为:石灰稳定材料、水泥稳定材料、综合稳定材料、工业废渣稳定材料。无机结合料稳定材料结构层按其混合料结构状态分为骨架密实型、骨架空隙型、悬浮密实型和均匀密实型四种结构类型。这类结构层具有稳定性好、结构本身自成板体、抗冻性能较好等特点,但易产生干缩和温缩裂缝,耐磨性差,广泛用于路面结构基层或底基层。作为公路工程材料,无机结合料稳定材料必须具有:①合适的强度和耐久性;②用作高等级道路路面基层时,应具有小的收缩变形和强抗冲刷能力;③技术可行,经济合理,便于施工。

一、无机结合料稳定材料的技术性质

(一)强度

无机结合料稳定材料的刚性介于柔性与刚性材料之间,是一种半刚性材料,具有一定的抗拉强度。测定半刚性材料的抗拉强度有 3 种方法:第一种方法是利用梁式试件,采用三分点加载,进行弯拉试验,测得的抗拉强度为抗弯拉强度;第二种方法是用圆柱体试件直接拉伸测得的直接抗拉强度;第三种方法是用圆柱体试件沿其直径方向用线压力进行试验,直到被破坏,该强度称为间接抗拉强度或劈裂强度。同一种材料,用不同的方法测得的抗拉强度是不同的。广泛使用的无机结合料稳定材料强度指标通常是 7d 无侧限抗压强度。

7d 无侧限抗压强度是无机结合料稳定材料配合比设计与施工质量控制的主要指标。路面结构设计时采用 90d 或 180d 龄期的抗压回弹模量与劈裂强度,水泥稳定类采用 90d 龄期,石灰与二灰稳定类采用 180d 龄期的试验结果。半刚性基层材料的力学性能都是标准养生到规定龄期前一天,再饱水 24h 后的力学特征,因而也是水稳定性能的反映。

无机结合料稳定材料的强度标准根据相应的公路等级和在路面结构中的层位而定。无机结合料稳定材料抗压强度试件采用高径比 1∶1 的圆柱体试件,在规定温度保湿养生 6d、浸水 1d 后无侧限抗压强度标准见表 1-8。高速公路和一级公路还应验证所用材料的 7d 无侧限抗压强度与 90d 或 180d 龄期弯拉强度的关系。

无机结合料稳定材料的 7d 无侧限抗压强度标准 R_d(单位:MPa)　　表 1-8

名　　称	结构层	公路等级	极重、特重交通	重交通	中、轻交通
石灰稳定材料[①]	基层	高速公路和一级公路	—		
		二级和二级以下公路	≥0.8[②]		
	底基层	高速公路和一级公路	≥0.8		
		二级和二级以下公路	0.5～0.7[③]		

续上表

名　　称	结构层	公 路 等 级	极重、特重交通	重交通	中、轻交通
水泥稳定材料[④]	基层	高速公路和一级公路	5.0～7.0	4.0～6.0	3.0～5.0
		二级和二级以下公路	4.0～6.0	3.0～5.0	2.0～4.0
	底基层	高速公路和一级公路	3.0～5.0	2.5～4.5	2.0～4.0
		二级和二级以下公路	2.5～4.5	2.0～4.0	1.0～3.0
石灰粉煤灰稳定材料[⑤]	基层	高速公路和一级公路	≥1.1	≥1.0	≥0.9
		二级和二级以下公路	≥0.9	≥0.8	≥0.7
	底基层	高速公路和一级公路	≥0.8	≥0.7	≥0.6
		二级和二级以下公路	≥0.7	≥0.6	≥0.5
水泥粉煤灰稳定材料	基层	高速公路和一级公路	4.0～5.0	3.5～4.5	3.0～4.0
		二级和二级以下公路	3.5～4.5	3.0～4.0	2.5～3.5
	底基层	高速公路和一级公路	2.5～3.5	2.0～3.0	1.5～2.5
		二级和二级以下公路	2.0～3.0	1.5～2.5	1.0～2.0

注：①石灰土强度达不到表1-8规定的抗压强度标准时，可添加部分水泥，或改用另一种土。塑性指数过小的土，不宜用石灰稳定，宜改用水泥稳定。

②在低塑性土（塑性指数小于7）地区，石灰稳定砂砾土和碎石土的7d龄期无侧限抗压强度应大于0.5MPa（100g平衡锥测液限）。

③低限用于塑性指数小于7的黏性土，且低限值宜仅用于二级以下公路。高限用于塑性指数大于7的黏性土。

④公路等级高或交通荷载等级高或结构安全性要求高时，推荐取上限强度标准。

⑤石灰粉煤灰稳定材料强度不满足表1-8的要求时，可外加混合料质量1%～2%的水泥。

（二）应力—应变特性

采用三轴压缩试验方法测定应力—应变特性关系，无机结合料稳定材料的应力—应变关系曲线呈现出非线性性状。在不具备三轴压缩试验条件时，可采用室内承载板法测定无机结合料稳定材料早期抗压回弹模量。无机结合料稳定材料的回弹模量主要同土类、结合料剂量及龄期、侧限应力有关，在较大范围内变动。采用不同结合料稳定半刚性材料的回弹模量值高达1500～1600MPa。

（三）疲劳特征

疲劳破坏是在小于材料极限强度的应力反复作用下所产生的累积破坏。疲劳性能是指某种材料对不同水平应力的反复作用的反应，以构成破坏所需荷载作用次数（疲劳寿命）来表示。

试验表明，半刚性材料的力学特性接近于线弹性材料，在疲劳试验中，残余应变随荷载作用次数的增加而增大，但与回弹应变的比值很小。半刚性材料的回弹应变随荷载作用次数增加而增大，试件临近破坏时，回弹应变会有一个迅速增大的短暂过程。在一定的应力条件下，材料的疲劳寿命取决于材料的强度和刚度。

（四）收缩特性

半刚性基层的收缩主要表现为干燥收缩和温度收缩。干燥收缩是由于半刚性基层中水分不断减少所引起的材料体积收缩现象；温度收缩是由于不同矿物颗粒所组成的固相、液相和气相等在温度变化特别是降温过程中相互作用，使得材料产生体积收缩造成的。虽然干缩和温缩发生的原因不同，但都会引起半刚性结构体积的变化，从而诱发裂缝。

半刚性基层的干、温缩特性与结合料的类型、剂量、试件的含水率和龄期等因素有关，干缩特性常用最大干缩应变与平均干缩系数表征，温缩特性多用温缩系数表征。干缩破坏主要发生在基层成型的初期，尚未被沥青面层覆盖的阶段；而温缩破坏主要是由基层在使用初期昼夜交替产生温差引起的。集料中 0.075mm 以下的含量对半刚性基层材料的收缩影响非常大，因此，在施工时应严格控制 0.075mm 以下的材料用量。

收缩裂缝的危害主要表现在两个方面：外界水分通过裂缝渗入会引起面层的冲刷剥落或基层的冲刷唧泥；过小的裂缝间距破坏了路面结构的整体性，改变了受力状态。

无机结合料稳定材料的干缩试验方法和温缩试验方法分别见《公路工程无机结合料稳定材料试验规程》(JTG E51—2009)中的“T 0854—2009”和“T 0855—2009”。

(五)冲刷特性

沥青路面开裂或水泥混凝土路面接缝的填缝料丧失，通过面层进入基层的水若不能及时排出，基层遇水后湿软，非结合料联结的颗粒间联结力减弱或丧失，在高速、重载车辆的作用下产生很大的动水压力，将细料冲刷带到路表，造成唧泥和路面面层脱空。基层冲刷破坏的程度与水量和材料中细集料含量有关，水量越大、细集料含量越多，冲刷破坏越严重。

有试验研究表明，通常混合料的抗压强度越高，其抗冲刷性能越好，因此可通过适当提高抗压强度的方法来提高半刚性基层的抗冲刷性能。

(六)水稳定性和抗冻性

无机结合料稳定材料作基层材料时除了具有适当的强度，能随设计荷载外，还应具备一定的水稳定性和抗冻性，评价方法分别为浸水强度和冻融循环试验。通常稳定类基层因面层开裂、渗水或两侧路肩渗水使稳定材料含水率增加，强度降低，引发路面早期破坏；在严寒冰冻地区，冰冻亦会加剧这种破坏。

二、无机结合料稳定材料的组成设计

无机结合料稳定材料组成设计包括原材料检验、混合料的目标配合比设计、混合料的生产配合比设计和施工参数确定四方面的内容。

(一)原材料检验

原材料检验包括结合料、被稳定材料及其他相关材料的试验，所有检测指标均应满足相关设计标准或技术文件的要求。

(二)目标配合比设计

1.设计目的与内容

目标配合比设计是根据强度标准选择适宜稳定的材料，确定必需的或最佳的无机结合料组成与剂量、验证混合料相关的设计及施工技术指标。设计内容包括：选择级配范围；确定结合料类型及掺配比例；验证混合料相关的设计及施工技术指标三方面的工作内容。

2.组成设计步骤

(1)选择级配范围

根据当地材料特点和混合料设计要求，结合工程实践经验和混合料推荐级配范围[详见《公路路面基层施工技术细则》(JTG/T F20—2015)]，选择最优的工程级配。

(2)选择不少于 5 个不同结合料剂量制备混合料试件

水泥稳定材料的水泥剂量以水泥质量占全部干燥被稳定材料质量的百分率表示，即水泥剂量＝水泥质量/干燥被稳定材料质量；石灰稳定材料的石灰剂量以石灰质量占全部干燥被稳定材料质量的百分率表示，即石灰剂量＝石灰质量/干燥被稳定材料质量；石灰工业废渣混合料采用质量配合比计算，以石灰：工业废渣：被稳定材料的质量比表示。

(3)确定混合料最佳含水率和最大干密度

采用重型击实方法或振动压实法确定不同结合料剂量混合料的最佳含水率和最大干(压实)密度，至少应做三个不同结合料剂量混合料的击实试验，即最小剂量、中间剂量和最大剂量，其余两个混合料的最佳含水率和最大干密度用内插法确定。

(4)根据压实度计算干密度

按规定的压实度，分别计算不同结合料剂量的试件应有的干密度。

(5)按最佳含水率和计算干密度制备试件

采用静压法成型径高比为1：1的标准试件，其中无机结合料稳定细粒材料的试件直径为100mm，无机结合料稳定中、粗粒材料的试件直径为150mm。进行强度试验时，作为平行试验的最少试件数量根据公称最大粒径和变异系数确定，一般细粒材料6个，中粒材料9个，粗粒材料13个。

(6)强度试验及计算

试件在标准养护室温度(20±2)℃，相对湿度95%以上标准养生6d，浸水24h后，按《公路工程无机结合料稳定材料试验规程》(JTG E51—2009)进行无侧限抗压强度试验。根据试验结果计算强度代表值 R_d^0。

$$R_d^0=\overline{R}\cdot(1-Z_\alpha C_v) \tag{1-30}$$

式中：Z_α——标准正态分布表中随保证率(或置信度 α)而变的系数，高速公路和一级公路应取保证率95%，即 $Z_\alpha=1.645$；二级及二级以下公路应取保证率90%，即 $Z_\alpha=1.282$；

$\overline{R}$——一组试验的强度平均值(MPa)；

C_v——一组试验的强度变异系数。

强度数据处理时，宜按3倍标准差的标准剔除异常数值，且同一组试验样本异数值剔除应不多于2个。强度代表值 R_d^0 应不小于强度标准值 R_d，如不满足应重新进行配合比试验。

(7)选定结合料剂量

根据表1-8的强度标准，选定合适的结合料剂量。

(8)级配曲线优化

在目标级配曲线优化选择过程中，应选择不少于4条级配曲线，试验级配曲线可按推荐的级配范围和以往工程经验或数学模型设计确定。

(9)合成目标级配曲线并进行性能验证

按确定的目标级配，根据各档材料的平均筛分曲线，确定其使用比例，得到混合料的合成级配。在根据合成级配进行混合料执行击实试验和7d龄期无侧限抗压强度试验，验证混合料性能。

3.生产配合比设计

(1)根据目标配合比确定的各档材料比例，应对拌和设备进行调试和标定，确定合理的生产参数。

(2)拌和设备的调试和标定包括料斗称量精度的标定、结合料剂量的标定和拌和设备加水量的控制等内容。绘制不少于5个点的水泥剂量标定曲线。按各档材料的比例关系，设定相应的称量装置，调节拌和设备各个料仓的进料速度。按设备好的施工参数进行第一阶段试生产，验证生产级配。不满足要求时，应进一步调整施工参数。

(3)进行不同成型试件条件下的混合料强度试验，绘制相应的延迟试件曲线，并根据设计要求确定容许延迟时间。

(4)在第一阶段试生产试验的基础上，进行第二阶段试验。分别按不同结合料剂量和含水率进行混合料试拌，并取样、试验。

通过混合料中实际含水率的测定，确定施工过程中水流量计的设定范围。通过混合料中实际结合料剂量的测定，确定施工过程中结合料掺加的相关技术参数。通过击实试验，确定结合料剂量变化、含水率变化对混合料最大干密度的影响。通过抗压强度试验，确定材料的实际强度水平和拌和工艺的变异水平。

(5)混合料生产参数的确定包括结合料剂量、含水率和最大干密度等指标。工地实际采用的结合料剂量宜比室内试验确定度剂量多0.5%～1.0%，集中厂拌法施工时，可只增加0.5%；路拌法施工时，宜增加1%。含水率可增加1%～2%，最大干密度以最终合成级配击实试验的结果为标准。

三、石灰粉煤灰稳定材料强度形成机理

(一)石灰粉煤灰稳定材料的强度形成机理

石灰粉煤灰稳定材料时，石灰在水的作用下形成饱和的$Ca(OH)_2$溶液，粉煤灰中的活性氧化硅和氧化铝在$Ca(OH)_2$溶液中产生火山灰反应，生成水化硅酸钙和铝酸钙凝胶，使颗粒胶凝在一起。随水化物不断产生而结晶硬化，在温度较高时，混合料强度不断增长。石灰粉煤灰稳定材料基层具有：水硬性、缓凝性、强度高、稳定性好，成板体，且强度随龄期不断增加，抗水、抗冻、抗裂且收缩性小，能适应各种气候环境和水文地质条件。

石灰粉煤灰稳定材料的强度形成机理与石灰稳定材料基本相同，主要依靠集料的骨架作用和石灰粉煤灰的水硬性胶结及填充作用。由于粉煤灰能提供较多的活性氧化硅和活性氧化铝成分，在石灰的碱性激发作用下生成较多的水化硅酸钙、水化铝酸钙，具有较高的强度和稳定性。

(二)石灰粉煤灰稳定材料强度的影响因素

石灰粉煤灰稳定材料的强度随龄期的增长速率缓慢，早期强度较低，但到后期仍然保持一定的强度增长速率，有着较高的后期强度。石灰粉煤灰稳定材料中粉煤灰的用量越多，初期强度就越低，后期的强度增长幅度也越大。如果需要提高石灰粉煤灰稳定材料的早期强度，可以掺加少量水泥或某些早强剂。

养生温度对石灰粉煤灰稳定材料的抗压强度有明显影响，较高的温度会促使火山灰反应进程加快。而当气温低于4℃时，石灰粉煤灰混合料的抗压强度几乎停止增长。

(三)石灰稳定材料的强度形成机理

石灰稳定材料强度的形成与发展是通过机械压实、离子交换反应、氢氧化钙结晶和碳酸化反应，以及火山灰反应等一系列复杂的物理与化学作用过程完成的。

1.离子交换作用

二价Ca^{2+}和Mg^{2+}能当量替换土粒中的一价阳离子Na^{+}、K^{+}，交换的结果使得胶体扩散层的厚度减薄，范德华引力增大，促使土粒凝集和凝聚，并形成稳定团粒结构，导致被稳定材料的分散性、湿坍性和膨胀性降低。这种离子交换作用在初期进行得很迅速，并随着Ca^{2+}和Mg^{2+}在被稳定材料中扩散地进行，这是被稳定材料加入石灰后初期性质得到改善的主要原因。

2. 结晶作用

在石灰稳定材料中绝大部分氢氧化钙溶解于水，形成 $Ca(OH)_2$ 的饱和溶液，随着水分的蒸发和石灰土反应的进行，特别是石灰剂量较高时，有可能会引起溶液中某种程度的过饱和。$Ca(OH)_2$ 晶体即从过饱和溶液中析出，产生 $Ca(OH)_2$ 的结晶反应。此过程使 $Ca(OH)_2$ 由胶体逐渐转变成晶体，晶体相互结合，并与被稳定材料等结合起来形成共晶体。结晶的 $Ca(OH)_2$ 溶解度较小，因而使石灰稳定材料强度和水稳性有所提高。

3. 火山灰作用

石灰加入被稳定材料中后，氢氧化钙与稳定材料中的活性 SiO_2 和 $A1_2O_3$ 作用生成含水的硅酸钙和铝酸钙，此种作用称为火山灰作用。

生成物具有水硬性，强度较高、水稳性较好，增加了被稳定材料颗粒之间的固化凝聚力，提高石灰稳定材料的强度和水稳定性，并促使石灰土在相当长的时期内增长强度，是石灰稳定材料具有早期强度的主要原因。

4. 碳酸化作用

石灰加入被稳定材料中后，氢氧化钙从空气中吸收水分和二氧化碳可以生成不溶解的碳酸钙，此种作用称为碳酸化作用。

碳酸化作用实际上是二氧化碳与水形成碳酸，然后与氢氧化钙反应生成碳酸钙，所以碳酸化作用不能在没有水分的全干状态下进行。$CaCO_3$ 是坚硬的结晶体，具有较高的强度和水稳性，它对土的胶结作用使被稳定材料得到了加固。

习　题

1-18　无机结合料稳定材料无侧限抗压强度试验所用试样采用径高比为(　　)的圆柱体。

A. 1∶0.5　　B. 1∶1　　C. 1∶1.5　　D. 2∶1

1-19　水泥稳定材料劈裂强度试验，试件正确的养生方法应是(　　)。

A. 先标准养生 2d，再浸水养生 1d　　B. 先标准养生 6d，再浸水养生 1d

C. 先标准养生 27d，在浸水养生 1d　　D. 先标准养生 89d，再浸水养生 1d

1-20　为消除过火石灰的危害，所采取的措施是(　　)。

A. 碳化　　B. 结晶　　C. 煅烧　　D. 陈伏

1-21　无机结合料材料的最佳含水率和最大干(压实)密度采用(　　)确定。

A. 重型击实方法　　B. 经验法　　C. 计算法　　D. 称重法

1-22　无机结合料稳定材料组成设计时，需选择不少于(　　)个不同结合料剂量制备混合料试件。

A. 3　　B. 4　　C. 5　　D. 6

第四节　水泥混凝土和砂浆

一、水泥混凝土

混凝土是指用胶凝材料将粗细集料(或填料)胶结为整体的复合固体材料的总称。普通混凝土是指以水泥为胶凝材料，石子、砂为粗、细集料，经加水搅拌、浇筑成型、凝结硬化而成的"人工石材"，即通称的水泥混凝土。在水泥混凝土中，砂石集料起到骨架、填充和体积稳定作用；水泥浆在混凝土凝结硬化前起填充、包裹、润滑作用，混凝土凝结硬化后起胶结作用。

(一)普通混凝土的技术性质及影响因素

1. 混凝土拌合物的和易性

混凝土拌合物是指将水泥，粗、细集料，必要时还掺加外加剂和/或混合材，按确定的比例加水搅拌所得的具有流动性与可塑性的混合物；是处于生产与施工阶段尚未凝结硬化的混凝土，也常称为新拌混凝土。

(1)和易性的含义

混凝土拌合物的和易性又常称为工作性，是指其易于搅拌、运输、浇捣成型，并能获得质量均匀密实的混凝土的一项综合技术性能。

混凝土的和易性通常包括流动性、黏聚性、保水性等三个方面。流动性是拌合物在自重或外力作用下产生流动的难易程度；黏聚性是混凝土拌合物在生产、运输、施工过程中其组成材料之间有一定的黏聚力，不致产生分层和离析的现象；保水性是拌合物不产生严重泌水现象、保持水分的能力。

一般来说，混凝土拌合物的流动性越大，则其黏聚性与保水性越差。

(2)和易性的测试与评定

根据《普通混凝土拌合物性能试验方法标准》(GB/T 50080—2016)，混凝土拌合物和易性的测试采用坍落度、维勃稠度法两种方法。

①坍落度法与坍落扩展度法

坍落度试验是将搅拌均匀的混凝土拌合物分三层装入一上口内径为 100mm、下底内径为 200mm、高度为 300mm 的圆锥形坍落度筒内，每层用弹头棒均匀地捣插 25 次，将上口表面混凝土抹平，然后垂直提起坍落度筒，测试混凝土在自重作用下克服内摩阻力所坍落的高度(以 mm 为单位)。坍落度越大，则拌合物的流动性越好。

坍落度法评定和易性通常适用于坍落度≥10mm 和粗集料最大粒径≤31.5mm 的混凝土拌合物。

②维勃稠度试验法

对于坍落度值小于 10mm 和粗集料最大粒径≤31.5mm 的干硬性混凝土，坍落度法已不能客观准确地反映其流动性大小，故一般采用维勃稠度法测定其工作性。

我国《普通混凝土拌合物性能试验方法标准》(GB/T 50080—2016)和《公路工程水泥及水泥混凝土试验规程》(JTG E30—2005)规定：维勃稠度试验方法是将坍落度筒放在直径为 240mm、高度为 200mm 圆筒中，圆筒安装在专用的振动台上。按坍落度试验的方法将新拌混凝土装入坍落度筒内后再拔去坍落度筒，并在新拌混凝土顶上置一透明圆盘。开动振动台并记录时间，从开始震动至透明圆盘底面被水泥浆布满瞬间止，所经历的时间，以 s 计(准确至 1s)，即为新拌混凝土的维勃稠度值。

(3)影响混凝土拌合物和易性的主要因素

①单位用水量

单位用水量实际上决定了混凝土拌合物中水泥浆的数量，因而是混凝土流动性的决定因素之一。组成材料确定的情况下，混凝土拌合物的流动性随单位用水量的增加而增大。当水胶比一定时，若单位用水量过小，则水泥浆数量过少，集料颗粒间缺乏足够的润滑与黏结浆体，拌合物的流动性与黏聚性较差，易发生离析与崩坍，且不易成型密实；若单位用水量过多，虽然混凝土拌合物的流动性会增大，但黏聚性和保水性也会随之变差，易产生泌水、分层、离析，从而严重影响混凝土的匀质性、强度和耐久性。此外，当水胶比一定时，水泥用量也会随着单位用水量而增加，单方混凝土成本提高。

配合比设计时可通过固定用水量保证混凝土坍落度的同时，在一定范围内调整水泥用量，即调整水胶比，来满足强度和耐久性要求；也就是可以配制出坍落度相近而强度不同的混凝土。在进行混凝土配合比设计时，单位用水量可根据施工要求的坍落度和粗集料的种类、规格，根据《普通混凝土配合比设计规程》(JGJ 55—2011)按表 1-9 选用，再通过试配调整，最终确定单位用水量。

混凝土单位用水量选定表

表 1-9

项目	指标	卵石最大粒径(mm)				碎石最大粒径(mm)			
		10	20	31.5	40	16	20	31.5	40
坍落度(mm)	10～30	190	170	160	150	200	185	175	165
	35～50	200	180	170	160	210	195	185	175
	55～70	210	190	180	170	220	205	195	185
	75～90	215	195	185	175	230	215	205	195
维勃稠度(s)	16～20	175	160	—	145	180	170	—	155
	11～15	180	165	—	150	185	175	—	160
	5～10	185	170	—	155	190	180	—	165

注：1. 本表用水量系采用中砂时的平均取值，如采用细砂，每立方米混凝土用水量可增加 5～10kg，采用粗砂时则可减少 5～10kg。

2. 掺用各种外加剂或掺合料时，可相应增减用水量。

3. 本表不适用于水胶比小于 0.4 时的混凝土以及采用特殊成型工艺的混凝土。

②浆集比

浆集比是指单位水泥浆用量与单位砂石集料用量之比值。当水胶比一定的时，浆集比越大，即水泥浆量越多，混凝土流动性越大。浆集比太大，易发生流浆现象，使黏聚性下降。浆集比太小，因集料间缺少润滑层与黏结体，拌合物易发生崩塌现象。因此，合理的浆集比是混凝土拌合物和易性的良好保证。

③水胶比

水胶比是指混凝土中用水量与胶凝材料用量之比。在胶凝材料用量和集料用量一定时，水胶比的变化即反映水泥浆稠度的变化。水胶比小，则水泥浆稠度大，混凝土拌合物流动性小，造成施工困难，不能保证混凝土的密实成型。反之，拌合物的流动性会随水胶比的增加而增大；但水胶比过大会严重影响混凝拌合物的黏聚性和保水性。当水胶比超过某一极限值时，会造成混凝土拌合物严重的离析、泌水，进而导致混凝土强度与耐久性显著降低。因此，水胶比是影响混凝土主要性能的至关重要的参数，应严格按混凝土设计强度和耐久性要求合理选用。

④砂率

砂率是指砂子(细集料)占砂石(全部集料)总重量的百分率。当水泥用量和水胶比一定时，增大砂率，混凝土流动性增大，砂率超过一定值时，流动性随砂率增加而下降。砂率减小，混凝土的黏聚性和保水性均下降，易产生泌水、离析和流浆现象。合理砂率是指砂子在填满石子间的空隙后有一定的富余量，能在石子间形成一定厚度的砂浆层，以减少粗集料间的摩擦阻力，使混凝土流动性达最大值；或者在保持流动性不变的情况下，使水泥用量为最小值。

对重要的大型混凝土工程，合理砂率通常根据上述原则通过试验确定；对普通混凝土工程，可根据经验或根据《普通混凝土配合比设计规程》(JGJ 55—2011)参照表1-10选用。

混凝土砂率选用表

表1-10

水胶比(W/C)	卵石最大粒径(mm)			碎石最大粒径(mm)		
	10	20	40	16	20	40
0.40	26～32	25～31	24～30	30～35	29～34	27～32
0.50	30～35	29～34	28～33	33～38	32～37	30～35
0.60	33～38	32～37	31～36	36～41	35～40	33～38
0.70	36～41	35～40	34～39	39～44	38～43	36～41

注：1.表中数值系中砂的选用砂率，对细砂或粗砂，可相应地减少或增大砂率。

2.本砂率适用于坍落度为10～60mm的混凝土，坍落度如大于60mm或小于10mm时，应相应增大或减小砂率；按每增大20mm，砂率增大1%的幅度予以调整。

3.只用一个单粒级粗集料配制混凝土时，砂率值应适当增大。

4.掺有各种外加剂或掺合料时，其合理砂率值应经试验或参照其他有关规定选用。

5.对薄壁构件砂率取偏大值。

⑤水泥品种及细度

水泥品种不同时，达到相同流动性的需水量不同，从而影响混凝土流动性。另一方面，不同水泥品种对水的吸附作用也有差别，从而影响混凝土的保水性和黏聚性。同品种水泥越细，比表面积越大，吸附水分越多，流动性越差，但黏聚性和保水性越好。

⑥集料的品种和粗细程度

当水泥用量和用水量一定时，集料中针片状颗粒含量较少、圆形颗粒较多，级配较好时，混凝土拌合物可获得较大的流动性，黏聚性和保水性也比较好。卵石表面光滑，碎石粗糙且多棱角，因而卵石配制的混凝土流动性较好，但黏聚性和保水性则相对较差。集料粒径越大，砂子的细度模数越大，则流动性越大，但黏聚性和保水性有所下降。

⑦外加剂

改善混凝土和易性的外加剂主要有减水剂和引气剂，能使混凝土在不增加用水量的条件下增加流动性，并具有良好的黏聚性和保水性。

⑧时间、气候条件

混凝土拌合物的流动性随着时间的延长而逐渐减低。环境气温越高、湿度越小、风速越大，水分蒸发越快，拌合物的流动性损失越快。

2.混凝土强度

足够的强度是混凝土结构能承受各种荷载作用的前提，是配合比设计、施工控制和质量检验评定的主要技术指标。混凝土的强度主要有抗压强度、抗折强度、抗拉强度和抗剪强度等。

(1)立方体抗压强度 f_{cu} 和强度等级

根据我国《普通混凝土力学性能试验方法标准》(GB/T 50081—2002)规定，将混凝土拌合物按标准方法制作成标准尺寸为150mm×150mm×150mm的立方体试件，在温度为(20±2)℃、相对湿度大于95%的空气(或不流动的$Ca(OH)_2$饱和溶液中)的标准养护条件下养护至龄期为28d时，测得的单位面积上所能承受的抗压极限荷载，称为混凝土立方体抗压强度，以

f_{cu}表示。

$$f_{cu}=\frac{F}{A} \tag{1-31}$$

式中：f_{cu}——混凝土试件抗压强度(MPa)；

F——试件破坏荷载(N)；

A——试件承压面积(mm^2)。

混凝土抗压强度计算精确至 0.1MPa。

根据粗集料最大粒径和实际试验条件，可采用尺寸为 100mm×100mm×100mm 或 200mm×200mm×200mm 的立方体试件，但应分别乘以 0.95 和 1.05 的相应换算系数。

在混凝土中将具有 95%强度保证率的立方体抗压强度值称为立方体抗压强度标准值($f_{cu,k}$)；即在混凝土强度总体分布中强度值低于$f_{cu,k}$的百分率不超过 5%。立方体抗压强度标准值是划分混凝土强度等级的依据。强度等级采用符号 C 和相应的标准值表示，混凝土划分为 C10、C15、C20、C25、C30、C35、C40、C45、C50、C55、C60、C65、C70、C75、C80、C85、C90、C95 和 C100 共 19 个强度等级。

(2)轴心抗压强度 f_{cp}

轴心抗压强度也称为棱柱体抗压强度。采用 150mm×150mm×(300～450)mm 的棱柱体试件，经标准养护到 28d 测试而得的单位面积所能承受的极限抗压荷载，其测试和计算方法与立方体抗压强度类似。同一材料的轴心抗压强度 f_{cp} 小于立方体强度 f_{cu}，其比值大约为 $f_{cp}=(0.7\sim0.8)f_{cu}$。具有 95%强度保证率的轴心抗压强度称为轴心抗压强度标准值，该值是混凝土结构计算强度的取值依据。

(3)抗弯拉强度(抗折强度)f_{cf}

抗弯拉强度亦称抗折强度。在路面和机场道面混凝土结构中，混凝土主要承受弯拉荷载作用，因此以弯拉强度作为结构设计和质量控制的强度指标。混凝土抗弯拉强度是按标准方法制作标准尺寸为 150mm×150mm×550mm 的直角棱柱体小梁试件，在标准养护条件下养护 28d 后，采用三点加载方式进行试验，所测得的单位面积所能承受的极限荷载。弯拉强度按式(1-32)计算。

$$f_f=\frac{Fl}{bh^2} \tag{1-32}$$

式中：f_f——混凝土抗弯拉强度(MPa，精确至 0.1MPa)；

F——试件破坏荷载(N)；

l——支座间跨度 (mm)；

h——试件截面高度(mm)；

b——试件截面宽度(mm)。

(4)(劈裂)抗拉强度 f_{ts}

混凝土的抗拉强度很低，只有抗压强度的 1/20～1/10；混凝土强度等级越高，其比值越小。抗拉强度是结构设计中裂缝宽度和裂缝间距计算控制的主要指标，也是抵抗由于收缩和温度变形而导致开裂的主要指标。

故国内外普遍采用劈裂法间接测定混凝土的抗拉强度，即劈裂抗拉强度。

劈拉试验标准试件尺寸为边长 150mm 的立方体试件，在上下两相对面的中心线上施加均布线荷载，使试件内竖向平面上产生均布拉应力。

此拉应力可通过弹性理论计算得出，计算式如下：

$$f_{ts}=\frac{2F}{\pi A}=0.637\frac{F}{A} \tag{1-33}$$

式中：f_{ts}——混凝土劈裂抗拉强度（MPa）；

F——破坏荷载（N）；

A——试件劈裂面积（mm^2）。

（5）影响混凝土强度的主要因素

影响混凝土强度的因素很多，从内因来说主要有胶凝材料强度、水胶比和集料质量；从外因来说，则主要有施工条件、养护温度、湿度、龄期、试验条件和外加剂等。

①水泥强度和水胶比

胶凝材料强度越高，则胶凝材料自身强度及与集料的黏结强度就越高，混凝土强度也越高，试验证明，混凝土与胶凝材料强度成正比关系。

在胶凝材料强度和其他条件相同的情况下，水胶比越小，混凝土强度越高，水胶比越大，混凝土强度越低。但水胶比太小，混凝土过于干稠，使得不能保证振捣均匀密实，强度反而降低。试验证明，在相同的情况下，混凝土的强度（f_{cu}）与水胶比呈有规律的曲线关系，而与胶水比则呈线性关系。

通过大量试验资料的数理统计分析，建立了混凝土强度经验公式（又称鲍罗米公式）：

$$f_{cu}=\alpha_a f_b\left(\frac{B}{W}-\alpha_b\right) \tag{1-34}$$

式中：f_{cu}——混凝土的立方体抗压强度（MPa）；

$\frac{B}{W}$——混凝土的胶水比，即 $1m^3$ 混凝土中胶凝材料与水用量之比，其倒数是水胶比；

f_b——胶凝材料 28d 胶砂抗压强度（MPa）；

α_a、α_b——与集料种类有关的经验系数。

胶凝材料 28d 胶砂抗压强度值（f_b）根据水泥胶砂强度试验方法测定。在进行混凝土配合比设计和实际施工中，需要事先确定胶凝材料强度。当无条件实测时，可按式（1-35）计算。

$$f_b=\gamma_f\gamma_s f_{ce} \tag{1-35}$$

式中：$\gamma_f\gamma_s$——粉煤灰影响系数和粒化高炉矿渣粉影响系数，可按表 1-11 选取。

粉煤灰影响系数（γ_f）和粒化高炉矿渣粉影响系数（γ_s） 表 1-11

掺量（%）	粉煤灰影响系数 γ_f	粒化高炉矿渣粉影响系数 γ_s
0	1.00	1.00
10	0.85～0.95	1.00
20	0.75～0.85	0.95～1.00
30	0.65～0.75	0.90～1.00
40	0.55～0.65	0.80～0.90
50	—	0.70～0.85

水泥 28d 胶砂抗压强度（f_{ce}）无实测值时，可按经验公式 $f_{ce}=\gamma_c f_{ce,g}$ 计算，水泥强度等级值富余系数 γ_c 取值为：32.5 级水泥取 1.12，42.5 级水泥取 1.16，52.5 级水泥取 1.10；如水泥已存放一定时间，则取 1.0；如存放时间超过 3 个月，或水泥已有结块现象，可能小于 1.0，必须通过试验实测。

经验系数 α_a、α_b 可通过试验或本地区经验确定。根据所用集料品种，《普通混凝土配合比设计规程》(JGJ 55—2011)提供的参数，碎石：$\alpha_a=0.53$，$\alpha_b=0.20$；卵石：$\alpha_a=0.49$，$\alpha_b=0.13$。

②集料的品质

集料中的有害物质含量高，则混凝土强度低；集料自身强度不足，也可能降低混凝土强度。

碎石表面较粗糙，多棱角，与水泥砂浆的机械啮合力(即黏结强度)提高，混凝土强度较高。相反，卵石表面光洁，强度也较低。粗集料中针片状含量较高时，将降低混凝土强度，对抗折强度的影响更显著。

③施工条件

施工条件主要指搅拌和振捣成型。机械搅拌强度相对较高；搅拌时间越长，混凝土强度越高。投料方式对强度也有一定影响，如先投入粗集料、水泥和适量水搅拌一定时间，再加入砂和其余水，能比一次全部投料搅拌提高强度10%左右。

④养护条件

养护环境温度高，水泥水化速度加快，混凝土强度发展也快，早期强度高；反之亦然。空气相对湿度低，空气干燥，混凝土中的水分挥发加快，致使混凝土缺水而停止水化，混凝土强度发展受阻。另一方面，混凝土在强度较低时失水过快，极易引起干缩，影响混凝土耐久性。

⑤龄期

随养护龄期增长，水泥水化程度提高，凝胶体增多，自由水和孔隙率减少，密实度提高，混凝土强度也随之提高。最初的7d内强度增长较快，而后增幅减少，28d以后，强度增长更趋缓慢；但如果养护条件得当，则在数十年内仍将有所增长。

普通硅酸盐水泥配制的混凝土，在标准养护下，混凝土强度的发展大致与龄期(d)的对数成正比关系，因此可根据某一龄期的强度推定另一龄期的强度，特别是以早期强度推算28d龄期强度，如下式：

$$f_{cu,28}=\frac{\lg 28}{\lg n}\cdot f_{cu,n} \tag{1-36}$$

式中：$f_{cu,28}$、$f_{cu,n}$——分别为第28d和第nd时的混凝土抗压强度，n必须≥3。

当采用早强型普通硅酸盐水泥时，由3～7d强度推算28d强度会偏大。

⑥外加剂

在混凝土中掺入减水剂，可在保证相同流动性前提下，减少用水量，降低水胶比，从而提高混凝土的强度；掺入早强剂，则可有效加速水泥水化速度，提高混凝土早期强度，但对28d强度不一定有利，后期强度还有可能下降。

⑦试验条件

试验条件是指试件的尺寸、形状、表面状态和加载速度等。

试件的尺寸越小，测得的强度相对越高。试件形状主要指棱柱体和立方体试件之间的强度差异。由于“环箍效应”的影响，所测的棱柱体强度较低。试件表面平整，则受力均匀，所测强度较高；而表面粗糙或凹凸不平，则受力不均匀，所测强度偏低。若试件表面涂润滑剂及其他油脂物质时，“环箍效应”减弱，所测强度较低。混凝土含水率较高时，由于软化作用，强度较低；而混凝土干燥时，则强度较高。且混凝土强度等级越低，差异越大。当加载速度较快时，材料变形的增长落后于荷载的增加速度，故破坏时的强度值偏高；相反，当加载速度很慢，混凝土将产生徐变，使强度偏低。

3.混凝土的变形性能

混凝土在凝结硬化过程和凝结硬化以后，均将产生一定量的体积变形。主要包括化学收缩、干湿变形、自收缩、温度变形及荷载作用下的变形。

(1)化学收缩

由水泥水化和凝结硬化而产生的自身体积减缩，称为化学收缩。其收缩值随混凝土龄期的增加而增大，大致与时间的对数成正比，亦即早期收缩大，后期收缩小。水泥用量越大，化学收缩值越大。化学收缩是不可逆变形。

(2)湿胀干缩

因混凝土内部水分蒸发引起的体积变形，称为干燥收缩。混凝土吸湿或吸水引起的膨胀，称为湿胀。在混凝土凝结硬化初期，如空气过于干燥或风速大、蒸发快，可导致混凝土塑性收缩裂缝。在混凝土凝结硬化以后，当收缩值过大，收缩应力超过混凝土极限抗拉强度时，可导致混凝土干缩裂缝。

(3)自收缩

自收缩和干缩产生的机理在实质上是一致的，常温条件下主要由毛细孔失水，形成水凹液而产生收缩应力。自收缩是因水泥水化导致混凝土内部缺水，外部水分未能及时补充而产生。干缩则是混凝土内部水分向外部挥发而产生。研究结果表明，当混凝土的水胶比低于0.3时，自收缩率高达$200\times10^{-6}\sim400\times10^{-6}$。胶凝材料的用量增加和硅灰、磨细矿粉的使用都将增加混凝土的自收缩值。

影响混凝土收缩值的因素主要有水泥用量、水胶比、水泥品种和强度、环境条件等。在水胶比一定时，水泥用量越大，混凝土干缩值也越大。相反，若集料含量越高，水泥用量越少，则混凝土干缩越小。在水泥用量一定时，水胶比越大，多余水分越多，蒸发收缩值也越大。一般情况下，矿渣水泥比普通水泥收缩大。高强度水泥比低强度水泥收缩大。气温越高、环境湿度越小或风速越大，混凝土的干燥速度越快，在混凝土凝结硬化初期特别容易引起干缩开裂。空气相对湿度越低，最终的极限收缩也越大。

(4)温度变形

混凝土的温度膨胀系数大约为10×10^{-6}m/(m·℃)。即温度每升高或降低1℃，长1m的混凝土将产生0.01mm的膨胀或收缩变形。混凝土的温度变形对大体积混凝土、纵长结构混凝土及大面积混凝土工程等极为不利，极易产生温度裂缝。

(5)荷载作用下的变形

①短期荷载作用下的变形

混凝土在外力作用下的变形包括弹性变形和塑性变形两部分。塑性变形主要由水泥凝胶体的塑性流动和各组成间的滑移产生，混凝土是一种弹塑性材料，在短期荷载作用下，其应力—应变关系为一条曲线。

②混凝土的静力弹性模量

弹性模量为应力与应变之比值。混凝土是弹塑性材料，不同应力水平的应力与应变之比值为变数。应力水平越高，塑性变形比重越大，故测得的比值越小。我国《普通混凝土力学性能试验方法标准》(GB/T 50081—2002)规定，混凝土的弹性模量是以棱柱体(150mm×150mm×300mm)试件抗压强度的1/3作为控制值，在此应力水平下重复加荷—卸荷至少2次以上，以基本消除塑性变形后测得的应力—应变之比值，是一个条件弹性模量，在数值上近似等于初始切线的斜率。表达式为

$$E_s=\frac{\sigma}{\varepsilon} \tag{1-37}$$

式中：E_s——混凝土静力抗压弹性模量(MPa)；

σ——混凝土的应力取1/3的棱柱轴心抗压强度(MPa)；

ε——混凝土应力为σ时的弹性应变(m/m，无量纲)。

影响弹性模量的因素主要有：混凝土强度越高，弹性模量越大。集料含量越高，集料自身的弹性模量越大，则混凝土弹性模量越大。混凝土水胶比越小，混凝土越密实，弹性模量越大。混凝土养护龄期越长，弹性模量也越大。早期养护温度较低时，弹性模量较大，亦即蒸汽养护混凝土的弹性模量较小。掺入引气剂将使混凝土弹性模量下降。

③长期荷载作用下的变形——徐变

混凝土在一定的应力水平(如50%～70%的极限强度)下，保持荷载不变，随着时间的延续而增加的变形称为徐变。对普通钢筋混凝土构件，徐变能消除混凝土内部温度应力和收缩应力，减弱混凝土的开裂现象。对预应力混凝土结构，混凝土的徐变使预应力损失大大增加，这是极其不利的。因此预应力结构一般要求较高的混凝土强度等级以减小徐变及预应力损失。

影响混凝土徐变变形的因素主要有：水泥用量越大(水胶比一定时)，徐变越大。W/C越小，徐变越小。龄期长、结构致密、强度高，则徐变小。集料用量多，弹性模量高，级配好，最大粒径大，则徐变小。应力水平越高，徐变越大。此外还与试验时的应力种类、试件尺寸、温度等有关。

4.混凝土的耐久性

混凝土的耐久性是指在外部和内部不利因素的长期作用下，保持其原有设计性能和使用功能的性质。外部因素包括酸、碱、盐的腐蚀作用，冰冻破坏作用，水压渗透作用，碳化作用，干湿循环引起的风化作用，荷载应力作用和振动冲击作用等。内部因素主要指的是碱集料反应和自身体积变化。通常用混凝土的抗渗性、抗冻性、抗碳化性能、抗腐蚀性能和碱集料反应综合评价混凝土的耐久性。

《混凝土结构设计规范》(GB 50010—2010)对混凝土结构耐久性作了明确界定；而按《普通混凝土长期性能和耐久性能试验方法标准》(GB/T 50082—2009)规定，普通混凝土长期性能及耐久性试验主要内容包括：①抗冻试验；②动弹性模量试验；③抗水渗透试验；④抗氯离子渗透试验；⑤收缩试验；⑥早期抗裂试验；⑦受压徐变试验；⑧碳化试验；⑨混凝土中钢筋锈蚀试验；⑩抗压疲劳变形试验；⑪抗硫酸盐侵蚀试验；⑫碱集料反应试验。

(1)混凝土的抗渗性

混凝土的抗渗性是指抵抗压力液体(水、油、溶液等)渗透作用的能力。抗渗性是决定混凝土耐久性最主要的技术指标。

混凝土的抗渗性能用抗渗等级表示。抗渗等级的测定是采用6个圆台体标准试件，在规定的试验条件下，加水压至6个试件中有3个试件端面渗水时为止(即达6个试件中3个试件未出现渗水时的最大水压力为止)，混凝土的抗渗等级按下式计算：

$$P=10H-1 \tag{1-38}$$

式中：P——混凝土的抗渗等级(MPa)；

H——6个试件中3个试件表面渗水时的水压力(MPa)。

根据《混凝土质量控制标准》(GB 50164—2011)的规定，混凝土抗渗性能分为P4、P6、P8、

P10、P12和大于P12共6个等级，分别表示混凝土能抵抗0.4MPa、0.6MPa、0.8MPa、1.0MPa、1.2MPa和大于1.2MPa的水压力而不渗漏。

影响混凝土抗渗性的主要因素有：水泥品种、掺混合材种类、水胶比、水泥用量、集料含泥量和级配、施工质量和养护条件等。水胶比越大，混凝土抗渗性能越差。集料含泥量高，则总表面积增大，混凝土达到同样流动性所需用水量增加，毛细孔道增多，含泥量大的集料界面粘结强度低，降低混凝土的抗渗性能。集料级配差，空隙率大，填满空隙所需求泥浆增大，同样导致毛细孔增加，影响抗渗性能。搅拌均匀、振捣密实是混凝土抗渗性能的重要保证。适当的养护温度和浇水养护是保证混凝土抗渗性能的基本措施。

(2)混凝土的抗冻性

混凝土的抗冻性是指混凝土在吸水饱和状态下，能经受多次冻融循环而不破坏，同时也不严重降低强度的性能。

混凝土抗冻性以抗冻等级表示。抗冻等级可通过慢冻法试验来确定，即以标准养护28d龄期的立方体试块在浸水饱和状态下，承受－15～20℃反复冻融循环，以抗压强度下降不超过25%，且质量损失不超过5%时所承受的最大冻融循环次数来确定混凝土的抗冻等级。混凝土的抗冻等级(快冻法)分为F50、F100、F150、F200、F250、F300、F350、F400和大于F400共9个等级；混凝土的抗冻等级(慢冻法)分为D50、D100、D150、D200和大于D200共5个等级；其中的数字表示混凝土能经受的最大冻融循环次数。

影响混凝土抗冻性的主要因素有：原材料性能、水胶比或孔隙率、孔隙特征、吸水饱和程度、混凝土的自身强度、降温速度和冰冻温度等。水胶比大，则孔隙率大，吸水率增大，冰冻破坏严重，抗冻性差。连通毛细孔易吸水饱和，冻害严重。混凝土的孔隙非完全吸水饱和，冰冻过程产生的压力促使水分向孔隙处迁移，从而降低冰冻膨胀应力，对混凝土破坏作用就小。在相同的冰冻破坏应力作用下，混凝土强度越高，冻害程度也就越低。

(3)混凝土的抗碳化性能

混凝土碳化是指混凝土内水化产物$Ca(OH)_2$与空气中的CO_2在一定湿度条件下发生化学反应，产生$CaCO_3$和水的过程。碳化使混凝土的碱度下降，故也称混凝土中性化。

碳化速度与混凝土的原材料、孔隙率和孔隙构造、CO_2浓度、温度、湿度等条件有关。

碳化作用使混凝土的碱度降低，削弱了混凝土中的强碱环境对钢筋的保护作用，导致钢筋锈蚀膨胀。碳化作用还使混凝土的收缩增大，降低混凝土的抗拉强度和抗折强度，严重时直接导致混凝土开裂。碳化作用能适当提高混凝土的抗压强度，但对混凝土结构工程而言，碳化作用造成的危害远远大于抗压强度的提高。

影响混凝土碳化速度的主要因素：水胶比、水泥品种、水泥用量、施工质量、环境条件等。水胶比越大，混凝土的碳化速度越快。水泥水化产物中$Ca(OH)_2$含量高，碳化速度减慢；$Ca(OH)_2$含量低，碳化速度相对较快。水泥用量大，碳化速度慢。搅拌均匀、振捣成型密实、养护良好的混凝土碳化速度较慢。蒸汽养成护的混凝土碳化速度相对较快。空气中CO_2的浓度大，碳化速度加快。当空气相对湿度为50%～75%时，碳化速度最快。

(4)混凝土的碱—集料反应

碱—集料反应是指混凝土中的碱与具有碱活性的集料发生膨胀性反应。碱—集料反应必须具备3个条件：混凝土中有一定数量的碱，集料具有碱活性，有一定的湿度。3个条件同时存在即可产生破坏性膨胀。碱集料反应引起的破坏，一般要经过若干年后才会发现，而一旦发生则很难阻止、补救和修复，因此也称为“碱癌”。大型水工结构、桥梁结构、高等级公路、飞机场跑道一般均要求对集料进行碱活性试验或对水泥的碱含量加以限制。

影响碱—集料反应的主要因素有：混凝土中的碱含量、集料的碱活性成分含量、集料颗粒大小、温度、湿度、受限力等。集料碱活性的检测可采用岩相法、化学法、砂浆长度法、混凝土棱柱体法、压蒸发等。

(5)抗侵蚀性

环境介质对混凝土的侵蚀主要是化学侵蚀，通常有软水侵蚀、硫酸盐侵蚀、镁盐侵蚀、碳酸盐侵蚀等。若是海水侵蚀。通常还伴随着干湿、结晶、冲击等物理作用对混凝土的侵蚀。腐蚀介质主要是通过对水泥石的侵蚀使混凝土性能劣化。

(6)氯离子渗透及钢筋锈蚀

①钢筋锈蚀

钢筋锈蚀是一个电化学过程。混凝土中的钢筋表面存在一层致密的钝化膜，钝化膜一旦遭到破坏，在有足够的水和氧的条件下就会产生电化学腐蚀。钢筋的锈蚀，一方面使钢筋有效截面积减小；另一方面，锈蚀产物体积膨胀使混凝土保护层胀裂甚至脱落，钢筋与混凝土黏结作用下降，破坏共同工作的基础，从而影响混凝土结构物的安全和正常使用性能。

通常采用的钢筋锈蚀试验主要用于测定在给定条件下混凝土中钢筋的锈蚀程度，以对比不同混凝土对钢筋的保护作用，但不适用于在侵蚀性介质中使用的混凝土内钢筋锈蚀试验。试验采用 100mm×100mm×300mm 的棱柱体试件，试件中定位埋置直径为 6mm、普通低碳钢热扎盘条调直制成的钢筋。试件成型后标准养护 28d，再在二氧化碳浓度 20%±3%，温度(20±5)℃，相对湿度 70%±5%条件下碳化 28d，碳化处理后再在标准养护室潮湿养护 56d。破型，测混凝土碳化深度及钢筋锈蚀失重率，以此评价钢筋锈蚀程度及混凝土的护筋作用。

影响钢筋锈蚀的主要因素包括 pH 值、温度、Cl^- 浓度、水胶比、养护龄期、保护层厚度、水泥品种与掺合料等。

②氯离子渗透

混凝土中的氯离子来源于内、外部。内部是拌制混凝土时随原材料而加入的；外部是环境中的氯离子通过混凝土孔溶液逐步向内渗透的。氯离子对混凝土耐久性的影响表现在两方面：一方面是氯离子侵蚀导致混凝土破坏；另一方面是氯离子渗入导致钢筋锈蚀。

氯盐的侵蚀作用强度取决于氯盐溶液浓度以及与氯离子结合的阳离子种类。氯离子浓度越大，对钝化膜的破坏作用越大，钢筋锈蚀速度越快。氯盐对混凝土的侵蚀作用可用氯离子扩散速率表示，用稳定态扩散和非稳定态扩散测定。混凝土抗氯离子侵蚀能力与水胶比、胶凝材料组成等有关。

(7)耐磨性

混凝土的耐磨性是指其抵抗表面磨损的能力。混凝土的表面磨损表现在 3 个方面：一是机械磨耗，如路面、机场跑道、厂房地坪等受到的反复摩擦和冲击等；二是冲磨，如水工泄水结构物、桥墩等受水流及其夹带的泥沙与杂物的磨蚀作用；三是空蚀，水工结构物、桥墩等受水流速度和方向改变形成的空穴冲击作用造成的磨蚀。

《公路工程水泥及水泥混凝土试验规程》(JTG E30—2005)规定路面混凝土耐磨性可用在规定试验条件下单位面积的磨耗量表示。以 150mm×150mm×150mm 立方体试件经标准养护至 27d 龄期，在 60℃温度下烘干至恒重，在带化轮磨头的混凝土磨耗试验机上，在 200N 负荷下磨削 50 转，测试试件单位面积的磨耗量。

影响混凝土耐磨性的因素主要有：混凝土强度、粗集料品种和性能、细集料品种与砂率、水泥与掺合料、养护方法与质量等。

(8)提高混凝土耐久性的措施

①控制混凝土最大水胶比和最小水泥用量。

②合理选择水泥品种。

③选用良好的集料质量和级配。

④加强施工质量控制。

⑤采用适宜的外加剂。

⑥掺入粉煤灰、矿粉、硅灰或沸石粉等活性掺合料。

(二)混凝土外加剂的品种和作用

外加剂是指能有效改善混凝土某项或多项性能的一类材料。

1.外加剂的分类

混凝土外加剂一般根据其主要功能分类。

(1)改善混凝土流变性能的外加剂。主要有减水剂、引气剂、泵送剂等。

(2)调节混凝土凝结硬化性能的外加剂。主要有缓凝剂、速凝剂、早强剂等。

(3)调节混凝土含气量的外加剂。主要有引气剂、加气剂、泡沫剂等。

(4)改善混凝土耐久性的外加剂。主要有引气剂、防水剂、阻锈剂等。

(5)提供混凝土特殊性能的外加剂。主要有防冻剂、膨胀剂、着色剂、引气剂和泵送剂等。

2.减水剂

减水剂是指在混凝土坍落度相同的条件下,能减少拌和用水量;或者在混凝土配合比和用水量均不变的情况下,能增加混凝土坍落度的外加剂。根据减水率大小或坍落度增加幅度分为普通减水剂和高效减水剂两大类。此外,尚有复合型减水剂,如引气减水剂,既具有减水作用,同时具有引气作用;早强减水剂,既具有减水作用,又具有提高早期强度作用;缓凝减水剂,同时具有延缓凝结时间的功能等。

(1)减水剂的主要功能有

①配合比不变时显著提高流动性。

②流动性和水泥用量不变时,减少用水量,降低水胶比,提高强度。

③保持流动性和强度不变时,节约水泥用量,降低成本。

④配制高强高性能混凝土。

(2)减水剂的作用机理

减水剂提高混凝土拌合物流动性的作用机理主要包括分散作用和润滑作用两方面。减水剂实际上为一种表面活性剂,长分子链的一端易溶于水—亲水基,另一端难溶于水—憎水基。

(3)常用减水剂品种

常用减水剂品种有以下六种:木质素系减水剂、萘系减水剂、树脂系减水剂、聚羧酸系减水剂、糖蜜系减水剂和复合减水剂。

3.早强剂

早强剂是指能加速混凝土早期强度发展的外加剂。主要功能是缩短混凝土施工养护期,加快施工进度,提高模板的周转率。主要适用于有早强要求的混凝土工程及低温、负温施工混凝土、有防冻要求的混凝土、预制构件、蒸汽养护等。早强剂主要品种有氯盐、硫酸盐和有机胺三大类,但更多使用的是它们的复合早强剂。

4. 引气剂

引气剂是指掺入混凝土拌合物后，经搅拌能在混凝土拌合物中引入大量分布均匀的微小气泡，以改善其工作性，并在混凝土硬化后能保留微小气泡以改善其抗冻融耐久性的物质。

5. 缓凝剂

缓凝剂是指能延长混凝土的初凝和终凝时间的外加剂。最常用的缓凝剂为木钙和糖蜜。缓凝剂的主要功能有：降低大体积混凝土的水化热和推迟温峰出现时间，有利于减小混凝土内外温差引起的应力开裂；便于夏季施工和连续浇捣的混凝土，防止出现混凝土施工缝；便于泵送施工、滑模施工和远距离运输；通常具有减水作用，故亦能提高混凝土后期强度或增加流动性或节约水泥用量。

6. 速凝剂

速凝剂是指能使混凝土迅速硬化的外加剂。一般初凝时间小于 5min，终凝时间小于 10min，1h 内即产生强度，3d 强度可达基准混凝土 3 倍以上，但后期强度一般低于基准混凝土。速凝剂主要用于喷射混凝土和紧急抢修工程、军事工程、防洪堵水工程等，如矿井、隧道、引水涵洞、地下工程岩壁衬砌、边坡和基坑支护等。

7. 膨胀剂

膨胀剂是指能使混凝土产生一定体积膨胀的外加剂。掺入膨胀剂的目的是补偿混凝土自身收缩、干缩和温度变形，防止混凝土开裂，并提高混凝土的密实性和防水性能。常用膨胀剂品种有硫铝酸钙、氧化钙、氧化镁、铁屑膨胀剂、铝粉膨胀剂等。

8. 泵送剂

能赋予混凝土拌合物泵送性能的外加剂称为泵送剂。泵送性是指混凝土拌合物具有能顺利通过输送管理、不阻塞、不离析、料塑性良好的性能。泵送剂是流化剂中的一种，能大大提高拌合物流动性，还能在 60～180min 时间内保持其流动性，剩余坍落度应不小于原始的 55%。它不是缓凝剂，缓凝时间不宜超过 120min（特殊情况除外）。

（三）普通混凝土配合比设计方法

混凝土配合比是指为配制有一定性能要求的混凝土，单位体积的混凝土中各组成材料的用量或其之间的比例关系。混凝土配合比设计的任务是在满足混凝土工作性、强度和耐久性等技术要求的条件下，比较经济合理地确定水泥、水、细集料、粗集料等材料的用量比例关系。混凝土配合设计的关键是要控制好水胶比（W/B）、单位用水量（m_{wo}）和砂率（β_s）三个基本参数。混凝土配合比设计的基本方法有两种：一是体积法（又称绝对体积法）；二是重量法（又称假定表观密度法）。

混凝土配合比设计步骤为：先计算初步计算配合比；后经试配调整获得满足和易性要求的基准配合比；再经强度和耐久性检验确定出满足设计要求、施工要求和经济合理的试验室配合比；最后根据施工现场砂、石料的含水率换算成施工配合比。

1. 初步配合比的计算

(1)计算混凝土配制强度（$f_{cu,0}$）。

①当混凝土的设计强度等级小于 C60 时，配制强度按式(1-39)计算。

$$f_{cu,0}=m_{f_{cu}}=f_{cu,k}+1.645\sigma \tag{1-39}$$

②当设计强度等级不小于 C60 时，配制强度不小于 $1.15f_{cu,k}$。

当具有近 1 个月～3 个月的同一品种、同一强度等级混凝土的强度资料，且试件不少于 30 组时，混凝土标准差 σ 按式(1-40)计算。

$$\sigma=\sqrt{\frac{\sum_{i=1}^{n}f_{cu,i}^{2}-nm_{f_{cu}}^{2}}{n-1}} \tag{1-40}$$

对于强度等级不大于 C30 时，当混凝土标准差计算值不小于 3.0MPa 时，按计算结果取值，当计算值小于 3.0MPa 时，应取 3.0MPa；对于强度等级大于 C30 且小于 C60 时，当混凝土标准差计算值不小于 4.0MPa 时，按计算结果取值，当计算值小于 4.0MPa 时，应取 4.0MPa。当无统计资料和经验时，可参考表 1-12 取值。

标准差的取值表 表 1-12

混凝土设计强度等级 $f_{cu,k}$	≤C20	C25～C45	C50～C55
σ(MPa)	4.0	5.0	6.0

(2)根据配制强度和耐久性要求计算水胶比(W/B)。

①根据强度要求计算水胶比。

由

$$f_{cu,o}=\alpha_a f_b\left(\frac{B}{W}-\alpha_b\right)$$

则有

$$\frac{W}{B}=\frac{\alpha_a f_b}{f_{cu,o}+\alpha_a\alpha_b f_b}$$

②根据耐久性要求确定最大水胶比限值。

③比较强度要求的水胶比和耐久性要求的水胶比，取两者中最小值。

(3)根据施工要求的坍落度和集料品种、粒径，由表 1-9 选取每立方米混凝土的用水量(m_{w0})。

掺外加剂时，每立方米流动性或大流动性混凝土的单位用水量按式(1-41)计算。

$$m_{w0}=m'_{wo}(1-\beta) \tag{1-41}$$

式中：m_{w0}——计算配合比每立方米单位用水量(kg/m^3)；

m'_{wo}——未掺外加剂时推定的满足实际坍落度要求的每立方米单位用水量(kg/m^3)；

β——外加剂的减水率(%)。

(4)计算每立方米混凝土的各胶凝材料用量。

①计算胶凝材料用量(m_{bo})

$$m_{bo}=m_{wo}\times\frac{B}{W} \tag{1-42}$$

②复核是否满足耐久性要求的最小胶凝材料用量，取两者中的较大值。

③每立方米混凝土的矿物掺合料用量 $m_{fo}=m_{bo}\beta_f$，β_f 为矿物掺合料掺量，参照相关规定确定。

④每立方米混凝土的水泥用量$m_{co}=m_{bo}-m_{fo}$。

(5)确定合理砂率(β_s)。

①可根据集料品种、粒径及 W/B 查表 1-10 选取。实际选用时可采用内插法，并根据附加说明进行修正。

②有条件时，可通过试验确定最优砂率。

(6)计算砂、石用量(m_{so}、m_{go})，并确定初步计算配合比。

①重量法

$$\begin{cases} m_{co}+m_{fo}+m_{go}+m_{so}+m_{wo}=m_{cp} \\ \beta_s=\dfrac{m_{so}}{m_{so}+m_{go}} \end{cases} \tag{1-43}$$

②体积法

$$\begin{cases} \dfrac{m_{co}}{\rho_c}+\dfrac{m_{fo}}{\rho_f}+\dfrac{m_{go}}{\rho_g}+\dfrac{m_{so}}{\rho_s}+\dfrac{m_{w0}}{\rho_w}+0.01\alpha=1 \\ \beta_s=\dfrac{m_{so}}{m_{so}+m_{go}} \end{cases} \tag{1-44}$$

③配合比的表达方式

a.根据上述方法求得的 m_{C0}、m_{f0}、m_{W0}、m_{S0}、m_{g0}，直接以每立方米混凝土材料的用量(kg)表示。

b.根据各材料用量间的比例关系表示：$m_{co}:m_{so}:m_{go}:m_{fo}=1:X:Y:Z$，再加上$W/B$值。

2.基准配合比和试验室配合比的确定

初步计算配合比是根据经验公式和经验图表估算而得，不一定符合实际情况，必经经过试拌验证。当不符合设计要求时，需通过调整使和易性满足施工要求，使W/B满足强度和耐久性要求。

(1)和易性调整——确定基准配合比。根据初步计算配合比配成混凝土拌合物，先测定混凝土坍落度，同时观察黏聚性和保水性。如不符合要求，按下列原则进行调整：

①当坍落度小于设计要求时，可在保持水胶比不变的情况下，增加用水量和相应的水泥用量(水泥浆)。

②当坍落度大于设计要求时，可在保持砂率不变的情况下，增加砂、石用量(相当于减少水泥浆用量)。

③当黏聚性和保水性不良时(通常是砂率不足)，可适当增加砂量，即增大砂率。

④当拌合物显得砂浆量过多时，可单独加入适量石子，即降低砂率。

在混凝土和易性满足要求后，测定拌合物的实际表观密度(m_{cp})，并按下式计算每$1m^3$混凝土的各材料用量，即基准配合比：

令
$$A=C_{拌}+F_{拌}+W_{拌}+S_{拌}+G_{拌}$$

则有

$$\begin{cases} C_j=\dfrac{C_{拌}}{A}\times m_{cp} \\ F_j=\dfrac{F_{拌}}{A}\times m_{cp} \\ W_j=\dfrac{W_{拌}}{A}\times m_{cp} \\ S_j=\dfrac{S_{拌}}{A}\times m_{cp} \\ G_j=\dfrac{G_{拌}}{A}\times m_{cp} \end{cases} \tag{1-45}$$

式中：A——试拌调整后，各材料的实际总用量(kg)；

m_{cp}——混凝土的实测表观密度(kg/m^3)；

$C_{拌}$、$F_{拌}$、$W_{拌}$、$S_{拌}$、$G_{拌}$——试拌调整后，水泥、矿物掺合料、水、砂子、石子实际拌和用量(kg)；

C_j、F_j、W_j、S_j、G_j——基准配合比中 $1m^3$ 混凝土的各材料用量(kg)。

如果按初步计算配合比拌制的混凝土和易性完全满足要求而无须调整，也必须测定实际混凝土拌合物的表观密度，并利用上式计算 C_j、F_j、W_j、S_j、G_j。当混凝土表观密度实测值与计算值之差的绝对值不超过计算值的2%时，则初步计算配合比即为基准配合比，无须调整。

(2)强度和耐久性复核——确定试验室配合比。根据和易性满足要求的基准配合比和水胶比，配制一组混凝土试件；并保持用水量不变，水胶比分别增加或减少0.05再配制2组混凝土试件，用水量应与基准配合比相同，砂率可分别增加或减少1%。制作混凝土强度试件时，应同时检验混凝土拌合物的流动性、黏聚性、保水性和表观密度，并以此结果代表相应配合比的混凝土拌合物的性能。

3组试件经标准养护28d，测定抗压强度，以三组试件的强度和相应灰水比作图，确定与配制强度相对应的胶水比，并重新计算水泥和砂石等用量。当对混凝土的抗渗、抗冻等耐久性指标有要求时，则制作相应试件进行检验。强度和耐久性均合格的水灰比对应的配合比，称为混凝土试验室配合比，计作 C、F、W、S、G。

3.施工配合比

试验室配合比是以干燥(或饱和面干)材料为基准计算而得，但现场施工所用的砂、石料常含有一定水分，因此，在现场配料时，必须先测定砂石料的实际含水率，在用水量中将砂石带入的水扣除，并相应增加砂石料的称量值。设砂的含水率为 $a\%$，石子的含水率为 $b\%$，则施工配合比按下列各式计算：

水泥：$C'=C$；矿物掺合料：$F'=F$；砂子：$S'=S(1+a\%)$；石子：$G'=G(1+b\%)$；水：$W'=W-S\cdot a\%-G\cdot b\%$

(四)混凝土质量评定

1.混凝土的质量控制

引起混凝土质量波动的因素有正常因素和异常因素两大类。正常因素是不可避免的微小变化的因素，如砂、石材料质量的微小变化，它们引起的质量波动一般较小，称为正常波动。异常因素是不正常的变化因素，如原材料的称量错误等，它们引起的质量波动一般较大，称为异常波动。

混凝土的质量控制包括初步控制、生产控制和合格性控制三个过程：

(1)混凝土生产前的初步控制，主要包括人员配备、设备调试、组成材料的检验及配合比的确定与调整等内容。

(2)混凝土生产过程中的生产控制，包括控制称量、搅拌、运输、浇筑、振捣及养护等内容。

(3)混凝土配制、浇筑后的合格性控制，包括批量划分、确定批取样数、确定检测方法和验收界限等内容。

工程中通常以混凝土抗压强度作为评定和控制其质量的主要指标。

2.混凝土强度的合格评定

(1)混凝土强度的波动规律

通过对同一种混凝土进行系统的随机抽样测试，结果表明混凝土强度的波动规律符合正态分布，其正态分布状态可用两个特征统计量——强度平均值($m_{f_{cu}}$)和强度标准差(σ)来进行描述。

强度平均值按式(1-46)计算。

$$m_{f_{cu}}=\frac{1}{n}\sum_{i=1}^{n}f_{cu,i} \tag{1-46}$$

标准差按式(1-47)确定。

$$\sigma=\sqrt{\frac{\sum_{i=1}^{n}f_{cu,i}^{2}-nm_{f_{cu}}^{2}}{n-1}} \tag{1-47}$$

式中：$f_{cu,i}$——检验期内同一品种、同一强度等级的第 i 组混凝土试件的立方体抗压强度代表值；

n——检验期内的样本数量。

强度平均值对应于正态分布曲线中的概率密度峰值处的强度值，故强度平均值反映了混凝土总体强度的平均水平，但不能反映混凝土强度的波动情况。

强度标准差是正态分布曲线上两侧的拐点离开强度平均值处对称轴的距离，它反映了强度离散性(即波动)的情况。σ 值越大，强度分布曲线越矮而宽，说明强度的离散程度较大，反映了生产管理水平低下，强度质量不稳定。

在相同的生产管理水平情况下，对于平均强度不同的混凝土，其强度标准差会随着平均强度的提高而增大。因此，平均强度不同的混凝土之间质量稳定性的比较，可用变异系数 C_v[式(1-48)]表征。C_v 值越小，说明混凝土强度质量越稳定。

$$C_v=\frac{\sigma}{m_{f_{cu}}} \tag{1-48}$$

(2)混凝土强度保证率

在混凝土强度质量控制中，除了须考虑混凝土强度质量的稳定性之外，还必须考虑符合设计要求的强度等级的合格率，即强度保证率。它是指在混凝土强度总体中，不小于设计要求的强度等级标准值($f_{cu,k}$)的概率 P(%)。P＝统计周期内试件强度不低于要求强度等级的组数/统计周期内相同强度等级的混凝土试件组数。

(3)混凝土强度的合格评定

混凝土强度评定分为统计法和非统计法两种。

①当混凝土的生产条件在较长时间内能保持一致，且同一品种混凝土的强度变异性能保持稳定时，应由连续的三组试件代表一个验收批，计算强度平均值和最小值等特征值。其强度应同时符合式(1-49)和式(1-50)要求。

$$m_{f_{cu}}\geqslant f_{cu,k}+0.7\sigma_0 \tag{1-49}$$

$$f_{cu,min}\geqslant f_{cu,k}-0.7\sigma_0 \tag{1-50}$$

当混凝土强度等级不高于 C20 时，尚应符合式(1-51)要求。

$$f_{cu,min}\geqslant 0.85f_{cu,k} \tag{1-51}$$

当混凝土强度等级高于 C20 时，尚应符合式(1-52)要求。

$$f_{cu,min}\geqslant 0.90f_{cu,k} \tag{1-52}$$

式中：$m_{f_{cu}}$——同一验收批混凝土强度的平均值(N/mm^2)；

$f_{cu,k}$——设计的混凝土强度的标准值(N/mm^2)；

σ_0——验收批混凝土强度的标准差(N/mm^2)；

$f_{cu,min}$——同一验收批混凝土强度的最小值(N/mm^2)。

检验批混凝土立方体抗压强度的标准差，精确到 0.01MPa，当检验批混凝土强度标准差计算值小于 2.5MPa 时，应取 2.5MPa。检验批混凝土立方体抗压强度的标准差按式(1-53)确定。

$$\sigma_0=\sqrt{\frac{\sum_{i=1}^{n}f_{cu,i}^2-nm_{f_{cu}}^2}{n-1}} \tag{1-53}$$

式中：$f_{cu,i}$——前一检验期内同一品种、同一强度等级的第 i 组混凝土试件的立方体抗压强度代表值，检验期不应少于60d，也不得大于90d；

n——前一检验期内的样本热量，在该期间内样本容量不应少于45。

②当混凝土的生产条件不能满足上述条件的规定时，或在前一检验期内的同一品种混凝土没有足够的强度数据用以确定验收批混凝土强度标准差时，应由不少于10组的试件代表一个验收批，其强度应同时符合式(1-54)和式(1-55)要求。

$$m_{f_{cu}}\geqslant f_{cu,k}+\lambda_1\cdot S_{f_{cu}} \tag{1-54}$$

$$f_{cu,min}\geqslant\lambda_2 f_{cu,k} \tag{1-55}$$

式中：$S_{f_{cu}}$——同一检验批混凝土立方体抗压强度的标准差，精确到0.01MPa，当检验批混凝土强度标准差 $S_{f_{cu}}$ 计算值小于2.5MPa时，应取2.5MPa。

λ_1、λ_2——合格判定系数，按表1-13取值。

合格判定系数　　表1-13

试件组数	10～14	15～19	≥20
λ_1	1.15	1.05	0.95
λ_2	0.90	0.85	

③当用于评定的样本容量小于10组时，应采用非统计方法评定混凝土强度，验收批强度必须同时符合式(1-56)和式(1-57)规定：

$$m_{f_{cu}}\geqslant\lambda_3\cdot f_{cu,k} \tag{1-56}$$

$$f_{cu,min}\geqslant 0.95\ f_{cu,k} \tag{1-57}$$

式中：混凝土强度等级小于C60时，λ_3 取1.15；混凝土强度等级大于C60时，λ_3 取1.10。

④当对混凝土的试件强度代表性有怀疑时，可采用从结构、构件中钻取芯样或其他非破损检验方法，对结构、构件中的混凝土强度进行推定，作为是否应进行处理的依据。

(五)水泥混凝土强度测定方法

1.试件法检测混凝土强度

按标准方法制作的150mm×150mm×150mm立方体试件，并在标准条件下养护至28d，用标准试验方法测试，按规定计算方法得到的强度值。

(1)仪器设备

压力试验机或万能试验机，测量精度为±1%，试件破坏荷载应大于压力机全量程的20%且小于压力机全量程的80%。

(2)试验步骤

①取出试件，先检查其尺寸及形状，相对两面应平行，表面倾斜偏差不得超过0.5mm。量出棱边长度，精确至1mm。试件受力截面积按其与压力机上下接触面的平均值计算。试件如有蜂窝，应在试验前3d用浓水泥浆填补平整，并在报告中说明。在破型前，保持试件原有湿度，在试验时擦干试件。

②以成型时的侧面为上下受压面，试件安放在球座上，几何对中(指试件或球偏离机台中心在5mm以内)。开动试验机，当上压板与试件或钢垫板接近时，调整球座，使接触均衡。

③在试验过程中应连续均匀加荷，当混凝土强度等级＜C30时加荷速度为0.3～

0.5MPa/s,混凝土强度等级≥C30,且<C60 时加荷速度为 0.5～0.8MPa/s,混凝土强度等级≥C60 时加荷速度为 0.8～1.0MPa/s。

④当试件接近破坏而开始急剧变形时,应停止调整试验机油门,直至破坏,记录破坏极限荷载 F(N)。

(3)试验结果计算

①混凝土立方体试件抗压强度 f_{cu}(以 MPa 表示)按式(1-58)计算。

$$f_{cu}=\frac{F}{A} \tag{1-58}$$

式中:F——极限荷载(N);

A——受压面积(mm^2)。

②以 3 个试件测值的算术平均为测定值。如任一个测值与中值的差超过中值的 15%时,则取中值为测定值:如有 2 个测试值的差值均超过上述规定,则该组试验结果无效。试验结果计算至 0.1MPa。

③混凝土抗压强度以 150mm×150mm×150mm 的方块为标准试件,采用尺寸为 100mm×100mm×100mm 或 200mm×200mm×200mm 的立方体试件,应分别乘以 0.95 和 1.05 的相应换算系数。

2.回弹法检测混凝土强度

(1)主要仪器设备

主要仪器设备包括:回弹仪、碳化深度测试仪、榔头、凿子等。

(2)试验方法及步骤

①在需要测试的构件上按规定要求画出测区,标记测区编号。

②用回弹仪以垂直表面的方式测试各测区的回弹值。每测区布置 16 个测点,测试 16 个回弹值,精确至 1。测点不应在气孔或外露石子上,每个测点只允许回弹一次。

③测量代表性测区或全部测区的碳化深度。

(3)试验结果的计算与评定

①测区回弹值的计算

将一个测区的 16 个回弹值中剔除 3 个最大值和 3 个最小值,计算余下 10 个回弹值的算术平均值 $\overline{R}$,即测区平均回弹值,精确至 0.1。

②非水平方向检测时,对所得回弹值进行角度影响修正,得到修正后的测区平均回弹值 $\overline{R}'$,修正值 R_a 可查阅相关规范。

③检测面为混凝土浇筑表面和底面时,除需要对回弹值进行角度影响修正外,还需进行浇筑面修正,得到修正后的测区平均回弹值$\overline{R}''$,修正值 R_b 可查阅相关规范。

④测区混凝土强度换算值的计算

a.根据测区平均回弹值或修正后的测区平均回弹值和碳化深度值,查相关规范或根据回归公式得到测区混凝土强度换算值 $f^c_{cu,i}$。

b.若混凝土为碳化深度不大于 2.0mm 的泵送混凝土,则需再将测区混凝土强度换算值进行泵送修正,得到泵送修正后的测区混凝土强度换算值 $f^c_{cu,i}$。

c.若采用同条件试件或混凝土芯样的修正,则需再将测区混凝土强度换算值乘以修正系数 η 进行修正,得到经试块或芯样强度修正后的测区混凝土强度换算值 $f^c_{cu,i}$。

⑤结构或构件混凝土强度推定值

a. 结构或构件测区数少于 10 个时，按下式计算该结构或构件的混凝土强度推定值 $f^{c}_{cu,e}$，精确至 0.1MPa。

$$f^{c}_{cu,e}=f^{c}_{cu,min} \tag{1-59}$$

式中：$f^{c}_{cu,min}$——经修正或未修正的最小测区混凝土强度换算值。

b. 结构或构件测区数不少于 10 个和按批量检测时，应按下式计算该结构或构件和该批构件的混凝土强度推定值 $f^{c}_{cu,e}$，精确至 0.1MPa。

$$f^{c}_{cu,e}=m_{f^{c}_{cu}}-1.645\,S_{f^{c}_{cu}} \tag{1-60}$$

$$m_{f^{c}_{cu}}=\frac{\sum_{i=1}^{n}f^{c}_{cu,i}}{n} \tag{1-61}$$

$$S_{f^{c}_{cu}}=\sqrt{\frac{\sum_{i=1}^{n}(f^{c}_{cu,i})^{2}-n(m_{f^{c}_{cu}})^{2}}{n-1}} \tag{1-62}$$

式中：$m_{f^{c}_{cu}}$——结构或构件测区混凝土强度换算值的平均值，精确至 0.1MPa；

$S_{f^{c}_{cu}}$——结构或构件测区混凝土强度换算值的标准差，精确至 0.01MPa；

n——对于单构件，取该构件的测区数；对于批量构件，取所有构件测区数之和。

3. 超声回弹法检测混凝土强度

超声波的传播速度与介质的物理性质以及结构存在密切关系，通过混凝土时其速度与混凝土的弹性模量、强度以及密实程度相关联，超声波波速可在相当程度上反映出混凝土的整体质量。

(1)主要仪器设备

①回弹仪。

②超声波检测仪，要求使用的环境温度应为 0～40℃。

③换能器，频率宜在 50～100kHz。

④空气中实测声速与理论值相比误差不应超过 0.5%。

(2)试验方法及步骤

①在需要测试的构件两侧面上画出对称测区，标记测区编号，并在对称位置标记出超声波探头位置，每测区为 3 点。

②用回弹仪以垂直表面的方式测试各测区的回弹值，每个测点只允许弹一次。每测区在构件两侧分别测试 8 个回弹值 R_i，精确至 1。回弹仪使用方法同回弹法检测混凝土抗压强度试验。

③测试 3 点的声时 t_i，精确至 0.1μs。

(3)试验结果计算与评定

①测区回弹值的计算与修正

测区回弹值的计算方法、非水平方向检测时的角度影响修正、检测面为混凝土浇筑表面和底面时的浇筑面修正与回弹法检测混凝土抗压强度相同。

②超声声速的计算

按式(1-63)计算测区声速值代表值 ν，精确至 0.01km/s。

$$\nu=\frac{1}{3}\sum_{i=1}^{3}\frac{l_i}{t_i} \tag{1-63}$$

③测区混凝土强度换算值 $f^{c}_{cu,i}$

根据规范推荐的经验公式计算测区混凝土强度换算值 $f^{c}_{cu,i}$，精确至 0.1MPa.

④结构或构件混凝土强度推定值

用超声回弹法检测混凝土强度、结构或构件混凝土强度推定值计算同回弹法检测混凝土强度。

4.取芯法检测混凝土强度

从混凝土结构或构件中直接钻取混凝土，并加工成高径比为 1∶1 的试件，测试得到混凝土的真实强度。

(1)主要仪器设备

钻芯机、磨平机、钢筋探测仪、压力试验机、钢直尺、钢卷尺等。

(2)试验方法及步骤

①确定需要测试混凝土强度的构件。

②根据构件受力特点和其他要求确定出取芯的大概区域，并在此区域用钢筋探测仪确定出钢筋位置。

③根据钢筋位置结合构件截面的受力特点，画出取芯和取芯机固定的位置。

④按取芯机操作要求钻取混凝土芯样。

⑤将芯样按适当方式编号，并记录构件和芯样的位置。

⑥把芯样加工成高径比为 1∶1 的试件，并根据构件所处的潮湿状况调节芯样的干湿状态。

⑦在芯样中部两垂直方向测量直径，取平均值 d，精确至 0.5mm；同时检查垂直度、平整度等是否符合要求。

⑧按混凝土立方体抗压强度试验方法测试芯样的抗压强度。

(3)试验结果计算与评定

①混凝土芯样试件的抗压强度。

②单构件混凝土强度推定值。

单构件混凝土强度推定值取芯样试件抗压强度值中的最小值。

③批量检测混凝土强度推定值.

a. $f_{cu,e1}$ 和 $f_{cu,e2}$ 之间的差值不宜大于 5.0MPa 和 $0.10f_{cu,cor,m}$ 两者中的较大值。

b. 宜以 $f_{cu,e1}$ 作为批量检测混凝土强度推定值。

二、砂浆

砂浆是由胶凝材料、细集料、掺合料和水按适当比例配合、拌制并经硬化而成的材料，用于砌筑、抹面、修补和装饰等工程。按所用胶凝材料的不同，可分为水泥砂浆、石灰砂浆和混合砂浆等；按用途可分为砌筑砂浆、抹面砂浆、装饰砂浆和特种砂浆等。下面主要介绍砌筑砂浆的特性。

(一)新拌砂浆的和易性

新拌砂浆的和易性是指新拌砂浆是否便于施工并保证质量的综合性质。新拌砂浆的施工和易性包括流动性和保水性两方面的性能。

1.流动性

砂浆流动性也称为稠度，是指其在重力或外力作用下流动的性质。砂浆流动性用砂浆稠度测定仪测定。试验时，将按预定配合比的砂浆装入圆锥体中，使标准的滑针自由下沉，以沉入度(单位：mm)作为流动性的指标，沉入度越大，表示砂浆的流动性越好。

影响砂浆稠度的因素有:胶凝材料及掺和料用量、用水量、外加剂品种与掺量、砂的级配与粗细程度、拌和时间、周围环境等。

2.保水性

砂浆保水性是指新拌砂浆在停放、运输和使用过程中保持水分的能力,也即各组成材料是否容易分离的性能。保水性良好的砂浆,水分不易流失,容易摊铺成均匀的砂浆层,且与基底的粘接性好,强度较高;而保水性不好的砂浆对砌体质量及使用过程均有不良影响。

砂浆保水性按《建筑砂浆基本性能试验方法标准》(JGJ/T 70—2009)的保水性试验方法测定,以保水率表示。保水率过小,保水性差,容易离析,不便于施工和质量保证。

(二)凝结时间

砂浆的凝结时间是指在规定条件下,自加水拌和起,直至砂浆凝结时间测定仪的贯入阻力为0.5MPa时所需的时间。在(20±2)℃的试验条件下,将制备好的砂浆[砂浆稠度值为(100±10)mm]装入砂浆容器中,抹平,从成型后2h开始测定砂浆的贯入阻力(贯入试针压入砂浆内部25mm时所受的阻力),直到贯入阻力达到0.7MPa时为止,并根据记录时间和相应的贯入阻力值绘图,从而得到砂浆的凝结时间。对于水泥砂浆,其凝结时间不宜超过8h;对于混合砂浆,其凝结时间不宜超过10h。

影响砂浆凝结时间的因素主要有胶凝材料的种类及用量、用水量和气候条件等,必要时可加入调凝剂进行调节。

(三)硬化后砂浆的力学性能

砂浆的抗压强度是指三块边长为70.7mm的立方体试件,在标准养护条件下[温度为(20±2)℃,相对湿度90%以上]养护28d的抗压强度平均值,以MPa计,用$f_{m,0}$表示。水泥砂浆及预拌砌筑砂浆的强度等级可分为M5、M7.5、M10、M15、M20、M25、M30;水泥混合砂浆的强度等级可分为M5、M7.5、M10、M15。

砂浆的强度与其组成材料、配合比以及砌体材料等很多因素有关。

(1)对于不吸水基面(如致密的石材),砂浆强度的影响因素与混凝土相似,主要为水泥的强度和水灰比,其经验公式为:

$$f_{m,28}=0.293\,f_{ce,28}\left(\frac{C}{W}-0.4\right) \tag{1-64}$$

式中:$f_{m,28}$——砂浆28d抗压强度(MPa);

$f_{ce,28}$——水泥28d抗压强度(MPa);

C/W——砂浆的灰水比。

(2)对于吸水基面(如烧结砖),无论砂浆拌和时用多少水,基底吸水后保留在砂浆中的水量基本相同。砂浆强度主要与水泥强度和水泥用量有关,其关系式见式(1-65)。

$$f_{m,28}=\alpha\cdot f_{ce,28}\frac{m_{c0}}{1000} \tag{1-65}$$

式中:$f_{m,28}$——砂浆28d强度(MPa);

$f_{ce,28}$——水泥28d抗压强度(MPa);

m_{c0}——砂浆中单位体积水泥用量(kg/m^3);

α——经验系数,可由试验测定。

习　题

1-23　新拌水泥混凝土的工作性用(　　)表示。

A. 坍落度、维勃稠度值、坍落扩展度　　B. 坍落度、维勃稠度值、黏聚性

C. 可塑性、流动性、易密性　　D. 坍落度、保水性、黏聚性

1-24　混凝土的流动性用(　　)或(　　)表示。

A. 坍落度、VB 稠度　　B. 坍落度、稠度

C. 坍落度、黏聚性　　D. 坍落度、保水性

1-25　当水泥浆体积和稠度一定时,改善混凝土混合物流动性的主要措施是(　　)。

A. 采用较大砂率　　B. 增加碎石用量

C. 采用较小砂率　　D. 增加水泥用量

1-26　试拌调整混凝土时,发现拌合物的保水性较差,应采用(　　)的措施来改善。

A. 增加砂率　　B. 减小砂率　　C. 增加水泥　　D. 减小 W/C

1-27　混凝土配合比设计的三个主要参数是(　　)。

A. W、C、β　　B. W、W/C、β　　C. C、W/C、β　　D. W、C、W/C

1-28　水泥混凝土配合比设计时需要适当增加砂率,其原因在于(　　)。

A. 混凝土的流动性不好　　B. 混凝土空隙率偏大

C. 黏聚性或保水性不好　　D. 难于振捣成型

1-29　关于砂率的叙述,正确的为(　　)。

A. 砂率越大,混凝土拌合物的和易性越差

B. 砂率越小,混凝土拌合物的和易性越好

C. 混凝土拌合物的和易性与砂率无关

D. 以上回答都不正确

1-30　碱活性指的是(　　)材料的不良性质。

A. 石灰　　B. 水泥　　C. 集料　　D. 稳定土

1-31　混凝土立方体标准试件尺寸是(　　)。

A. 100mm 立方体　　B. 150mm 立方体

C. 200mm 立方体　　D. 70.7mm 立方体

1-32　路面用水泥混凝土配合比以(　　)为设计指标。

A. 抗压强度　　B. 抗折强度　　C. 劈裂强度　　D. 轴心抗压强度

1-33　砂浆的和易性可表现在(　　)。

A. 流动性、保水性　　B. 坍落度、稠度　　C. 黏聚性、保水性　　D. 黏度、分层度

1-34　影响于不吸水基面(如致密的石材),砂浆强度的因素主要为(　　)。

A. 流动性、水泥用量　　B. 水泥强度、水灰比

C. 水泥用量、水泥强度　　D. 水泥强度、水泥品种

第五节　沥 青 材 料

一、石油沥青

(一)石油沥青的组成结构

1. 化学组分

四组分分析方法采用液相色谱和溶剂分离,将沥青的组分大致分为饱和分、芳香分、胶质、

沥青质四个组分。

2.沥青的胶体结构

根据沥青中各个组分比例和流变学特性，沥青胶体的结构类型可以分为溶胶、溶-凝胶和凝胶三种结构。

(二)石油沥青的技术性质及测定方法

1.黏滞性

黏滞性是沥青在外力作用下沥青粒子产生相互位移的抵抗剪切变形的能力。沥青的黏滞性通常用黏度表示。稠度高的沥青，其黏度也高；但稠度低的沥青，其黏度就不一定低。从高温稳定性来说，需采用高稠度和高黏度的沥青；从低温抗裂性能来说，则需采用低稠度、高黏度的沥青。

沥青黏度的测试方法有毛细管黏度计法、真空减压毛细管黏度计法、布洛克菲尔德黏度计法、流出型黏度计法、针入度法和软化点法。

针入度试验是国际上普遍采用测定黏稠沥青稠度的一种方法，也是划分沥青标号采用的一项指标。针入度值越大，表示沥青越软，稠度越小；反之，针入度值越小，表示沥青越硬，稠度越大。通常，稠度高的沥青，其黏度亦高。

沥青材料是一种非晶体高分子材料，它由液态凝结为固态，或由固态熔化为液态时，没有明确的固化点或液化点，通常采用条件硬化点和滴落点来表示，取滴落点和硬化点之间温度间隔的87.21%作为软化点。我国现行试验法“沥青软化点试验(T 0606—2011)”采用的是环球法测软化点。

针入度是在规定温度下测定沥青的条件黏度，而软化点则是沥青达到规定条件黏度时的温度。所以软化点既是反映沥青材料热稳定性的一个指标，也是沥青条件黏度的一种量度。

2.低温性能

沥青的低温性质与沥青路面的低温抗裂性有密切关系，沥青的低温延性与低温脆性是重要的性能，多以沥青的低温延度试验和脆点试验来表征。

(1)延性

沥青的延性是指当其受外力的拉伸作用时，所能承受的塑性变形的总能力，是沥青内聚力的衡量。通常是用延度作为条件延性指标来表征。

(2)脆性

沥青材料在低温下受到瞬时荷载作用时，常表现为脆性破坏。通常采用A·弗拉斯脆点试验方法可以求出沥青达到临界硬度发生开裂时的温度作为条件脆性指标。

3.沥青的感温性

沥青黏度随温度的不同而产生明显的变化，这种黏度随温度变化的感应性称为感温性。对于路用沥青，温度和黏度的关系是极其重要的性能。首先，正是沥青存在感温性才使其在高温下黏度显著降低，这样才有可能实现沥青与石料均匀拌和以及沥青混合料碾压成型。其次，沥青路面运营过程中，又要求沥青在使用温度范围内保持较小的感温性，以保障沥青路面高温不软化、低温不断裂。

常用的测试方法有针入度指数(PI)法、针入度一黏度指数(PVN)法等。软化点试验也可以作为反映沥青温度敏感性的方法。

针入度指数(PI)是应用针入度和软化点的试验结果来表征沥青感温性的一种指标。同时也可采用针入度指数值来判别沥青的胶体结构状态。PI值大表示沥青的感温性小。一般认为 PI 值在−1～+1 之间的沥青适宜修筑沥青路面。

针入度—温度指数是根据不同温度条件下的针入度值的比率来评价沥青的感温性。针入度—温度指数值越小，表明沥青的感温性越小。

4.沥青的耐久性

沥青在运输、施工和沥青路面的使用过程中，受到加热、拌和、摊铺、碾压、交通荷载以及温度、光照、雨水等各种因素的作用，会发生一系列物理化学变化，沥青的化学组成发生了变化，逐渐改变其原有的性能而变硬、变脆、开裂。这种变化称为沥青的老化。沥青在长期的使用过程中要求有较好的抗老化性，即耐久性。

(1)沥青老化的特征

沥青老化最显著的特征是针入度变小、软化点增大、延度减小、脆点上升。沥青质明显增加，饱和分、芳香分含量变化不大，胶质含量有所降低。溶胶向溶凝胶转化，溶凝胶向凝胶转化。在老化过程中沥青的密度增大，线收缩系数减小。沥青老化后黏度增大，复合流动度也随老化的加深而减小，非牛顿性质愈加明显。

(2)沥青老化的原因

引起沥青老化的因素很多，主要有：暗处氧化、光照氧化、加热蒸发损失及热氧化，水及机械力作用等。

(3)沥青耐久性的评价方法

现行评价沥青老化性能的试验方法分为模拟沥青在拌和过程中热老化条件以及在使用过程的老化条件。包括薄膜烘箱加热试验、旋转薄膜加热试验和压力老化容器法(PAV)。

5.沥青的黏附性

沥青以薄膜形式涂覆在集料颗粒表面，由于沥青与集料之间相互作用所产生的物理吸附和化学吸附，将松散的集料黏结为一个整体。沥青与集料之间的这种作用能力即沥青的黏附性。

评价沥青与矿料粘附性的方法通常有两大类：一类是沥青—集料的黏附性试验。另一类是沥青混合料的黏附性试验。水煮法适用于粒径大于 13.2mm 的碎石。水浸法适用于集料最大粒径小于 13.2mm 的粗集料。

6.沥青的黏弹性

路用沥青多为溶—凝胶沥青，在低温或瞬间荷载作用下，表现为明显的弹性性质；在高温或长时间荷载作用下，表现为较强的黏性性质。在常温下是黏性和弹性共存，是一种典型的黏弹性物体。黏弹性材料在受力状态下有其特殊的应变特性，这就是蠕变和松弛。

物体在应力保持不变的情况下，应变随时间的延长而增大，这种现象称之为蠕变，蠕变是不可恢复的变形，其变形大小与荷载作用时间的长短有关。松弛是物体在恒定的应变条件下，应力随时间逐渐减小的力学行为。应力松弛在路面工程中有时是有利的。沥青的劲度模量是某温度和时间下应力与应变的比值。

7.安全性

沥青材料在施工过程中常需要加热，当加热至一定温度时，沥青中挥发性的油蒸汽与周围空气形成一定浓度的油气混合体，遇火则易发生闪火。若继续加热，油气混合物浓度增加，遇火极易燃烧，引发安全事故。

沥青闪点是试样在规定的开口杯盛样器内按规定的升温速度受热时所挥发的气体以规定的方法与试焰接触，初次发生一瞬即灭的火焰时的试样温度，以℃表示。燃点是出现持续燃烧

5s 以上的试样温度。道路石油沥青闪点采用克利夫兰开口杯法(COC)。为保证施工安全,需要控制沥青材料的加热温度。

二、改性沥青

(一)改性沥青含义与制备方法

改性沥青是指掺加橡胶、树脂、高分子聚合物、磨细的橡胶粉或其他填料等外掺剂(改性剂),经过充分混熔,使之均匀分散在沥青中,或采取对沥青轻度氧化加工等措施,使沥青或沥青混合料的性能得以改善而制成的沥青结合料。改性剂是指在沥青或沥青混合料中加入的天然的或人工的有机或无机材料,可熔融、分散在沥青中,改善或提高沥青路面性能(与沥青发生反应或裹覆在集料表面上)的材料,如聚合物、纤维、抗剥落剂、岩沥青、填料(如硫黄、炭黑等)。

改性沥青的制备方法有母体法、直接投入法、机械搅拌法、胶体磨法和高速剪切法等。

(二)改性沥青技术性质及评价指标

现行评价改性沥青性能的方法有三类:采用沥青性能指标的变化程度来衡量(如针入度、软化点、延度、黏度等),针对改性沥青的特点开发的试验方法(如弹性恢复试验、测力延度试验、冲击板试验、离析试验等),美国的 SHRP 沥青胶结料评价方法(如聚合物改性沥青弹性恢复、离析、黏韧性等)。

1. 弹性恢复(回弹)

弹性恢复试验采用一般的沥青延度试验设备,首先按规定浇注沥青试样,冷却后放在15℃的水中保温 1h,接着脱模并在延度仪上进行拉伸,拉伸温度为 15℃,拉伸速率为5cm/min。当拉伸到 10cm 时,停止拉伸并从中间剪断试样,在水中原封不动地保持 1h 后,把剪断的试样两头对接起来并测量其恢复后的长度。按下式计算其弹性恢复率:

$$\text{弹性恢复率} = \frac{10 - X}{10} \times 100\% \tag{1-66}$$

式中:X——恢复后的试样长度(cm)。

弹性恢复率越大,表明沥青的弹性性质越好。

2. 黏韧性

沥青材料在低温下表现为良好的柔韧性还是脆硬性,是改性沥青性能优劣的重要指标。

(1)测力延度

在延度试验时加装一只测力传感器并接上记录仪即可进行测力延度试验。试验温度通常为 5℃,拉伸速度为 5cm/min。试验结果由 X-Y 函数记录仪记录,记录的拉力—变形(延度)曲线。

结合测力延度的拉力—变形曲线的形态,考虑选用单位峰值力所产生的变形,即 D/F_{max} 定义为延度拉伸柔量,它反映了变形和应力两个参数。D/F_{max} 越大,表示柔度越大,沥青的抗变形能力越好。

(2)拉拔试验

将金属半球埋在沥青中,在 25℃条件下以 500mm/min 高速拉拔,测定沥青与金属半球的黏韧性及韧性。

3.储存稳定性

沥青热储存稳定性主要通过离析试验和热储存性试验进行评价。对于SBR、SBS类改性沥青，离析时表现为聚合物上浮，则采用离析试验，来反映聚合物改性沥青中改性剂与沥青的离析程度。对于EVA和PE等聚合物改性沥青，离析时表现为向四面的容器壁吸附，表面结皮，通常采用观察法来定性描述这类聚合物和沥青之间的热储存性，试验评价见表1-14。

EVA、PE类改性沥青的热储存性试验评价 表1-14

记　述	报　告
均匀，无结皮和沉淀	均匀
在杯边缘有轻微的聚合物结皮	边缘轻微结皮
在整个表面有薄的聚合物结皮	薄的全面结皮
在整个表面有厚的聚合物结皮(大于0.8mm)	厚的全面结皮
无表面结皮但容器底部有薄的沉淀	薄的底部沉淀
无表面结皮但容器底部有厚的沉淀(大于0.635cm)	厚的底部沉淀

4.耐久性指标

(1)残留针入度比

残留针入度比反映了沥青在薄膜加热试验前后稠度的变化，采用老化后针入度与老化前针入度的比值。为了与原样沥青进行比较，可选用温度为25℃，针重为100g，时间为5s的试验标准，以其残留针入度比作为评价沥青抗老化性能的一个指标。残留针入度比越大，说明沥青的抗老化性能越好。

(2)低温残留延度

选用温度为10℃，拉伸速率为5cm/min的延度值作为评价沥青抗老化性能的一个指标。

(3)残留弹性恢复

残留弹性恢复试验是用于测定和评价改性沥青老化后即薄膜加热试验后，在外力的作用下变形后可恢复变形的能力。

5.美国公路战略研究计划改性沥青评价方法

美国公路战略研究计划(SHAP)改性沥青评价方法有：旋转薄膜烘箱(RTFO)、压力老化试验(PAV)、弯曲梁流变试验(BBR)、直接拉伸试验(DTT)、动态剪切流变试验(DSR)等。

(三)常用改性沥青的性质及应用

1.常用聚合物改性沥青的技术特性

(1)热塑性橡胶类改性沥青

热塑性丁苯橡胶(即SBS)广泛用于沥青改性。

SBS改性沥青主要特点有：

①温度高于160℃后，改性沥青的黏度与原沥青基本相近，可与普通沥青一样拌和使用。

②温度低于90℃后，改性沥青的黏度是原沥青的数倍，高温稳定性好，因而改性沥青混合料路面的抗车辙能力大大提高。

③改性沥青的低温延度、脆点较原沥青均有明显改善，因而改性沥青混合料的低温抗裂能力及疲劳寿命均明显提高。

(2)橡胶类改性沥青

橡胶类改性材料用得最多的是丁苯橡胶(SBR)和氯丁橡胶(CR)。以胶乳加入沥青之中，可以提高沥青的黏度、韧性、软化点，降低脆点，使沥青的延度和感温性得到改善。

SBR的性能与结构随苯乙烯与丁二烯的比例和聚合工艺而变化，选择沥青改性剂时应通过试验加以确定。SBR改性沥青的热稳定性、延性、以及黏附性，均较原沥青有所改善，且热老化性能也有所提高。

(3)热塑性树脂改性沥青

常采用的品种乙烯—乙酸乙烯酯共聚物(EVA)。

EVA是应用较普遍的热塑性树脂，较之PE富有弹性和柔韧性，与沥青的相容性好。EVA改性沥青的热稳定性有所提高，但耐久性改变不大。

(4)热固性树脂改性沥青

热固性树脂品种有聚氨酯(PV)、环氧树脂(EP)、不饱和聚酯树脂(VP)等类，其中环氧树脂已应用于改性沥青。环氧树脂是指含有两个或两个以上环氧或环氧基团的醚或酚的齐聚物或聚合物。环氧树脂改性沥青的延伸性不好，但其强度很高，具有优越的抗永久变形能力，并具有特别高的耐燃料油和润滑油的能力，适用于公共汽车停靠站、加油站等。

2.改性沥青的选择

(1)改性沥青的选择必须考虑地理位置、气候条件、道路等级、路面结构等多方面因素

SBS类改性沥青最大特点是高温、低温性能都好，具有良好的弹性恢复性能。在炎热地区、温暖地区，还是寒冷地区都是适用的。

橡胶类SBR改性沥青最大特点是低温柔软性好，主要适宜在寒冷气候条件下使用。

EVA改性沥青除寒冷地区不宜使用外，炎热地区和一般温暖地区都可使用。PE改性沥青主要适宜于炎热地区，寒冷地区不适用，一般温暖地区也不宜采用PE改性沥青。在西欧、北美地区以及日本PE的应用日趋减少，基本被淘汰。

我国聚合物改性沥青适用地区：

Ⅰ类是SBS热塑性橡胶类聚合物改性沥青：Ⅰ-C型用于较热地区，Ⅰ-D型用于炎热地区及重交通路段。

Ⅱ类是SBR橡胶类聚合物改性沥青：Ⅱ-A型用于寒冷地区，Ⅱ-B和Ⅱ-C型适用于较热地区。

Ⅲ类是树脂类聚合物改性沥青：如乙烯—醋酸乙烯酯(EVA)、聚乙烯(PE)改性沥青，适用于较热和炎热地区。通常要求软化点温度比最高月使用温度的最大日空气温度要高20℃左右。

(2)根据沥青改性的目的和要求选择改性剂

①为提高抗永久变形能力，宜使用热塑性橡胶类、热塑性树脂类改性剂。

②为提高抗低温变形能力，宜使用热塑性橡胶类、橡胶类改性剂。

③为提高抗疲劳开裂能力，宜使用热塑性橡胶类、橡胶类、热塑性树脂类改性剂。

④为提高抗水损坏能力，宜使用各类抗剥落剂等外掺剂。

(3)改性沥青的选择还与制备的条件有关

SBS、PE改性沥青的制备必须使用专门的加工设备，故一般只有大型工程才有条件采用。EVA与沥青有较好的相容性，在沥青中只要用对流式搅拌器或者简单的高剪切混溶机就能使EVA分散开来，制备较方便，一般单位都可选用。

三、乳化沥青

乳化沥青是黏稠沥青经热融和机械作用以微滴状态分散于含有乳化剂—稳定剂的水中，形成水包油(O/W)型的沥青乳液。

乳化沥青主要由沥青、乳化剂、稳定剂、水和酸碱助剂等组分所组成。

(一)乳化沥青的形成及分裂机理

1.乳化沥青的形成机理

(1)乳化剂降低界面能作用

乳化剂带有亲油基与亲水基，在沥青—水的体系中，亲油基端朝向沥青，亲水基端朝向水，吸附于沥青和水这两个相互排斥的界面上，从而降低了沥青—水的界面张力，使沥青—水体系形成稳定的分散系。

(2)界面膜的保护作用

乳化剂在沥青微滴的周围形成“界面膜”，此膜具有一定的强度，对沥青微滴起着保护作用，使其在相互碰撞时，不至于产生“聚结”现象，从而保证沥青—水体系的稳定性。

(3)界面双电层的稳定作用

沥青—水界面上的电荷层的结构，一般是双电层分布，第一层称为吸附层，基本上固定在界面上，这层电荷与沥青微滴的电荷相反；第二层称为扩散层，由吸附层向外，电荷向水介质中扩散。双电层厚度越大，则乳化沥青越稳定。

乳化沥青能形成高稳定的分散体系，主要是由于乳化剂降低了体系的界面能、界面膜的形成和界面电荷的作用。

2.乳化沥青的分裂机理

为发挥乳化沥青黏结的功能，沥青液滴必须从乳化液中分裂出来，聚集在集料的表面而形成连续的沥青薄膜，这一过程称为“分裂”。乳化沥青的分裂主要取决于以下因素：水的蒸发作用，集料的吸附作用，电荷的吸附作用，酸碱中和作用，机械的激波作用等。

(1)水的蒸发作用

由于路面施工环境气温、相对湿度和风速等因素的影响，乳液中的水分蒸发，破坏乳液的稳定性造成分裂、破乳。

(2)集料的吸附作用

由于多孔、粗糙、干燥的集料易吸收乳液水分，破坏乳液的平衡，加速破乳。

(3)电荷的吸附作用

沥青乳液与集料接触后，乳液中沥青微粒所带电荷与集料表面所带电荷的相互吸附作用，是乳液破乳的主要原因。阴离子沥青乳液与表面上带正电荷的碱性集料(如石灰石、白云石)有较好的吸附，阳离子沥青乳液与表面上带负电荷的酸性石料(如硅质岩石，花岗岩等)有较好的吸附。在潮湿状态下，集料表面普遍带负电荷，因此阳离子沥青乳液易与潮湿集料结合。

(4)酸碱中和作用

研究认为，阳离子沥青乳液有一定的游离酸，pH 值小，游离酸与碱性集料起作用，生成了氯化钙和带负电荷的碳酸离子，它与裹覆在沥青微粒周围的阳离子中和，因此沥青微粒能与集料表面紧密相连，形成牢固的沥青膜，乳液中的水分很快分离出来。

(5)机械的激波作用

在施工过程中压路机的碾压和开放交通后汽车的行驶，各种机械力对路面的振颤而产生激波作用，也能促使乳化沥青稳定性的破坏和沥青薄膜结构的形成。

（二）技术性能及评价方法

1.筛上剩余量

检验乳液中沥青微粒的均匀程度，是确定乳化沥青质量的重要指标。检测方法为：待乳液完全冷却或基本消泡后，将乳液过1.18mm筛，求出筛上残留物占过筛乳液质量的百分比。

2.蒸发残留物含量及残留物性质

蒸发残留物含量是将一定量的乳液加热（不超过160℃）脱水后，求出其蒸发残留物占乳液的百分比，用以检验乳液中实际的沥青含量。乳液中沥青含量过高会使乳液黏度变大，储存稳定性不好，不利于施工和储存；乳液中沥青含量过低，乳液黏度较低，施工时容易流失，不能保证要求的沥青用量，同时增加乳液的运输成本，提高乳化剂用量。

蒸发残留物的性质以针入度、延度和软化点表征，沥青乳化后与原沥青相比在技术性能上有何变化。

3.黏度

不同的施工方法、施工季节和路面结构层次对沥青乳液的黏度要求不同。乳液黏度不当可能造成路面过早损坏。我国采用道路沥青标准黏度计或恩氏黏度计测定乳液的黏度。测试条件为：温度60℃，流孔直径3mm。

4.黏附性

阳离子乳化沥青的黏附性是将干净的石料在水中浸泡1min后，放入乳液中浸泡1min，取出后置于空气中存放20min，再于水中摆洗3min，然后观察石料颗粒表面沥青膜的裹覆面积。阴离子乳化沥青是将干净的13.2～31.5mm碎石50g排列在滤筛上，将滤筛连同石料一起浸入阴离子乳液lmin后，取出在室温下置放24h，然后在40℃温水中浸泡5min，观察乳液与石料表面的黏附情况。

5.储存稳定性

储存稳定性是检验乳液的存放稳定性。将乳液在容器中置放规定的储存时间后，检测容器上下乳液的浓度变化。一般采用5d的储存稳定性，如时间紧迫也可用1d的稳定性。

5d储存稳定性的具体做法是：将经1.18mm圆筛过滤的沥青乳液试样缓慢注入稳定管，用橡皮塞盖好管口；然后在20±5℃温度条件下，置于试管架上静置5昼夜；取出上部50g试液及下部的50g试液，分别进行蒸发试验；以两者残留物质量的差值小于5%为储存稳定性合格。

1d储存稳定度的测试方法与上述方法相同，只是把装好试液的稳定管置于试管架上静置24h后，即测定上、下两部分试液的蒸发残留量，以其差值不超过1%为储存稳定性合格。

6.低温储存稳定性

低温储存稳定性是检测乳液经受冰冻后，其状态发生的变化。将乳液加热到25℃，然后在－5℃的温度下置放30min，再在25℃下放置l0min，循环两次后，将试样过1.18mm筛，如果筛上没有结块等残留物，则低温储存稳定性合格。

7.微粒离子电荷性

用于确定乳液是否属于阳离子或阴离子类型。在乳液中放入两块电极板，通入6V直流电，3min后观察电极板上沥青微粒的黏附量。如果负极板上吸附大量沥青微粒，表明沥青微粒带正电荷，则该乳液为阳离子型，反之亦然。

8. 破乳速度

破乳速度试验是将乳液与规定级配的矿料拌和后，由矿料表面被乳液薄膜裹覆的均匀程度，判断乳液的拌和效果，并鉴别乳液属于快裂、中裂或慢裂类型。

9. 水泥拌和试验与矿料拌和试验

水泥拌和试验的目的是评定慢裂型乳液在与水泥的拌和过程中乳液的凝结情况，是乳化沥青用于加固稳定砂石土基层、稀浆封层等施工的一项重要性能。将50g水泥与50g乳液试样拌和均匀后，加入150mL蒸馏水拌匀，然后过1.18mm筛，结果用筛上残留物占水泥和沥青总质量的百分比表示。

矿料拌和试验是将乳液试样与规定级配的混合料在室温下拌和后，以乳液能与矿料均匀裹覆，并且没有沥青结块与粗团粒来检验乳化沥青的拌和稳定性。

习　题

1-35　用于炎热地区沥青路面的沥青宜采用(　　)。

A. 30号石油沥青　　B. 70号石油沥青

C. 110号石油沥青　　D. 160号石油沥青

1-36　沥青的标号越高，表示沥青(　　)。

A. 黏稠性越低　　B. 针入度越小

C. 针入度指数越大　　D. 更适宜在环境温度偏高的地区使用

1-37　石油沥青老化后与组分的关系是(　　)。

A. 饱和分增多　　B. 芳香分增多

C. 沥青质增多　　D. 石蜡增多

1-38　工程上常用(　　)确定沥青的胶体结构。

A. 针入度指数法　　B. 马歇尔稳定度试验法

C. 环与球法　　D. 溶解—吸附法

1-39　针入度指数＞+2时沥青的胶体结构为(　　)。

A. 溶胶结构　　B. 凝胶结构

C. 溶凝胶结构　　D. 无法判定

1-40　黏稠石油沥青三大性能指标是针入度、延度和(　　)。

A. 软化点　　B. 燃点　　C. 脆点　　D. 闪点

1-41　针入度指数的值与(　　)有关。

A. 延度　　B. 软化点　　C. 脆点　　D. 闪点

1-42　石油沥青经老化后，其针入度值较原沥青将(　　)，延度较原沥青将(　　)。

A. 增大、减小　　B. 减小、增大　　C. 增大、增大　　D. 减小、减小

1-43　若测得某沥青 $P_{25℃,100g,5s}=95$，则该沥青的标号有可能是(　　)。

A. 130号　　B. 110号　　C. 70号　　D. 90号

1-44　下列哪个试验不能用来评价沥青老化性能(　　)。

A. 薄膜加热试验　　B. 旋转薄膜烘箱试验

C. PAV压力老化试验　　D. 沥青溶解度试验

第六节　沥青混合料

沥青混合料是由矿料与沥青结合料拌和而成的混合料的总称。常采用的沥青混合料有沥青混凝土混合料和沥青碎石混合料两种类型。沥青混凝土混合料(简称AC),是按照密级配原理设计组成的各种粒径颗粒的矿料与沥青拌和而成、设计空隙率较小的密实式沥青混合料。沥青稳定碎石混合料的简称,是由矿料和沥青组成的具有一定级配要求的混合料。按空隙率、集料最大粒径、添加矿粉数量多少,分为密级配沥青碎石混合料(ATB)、开级配沥青碎石混合料(OGFC表面层及ATPB基层)和半开级配沥青碎石混合料(AM)。沥青玛蹄酯碎石混合料,由沥青结合料与少量的纤维稳定剂、细集料及较多量的填料(矿粉)组成的沥青玛蹄酯,填充于间断级配的粗集料骨架的间隙,组成一体的沥青混合料,简称SMA。

一、沥青混合料的组成结构和强度形成原理

1.沥青混合料的组成结构类型

在沥青混合料中,由于组成材料用量比例的不同,压实后沥青混合料内部的矿料分布状态、剩余空隙率也呈现出不同的特征,形成不同的组成结构。按照沥青混合料的矿料级配组成特点,可将沥青混合料分为悬浮—密实结构、骨架—空隙结构和骨架—密实结构,如图1-3所示。

图1-3　沥青混合料的组成结构

(1)悬浮—密实结构

采用连续密级配矿料配制的沥青混合料,矿料颗粒由大到小连续存在,粒径较大的颗粒被较小一档的颗粒挤开,不能直接接触形成嵌挤骨架结构,粗集料悬浮于较小颗粒和沥青胶浆之间,而较小颗粒与沥青胶浆较为密实,形成了所谓悬浮密实结构[图1-3a)]。按照连续密级配原理设计的AC型沥青混合料是典型的悬浮密实结构。

悬浮密实结构的沥青混合料经压实后,密实度较大,水稳定性、低温抗裂性和耐久性较好,一般不发生粗细集料离析,便于施工,是使用较为广泛的沥青混合料。但这种沥青混合料粗集料较少、不接触,不能形成骨架作用,在高温条件下使用时,由于沥青黏度降低,可能会导致沥青混合料强度和稳定性的下降。

(2)骨架—空隙结构

当采用连续开级配矿料与沥青组成沥青混合料时,粗集料颗粒较多,颗粒彼此接触形成互相嵌挤的骨架,但细集料数量较少,不足以充分填充骨架空隙,压实后混合料的空隙较大,形成了所谓的骨架空隙结构[图1-3b)]。沥青碎石混合料(AM)和开级配磨耗层沥青混合料(OGFC)是典型的骨架空隙结构。

在形成骨架空隙结构的沥青混合料中,粗集料之间的嵌挤力对沥青混合料的强度和稳定

性起着重要作用，结构强度受沥青性质和物理状态的影响较小，因而高温稳定性较好。但压实后的剩余空隙率较大，渗透性较大，在使用过程中，气体和水分易进入沥青混合料内部，引发沥青老化或将沥青从集料表面剥落，因此这种结构沥青混合料的耐久性值得关注。

(3)骨架—密实结构

当采用间断级配时，粗集料能互相靠拢，不被细集料所推开，形成骨架，提高嵌挤力，使集料之间的摩阻力增大。细集料仍按连续级配保持密实结构，具有较高的内聚力[图 1-3c]。

骨架密实结构是粗集料充分发挥了嵌挤作用，细集料又具有最大密实性和内聚力，整个结构能够形成较高的强度，是一种比连续级配更为理想的组成结构。沥青玛蹄脂碎石混合料(SMA)是典型的密实骨架结构。

2. 沥青混合料的强度形成原理

沥青混合料在常温和较高温度下，由于沥青的黏结力不足而产生变形或由于抗剪强度不足而破坏，一般采用库仑理论来分析其强度和稳定性，沥青混合料的力学强度是由矿质集料颗粒之间的嵌挤力(内摩阻力)和沥青与集料之间的黏结力以及沥青的内聚力所构成的。

沥青混合料抗剪强度可按莫尔—库仑定律予以表征，即在外力作用下材料不发生剪切滑移的必要条件是满足下列条件：

$$\tau = c + \sigma\tan\varphi \tag{1-67}$$

式中：τ——沥青混合料的抗剪强度(MPa)；

c——沥青混合料的黏聚力(MPa)；

σ——试验时的正应力(MPa)；

φ——沥青混合料的内摩阻角(rad)。

沥青混合料的黏聚力 c 和内摩阻角 φ 可以通过三轴剪切试验确定。在规定的条件下，对沥青混合料试件实施不同的侧向应力 σ_3，测试法向应力 σ_1。由试件的侧向应力和法向应力，可以得到一组莫尔应力圆。应力圆的公切线为莫尔—库仑应力包络线，即抗剪强度曲线，该包络线与纵轴的截距表示沥青混合料的黏聚力 c，与横轴的交角为沥青混合料的内摩阻角 φ。

影响沥青混合料抗剪强度的因素主要有：沥青的黏度、集料岩石的种类、集料表面特性、集料的形状、集料的级配、沥青与矿料在界面上的交互作用、矿料比面、沥青结合料用量、温度与荷载。

二、沥青混合料的技术性质和技术要求

(一)沥青路面使用性能的气候分区

沥青混合料的物理力学性质与使用环境，如气温和湿度关系密切。在我国技术规范《公路沥青路面施工技术规范》(JTG F40—2004)中，提出沥青路面使用性能气候分区。

1. 气候分区指标

采用工程所在地最近 30 年内最热月份平均最高气温的平均值，作为反映沥青路面在高温和重载条件下出现车辙等流动变形的气候因子，并作为气候分区的一级指标，按照设计高温指标，一级区划分为 3 个区。

采用工程所在地最近 30 年内的极端最低气温，作为反映沥青路面由于温度收缩产生裂缝的气候因子，并作为气候分区的二级指标。按设计低温指标，二级区划分为 4 个区。

采用工程所在地最近 30 年内的年降雨量的平均值，作为反映沥青路面受水影响的气候因

子。并作为气候分区的三级指标。按照设计雨量指标，三级区划分为4个区。

2.气候分区的确定

沥青路面使用性能气候分区由一、二、三级区划组合而成，以综合反映该地区的气候特征，见表1-15。每个气候分区用3个数字表示：第一个数字代表高温分区，第二个数值代表低温分区，第三个数字代表雨量分区，每个数字越小，表示气候对沥青路面的影响越严重。

沥青路面使用性能分区 表1-15

气候分区指标		气候分区			
按照高温指标	高温气候区	1	2	3	
	气候区名称	夏炎热区	夏热区	夏凉区	
	最热月平均最高气温(℃)	＞30	20～30	＜20	
按照低温指标	低温气候区	1	2	3	4
	气候区名称	冬严寒区	冬寒区	冬冷区	冬温区
	极端最低气温(℃)	＜−37.0	−37.0～−21.5	−21.5～−9.0	＞−9.0
按照雨量指标	雨量气候分区	1	2	3	4
	气候区名称	潮湿区	湿润区	半干区	干旱区
	年降雨量(mm)	＞1000	1000～500	500～250	＜250

(二)沥青混合料的技术性质

沥青混合料作为沥青路面的面层材料，在使用过程中将承受车辆荷载反复作用以及环境因素的作用，因此沥青混合料应具有足够的高温稳定性、低温抗裂性、耐久性、抗滑性、耐疲劳性等技术性能，以保证沥青路面优良的服务性能，且经久耐用。

1.高温稳定性

高温稳定性是指沥青混合料在高温条件下，能够抵抗车辆荷载的反复作用，不发生显著永久变形，保证路面平整度的特性。沥青混合料的强度和模量随温度升高而急剧下降，在交通荷载的作用下易车辙、推移、拥包、泛油等病害。

目前沥青混合料高温稳定性的评价方法较多，如圆柱体试件的单轴静载、动载、重复荷载试验；三轴静载、动载、重复荷载试验；简单剪切的静载、动载、重复荷载试验等。此外还有马歇尔稳定度、维姆稳定度和哈费氏稳定度等工程试验，以及反复碾压模拟试验，如车辙试验和结构试验。工程中常用的马歇尔稳定度试验和车辙试验和评价指标。

(1)马歇尔稳定度试验

马歇尔试验是将沥青混合料制备成ϕ101.6mm×h63.5mm或ϕ152.4mm×h95.3mm的圆柱形试件，试验时将试件侧向置于半圆状的压模中，使试件受到一定的侧限。在规定温度(60℃)和(50±5)mm/min的加荷速度下，对试件施加压力直至试件破坏，测定稳定度MS、流值FL两项指标。稳定度是试件压缩至破坏时承受的最大荷载，以kN计；流值是达到最大破坏荷载时试件的垂直变形，以0.1mm计。

(2)车辙试验

采用标准方法成型沥青混合料板块状试件，尺寸300mm×300mm×(50～100)mm。在60℃的温度条件下，试验轮(轮压0.7MPa)以(42±1)次/min的频率，沿着试件表面同一轨迹上反复行走，时间约1h或最大变形达到25mm时为止，测试试件表面在试验轮反复作用下所形成车辙深度。以变形趋于稳定的45min(或t_1)到60min(或t_2)这一段时间内，产生1mm车辙变形所需要的行走次数即动稳定度指标 DS(次/mm)来评价沥青混合料的抗永久变形能力。

$$DS=\frac{(t_1-t_2)\times N}{D_2-D_1}\times C_1\times C_2 \tag{1-68}$$

式中:D_1、D_2——对应于时间 t_1 和 t_2 时的变形量(mm);

C_1——车辙试验机类型系数,曲柄连杆驱动试件的变速行走方式为 1.0;

C_2——试件系数,试验室制备的宽 30cm 的试件系数为 1.0;

N——试验轮往返碾压速度,通常为 42 次/min。

影响高温稳定性的主要因素有:集料特性、沥青用量、沥青黏度、沥青混合料配合比。

2. 低温抗裂性能

沥青混合料抵抗低温收缩裂缝的能力称为低温抗裂性。目前评价沥青混合料低温抗裂性的方法可以分为三类:预估沥青混合料的开裂温度;评价沥青混合料的低温变形能力或应力松弛能力;评价沥青混合料断裂能。相关的试验主要包括:等应变加载的破坏试验,如间接拉伸试验、直接拉伸试验;低温收缩试验;低温弯曲蠕变试验;低温劈裂蠕变试验;弯曲破坏试验;温度应力试验;应力松弛试验等。

(1)预估沥青混合料的开裂温度

通过间接拉伸试验或直接拉伸试验,建立沥青混合料的低温强度与温度的关系,再根据理论方法,由沥青混合料的劲度模量、温度收缩系数及降温幅度计算沥青可能出现的温度应力与温度的关系,从而预估沥青面层出现的温缩裂缝温度,温度越低沥青混合料的低温抗裂性能越好。

(2)弯曲蠕变试验

蠕变试验沥青混合料小梁为长 250mm×宽 30mm×高 35mm 的棱柱体,在规定温度下(低温性能宜采用 0℃),对试件的跨中施加恒定的集中荷载,荷载水平为破坏荷载的 10%,测定试件随时间不断增长的蠕变变形。

蠕变变形曲线可分为三个阶段:第一阶段为蠕变迁移阶段,第二阶段为蠕变稳定阶段,第三阶段为蠕变破坏阶段。以蠕变稳定阶段的蠕变速率评价沥青混合料的低温变形能力,蠕变速率按式(1-69)计算。

$$\varepsilon_{speed}=\frac{\varepsilon_2-\varepsilon_1}{t_2-t_1}\cdot\frac{1}{\sigma_0} \tag{1-69}$$

式中:ε_{speed}——试件的低温弯曲蠕变速率(1/s·MPa);

σ_0——试件跨中梁底的蠕变弯拉应力(MPa);

t_1、t_2——分别为蠕变稳定期直线段起始点和终止的时间(s);

ε_1、ε_2——分别与时间 t_1 和 t_2 对应的跨中梁底应变。

蠕变速率越大,沥青混合料在低温下的变形能力越大,松弛能力越强,低温抗裂性能越好。

(3)低温弯曲破坏试验

低温弯曲破坏试验试件采用切制棱柱体长 250mm×宽 30mm×高 35mm 小梁,跨径 200mm,在试验温度−10℃的条件下,以 50mm/min 速率,对沥青混合料小梁试件跨中施加集中荷载至断裂破坏,应变由跨中挠度求算。沥青混合料的破坏弯拉应变按式(1-70)计算。沥青混合料低温下破坏弯拉应变越大,低温柔韧性越好,抗裂性能越好。

$$\varepsilon_B=\frac{6hd}{L^2} \tag{1-70}$$

式中：ε_B——试件破坏时的最大弯拉应变；

h——跨中断面试件的高度(mm)；

d——试件破坏时的跨中挠度(mm)；

L——试件的跨径(mm)。

试验表明，在评价改性沥青混合料低温性能时，采用低温蠕变试样方法所得结果对于改性剂种类和改性剂量都不够敏感，数据比较分散，而低温弯曲试验的破坏应变指标则相对稳定。因此采用低温弯曲试验的破坏应变指标作为评价改性沥青混合料的低温抗裂性能。

影响低温抗裂性能的主要因素有：沥青性质、集料类型和级配。

3. 耐久性

耐久性是指沥青混合料在使用过程中抵抗环境因素(如空气中氧、水、紫外线等)及行车荷载反复作用的能力。包括沥青混合料的水稳性、抗老化性和耐疲劳性能。我国现行规范采用空隙率、沥青饱和度(即沥青填隙率)和残留稳定度等指标来表征沥青混合料的耐久性。

(1)水稳定性

沥青混合料的水稳定性是指沥青混合料抵抗由于水侵蚀而发生沥青膜剥落、、松散、坑槽等破坏的能力。水稳定性差的沥青混合料在有水存在的情况下，会使沥青与矿料颗粒表面产生局部分离，同时在车辆荷载作用下，沥青与矿料的剥落加剧，形成松散薄弱块，从而造成路面缺失，并逐渐形成坑槽，即所谓的水损害。当沥青混合料的压实空隙率较大，路面排水系统不完善时，将加剧沥青路面的水损害现象。

沥青混合料水稳定性可根据它在浸水条件下物理力学性能降低的程度来表征。目前应用较多的方法是沥青与集料粘附性试验、浸水马歇尔试验、浸水劈裂强度试验、真空饱水冻融劈裂强度试验、浸水车辙试验等。

①浸水马歇尔试验

采用两组马歇尔试件，一组在60℃水浴中浸泡30min后测其稳定度MS；另一组在60℃水中浸泡48h后测其稳定度MS_1。按(1-71)式计算残留稳定度MS_0，用来表示沥青混合料的耐水性。

$$MS_0=\frac{MS_1}{MS}\times 100\% \tag{1-71}$$

②冻融劈裂试验

用两面击实各50次的马歇尔试件两组，一组在25℃水浴中浸泡2h后测试劈裂强度R_1；另一组试件先放入真空干燥器中，关闭进水胶管，开动真空泵，是干燥器的真空度达到97.3～98.7kPa(730～740mmHg)条件保持15min；然后打开进水胶管，靠负压进入冷水流使试件全部浸入水中，浸水15min后恢复常压，试件在水中放置30min，再在(−18±2)℃恒温冰箱中冷冻(16±1)h，然后在60℃水浴中放置24h，完成一次冻融循环，再在25℃水中浸泡2h后测试其劈裂强度R_2，计算劈裂强度比TSR。

影响水稳定性的主要因素有：集料特性、沥青性质、沥青膜的厚度、沥青混合料的空隙率、沥青混合料成型方式。

(2)抗老化性

抗老化性是指沥青混合料抵抗热、自然因素及荷载等作用而保持原有性能的能力。

沥青材料在沥青混合料的拌和、摊铺、碾压时受加热作用，及路面建成后受自然因素和交通荷载作用，沥青的技术性能向着不理想的方向发生不可逆的变化即沥青的老化。

SHRP根据沥青混合料生产和沥青路面使用过程中的老化现象，将沥青混合料的老化分为两个阶段，短期老化和长期老化。短期老化表征沥青路面建设期沥青混合料因受热引起的老化，开始于拌和厂，终止于沥青路面压实后温度降至自然温度；长期老化表征沥青路面使用期内沥青混合料因光照、温度、降水和交通荷载的综合作用导致的老化，开始于路面建成之后，终止于路面服务性能下降直至不满足行车的要求。室内模拟沥青混合料老化的试验方法可以分为短期老化试验和长期老化试验两种方式。

影响抗老化性能的主要因素有：沥青的性质、沥青的用量、沥青混合料的残留空隙率、施工工艺与自然因素的强烈程度等。

(3)抗疲劳性能

抗疲劳性是沥青混合料在反复荷载作用下抵抗疲劳破坏的能力。

疲劳试验方法有大型的车辆环道疲劳破坏试验、规模较小的足尺路面结构模拟车辆荷载疲劳试验。目前使用较为普遍的方法是室内小型沥青混合料试件疲劳试验。

在室内小型试件疲劳试验中，可采用中点加载或三分点加载的简单弯曲试验，可采用控制应力或控制应变两种不同的加载模式。《公路工程沥青及沥青混合料试验规程》(JTG E20—2011)中“T 0739—2011”采用四点弯曲疲劳寿命试验，采用恒应变控制的连续偏正弦加载模式。

影响抗疲劳性能的主要因素有：沥青混合料的劲度、沥青用量、混合料的空隙率、集料的表面性状。

4.抗滑性

沥青路面应具有足够的抗滑能力，以保证在最不利的情况下(当路面潮湿时)，车辆能够高速安全地行驶，而且在外界因素作用下其抗滑能力不致很快降低。

沥青混合料路面的抗滑性取决于路面的宏观构造和微观构造，而这两种构造的发达程度依赖于材料组成和材料特性，材料组成主要表现在集料级配情况、粗细集料的含量控制等。材料物理力学特性主要指粗集料的颗粒形状、表面粗糙程度和各种综合力学指标，其中力学性能(粗集料的磨光值、磨耗率、冲击值)影响路面构造的耐久性。

抗滑性评价方法分为两类：一类是测定路面表面纹理构造发达程度；另一类是测定路表面的摩擦系数和摩擦力。

影响抗滑性的主要因素有：矿料的表面微观构造深度、颗粒形状与尺寸、抗磨光性，矿料级配。沥青用量和沥青组分。沥青用量对抗滑性的影响相当敏感，当沥青量超过最佳用量0.5%时就会导致抗滑系数的明显降低。沥青较高的含蜡量将会降低车辆在路表面的附着力，从而降低路面的抗滑性。

5.施工和易性

沥青混合料应具备良好的施工和易性，以便在拌和、摊铺及碾压过程中使集料颗粒以设计级配要求的状态分布，集料表面被沥青膜完整覆盖，并能被压实到规定的密度。

影响沥青混合料施工和易性的因素主要有：气温、施工条件、混合料性质、拌和设备、摊铺机械和压实工具等。

(三)沥青混合料的技术标准

1.沥青混合料的体积特征参数

在沥青混合料技术标准里，除了马歇尔试验涉及的性能参数指标稳定度、流值、残留稳定度等以外，还包括了诸如空隙率、饱和度及矿料间隙率等一些物理指标，这些参数取决于沥青混合料中沥青与矿料的性质、组成材料的比例、混合料成型条件等因素，对沥青混合料的性能有显著影响，也是沥青混合料配合比设计的重要参数。其中涉及的主要指标及概念叙述如下。

油石比(P_a)是沥青混合料中沥青质量与矿料质量的比例，以百分数计。沥青含量(P_b)是沥青混合料中沥青质量与沥青混合料总质量的比例，以百分数计。

吸水率(S_a)是试件吸水体积占沥青混合料毛体积的百分率。

$$S_a=\frac{m_f-m_a}{m_f-m_w}\times 100\% \tag{1-72}$$

式中：m_a——干燥试件在空气中的质量(g)；

m_w——试件在水中的质量(g)；

m_f——试件的表干质量(g)。

(1)沥青混合料的密度

①沥青混合料的表观密度、毛体积密度

表观密度(ρ_s)是压实沥青混合料在常温干燥条件下单位体积质量(g/cm^3)(含沥青混合料实体体积与不吸收水分的内部闭口孔隙之和)。

表观相对密度(γ_s)是表观密度与同温度水的密度之比值。

毛体积密度(ρ_f)是压实沥青混合料在常温干燥条件下单位体积质量(g/cm^3)(含沥青混合料实体体积、不吸收水分的内部闭口孔隙、能吸收水分的开口孔隙等颗粒表面轮廓线所包含的全部毛体积)。

毛体积相对密度(γ_f)是毛体积密度与同温度水的密度之比值。

当试件的吸水率小于2%时，用水中重法测定其表观密度，表干法测定其毛体积密度；当试件的吸水率大于2%时，用蜡封法测定其毛体积密度。

$$\gamma_s=\frac{m_a}{m_a-m_w};\rho_s=\frac{m_a}{m_a-m_w}\times\rho_w \tag{1-73}$$

$$\gamma_f=\frac{m_a}{m_f-m_w};\rho_f=\frac{m_a}{m_f-m_w}\times\rho_w \tag{1-74}$$

式中：m_a、m_w、m_f——意义同前；

ρ_w——常温水的密度(g/cm^3)，约等于1。

②沥青混合料的理论最大密度

理论最大密度是假设沥青混合料试件被压实至完全密实，在没有空隙的理想状态下的最大密度，即压实沥青混合料试件全部为矿料(包括矿料自身内部的孔隙)及沥青所占有时(空隙率为零)的最大密度。对于非改性的普通沥青混合料，采用真空法和溶剂法实测沥青混合料的理论最大密度，对于改性沥青或SMA混合料宜按式(1-75)或式(1-76)计算。

$$\gamma_t=\frac{100+P_a}{\dfrac{100}{\gamma_{se}}+\dfrac{P_a}{\gamma_b}} \tag{1-75}$$

$$\gamma_t=\frac{100+P_a+P_x}{\dfrac{P_s}{\gamma_{se}}+\dfrac{P_b}{\gamma_b}+\dfrac{P_x}{\gamma_x}} \tag{1-76}$$

式中：γ_t——相对于油石比P_a或沥青含量P_b时，沥青混合料的最大理论相对密度，无量纲。

γ_{se}——矿料的有效相对密度，无量纲；

γ_b——沥青的相对密度(25℃)，无量纲；

γ_x——25℃时纤维的相对密度，由厂方提供或实测得到，无量纲；

P_a——所计算的沥青混合料中的油石比(%)；

P_b——所计算的沥青混合料的沥青含量，$P_b = P_a/(1+P_a)$(%)；

P_s——所计算的沥青混合料的矿料含量，$P_s = 100 - P_b$(%)；

P_x——纤维用量，即纤维质量占矿料总质量的百分比(%)。

对于非改性沥青混合料，宜以预估的最佳油石比拌和2组混合料，采用真空法实测最大相对密度，取平均值。然后以式(1-77)计算合成矿料的有效相对密度。对于改性沥青或SMA等难以分散混合料以矿料的合成毛体积相对密度与合成表观密度按式(1-78)确定矿料的有效相对密度。

$$\gamma_{se} = \frac{100 - P_b}{\frac{100}{\gamma_t} - \frac{P_b}{\gamma_b}} \tag{1-77}$$

$$\gamma_{se} = C \times \gamma_{sa} + (1 - C) \times \gamma_{sb} \tag{1-78}$$

式中：γ_t、γ_{se}——意义同前；

γ_{sb}——矿料混合料的合成毛体积相对密度，无量纲，按式(1-79)求取；

γ_{sa}——矿料混合料的合成表观相对密度，无量纲，按式(1-80)求取；

C——合成矿料的沥青吸收系数，可按矿料的合成吸水率由式(1-81)求取。

$$\gamma_{sb} = \frac{100}{\frac{P_1}{\gamma_1} + \frac{P_2}{\gamma_2} + \cdots + \frac{P_n}{\gamma_n}} \tag{1-79}$$

$$\gamma_{sa} = \frac{100}{\frac{P_1}{\gamma'_1} + \frac{P_2}{\gamma'_2} + \cdots + \frac{P_n}{\gamma'_n}} \tag{1-80}$$

式中：γ_1、γ_2、…、γ_n——为各种矿料的毛体积相对密度，无量纲；采用《公路工程集料试验规程》(JTG E42—2005)的方法进行测定，矿粉(含消石灰、水泥)采用表观相对密度。

γ'_1、γ'_2、…、γ'_n——为各种矿料的表观相对密度，无量纲；

P_1、P_2、…、P_n——各种矿料占矿料总质量的百分比(%)，$\sum_{i=1}^{n} P_i = 100$。

$$C = 0.033\,w_x^2 - 0.2936\,w_x + 0.9339 \tag{1-81}$$

式中：w_x——矿料合成吸水率(%)，按式(1-82)计算。

$$w_x = \left(\frac{1}{\gamma_{sb}} - \frac{1}{\gamma_{sa}}\right) \times 100 \tag{1-82}$$

(2)沥青混合料试件空隙率

试件空隙率是压实沥青混合料内矿料及沥青实体以外的空隙(不包括自身内部的孔隙)体积占试件总体积的百分率(%)。

$$VV = \left(1 - \frac{\gamma_f}{\gamma_t}\right) \times 100 \tag{1-83}$$

式中：VV——试件的空隙率(%)；

γ_f、γ_t——意义同前。

(3)矿料间隙率(VMA)

矿料间隙率是压实沥青混合料试件内矿料部分以外体积(沥青及空隙体积)占试件总体积

的百分率,即试件空隙率与沥青体积百分率之和(%)。计算公式为

$$VMA=\left(1-\frac{\gamma_f}{\gamma_{sb}}\times\frac{P_s}{100}\right)\times 100 \tag{1-84}$$

式中:VMA——试件的矿料间隙率(%);

γ_f、P_s、γ_{sb}——意义同前。

(4)沥青饱和度(VFA)

沥青饱和度是压实沥青混合料试件内沥青部分的体积占矿料骨架以外的空隙部分体积的百分率(%),又称沥青填隙率。计算公式为

$$VFA=\frac{VMA-VV}{VMA}\times 100 \tag{1-85}$$

式中:VFA——试件的有效沥青饱和度(有效沥青含量占 VMA 的体积比例)(%);

VMA、VV——意义同前。

2.沥青混合料的技术标准

热拌沥青混合料(HMA)适用于各种等级公路的沥青路面。其种类可按集料公称最大粒径、矿料级配、空隙率划分,如表 1-16 所示。

热拌沥青混合料类型汇总表 表 1-16

混合料类型	密级配			开级配		半开级配	公称最大粒径(mm)	最大粒径(mm)
	连续级配		间断级配	间断级配		沥青稳定碎石		
	沥青混凝土	沥青稳定碎石	沥青玛蹄脂碎石	排水式沥青磨耗层	排水式沥青碎石基层			
特粗式	—	ATB-40	—	—	ATPB-40	—	37.5	53.0
粗粒式	—	ATB-30	—	—	ATPB-30	—	31.5	37.5
	AC-25	ATB-25	—	—	ATPB-25	—	26.5	31.5
中粒式	AC-20	—	SMA-20	—	—	AM-20	19.0	26.5
	AC-16	—	SMA-16	OGFC-16	—	AM-16	16.0	19.0
细粒式	AC-13	—	SMA-13	OGFC-13	—	AM-13	13.2	16.0
	AC-10	—	SMA-10	OGFC-10	—	AM-10	9.5	13.2
砂粒式	AC-5	—	—	—	—	AM-5	4.75	9.5
设计空隙率(%)	3~5	3~6	3~4	>18	>18	6~12		

注:空隙率可按配合比设计要求做适当调整。

沥青混合料的矿料级配应符合工程规定的设计级配范围。密级配沥青混合料宜根据公路等级、气候及交通条件按表 1-17 选择采用粗型(C 型)或细型(F 型)混合料,并在表 1-18 范围内确定工程设计级配范围,一般情况下工程设计级配范围不宜超出表 1-18 的规定。

粗型和细型密级配沥青混凝土的关键性筛孔通过率 表 1-17

混合料类型	公称最大粒径(mm)	用以分类的关键性筛孔(mm)	粗型密级配		细型密级配	
			名称	关键性筛孔通过率(%)	名称	关键性筛孔通过率(%)
AC-25	26.5	4.75	AC-25C	<40	AC-25F	>40
AC-20	19	4.75	AC-20C	<45	AC-20F	>45

续上表

混合料类型	公称最大粒径（mm）	用以分类的关键性筛孔（mm）	粗型密级配		细型密级配	
			名称	关键性筛孔通过率（%）	名称	关键性筛孔通过率（%）
AC-16	16	2.36	AC-16C	<38	AC-16F	>38
AC-13	13.2	2.36	AC-13C	<40	AC-13F	>40
AC-10	9.5	2.36	AC-10C	<45	AC-10F	>45

沥青混合料矿料级配范围 表 1-18

级配类型		通过下列筛孔（方孔筛，mm）的质量百分率（%）														
		53.0	37.5	31.5	26.5	19.0	16.0	13.2	9.5	4.75	2.36	1.18	0.6	0.3	0.15	0.075
密级配沥青混凝土混合料 DAC																
粗粒	AC-25			100	90～100	75～90	65～83	56～76	46～65	24～52	16～42	12～33	8～24	5～17	4～13	3～7
中粒	AC-20				100	90～100	78～92	62～80	50～72	26～56	16～44	12～33	8～24	5～17	4～13	3～7
中粒	AC-16					100	90～100	76～92	60～80	34～62	20～48	13～36	9～26	7～18	5～14	4～8
细粒	AC-13						100	90～100	68～85	38～68	24～50	15～38	10～28	7～20	5～15	4～8
细粒	AC-10							100	90～100	45～75	30～58	20～44	13～32	9～23	6～16	4～8
砂粒	AC-5								100	90～100	55～75	35～55	20～40	12～28	7～18	5～10
密级配沥青稳定碎石 ATB																
特粗	ATB-40	100	90～100	75～92	65～85	49～71	43～63	37～57	30～50	20～40	15～32	10～25	8～18	5～14	3～10	2～6
粗粒	ATB-30		100	90～100	70～90	53～72	44～66	39～60	31～51	20～40	15～32	10～25	8～18	5～14	3～10	2～6
粗粒	ATB-25			100	90～100	60～80	48～68	42～62	32～52	20～40	15～32	10～25	8～18	5～14	3～10	2～6
半开级配沥青稳定碎石 AM																
中粒	AM-20				100	90～100	60～85	50～75	40～65	15～40	5～22	2～16	1～12	0～10	0～8	0～5
中粒	AM-16					100	90～100	60～85	45～68	18～42	6～25	3～18	1～14	0～10	0～8	0～5
细粒	AM-13						100	90～100	50～80	20～45	8～28	4～20	2～16	0～10	0～8	0～6
细粒	AM-10							100	90～100	35～65	10～35	5～22	2～16	0～12	0～9	0～6

续上表

级配类型		通过下列筛孔(方孔筛,mm)的质量百分率(%)														
		53.0	37.5	31.5	26.5	19.0	16.0	13.2	9.5	4.75	2.36	1.18	0.6	0.3	0.15	0.075
开级配沥青稳定碎石 ATPB																
特粗	ATPB-40	100	70~100	65~90	55~85	43~75	32~70	20~65	12~50	0~3	0~3	0~3	0~3	0~3	0~3	0~3
粗粒	ATPB-30		100	80~100	70~95	53~85	36~80	26~75	14~60	0~3	0~3	0~3	0~3	0~3	0~3	0~3
	ATPB-25			100	80~100	60~100	45~90	30~82	16~70	0~3	0~3	0~3	0~3	0~3	0~3	0~3
开级配排水性磨耗层混合料 OGFC																
中粒	OGFC-16					100	90~100	70~90	45~70	12~30	10~22	6~18	4~15	3~12	3~8	2~6
细粒	OGFC-13						100	90~100	60~80	12~30	10~22	6~18	4~15	3~12	3~8	2~6
	OGFC-10							100	90~100	50~70	10~22	6~18	4~15	3~12	3~8	2~6

我国《公路沥青路面施工技术规范》(JTG F40—2004)对密级配沥青混凝土混合料,采用马歇尔试验方法进行配合比设计时,特征体积参数、稳定度与流值试验结果应符合表1-19的技术要求。在配合比设计是基础上,还需对其高温稳定性、低温抗裂性、水稳定性、抗渗性进行检验,其技术指标应满足表1-20~表1-23要求。

密级配沥青混凝土混合料马歇尔试验技术指标 表1-19

试验指标		单位	高速公路、一级公路				其他等级公路	行人道路
			夏炎热区(1-1、1-2、1-3、1-4区)		夏热区及夏凉区(2-1、2-2、2-3、2-4、3-2区)			
			中轻交通	重载交通	中轻交通	重载交通		
击实次数(双面)		次	75				50	50
试件尺寸		mm	ϕ101.6mm×63.5mm					
空隙率 *VV*	深约90mm以内	%	3~5	4~6	2~4	3~5	3~6	2~4
	深约90mm以下	%	3~6		2~4	3~6	3~6	—
稳定度 *MS* 不小于		kN	8				5	3
流值 *FL*		mm	2~4	1.5~4	2~4.5	2~4	2~4.5	2~5

续上表

<table>
<tr><td colspan="2" rowspan="3">试验指标</td><td rowspan="3">单位</td><td colspan="4">高速公路、一级公路</td><td rowspan="3">其他等级公路</td><td rowspan="3">行人道路</td></tr>
<tr><td colspan="2">夏炎热区
(1-1、1-2、1-3、1-4 区)</td><td colspan="2">夏热区及夏凉区
(2-1、2-2、2-3、2-4、3-2 区)</td></tr>
<tr><td>中轻交通</td><td>重载交通</td><td>中轻交通</td><td>重载交通</td></tr>
<tr><td rowspan="7">矿料间隙率
VMA
(%)
不小于</td><td rowspan="2">设计空隙率
(%)</td><td colspan="7">相应于以下公称最大粒径(mm)的最小 VMA 及 VFA 技术要求(%)</td></tr>
<tr><td colspan="2">26.5</td><td>19</td><td>16</td><td>13.2</td><td>9.5</td><td>4.75</td></tr>
<tr><td>2</td><td colspan="2">10</td><td>11</td><td>11.5</td><td>12</td><td>13</td><td>15</td></tr>
<tr><td>3</td><td colspan="2">11</td><td>12</td><td>12.5</td><td>13</td><td>14</td><td>16</td></tr>
<tr><td>4</td><td colspan="2">12</td><td>13</td><td>13.5</td><td>14</td><td>15</td><td>17</td></tr>
<tr><td>5</td><td colspan="2">13</td><td>14</td><td>14.5</td><td>15</td><td>16</td><td>18</td></tr>
<tr><td>6</td><td colspan="2">14</td><td>15</td><td>15.5</td><td>16</td><td>17</td><td>19</td></tr>
<tr><td colspan="2">沥青饱和度 VFA(%)</td><td colspan="2">55～70</td><td colspan="3">65～75</td><td colspan="2">70～85</td></tr>
</table>

注:1. 对空隙率大于 5%的夏炎热重载交通路段,施工时应至少提高压实度 1 个百分点。

2. 对改性沥青混合料,马歇尔试验的流值可适当放宽。

3. 当设计的空隙率不是整数时,由内插确定要求的 *VMA* 最小值。

对于沥青路面的上面层和中、下面层的沥青混凝土进行配合比设计时,应通过车辙试验机对抗车辙能力进行检验,其要求见表 1-20。

沥青混合料的车辙试验动稳定度技术要求　　表 1-20

<table>
<tr><td colspan="2">气候条件与技术指标</td><td colspan="9">相应于下列气候分区所要求动稳定度(次・mm⁻¹)</td><td rowspan="3">试验方法</td></tr>
<tr><td colspan="2">七月平均最高月平均气温(℃)
及气候分区</td><td colspan="4">>30(夏季炎热区)</td><td colspan="4">20～30(夏热区)</td><td><20
(夏凉区)</td></tr>
<tr><td colspan="2">气候分区</td><td>1-1</td><td>1-2</td><td>1-3</td><td>1-4</td><td>2-1</td><td>2-2</td><td>2-3</td><td>2-4</td><td>3-2</td></tr>
<tr><td colspan="2">普通沥青混合料,不小于</td><td colspan="2">800</td><td colspan="2">1000</td><td>600</td><td colspan="3">800</td><td>600</td><td rowspan="6">T 0719</td></tr>
<tr><td colspan="2">改性沥青混合料,不小于</td><td colspan="2">2400</td><td colspan="2">2800</td><td>2000</td><td colspan="3">2400</td><td>1800</td></tr>
<tr><td rowspan="2">SMA
混合料</td><td>非改性,不小于</td><td colspan="9">1500</td></tr>
<tr><td>改性,不小于</td><td colspan="9">3000</td></tr>
<tr><td colspan="2">OGFC 混合料</td><td colspan="9">1500(一般交通路段)、3000(重交通量路段)</td></tr>
</table>

我国采用浸水马歇尔试验和冻融劈裂试验作为水稳定性的标准试验方法,其技术要求见表 1-21。达不到要求时必须采取抗剥落措施,调整沥青用量再进行试验。

沥青混合料水稳定性检验技术要求　　表 1-21

<table>
<tr><td colspan="2">气候条件与技术指标</td><td colspan="4">相应于下列气候分区的技术要求(%)</td><td rowspan="3">试验
方法</td></tr>
<tr><td colspan="2" rowspan="2">年降雨量(mm)及气候分区</td><td>>1000</td><td>500～1000</td><td>250～500</td><td><250</td></tr>
<tr><td>1. 潮湿区</td><td>2. 湿润区</td><td>3. 半干区</td><td>4. 干旱区</td></tr>
<tr><td colspan="7">浸水马歇尔试验残留稳定度(%) 不小于</td></tr>
<tr><td colspan="2">普通沥青混合料</td><td colspan="2">80</td><td colspan="2">75</td><td rowspan="4">T 0790</td></tr>
<tr><td colspan="2">改性沥青混合料</td><td colspan="2">85</td><td colspan="2">80</td></tr>
<tr><td rowspan="2">SMA 混合料</td><td>普通沥青</td><td colspan="4">75</td></tr>
<tr><td>改性沥青</td><td colspan="4">80</td></tr>
</table>

续上表

气候条件与技术指标		相应于下列气候分区的技术要求（%）				试验方法
年降雨量(mm)及气候分区		>1000	500～1000	250～500	<250	
		1.潮湿区	2.湿润区	3.半干区	4.干旱区	
冻融劈裂试验的残留强度比（%）不小于						
普通沥青混合料		75		70		T 0729
改性沥青混合料		80		75		
SMA 混合料	普通沥青	75				
	改性沥青	80				

宜对密级配沥青混合料在温度为－10℃、加载速率为 50mm/min 的条件下进行弯曲试验，测定破坏强度、破坏应变、破坏劲度模量，并根据应力—应变曲线的形状，综合评价沥青混合料的低温抗裂性能。其中沥青混合料的破坏应变宜符合表 1-22 的要求。

沥青混合料低温弯曲试验破坏应变（ε_B）技术要求 表 1-22

气候条件与技术指标	相应于下列气候分区所要求的破坏应变（ε_B）									试验方法
年极端最低气温（℃）及气候分区	<－37.0		－21.5～－37.0			9.0～－21.5		>－9.0		
	冬严寒区(1)		冬寒区(2)			冬冷区(3)		冬温区(4)		
	1-1	2-1	1-2	2-2	3-2	1-3	2-3	1-4	2-4	
普通沥青混合料 ≥	2600		2300			2000				T 0728
改性沥青混合料 ≥	3000		2800			2500				

同时需对轮碾机成型的车辙试验试件进行渗水试验，并符合表 1-23 的要求。

沥青混合料渗水系数技术要求 表 1-23

级配类型	渗水系数要求（mL/min）	试验方法
密级配沥青混凝土 不大于	120	
SMA 混合料 不大于	80	T 0730
OGFC 混合料 不小于	实测	

对使用钢渣作为集料的沥青混合料，应进行活性和膨胀性试验，钢渣沥青混凝土的膨胀量不得超过 1.5%。

对改性沥青混合料的性能检验，应针对改性目的进行。以提高高温抗车辙性能为主要目的时，低温性能可按普通沥青混合料的要求执行；以提高低温抗裂性能为主要目的时，高温稳定性可按普通沥青混合料的要求执行。

三、沥青混合料配合比设计方法

沥青混合料配合比设计的内容就是确定粗集料、细集料、矿粉和沥青结合料的最佳组成比例，使之既能满足沥青混合料的技术要求又符合经济的原则。

热拌沥青混合料的配合比设计通过目标配合比设计、生产配合比设计及生产配合比验证三个阶段，确定沥青混合料的材料品种及配比、矿料级配、最佳沥青用量。

1. 目标配合比设计

目标配合比设计分两部分进行，即矿质混合料组成设计与最佳沥青用量的确定。

(1)选择热拌沥青混合料类型

热拌沥青混合料适用于各种等级公路的沥青路面。其种类应考虑集料公称最大粒径、矿料级配、空隙率等因素进行选择。

(2)确定工程设计级配范围

①沥青路面工程的混合料设计级配范围由工程设计文件或招标文件规定，密级配沥青混合料的设计级配宜在规范规定的级配范围内，根据公路等级、工程性质、气候条件、交通条件、材料品种，通过对条件大体相当的工程的使用情况进行调查研究后调整确定，必要时允许超出规范级配范围。密级配沥青稳定碎石混合料可直接以规范规定的级配范围作工程设计级配范围使用。经确定的工程设计级配范围是配合比设计的依据，不得随意变更。

②调整工程设计级配范围宜遵循下列原则：

a.首先按设计要求确定采用粗型(C型)或细型(F型)的混合料。对夏季温度高、高温持续时间长，重载交通多的路段，宜选用粗型密级配沥青混合料(AC-C型)，并取较高的设计空隙率。对冬季温度低、且低温持续时间长的地区，或者重载交通较少的路段，宜选用细型密级配沥青混合料(AC-F型)，并取较低的设计空隙率。

b.通常情况下，合成级配曲线宜尽量接近设计级配的中限，尤其应使0.075mm、2.36mm、4.75mm等筛孔的通过量尽量接近设计级配范围的中限。对于交通量大、轴载重的道路，合成级配可以考虑偏向级配范围的下限，而对于中小交通量或人行道路等，合成级配宜偏向级配范围的上限。

c.为确保高温抗车辙能力，同时兼顾低温抗裂性能的需要。配合比设计时宜适当减少公称最大粒径附近的粗集料用量，减少0.6mm以下部分细粉的用量，使中等粒径集料较多，形成S型级配曲线，并取中等或偏高水平的设计空隙率。

d.沥青混合料的配合比设计应充分考虑施工性能，使沥青混合料容易摊铺和压实，避免造成严重的离析。

③矿料混合料配合比的计算

a.材料选择与性能测试。按规定方法对实际工程中使用的材料进行取样，测试材料密度，并进行筛分试验，确定各种规格集料的级配组成。

b.确定各档矿料的用量比例。根据各档矿料的筛分结果，借助电子计算机的电子表格，用试算法或电算软件(图解法)确定各档矿料的用量比例，计算矿质混合料的合成级配。

c.对高速公路和一级公路，宜在工程设计级配范围内计算1～3组粗细不同的配比，绘制设计级配曲线，分别位于工程设计级配范围的上方、中值及下方。设计合成级配不得有太多的锯齿形交错，且在0.3～0.6mm范围内不出现"驼峰"。当反复调整不能满意时，宜更换材料设计。

(3)马歇尔试验

①按确定的矿质混合料配合比，计算各种规格集料的用量。

②根据矿质混合料的合成毛体积相对密度和合成表观密度等物理参数，预估沥青混合料适宜的油石比，预估油石比Pa按(1-86)计算或沥青用量P_b按(1-87)计算。

$$P_a=\frac{P_{a1}\times\gamma_{sb1}}{\gamma_{sb}} \tag{1-86}$$

$$P_b=\frac{P_a}{100+P_a} \tag{1-87}$$

式中：P_a——预估的最佳油石比(与矿料总量的百分比)(%)；

P_b——预估的最佳沥青用量(占混合料总量的百分数)(%);

P_{a1}——已建类似工程沥青混合料的标准油石比(%);

γ_{sb}——集料的合成毛体积相对密度;

γ_{sb1}——已建类似工程集料的合成毛体积相对密度。

注:作为预估最佳油石比的集料密度,原工程和新工程也可均采用有效相对密度。

③以预估的油石比为中值,按一定间隔(对密级配沥青混合料通常为 0.5%,取 5 个或 5 个以上不同的油石比分别成型马歇尔试件。每一组试件的试样数按现行试验规程的要求确定,对粒径较大的沥青混合料,宜增加试件数量。

注:5 个不同油石比不一定选整数,例如预估油石比 4.8%,可选 3.8%、4.3%、4.8%、5.3%、5.8%等。实测最大相对密度通常与此同时进行。

沥青混合料试件的制作温度参照《公路沥青路面施工技术规范》(JTG F40—2004)确定,并与施工实际温度相一致,普通沥青混合料如缺乏粘温曲线时可参照表 1-24,改性沥青混合料的成型温度在此基础上再提高 10~20℃。

热拌普通沥青混合料试件的制作温度(单位:℃) 表 1-24

施工工序	石油沥青的标号				
	50 号	70 号	90 号	110 号	130 号
沥青加热温度	160~170	155~165	150~160	145~155	140~150
矿料加热温度	集料加热温度比沥青温度高 10~30(填料不加热)				
沥青混合料拌和温度	150~170	145~165	140~160	135~155	130~150
试件击实成型温度	140~160	135~155	130~150	125~145	120~140

注:表中混合料温度,并非拌和机的油浴温度,应根据沥青的针入度、黏度选择,不宜都取中值。

④计算矿料混合料的合成毛体积相对密度 γ_{sb} 和合成表观相对密度 γ_{sa}。

⑤确定矿料的有效相对密度 γ_{se}。

⑥测定压实沥青混合料试件的毛体积相对密度 γ_f 和吸水率 S_a。

⑦确定沥青混合料的最大理论相对密度 γ_t。

⑧计算沥青混合料试件的空隙率 *VV*、矿料间隙率 *VMA*、有效沥青的饱和度 *VFA* 等体积指标,取 1 位小数,进行体积组成分析。

⑨进行马歇尔试验,测定马歇尔稳定度及流值。

(4)确定最佳沥青用量(或油石比)

①以油石比或沥青用量为横坐标,以马歇尔试验的各项指标为纵坐标,将试验结果点入图中,连成圆滑的曲线。确定均符合规范规定的沥青混合料技术标准的沥青用量范围 OAC_{min}~OAC_{max}。选择的沥青用量范围必须涵盖设计空隙率的全部范围,并尽可能涵盖沥青饱和度的要求范围,并使密度及稳定度曲线出现峰值。如果没有涵盖设计空隙率的全部范围,试验必须扩大沥青用量范围重新进行。

②根据试验曲线的走势,按下列方法确定沥青混合料的最佳沥青用量 OAC_1。

a. 在曲线图 1-4 上求取相应于密度最大值、稳定度最大值、目标空隙率(或中值)、沥青饱和度范围的中值的沥青用量 a_1、a_2、a_3、a_4。按式(1-88)取平均值作为 OAC_1。

$$OAC_1=(a_1+a_2+a_3+a_4)/4 \tag{1-88}$$

b. 如果在所选择的沥青用量范围未能涵盖沥青饱和度的要求范围,按式(1-89)求取 3 者的平均值作为 OAC_1。

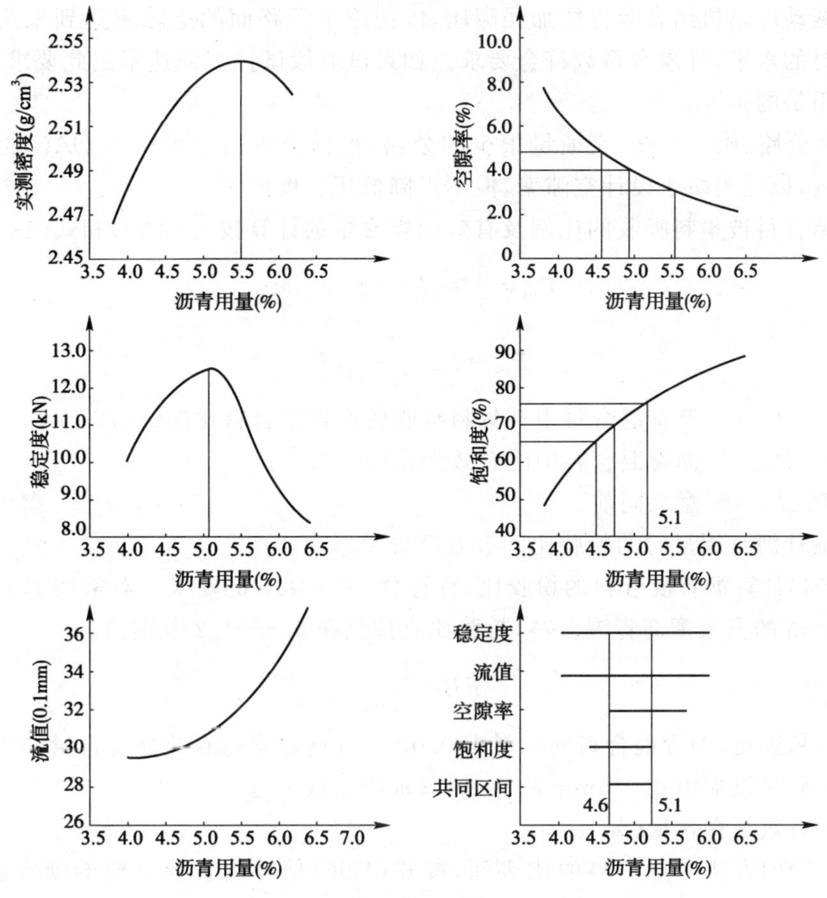

图 1-4 沥青用量与马歇尔指标关系图

$$OAC_1=(a_1+a_2+a_3)/3 \tag{1-89}$$

c. 对所选择试验的沥青用量范围,密度或稳定度没有出现峰值(最大值经常在曲线的两端)时,可直接以目标空隙率所对应的沥青用量 a_3 作为 OAC_1,但 OAC_1 必须介于 OAC_{min} ~ OAC_{max} 的范围内,如图 1-4 所示,否则应重新进行配合比设计。

③以各项指标均符合技术标准(不含 VMA)的沥青用量范围 OAC_{min} ~ OAC_{max} 的中值作为 OAC_2。

$$OAC_2=(OAC_{min}+OAC_{max})/2 \tag{1-90}$$

④通常情况下取 OAC_1 及 OAC_2 的中值作为计算的最佳沥青用量 OAC。

$$OAC=(OAC_1+OAC_2)/2 \tag{1-91}$$

⑤根据实践经验和公路等级、气候条件、交通情况,调整确定最佳沥青用量 OAC。

a. 调查当地各项条件相接近的工程的沥青用量及使用效果,论证适宜的最佳沥青用量。检查计算得到的最佳沥青用量是否相近,如相差甚远,应查明原因,必要时重新调整级配,进行配合比设计。

b. 对炎热地区公路以及高速公路、一级公路的重载交通路段,山区公路的长大坡度路段,预计有可能产生较大车辙时,宜在空隙率符合要求的范围内将计算的最佳沥青用量减小0.1%~0.5%作为设计沥青用量。此时,除空隙率外的其他指标可能会超出马歇尔试验配合比设计技术标准,配合比设计报告或设计文件必须予以说明。但配合比设计报告必须要求采用重型轮胎压路机和振动压路机组合等方式加强碾压，以使施工后路面的空隙率达到未调整前的原最佳沥青用量时的水平，且渗水系数符合要求。如果试验段试拌试铺达不到此要求时，宜调整所减小的沥青用量的幅度。

c. 对寒区公路、旅游公路、交通量很少的公路，最佳沥青用量可以在 *OAC* 的基础上增加0.1%～0.3%，以适当减小设计空隙率，但不得降低压实度要求。

⑥沥青结合料被集料吸收的比例及有效沥青含量的计算按式(1-92)和式(1-93)进行。

$$P_{ba}=\frac{\gamma_{se}-\gamma_b}{\gamma_{se}\times\gamma_{sb}}\times\gamma_b\times 100 \tag{1-92}$$

$$P_{be}=P_b-\frac{P_{ba}}{100}\times P_s \tag{1-93}$$

式中： P_{ba}——沥青混合料中被集料吸收的沥青结合料比例(%)；

P_{be}——沥青混合料中的有效沥青用量(%)；

γ_{se}、γ_b、γ_{sb}、P_s、P_b——意义同前。

⑦检验最佳沥青用量时的粉胶比和有效沥青膜厚度

按式(1-94)计算沥青混合料的粉胶比，宜符合 0.6～1.6 的要求。对常用的公称最大粒径为 13.2～19mm 的密级配沥青混合料，粉胶比宜控制在 0.8～1.2 范围内。

$$FB=\frac{P_{0.075}}{P_{be}} \tag{1-94}$$

式中：FB——粉胶比，沥青混合料的矿料中 0.075mm 通过率与有效沥青含量的比值，无量纲；

$P_{0.075}$——矿料级配中 0.075mm 的通过率(水洗法)(%)；

P_{be}——有效沥青含量(%)。

按式(1-95)的方法计算集料的比表面，按式(1-96)估算沥青混合料的沥青膜有效厚度。各种集料粒径的表面积系数按表 1-25 采用。

$$SA=\sum(P_i\times FA_i) \tag{1-95}$$

$$DA=\frac{P_{be}}{\gamma_b\times SA}\times 10 \tag{1-96}$$

式中：SA——集料的比表面积(m^2/kg)；

P_i——各种粒径的通过百分率(%)；

FA_i——相应于各种粒径的集料的表面积系数，如表 1-25 所列；

DA——沥青膜有效厚度(μm)；

P_{be}——有效沥青含量(%)；

γ_b——沥青的相对密度(25℃/25℃)，无量纲。

注：各种公称最大粒径混合料中大于 4.75mm 尺寸集料的表面积系数 FA 均取 0.0041，且只计算一次，4.75mm以下部分的 FA_i 如表 1-25 所示。该例的 $SA=6.60m^2/kg$。若混合料的有效沥青含量为 4.65%，沥青的相对密度 1.03，则沥青膜厚度为 $DA=4.65/1.03/6.60\times10=6.83\mu m$。

集料的表面积系数计算示例 表 1-25

筛孔尺寸(mm)	19	16	13.2	9.5	4.75	2.36	1.18	0.6	0.3	0.15	0.075	集料比表面总和 SA (m^2/kg)
表面积系数 FA_i	0.0041	—	—	—	0.0041	0.0082	0.0164	0.0287	0.0614	0.1229	0.3277	
通过百分率 P_i(%)	100	92	85	76	60	42	32	23	16	12	6	
比表面 $FA_i\times P_i$ (m^2/kg)	0.41	—	—	—	0.25	0.34	0.52	0.66	0.98	1.47	1.97	6.60

(5)沥青混合料性能检验

①沥青混合料的高温稳定性检验

按最佳沥青用量 *OAC* 制作车辙试验试件，在规定的条件下进行车辙试验，检验设计沥青混合料的高温抗车辙能力，动稳定度应符合表 1-20 的要求。当其动稳定度不符合规定时，应对矿料级配或沥青用量进行调整，重新进行配合比设计。

②沥青混合料的水稳定性检验

按最佳沥青用量 *OAC* 制作马歇尔试件进行浸水马歇尔试验或冻融劈裂试验，检验试件的残留稳定度或冻融劈裂强度比是否满足表 1-21 的要求。

③沥青混合料低温抗裂性检验

对改性沥青混合料，应按照最佳沥青用量 *OAC* 制作车辙试验试件，再用切割机将试件锯成规定尺寸的棱柱体试件，按照规定方法进行低温弯曲试验，检验其破坏应变是否符合表 1-22 要求，否则应对矿料级配或沥青用量进行调整，必要时更换改性沥青品种重新进行配合比设计。

④沥青混合料渗水性检验

宜利用轮碾机成型试验试件，脱模架起进行渗水试验，并应符合表 1-23 的要求。

2.生产配合比设计

在目标配合比确定之后，应利用实际施工的拌和机(常用的拌和机见图 1-5)进行试拌以确定施工配合比。在操作前，首先根据级配类型选择振动筛的筛号，使几个热料仓的材料不致相差太大。最大筛孔应保证使超粒径料排出，使最大粒径筛孔通过量符合设计范围要求。试验时，按试验室配合比设计的冷料比例上料、烘干、筛分，然后取样筛分，与目标配合比设计一样进行矿料级配计算，得出不同料仓及矿料用量比例。按此比例进行马歇尔试验，取目标配合比得出的最佳油石比，并在此基础上±0.3%，得到三档配合比，进行试验。得出生产配合比的最佳油石比，供试拌试铺使用。生产配合比确定的最佳油石比与目标配合比的差值不宜大于 0.2%。

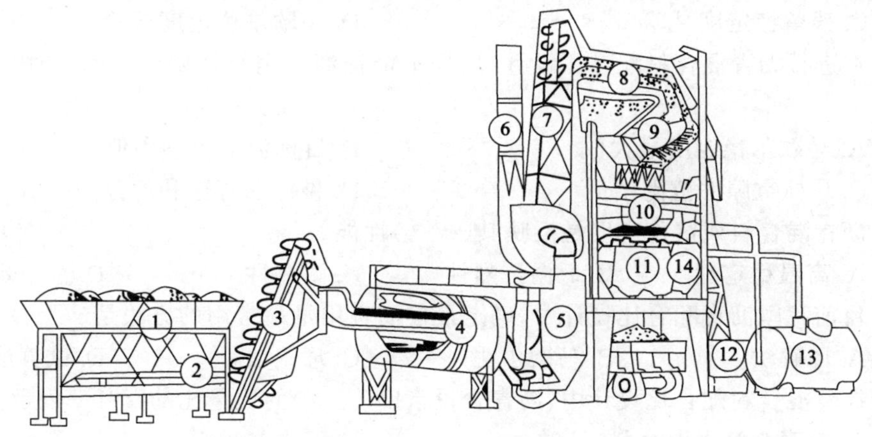

图 1-5 间歇式拌和机示意图

1-冷料仓；2-冷料送料器；3-冷料提升机；4-干燥鼓；5-集尘器；6-排气烟囱；7-热料提升机；8-筛屏单元；9-热料仓；10-称料仓；11-拌和单元或强制式拌和机；12-矿质填料储仓；13-热沥青储料罐；14-沥青称重桶

3.生产配合比验证

此阶段即为试拌试铺阶段。施工单位进行试拌试铺时，应报告监理部门和业主，工程指挥部会同设计、监理、施工人员一起进行鉴别。按照生产配合比进行试拌，在场人员对混合料级配及油石比提出意见，必要时进行针对性调整，重新试拌，再进行观察，力求意见一致。然后用此混合料在试验路段上试铺，进一步观察摊铺、碾压过程和成型路面的表面状况，判断混合料的级配和油石比。如不满意应调整，重新试拌试铺，直至满意为止。

另一方面，试验室密切配合现场指挥，在拌和厂或摊铺机旁采集沥青混合料试样，进行马歇尔试验，同时还应进行浸水马歇尔试验和车辙试验，以进行水稳定性和高温稳定性检验。试验室还应到现场进行抽提试验，以确保现场用料的级配和油石比与设计相同。同时按照规范规定的试验段铺设要求进行各种试验，当全部满足要求时，验证通过，可进入正常生产，大批量拌和摊铺阶段。

习 题

1-45 沥青混合料中最理想的结构类型是（ ）结构。

A. 密实骨架 B. 密实悬浮 C. 骨架空隙 D. 以上都不是

1-46 沥青混合料随沥青用量的增加而出现峰值的物理力学指标是（ ）。

A. 马歇尔稳定度 B. 流值 C. 空隙率 D. 饱和度

1-47 根据马歇尔试验结果，沥青混合料中稳定度与沥青含量关系为（ ）。

A. 随沥青含量增加而增加，达到峰值后随沥青含量增加而降低

B. 随沥青含量增加而增加

C. 随沥青含量增加而减少

D. 沥青含量的增减对稳定度影响不大

1-48 沥青混合料动稳定度用于评价沥青混合料的（ ）性能。

A. 耐久性 B. 空隙率 C. 高温抗车辙能力 D. 水稳定性

1-49 测定沥青混合料水稳定性的试验是（ ）。

A. 车辙试验 B. 沥青混合料保水率试验

C. 残留稳定度试验 D. 马歇尔稳定度试验

1-50 在进行沥青混合料配合比设计时，确定最佳沥青用量初始值 OAC_1 时（ ）指标不会用到。

A. 马歇尔稳定度最大值 B. 目标流值范围中值

C. 目标空隙率范围中值 D. 目标沥青饱和度范围中值

1-51 沥青混合料残留稳定度是反映其（ ）性能。

A. 高温稳定性 B. 低温抗烈性 C. 耐久性 D. 水稳定性

1-52 目前我国沥青配合比设计中，确定最佳沥青用量最常用的方法是（ ）。

A. 图解法 B. 马歇尔法 C. 理论法 D. 试算法

1-53 沥青混合料配合比设计中，沥青含量常以（ ）的质量比的百分率表示。

A. 沥青与沥青混合料 B. 沥青与矿料

C. 沥青与集料 D. (A+B)

1-54 沥青混合料的配合比设计时，对矿料的配合比设计，在高速公路、一级公路、城市快车道、主干道等交通量大、轴载重的道路，级配范围宜（ ）。

A. 偏向下(粗)限 B. 靠近中限 C. 偏向上(细)限 D. 都不对

1-55 提高沥青混合料路面的抗滑性，要特别注意沥青混合料中的（ ）。

A. 沥青用量 B. 沥青稠度 C. 粗集料的压碎值 D. 集料的化学性能

1-56　在沥青混合料中掺加适量消石灰粉，可以有效提高沥青混合料的(　　)。

A. 黏附性　　B. 抗疲劳性　　C. 低温抗裂性　　D. 抗车辙形成能力

第七节　建筑钢材

建筑钢材是指在建筑工程中使用的各种钢材，如型材有圆钢、角钢、槽钢、工字钢、钢管等；板材有厚板、中板、薄板等；钢筋有光圆钢筋和带肋钢筋等。建筑钢材具有组织均匀密实、强度高、弹性模量大、塑性及韧性好、承受冲击荷载和动力荷载能力强、便于加工和装配等优点，因而在建筑结构中被广泛应用。

一、钢材的技术性能

钢材的技术性能主要包括力学性能和工艺性能两个方面。钢材主要的力学性能有抗拉性能、抗冲击韧性、疲劳强度和硬度。工艺性能则包括冷弯性能和焊接性。

(一)力学性能

钢材是土木建筑工程中广泛应用的结构材料，使用中要承受拉力、压力、弯曲、扭曲等各种静力荷载作用，这就要求钢材具有一定的强度及其抵抗有限变形而不破坏的能力；对于承受动力荷载作用的钢材，还要求具有较高的冲击韧性而不致发生疲劳断裂。

1. 抗拉性能

抗拉性能是建筑钢材最重要的技术性质。建筑钢材的抗拉性能可用低碳钢在拉伸试验中的应力—应变曲线来描述，如图 1-6 所示。根据曲线的特征，低碳钢在受拉过程中经历了弹性、屈服、强化和颈缩四个阶段，其力学性能可由屈服强度、极限抗拉强度和伸长率等指标来反映。

(1)屈服强度

应力超过 σ_p 后，应变急剧增加，而应力基本保持不变，这种现象称为屈服，如图 1-6 的 AB 阶段。在该阶段应力与应变不再成比例变化，应变增加的速度远大于应力增加的速度，若在该阶段卸载，试件的变形将有部分不能恢复，即试件发生了塑性变形。图 1-6 中 $B_上$ 点是该阶段的应力最高点，称为屈服上限，$B_下$ 点称为屈服下限。一般以 $B_下$ 点对应的应力为屈服强度，用 σ_s 表示。钢材受力达到 σ_s 后，变形迅速发展，已经不能满足使用要求，故设计中一般用屈服点作为强度取值的依据。常用低碳钢的 σ_s 为 185～235MPa。

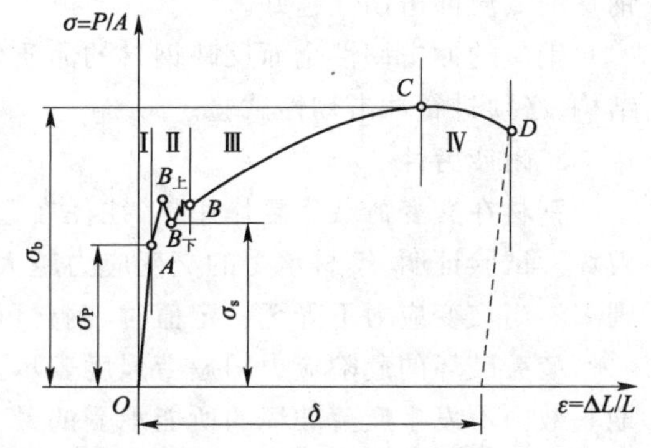

图 1-6　低碳钢受拉时的应力—应变曲线

(2)抗拉强度

荷载超过 σ_s 后，因塑性变形使钢材内部的组织结构发生变化，抵抗变形的能力有所增强，σ-ε 曲线出现上升，进入强化阶段，如图 1-6 的 BC 阶段。此阶段虽然应力能够增加，表现为承载力提高，但变形速率比应力增加速率大，对应于最高点 C 的应力称为极限抗拉强度，用 σ_b 表示。常用低碳钢的 σ_b 为 375～500MPa。

钢材的屈强比用式(1-97)表示，它反映钢材的可靠性和利用率。屈强比小，钢材的可靠性大，结构安全。然而屈强比过小，则钢材利用率低。

$$n=\frac{\sigma_s}{\sigma_b} \tag{1-97}$$

(3)伸长率

应力超过σ_b后，试件的变形仍继续增大，而应力反而下降，σ-ε 曲线出现下降，如图 1-6 的 CD 阶段。此时，试件某段的截面积逐渐减少，出现颈缩现象，直至 D 点试件断裂。

钢材在外力作用下发生塑性变形而不破坏的性能，称为塑性。塑性通常用拉伸试验中的伸长率 δ 和截面收缩率 ψ 表示。

$$\delta=\frac{l-l_0}{l_0}\times 100 \tag{1-98}$$

$$\psi=\frac{A_0-A_1}{A_0}\times 100\% \tag{1-99}$$

通常钢材拉伸试件取 $l_0=5d_0$ 或 $l_0=10d_0$，其伸长率分别以 δ_5 和 δ_{10} 表示。对同一钢材 δ_5 大于 δ_{10}。伸长率δ越大，说明材料的塑性越好。

中碳钢和高碳钢(硬钢)拉伸试验，与低碳钢(软钢)相比有明显不同，其特点是没有明显的屈服阶段，应力随应变持续增加，直至断裂。一般取残余应变为 0.2%时的应力作为高碳钢的名义屈服强度。

2. 冲击韧性

冲击韧性是钢材抵抗冲击荷载作用的能力。钢材的冲击韧性 α_k(J/cm^2)是用标准试件(中部加工成 V 或 U 形缺口)，在试验机的一次摆锤冲击下，以破坏后缺口处单位面积上所消耗的功来表示。

冲击韧性 α_k 值越大，钢材的冲击韧性越好。钢材的化学成分、冶炼方式、加工工艺和环境温度对其冲击韧性都有明显影响。随温度下降，钢材的冲击韧性显著下降而表现出脆性的现象称为钢材的冷脆性。冲击韧性显著降低时的温度为脆性转变温度。脆性转变温度越低说明钢材的低温冲击韧性越好。

钢材的冲击韧性全面反映钢材的品质，对于直接承受荷载而且可能在负温下工作的重要结构，必须进行冲击韧性试验。

3. 耐疲劳性

钢材在交变荷载反复作用下，往往在远小于其抗拉强度时发生突然破坏，此现象称为疲劳破坏。试验证明，钢材承受的交变应力越大，则断裂时所经受的交变应力循环次数越少，反之则多。当交变应力下降至一定值时，钢材可以经受交变应力无数次循环而不发生疲劳破坏。

疲劳破坏的危险应力用疲劳强度表示。疲劳强度是指钢材在交变荷载作用下于规定的周期基数内不发生疲劳破坏的所能承受的最大应力。通常取交变应力循环次数 $N=10^7$ 时试件不发生破坏的最大应力作为疲劳强度。

钢材疲劳强度与其内部组织状态、成分偏析、杂质含量及各种缺陷有关，钢材表面光洁程度和受腐蚀等都会影响疲劳强度。一般钢材的抗拉强度高，耐疲劳强度也较高。

4. 硬度

硬度表示钢材表面局部体积抵抗变形或破坏的能力，是衡量钢材软硬程度的一个指标。硬度测定是将硬物压入钢材表面，根据压力大小及产生的压痕面积或深度来评价的。建筑钢材常用布氏法和洛氏法测定，相应的指标称为布氏硬度和洛氏硬度。

(二)工艺性能

建筑钢材在使用前，需要根据实际情况进行多种形式的加工，良好的工艺性能可以满足施工工艺的要求。冷弯性能和焊接性能是建筑钢材重要的工艺性能。

1.冷弯性能

冷弯性能是指钢材在常温下承受弯曲变形的能力，是钢材的重要工艺性能。钢材的单轴拉伸试验的伸长率反映钢材的均匀变形性能，而冷弯试验检验钢材在非均匀变形下的性能。因此，冷弯性能更好反映钢材内部组织结构的均匀性，如是否存在不均匀内应力、气泡、偏析和夹杂等缺陷。

冷弯性能是将钢材试件(圆形或板形)置于冷弯机上弯曲至规定角度(90°或 180°)，观察其弯曲部位是否有裂纹、起层或断裂现象，如无，则为合格。弯曲角度越大，弯心直径对试件厚度(直径)比值越小，则表示钢材的冷弯性能越好。

2.焊接性能

焊接是钢结构的主要连接方式，土木工程中的钢结构有 90%以上为焊接结构。焊接质量主要取决于钢材的可焊接性能、焊接材料性能和焊接工艺。

钢材的焊接性能是指在一定的焊接工艺条件下，在焊缝及其附近过热区不产生裂纹及硬脆倾向，焊接后钢材的力学性能，尤其是强度不得低于原有钢材的强度。

二、钢材的技术标准

(一)碳素结构钢

碳素结构钢是建筑用钢最常用的钢种之一，适用于一般结构工程中，可以加工成各种型钢、钢筋和钢丝，国家标准是《碳素结构钢》(GB/T 700—2006)。

1.命名

碳素结构钢的牌号由四部分组成，依次为：代表钢材屈服点的汉语拼音 Q；表示钢材屈服点的数字，分别为 195、215、235、255 和 275，以 MPa 计；表示质量等级的符号，按钢材中硫、磷含量由大到小划分，随 A、B、C、D 的顺序质量逐级提高；代表钢脱氧程度的符号，沸腾钢 F、镇定钢 Z、半镇定钢 b、特殊镇定钢 TZ(Z 和 TZ 在钢的牌号中可予以省略)。

2.技术要求

随着钢号的增加，其含碳、含锰量增加，强度和硬度逐步提高，但伸长率和冷弯性能则下降。特殊镇定钢优于镇定钢，镇定钢优于半镇定钢，更优于沸腾钢。同一钢号的质量等级越高，其硫、磷含量越低，钢材质量越好。碳素结构钢的选用主要根据以下原则：以冶炼方法和脱氧程度来区分钢材品质，选用时根据结构的工作条件、承受的荷载类型、受荷方式、连接方式等综合考虑来选择钢号和材质。碳素结构钢的力学性能和冷弯试验指标分别如表 1-26 和表 1-27 所示。

碳素结构钢的力学性能(GB/T 700—2006)　　表 1-26

牌号	等级	屈服强度①R_{eH}(N/mm²)，不小于						抗拉强度② R_m (N/mm²)	断后伸长率 A(%)，不小于					冲击试验(V 形缺口)	
		厚度(或直径)(mm)							厚度(或直径)(mm)					温度(℃)	冲击吸收功(纵向)(J)不小于
		≤16	>16~40	>40~60	>60~100	>100~150	>150~200		≤40	>40~60	>60~100	>100~150	>150~200		
Q195	—	195	185		—	—	—	315~430	33	—	—	—	—	—	—
Q215	A	215	205	195	185	175	165	335~450	31	30	29	27	26	—	—
	B													+20	27

续上表

牌号	等级	屈服强度① R_{eH}(N/mm²),不小于						抗拉强度② R_m (N/mm²)	断后伸长率 A(%),不小于					冲击试验(V形缺口)	
		厚度(或直径)(mm)							厚度(或直径)(mm)					温度(℃)	冲击吸收功(纵向)(J)不小于
		≤16	>16~40	>40~60	>60~100	>100~150	>150~200		≤40	>40~60	>60~100	>100~150	>150~200		
Q235	A	235	225	215	215	195	185	370~500	26	25	24	22	21	—	—
	B													+20	27③
	C													0	
	D													−20	
Q275	A	275	265	255	245	225	215	410~540	22	21	20	18	17	—	—
	B													+20	27
	C													0	
	D													−20	

注:① Q195 的屈服强度值仅供参考,不作交货条件。

②厚度大于 100mm 的钢材,抗拉强度下限允许降低 20N/mm²。宽带钢(包括剪切钢板)抗拉强度上限不作交货条件。

③厚度小于 25mm 的 Q235B 级钢材,如供方能保证冲击吸收功值合格,经需方同意,可不做检验。

碳素结构钢冷弯试验指标(GB/T 700—2006)　　表 1-27

牌　号	试 样 方 向	冷弯试验 180°,$B=2a$①	
		钢材厚度(或直径)②(mm)	
		≤60	>60~100
		弯心直径 d	
Q195	纵	0	—
	横	0.5a	
Q215	纵	0.5a	1.5a
	横	a	2a
Q235	纵	a	2a
	横	1.5a	2.5a
Q275	纵	1.5a	2.5a
	横	2a	3a

注:①B 为试样宽度,a 为试样厚度(或直径)。

②钢材厚度(或直径)大于 100mm 时,弯曲试验由双方协商确定。

3. 碳素结构钢的应用

由于碳素结构钢性能稳定、易加工、成本低,因此,在土木工程中广泛使用。

Q235 具有较高强度,良好的塑性、韧性及可焊接性,综合性能好,故能满足一般钢结构和钢筋混凝土结构的用钢要求。Q235A 一般仅适用于只承受静荷载作用的钢结构;Q235B 和 Q235C 分别适用于承受动荷载焊接的普通钢结构和重要钢结构;Q235D 则适合用于低温环境下承受动荷载焊接的重要钢结构。

Q195、Q215 强度低，塑韧性好，具有良好的可焊性，易于冷加工，常用作钢钉、铆钉、螺栓及钢丝等。

Q255、Q275 强度高，但塑韧性和可焊接性差，可用于轧制钢筋、制作螺栓配件等，更多用于机械零件和工具。

(二)桥梁用结构钢

桥梁用结构钢是桥梁建筑的专用钢，根据《桥梁用结构钢》(GB/T 714—2015)的规定，其牌号为 Q345q、Q370q、Q420q、Q500q、Q550q、Q620q、Q690q，质量等级分别为 C、D、E、F 级。该标准还规定了桥梁结构钢的尺寸、外形、质量和允许偏差、技术要求、试验方法、检测规则及质量证明书等。

用于桥梁建筑的钢材，技术要求为：良好的综合力学性能、良好的焊接性、良好的抗蚀性。

(三)钢筋混凝土结构用钢

钢筋混凝土结构用钢筋和钢丝是用碳素结构钢或低合金结构钢经加工而成的。目前主要有钢筋混凝土用热轧钢筋、冷拔钢筋及冷轧带肋钢筋，预应力混凝土用热处理钢筋、钢丝和钢绞线。

1. 热轧钢筋

热轧钢筋是一种条形钢材，由碳素结构钢或低合金结构钢加工而成。按其表面形状不同分为光圆钢筋和带肋钢筋两类。钢筋的公称尺寸是与其公称截面积相等的圆的直径。

热轧光圆钢筋由碳素结构钢轧制，横截面为圆形，表面光滑，推荐的公称直径有 6mm、8mm、10mm、12mm、16mm、20mm 六种。热轧钢筋的力学性能和工艺性能见表 1-28。

热轧钢筋的力学性能和工艺性能 表 1-28

牌号	原牌号	公称直径 a (mm)	屈服强度 σ (或 $\sigma_{0.2}$)(MPa)	抗拉强度 σ_b (MPa)	伸长率 δ_5 (%)	180°弯曲试验 d (弯心直径)
HRB400 HRBF400	20MnSiV 20MnSiNb 20MnTi	6～25 28～40 >40～50	400	540	16	$d=4a$ $d=5a$ $d=6a$
HRB500 HRBF500	—	6～25 28～40 >40～50	500	630	15	$d=6a$ $d=7a$ $d=8a$

热轧带肋钢筋是采用低合金钢轧制，其表面带有两条纵肋和沿长度方向均匀分布的横肋。纵肋是平行于钢筋轴线的均匀连续肋，横肋为与纵肋不平行的其他肋；月牙肋钢筋是指横肋的纵截面呈月牙形，且与纵肋不相关的钢筋。

按照《钢筋混凝土用钢　第 2 部分：热轧带肋钢筋》(GB/T 1499.2—2018)的规定，热轧带肋钢筋分为普通热轧钢筋和细晶粒热轧钢筋，钢筋牌号分别对应 HRB400、HRB500、HRB600 和 HRBF335、HRBF400、HRBF500。

HPB300 级热轧光圆钢筋的强度较低，但塑性及焊接性能较好，主要用作非预应力混凝土的受力筋或构造筋；由于便于各种冷加工，可用作冷拉钢筋或冷拔钢丝的原材料。HRB400 的强度、塑性及焊接的综合性能较好，且其表面月牙肋增强了与混凝土间的结合力，可用于大、中型如桥梁、水坝等钢筋混凝土构件的主筋，经冷拉后也可作为预应力钢筋。目前，提倡用 HRB400 级钢筋作为我国钢筋混凝土结构的主力钢筋。HRB500 钢筋强度高，但塑性和焊接性能较差，多用于预应力钢筋。

2. 冷轧带肋钢筋

冷轧带肋钢筋是热轧圆盘条经冷轧或冷拔减径后，在其表面带有沿长度方向均匀分布的三面或二面横肋的钢筋。按照《冷轧带肋钢筋》(GB/T 13788—2017)中的规定，冷轧带肋钢筋的牌号由 CRB 和钢筋的抗拉强度最小值构成，分为 CRB550、CRB650、CRB800、CRB970 四个牌号，其中，CRB550 用于普通钢筋混凝土，其他牌号钢筋则用于预应力钢筋混凝土。各牌号钢筋的力学和工艺性能应符合表 1-29 的规定。

冷轧带肋钢筋的力学性能和工艺性能(GB/T 13788—2017)　　表 1-29

牌号	抗拉强度 σ_b (MPa) 不小于	伸长率(%)		180°弯曲试验 D(弯心直径)d (钢筋公称直径)	反复弯曲次数	松弛率初始应力 $\sigma_{con}=0.7\sigma_b$
		δ_{10}	δ_{100}			1000h(%) 不大于
CRB500	550	8.0		$D=3d$		—
CRB650	650	—	4.0	—	3	8
CRB800	800	—	4.0	—	3	8
CRB970	970	—	4.0	—	3	8

三、建筑钢材的试验方法

(一)钢材拉伸试验

1. 主要仪器设备

(1)万能材料试验机，精度为 1%。

(2)钢板尺，精度为 1mm。

(3)天平，精度为 1g。

(4)游标卡尺、千分尺、钢筋标点机等。

2. 试件的制作与准备

(1)测量试样的实际直径 d_0 和实际横截面面积 S_0。

①光圆钢筋

可在标点的两端和中间三处，用游标卡尺或千分尺分别测量两个互相垂直方向的直径，精确至 0.1mm，计算三处截面的平均直径，精确至 0.1mm，再按 $S_0=\pi d^2/4$ 分别计算钢筋的实际横截面面积，取四位有效数字。实际直径 d_0 和实际横截面面积 S_0 分别取三个值中的最小值。

②带肋钢筋

a. 用钢尺测量试样的长度 L，精确至 1mm。

b. 称量试样的质量 m，精确至 1g。

c. 按$S_0=\frac{m}{\rho L}=\frac{m}{7.85L\times1000}$计算实际横截面面积，取四位有效数字。

(2)确定原始标距 l_0。

$l_0=5.65\sqrt{S_0}=5.65\sqrt{\pi d_0^2/4}$，约修至最接近 5mm 的倍数。

(3)根据原始标距 l_0、公称直径 d 和试验机夹具长度 h 确定截取钢筋试样的长度 L。L 应大于$(l_0+1.5d+2h)$，若需测试最大力总伸长率，则应增大试样长度。

(4)在试样中部用标点机标点，相邻两点之间的距离可为 10mm 或 5mm。

3. 试验方法与步骤

(1)按试样的强度选用合适量程的试验机。

(2)将试样固定在试验机夹头内，开机均匀拉伸，采用应力速率控制的试验速率(方法 B)时，屈服前，试验机夹头的分离速率应尽量保持恒定，在 6～60MPa/s 之间；屈服期间，试样平行长度的应变速率为 $0.00025\sim0.0025s^{-1}$之间；屈服后，试样平行长度的应变速率不大于 $0.0025s^{-1}$，直至试件拉断。

(3)拉伸结束后，可从力—延伸曲线上获取屈服荷载 F_s(N)或屈服强度(MPa)和极限荷载 F_b(N)或极限强度(MPa)。

(4)将试样断裂部分仔细配接在一起，使其轴线位于一条直线上，并采用特别措施确保试样断裂部分适当接触后测量试样断后标距 L_u。

①断后伸长率

a. 以断口处为中点，分别向两侧数出标距对应的格数，用卡尺直接测出断后标距 L_u，精确至 0.25mm。

b. 若短段断口与最外标记点距离小于原始标距的 1/3，则可按 GB 228.1—2010 附录 G 的移位方法进行测量。

c. 在工程检验中，若断后伸长率满足规定值要求，则不论断口位置位于何处，测量结果均为有效。

断后伸长率 A 按式(1-100)计算。

$$A=\frac{L_u-L_o}{L_o}\times100 \tag{1-100}$$

式中：L_u——断后标距(mm)；

L_o——原始标距(mm)。

②最大力总伸长率

在用引伸计得到的力—延伸曲线上测定最大力总延伸。最大力总延伸率 A_{gt} 按式(1-101)计算。

$$A_{gt}=\frac{\Delta L_m}{L_e}\times100 \tag{1-101}$$

式中：L_e——引伸计标距(mm)；

ΔL_m——最大力下的延伸(mm)。

(二)钢筋冷弯试验

1. 主要仪器设备

万能试验机或弯曲试验机、冷弯压头等。

2. 试验方法及步骤

(1)试件长度根据试验设备确定,一般可取$(5d+150)$mm,d为公称直径。

(2)按规范要求确定弯心直径D和弯曲角度。

(3)调整两支辊间距离使其等于$(D+3a)\pm a/2$。

(4)装置试件后,平稳地施加荷载,弯曲到要求的弯曲角度。

3. 试验结果评定

试样弯曲后,应按相关产品标准的要求评定弯曲试验结果。若未规定具体要求,则检查试样弯曲处的外表面之后,可按《金属材料　弯曲试验方法》(GB/T 232—2010)规定评定为合格或不合格。

习　题

1-57　牌号表示为Q235AF的钢材是(　　)。

A. 抗拉强度为235MPa的A级沸腾钢　　B. 屈服点为235MPa的A级沸腾钢

C. 抗拉强度为235MPa的A级镇静钢　　D. 屈服点为235MPa的A级半沸腾钢

1-58　钢材的主要力学性质包括(　　)。

A. 强度、变形、焊接性能、硬度　　B. 强度、塑性、冷弯性能、硬度

C. 弹性、韧性、变形、硬性　　D. 强度、塑性、韧性、硬度

1-59　伸长率(　　),断面收缩率(　　),钢材的塑性越好。

A. 越大、越大　　B. 越大、越小　　C. 越小、越大　　D. 越小、越小

1-60　钢筋拉伸试验采用应力速率控制时,屈服前,试验机夹头的分离速率应尽量保持恒定,在(　　)之间。

A. 6～60MPa/s　　B. 0.6～6MPa/s　　C. 10～30 MPa/s　　D. 20～30MPa/s

1-61　冷弯试验时,调整两支辊间距离使其等于(　　)。

A. $2D$　　B. $D+3a$　　C. $(D+3a)\pm a/2$　　D. $(D+2a)\pm a/2$

第八节　其他建筑材料

一、木材的主要技术性能

(一)含水率

1. 木材中的水

木材中的水可分为自由水与吸附水两部分。

2. 纤维饱和点

对于在干燥空气中的湿木材,首先是自由水的蒸发,当自由水恰好蒸发完毕而吸附水尚处于饱和时的状态,即为纤维饱和点。

当含水率大于纤维饱和点含水率时,含水率变化对木材强度与体积无影响。当含水率小

于纤维饱和点含水率时，含水率变化对木材强度与体积有影响。因为纤维饱和点是一个临界含水率。

3.平衡含水率

平衡含水率是指木材与环境空气水分交换达到平衡时的含水率。

(二)湿胀与干缩

湿胀与干缩主要发生在含水率小于纤维饱和点含水率的范围内。干湿变化引起的胀缩变化，弦向最大，径向次之，纵向最小。

(三)强度

木材强度的特性是各向异性，顺纹抗拉强度最大，顺纹抗弯次之，顺纹抗压再次。其他强度较低。

(四)影响木材强度的影响因素

(1)含水率：在纤维饱和点以下时，强度随水分的增多而下降。

(2)环境温度：强度随温度的升高而降低，当环境温度高于50℃时，不应采用木结构。

(3)外力作用时间：木材长期负荷下的强度，一般仅为极限强度的50%～60%。

(4)缺陷。

二、土工合成材料的技术性能

(一)土工合成材料的分类

土工合成材料是工程建设中以人工合成或天然的聚合物(如塑料、化纤、合成橡胶等)为原料制成的各种类型产品，可置于岩土体或其他工程结构内部、表面或各结构层之间，具有加强、保护岩土或其他结构功能的一种新型工程材料。

土工合成材料具有强度高，柔性大，耐腐蚀性好，造价低，运输和施工方便，适应性好，质量易于保证等经济和技术上的优势。在护坡、堤坝、航道整治、挡土墙、软基处理、公路和铁路路基、机场跑道、各种蓄水池等诸多工程中得到了广泛的应用。

我国通常按照《土工合成材料应用技术规范》(GB/T 50290—2014)分为土工织物、土工膜、复合型土工合成材料和特种土工合成材料等四大类。

土工织物是一种透水性的平面土工合成材料，成布状，故俗称土工布。土工织物按制造方法可进一步分为有纺(织造)土工织物和无纺(非织造)土工织物。

土工膜是在工程中起防水作用的具有极低渗透性的膜状材料。土工膜一般可分为沥青和聚合物(合成高聚物)两大类。

复合型土工合成材料是由两种或两种以上的土工合成材料组合在一起的产品。它将各组合材料的性质结合起来，更好地满足具体工程的需要，能起到多种功能的作用，如过滤、排水、隔离、加筋、防渗和防护等。常用的有复合土工膜和复合排水材料两类。

特种土工材料包括土工模袋、土工网、土工网垫、土工格室、土工织物膨润土垫、聚苯乙烯泡沫塑料(EPS)等。

(二)物理性质

1.单位面积质量

单位面积质量是单位面积土工合成材料具有的质量，它能反映土工合成材料的均匀程度，还能反映材料的抗拉强度、顶破强度等力学性能以及孔隙率、渗透性等水力学性能等多方面的性能。它是土工合成材料的主要物理性能之一。

测定单位面积质量采用称量法。测试前要求试样在标准大气压下恒温[(20±2)℃]、恒湿(65%±5%)24h。按制样方法在样品上剪取10块试样，每块面积为100cm²，剪裁和测量精度为1mm，用感量0.01g天平测量，单位面积质量按式(1-102)计算。

$$M=\frac{m}{A} \tag{1-102}$$

式中：M——单位面积质量(g/m²)；

m——试样质量(g)；

A——试样面积(m²)。

土工织物和土工膜的单位面积质量受原材料密度的影响，同时受厚度、含水率和外加剂的影响。

2.厚度

土工合成材料的厚度是指承受一定压力(一般指2kPa)下织物上下两个平面之间的距离，单位为mm。有些土工合成材料如无纺织物和一些复合材料，受压时厚度变化很大，且随加压持续时间的延长而减小，故测定厚度应按要求施加一定的压力，并规定加压30s时读数。有时根据工程需要还应测试在20kPa、200kPa压力下的厚度。

土工织物厚度可采用专门的厚度测试仪，土工膜厚度可直接用千分尺测定。一般要求加压面积为25cm²，基准板和试样面积为50cm²，加压时间30s，试样数量不少于10块。

厚度测量时需保证精度，因为厚度变化对织物的孔隙率、透水性和过滤性等水力学特性有很大的影响。

3.孔隙率

土工合成材料的孔隙率是指其孔隙体积占总体积的比值，以n(%)表示，它是无纺织物的主要物理性质之一。孔隙率的确定不需要直接进行试验，而是通过计算求得。孔隙率可按式(1-103)计算。

$$n=\left(1-\frac{m}{\rho\delta}\right)\times 100\% \tag{1-103}$$

式中：m——单位面积质量(g/m²)；

ρ——原材料的密度(g/m³)；

δ——织物的厚度(m)。

土工织物的孔隙率与孔径的大小有关，直接影响到织物的透水性、导水性和阻止土粒随水流流失的能力。无纺织物的孔隙率随它所承受的压力不同而不同。在不承压情况，一般在90%以上，承压后孔隙率明显降低。

4.孔径

土工合成材料的孔径反映材料的透水性能与保持土颗粒的能力，是一个重要的特征指标。孔径的符号以O表示，单位为mm。并用下标表示织物孔径的分布情况。例如O_{95}表示材料中95%的孔径低于该值。土工织物具有各种形状和大小不同的孔径，其孔径大小的分布曲线类似于土的颗粒级配曲线。

表示土工合成材料特征孔径的方法包括有效孔径O_e和等效孔径EOS。目前普遍等效孔径EOS，其含义接近于土工合成材料的表观最大孔径，也就是能通过土颗粒的最大粒径。不同的标准对EOS的规定不同，目前我国多取O_{95}。

孔径的测量方法有直接法和间接法两类。直接法包括显微镜法和投影放大测读法；间接法有干筛法、湿筛法、水动力法、水银压入法、吸引法和渗透法等。

(三)力学性质

反映土工合成材料力学性质的指标主要有:抗拉强度、握持强度、撕裂强度、顶破强度、刺破强度、穿透强度及蠕变特性等。

1. 抗拉强度

土工合成材料是柔性材料,大多通过自身的抗拉强度来承受荷载以发挥工程作用。因此抗拉强度及其应变是土工合成材料主要的力学性质指标。

土工合成材料的抗拉强度与测定时的试样宽度、形状、约束条件有关,因此必须在规定的标准条件下测定。土工织物在受力过程中厚度是变化的,不易精确测定,故其受力大小一般以单位宽度所承受的力来表示,单位为 kN/m 或 N/m。

土工合成材料的抗拉强度是指试样在拉力机上拉伸至断裂的过程中,单位宽度所承受的最大拉力,单位为 kN/m。测定方法为条带拉伸试验,试样分宽条和窄条两种。宽条试样宽 200mm,长 100mm,宽长 $B/L=2$;窄条试样宽 50mm,长 100mm,宽长 $B/L=1/2$。规定拉伸速度为 50mm/min。

对土工合成材料抗拉强度和伸长率的影响因素主要有:原材料的种类、结构形式、试样的宽度和拉伸速率。此外,由于土工合成材料的各向异性,沿不同方向拉伸也会获得不同的效果。

2. 撕裂强度

土工织物和土工膜在铺设和使用过程中,常常会有不同程度的破损。撕裂强度反映了试样抵抗扩大破损裂口的能力,可评价不同土工织物和土工膜扩大破损的难易,是土工合成材料应用中的重要力学指标。

测试撕裂强度有梯形法、翼形法以及舌形法。目前多采用梯形法测定土工膜及土工织物的撕裂强度。撕裂强度值单位为 N。

3. 顶破强度

顶破强度是反映土工织物(或土工膜)抵抗垂直织物平面的法向压力的能力。工程应用中,土工织物和土工膜常被置于两种不同粒径的材料之间,不仅受到粒料的顶压作用。而且受到施工时抛填粒料引起的法向荷载。根据粒径大小和形状,土工织物及土工膜按接触面的受力特征和破坏形式,可分为顶破、刺破和穿透几种受力状态。

测试顶破强度有液压胀破试验、圆球顶破试验和 CBR 顶破试验。

4. 刺破强度

刺破强度是反映土工织物和土工膜在小面积上受到法向集中荷载,直到刺破所能承受的最大作用力,单位为 N。刺破试验是模拟土工合成材料受到尖锐棱角的石子或树根的压入而刺破的情况。

5. 穿透强度

穿透强度是模拟工程施工过程中,一些具有尖角的石块或其他锐利物掉落在土工织物和土工膜上时,土工织物或土工膜抵御穿透的能力。通常以落锤穿透试验所得孔眼的大小来评价土工合成材料抗冲击刺破的能力。

(四)水力学性质

土工合成材料水力学性质主要包括两个方面:一是导水和透水的能力,二是阻止颗粒流失的能力。这些性质涉及土工合成材料的孔隙率、孔径大小与分布情况、渗透特性等。

1. 渗透系数和透水率

土工织物起渗滤作用，水流的方向垂直于织物平面，应用中要求土工织物必须能阻止土颗粒随水流流失，同时还要具有一定的透水性。

土工织物的透水性主要用渗透系数来表示，渗透系数是在水力坡降等于 1 时的渗透流速。土工织物的渗透性还可以用透水率来表示，水位差等于 1 时的渗透流速。

土工织物的透水性能受多种因素影响，除取决于织物本身的材料、结构、孔隙的大小和分布外，还与实际实用中织物平面所受的法向应力、水质、水温和水中含气量等因素有关。

2. 沿织物平面的渗透系数和导水率

土工织物用作排水材料时，水在织物内部沿织物平面方向流动。土工织物在内部孔隙中输导水流的性能用沿织物平面的渗透系数或导水率表示。

沿织物平面的渗透系数定义为水力坡降等于 1 时的渗透流速。土工织物输导水流的性质还可以用导水率表示，导水率是水力梯度等于 1 时水流沿土工织物平面单位宽度内输导的水量，等于平面渗透系数与土工织物厚度的乘积。

土工织物的导水率和沿织物平面的渗透系数与织物的原材料、织物的结构有关。此外，还与织物平面的法向压力、水流状态、水流方向与织物经纬向夹角、水的含气量和水的温度等因素有关。

习　题

1-62　土工织物宽条拉伸试验时，试样宽度应该为(　　)。

A. 50mm　　B. 100mm　　C. 200mm　　D. 80mm

1-63　木材的主要力学性质为各向异性，表现为(　　)。

A. 抗拉强度，顺纹方向最大　　B. 抗拉强度，横纹方向最大

C. 抗剪强度，横纹方向最小　　D. 抗弯强度，横纹与顺纹方向相近

习题参考答案

1-1　D	1-2　D	1-3　B	1-4　B	1-5　A
1-6　A	1-7　D	1-8　A	1-9　D	1-10　B
1-11　C	1-12　C	1-13　C	1-14　B	1-15　C
1-16　C	1-17　A	1-18　B	1-19　D	1-20　D
1-21　A	1-22　C	1-23　D	1-24　A	1-25　A
1-26　A	1-27　B	1-28　C	1-29　D	1-30　C
1-31　B	1-32　B	1-33　A	1-34　B	1-35　B
1-36　A	1-37　C	1-38　A	1-39　B	1-40　A
1-41　B	1-42　D	1-43　D	1-44　D	1-45　A
1-46　A	1-47　A	1-48　C	1-49　C	1-50　B
1-51　D	1-52　B	1-53　D	1-54　A	1-55　A
1-56　A	1-57　B	1-58　D	1-59　A	1-60　A
1-61　C	1-62　C	1-63　A		

第二章　土质学与土力学

复习指导

土是道路的地基、路基以及建设和使用的主要环境因素之一。以了解和掌握各类土的工程性质为基础，掌握土的应力计算，进而掌握避免道路地基沉降和边坡滑移病害的工程措施设计方法，是复习的重点。根据考试内容和要求重点来分析，主要应掌握以下内容。

（一）土的物理化学性质及工程分类

掌握土的三相组成及相关知识，能够熟练运用三相比例指标之间的基本关系来研究土的工程力学性质；掌握砂土的密实度及评价方法，黏性土不同状态的分界含水率及状态指标、可塑性指标；掌握土的工程分类，土体工程性质。

掌握颗粒级配，砂土密实度，相对密度，饱和度，孔隙率，孔隙比，标准贯入，分界含水率，液限，塑限，液性指数，塑性指数等概念。

（二）土中水的运动规律

掌握土体毛细特性冻胀机理，渗透试验，层流渗透定律（达西定律），渗透系数及其影响因素；掌握渗透系数，冻胀，达西定律等概念。

（三）土中应力计算

掌握自重应力计算，附加应力计算，有效应力原理及其工程应用。

（四）土的力学性质

掌握土的抗剪强度理论、土体的变形和压实特性，直剪试验，三轴试验（特别是三轴试验的类型及各种三轴试验的适用范围），根据抗剪强度理论对土体是否破坏的判断。

（五）地基沉降计算与地基承载力

掌握地基破坏的类型，地基承载力的确定方法，分层总和法一维固结理论的应用，地基容许承载力及其修正方法；掌握地基沉降量的计算，地基承载力的确定方法，分层总和法一维固结理论的应用，地基容许承载力及其修正方法。

（六）土坡稳定分析

掌握边坡失稳机理及影响因素，砂性土土坡稳定分析方法，黏性土土坡圆弧滑动体整体稳定分析方法，条分法，土坡特殊问题分析；掌握砂性土土坡稳定系数的计算，黏性土土坡稳定系数的计算。

第一节　土的物理化学性质及工程分类

一、土的工程分类

路基土可分为巨粒土、粗粒土、细粒土和特殊土。粒组划分见表 2-1。

粒组划分表(单位:mm) 表 2-1

巨粒组		粗粒组						细粒组	
漂石(块石)	卵石(小块石)	砾(角砾)			砂			粉粒	黏粒
		粗	中	细	粗	中	细		
≥200	60～200	20～60	5～20	2～5	0.5～2	0.25～0.5	0.075～0.25	0.005～0.075	≤0.005

(一)巨粒土分类

(1)巨粒组质量多于总质量75%的土称漂(卵)石。

(2)巨粒组质量为总质量50%～75%(含75%)的土称漂(卵)石夹土。

(3)巨粒组质量为总质量15%～50%(含50%)的土称漂(卵)石质土。

(二)粗粒土分类

(1)粗粒土中砾粒组质量多于砂粒组质量的土称砾类土。

(2)粗粒土中砾粒组质量少于或等于砂粒组质量的土称砂类土。

(三)细粒土分类

(1)细粒土中粗粒组质量少于或等于总质量25%的土称粉质土或黏质土。

(2)细粒土中粗粒组质量为总质量的25%～50%(含50%)的土称含粗粒的粉质土或含粗粒的黏质土。

(3)试样中有机质含量多于或等于总质量的5%,且少于总质量的10%的土称有机质土。有机质含量多于或等于总质量的10%的土称有机土。

(四)塑性图分类

塑性图以塑性指数为纵坐标,液限为横坐标,如图2-1所示。图中斜线为A线,它的方程是$I_p=0.73(w_L-20)$,它的作用是区分有机土和无机土、黏土和粉土,A线上侧是无机黏土,下侧是无机粉土或有机土;竖线为B线,它的方程是$w_L=50\%$,作用是区分高塑性土和低塑性土。

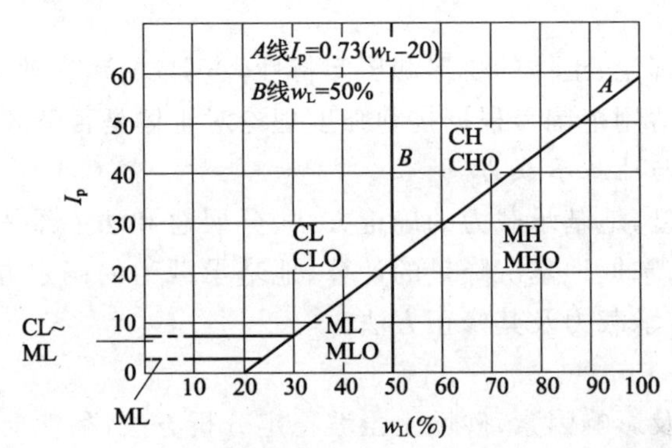

图2-1 塑性图

注:图中的液限为用蝶式仪测定的液限含水率或用质量76g、锥角为30°的液限仪锥尖入土深度17mm对应的含水率。

(五)特殊土分类

特殊土分为黄土、膨胀土、红黏土、盐渍土以及冻土。

二、土的物理化学性质

(一)土的三相草图

为便于计算,在土力学中通常用三相草图来表示土的三相组成,如图2-2所示。

图中符号的意义：V 为土的总体积；V_v 为土中孔隙体积；V_w 为土中水的体积；V_a 为土中气体的体积；V_s 为土中固体土粒的体积；m 为土的总质量；m_w 为土中水的质量；m_a 为土中气体的质量，$m_a \approx 0$；m_s 为土中固体土颗粒的质量。

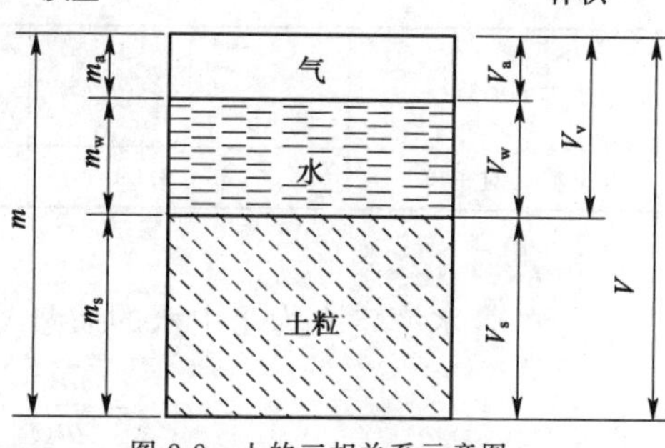

图 2-2　土的三相关系示意图

在上述的这些量中，独立的量有 V_s、V_w、V_a、m_w、m_s 五个。$1cm^3$ 水的质量通常等于 1g，故在数值上 $V_w = m_w$。此外，当研究这些量的相对比例关系时，总是取某一定数量的土体来分析，例如取 $V = 1cm^3$，或 $m = 1g$，或 $V_s = 1cm^3$ 等，因此又可以消去一个未知量。这样，对于这一定数量的三相土体，只要知道其中三个独立的量，其他各个量就可从图中直接换算得到。

(二)基本试验指标

为了确定三相草图诸量中的三个量，需要通过试验室的试验测定。通常做三个试验：土的密度试验，土粒相对密度(比重)试验，土的含水率试验。

1. 土的密度和重度

土的密度定义为单位体积土的质量，用 ρ 表示，以 g/cm^3 计，即

$$\rho - \frac{m}{V} \tag{2-1}$$

天然状态下土的密度变化范围较大。一般黏性土和粉土 $\rho = 1.8 \sim 2.0g/cm^3$；砂土 $\rho = 1.6 \sim 2.0g/cm^3$；腐殖土 $\rho = 1.5 \sim 1.7g/cm^3$。

土的密度一般用“环刀法”测定，用一个圆环刀(刀刃向下)放在削平的原状土样面上，徐徐削去环刀外围的土，边削边压，使保持天然状态的土样压满环刀内，称得环刀内土样的质量，求得它与环刀容积之比值即为其密度。

土的重度定义为单位体积土的重量，是重力的函数，用 γ 表示，以 kN/m^3 计，即

$$\gamma = \frac{G}{V} = \frac{mg}{V} = \rho \cdot g \tag{2-2}$$

式中：G——土的重量(N)；

　　g——重力加速度，$g = 9.80665m/s^2$，工程上为了计算方便，有时取 $g = 10m/s^2$。

2. 土粒相对密度

土粒密度(单位体积土粒的质量)与 4℃时纯水密度之比，称为土粒相对密度，用 d_s 表示，为无量纲量，即

$$d_s = \frac{m_s}{V_s} \cdot \frac{1}{\rho_{w1}} = \frac{\rho_s}{\rho_{w1}} \tag{2-3}$$

式中：ρ_{w1}——4℃时纯水的密度，取 $1g/cm^3$；

　　ρ_s——土粒的密度，即单位体积土粒的质量。故实用上，土粒相对密度在数值上等于土粒的密度。

土粒相对密度可在试验室内用比重瓶法测定。由于土粒相对密度变化不大，通常可按经验数值选用，一般参考值见表 2-2。

土粒相对密度参考值 表 2-2

土的名称	砂土	粉土	黏性土	
			粉质黏土	黏土
土粒相对密度	2.65～2.69	2.70～2.71	2.72～2.73	2.74～2.76

3.土的含水率

土的含水率定义为土中水的质量与土粒质量之比，用 w 表示，以百分数计，即

$$w=\frac{m_{\mathrm{w}}}{m_{\mathrm{s}}}\times 100\%=\frac{m-m_{\mathrm{s}}}{m_{\mathrm{s}}}\times 100\% \tag{2-4}$$

含水率 w 是标志土的湿度的一个重要物理指标。天然土层的含水率变化范围很大，它与土的种类、埋藏条件及其所处的自然地理环境等有关。一般说来，对同一类土，当其含水率增大时，则其强度就降低。

土的含水率一般用“烘干法”测定。先称小块原状土样的湿土质量 m，然后置于烘箱内维持 100～105℃烘至恒重，再称干土质量 m_{s}，湿、干土质量之差 $m-m_{\mathrm{s}}$ 与干土质量 m_{s} 之比值，就是土的含水率。

（三）其他常用指标

在测定土的密度 ρ、土粒相对密度 d_{s} 和土的含水率 w 这三个基本指标后，就可以根据三相草图计算出三相组成各自在体积上与质量上的含量。工程上，为了便于表示三相含量的某些特征，定义如下几种指标。

1.表示土中孔隙含量的指标

工程上常用孔隙比 e 或孔隙率 n 表示土中孔隙的含量。孔隙比 e 的定义为土中孔隙体积与土粒体积之比，即

$$e=\frac{V_{\mathrm{v}}}{V_{\mathrm{s}}} \tag{2-5}$$

孔隙比用小数表示，它是一个重要的物理性能指标，可用来评价天然土层的密实程度。一般地，$e<0.6$ 的土是密实的低压缩性土，$e>1.0$ 的土是疏松的高压缩性土。孔隙率 n 的定义为土中孔隙体积与土总体积之比，以百分数计，即

$$n=\frac{V_{\mathrm{v}}}{V}\times 100\% \tag{2-6}$$

孔隙比和孔隙率都是用来表示孔隙体积含量的概念。容易证明两者之间具有以下关系

$$\begin{cases} n=\dfrac{e}{1+e}\times 100\% \\ e=\dfrac{n}{1-n} \end{cases} \tag{2-7}$$

2.表示土中含水程度的指标

含水率 w 是表示土中含水程度的一个重要指标。此外，工程上往往需要知道孔隙中充满水的程度，这可用饱和度 S_{r} 表示。土的饱和度 S_{r} 的定义为土中被水充满的孔隙体积与孔隙总体积之比，即

$$S_{\mathrm{r}}=\frac{V_{\mathrm{w}}}{V_{\mathrm{v}}}\times 100\% \tag{2-8}$$

砂土根据饱和土 S_r 的指标值分为稍湿、很湿和饱和三种湿度状态，其划分标准见表 2-3。显然，干土的饱和度 $S_r=0$，而完全饱和土的饱和度 $S_r=100\%$。

砂土湿度状态的划分 表 2-3

砂土湿度状态	稍湿	很湿	饱和
饱和度 S_r(%)	$S_r \leqslant 50$	$50 < S_r \leqslant 80$	$S_r > 80$

3. 表示土的密度和重度的几种指标

除了天然密度 ρ(有时也叫湿密度)以外，工程计算中还常用如下两种土的密度：饱和密度 ρ_{sat} 和干密度 ρ_d。土的饱和密度的定义为土中孔隙被水充满时土的密度，表示为

$$\rho_{sat} = \frac{m_s + V_v \rho_w}{V} \tag{2-9}$$

土的干密度的定义为单位土体积中土粒的质量，表示为

$$\rho_d = \frac{m_s}{V} \tag{2-10}$$

在计算土中自重应力时，须采用土的重力密度，简称重度。与上述几种土的密度相应的有土的天然重度 γ、饱和重度 γ_{sat}、干重度 γ_d。在数值上，它们等于相应的密度乘以重力加速度 g，即 $\gamma=\rho \cdot g$，$\gamma_{sat}=\rho_{sat} \cdot g$，$\gamma_d=\rho_d \cdot g$。另外，对于地下水位以下的土体，由于受到水的浮力作用，将扣除水浮力后单位体积土所受的重力称为土的有效重度，以 γ' 表示，当认为水下土是饱和时，它在数值上等于饱和重度 γ_{sat} 与水的重度 γ_w($\gamma_w=\rho_w \cdot g$)之差，即

$$\gamma' = \frac{m_s g - V_s \gamma_w}{V} = \gamma_{sat} - \gamma_w \tag{2-11}$$

显然，几种密度和重度在数值上有如下关系：

$$\rho_{sat} \geqslant \rho \geqslant \rho_d$$

$$\gamma_{sat} \geqslant \gamma \geqslant \gamma_d > \gamma'$$

(四)黏性土的物理化学性质

黏土矿物可以分为蒙脱石、伊利石和高岭石三种类型。黏土矿物具有独特的结晶结构特征，即组成矿物的原子和分子的排列以及原子与原子之间或分子与分子之间的联结力，这种联结力统称为键力。黏性土的工程性质主要受上述各种因素与颗粒周围介质之间的相互作用所制约，这也是黏性土物理化学性质特性的本质。

1. 键力的概念

键力主要有化学键、分子键和氢键三种。不同元素的原子通过化学反应构成一种新的物质分子，异性原子之间的联结力称为离子键；两个同性原子形成同一元素分子的联结力称为共价键；通过自由电子而将原子或离子联结成结晶格架的联结力称为金属键。

(1)化学键

原子与原子之间的联结称为化学键，也称为主键或高能键。根据联结的形式又可分为离子键、共价键和金属键三种。

离子键是一种化学联结。是由不同元素的原子通过化学反应，一种元素的原子失去其最外电子层中的一个或多个电子成为阳离子，而另一种元素的原子获得一个或多个电子成为阴离子。阳离子与阴离子之间的静电引力所形成的键力为离子键。

共价键是同一种元素的两个原子以共有的外层电子联结而成同种元素的分子，例如两个氢原子联结构成一个氢分子或两个氯原子联结成一个氯分子。共价键是有方向性的，方向角

称为键角。

金属键是金属元素中的自由电子将金属原子或离子联结成金属晶格的联结力。

离子键、共价键和金属键都属于主键。主键的影响范围最小，约为 0.1～0.2nm，而其联结能最大，相当于 8.4～84J/kmol。

(2)分子键

分子键就是分子与分子之间的联结力，又称范德华键或次键、低能键。一个非极性分子有可能受到邻近极性分子的激发，非极性分子的正负电荷在极性分子电场的诱导作用下发生位移产生诱导偶极，称为诱导范德华力。分子的电子层在不停地转动，在转动的瞬间也会出现瞬间偶极，由瞬间偶极产生的相互吸引力，称为分散作用的范德华键力。

分子键力的影响范围比离子键力大得多，约为 0.3～100nm，其键能比离子键小得多，相当于 2.1～21J/kmol。

(3)氢键

氢键是介于主键与次键之间的一种键力。氢原子失去一个电子成为一个裸露的原子核，当它与其他带有负电荷的原子相互吸引时，即构成特殊的氢键。由于氢离子尺寸小，只允许与两个相邻原子靠拢，故氢键只能连接两个原子，如水分子H_2O。氢键是一个重要的键力组成部分。

氢键的影响范围很小，约为 0.2～3nm，键能相当于 21～42J/kmol。

上述几种键力的作用范围如图 2-3 所示。

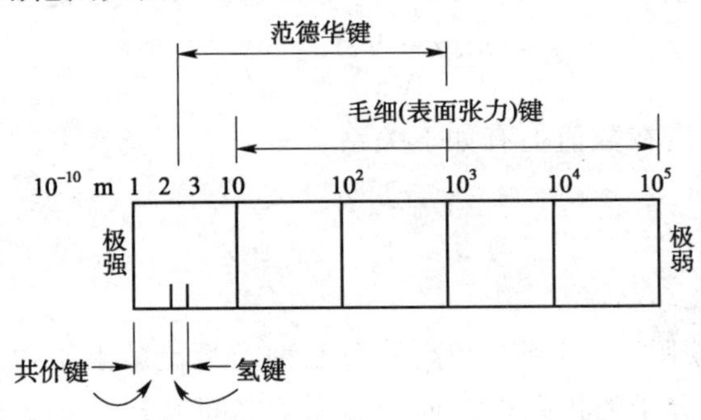

图 2-3 几种主要键力的作用范围

黏性土的土粒本身，大部分是由硅酸盐矿物质所组成。土粒本身的强度是由主键形成的，而土粒与土粒之间，土粒与水分子之间的吸引力则是由次键及氢键形成的，土粒之间的联结力远比土粒本身的强度小，因此，土体的强度主要取决于土粒之间的联结。

2. 黏土矿物颗粒的结晶结构

黏土矿物的结晶结构主要由两个基本结构单元组成，即硅氧四面体和氢氧化铝八面体。四面体片与八面体片的不同组合堆叠，形成了不同类型的黏土矿物，土中常见的黏土矿物主要由高岭石、蒙脱石和伊利石三大类。

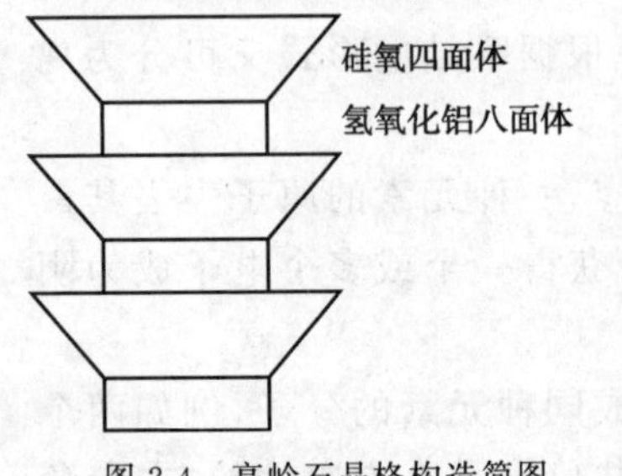

图 2-4 高岭石晶格构造简图

(1)高岭石的晶格是由一个四面体片与一个八面体片重复堆叠而成的，如图 2-4 所示，称为 1∶1 型结构单位层，也称为二层结构型。

(2)蒙脱石晶格是由两个四面体片中间夹一个八面体片堆叠而成的，如图 2-5 所示，称为 2∶1 型结构单位层，也称为三层结构型。

(3)伊利石的晶格构造与蒙脱石相似，同属 2：1 型结构单位层，但伊利石在四面体片之间六角形网格眼中嵌有一个钾原子，如图 2-6 所示。

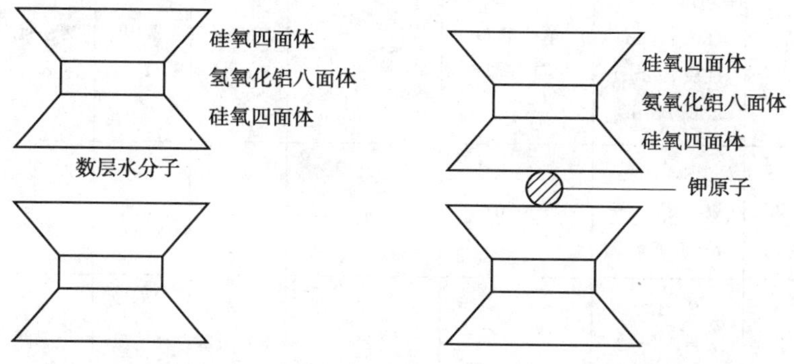

图 2-5 蒙脱石晶格构造简图　　图 2-6 伊利石晶格构造简图

高岭石类黏土矿物中，结构单位层之间为氧与氢氧联结或氢氧与氢氧联结，单位层与单位层之间除范德华键外，还有氢键，因此提供了较强的联结力，故高岭石在水中，结构单位层之间不会分散，晶格活动性小，浸水后结构单位层间的距离变化很小，所以高岭石的膨胀性和压缩性都较小。

蒙脱石类黏土矿物中，结构单位层之间为氧与氧联结，键力很弱，易为具有氢键的强极化水分子楔入而分开。此外，阳离子吸引极化水分子成为水化阳离子，水化阳离子进入结构单位层之间使层间距增大。所以蒙脱石的晶格活动性极大，表现出来的工程特性是膨胀性及压缩性都比高岭石大得多。

伊利石矿物晶格结构虽然与蒙脱石相似，但在单位层之间嵌有带正电荷的钾离子，单位层之间的联结介于高岭石和蒙脱石之间，故表现出来的膨胀性和压缩性也介于高岭石和蒙脱石之间。

3. 黏土颗粒的胶体化学性质

黏土颗粒粒径非常微小，小于 5μm，在介质中具有明显的胶体化学特性，这起源于黏土颗粒表面带电性。认识这一基本属性，在工程上具有非常重要的意义。

(1)黏土颗粒表面带电的成因

黏土颗粒表面带电的成因，主要有以下几个方面：

①边缘破键造成电荷不平衡。理想晶体的内部正负电荷是平衡的，黏土颗粒粒径非常微小，是一个高分散体系，在颗粒外部边缘处结晶格架的连续性受到破坏，从而造成电荷的不平衡。这些被破坏的键使黏土颗粒带有净负电荷。颗粒越细，破键越多，所以比表面越大，表面能也就越大。

②同晶置换作用。硅氧四面体中的硅原子常为铝或其他低价的阳离子置换；八面体中的铝原子又常为铁、镁离子所置换，置换后即引起电荷的不平衡，在颗粒表面产生了过剩的未饱和负电荷，使黏土颗粒表面带负电。

③水化解离作用。黏土矿物颗粒表面与水作用，形成一层偏硅酸 H_2SiO_3，偏硅酸在水中解离为H^+ 及 SiO_3^{2-} 离子，H^+ 向水溶液中扩散，而 SiO_3^{2-} 与晶格不分离，从而使颗粒表面带有负电荷。

④选择性吸附。就是颗粒只吸附与其本身晶格中离子成分相同或相近的离子。

不同类型的黏土矿物，由于其结晶构造不同，工程性质的差异也就很大。表 2-4 为高岭石、蒙脱石和伊利石三类矿物性质的有关资料。

黏土矿物的性质 表 2-4

黏土矿物类型	符号	平均比表面积 S ($m^2/g\cdot m$) 直径 $d(\mu m)$ 厚度 $t(\mu m)$	单位晶包负电荷	阳离子交换容量 (mcq/100g)	液限 w_L	塑限 I_p	活动性 d_e	压缩指数 C_e	排水后的摩擦角
高岭石	强的 H^+ 键	$S=10$ $d=0.3\sim4$ $t-0.05\sim5$	−0.01	3	50	20	0.2	0.2	20°～30°
伊利石	强的 K^+ 键	$S=100$ $d=0.1\sim2$ $t=0.01\sim0.2$	−1.0	25	100～120	50～65	0.6	0.6～1	20°～25°
蒙脱石	非常弱的键	$S=800$ $d=0.1\sim1$ $t=0.001\sim0.01$	−0.03	100	150～700	100～650	1～6	1～3	12°～20°

注：mcq/100g＝毫克当量/100 克干土。

(2)双电层的概念

黏土矿物晶格构造的不同对工程性质的影响，本质上是这些矿物的颗粒与土中水相互作用的反映。土中水与固体颗粒之间并不是机械地混合，而是有机地参加土的结构，是一种复杂的物理化学作用。土的性质不仅取决于水的绝对含量，而且还取决于水的形态、结构以及介质的物理条件及化学成分。

根据水受颗粒表面静电引力作用的强弱，可以将土中水划分为三种类型：强结合水、弱结合水和自由水。

①强结合水。

强结合水是指紧靠颗粒表面的水，受表面电荷静电引力最强。静电引力把极性水分子和水化阳离子牢固地吸附在颗粒表面上形成固定层。这部分水的特征是没有溶解能力，不能传递静水压力，不能自由移动，只有吸热变成蒸汽时才能移动。它极其牢固地结合在土粒表面上，其性质接近于固体，具有极大的黏滞性。如果将完全干燥的土置于天然湿度的空气中，则土的质量将增加，直到土中吸着强结合水达到最大容量为止。土颗粒越细，土的比表面越大，吸湿容量就越大。强结合水层称为吸附层或固定层。

②弱结合水。

弱结合水是紧靠强结合水外围的一层水膜。在这层水膜范围内，水分子和水化阳离子仍受到一定程度的静电引力，离颗粒表面距离越远，受静电引力越小。这部分水仍然不能传递静水压力，但水膜较厚的弱结合水能向邻近较薄水膜处缓慢转移。弱结合水层称为扩散层。固定层和扩散层与土粒表面负电荷一起构成所谓双电层。黏土颗粒表面称为内层，内层所具有的电位称为热力电位 ε，热力电位的大小与土粒的矿物成分、分散度等因素有关。当这部分电位被强结合水平衡一部分后，在固定层界面上的电位变成 ξ 电位，称为电动电位。电动电位继续吸引水分子和水化阳离子，直到其对水的影响完全消失为止。

扩散层的厚度首先取决于内层的热力电位。当内层电位一定时，扩散层的厚度可随外界条件的变化而变化。比如：阳离子的原子价高，扩散层的厚度变小；阳离子的浓度大，扩散层的厚度变小；阳离子直径大，扩散层的厚度变大；阳离子的交换能力等。

水膜厚度大，土的可塑性高；颗粒之间的距离相对也大，因此，土体的膨胀性和收缩性也大，土的压缩性也大，而强度相对降低。所以，工程实践中，可利用这一机理来改良土质，增加土的稳定性。

③自由水。

自由水又称重力水，是指不受土粒表面电荷电场影响的水。它的性质和普通水一样，能传递静水压力，在水头差作用下流动，具有溶解能力。

4.黏土工程性质的利用与改良

黏土矿物具有特殊的结晶构造和带电的特性。因此黏土矿物的成分和含量对黏土的工程性质具有非常重要的影响。工程实践中，可以利用其特性为工程服务，也可根据其特性，正确有效地选择处理的措施，达到改良加固的目的。

(1)电渗排水和电化学加固

在电场作用下，带有负电荷的黏土颗粒向阳极移动，这种电动现象称为电泳；水分子及水化阳离子向阴极移动，这种现象称为电渗。

电渗排水：在渗透系数小于10^{-6}cm/s的饱和软黏土地层中开挖基坑或其他地下工程活动中，可以采用电渗排水的方法降低地下水位。

电化学加固：利用电渗电泳原理来改良黏土的工程性质，方法很多。比如双液灌浆，生成不可溶的二氧化硅胶，既填充了土中的孔隙，又可提高土颗粒之间的胶结力，从而提高土体的强度。

(2)利用离子交换改良黏土的工程性质

膨胀土在我国分布很广泛，对工程的危害十分严重。膨胀土的黏土颗粒主要由强亲水性的蒙脱石和伊利石所组成。对于蒙脱石来说，吸附一价钠离子比吸附三价铁离子液限大5倍。低价离子使土颗粒周围的水膜变厚，其可塑性明显地显示出来，这些可用双电层中扩散层变化理论来解释。在工程实践中，可以利用高价阳离子置换低价离子的方法来改善土的性质。

除了黏土矿物的成分对工程性质有明显影响外，黏土颗粒的含量也有较大的影响。在工程实践中，提出了一个既能反映黏土矿物成分，又能反映黏土颗粒的含量影响的综合指标A_c，称为胶体活动性指数，表达式为

$$A_c=\frac{I_p}{p_{<0.002}} \tag{2-12}$$

式中：I_p——土的塑性指数；

$p_{<0.002}$——黏粒（<0.002mm）的百分含量。

从上式可以看出，如果两个黏性土试样的塑性指数相同，则黏粒含量$p_{<0.002}$小的黏土，含有黏土矿物的活动性比较大。因此，就可以根据A_c的大小，从宏观上来判断黏土矿物的成分。不同黏土矿物的A_c的范围大致如下：蒙脱石为1～7；伊利石为0.5～1；高岭石为0.2～0.5。工程上通常按A_c的值把黏性土分为：

非活动性黏性土，$A_c<0.75$；

正常黏性土，$0.75<A_c<1.25$；

活动性黏性土，$A_c>1.25$。

A_c越大，黏粒对土的可塑性影响越大。

(3)黏性土的结构性

土的颗粒表面带有电荷，表面电荷与矿物成分和颗粒大小有关。对于粗颗粒土，如碎石土和砂土等，其表面电荷非常微弱，粒间没有联结存在。因此，在沉积过程中只表现为重力堆积，称为单粒结构。在荷载作用下，尤其是在振动荷载作用下，疏松的单粒结构会趋于紧密；而在剪应力作用下，紧密的单粒结构则会发生膨胀。

黏土颗粒的沉积过程就复杂得多。由于高分散度，破键产生的电荷在颗粒表面分布不均匀。在黏土颗粒薄片的面上分布着负电荷，在边角处分布着正电荷。因此黏土颗粒在沉积过程中除受到重力作用外，还受到静电的吸力和斥力作用。排斥力势随距离按指数关系衰减；吸引力势与距离的7次方成反比。在沉积过程中，因排斥作用使各颗粒相互分开称为分散状态，在分散状态情况下，黏土颗粒处于悬浮状态，直到它们在其本身重力作用下沉至底部。如果两个土颗粒在运动中相互碰撞，它们就吸引在一起，逐渐形成一个大的颗粒集合体，由于其重力大，很快就下沉于底部，这个过程称为絮凝作用。

吸引势和排斥势都会受到离子的浓度、离子价以及温度等因素的影响。在成土过程中如果某种因素发生变动，吸引势和排斥势也会随之变动。例如，当离子浓度增大，就会促进絮凝沉积。反之，就会发生分散作用。如果吸引势是均匀分布于黏土颗粒表面，两个颗粒就会相互平行地靠拢在一起，因为这是能量最小的位置。颗粒相互大致平行堆积，这种沉积结构类型为片堆结构，如图2-7a)所示。颗粒的边或角被吸附到带负电荷的面上来，边—面接触，这种结构称为絮凝结构，如图2-7b)所示。较多的黏性土介于这两种极端结构之间，称为重塑结构，如图2-7c)所示。

a)片堆结构

b)絮凝结构

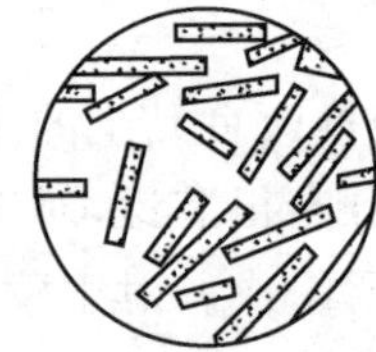
c)重塑结构

图2-7　黏土结构

把原状结构的强度与破坏后的强度之比定义为灵敏度S_t，絮凝结构土的灵敏度比片堆结构土的灵敏度要高得多。

在工程实践中，根据灵敏度的大小把黏性土分成三类：

一般黏性土，$1<S_t\leqslant 2$；

灵敏性黏性土，$2<S_t\leqslant 4$；

高灵敏性黏性土，$S_t>4$。

在灵敏性土中进行施工活动时，要特别注意避免对土体的扰动，以防止产生过大的变形。尤其是在边坡附近打桩、爆破等，更要避免由于振动导致土的强度丧失而造成事故。

(4)黏性土的触变性和触变泥浆

在工程实践中，可利用黏土矿物颗粒带电的特性为工程建设服务。将纯黏土矿物与水制成泥浆时，矿物颗粒吸附大量水化离子和水分子，由于颗粒的水膜很厚，颗粒与颗粒之间的引力很小，可以长时间悬浮在水中。当悬浮液在静止状态时，颗粒之间的微弱引力，使其聚集起来悬液成为糊状、黏滞度较大的流体。一旦受到振动或扰动，颗粒之间的联结会立即丧失，又恢复为流动的液体，这种性质为触变性。

触变泥浆稳定槽壁的机理，主要是利用黏土矿物能长期呈悬浮状态、不发生沉淀的特点，从而维持悬液较高的重度，使得孔壁的应力差减小。

由于黏土矿物泥浆具有触变的特性，在桩基、地下连续墙等施工过程中，广泛地用来保护孔壁和沟槽的稳定。

三、黏性土的界限含水率

（一）界限含水率

黏性土由某一状态转入另一状态时的分界含水率，称为土的界限含水率。

（二）液限、塑限和缩限

液限：土由流动状态变成可塑状态的界限含水率称为液限，以符号 w_L 表示。

塑限：土由可塑状态变化到半固体状态的界限含水率称为塑限，以符号 w_p 表示。

缩限：由半固体状态变化到固体状态的界限含水率称为缩限，以符号 w_s 表示。

（三）塑性指数 I_p

$$I_p = w_L - w_p \tag{2-13}$$

液限与塑限之差值（省去%）反映在可塑状态下的含水率范围。此值可作为黏性土分类的指标。

（四）液性指数 I_L

液性指数的计算公式为

$$I_L = \frac{w - w_p}{I_p} = \frac{w - w_p}{w_L - w_p} \tag{2-14}$$

即天然含水率和塑限之差与塑性指数之比值，反映土在天然条件下所处的状态。黏性土中水的含量对其性质、状态的影响：土中多含自由水时，处于流动状态；土中多呈弱结合水时，处于可塑状态；弱结合水减少，水膜变薄，土向半固态转化，土中为强结合水时处于固态。

四、砂土的相对密实度

当砂土处于最密实状态时，其孔隙比称为最小孔隙比 e_{min}；而砂土处于最疏松状态时的孔隙比则称为最大孔隙比 e_{max}。试验标准规定了一定的方法测定砂土的最小孔隙比和最大孔隙比，然后可按式(2-15)计算砂土的相对密实度 D_r。

$$D_r = \frac{e_{max} - e}{e_{max} - e_{min}} \tag{2-15}$$

土的最大孔隙比 e_{max} 的测定方法，是将松散的风干土样，通过长颈漏斗轻轻地倒入容器，求得土的最小干密度，再经换算确定；土的最小孔隙比 e_{min} 的测定方法，是将松散的风干土样分批装入金属容器内，按规定的方法进行振动或锤击夯实，直至密实度，不再提高，求得最大干密度，再经换算确定。

当砂土的天然孔隙比 e 接近最小孔隙比 e_{min} 时，则其相对密实度 D_r 较大，砂土处于较密实状态。当 e 接近最大孔隙比 e_{max} 时，则其 D_r 较小，砂土处于较疏松状态。用相对密实度 D_r 判定砂土密实度的标准为：

$0 \leqslant D_r \leqslant 1/3$ 时，松散。

$1/3 < D_r \leqslant 2/3$ 时，中密。

$2/3 < D_r \leqslant 1$ 时，密实。

五、黏土颗粒与水的相互作用

土体孔隙及裂隙中含水，不只改变了土的密度与重度，地下水位以下的水还受到水深度向上的静水压力(浮力)的作用，工程上计算时，按照有效重度计算。黏土颗粒与水的相互作用对土的力学性质还有着很大的影响。由于土颗粒带有负电荷，从而会产生电泳现象。土体中的水分子向与土颗粒电泳相反的方向移动的现象称为电渗。工程中的电渗排水法就利用了黏土颗粒表面带电的现象。

带电土粒与水相互作用时，周围产生了一个电场，在其范围内的水分子与水溶液中的阳离子一起吸附在土粒表面，这些阳离子一方面受到土粒电场的静电引力作用，另一方面还受到布朗运动的扩散力作用。土粒表面处静电引力强，阳离子与水分子牢牢地吸附在颗粒表面形成固定层，在固定层外围静电引力较小，阳离子与水分子活动较大，形成扩散层。因此结合水又分为强结合水和弱结合水。水中阳离子的价越高，与土粒之间的静电力越强，扩散层厚度越薄，因此工程实践中可以利用这个原理来改良土质。例如用三价或二价阳离子处理黏土，使扩散层变薄，从而增加土的水稳性，减少膨胀性，提高土的强度。同样，可以利用一价阳离子处理黏土，增厚扩散层，从而降低土的透水性。

土中水并非处于静止不变的状态，而是运动着的。在水位差作用下，水穿过土中相互连通的孔隙。一方面造成水量损失，如挡水土坝体和坝基渗水、输水渠道渗漏等。此外引起土体内部应力的变化，使土体产生内部变形，给工程带来很多问题。工程实践中的流砂、管涌、冻胀、渗透固结、渗流时的边坡稳定等问题，都与土中水的运动有关。如1998年洪灾，长江大堤多处险情都是由于渗流造成的。土中水的运动原因和形式很多，本章着重讨论土中自由水，即重力水和毛细水在土中的运动规律。

六、土体工程性质的变化

土体的工程性质主要包含土体的物理性质、变形性质、力学性质和渗透性质。不同的土体，工程性质不一致。主要的土体工程性质如下。

(1)碎石土：碎石土的工程性质与黏粒的含量及孔隙中充填物的性质和数量有关。一般构成良好地基。由于透水性强，常使基坑涌水较大，坝基、渠道渗漏。

(2)砂土：砂土的工程性质与砂粒大小和密度有关，一般构成良好地基，为较好的建筑材料，但可能产生涌水或渗漏。粉、细砂土的工程性质相对差，特别是饱水粉、细砂土受振动后易产生液化。

(3)黏性土：黏性土的工程性质取决于联结和密实度，即与其黏粒含量、稠度、孔隙比有关。从亚砂土到黏土，其塑性指数、胀缩量、黏聚力逐渐增大，而渗透系数和内摩擦角则逐渐减小。

习　题

2-1　有效粒径为一特定粒径，即小于该粒径的土粒质量累计为(　　)。

A. 10%　　B. 30%　　C. 50%　　D. 60%

2-2　工程上所谓的均粒土，其不均匀系数 C_u 为(　　)。

A. $C_u<5$　　B. $C_u \geqslant 5$　　C. $C_u>10$　　D. $5<C_u<10$

2-3　已知某土样孔隙比 $e=1$，饱和度 $S_r=0$，则土样应符合以下(　　)。

①土粒、水、气三相体积相等；②土粒、气两相体积相等；③土粒体积是气体体积的两倍；④此土样为干土

A. ①②　　B. ①③　　C. ②③　　D. ②④

2-4　反映黏性土状态的指标是(　　)。

A. w　　B. I_L　　C. w_p　　D. S_r

2-5　某原状土样，试验测得重度 $\gamma=17\text{kN/m}^3$，含水率 $w=22.0\%$，土粒相对密度 $d_s=2.72$，则该土样的孔隙率及有效重度分别为(　　)。

A. 48.8%，8.81kN/m³　　B. 1.66%，18.81kN/m³

C. 1.66%，8.81kN/m³　　D. 48.8%，18.81kN/m³

2-6　某住宅地基勘察中，一个钻孔原状土试样的试验结果为：土的密度 $\rho=1.8\ \text{g/cm}^3$，土粒相对密度 $d_s=2.70$，土的含水率 $w=18.0\%$，则此试样的气体体积为(　　)。

A. 0.12cm³　　B. 0.19cm³　　C. 0.14cm³　　D. 0.16cm³

2-7　完全饱和的土样含水率为 30%，由 76g 圆锥仪沉入土中深度 10mm 时测得的液限为 29%，塑限为 17%，土样的塑性指数和液性指数分别为(　　)。

A. 12，1.08　　B. 1.08，12　　C. 0.98，12　　D. 12，0.98

第二节　土中水的运动规律

一、毛细特性、冻胀机理与影响因素

通常土体都是多孔介质，土中的孔隙很复杂，形成了无数的毛细管，因为水的表面张力作用，水可以上升到某一高度，这种现象称为毛细管作用(或毛细现象)，这种细微孔隙中的水被称为毛细水。

当大气温度降至负温时，土层中的温度也随之降低，土体孔隙中的自由水首先在0℃时冻结成冰晶体。随着气温的继续下降，弱结合水的外层也开始冻结，使冰晶体渐渐扩大。这样使冰晶体周围土粒的结合水膜减薄，土粒就产生剩余的分子引力，另外，由于结合水膜的减薄，使得水膜中的离子浓度增加(因为结合水中的水分子结成冰晶体，使离子浓度相应增加)，这样，就产生渗透压力(当两种水溶液的浓度不同时，会在它们之间产生一种压力差，使浓度较小的溶液中的水向浓度较大的溶液渗流)。在这两种引力作用下，附近未冻结区水膜较厚处的结合水，被吸引到冻结区的水膜较薄处。一旦水分被吸引到冻结区后，因为负温作用，水即冻结，使冰晶体增大，而不平衡引力继续存在。若未冻结区存在着水源(如地下水距冻结区很近)及适当的水源补给通道(即毛细通道)，就能够源源不断地补充被吸收的结合水，则未冻结的水分就会不断地向冻结区迁移积聚，使冰晶体扩大，在土层中形成冰夹层，土体积发生隆胀，即冻胀现象。

二、层流渗透定律(达西定律)、渗透系数及其影响因素

达西定律只适用于层流条件。所谓层流条件是指在土孔隙中移动的水，流体质点互不干扰，迹线有条不紊地沿着细微管道流动，也即要求土中水的流速不能超过某一定值，故达西定律也称为土的层流渗透定律。一般中砂、细砂、粉砂等细颗粒土中水的流速满足层流条件；而粗砂、砾石、卵石等粗颗粒土中水的渗流速度较大，是紊流而不是层流，故不能使用达西定律。

在黏土中，土颗粒周围存在着结合水，结合水因受到分子引力作用而呈现黏滞性，黏土中自由水的渗流受到结合水的黏滞作用而产生很大阻力，只有克服结合水的抗剪强度后才能开始渗流。故黏土中的渗流规律须按达西定律进行修正。土的渗透系数参考值见表2-5。

土的渗透系数参考值　　表2-5

土的类别	渗透系数(m/s)	土的类别	渗透系数(m/s)
黏土	$<5\times10^{-8}$	细砂	$1\times10^{-5}\sim5\times10^{-5}$
粉质黏土	$5\times10^{-8}\sim1\times10^{-6}$	中砂	$5\times10^{-5}\sim2\times10^{-4}$
粉土	$1\times10^{-6}\sim2.5\times10^{-6}$	粗砂	$2\times10^{-4}\sim5\times10^{-4}$
黄土	$2.5\times10^{-6}\sim5\times10^{-6}$	圆砾	$5\times10^{-4}\sim1\times10^{-3}$
粉砂	$5\times10^{-6}\sim1\times10^{-5}$	卵石	$1\times10^{-3}\sim5\times10^{-3}$

土的渗透系数与土和水两方面的多种因素有关，影响土的渗透性的因素主要有以下几种。

(一)土的粒度成分及矿物成分

土的颗粒大小、形状及级配，影响土中孔隙大小及形状，因而影响土的渗透性。土颗粒越粗、越浑圆、越均匀时，渗透性就越强。砂土中有较多粉土及黏土颗粒时，其渗透性就大大降低。

土的矿物成分对于卵石、砂土和粉土的渗透性影响不大，但对于黏土的渗透性影响较大。黏性土中有亲水性较大的黏土矿物(如蒙脱石)或有机质时，由于它们具有很大的膨胀性，就大大降低土的渗透性。有大量有机质的淤泥几乎不透水。

(二)结合水膜的厚度

黏性土中若结合水膜较厚，会减小土的孔隙，降低土的渗透性。如钠黏土，由于钠离子的存在，使土粒的扩散层厚度增加，所以透水性很低。又如在粒土中加入高价离子的电解质(如Al、Fe等)，会使土粒扩散层厚度减薄，粒土颗粒会凝聚成粒团，土的孔隙因而增大，这也将使土的渗透性增大。

(三)土的结构构造

天然土层通常不是各向同性的，在渗透性方面往往也是如此。如黄土具有竖直方向的大孔隙，所以竖直方向的渗透系数要比水平方向大得多。层状黏土常有薄的粉砂层，它的水平方向的渗透系数要比竖直方向大得多。

(四)水的黏滞度

水在土中的渗流速度与水的密度及黏滞度有关。一般水的密度随温度变化很小，可略去不计，但水的动力黏滞系数η随温度变化(表2-6)。故室内渗透试验时，同一种土在不同温度下会得到不同的渗透系数。在天然土层中，除了靠近地表的土层外，一般土中的温度变化很小，故可忽略温度的影响；但是室内试验的温度变化较大，故应考虑它对渗透系数的影响。目前常以水温为10℃时的k_{10}作为标准值，在其他温度测定的渗透系数k_t可按式(2-16)进行修正，即

$$k_{10}=k_t\frac{\eta_t}{\eta_{10}}\tag{2-16}$$

式中：η_t、η_{10}——t℃、10℃时水的动力黏滞系数(N·s/m²)，其比值与温度的关系参见表2-6。

η_t/η_{10}与温度的关系 表 2-6

温度(℃)	η_t/η_{10}	温度(℃)	η_t/η_{10}	温度(℃)	η_t/η_{10}
−10	1.988	10	1.000	22	0.735
−5	1.636	12	0.945	24	0.707
0	1.369	14	0.895	26	0.671
5	1.161	16	0.850	28	0.645
6	1.121	18	0.810	30	0.612
8	1.060	20	0.773	40	0.502

(五)土中气体

当土孔隙中存在密闭气泡时,会阻止水的渗流,从而降低土的渗透性。这种密闭气泡有时是由溶解于水中的气体分离出来而形成的,故室内渗透试验有时规定要用不含溶解空气的蒸馏水。

三、动水力及流砂的特性

水在土体中渗流,受到土骨架的阻力,同时水也对土骨架施加推力,单位体积内土骨架所受到的水推力称为渗透力(或动水力)。

图 2-8 为渗水地基中的一个水平土柱,土柱的长度为 L,假定水从土柱断面 1-1 流至断面 2-2 的水头损失为 h_f,作用在两个断面上的总水压力差为 F_s,即

$$F_s = \gamma_w H_1 A - \gamma_w H_2 A = \gamma_w h_f A \quad (2\text{-}17)$$

式中:H_1、H_2——断面 1-1 和断面 2-2 中心处测压管水头高度(m);

A——土柱过水断面面积(m^2)。

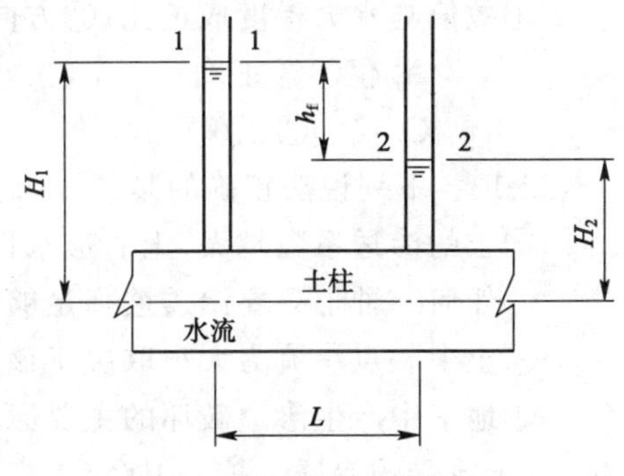

图 2-8 渗透力计算模型

水从断面 1-1 流至断面 2-2 因克服土骨架阻力所损失的总水头压力即为 F_s。

由于渗流速度一般很小,流动水体的惯性力可以忽略不计。根据力的平衡条件,渗流作用于土柱的总渗透力 J 应和土柱中土骨架对水流的阻力大小相等、方向相反。即

$$J = \gamma_w h_f A \quad (2\text{-}18a)$$

作用在单位体积土柱上的渗透力(简称渗透力)应为

$$G_D = \frac{J}{AL} = \frac{\gamma_w h_f A}{AL} = \gamma_w \frac{h_f}{L} = \gamma_w i \quad (2\text{-}18b)$$

G_D 称为渗透力,等于水的重力密度(重度)和水力坡降的乘积。因为 i 是无量纲数,所以渗透力的量纲与重力密度(重度)相同,是一种体积力,单位为 kN/m^3,其大小与水力坡降成正比,方向与渗流方向一致。该力对土体稳定性有重要影响,也是造成常见渗透破坏的直接原因。

当渗透力与土的有效重度相等时,土颗粒之间的压力就等于零,土颗粒将处于悬浮状态而失去稳定,这种现象称为流砂现象。

流砂现象发生在土体表面渗流逸出处,不发生于土体内部。其主要发生在细砂、粉砂及轻亚黏土等土层中,而在粗颗粒土及黏土中则不易发生。

习　题

2-8　用达西定律计算的水在土中的渗流速度是土中水的实际流速。该说法(　　)。

A. 正确　　B. 错误

2-9　相应于任意确定的基准面，土中一点的总水头 h 包括(　　)。

A. 势水头　　B. 势水头＋静水头

C. 静水头＋动水头　　D. 势水头＋动水头＋静水头

2-10　达西定律描述的是(　　)状态下的渗透规律。

A. 层流　　B. 紊流

C. 渗流　　D. 急流

2-11　已知土体 $d_s=2.7$，$e=1$，则该土的临界水力梯度为(　　)。

A. 1.8　　B. 1.25

C. 0.85　　D. 1.0

2-12　下述关于渗透力的描述正确的为(　　)。

①数值与水力梯度成正比；②方向与渗流透路径方向一致；③是体积力

A. 仅①③正确　　B. 全正确

C. 仅①②正确　　D. 仅②③正确

2-13　下列说法正确的是(　　)。

①土的渗透系数越大，土的透水性也越大，土中的水力梯度越大；

②任何一种土只要渗透坡降足够大就可能发生流土和管涌；

③土中一点渗流力大小取决于该点孔隙水总水头的大小；

④地基中产生渗透破坏的主要原因是因为土粒受渗透力作用。因此，地基中孔隙水压力越高，土粒受的渗透力越大，越容易产生渗透破坏。

A. ②对　　B. ②③对　　C. ③对　　D. 全不对

第三节　土中应力计算

一、自重应力计算方法

在计算土中自重应力时，假设天然地面是半空间(半无限体)表面的一个无限大的水平面，土体在自身重力作用下竖直切面都是对称面，因此在任意竖直面和水平面上均无剪应力存在，仅作用有竖向的自重应力 σ_{cz} 和水平向的侧向应力 $\sigma_{cx}=\sigma_{cy}$。所以，在深度 z 处平面上，土体因自重产生的竖向应力，也就是自重应力，$\sigma_{cz}=\gamma z$，即单位面积上土柱体的重力。

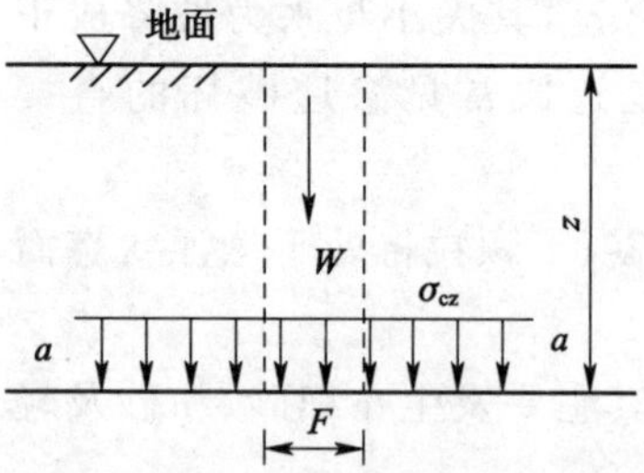

图 2-9　均质土的竖向自重应力

(一)均质地基土的自重应力

当地基土是均质土时，如图 2-9 所示，假设在天然地面以下任意深度 z 处 a-a 水平面上有一横截面为 F 的土柱，土柱重为 W，则作用在土柱底面的竖向自重应力为

$$\sigma_{cz} = \frac{W}{F} = \frac{\gamma F z}{F} = \gamma z \tag{2-19}$$

式中：γ——土的天然重度(kN/m^3)；

z——计算点距地表的深度(m)。

可见，自重应力 σ_{cz} 沿水平面呈均匀分布，且随深度呈线性增加。

地基中除了有竖向的自重应力以外，在竖直面上还作用有水平向的侧向自重应力 σ_{cx} 和 σ_{cy}，可按下式计算

$$\sigma_{cx} = \sigma_{cy} = K_0 \sigma_{cz} = K_0 \gamma z \tag{2-20}$$

式中：K_0——土的静止侧压力系数。

(二)成层地基土的自重应力

地基土往往是成层的，因而各层具有不同的重度。如图2-10所示，各土层厚度为 $h_1, h_2, \cdots, h_n$，所对应各层的重度为 $\gamma_1, \gamma_2, \cdots, \gamma_n$，根据上述自重应力的计算原理，在深度 z 处土的自重应力也等于单位面积上土柱体中各层土重之和，计算公式为

$$\sigma_{cz} = \sum_{i=1}^{n} \gamma_i h_i \tag{2-21}$$

式中：n——深度 z 范围内的土层总数；

γ_i——第 i 层土的天然重度(kN/m^3)；

h_i——第 i 层土的厚度(m)。

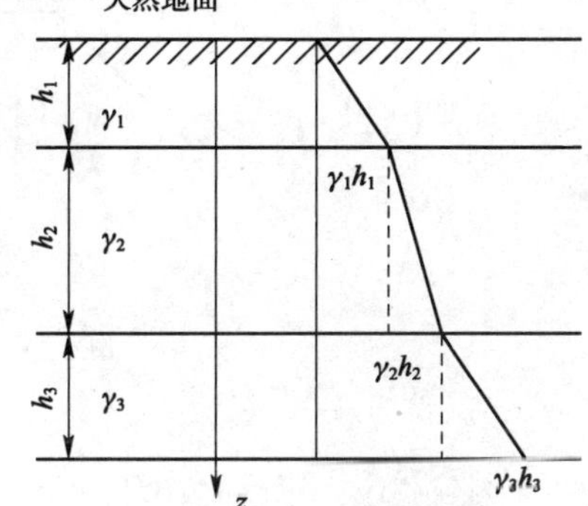

图2-10 成层土的自重应力分布

(三)有地下水时的自重应力

计算地下水位以下土的自重应力时，应根据土的性质，确定是否考虑水对土体的浮力作用。

通常认为水下的砂性土应该考虑浮力作用，黏性土则要视黏性土的性质而定。一般说来：

(1)如果水下黏性土的液性指数 $I_L \geqslant 1$，则土处于流动状态，土颗粒之间存在着大量自由水，此时认为土体受到水的浮力作用。

(2)如果 $I_L \leqslant 0$，则土处于固体状态，土中自由水受到土颗粒间结合水膜的阻碍不能传递静水压力，认为土体不受水的浮力影响。

(3)如果 $0 < I_L < 1$，土处于塑性状态，土颗粒是否受到浮力影响不易确定，在实际中一般按不利状态来考虑。

如果地下水位以下的土受到水的浮力作用，那么水下部分的土应按浮重度 γ' 计算。因此，地下水位面也应该作为分层界面。计算方法如同成层地基土的情况。

二、土中附加应力计算方法

土中附加应力是由建筑物荷载引起的应力增量。计算地基附加应力时，假定土体是各向同性的、均质的线性变形体，而且在深度和水平方向都是无限延伸的，即把地基看成是均质各向同性的线性变形半无限空间体，从而可以直接应用弹性力学中关于弹性半空间的理论解答。

首先讨论在竖向集中力作用下地基附加应力的计算，然后据此解答，通过积分或叠加原理得到各种分布荷载作用下土中附加应力的计算公式。当地基面上作用满布均匀荷载时，地基

土中各处的附加应力等同于均布荷载的强度。

(一)集中力下的地基附加应力

1. 竖向集中力作用下的地基附加应力——布辛奈斯克解

如图 2-11 所示，当半无限地基表面作用集中力 P 时，地基内任意一点 $M(x,y,z)$ 将产生六个应力分量和三个位移分量。由法国数学家布辛奈斯克(J. Boussinesq)1885 年用弹性理论推导出解析解：

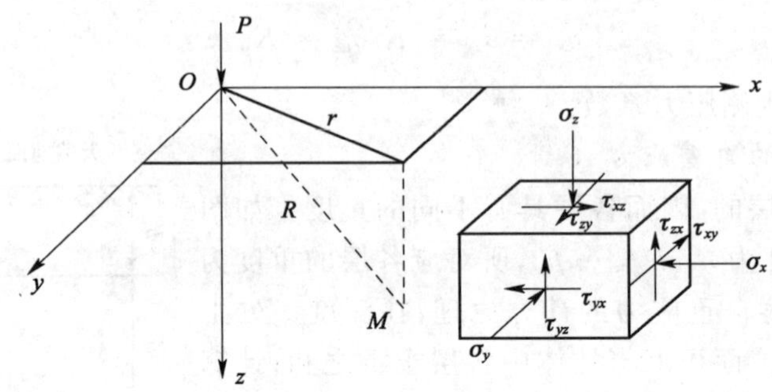

图 2-11　竖向集中力作用下地基中一点附加应力状态

$$\begin{cases}\sigma_x = \dfrac{3P}{2\pi}\left\{\dfrac{x^3 z}{R^5} + \dfrac{1-2\mu}{3}\left[\dfrac{1}{R(R+z)} - \dfrac{(2R+z)x^2}{(R+z)^2R^3} - \dfrac{z}{R^3}\right]\right\} \\ \sigma_y = \dfrac{3P}{2\pi}\left\{\dfrac{y^3 z}{R^5} + \dfrac{1-2\mu}{3}\left[\dfrac{1}{R(R+z)} - \dfrac{(2R+z)y^2}{(R+z)^2R^3} - \dfrac{z}{R^3}\right]\right\} \\ \sigma_z = \dfrac{3P}{2\pi}\times\dfrac{z^3}{R^5} \\ \tau_{xy} = \tau_{yx} = \dfrac{3P}{2\pi}\left[\dfrac{xyz}{R^5} - \dfrac{1-2\mu}{3}\times\dfrac{(2R+z)xy}{(R+z)^2R^3}\right] \\ \tau_{yz} = \tau_{zy} = \dfrac{3P}{2\pi}\times\dfrac{yz^2}{R^5} \\ \tau_{zx} = \tau_{xz} = \dfrac{3P}{2\pi}\times\dfrac{xz^2}{R^5} \\ u = \dfrac{P(1+\mu)}{2\pi E}\left[\dfrac{xz}{R^3} - (1-2\mu)\dfrac{x}{R(R+z)}\right] \\ v = \dfrac{P(1+\mu)}{2\pi E}\left[\dfrac{yz}{R^3} - (1-2\mu)\dfrac{y}{R(R+z)}\right] \\ w = \dfrac{P(1+\mu)}{2\pi E}\left[\dfrac{z^2}{R^3} + 2(1-\mu)\dfrac{1}{R}\right]\end{cases} \tag{2-22a}$$

式中：σ_x、σ_y、σ_z——x、y、z 方向的法向应力；

τ_{xy}、τ_{yz}、τ_{zx}——剪应力；

u、v、w——M 点沿坐标轴 x、y、z 方向的位移；

E——弹性模量(或土的变形模量)；

μ——泊松比；

R——M 点至坐标原点 O 的距离。

$$\sigma_z = \frac{3P}{2\pi} \times \frac{z^3}{R^5} = \frac{3P}{2\pi z^2} \times \frac{1}{\left[1+\left(\frac{r}{z}\right)^2\right]^{\frac{5}{2}}} = \alpha \frac{P}{z^2} \tag{2-22b}$$

式中：r——如图 2-11 所示，$r=\sqrt{x^2+y^2}$；

α——集中力作用下地基竖向附加应力系数，简称集中应力系数。

$\alpha = \dfrac{3}{2\pi\left[1+\left(\frac{r}{z}\right)^2\right]^{\frac{5}{2}}}$，它是$\left(\dfrac{r}{z}\right)$的函数，可制成表格查用，见表 2-7。

集中力作用下的应力系数 α 值 表 2-7

r/z	α	r/z	α	r/z	α	r/z	α	r/z	α
0.00	0.4775	0.50	0.2733	1.00	0.0844	1.50	0.0251	2.00	0.0085
0.05	0.4745	0.55	0.2466	1.05	0.0744	1.55	0.0224	2.20	0.0058
0.10	0.4657	0.60	0.2214	1.10	0.0658	1.60	0.0200	2.40	0.0040
0.15	0.4516	0.65	0.1978	1.15	0.0581	1.65	0.0179	2.60	0.0029
0.20	0.4329	0.70	0.1762	1.20	0.0513	1.70	0.0160	2.80	0.0021
0.25	0.4103	0.75	0.1565	1.25	0.0454	1.75	0.0144	3.00	0.0015
0.30	0.3849	0.80	0.1386	1.30	0.0402	1.80	0.0129	6.50	0.0007
0.35	0.3577	0.85	0.1226	1.35	0.0357	1.85	0.0116	4.00	0.0004
0.40	0.3294	0.90	0.1083	1.40	0.0317	1.90	0.0105	4.50	0.0002
0.45	0.3011	0.95	0.0956	1.45	0.0282	1.95	0.0095	5.00	0.0001

因为竖向集中力作用下地基中的状态是轴对称空间问题，因此，可以对通过 P 作用线所切出的任意竖直面进行 σ_z 分布特征的讨论（图 2-12）。

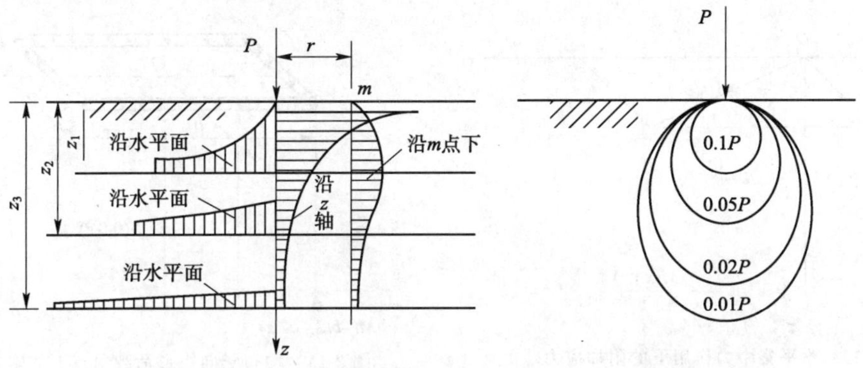

a) 集中力作用下土中应力σ_z的分布　　b) σ_z的等值线

图 2-12　集中力作用下土中应力 σ_z 的分布和等值线

（1）在集中力 P 作用线上的分布

在 P 作用线上，$r=0$，可知 $\sigma_z=\dfrac{3}{2\pi}\times\dfrac{P}{z^2}$。

当 $z=0$ 时，$\sigma_z=\infty$，地基土已发生塑性变形，弹性理论已不适用，因此在选择计算点时，不应过于接近集中力作用点。

当 $z-\infty$时，$\sigma_z=0$。

可见，沿 P 作用线上 σ_z 的分布是随深度增加而递减。

(2)在 $r>0$ 的竖直线上的分布

从式(2-22)可以得出,$z=0$ 时,R>0,$\sigma_z=0$;随着 z 的增加 σ_z 逐渐增大,至一定深度后又随着 z 的增加而逐渐减小。如图 2-12a)所示。

(3)在 z 为常数的水平面上的分布

从式(2-22)可以看出,σ_z 的值在 $r=0$,即集中力 P 作用线上最大,并随 r 的增加而逐渐减小。随着 z 的增加,集中力 P 作用线上的 σ_z 减小,而水平面上的应力分布趋于均匀。

若在空间将 σ_z 相同的点连接成曲面,可以得到如图 2-12b)所示的 σ_z 等值线图,其形如泡,称为压力泡或应力泡。

通过上述讨论,可以看出:集中力 P 在地基中引起的附加应力 σ_z 的分布是向下、向四周无限扩散的。

2. 水平集中力作用下的地基附加应力——西罗提解

当地基表面作用有平行于 xOy 面的水平集中力 F 时,求解在地基中任意点 $M(x,y,z)$ 所引起的问题,已经由西罗提(V. Cerruti)用弹性理论解出。这里只介绍与沉降计算关系最大的垂直竖向法应力 σ_z 的表达式,即

$$\sigma_z=\frac{3F}{2\pi}\times\frac{xz^2}{R^5} \tag{2-23a}$$

式中符号意义见图 2-13。

(二)矩形荷载和圆形荷载下的地基附加应力

1. 均布的竖向矩形荷载

(1)均布的竖向矩形荷载角点 c 下 σ_z

在图 2-14 所示的均布荷载 p 作用下,计算矩形面积角点 c 下深度 z 处 M 点的竖向应力 σ_z 值。

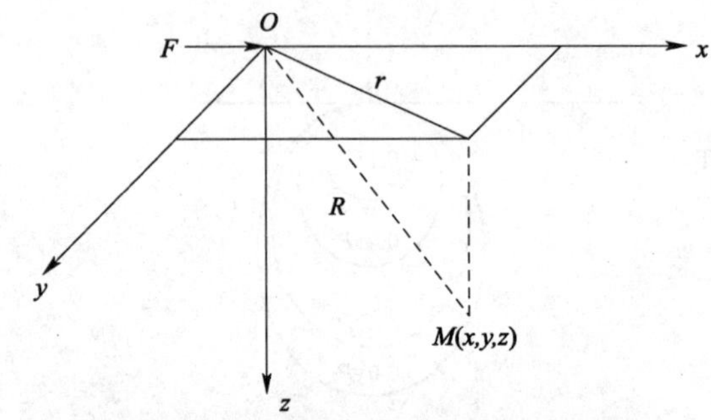

图 2-13 水平集中力作用下的附加应力

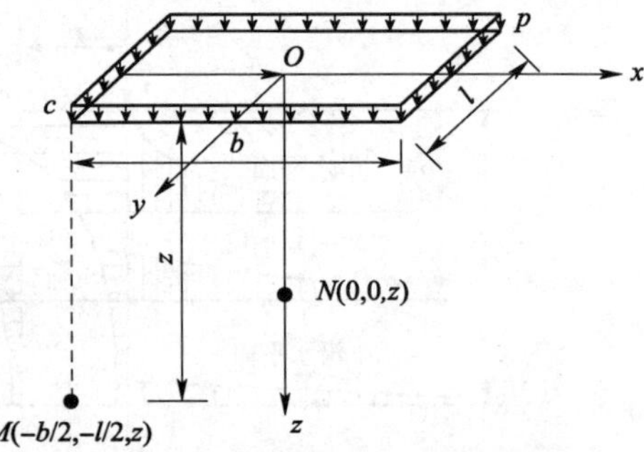

图 2-14 均布竖向矩形荷载角点下的附加应力 σ_z

同样由式(2-22a)中 σ_z 的表达式积分求得

$$\sigma_z=\frac{p}{2\pi}\left[\frac{mn(1+m^2+2n^2)}{\sqrt{1+m^2+n^2}(1+n^2)(m^2+n^2)}+\arctan\frac{m}{n\sqrt{1+m^2+n^2}}\right]$$

$$=\alpha_c p \tag{2-23b}$$

式中:α_c——应力系数,$\alpha_c=\frac{1}{2\pi}\left[\frac{mn(1+m^2+2n^2)}{\sqrt{1+m^2+n^2}(1+n^2)(m^2+n^2)}+\arctan\frac{m}{n\sqrt{1+m^2+n^2}}\right]$,

$m=\frac{l}{b}$,$n=\frac{z}{b}$,b 为较短边的边长。α_c 的值可从表 2-8 中查得。

均布竖向矩形荷载作用时角点下的应力系数 α_c 值　　表 2-8

z/b	l/b										
	1.0	1.2	1.4	1.6	1.8	2.0	3.0	4.0	5.0	6.0	≥10.0
0.0	0.250	0.250	0.250	0.250	0.250	0.250	0.250	0.250	0.250	0.250	0.250
0.2	0.249	0.249	0.249	0.249	0.249	0.249	0.249	0.249	0.249	0.249	0.249
0.4	0.240	0.242	0.243	0.243	0.244	0.244	0.244	0.244	0.244	0.244	0.244
0.6	0.223	0.228	0.230	0.232	0.232	0.233	0.234	0.234	0.234	0.234	0.234
0.8	0.200	0.207	0.212	0.215	0.216	0.218	0.220	0.220	0.220	0.220	0.220
1.0	0.175	0.185	0.191	0.195	0.198	0.200	0.203	0.204	0.204	0.204	0.205
1.2	0.152	0.163	0.171	0.176	0.179	0.182	0.187	0.188	0.189	0.189	0.189
1.4	0.131	0.142	0.151	0.157	0.161	0.164	0.171	0.173	0.174	0.174	0.174
1.6	0.112	0.124	0.133	0.140	0.145	0.148	0.157	0.159	0.160	0.160	0.160
1.8	0.097	0.108	0.117	0.124	0.129	0.133	0.143	0.146	0.147	0.148	0.148
2.0	0.084	0.095	0.103	0.110	0.116	0.120	0.131	0.135	0.136	0.137	0.137
2.2	0.073	0.083	0.092	0.098	0.104	0.108	0.121	0.125	0.126	0.127	0.128
2.4	0.064	0.073	0.081	0.088	0.093	0.098	0.111	0.116	0.118	0.118	0.119
2.6	0.057	0.065	0.072	0.079	0.084	0.089	0.102	0.107	0.110	0.111	0.112
2.8	0.050	0.058	0.065	0.071	0.076	0.080	0.094	0.100	0.102	0.104	0.105
3.0	0.045	0.052	0.058	0.064	0.069	0.073	0.087	0.093	0.096	0.097	0.099
3.2	0.040	0.047	0.053	0.058	0.063	0.067	0.081	0.087	0.090	0.092	0.093
3.4	0.036	0.042	0.048	0.053	0.057	0.061	0.075	0.081	0.085	0.086	0.088
3.6	0.033	0.038	0.043	0.048	0.052	0.056	0.069	0.076	0.080	0.082	0.084
3.8	0.030	0.035	0.040	0.044	0.048	0.052	0.065	0.072	0.075	0.077	0.080
4.0	0.027	0.032	0.036	0.040	0.044	0.048	0.060	0.067	0.071	0.073	0.076
4.2	0.025	0.029	0.033	0.037	0.041	0.044	0.056	0.063	0.067	0.070	0.072
4.4	0.023	0.027	0.031	0.034	0.038	0.041	0.053	0.060	0.064	0.066	0.069
4.6	0.021	0.025	0.028	0.032	0.035	0.038	0.049	0.056	0.061	0.063	0.066
4.8	0.019	0.023	0.026	0.029	0.032	0.035	0.046	0.053	0.058	0.060	0.064
5.0	0.018	0.021	0.024	0.027	0.030	0.033	0.043	0.050	0.055	0.057	0.061
6.0	0.013	0.015	0.017	0.020	0.022	0.024	0.033	0.039	0.043	0.046	0.051
7.0	0.009	0.011	0.013	0.015	0.016	0.018	0.025	0.031	0.035	0.038	0.043
8.0	0.007	0.009	0.010	0.011	0.013	0.014	0.020	0.025	0.028	0.031	0.037
9.0	0.006	0.007	0.008	0.009	0.010	0.011	0.016	0.020	0.024	0.026	0.032
10.0	0.005	0.006	0.007	0.007	0.008	0.009	0.013	0.017	0.020	0.022	0.028

(2)均布的竖向矩形荷载中点下 σ_z

在图 2-14 所示的均布荷载 p 作用下，计算矩形面积中点 O 下深度 z 处 N 点的竖向应力 σ_z 值。

同样由式(2-22a)中 σ_z 的表达式积分求得

$$\sigma_z = \frac{2p}{\pi}\left[\frac{2mn(1+m^2+8n^2)}{\sqrt{1+m^2+4n^2}(1+4n^2)(m^2+4n^2)} + \arctan\frac{m}{2n\sqrt{1+m^2+4n^2}}\right]$$

$$=\alpha_o p \tag{2-24}$$

式中：α_o——应力系数，$\alpha_o = \frac{2}{\pi}\left[\frac{2mn(1+m^2+8n^2)}{\sqrt{1+m^2+4n^2}(1+4n^2)(m^2+4n^2)} + \arctan\frac{m}{2n\sqrt{1+m^2+4n^2}}\right]$，

$m=\frac{l}{b}$，$n=\frac{z}{b}$，b 为较短边的边长。α_o 的值可从表 2-9 中查得。

均布竖向矩形荷载作用时中点下的应力系数 α_o 值 表 2-9

z/b	l/b									
	1.0	1.2	1.4	1.6	1.8	2.0	3.0	4.0	5.0	≥10
0.0	1.000	1.000	1.000	1.000	1.000	1.000	1.000	1.000	1.000	1.000
0.2	0.960	0.968	0.972	0.974	0.975	0.976	0.977	0.977	0.977	0.977
0.4	0.800	0.830	0.848	0.859	0.866	0.870	0.879	0.880	0.881	0.881
0.6	0.606	0.651	0.682	0.703	0.717	0.727	0.748	0.753	0.754	0.755
0.8	0.449	0.496	0.532	0.558	0.579	0.593	0.627	0.636	0.639	0.642
1.0	0.334	0.378	0.414	0.441	0.463	0.481	0.524	0.540	0.545	0.550
1.2	0.257	0.294	0.325	0.352	0.374	0.392	0.442	0.462	0.470	0.477
1.4	0.201	0.232	0.260	0.284	0.304	0.321	0.376	0.400	0.410	0.420
1.6	0.160	0.187	0.210	0.232	0.251	0.267	0.322	0.348	0.360	0.374
1.8	0.130	0.153	0.173	0.192	0.209	0.224	0.278	0.305	0.320	0.337
2.0	0.108	0.127	0.145	0.161	0.176	0.189	0.237	0.270	0.285	0.304
2.5	0.072	0.085	0.097	0.109	0.210	0.131	0.174	0.202	0.219	0.249
3.0	0.051	0.060	0.070	0.178	0.087	0.095	0.130	0.155	0.172	0.208
3.5	0.038	0.045	0.052	0.059	0.066	0.072	0.100	0.123	0.139	0.180
4.0	0.029	0.035	0.040	0.046	0.051	0.056	0.080	0.095	0.113	0.158
5.0	0.019	0.022	0.026	0.030	0.033	0.037	0.053	0.067	0.079	0.128

(3)均布的竖向矩形荷载作用下，土中任意点 σ_z（角点法）

如图 2-15 所示，$abcd$ 为矩形荷载作用面积，计算 M 点下 z 深度处的附加应力 σ_z。

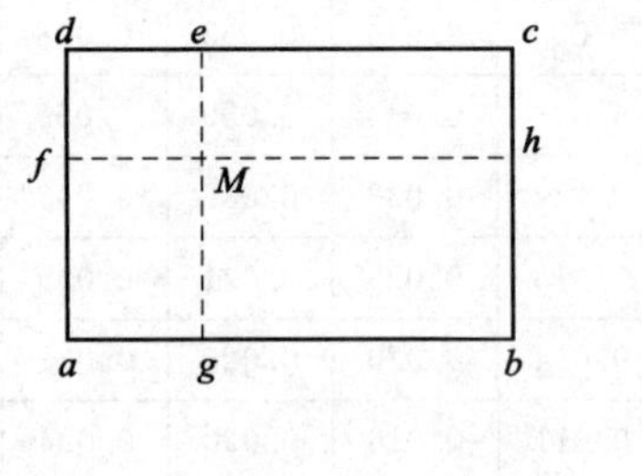

a)

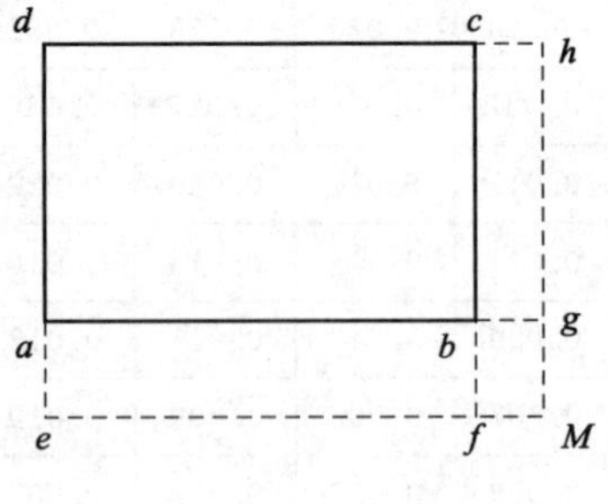

b)

图 2-15 角点法的应用

①M 点在 $abcd$ 范围内[图 2-15a)]。

$$\sigma_z = \sum\sigma_{zi} = \sigma_{z(agMf)} + \sigma_{z(gbhM)} + \sigma_{z(Mhce)} + \sigma_{z(fMed)} \tag{2-25a}$$

②M 点在 $abcd$ 范围外[图 2-15b)]。

$$\sigma_z = \sigma_{z(eMhd)} - \sigma_{z(eMga)} - \sigma_{z(fMhc)} + \sigma_{z(fMgb)} \tag{2-25b}$$

能够引起地基变形的荷载只有新增的土工结构荷载，即作用于地基表面的附加压力，也就是扣除基础埋深以上的土层自重应力的基底压力。实际上，一般基础都埋置于地面以下一定深度 h，该处原有自重应力为$\sigma=\gamma h$，σ 因基坑开挖而卸除。因此，在计算由土工结构引起的基底反力时，应扣除基底高程处土层原有的自重应力后，才是基底面处新增于地基的基底附加压力，即 $p_0=p-\gamma h$。

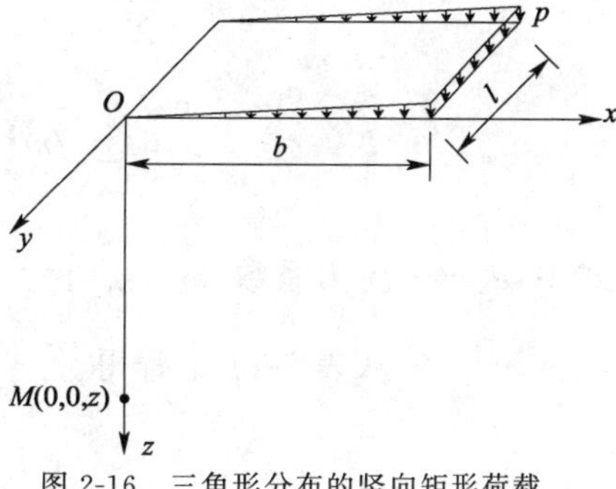

图 2-16　三角形分布的竖向矩形荷载

2.三角形分布的竖向矩形荷载

如图 2-16 所示，在地基表面作用矩形面积的三角形分布荷载，计算荷载为 0 的角点下深度 z 处 M 点的竖向应力 σ_z 时，同样可以用公式积分求得，取如图 2-16 所示坐标系，得

$$\sigma_z = \frac{mn}{2\pi}\left[\frac{1}{\sqrt{m^2+n^2}} - \frac{n^2}{(1+n^2)\sqrt{1+m^2+n^2}}\right]p$$

$$=\alpha_t p \tag{2-26}$$

式中：α_t——应力系数，$\alpha_t=\frac{mn}{2\pi}\left[\frac{1}{\sqrt{m^2+n^2}} - \frac{n^2}{(1+n^2)\sqrt{1+m^2+n^2}}\right]$，$m$、$n$ 意义同前。

α_t 的值可从表 2-10 中查得。注意 b、l 的几何意义，如图 2-16 所示，b 为荷载呈三角形分布的边的边长，l 为荷载最大边的边长。

竖向三角形分布荷载作用时压力为 0 的角点下的应力系数 α_t 值　　表 2-10

z/b	l/b							
	0.2	0.6	1.0	1.4	1.8	3.0	8.0	10.0
0.0	0.0000	0.0000	0.0000	0.0000	0.0000	0.0000	0.0000	0.0000
0.2	0.0233	0.0296	0.0304	0.0305	0.0306	0.0306	0.0306	0.0306
0.4	0.0269	0.0487	0.0531	0.0543	0.0546	0.0548	0.0549	0.0549
0.6	0.0259	0.0560	0.0654	0.0684	0.0694	0.0701	0.0702	0.0702
0.8	0.0232	0.0553	0.0688	0.0739	0.0759	0.0773	0.0776	0.0776
1.0	0.0201	0.0508	0.0666	0.0735	0.0766	0.0790	0.0796	0.0796
1.2	0.0171	0.0450	0.0615	0.0698	0.0738	0.0774	0.0783	0.0783
1.4	0.0145	0.0392	0.0554	0.0644	0.0692	0.0739	0.0752	0.0753
1.6	0.0123	0.0339	0.0492	0.0586	0.0639	0.0697	0.0715	0.0715
1.8	0.0105	0.0294	0.0453	0.0528	0.0585	0.0652	0.0675	0.0675
2.0	0.0090	0.0255	0.0384	0.0474	0.0533	0.0607	0.0636	0.0636
2.5	0.0063	0.0183	0.0284	0.0362	0.0419	0.0514	0.0547	0.0548
3.0	0.0046	0.0135	0.0214	0.0280	0.0331	0.0419	0.0474	0.0476
5.0	0.0018	0.0054	0.0088	0.0120	0.0148	0.0214	0.0296	0.0301
7.0	0.0009	0.0028	0.0047	0.0064	0.0081	0.0124	0.0204	0.0212
10.0	0.0005	0.0014	0.0024	0.0033	0.0041	0.0066	0.0128	0.0139

3. 均布的水平矩形荷载

当地基表面作用有均布的水平矩形荷载 p 时(图 2-17),可利用西罗提解式对矩形荷载积分,求出矩形角点 1、2 下任意深度 z 处 M 点的竖向附加应力 σ_z,即

$$\begin{matrix}\sigma_{z1}\\ \sigma_{z2}\end{matrix}=\mp\frac{p}{2\pi}\left[\frac{m}{\sqrt{m^2+n^2}}-\frac{mn^2}{(1+n^2)\sqrt{1+m^2+n^2}}\right]=\mp\alpha_h p \tag{2-27}$$

式中:α_h——应力系数,$\alpha_h=\frac{1}{2\pi}\left[\frac{m}{\sqrt{m^2+n^2}}-\frac{mn^2}{(1+n^2)\sqrt{1+m^2+n^2}}\right]$,$m$、$n$ 意义同前,α_h 的值可从表 2-11 中查得。

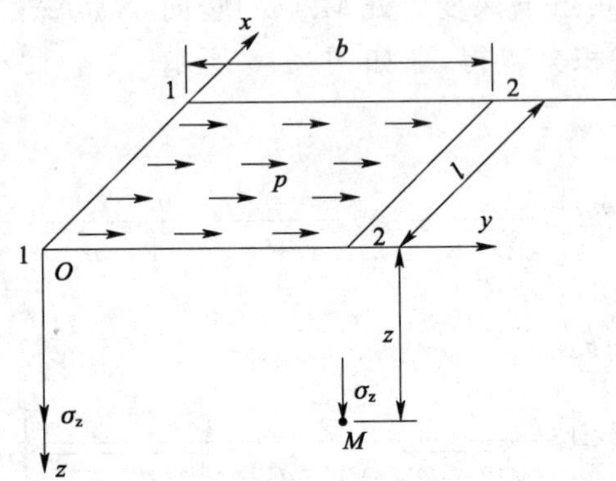

图 2-17 均布水平矩形荷载作用下角点下竖向附加应力

σ_{z1} 是水平荷载矢量起始端角点 1 下的附加应力,取"-"号;σ_{z2} 是水平荷载矢量终止端角点 2 下的附加应力,取"+"号。

均布水平矩形荷载作用时角点下的应力系数 α_h 值　　表 2-11

z/b	l/b										
	1.0	1.2	1.4	1.6	1.8	2.0	3.0	4.0	5.0	6.0	10.0
0.0	0.1592	0.1592	0.1592	0.1592	0.1592	0.1592	0.1592	0.1592	0.1592	0.1592	0.1592
0.2	0.1518	0.1523	0.1526	0.1528	0.1529	0.1529	0.1530	0.1530	0.1530	0.1530	0.1530
0.4	0.1328	0.1347	0.1356	0.1362	0.1365	0.1367	0.1371	0.1372	0.1372	0.1372	0.1372
0.6	0.1091	0.1121	0.1139	0.1150	0.1156	0.1160	0.1168	0.1169	0.1170	0.1170	0.1170
0.8	0.0861	0.090	0.0924	0.0939	0.0948	0.0955	0.0967	0.0969	0.0970	0.0970	0.0970
1.0	0.0666	0.0708	0.0735	0.0753	0.0766	0.0774	0.0790	0.0794	0.0795	0.0796	0.0796
1.2	0.0512	0.0553	0.0582	0.0601	0.0615	0.0624	0.0645	0.0650	0.0652	0.0652	0.0652
1.4	0.0395	0.0433	0.0460	0.0480	0.0494	0.0505	0.0528	0.0534	0.0537	0.0537	0.0538
1.6	0.0308	0.0341	0.0366	0.0385	0.0400	0.0410	0.0436	0.0443	0.0446	0.0447	0.0447
1.8	0.0242	0.0270	0.0293	0.0311	0.0325	0.0336	0.0362	0.0370	0.0374	0.0375	0.0375
2.0	0.0192	0.0217	0.0237	0.0253	0.0266	0.0277	0.0303	0.0312	0.0317	0.0318	0.0318
2.5	0.0113	0.0130	0.0145	0.0157	0.0167	0.0176	0.0202	0.0211	0.0217	0.0219	0.0219
3.0	0.0070	0.0083	0.0093	0.0102	0.0110	0.0117	0.0140	0.0150	0.0156	0.0158	0.0159
5.0	0.0018	0.0021	0.0024	0.0027	0.0030	0.0032	0.0043	0.0050	0.0057	0.0059	0.0060
7.0	0.0007	0.0008	0.0009	0.0010	0.0012	0.0013	0.0018	0.0022	0.0027	0.0029	0.0030
10.0	0.0002	0.0003	0.0003	0.0004	0.0004	0.0005	0.0007	0.0008	0.0011	0.0013	0.0014

4. 均布的竖向圆形荷载

如图 2-18 所示，均布的竖向圆形荷载为 p，作用半径为 R，计算土中深度 z 处 M 点的竖向应力 σ_z 值。同样可以用公式积分求得，即

$$\sigma_z = \alpha_r p \tag{2-28}$$

式中：α_r——应力系数，是$\dfrac{r}{R}$及$\dfrac{z}{R}$的函数，可查表 2-12 得到；

r——应力计算点 M 到 z 轴的水平距离。

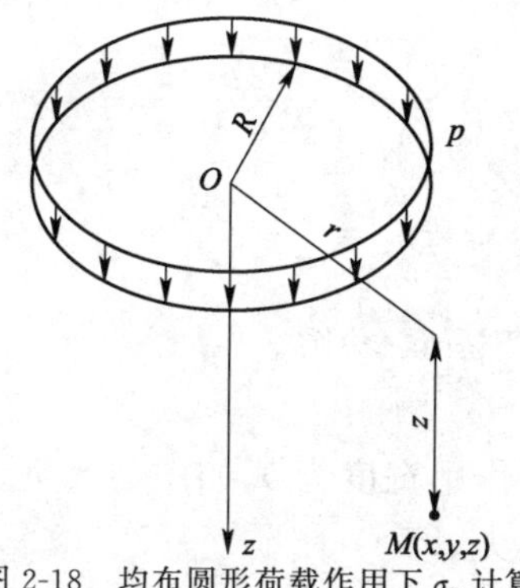

图 2-18　均布圆形荷载作用下 σ_z 计算

均布竖向圆形荷载作用时的应力系数 α_r 值　　表 2-12

z/R	r/R										
	0	0.2	0.4	0.6	0.8	1.0	1.2	1.4	1.6	1.8	2.0
0.0	1.000	1.000	1.000	1.000	1.000	0.500	0.000	0.000	0.000	0.000	0.000
0.2	0.998	0.991	0.987	0.970	0.890	0.468	0.077	0.015	0.005	0.002	0.001
0.4	0.949	0.943	0.920	0.860	0.712	0.435	0.181	0.065	0.026	0.012	0.006
0.6	0.864	0.852	0.813	0.733	0.591	0.400	0.224	0.113	0.056	0.029	0.016
0.8	0.756	0.742	0.699	0.619	0.504	0.366	0.237	0.142	0.083	0.048	0.029
1.0	0.646	0.633	0.593	0.525	0.434	0.332	0.235	0.157	0.102	0.065	0.042
1.2	0.547	0.535	0.502	0.447	0.377	0.300	0.226	0.162	0.113	0.078	0.053
1.4	0.461	0.452	0.425	0.383	0.329	0.270	0.212	0.161	0.118	0.086	0.062
1.6	0.390	0.383	0.362	0.330	0.288	0.243	0.197	0.156	0.120	0.090	0.068
1.8	0.332	0.327	0.311	0.285	0.254	0.218	0.182	0.148	0.118	0.092	0.072
2.0	0.285	0.280	0.268	0.248	0.224	0.196	0.167	0.140	0.114	0.092	0.074
2.2	0.246	0.242	0.233	0.218	0.198	0.176	0.153	0.131	0.109	0.090	0.074
2.4	0.214	0.211	0.203	0.192	0.176	0.159	0.140	0.122	0.104	0.087	0.073
2.6	0.187	0.185	0.179	0.170	0.158	0.144	0.129	0.113	0.098	0.084	0.071
2.8	0.165	0.163	0.159	0.151	0.141	0.130	0.118	0.105	0.092	0.080	0.069
3.0	0.146	0.145	0.141	0.135	0.127	0.118	0.108	0.097	0.087	0.077	0.067
3.4	0.117	0.116	0.114	0.110	0.105	0.098	0.091	0.084	0.076	0.068	0.061
3.8	0.096	0.095	0.093	0.091	0.087	0.083	0.078	0.073	0.067	0.061	0.055
4.2	0.079	0.079	0.078	0.076	0.073	0.070	0.067	0.063	0.059	0.054	0.050
4.8	0.067	0.067	0.066	0.064	0.063	0.060	0.058	0.055	0.052	0.048	0.045
5.0	0.057	0.057	0.056	0.055	0.054	0.052	0.050	0.048	0.046	0.043	0.041
5.5	0.048	0.048	0.047	0.046	0.045	0.044	0.043	0.041	0.039	0.038	0.036
6.0	0.040	0.040	0.040	0.039	0.039	0.038	0.037	0.036	0.034	0.033	0.031

(三)线荷载和条形荷载下的地基附加应力

1.线荷载作用下的地基附加应力——弗拉曼解

线荷载是作用于半无限空间表面、宽度趋于零、沿无限长直线均布的荷载。如图 2-19 所示,设线荷载为 p(kN/m),在 xOz 地基剖面上,任一点 $M(x,0,z)$的附加应力可根据布辛奈斯克公式积分求得,即

$$\sigma_z = \frac{2pz^3}{\pi(x^2+z^2)^2} \tag{2-29a}$$

$$\sigma_x = \frac{2px^2z}{\pi(x^2+z^2)^2} \tag{2-29b}$$

$$\tau_{xz} = \frac{2pxz^2}{\pi(x^2+z^2)^2} \tag{2-29c}$$

式(2-29)就是著名的弗拉曼(Flamant)解。

2.均布的竖向条形荷载

设均布的竖向条形荷载为 p,作用宽度为 b,如图 2-20 所示。应用式(2-29)沿宽度 b 积分,可求得地基中任意 M 点的附加应力,即

$$\sigma_z = \alpha_s^z p \tag{2-30a}$$

$$\sigma_x = \alpha_s^x p \tag{2-30b}$$

$$\tau_{xz} = \alpha_s^\tau p \tag{2-30c}$$

式中:α_s^z、α_s^x、α_s^τ——应力系数,是$\frac{x}{b}$及$\frac{z}{b}$的函数,可查表 2-13 得到。

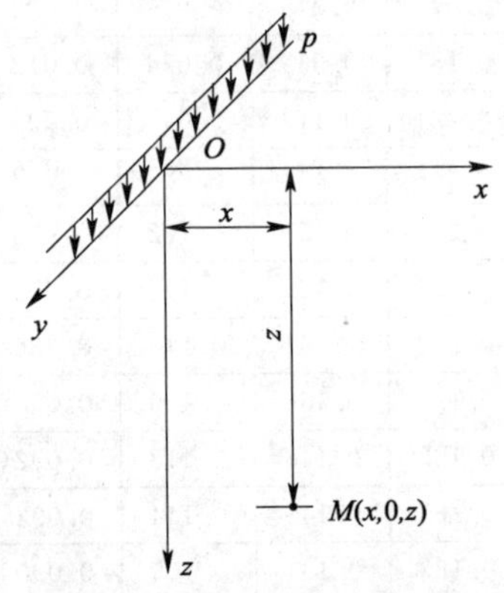

图 2-19　均布线荷载作用时土中应力计算

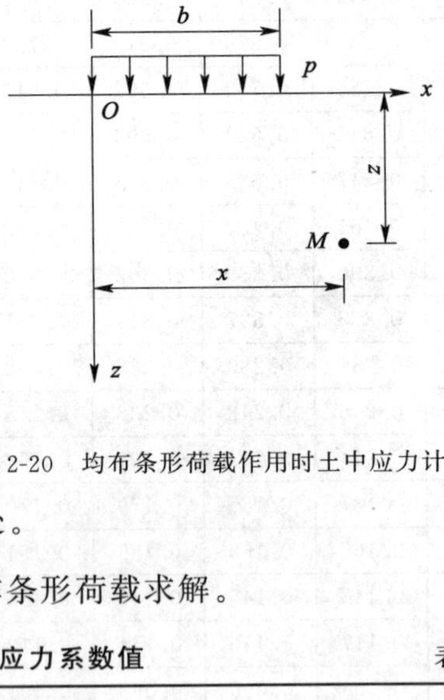

图 2-20　均布条形荷载作用时土中应力计算

注意图 2-20 中坐标轴原点是在均布荷载的边界处。

实际工程中,当荷载长宽比$\frac{l}{b}\geqslant 10$时,就可以当作条形荷载求解。

均布竖向条形荷载作用时的应力系数值　　表 2-13

x/b		z/b									
		0.01	0.1	0.2	0.4	0.6	0.8	1.0	1.2	1.4	2.0
−0.50	α_s^z	0.001	0.002	0.011	0.056	0.111	0.155	0.186	0.202	0.210	0.205
	α_s^x	0.008	0.082	0.147	0.208	0.204	0.177	0.146	0.117	0.094	0.049
	α_s^τ	0.000	−0.001	−0.038	−0.103	−0.144	−0.158	−0.157	−0.147	−0.133	−0.096

续上表

x/b		z/b									
		0.01	0.1	0.2	0.4	0.6	0.8	1.0	1.2	1.4	2.0
−0.25	α_s^z	0.000	0.011	0.091	0.174	0.243	0.276	0.288	0.287	0.279	0.242
	α_s^x	0.021	0.180	0.270	0.274	0.221	0.169	0.127	0.096	0.073	0.035
	α_s^τ	−0.001	−0.042	−0.116	−0.119	−0.212	−0.197	−0.175	−0.153	−0.132	−0.085
0.00	α_s^z	0.500	0.499	0.498	0.489	0.468	0.440	0.409	0.375	0.348	0.275
	α_s^x	0.494	0.437	0.376	0.269	0.188	0.130	0.091	0.067	0.047	0.020
	α_s^τ	−0.318	−0.315	−0.306	−0.274	−0.234	−0.194	−0.159	−0.131	−0.108	−0.064
0.25	α_s^z	0.999	0.988	0.936	0.797	0.679	0.586	0.511	0.450	0.401	0.298
	α_s^x	0.935	0.685	0.469	0.215	0.143	0.087	0.055	0.037	0.026	0.010
	α_s^τ	−0.001	−0.039	−0.103	−0.159	−0.147	−0.121	−0.096	−0.078	−0.061	−0.034
0.50	α_s^z	0.999	0.997	0.978	0.881	0.756	0.642	0.549	0.478	0.420	0.306
	α_s^x	0.849	0.752	0.538	0.260	0.129	0.070	0.040	0.026	0.017	0.006
	α_s^τ	0.000	0.000	0.000	0.000	0.000	0.000	0.000	0.000	0.000	0.000
0.75	α_s^z	0.999	0.988	0.936	0.797	0.679	0.586	0.511	0.450	0.401	0.298
	α_s^x	0.935	0.685	0.469	0.215	0.143	0.087	0.055	0.037	0.026	0.010
	α_s^τ	0.001	0.039	0.103	0.159	0.147	0.121	0.096	0.078	0.061	0.034
1.00	α_s^z	0.500	0.499	0.498	0.489	0.468	0.440	0.409	0.375	0.348	0.275
	α_s^x	0.494	0.437	0.376	0.269	0.188	0.130	0.091	0.067	0.047	0.020
	α_s^τ	0.318	0.315	0.306	0.274	0.234	0.194	0.159	0.131	0.108	0.064
1.25	α_s^z	0.000	0.011	0.091	0.174	0.243	0.276	0.288	0.287	0.279	0.242
	α_s^x	0.021	0.180	0.270	0.274	0.221	0.169	0.127	0.096	0.073	0.035
	α_s^τ	0.001	0.042	0.116	0.199	0.212	0.197	0.175	0.153	0.132	0.085

3.三角形分布的竖向条形荷载

如图 2-21 所示，地基表面作用有三角形分布条形荷载，其最大值为 p，作用宽度为 b，按弗拉曼公式(2-29)在宽度 b 范围内积分可得

$$\sigma_z = \alpha_t^z p \tag{2-31a}$$

$$\sigma_x = \alpha_t^x p \tag{2-31b}$$

$$\tau_{xz} = \alpha_t^\tau p \tag{2-31c}$$

式中：α_t^z、α_t^x、α_t^τ——应力系数，是$\frac{x}{b}$及$\frac{z}{b}$的函数，可查表 2-14 得到。

注意图 2-15 中坐标轴原点是在三角形荷载的零点处。

均布竖向三角形荷载作用时的应力系数值　　表 2-14

x/b		z/b									
		0.01	0.1	0.2	0.4	0.6	0.8	1.0	1.2	1.4	2.0
−0.50	α_t^z	0.000	0.000	0.002	0.014	0.031	0.049	0.065	0.076	0.084	0.089
	α_t^x	0.003	0.027	0.051	0.081	0.093	0.090	0.074	0.063	0.056	0.029
	α_t^τ	0.000	−0.003	−0.011	−0.032	−0.051	−0.063	−0.068	−0.067	−0.064	−0.050

续上表

x/b		z/b									
		0.01	0.1	0.2	0.4	0.6	0.8	1.0	1.2	1.4	2.0
−0.25	α_t^z	0.000	0.002	0.009	0.036	0.066	0.089	0.104	0.111	0.114	0.108
	α_t^x	0.025	0.049	0.084	0.114	0.108	0.091	0.074	0.058	0.045	0.022
	α_t^τ	0.000	−0.008	−0.025	−0.060	−0.080	−0.085	−0.083	−0.077	−0.069	−0.048
0.00	α_t^z	0.003	0.032	0.061	0.010	0.140	0.155	0.159	0.154	0.151	0.127
	α_t^x	0.026	0.116	0.146	0.142	0.114	0.085	0.061	0.047	0.033	0.015
	α_t^τ	−0.005	−0.044	−0.075	−0.108	−0.112	−0.104	−0.091	−0.081	−0.066	−0.041
0.25	α_t^z	0.249	0.251	0.255	0.263	0.258	0.243	0.244	0.204	0.186	0.143
	α_t^x	0.249	0.233	0.219	0.148	0.096	0.062	0.041	0.028	0.019	0.008
	α_t^τ	−0.010	−0.078	−0.129	−0.138	−0.123	−0.100	−0.079	−0.065	−0.051	−0.028
0.50	α_t^z	0.500	0.498	0.489	0.441	0.378	0.321	0.275	0.239	0.210	0.153
	α_t^x	0.487	0.376	0.269	0.130	0.065	−0.035	0.020	0.013	−0.008	0.003
	α_t^τ	−0.010	−0.075	−0.108	−0.104	−0.077	−0.056	−0.040	−0.030	−0.023	−0.012
0.75	α_t^z	0.750	0.737	0.682	0.534	0.421	0.343	0.286	0.246	0.215	0.155
	α_t^x	0.718	0.452	0.259	0.099	0.046	0.025	0.013	0.009	0.007	0.002
	α_t^τ	−0.009	−0.040	−0.016	0.020	0.025	0.021	0.017	0.014	0.010	0.006
1.00	α_t^z	0.497	0.468	0.437	0.379	0.328	0.285	0.250	0.221	0.198	0.147
	α_t^x	0.467	0.321	0.230	0.127	0.074	0.046	0.029	0.020	0.014	0.005
	α_t^τ	0.313	0.272	0.231	0.167	0.122	0.090	0.068	0.053	0.042	0.023
1.25	α_t^z	0.000	0.010	0.050	0.137	0.177	0.188	0.184	0.176	0.165	0.134
	α_t^x	0.015	0.132	0.186	0.160	0.112	0.077	0.053	0.038	0.027	0.012
	α_t^τ	0.001	0.034	0.091	0.139	0.132	0.112	0.092	0.076	0.062	0.037

4.均布的水平条形荷载

如图 2-22 所示，当地基表面作用有均布的水平条形荷载 p 时(作用宽度为 b)，地基下任一点的附加应力可利用弹性力学求得，即

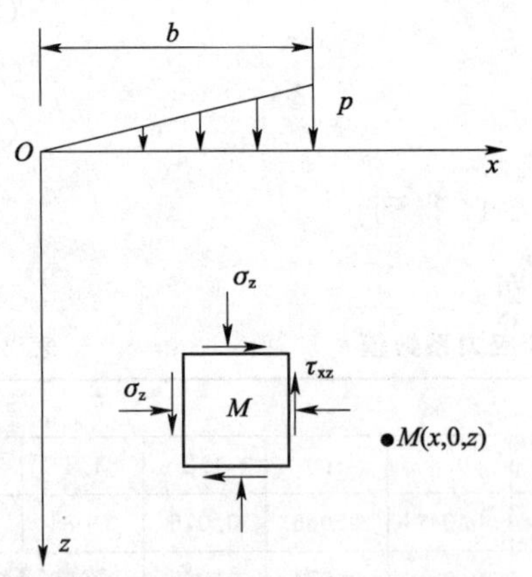

图 2-21　三角形分布竖向条形荷载作用下地基附加应力

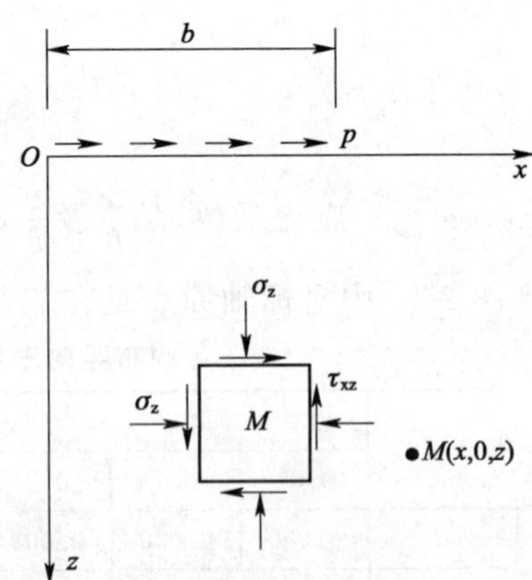

图 2-22　均布水平条形荷载作用下地基附加应力

$$\sigma_z = \alpha_h^z p \tag{2-32a}$$

$$\sigma_x = \alpha_h^x p \tag{2-32b}$$

$$\tau_{xz} = \alpha_h^\tau p \tag{2-32c}$$

式中：α_h^z、α_h^x、α_h^τ——应力系数，是$\frac{x}{b}$及$\frac{z}{b}$的函数，可查表 2-15 得到。

均布水平条形荷载作用下的应力系数值 表 2-15

x/b		z/b									
		0.01	0.1	0.2	0.4	0.6	0.8	1.0	1.2	1.4	2.0
−0.50	α_h^z	0.000	−0.011	−0.038	−0.103	−0.144	−0.158	−0.157	−0.147	−0.133	−0.096
	α_h^x	−0.669	−0.677	−0.619	−0.467	−0.319	−0.217	−0.147	−0.102	−0.072	−0.027
	α_h^τ	0.008	0.082	0.147	0.208	0.204	0.177	0.146	0.117	0.094	0.049
−0.25	α_h^z	−0.001	−0.042	−0.116	−0.199	−0.212	−0.197	−0.175	−0.153	−0.132	−0.085
	α_h^x	−1.204	−0.935	−0.756	−0.453	−0.270	−0.167	−0.105	−0.068	−0.045	−0.017
	α_h^τ	0.021	0.180	0.270	0.274	0.221	0.169	0.127	0.096	0.073	0.035
0.00	α_h^z	−0.318	−0.315	−0.306	−0.274	−0.234	−0.194	−0.159	−0.131	−0.108	−0.064
	α_h^x	−2.645	−1.154	−0.734	−0.356	−0.189	−0.105	−0.061	−0.037	−0.024	−0.007
	α_h^τ	0.494	0.437	0.376	0.269	0.188	0.130	0.091	0.067	0.047	0.020
0.25	α_h^z	−0.001	−0.039	−0.103	−0.159	0.147	−0.121	−0.096	−0.078	−0.061	−0.034
	α_h^x	−0.697	−0.618	−0.459	−0.216	−0.101	−0.050	−0.027	−0.013	−0.009	−0.003
	α_h^τ	0.935	0.685	0.469	0.215	0.143	0.087	0.055	0.037	0.026	0.010
0.50	α_h^z	0.000	0.000	0.000	0.000	0.000	0.000	0.000	0.000	0.000	0.000
	α_h^x	0.000	0.000	0.000	0.000	0.000	0.000	0.000	0.000	0.000	0.000
	α_h^τ	0.848	0.752	0.538	0.260	0.129	0.070	0.040	0.026	0.017	0.006
0.75	α_h^z	0.001	0.039	0.103	0.109	0.147	0.121	0.096	0.078	0.061	0.034
	α_h^x	0.697	0.618	0.459	0.216	0.101	0.050	0.027	0.013	0.009	0.003
	α_h^τ	0.935	0.685	0.469	0.215	0.143	0.087	0.055	0.037	0.026	0.010
1.00	α_h^z	0.318	0.315	0.306	0.274	0.234	0.194	0.159	0.131	0.108	0.064
	α_h^x	2.645	1.154	0.731	0.356	0.189	0.105	0.061	0.037	0.024	0.070
	α_h^τ	0.494	0.437	0.376	0.269	0.188	0.130	0.091	0.067	0.047	0.020
1.25	α_h^z	0.001	0.042	0.116	0.199	0.212	0.197	0.175	0.153	0.132	0.085
	α_h^x	1.024	0.937	0.759	0.456	0.272	0.167	0.105	0.068	0.045	0.015
	α_h^τ	0.021	0.180	0.270	0.274	0.221	0.169	0.127	0.096	0.073	0.035

三、土的有效应力原理

在土体中只有通过土粒接触点传递的应力，才能使土粒彼此挤紧，从而引起土体变形。此应力称为粒间应力，又称有效应力，用σ'表示。其中孔隙水传递的部分，称为静压力，在饱和土中受外荷载作用又以超静孔隙水压力（通称孔隙水压力）出现，以u表示。如用σ代表外荷载作用下的总应力，则有效应力原理可用下式表达，即

$$\sigma = \sigma' + u \tag{2-33}$$

土中任意点的孔隙水压力 u 对各个方向的作用是相等的，因此它只能使土颗粒产生压缩（由于土颗粒本身的压缩量是很微小的，在土力学中均不考虑），而不能使土颗粒产生位移。土颗粒间的有效应力作用，则会引起土颗粒的位移，使孔隙体积改变，土体发生压缩变形。同时有效应力的大小也影响土的抗剪强度。由此，得到土力学中很重要的有效应力原理：

(1)饱和土体的有效应力 σ' 等于总应力 σ 减去孔隙水压力 u。

(2)土的有效应力控制了土的变形（压缩）及强度。

四、土中应力计算的目的

土中应力计算的目的，一是用于计算土体的沉降，二是用于验算土体的稳定。

习　题

2-14　土的自重应力起算点的位置为（　　）。

A. 室内设计地面　　B. 室外设计地面　　C. 天然地面　　D. 基础底面

2-15　地基附加应力沿深度的分布是（　　）。

A. 逐渐增大，曲线变化　　B. 逐渐减小，曲线变化

C. 逐渐减小，直线变化　　D. 均匀分布

2-16　成层土中竖向自重应力沿深度的分布为（　　）。

A. 折线增大　　B. 折线减小　　C. 斜线增大　　D. 斜线减小

2-17　基础中心点下地基中竖向附加应力沿深度的分布为（　　）。

A. 折线增大　　B. 折线减小　　C. 曲线增大　　D. 曲线减小

2-18　矩形面积上作用三角形分布荷载时，地基中附加应力系数是 l/b、z/b 的函数，b 指的是（　　）。

A. 矩形的短边　　B. 三角形分布荷载变化方向的边长

C. 矩形的长边　　D. 矩形的短边与长边的平均值

2-19　刚性基础在均布荷载作用时，基底反力的分布计算图形为（　　）。

A. 矩形　　B. 抛物线形　　C. 钟形　　D. 马鞍形

2-20　计算基底净反力时，不需要考虑的荷载为（　　）。

A. 建筑物自重　　B. 上部结构传来轴向力

C. 基础及上覆土自重　　D. 上部结构传来弯矩

第四节　土的力学性质

一、土的强度、变形与压实特性

土的强度通常是指土体抵抗剪切破坏的极限能力，称之为抗剪强度。

土体受力后的变形可分为体积变形和形状变形。变形主要是由正应力引起，当剪应力超过一定范围时，土体将产生剪切破坏，此时的变形将不断发展。通常在地基中是不允许发生大范围剪切破坏的。

土体的变形或沉降是同土的压缩性能密切相关的。对于土体来说，体积变形通常表现为

体积缩小，我们把这种外力作用下土颗粒重新排列、土体体积缩小的特性称为土的压缩性。土的压缩性主要有两个特点：①土的压缩主要是由于孔隙体积减小而引起，其中土颗粒本身的压缩量是非常小的，可不考虑，但土中水、气具有流动性，在外力作用下会沿着土中孔隙排出，从而引起土体积减小而发生压缩；②饱和黏性土体中水体的排出需要时间，则由水体排出产生的压缩量是随时间变化的，这种土的压缩随时间增长的过程称为土的固结。

有时建筑物建筑在填土上，为了提高填土的强度，增加土的密实度，降低其透水性和压缩性，通常用分层压实的办法来处理地基。实践经验表明，对过湿的土进行夯实或碾压时就会出现软弹现象(俗称“橡皮土”)，此时土的密实度是不会增大的。对很干的土进行夯实或碾压，显然也不能把土充分压实。所以，要使土的压实效果最好，其含水率一定要适当。在一定的压实能量下使土最容易压实，并能达到最大密实度时的含水率，称为土的最优含水率(或称最佳含水率)，用 w_{op} 表示。相对应的干重度叫作最大干重度，用 γ_{dmax} 表示。土的最优含水率可在试验室内通过击实试验测得。试验时将同一种土，配制成若干份不同含水率的试样，用同样的压实能量分别对每一份试样进行击实[试验的仪器和方法见《土工试验方法标准》(GB/T 50123—1999)]，然后测定各试样击实后的含水率 w 和干重度 γ_d，从而绘制含水率与干重度关系曲线，称为压实曲线。从图中可以知道，当含水率较低时，随着含水率的增大，土的干重度也逐渐增大，表明压实效果逐步提高；当含水率超过某一限值 w_{op} 时，干重度则随着含水率增大而减小，即压实效果下降。这说明土的压实效果随含水率的变化而变化，并在击实曲线上出现一个干重度峰值(即最大干重度 γ_{dmax})，相应于这个峰值的含水率就是最优含水率。

试验还证明，最优含水率与压实能量有关。对同一种土，用人力夯实时，因能量小，要求土粒之间有较多的水分使其更为润滑，因此，最优含水率较大而得到的最大干重度却较小。当用机械夯实时，压实能量较大，所以当填土压实程度不足时，可以改用大的压实能量补夯，以达到所要求的密实度。在同类土中，土的颗粒级配对土的压实效果影响很大，颗粒级配不均匀的容易压实，均匀的则不易压实。必须指出：室内击实试验与现场夯实或碾压的最优含水率是不一样的。所谓最优含水率，是针对某一种土，在一定的压实机械、压实能量和填土分层厚度等条件下测得的。如果这些条件改变，就会得出不同的最优含水率。因此，要指导现场施工，还应该进行现场试验。

二、压实土的力学特性

路基填土的强度特性和压缩特性直接关系到路基的长期稳定性。为研究含水率和压实度对路基填土的力学特性的影响，对某路基填土进行了直剪和压缩试验，得到了不同初始含水率和压实度下土体的抗剪强度指标和压缩特性指标，讨论了黏聚力、内摩擦角和压缩系数随含水率和压实度的变化规律，并从水分变化和土体结构差异的角度分析了其影响机理。结果表明：相同含水率下，黏聚力随压实度的增大而增大；相同压实度下，黏聚力在最优含水率 w_{op} 附近有峰值，相同含水率下，内摩擦角 φ 随压实度的增大而增大，路基填土的压缩系数随压实度的增大而减小，随含水率的增大而增大。

三、土体强度理论的应用与应力—应变关系

理论分析和试验都证明，莫尔强度理论对土比较合适。由库仑公式($\tau=c+\sigma\tan\varphi$ 或 $\tau=\sigma\tan\varphi$)表示的莫尔包络线的理论，称之为莫尔—库仑强度理论，即土的抗剪强度理论。

(一)莫尔圆与包络线的三种关系

(1)当土体中任意一点在某一平面上的剪应力达到土的抗剪强度时,就发生剪切破坏,该点即处于极限平衡状态。莫尔圆与包络线相切,见图 2-23(Ⅱ)。由此图可求得用主应力表示的极限平衡条件。

(2)包络线与莫尔圆相离,见图 2-23(Ⅰ),表示该点任何平面上剪应力均小于抗剪强度,该点处于弹性平衡状态。

(3)包络线与莫尔圆相割,见图 2-23(Ⅲ),表示该点某些平面上剪应力已大于抗剪强度,该点已处于破坏状态。实际此情况不存在。

(二)极限平衡条件

在图 2-24 中延长包络线与 σ 轴交于 R 点,由直角三角形 ARD 得

$$\sin\varphi = \frac{\overline{AD}}{\overline{RD}} = \frac{(\sigma_1 - \sigma_3)/2}{c\cot\varphi + (\sigma_1 + \sigma_3)/2} \tag{2-34}$$

利用三角函数关系可得黏性土的极限平衡条件,有

$$\sigma_1 = \sigma_3 \tan^2\left(45° + \frac{\varphi}{2}\right) + 2c\tan\left(45° + \frac{\varphi}{2}\right) \tag{2-35a}$$

或

$$\sigma_3 = \sigma_1 \tan^2\left(45° - \frac{\varphi}{2}\right) - 2c\tan\left(45° - \frac{\varphi}{2}\right) \tag{2-35b}$$

对于无黏性土,由于 $c=0$,极限平衡条件为

$$\sigma_1 = \sigma_3 \tan^2\left(45° + \frac{\varphi}{2}\right) \tag{2-36a}$$

或

$$\sigma_3 = \sigma_1 \tan^2\left(45° - \frac{\varphi}{2}\right) \tag{2-36b}$$

当土中某点处于极限平衡条件时,破裂面与大主应力作用面的夹角(破裂角 α_f)为$\left(45° + \frac{\varphi}{2}\right)$。

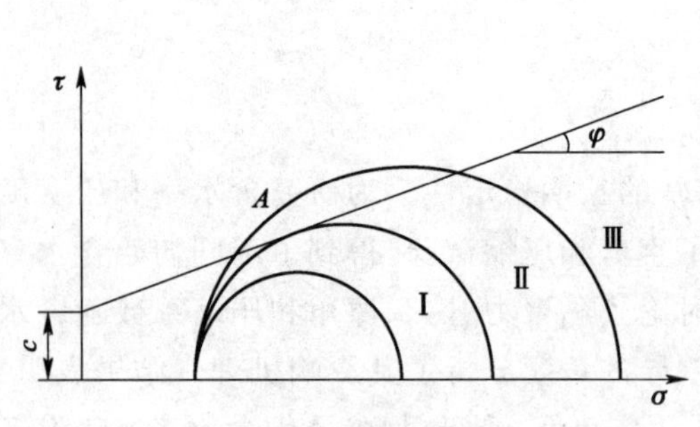

图 2-23　莫尔圆与抗剪强度之间的关系

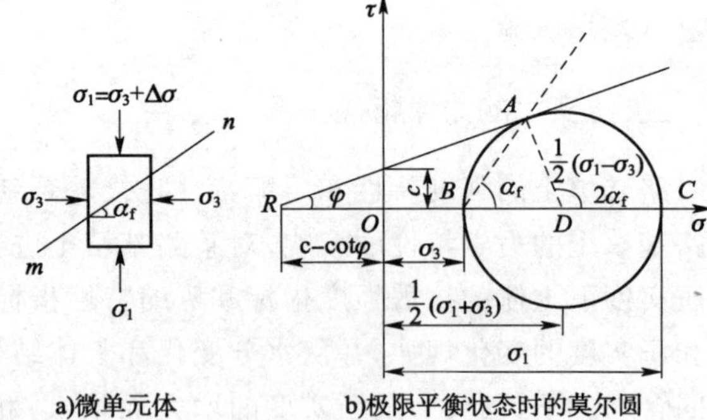

图 2-24　土体中一点达极限平衡状态时的莫尔应力圆

四、软土在荷载作用下的强度增长规律

外荷载作用下的软土地基,随着加荷时间的推移,软土中孔隙水逐渐被挤出,孔隙水压力不断消散,有效应力不断增加,软土的抗剪强度随之而增加。图 2-25 表示正常固结土在自重应力 p_0 作用下固结后,再受到附加应力作用时的抗剪强度变化规律。

若假设软土的天然强度(即软土的结构、含水率以及土中应力历史等都保持天然原有状态的强度)为 τ_{f0},在外荷载作用 t 时间后,其抗剪强度的增量为 $\Delta\tau_f$,则此时软土实际的抗剪强度为

$$\tau_{ft} = \tau_{f0} + \Delta\tau_f \tag{2-37}$$

若荷载作用时间足够长,软土达到完全固结,则

$$\Delta\tau_f = \Delta\sigma \cdot \tan\varphi_{cu} \tag{2-38}$$

若 t 时刻软土的固结度为 U,则

$$\Delta\tau_f = \Delta\sigma'\tan\varphi_{cu} = \frac{\Delta\sigma'}{\Delta\sigma} \cdot \Delta\sigma \cdot \tan\varphi_{cu} = U \cdot \Delta\sigma \cdot \tan\varphi_{cu} \tag{2-39}$$

式中:$\Delta\sigma'$——t 时刻软土中有效附加应力;

U——t 时刻土的固结度。

将式(2-38)和式(2-39)代入式(2-37)便可得到 t 时刻软土中实际的抗剪强度另一表达式,即

$$\tau_{ft} = \tau_{f0} + \Delta\tau_f = c_u + p_0\tan\varphi_u + U \cdot \Delta\sigma \cdot \tan\varphi_{cu} \tag{2-40}$$

式中:c_u、φ_u——不固结不排水剪抗剪强度指标;

φ_{cu}——固结不排水抗剪强度指标。

应指出,式(2-40)中所用指标为总应力指标,只是一种近似的估算公式。若考虑到固结度的修正,比较正确的方法是应用有效强度指标估算强度的增长。以图 2-26 中的 O_1 圆表示天然状态下可能发挥的莫尔圆,则强度 τ_{f0} 与半径 R_1 及大主应力 σ' 的关系为

$$\tau_{f0} = R_1\cos\varphi' = \overline{OO_1} \cdot \sin\varphi' \cdot \cos\varphi' \tag{2-41a}$$

$$\sigma' = R_1 + \overline{OO_1} = \frac{\tau_{f0}}{\cos\varphi'}\left(1 + \frac{1}{\sin\varphi'}\right) \tag{2-41b}$$

因此

$$\tau_{f0} = \sigma'\frac{\sin\varphi'\cos\varphi'}{1 + \sin\varphi'} \tag{2-42}$$

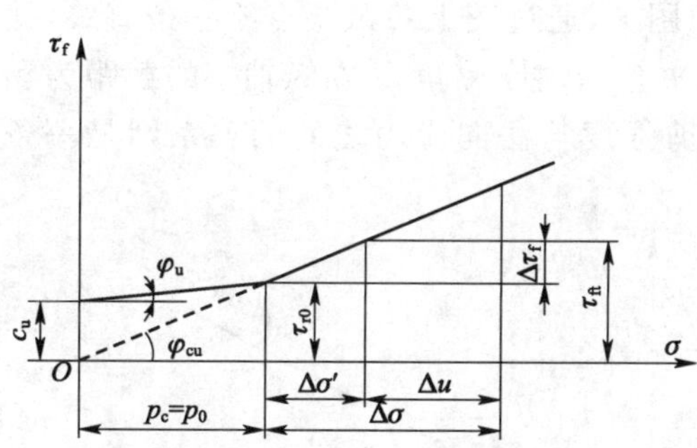

图 2-25　正常固结土的强度变化曲线

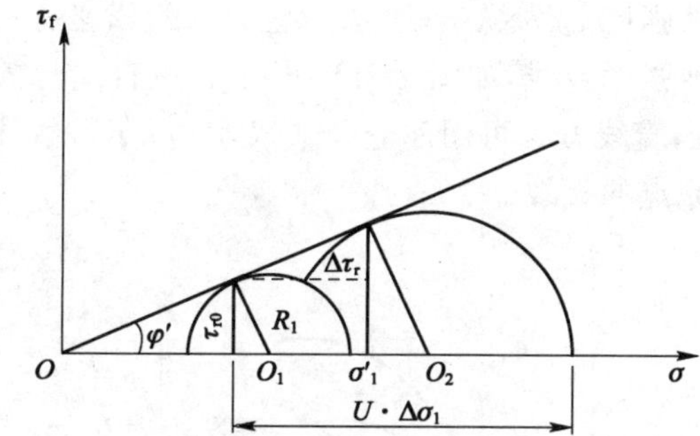

图 2-26　强度增长与固结度的关系

若总应力增量为 $\Delta\sigma_1$,某一时刻达到的固结度为 U,则有效应力圆为图 2-26 中的 O_2 圆。从图中可得

$$\tau_{f0} + \Delta\tau_f = (\sigma'_1 + U\Delta\sigma_1)\frac{\sin\varphi'\cos\varphi'}{1 + \sin\varphi'} \tag{2-43}$$

以及强度增长规律

$$\Delta\tau_f = U \cdot \Delta\sigma_1 \cdot \frac{\sin\varphi'\cos\varphi'}{1 + \sin\varphi'} \tag{2-44}$$

五、土体抗剪强度直剪试验及相应的强度指标

测定土的抗剪强度的最简单方法是直接剪切试验。试验所使用的仪器称为直剪仪，按加荷方式的不同，直剪仪可分为应变控制式和应力控制式两种。前者是以等速水平推动试样产生位移并测定相应的剪应力；后者则是对试样分级施加水平剪应力，同时测定相应的位移。我国目前普遍采用的是应变控制式直剪仪，如图 2-27 所示。该仪器的主要部件由固定的上盒和活动的下盒组成，试样放在盒内上下两块透水石之间。

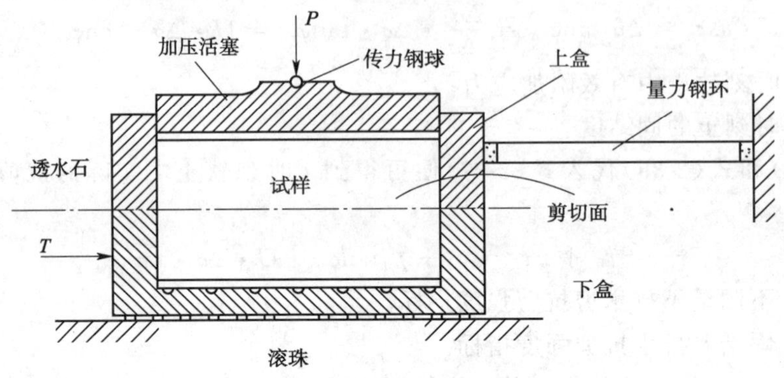

图 2-27　应变控制式直剪仪

试验时，由杠杆系统通过加压活塞和透水石对试样施加某一垂直压力 P（如土质松软，宜分次施加以防土样挤出），然后以规定的速率等速转动手轮来对下盒施加水平推力 T，使试样在沿上下盒之间的水平面上产生剪切变形，同时每隔一定时间测记量力环表读数，直至剪坏。根据试验记录，由量力环的变形值计算出剪切过程中剪应力的大小，并绘制出剪应力 τ 和剪切位移 Δl 的关系曲线[图 2-28a)]，通常取该曲线上的峰值点或稳定值作为该级垂直压力下的抗剪强度。

对同一种土取 3～4 个试样，分别在不同的垂直压力下剪切破坏，可将试验结果绘制成以抗剪强度 τ_f 为纵坐标，法向应力 σ 为横坐标的平面图上，通过图上各试验点绘一条直线，此即抗剪强度包线，如图 2-28b)所示。该直线与横轴的夹角为内摩擦角 φ，在纵轴上的截距为黏聚力 c，直线方程可用库仑公式表示；对于砂性土，抗剪强度与法向应力之间的关系则是一条通过原点的直线。

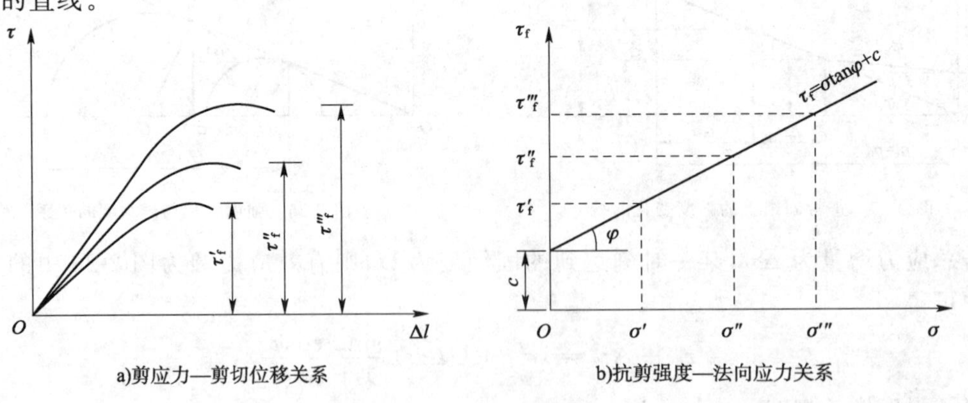

图 2-28　直剪试验成果

试验和工程实践都表明，土的抗剪强度是与土受力后的排水固结状况有关，对同一种土，

即使施加同一法向应力，但若剪切前试样的固结过程和剪切时试样的排水条件不同，其强度指标也不尽相同。因而在土工工程设计中所需要的强度指标试验方法必须与现场的施工加荷实际相结合。如软土地基上快速堆填路堤，由于加荷速度快，地基土体渗透性低，则这种条件下的强度和稳定问题是处于不能排水条件下的稳定分析问题，这就要求室内的试验条件能模拟实际加荷状况，即在不能排水的条件下进行剪切试验。但是直剪仪的构造无法做到任意控制土样是否排水的要求，为了近似模拟土体在现场受剪的排水条件，按剪切前的固结程度、剪切时的排水条件及加荷速率，把直接剪切试验分为快剪、固结快剪和慢剪三种试验方法。

(1)快剪。对试样施加竖向压力后，立即以 0.8mm/min 的剪切速率快速施加剪应力使试样剪切破坏。一般从加荷到剪坏只用 3～5min。由于剪切速率较快，可认为对于渗透系数小于 10^{-6}cm/s 的黏性土在这样短暂时间内还没来得及排水固结。得到的抗剪强度指标用 c_q、φ_q 表示。

(2)固结快剪。对试样施加压力后，让试样充分排水，待固结稳定后，再以 0.8mm/min 快速施加水平剪应力使试样剪切破坏。固结快剪试验同样只适用于渗透系数小于 10^{-6}cm/s 的黏性土，得到的抗剪强度指标用 c_{cq}、φ_{cq} 表示。

(3)慢剪。对试样施加竖向压力后，让试样充分排水，待固结稳定后，再以 0.6mm/min 的剪切速率施加水平剪应力直至试样剪切破坏，从而使试样在受剪过程中一直充分排水和产生体积变形。得到的抗剪强度指标用 c_s、φ_s 表示。

直剪试验具有设备简单，土样制备及试验操作方便等优点，因而至今仍为国内一般工程所广泛应用。但也存在不少缺点，主要有：

(1)剪切面限定在上下盒之间的平面，而不是沿土样最薄弱的面剪切破坏。

(2)剪切面上剪应力分布不均匀，且竖向荷载会发生偏转(上下盒的中轴线不重合)，主应力的大小及方向都是变化的。

(3)在剪切过程中，土样剪切面逐渐缩小，而在计算抗剪强度时仍按土样的原截面积计算。

(4)试验时不能严格控制排水，并且不能量测孔隙水压力。

(5)试验时上下盒之间的缝隙中易嵌入砂粒，使试验结果偏大。

六、三轴试验及相应的强度指标

三轴压缩试验也称三轴剪切试验，是测定抗剪强度的一种较为完善的方法。

(一)三轴试验的基本原理

三轴压缩仪主要由三部分组成：压力室、加压系统以及量测系统。它是一个由金属上盖、底座以及透明有机玻璃圆筒组成的密闭容器，压力室底座通常有三个小孔分别与稳压系统以及体积变形和孔隙水压力量侧重点系统相连。试样为圆柱形，规范要求试样的高度与直径之比为 2～2.5。试样安装在压力室中，外用橡皮膜包裹，橡皮膜扎紧在试样帽和底座上，以防止压力室中的水进入试样。试样上、下两端放置透水石，试验时试样的排水条件由与顶部连通的排水阀来控制。

加压系统由压力泵、调压阀和压力表等组成。试验时通过压力室对试样施加周围压力，并在试验过程中根据不同的试验要求对压力予以控制或调节，如保持恒压或变化压力等。试样的轴向压力增量，由与顶部试样帽直接接触的活塞杆来传递(轴向力的大小可由经过率定的量力环或压力传感器测定，轴向力除以试样的横断面积后为附加轴向压力 q，亦称偏应力或轴向应力增量 $\Delta\sigma_1$)，附加轴向压力 q 增加使试样受剪，直至剪坏。

量测系统由排水管、体变管和孔隙水压力量测装置等组成。试验时分别测出试样受力后土中排出的水量变化以及土中孔隙水压力的变化。对于试样的竖向变形，则利用置于压力室上方的测微表或位移传感器测读。常规三轴试验的一般步骤如下：

(1)将土样切制成圆柱体套在橡胶膜内，放在密闭的压力室中，然后向压力室内注入气压或液压，使试件在各向均受到周围压力 σ_3，并使该周围压力在整个试验过程中保持不变，这时试件内各向的主应力都相等，因此在试件内不产生任何剪应力[图 2-29a)]。

(2)然后通过轴向加荷系统对试件施加竖向压力，当作用在试件上的水平压力保持不变，而竖向压力逐渐增大时，相应的应力圆也不断增大[图 2-29b)]。当应力圆达到一定大小时，试件终因受剪而破坏，此时的应力圆为极限应力圆。

(3)设剪切破坏时轴向加荷系统加在试件上的竖向压应力为 $\Delta\sigma_1$，则试件上的大主应力为 $\sigma_1=\sigma_3+\Delta\sigma_1$，而小主应力为 σ_3，据此可作出一个莫尔极限应力圆，[图 2-29c)]中的圆Ⅰ，用同一种土样的若干个试件(三个以上)分别在不同的周围压力 σ_3 下进行试验，可得一组莫尔极限应力圆，并作一条公切线，该线即为土的抗剪强度包线，通常取此包线为一条直线，由此可得土的抗剪强度指标 c、φ 值。

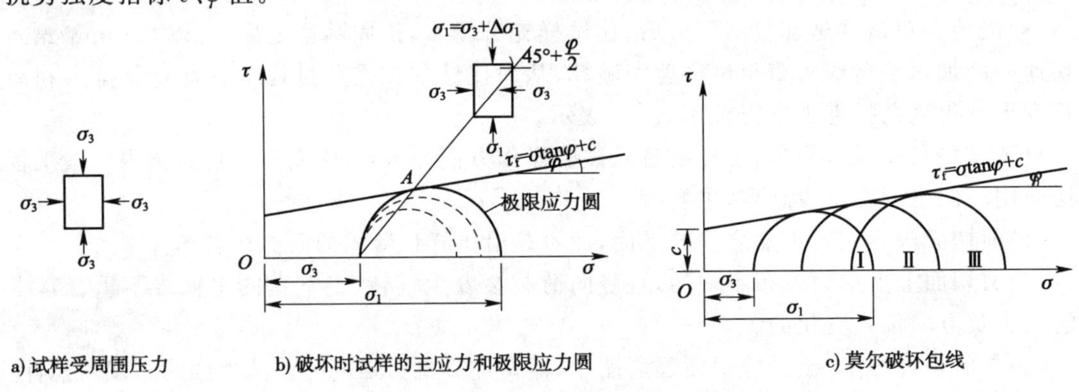

图 2-29　三轴压缩试验原理

如果要量测试验过程中的排水量，可以打开排水阀，让试样中的水排入排水管，根据排水管中水位的变化可算出试样的排水量；若测出了排水量随时间的变化，还可了解试样的固结过程。如果要量测试样中的孔隙水压力，可打开孔隙水压力阀，在试件上施加压力以后，由于土中孔隙水压力增加迫使零位指示器的水银面下降。为量测孔隙水压力，可用调压筒调整零位指示器的水银面始终保持原来的位置，这样，孔隙水压力表中的读数就是孔隙水压力值。

(二)三轴试验方法

根据土样在周围压力作用下固结的排水条件和剪切时的排水条件，三轴试验可分为以下三种试验方法：

1. 不固结不排水剪(UU 试验)

试样在施加周围压力和随后施加偏应力直至剪坏的整个试验过程中都不允许排水，这样从开始加压直至试样剪坏，土中的含水率始终保持不变，孔隙水压力也不可能消散。这种试验方法所对应的实际工程条件相当于饱和软黏土中快速加荷的应力状况，得到的抗剪强度指标用 c_u、φ_u 表示。

2. 固结不排水剪(CU 试验)

在施加周围压力 σ_3 时，将排水阀门打开，允许试样充分排水，待固结稳定后关闭排水阀门，然后再施加偏应力，使试样在不排水条件下剪切破坏。由于不排水，试样在剪切过程中没有任何体积变形。若要在受剪过程中量测孔隙水压力，则要打开试样与孔隙水压力量测系统间的管路阀门。得到的抗剪强度指标用 c_{cu}、φ_{cu} 表示。

固结不排水剪试验是经常要做的工程试验，它适用的实际工程条件常常是一般正常固结土层在工程竣工或使用阶段受到大量、快速的活荷载或新增加的荷载的作用时所对应的受力情况。

3. 固结排水剪（CD 试验）

在施加周围压力和随后施加偏应力直至剪坏的整个过程中都将排水阀门打开，并给予充分的时间让试样中的孔隙水压力能够完全消散。得到的抗剪强度指标用 c_d、φ_d 表示。

三轴试验的突出优点是能够控制排水条件以及可以量测土样中孔隙水压力的变化。

（三）三轴试验结果的整理与表达

从以上对试验方法的讨论可以看到，对同一种土施加的总应力 σ 虽然相同，但若试验方法不同，或者说控制的排水条件不同，则所得的强度指标就不同，故土的抗剪强度与总应力之间没有唯一的对应关系。有效应力原理指出，土中某点的总应力 σ 等于有效应力 σ' 与孔隙水压力 u 之和，即 $\sigma=\sigma'+u$，因此，若在试验时量测土样的孔隙水压力，据此算出土中的有效应力，从而就可以用有效应力与抗剪强度的关系式表达试验结果。

$$\tau_f = c' + (\sigma - u) \cdot \tan\varphi' \tag{2-45}$$

上式中，c'、φ' 分别为有效黏聚力和有效摩擦角，统称为有效应力抗剪强度指标。

习　题

2-21　在排水不良的软黏土地基上快速施工，在基础设计时，应选择的抗剪强度指标为（　　）。

A. 快剪指标　　B. 慢剪指标

C. 固结快剪指标　　D. 直剪指标

2-22　通过直剪试验得到的土体抗剪强度线与水平线的夹角为（　　）。

A. 内摩擦角　　B. 有效内摩擦角

C. 黏聚力　　D. 有效黏聚力

2-23　某砂土样的内摩擦角为 30°，当土样处于极限平衡状态且最大主应力为 300kPa 时，其最小主应力为（　　）。

A. 934.6kPa　　B. 865.35kPa

C. 100kPa　　D. 88.45kPa

2-24　某内摩擦角为 20°的土样，发生剪切破坏时，破坏面与最小主应力面的夹角为（　　）。

A. 55°　　B. 35°

C. 70°　　D. 110°

2-25　三轴试验的抗剪强度线为（　　）。

A. 一个莫尔应力圆的切线　　B. 不同试验点所连斜线

C. 一组莫尔应力圆的公切线　　D. 不同试验点所连折线

第五节　地基沉降计算与地基承载力

一、地基破坏性状

（一）地基剪切破坏的三种模式

地基的剪切破坏模式主要有三种：整体剪切破坏、刺入剪切破坏和局部剪切破坏。

1.整体剪切破坏

有轮廓分明的从地基到地面的连续剪切滑动面，邻近基础的土体有明显的隆起，可使上部结构随基础发生突然倾斜，造成灾难性破坏。

2.刺入剪切破坏

地基不出现明显连续的剪切滑动面，以竖向下沉变形为主。随荷载的增加，地基土不断被压缩，基础竖向下沉，垂直刺入地基中，基础之外的土体无变形。基础除在竖向有突然的小移动之外，既没有明显的失稳，也没有大的倾斜。

3.局部剪切破坏

随荷载的增加，紧靠基础的土层会出现轮廓分明的剪切滑动面，滑动面不露出地表，在地基内某一深度处终止。基础竖向下沉显著，基础周边地表有隆起现象。只有产生大于基础宽度一半的下沉量时，滑动面才会露于地表。任何情况下，建筑物均不会发生灾难性倾倒，基础总是下沉，深埋于地基之中。

（二）破坏模式 *p-s* 曲线的特点

三种破坏模式的 *p-s* 曲线虽然各有特点，但整体剪切破坏明显存在三个变形阶段，见图 2-30。

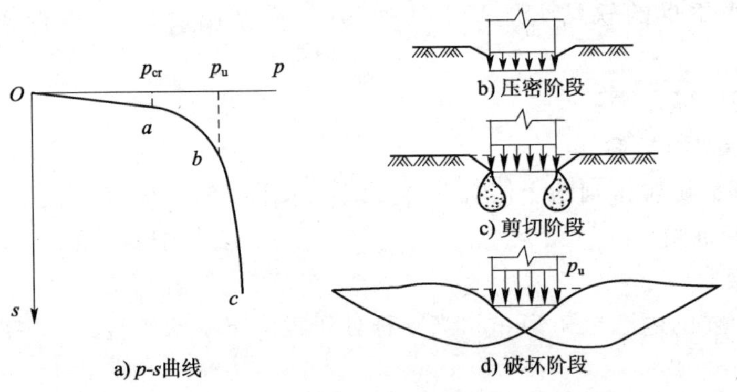

图 2-30　地基破坏过程的三个阶段

1.压密阶段（或称直线变形阶段）

相当于 *p-s* 曲线上的 *Oa* 段。在这一阶段 *p-s* 曲线接近于直线，土中各点的剪应力均小于土的抗剪强度，土体处于弹性平衡状态。在这一阶段，载荷板的沉降主要是由于土的压密变形引起的，见图 2-30b）。把 *p-s* 曲线上相应于 *a* 点的荷载称为比例界限 p_{cr}。

2.剪切阶段

相当于 *p-s* 曲线上的 *ab* 段。在这一阶段 *p-s* 曲线已不再保持线性关系，沉降的增长率 $\frac{\Delta s}{\Delta p}$ 随荷载的增大而增加。在这个阶段，地基土中局部范围内（首先在基础边缘处）的剪应力达到土的抗剪强度，土体发生剪切破坏，这些区域也称塑性区。随着荷载的继续增加，土体塑性区的范围也逐步扩大，直到土中形成连续的滑动面，由载荷板两侧挤出而破坏。因此，剪切阶段也是地基中塑性区的发生与发展阶段。相应于 p-s 曲线上 b 点的荷载称为极限荷载 p_u。

3.破坏阶段

相当于 p-s 曲线上的 bc 段。当荷载超过极限荷载后，荷载便急剧下沉，即使不增加荷载，沉降也不能稳定，因此，p-s 曲线陡直下降。在这一阶段，由于土中塑性区范围的不断扩展，最后在土中形成连续滑动面，土从载荷板四周挤出隆起，地基土失稳而破坏。

二、地基承载力

地基承载力是指单位面积上地基所能承受的荷载。地基承受这一荷载时，在强度方面，相对于破坏状态的极限荷载有足够大的安全储备；而所产生的变形均在容许的范围内。

三、分层总和法、一维固结理论的应用

分层总和法是假定地基土为线弹性体，在外荷载作用下的变形只发生在有限厚度的范围内(即压缩层)，将地基压缩层厚度内的基础中心点下地基土分层，分别求出各分层的应力，然后用土的应力—应变关系求出各分层的变形量 s_i，累加起来即为地基的沉降量。

即

$$s=\sum_{i=1}^{n}s_i \tag{2-46}$$

式中：n——计算尝试范围内土的分层数。

(一)计算所需的基本资料

(1)基础(即荷载面积)的形状、尺寸大小以及埋置深度。

(2)荷载：来自上部结构传给基础以及地基的荷载，包括静荷载和活荷载，但沉降计算只考虑全部静荷载而不考虑活荷载对地基沉降的影响。根据总的静荷载(包括基础重力和基础台阶上土的重力，需要时还要加上相邻基础的影响荷载值)计算作用于基底的压力。

(3)地基土层剖面(包括地下水位)和各土层的物理力学指标以及压缩曲线。

(二)计算过程

如图 2-31 所示桥墩基础，在基础条形荷载作用下，求其最终沉降量。

(1)选择沉降计算剖面，在每一个剖面上选择若干计算点，在计算基底压力和地基中附加应力时，根据基础的尺寸及所受荷载的性质，求得基底压力的大小和分布；再结合地基地层的性状，选择沉降计算点的位置。

(2)将地基分层。在分层时天然土层的交界面和地下水位面应为分层面，同时在同一类土层中分层的厚度不宜过大，一般取分层厚 $h_i \leqslant 0.4b$ 或 $h_i=1\sim2\text{m}$，b 为基础宽度。

(3)求得计算点垂线上各分层层面上土的自重应力 σ_c(应从地面算起)并绘制分布曲线，见图 2-31。

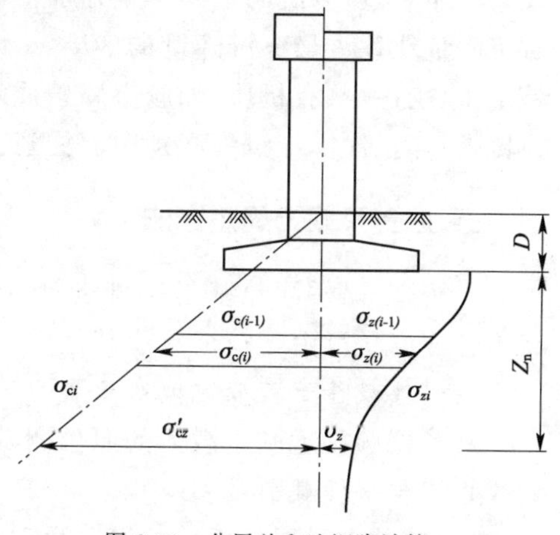

图 2-31　分层总和法沉降计算

(4)求出计算点垂线上各分层层面上土的竖向附加应力 σ_z 并绘制分布曲线，取 $\sigma_z=0.2\sigma_c$（中、低压缩土）或 $\sigma_z=0.1\sigma_c$（高压缩土）处的土层深度为沉降计算的土层深度。

(5)求出各分层的平均自重应力 $\sigma_{c(i)}$ 和平均附加应力 $\sigma_{z(i)}$，即

$$\sigma_{c(i)} = \frac{1}{2}[\sigma_{c(i-1)} + \sigma_{ci}] \tag{2-47a}$$

$$\sigma_{z(i)} = \frac{1}{2}[\sigma_{z(i-1)} + \sigma_{zi}] \tag{2-47b}$$

式中：$\sigma_{c(i-1)}$、σ_{ci}——分别为分层 i 的顶面和底面的自重应力；

$\sigma_{z(i-1)}$、σ_{zi}——分别为分层 i 的顶面和底面的附加应力。

(6)计算各分层土的压缩变形量 s_i，将式(2-47a)计算平均自重应力 $\sigma_{c(i)}$ 作为作用于分层 i 上的初始压力 p_{1i}，将公式(2-47b)计算的平均附加应力 $\sigma_{z(i)}$ 作为作用在分层 i 上的压力增量 Δp_i，亦即

$$p_{1i} = \sigma_{c(i)} \tag{2-48a}$$

$$p_{2i} = p_{1i} + \Delta p_i = \sigma_{c(i)} + \sigma_{z(i)} \tag{2-48b}$$

按式(2-46)总和计算基础各点的沉降量。基础中点沉降量可视为基础平均沉降。

四、地基沉降的历时特征

地基土在外力作用下的变形经历着三种不同的阶段，表现为三种类型的变形特征：瞬时变形 S_d、固结变形 S_c 以及次固结变形 S_s，则地基的总变形量 S 应为

$$S = S_d + S_c + S_s \tag{2-49}$$

(1)瞬时变形(瞬时沉降)S_d：在加荷瞬间，土中孔隙水来不及排出，孔隙体积没有变化即土体不产生体积变化，但荷载使土产生偏斜变形。这一种变形与地基的侧向变形密切相关，是考虑了侧向变形的地基沉降计算，在实用上可以用弹性理论的公式计算。

(2)固结变形(固结沉降)S_c：即孔隙水排出，孔隙压力转换成有效应力，土体逐渐压密产生的体积压缩变形。计算方法可采用分层总和法。

(3)次固结变形(次固结沉降)S_s：这一变形阶段是在土中孔隙水完全排除，土固结已经结束以后发生的变形，目前认为这是土骨架黏滞蠕变所致。

几种沉降的相对大小和时间过程，随土的类型而异。干净砂土孔隙水挤出很快，且次固结现象不显著，所以沉降量几乎全在加荷后即时发生；而饱和软黏土则沉降时间很长，实测的瞬时沉降量往往占最终沉降量的30%～40%。次固结沉降一般不重要，但对于很软的土，尤其是土中含有一些有机质(如胶态腐殖质等)，或是在深处的可压缩土层中，当附加应力与自重应力比较小时，次固结沉降必须引起注意。

五、地基承载力确定方法

应按《公路桥涵地基与基础设计规范》(JTG D63—2007)规定确定地基承载力。地基承载力特征值也可由载荷试验或其他原位测试公式计算，并结合工程实践经验等方法综合确定。

(一)按载荷试验确定地基承载力

载荷试验是地基承载力的原位测试方法。

1.浅层平板载荷试验

(1)地基土浅层平板载荷试验可适用于确定浅部地基土层的承压板下应力主要影响范围

内的承载力。承压板面积不应小于 0.25m^2，对于软土不应小于 0.5m^2。

(2)试验基坑宽度不应小于承压板宽度或直径的 3 倍。应保持试验土层的原状结构和天然湿度。宜在拟试压表面用粗砂或中砂层找平，其厚度不超过 20mm。

(3)加荷分级不应少于 8 级，最大加载量不应小于设计要求的两倍。

(4)每级加载后，按间隔 10min、10min、10min、15min、15min，以后为每隔半小时测读一次沉降量，当在连续两小时内，每小时的沉降量小于 0.1mm 时，则认为已趋稳定，可加下一级荷载。

(5)当出现下列情况之一时，即可终止加载：

①承压板周围的土明显地侧向挤出。

②沉降量 s 急骤增大，荷载—沉降(p-s)曲线出现陡降段。

③在某一级荷载下，24h 内沉降速率不能达到稳定。

④沉降量与承压板宽度或直径之比大于或等于 0.06。

当满足前三种情况之一时，将其对应的前一级荷载定为极限荷载。

(6)承载力特征值的确定应符合下列规定：

①当 p-s 曲线上有比例界限时，取该比例界限所对应的荷载值。

②当极限荷载小于对应比例界限的荷载值的 2 倍时，取极限荷载值的一半。

③当不能按上述两款要求确定时，当压板面积为 0.25～0.5m^2，可取 s/b=0.01～0.015 所对应的荷载，但其值不应大于最大加载量的一半。

(7)同一土层参加统计的试验点不应少于 3 个，当试验实测值的极差不超过其平均值的 30%时，取此平均值作为该土层的地基承载力特征值 f_{ak}。

2.深层平板载荷试验要点

(1)深层平板载荷试验适用于确定深部地基土层及大直径桩桩端土层在承压板下主要影响范围内的承载力。

(2)深层平板载荷试验的承压板采用直径为 0.8m 的刚性板，紧靠承压板周围外侧的土层高度应不少于 80cm。

(3)加荷等级可按预估极限承载力的 1/10～1/15 分级施加。

(4)每级加荷后，第一个小时内按间隔 10min、10min、10min、15min、15min，以后为每隔半小时测读一次沉降量。当在连续两小时内，每小时的沉降量小于 0.1mm 时，则认为已趋稳定，可加下一级荷载。

(5)当出现下列情况之一时，可终止加载：

①沉降量 s 急骤增大，荷载—沉降(p-s)曲线上有可判定极限承载力的陡降段，且沉降量超过 0.04d(d 为承压板直径)。

②在某级荷载下，24h 内沉降速率不能达到稳定。

③本级沉降量大于前一级沉降量的 5 倍。

④当持力层土层坚硬，沉降量很小时，最大加载量不小于设计要求的 2 倍。

(6)承载力特征值的确定应符合下列规定：

①当 p-s 曲线上有比例界限时，取该比例界限所对应的荷载值。

②满足前三条终止加载条件之一时，其对应的前一级荷载定为极限荷载，当该值小于对应比例界限的荷载值的 2 倍时，取极限荷载值的一半。

③不能按上述两款要求确定时，可取 s/d=0.01～0.015 所对应的荷载值，但其值不应大于最大加载量的一半。

(7)同一土层参加统计的试验点不应少于三点，当试验实测值的极差不超过平均值的30%时，取此平均值作为该土层的地基承载力特征值 f_{ak}。

(二)按土的抗剪强度指标计算地基承载力

当荷载偏心距 e 小于或等于 0.033 的基础地面宽度(即：$e \leqslant 0.033L$，而 L 指的是弯矩作用方向的基础底面尺寸)时，根据由试验和统计得到的土的抗剪强度指标标准值，可按式(2-50)计算地基土承载力特征值。

$$f_a = M_b \gamma b + M_d \gamma_m d + M_c c_k \tag{2-50}$$

式中：　f_a——由土的抗剪强度指标确定的地基承载力特征值(kPa)；

M_b、M_d、M_c——承载力系数，可查相应表格；

b——基础底面宽度，$b>6$m 时按 6m 计，对于砂土 $b<3$m 时按 3m 计；

c_k——基底下一倍基宽深度范围内的黏聚力标准值(kPa)；

d、γ、γ_m——基础深埋(m)、天然重度(kN/m^3)、基础埋置深度 d 范围内土的加权平均重度(kN/m^3)。

(三)按理论计算公式确定地基承载力

1.斯肯普顿地基极限承载力公式

斯肯普顿公式应用于饱和软黏土地基($\varphi=0$)。

$$p_u = (\pi + 2)c + q = 5.14c + q = 5.14c + \gamma_m d \tag{2-51}$$

它是饱和软黏土地基在条形荷载作用下的极限承载力公式。是普朗特尔—雷斯诺极限荷载公式在 $\varphi=0$ 时的特例。

对于矩形基础，参考前人的研究成果，斯肯普顿(A. W. Skempton，1952)给出的地基极限承载力公式为

$$p_u = 5c\left(1 + \frac{d}{5l}\right)\left(1 + \frac{d}{5b}\right) + \gamma_m d \tag{2-52}$$

式中：c——地基土黏聚力(kPa)取基底以下 $0.707d$ 深度范围内的平均值，考虑饱和黏性土和粉土在不排水条件下的短期承载力时，黏聚力应采用土的不排水抗剪强度 c_u；

b、l、d——分别为基础的宽度、长度和埋深(m)；

γ_m——基础埋置深度 d 范围内土的加权平均重度(kN/m^3)。

用斯肯普顿公式计算的软土地基承载力与实际情况是比较接近的，安全系数 K 可取 1.1～1.3。

2.太沙基地基极限承载力公式

太沙基(K. Terzaghi，1943)提出了条形浅基础的极限荷载公式。太沙基从实用的角度考虑认为，当基础的长宽比 $l/b \geqslant 5$ 及基础的埋置深度 $d \leqslant b$ 时，就可视为是条形浅基础。基底以上的土体看作是作用在基础两侧底面上的均布荷载 $q=\gamma_m d$，并假定基础底面是粗糙的。

太沙基的极限承载力公式

$$p_u = \frac{1}{2}\gamma b N_\gamma + q N_q + c N_c \tag{2-53}$$

式中：N_γ、N_q、N_c——承载力系数，它们都是无量纲系数，仅与土的内摩擦角 φ 有关。

公式只适用于条形基础，对于圆形或方形基础，太沙基提出了半经验的极限荷载公式。

(1)圆形基础

$$p_u = 0.6\gamma R N_\gamma + q N_q + 1.2 c N_c \tag{2-54}$$

式中：R——圆形基础的半径；

其余符号意义同前。

(2)方形基础

$$p_u = 0.4\gamma b N_\gamma + qN_q + 1.2cN_c \tag{2-55}$$

式(2-53)～式(2-55)只适用于地基土是整体剪切破坏的情况，即地基土较密实，其 p-s 曲线有明显的转折点，破坏前沉降不大等。对于松软土质，地基破坏是局部剪切破坏，沉降较大，其极限荷载较小。太沙基建议在这种情况下采用较小的 $\bar{\varphi}$、$\bar{c}$ 值代入上述各式计算极限承载力。

即令

$$\tan\bar{\varphi} = \frac{2}{3}\tan\varphi, \bar{c} = \frac{1}{3}c$$

根据 $\bar{\varphi}$ 值查表得到承载力系数，并用 $\bar{c}$ 代入公式计算。

用太沙基极限承载力公式计算地基承载力时，其安全系数一般取为 3。

3.汉森地基承载力公式

汉森(B. Hanson，1961，1970)提出的在中心倾斜荷载作用下，不同基础形状及不同埋置深度时的极限承载力计算公式，即

$$p_u = \frac{1}{2}\gamma b N_\gamma i_\gamma s_\gamma d_\gamma + qN_q i_q s_q d_q + cN_c i_c s_c d_c \tag{2-56}$$

式中：N_γ、N_q、N_c——承载力系数；

i_γ、i_q、i_c——荷载倾斜系数；

s_γ、s_q、s_c——基础形状系数；

d_γ、d_q、d_c——深度系数；

其余符号意义同前。

以上所有系数均可查有关表格。

六、地基容许承载力及其修正方法

地基容许承载力是指在保证地基不发生剪切破坏且基础沉降不超过允许值时，地基土单位面积上所能承受荷载的能力，单位为 kPa，用$[f_a]$表示。地基容许承载力与土的性质、基础宽度以及基础埋置深度三个因素有关。下面介绍《公路桥涵地基与基础设计规范》(JTG D63—2007)提供的经验公式和数据确定地基容许承载力的方法，其步骤是：

(一)确定土的分类名称

根据塑性指数、粒径、工程地质特性等，通常把地基土分为 6 类，即黏性土、粉土、砂土、碎石土、岩石和特殊性岩土。

(二)确定土的状态

土的状态是指土层所处的天然松密和稠度状况。黏性土的天然状态按液性指数可分为坚硬、硬塑、可塑、软塑和流塑五个状态；砂土和碎石土则按密实度分为密实、中密、稍松及松散四个状态。

(三)确定地基土的基本容许承载力$[f_{a0}]$

当基础最小边宽度 $b \leqslant 2$m、埋置深度 $d \leqslant 3$m 时，各类地基土的基本容许承载力$[f_{a0}]$，首

先考虑由载荷试验或其他原位试验取得，对于中小桥、涵洞地基，也可直接查取规范。一般黏性土和砂土可从表 2-16 和表 2-17 中取得。

一般性黏土的基本容许承载力[f_{a0}](单位：kPa)　　表 2-16

$[f_{a0}]$ \ I_L / e	0	0.1	0.2	0.3	0.4	0.5	0.6	0.7	0.8	0.9	1.0	1.1	1.2
0.5	450	440	430	420	400	380	350	310	270	240	220		
0.6	420	410	400	380	360	340	310	280	250	220	200	180	
0.7	400	370	350	330	310	290	270	240	220	190	170	160	150
0.8	380	330	300	280	260	240	230	210	180	160	150	140	130
0.9	320	280	260	240	220	210	190	180	160	140	130	120	100
1.0	250	230	220	210	190	170	160	150	140	120	110		
1.1			160	150	140	130	120	110	100	90			

注：1. 一般黏性土是指第四纪全新世(Q_4)(文化期以前)沉积的黏性土，一般为正常的黏性土。

2. 土中含有粒径大于 2mm 的颗粒重量超过全部重量的 30%以上的，[f_{a0}]可酌量提高。

3. 当 $e<0.5$ 时，取 $e=0.5$；$I_L<0$ 时，取 $I_L=0$。此外，超过列表范围的一般黏性土，[f_{a0}]可按公式 $[f_{a0}]=57.22E_a^{0.57}$ 计算。

砂土的容许承载力[f_{a0}](单位：kPa)　　表 2-17

土名	$[\sigma_0]$ 密实度 / 湿度	密实	中密	稍密	松散
砾砂、粗砂	与湿度无关	550	430	370	200
中砂	与湿度无关	450	370	330	150
细砂	水上	350	270	230	100
	水下	300	210	190	—
粉砂	水上	300	200	190	—
	水下	200	110	90	—

(四)地基容许承载力[f_a]的确定

当基础宽度 b 超过 2m，基础埋置深度 h 超过 3m，且 $h/b\leqslant4$ 时，地基的容许承载力，按式(2-57)计算。

$$[f_a]=[f_{a0}]+k_1\gamma_1(b-2)+k_2\gamma_2(h-3) \tag{2-57}$$

式中：[f_a]——地基修正后的容许承载力(kPa)；

[f_{a0}]——地基的基本容许承载力(kPa)；

b——基础底面的最小宽度(或直径)，当 $b<2$m 时，取 $b=2$m；当 $b>10$m 时，按 10m 计算；

h——基础底面的埋置深度(m)，自天然地面算起，对于受水流冲刷的基础，由一般冲刷线算起；当 $h<3$m 时，取 $h=3$m；当 $h/b>4$ 时，取 $h=4b$；

γ_1——基底下持力层土的天然重度(kN/m³)。如持力层在水面以下且为透水者，应采用浮重度 γ'；

γ_2——基底以上土的重度(kN/m³),或不同土层的加权平均重度。如持力层在水面以下,且为不透水者,不论基底以上土的透水性质如何,应一律采用饱和重度;如持力层为透水者,水中部分采用浮重度;

k_1、k_2——地基容许承载力随基础宽度、深度的修正系数,按持力层土决定,见表 2-18。

当基础位于水中不透水层上时,$[f_a]$按平均水位至一般冲刷线的水深每米再增大 10kPa。

地基土容许承载力宽度、深度修正系数 表 2-18

土类 / 系数	黏性土				粉土	砂土								碎砂土			
	老黏性土	一般黏性土		新近沉积黏性土	—	粉砂		细砂		中砂		砾砂、粗砂		碎石、角砾、圆烁		卵石	
		$I_L \geqslant 0.5$	$I_L \geqslant 0.5$		—	中密	密实	中密	密实	中密	密实	中密	密实	中密	密实	中密	密实
k_1	0	0	0	0	0	1.0	1.2	1.5	2.0	2.0	3.0	3.0	4.0	3.0	4.0	3.0	4.0
k_2	2.5	1.5	2.5	1.0	1.5	2.0	2.5	3.0	4.0	4.0	5.5	5.0	6.0	5.0	6.0	6.0	10.0

注:1. 对于稍密状态和松散状态的砂、碎石土,k_1、k_2值可采用表列中密值的 50%。

2. 强风化和全风化的岩石,可参照所风化成的相应土类取值;其他状态下的岩石不修正。

习　题

2-26　地基塑性区的最大开展深度 $z_{max}=b/4$ 时,地基承载力应选择(　　)。

A. p_{cr}　　B. $p_{1/4}$　　C. $p_{1/3}$　　D. p_u

2-27　到目前为止,浅基础的地基极限承载力的计算理论仅限于按(　　)推导出来。

A. 整体剪切破坏　　B. 局部剪切破坏

C. 冲切破坏　　D. 拉压破坏

2-28　地基承载力需进行深度、宽度修正的条件是(　　)。

①$d>0.5$m;②$b>3$m;③$d>1$m;④3m$<b\leqslant$6m

A. ①②　　B. ①④　　C. ②③　　D. ③④

2-29　若地基表面产生较大隆起,基础发生严重倾斜,则地基的破坏形式为(　　)。

A. 局部剪切破坏　　B. 整体剪切破坏

C. 刺入剪切破坏　　D. 冲剪破坏

2-30　浅基础的极限承载力是指(　　)。

A. 地基中将要出现但尚未出现塑性区时的荷载

B. 地基中塑性区开展的最大深度为 1/4 基底宽时的荷载

C. 地基中塑性区开展的最大深度为 1/3 基底宽时的荷载

D. 地基中达到整体剪切破坏时的荷载

2-31　在 $\varphi=15°$($N_\gamma=1.8$,$N_q=4.45$,$N_c=12.9$),$c=15$kPa,$\gamma=18$kN/m³ 的地表面有一个宽度为 3m 的条形均布荷载,对于整体剪切破坏的情况,按太沙基承载力公式计算的极限承载力为(　　)。

A. 80.7kPa　　B. 193.5kPa

C. 242.1kPa　　D. 50.8kPa

第六节　土坡稳定分析

一、砂性土土坡稳定分析方法

任一坡度为 β 的均质无黏性土坡[图 2-32a)]。假设坡体及其地基为同一种土，并且完全干燥或完全浸水，即不存在渗流作用。由于无黏性土土粒间缺少黏聚力，因此，只要位于坡面上的土单元体能保持稳定，则整个土坡就是稳定的。

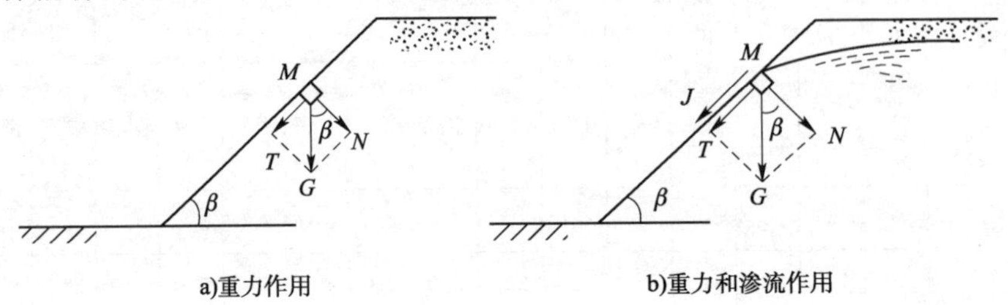

图 2-32　无黏性土坡的稳定分析

在坡面上任取一侧面竖直，底面与坡面平行的土单元微体 M，不计微单元体两侧应力对稳定性的影响，设单元体的自重为 G，土的内摩擦角为 φ 时，故使单元体下滑的剪切力 T 为 G 在顺坡方向的分力，即 $T=G\sin\beta$；而阻止土体下滑的力则为单元体与下面土体之间的抗剪力 T_f，其等于单元体的自重在坡面法线方向的分力 N 引起的摩擦力，即 $T_f=N\tan\varphi=G\cos\beta\tan\varphi$。

抗滑力和滑动力的比值称为稳定安全系数，用 K 表示，亦即

$$K=\frac{T_f}{T}=\frac{G\cos\beta\tan\varphi}{G\sin\beta}=\frac{\tan\varphi}{\tan\beta} \tag{2-58}$$

由此可见，对于均质无黏性土坡，理论上土坡的稳定性与坡高无关，只要坡角小于土的内摩擦角($\beta<\varphi$)，$K>1$，土体就是稳定的。当坡角与土的内摩擦角相等($\beta=\varphi$)时，稳定安全系数 $K=1$，此时抗滑力等于滑动力，土坡处于极限平衡状态，相应的坡角就等于松散无黏性土的内摩擦角，特称之为自然休止角。通常为了保证土坡具有足够的安全储备，可取 $K\geqslant 1.3\sim1.5$。

土坡(或土石坝)在很多情况下，会受到由于水位差的改变所引起的水力坡降或水头梯度，从而在土坡(或土石坝)内形成渗流场，对土坡稳定性带来不利影响，如图 2-32b)所示。此时在坡面上渗流溢出处以下取一单元体，它除了本身重量外，还受到渗流力 $J=\gamma_w i$(i 是水头梯度，$i=\sin\beta$)的作用。若渗流为顺坡出流，则溢出处渗流及渗流力方向与坡面平行，此时使土单元体下滑的剪切力为 $T+J=G\sin\beta+\gamma_w i$，且此时对于单位土体来说，土体自重 G 就等于有效重度 γ'，故土坡的稳定安全系数变为

$$K=\frac{T_f}{T+J}=\frac{\gamma'\cos\beta\tan\varphi}{(\gamma'+\gamma_w)\sin\beta}=\frac{\gamma'\tan\varphi}{\gamma_{sat}\tan\beta} \tag{2-59}$$

可见，与式(2-58)相比，相差 γ'/γ_{sat} 倍，此值约为 1/2。因此，当坡面有顺坡渗流作用时，无黏性土坡的稳定安全系数约降低一半。

二、黏性土土坡圆弧滑动体整体稳定分析方法

对于均质简单土坡，假定土坡失稳破坏时滑动面为一圆柱面(图 2-33)。将滑动面以上土体视为刚体，并以其为脱离体，分析在极限平衡条件下其上作用的各种力，而以整个滑动面上

的平均抗剪强度与平均剪应力之比来定义土坡的稳定安全系数，即

$$K = \frac{\tau_f}{\tau} \tag{2-60}$$

若以滑动面上的最大抗滑力矩与滑动力矩之比来定义，其结果完全一致，一土坡（图 2-33），AC 为假定的滑动面，圆心为 O，半径为 R。当土体 ABC 保持稳定时必须满足力矩平衡条件（滑弧上的法向反力 N 通过圆心），故稳定安全系数为

$$K = \frac{\text{抗滑力矩}}{\text{滑动力矩}} = \frac{\tau_f AC \cdot R}{Ga} \tag{2-61}$$

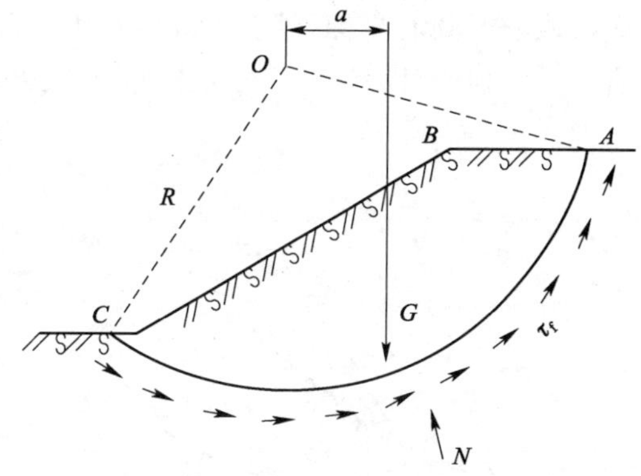

图 2-33　均质土坡的圆弧滑动

式中：AC——滑弧弧长；

a——土体重心离弧圆心的水平距离。

一般情况下，土的抗剪强度由黏聚力和摩擦力 $\sigma\tan\varphi$ 两部分组成，土体中法向应力 σ 沿滑动面并非常数，因此土的抗剪强度亦随滑动面的位置不同而变化。但对饱和黏土来说，在不排水剪条件下，$\varphi_u=0$，故 $\tau_f=c_u$，因此式(2-61)可写为

$$K = \frac{c_u AC \cdot R}{Ga} \tag{2-62}$$

此分析方法通常称为 φ_u-0 分析法。

由于计算上述安全系数时，滑动面为任意假定，并不一定是最危险的滑动面，因此，所求结果并非最小安全系数，通常在计算时需假定一系列的滑动面，进行多次试算，计算工作量颇大，为此，费伦纽斯(Fellenius,1927)通过大量计算分析提出了确定最危险滑动面圆心的经验方法，一直沿用至今，该法主要内容如下：

对于均质黏性土坡，当土的内摩擦角 $\varphi=0$ 时，其最危险滑动面常通过坡脚。其圆心位置可由 BO 与 CO 两线的交点确定[图 2-34a)]，图中 β_1、β_2 的值可根据坡角由表 2-19 查出。当 $\varphi>0$时，最危险滑动面的圆心位置可能在 EO 的延长线上[图 2-34b)]。自 O 点向外取圆心 O_1，O_2……分别作滑弧，并求出相应的抗滑安全系数 K_1，K_2……然后绘曲线找出最小值，即为所求最危险滑动面的圆心 O_m 和土坡的稳定安全系数 K_{min}。

不同边坡的 β_1、β_2 数据表　　表 2-19

坡比	坡角	β_1	β_2	坡比	坡角	β_1	β_2
1∶0.58	60°	29°	40°	1∶3	18.43°	25°	35°
1∶1	45°	28°	37°	1∶4	14.04°	25°	37°
1∶1.5	33.79°	26°	35°	1∶5	11.32°	25°	37°
1∶2	26.57°	25°	35°				

当土坡非均质，或坡面形状及荷载情况比较复杂时，其最危险滑动面圆心位置，有时并不在 EO 延长线上，而可能在其左右附近，因此，还需自 O_m 作 OE 线的垂直线，并在垂线上再取若干点为圆心进行计算比较，才能找出最危险滑动面的圆心和土坡稳定安全系数。

当土坡外形和土层分布都比较复杂时，最危险滑动面不一定通过坡脚，此时费伦纽斯法不一定可靠。目前电算分析表明，无论多么复杂的土坡，其最危险滑弧圆心的轨迹都是一根类似于双曲线的曲线，位于土坡坡线中心的竖直线与法线之间。若采用电算，可在此范围内有规律

地选取若干圆心坐标，结合不同的滑弧弧脚，求出相应滑弧的安全系数，再通过比较求得最小值 K_{min}。但需注意，对于成层土土坡，其低值区不止一个，可能存在多个 K_{min} 值。

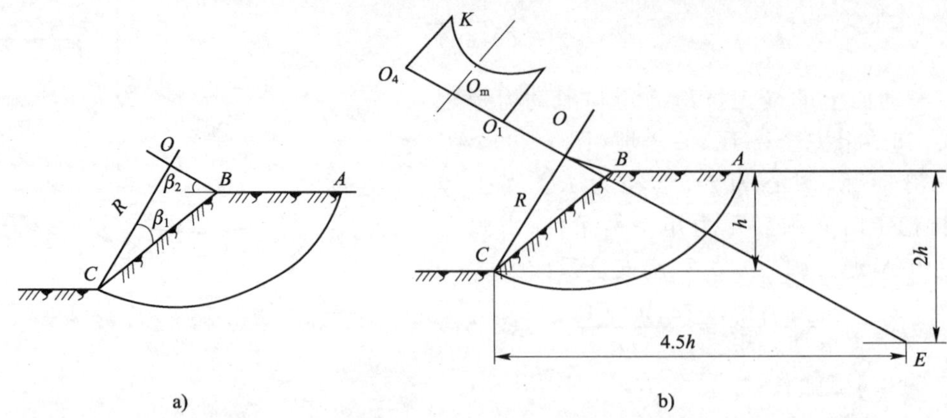

图 2-34　确定最危险滑动面圆心位置示意图

如上所述，土坡的稳定分析大都需经过试算，计算工作量颇大，因此，不少学者提出简化的图表计算法。根据计算资料整理得到的极限状态时均质土坡内摩擦角、坡角 β 与稳定数 N_s（数值范围 0～0.25）之间的关系曲线（图 2-35），其中

$$N_s=\frac{c}{\gamma h} \tag{2-63}$$

式中：c——土坡的黏聚力；

γ——土的重度；

h——土坡的高度。

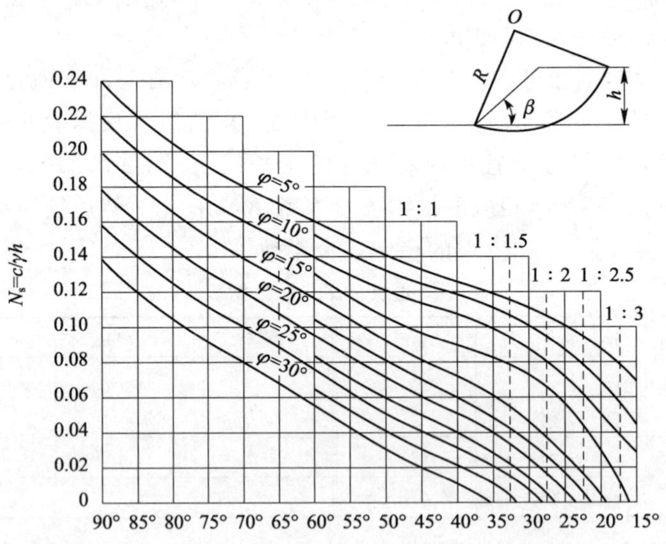

图 2-35　土坡稳定计算图

从图 2-35 可直接由已知的 c、φ、γ、β 确定土坡极限高度 h，也可由已知的 c、φ、γ、h 及安全系数 K 确定土坡的坡角 β。

(1)求极限坡高：根据坡角和土体的内摩擦角，查得稳定数，按 $h_{max}=\frac{c}{\gamma N_s}$ 计算。

(2)求极限坡角：根据已知条件计算稳定数，然后查图求得极限坡角。

(3)求最小安全系数：由已知数据查得稳定数，根据 $c_1=N_s\gamma h$，$K_{min}=\frac{c}{c_1}$。

三、条分法的应用

实际工程中土坡轮廓形状比较复杂，由多层土构成，$\varphi>0$，有时尚存在某些特殊外力(如渗流力、地震力作用等)，此时滑弧上各区段土的抗剪强度各不相同，并与各点法向应力有关。为此，常将滑动土体分成若干条块，分析每一条块上的作用力，然后利用每一土条上的力和力矩的静力平衡条件，求出安全系数表达式，其统称为条分法(Slice Method)，可用于圆弧或非圆弧滑动面情况。

瑞典条分法除假定滑动面为圆柱面及滑动土体为不变形的刚体外，并忽略土条两侧面上的作用力，因此其未知量个数为$(n+1)$，然后利用土条底面法得 N_i 的大小和土坡的稳定安全系数K 的表达式。

当为均质土坡时(图 2-36)，设滑动面为AC，圆心为O，半径为R，并将滑动土体ABC分成若干土条(第 i 条)分析其受力情况，则土条上作用的力有以下几种。

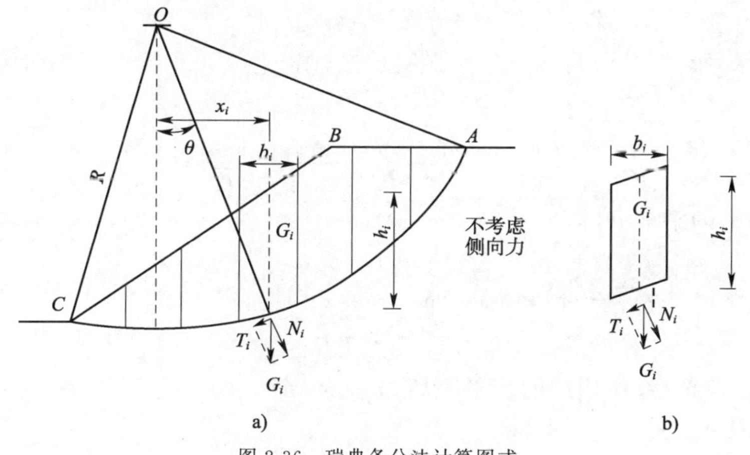

图 2-36 瑞典条分法计算图式

(1)土条自重 G_i，方向竖直向下，其值为

$$G_i=\gamma b_i h_i \tag{2-64}$$

式中：γ——土的重度；

b_i、h_i——该土条的宽度和平均高度。

将 G_i 引至分条滑动面上，可分解为通过滑弧圆心的法向力 N_i 和与滑弧相切的剪切力 T_i。若以 θ_i 表示该土条底面中点的法线与竖直线的交角，则有

$$N_i=G_i\cos\theta_i \tag{2-65a}$$

$$T_i=G_i\sin\theta_i \tag{2-65b}$$

(2)作用于土条底面的法向力 N_i 与反力 N_i'大小相等，方向相反。

(3)作用于土体底面的抗剪力 T_i'，可能发挥的最大值等于土条底面上土的抗剪强度与滑弧长度的乘积，方向与滑动方向相反。当土坡处于稳定状态，并假定各土条底部滑动面上的安全系数均等于整个滑动面上的安全系数时，其抗剪力为

$$T_{fi}=\frac{\tau_{fi}l_i}{K}=\frac{(c+\sigma_i\tan\varphi)l_i}{K}=\frac{cl_i+N_i'\tan\varphi}{K} \tag{2-66}$$

若将整个滑动土体内各土条对圆心 O 取力矩平衡，则

$$\sum T_i R = \sum T_{fi} R \tag{2-67}$$

故安全系数

$$K = \frac{\sum(cl_i + N_i' \tan\varphi)}{\sum T_i} = \frac{\sum(cl_i + G_i\cos\theta_i\tan\varphi)}{\sum G_i\sin\theta_i} = \frac{\sum(cl_i + \gamma b_i h_i \cos\theta_i \tan\varphi)}{\sum \gamma b_i h_i \sin\theta_i} \tag{2-68}$$

若取各土条宽度相等,上式可简化为

$$K = \frac{c\widehat{L} + \gamma b \tan\varphi \sum h_i \cos\theta_i}{\gamma b \sum h_i \sin\theta_i} \tag{2-69}$$

式中:$\widehat{L}$——滑弧的弧长。

此外,计算时尚需注意土条的位置[图 2-36a)],当土条底面中心在滑弧圆心 O 的垂线右侧时,剪切力 T_i 方向与滑动方向相同,起抗滑作用,取正号;而当土条底面中心在圆心的垂线左侧时,T_i 方向与滑动方向相反,起抗剪作用,取负号。

需要指明的是,使用瑞典条分法仍然要假设很多滑动面并通过试算分析,求出不同的 K 值,其中最小的 K 值即为土坡的稳定安全系数。

当土坡中有孔隙水压力作用时,且已知第 i 个土条在滑动面上的孔隙水压力为 u_i 时(图 2-36),要用有效指标 c' 及 φ' 代替原来的 c 和 φ。

考虑土的有效强度,根据莫尔—库仑强度理论,则

$$\tau_{fi} = c' + (\sigma_i - u_i)\tan\varphi' \tag{2-70}$$

$$T_i = \tau l_i = \frac{\tau_{fi}}{K} l_i = \frac{c' l_i}{K} + \frac{(cl_i - u_i l_i)\tan\varphi'}{K} = \frac{c' l_i}{K} + \frac{(N_i - u_i l_i)\tan\varphi'}{K} \tag{2-71}$$

取法线方向力的平衡,可得

$$N_i = G_i \cos\theta_i \tag{2-72}$$

各土条对圆弧中心 O 的力矩和为 0,即

$$\sum G_i x_i - \sum T_i R = 0 \tag{2-73}$$

式中:x_i——圆心 O 至 G_i 作用线的水平距离,$x_i = R\sin\theta_i$。

将式(2-71)代入式(2-73),可得

$$K = \frac{\sum[c' l_i + (G_i \cos\theta_i - u_i l_i)\tan\varphi']}{\sum G_i \sin\theta_i} \tag{2-74}$$

式(2-74)就是用有效应力方法表示的瑞典条分法计算 K 的公式。

经过多年工程实践,对瑞典条分法已积累了大量的经验。用该法计算的安全系数一般比其他较严格的方法低 10%~20%;在滑动面圆弧半径较大并且孔隙水压力较大时,安全系数计算值估计会比其他较严格的方法小一半。因此,这种方法是偏于安全的。

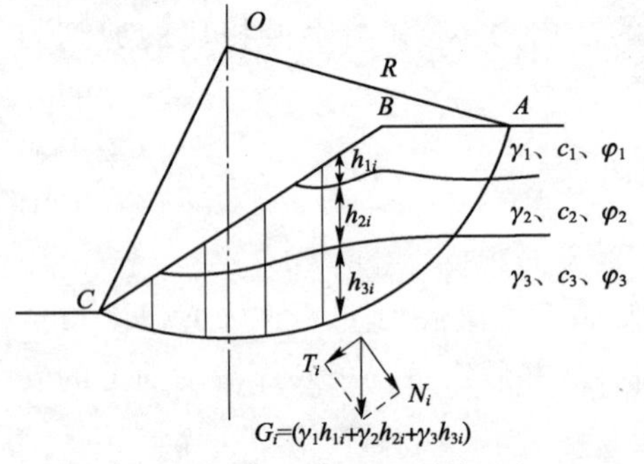

图 2-37 土成层时的计算图式

坡顶有超载和土成层时,就要作相应的修正。如当土坡由多层土构成(图 2-37),在使用公式时应作如下修正:

(1)如果同一土条跨越多层土,计算其重量时应分层取相应的高度和厚度,计算相应重量后叠加。如第 i 个土条包括 k 层土,则

$$G_i = b_i(\gamma_{1i} h_{1i} + \gamma_{2i} h_{2i} + \cdots + \gamma_{ki} h_{ki}) \tag{2-75}$$

(2)计算滑动面上的抗剪强度时,所用的土条参数 c、φ 应按土条滑动面所在的具体土层位置来选取相应的数值。如当第 i 个土条的滑动面在第 m 层内时,则

$$T_{fi} = c_{mi} l_{mi} + N_i \tan\varphi_{mi} \tag{2-76}$$

当第 i 个土条的滑动面跨越 m 层土时，则

$$T_{fi} = (c_{1i} l_{1i} + c_{2i} l_{2i} + \cdots + c_{mi} l_{mi}) + N_i(\tan\varphi_{1i} + \tan\varphi_{2i} + \cdots + \tan\varphi_{mi}) \tag{2-77}$$

值得注意的是，N_i 是第 i 条土滑动面上的法向反力之和，$N_i = G_i \cos\theta_i$，与土条自重有关，而与滑动面上土层土性没有直接关系。因此，对于成层土坡，可用式(2-78)计算其安全系数。

$$K = \frac{\sum T_{fi}}{\sum T_i} \tag{2-78}$$

上式中，T_{fi} 根据实际情况按式(2-76)或(2-77)计算；$T_i = G_i \sin\theta_i$，G_i 按式(2-75)取值。

如果在土坡坡顶作用着超载 q，如图 2-38 所示，计算的基本原则和程序不变，只是在土条受力分析时，需要将土条上作用的超载加进土条的自重中去考虑；如果超载作用在坡面上，处理方法相似。当然可能某些土条并没有超载，则该土条仅考虑自重。当仅在坡顶有超载时，按式(2-79)计算安全系数，即

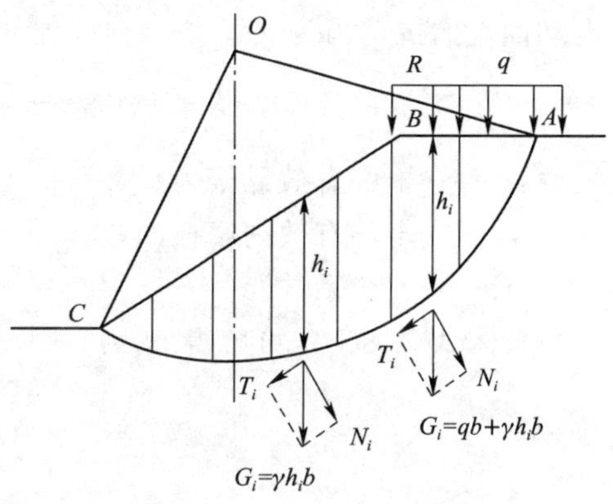

图 2-38　坡顶有超载时的计算图式

$$K = \frac{\sum[cl_i + (G_i + qb_i)\cos\theta_i \tan\varphi_i]}{\sum(G_i + qb_i)\sin\theta_i} \tag{2-79}$$

四、毕肖普条分法的具体应用

毕肖普(A. W. Bishop，1955)假定各土条底部滑动面上的抗滑安全系数均相同，即等于整个滑动面的平均安全系数，取单位长度土坡按平面问题计算(图 2-39)。设可能滑动面为一圆弧 AC，圆心为 O，半径 R。将滑动土体 ABC 分成若干土条，而取其中任一条(第 i 条)分析其受力情况。作用在该土条上的力有：

(1)土条自重 $G_i = \gamma b_i h_i$，其中 b_i、h_i 分别为该土条的宽度与平均高度。

(2)作用于土条底面的抗剪力 T_{fi}、有效法向反力 N'_i 及孔隙水压力 $u_i l_i$，其中 u_i、l_i 分别为该土条底面中点处孔隙水压力和滑弧弧长。

(3)作用于该土条两侧的法向力 E_i 和 E_{i+1} 及切向力 X_i 和 X_{i+1}，$\Delta X_i = X_{i+1} - X_i$。且 G_i、T_{fi}、N'_i 及 $u_i l_i$ 的作用均在土条底面中点。

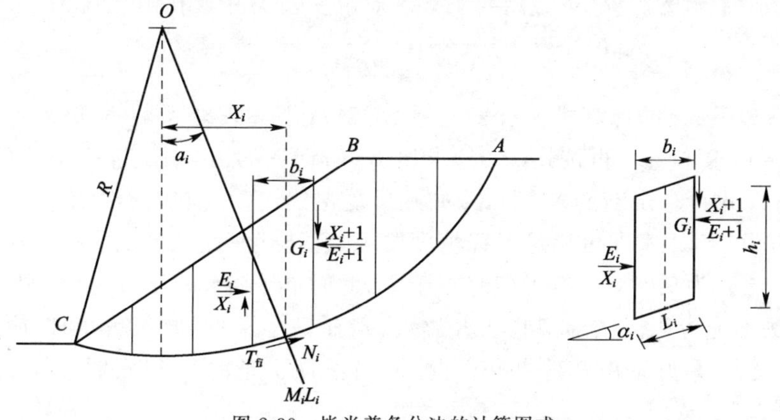

图 2-39　毕肖普条分法的计算图式

对第 i 土条竖向取力的平衡得

$$G_i + \Delta X_i - T_{fi}\sin\alpha_i - N'_i\cos\alpha_i - u_i l_i\cos\alpha_i = 0 \tag{2-80a}$$

或

$$N'_i\cos\alpha_i = G_i + \Delta X_i - T_{fi}\sin\alpha_i - u_i b_i \tag{2-80b}$$

当土坡尚未破坏时，土条滑动面上的抗剪强度只发挥了一部分，若以有效应力表示，土条滑动面上的抗剪力为

$$T_{fi} = \frac{\tau_{fi} l_i}{K} = \frac{c' l_i}{K} + N'_i\frac{\tan\varphi'}{K} \tag{2-81}$$

式中：c'——土的有效黏聚力；

φ'——土的有效内摩擦角；

K——安全系数。

代入式(2-80b)，可解得 N'_i 为

$$N'_i = \frac{1}{m_{\alpha_i}}\left(G_i + \Delta X_i - u_i b_i - \frac{c' l_i}{K}\sin\alpha_i\right) \tag{2-82}$$

式中：$m_{\alpha_i} = \cos\alpha_i\left(1 + \frac{\tan\varphi'\tan\alpha_i}{K}\right)$。

然后就整个滑动土体对圆心 O 求力矩平衡，此时相邻土条之间侧壁作用力的力矩将互相抵消，而各土条的 N'_i 及 $u_i l_i$ 的作用线均通过圆心，故有

$$\sum G_i x_i - \sum T_{fi} R = 0 \tag{2-83}$$

将式(2-82)、式(2-83)代入式(2-81)，且 $x_i = R\sin\alpha_i$，$b = b_i = l_i\cos\alpha_i$，可得

$$K = \frac{\sum \frac{1}{m_{\alpha_i}}[c'b + (G_i - u_i b + \Delta X_i)\tan\varphi']}{\sum G_i\sin\alpha_i} \tag{2-84}$$

此为毕肖普条分法计算土坡安全系数的普遍公式，但 ΔX_i 仍为未知。为了求出 K，需估算 ΔX_i 值，可通过逐次逼近法求解，而 X_i 及 E_i 的试算值均应满足每个土条的平衡条件，且整个滑动土体的 $\sum\Delta X_i$ 及 $\sum\Delta E_i$ 均等于零。毕肖普证明，若令各土条的 $\Delta X_i = 0$，所产生的误差仅为 1%，由此可得国内外使用相当普遍的毕肖普简化公式，即

$$K = \frac{\sum \frac{1}{m_{\alpha_i}}[c'b + (G_i - u_i b)\tan\varphi']}{\sum G_i\sin\alpha_i} \tag{2-85}$$

由于式(2-85)中 m_{α_i} 的计算式含有安全系数 K，故上述安全系数 K 仍需计算。通常试算时可先假定 $K=1$，求出 m_{α_i}，再按式(2-85)求出 K，若计算的 K 与假定 K 值不等，则以计算的 K 值代入 m_{α_i} 计算式再求出新的 m_{α_i} 和 K，如此反复迭代，直至前后两次 K 值满足所要求的精度为止。通常迭代 3～4 次即可满足工程精度要求，且迭代总是收敛的。

尚需注意，当 α_i 为负时，m_{α_i} 有可能趋近于零，此时 N'_i 将趋近于无限大，显然不合理，故此时简化毕肖普法不能应用。国外某些学者建议，当任一土条的 $m_{\alpha_i} \leqslant 0.2$ 时，简化毕肖普法计算的 K 值误差较大，最好采用其他方法。此外，当坡顶土条的 α_i 很大时，N'_i 可能出现负值，此时可取 $N'_i = 0$。

为了求得最小的安全系数 K，同样必须假定若干个滑动面，其最危险滑动面圆心位置的

确定，仍可采用前述费伦纽斯经验法。

毕肖普条分法考虑了土条两侧的作用力，计算结果比较合理。分析时先后利用每一土条竖向力的平衡及整个滑动土体的力矩平衡条件，避开了 E_i 及其作用点的位置，并假定所有的 ΔX_i 均等于零，使分析过程得到了简化，但同样不能满足所有的平衡条件，还不是一个严格的方法，由此产生的误差约为 2%～7%。同时，毕肖普条分法也可用于总应力分析，即在上述公式中略去孔隙水压力 $u_i l_i$ 的影响，并采用总应力强度 c 计算即可。

五、土坡稳定分析中一些特殊问题的考虑

（一）填方土坡的稳定性问题

假设土坡由同一种饱和黏性土组成。土中 A 点的应力状态如图 2-40 所示。A 点的剪应力随填土高度增加而增大，并在竣工时达到最大值。初始的孔隙水压力 u_0 等于静水压力 $h_0\gamma_w$，由于黏土具有低渗透性，假定在施工过程中不发生排水，孔隙水压力 u 也不消散。一直到竣工前孔隙水压力随填土增高而增大[图 2-40b)]。按照复杂应力状态下孔隙水压力计算式：$u=B[\Delta\sigma_3+A(\Delta\sigma_1-\Delta\sigma_3)]$（$A$、$B$ 为孔隙水压力系数。对于饱和土，$B=1$），除非 A 具有较大的负值，孔隙水压力 u 总是正值。竣工时土的抗剪强度继续保持与施工开始时的不排水强度 c_u 相等。

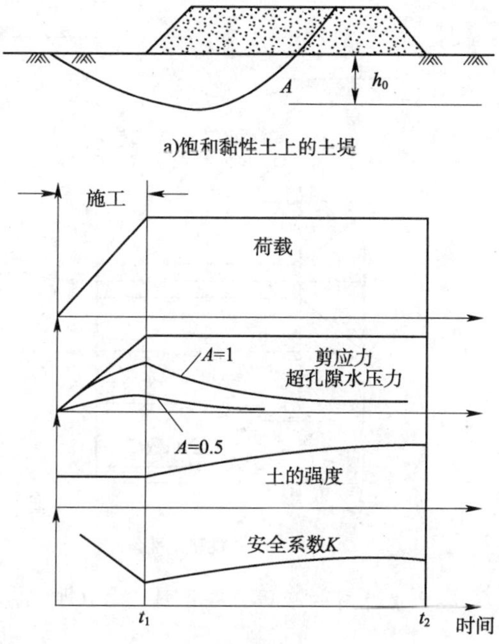

竣工以后，总应力保持常数，而超静孔隙水压力 u 则由于固结而消散。固结使孔隙水压力下降，同时使有效应力与抗剪强度增加。在较长的一段时间之后，在时间 t_2 时超静孔隙水压力 $u=0$ 即排水条件。只要孔隙水压力已知，任何时间的抗剪强度可由有效应力指标 c' 和 φ' 估计而得。由于在时间 t_2 时超静孔隙水压力为零，因此，有效应力可由外荷载、土体重力和静水压力算出。

竣工时土坡的稳定性用总应力法和不排水强度 c_u 来分析；而土坡的长期稳定性则用有效应力法和有效应力指标 c' 和 φ' 来分析。可清楚地看出，在时间 t_1 即施工刚结束时，土坡的稳定性是最小的[图 2-40b)]。如果超过了这个状态，则安全系数会迅速增加。

a)饱和黏性土上的土堤

b)土堤的稳定性条件

图 2-40 填方土坡的稳定分析

（二）挖方土坡的稳定性问题

假设土坡由同一种饱和黏性土组成。挖土使 A 点的平均土覆压力减小，并引起孔隙水压力的降低，即出现负值的超静孔隙水压力（图 2-41）。这种下降取决于孔隙压力系数 A 以及应力变化的大小，因土体完全饱和，$B=1$，因此，孔隙水压力的变化量 $\Delta u=\Delta\sigma_3+A(\Delta\sigma_1-\Delta\sigma_3)$。开挖过程中土中的小主应力 $\Delta\sigma_3$ 要比大主应力 $\Delta\sigma_1$ 下降得多。于是，$\Delta\sigma_3$ 为负值，而 $(\Delta\sigma_1-\Delta\sigma_3)$ 为正值。

A 点的剪应力在施工结束时达到最大值。假定施工期间土处于不排水状态，则竣工时土的抗剪强度等于土的不排水强度 c_u。负的超静孔隙水压力随时间增长而消散，同时伴随着黏性土的膨胀和抗剪强度的下降。在开挖后较长时间土中负的超静孔隙水压力完全消

散，$\Delta u=0$。因此，竣工时土坡的稳定性用总应力法和不排水强度 c_u 来分析；而土坡的长期稳定性则用有效应力法和有效应力指标 c' 和 φ' 来分析。但是，最不利的条件是土坡的长期稳定性。

（三）邻近土坡加载引起的土坡稳定性问题

土坡的稳定性条件如图 2-42 所示。假设有一饱和黏性土土坡，在离坡顶一定距离处作用有荷载 q。由于荷载 q 作用在一定距离处，故它并不改变沿滑弧上的应力，且剪应力随时间恒为常数。荷载 q 的施加使 B 点的孔隙水压力瞬时上升，又随固结而消散。A 点的孔隙水压力由于从 B 点开始的辐射向排水而暂时增大；孔隙水压力的增大使土的抗剪强度和安全系数下降。可以看到，在某一中间时间 t_2，抗滑稳定安全系数达到最小值。这种情况潜伏着很大的危险，因为，不管土坡具有足够的瞬时或长期的稳定性，土坡的滑动仍然有可能会发生。图 2-42b）说明了一种孔隙水压力随时间而先增大后减小的情况，这种条件产生在由于建造建筑物或打桩引起超静孔隙水压力的情况。在荷载 q 作用下的超静孔隙水压力沿辐射向排水而消散，从而使水从 B 点向 A 点流动，并使 A 点的孔隙水压力增加。

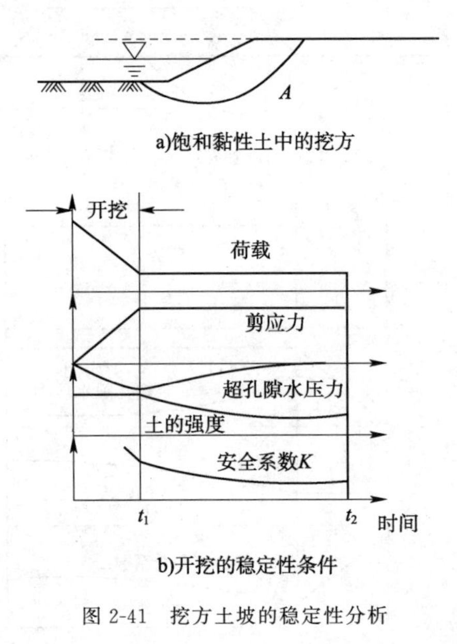

图 2-41　挖方土坡的稳定性分析

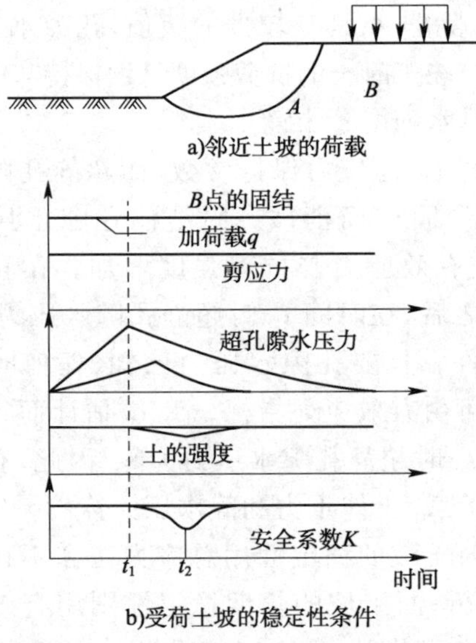

图 2-42　邻近土坡加载引起的土坡稳定性条件

习　题

2-32　无黏性土坡的稳定性（　　）。

A. 与坡高无关，与坡角有关　　B. 与坡角有关，与坡高无关

C. 与坡高和坡角都无关　　D. 与坡高和坡角都有关

2-33　若某砂土坡的稳定安全系数 $K=1.0$，则该土坡稳定应满足的条件为（　　）。

A. 坡角＝天然休止角　　B. 坡角＜1.5 倍天然休止角

C. 坡角＞1.5 倍天然休止角　　D. 1.5 倍坡角＜天然休止角

2-34　分析黏性土坡稳定时，假定滑动面为（　　）。

A. 斜平面　　B. 曲面　　C. 圆筒面　　D. 水平面

习题参考答案

2-1 A	2-2 A	2-3 D	2-4 B	2-5 A
2-6 D	2-7 A	2-8 B	2-9 D	2-10 A
2-11 C	2-12 B	2-13 D	2-14 C	2-15 B
2-16 A	2-17 D	2-18 B	2-19 A	2-20 C
2-21 A	2-22 A	2-23 C	2-24 B	2-25 C
2-26 B	2-27 A	2-28 A	2-29 B	2-30 D
2-31 C	2-32 B	2-33 A	2-34 C	

第三章 工 程 地 质

复 习 指 导

考生在复习“工程地质”这部分内容时，应熟悉考试大纲的基本要求，全面理解、重点掌握基本概念、基本地质现象、工程地质勘察的要求及试验方法。其具体要求如下。

（一）岩石与矿物

重点：矿物的性质、三大类岩石的结构与构造、常见的三大类岩石、岩石的工程地质性质、影响岩石工程地质性质的因素。

重点概念：矿物、硬度、解理、条痕、岩石、结构、构造、岩浆岩、沉积岩、变质岩，岩石工程性质各指标的概念。

难点：常见矿物和岩石鉴别。岩浆岩的结构构造，沉积岩的物质组成、结构构造、分类及常见岩石，岩石的力学性质及影响岩石工程性质的因素。

（二）地质构造

重点：地质年代表、沉积岩相对地质年代的确定方法、岩层产状三要素、构造的类型以及性质、各种构造类型在地质图上的表现方式以及判别方法。

重点概念：内、外动力地质作用、水平构造、倾斜构造、褶皱构造、褶皱的要素、褶皱的形态、褶皱的基本类型、断裂构造、裂隙、断层要素、断层类型、“V”字形法则。

难点：沉积岩接触关系的判定、褶皱类型的识别、断层类型的识别、“V”字形法则的运用、地质图上辨别褶皱与断层的类型。

（三）外动力地质作用

重点：风化作用的分类，影响风化作用的因素，河流地质作用方式的分类，流水地质作用及其特点、残积层、坡积层、洪积层、冲积层的地质特征及其工程地质性质。

重点概念：风化作用、残积层、坡积层、洪积层、冲积层、河流的下蚀作用和侧蚀作用。

难点：风化作用的后果、各种堆积体的工程地质性质分析，河流侵蚀作用对公路建设的影响。

（四）地貌

重点：地貌的概念、地形与地貌的区别、地貌形成和发展的动力、地貌的形态分类、地貌成因分类、河流阶地的类型及其与公路建设的关系、平原地貌、山岭地貌的形态和类型。

重点概念：河流阶地、剥蚀平原、堆积平原、构造平原、平顶山、单面山、褶皱山、断块山、褶皱断块山、垭口。

难点：河流阶地与公路建设的关系、山岭地貌的类型及形成原因、道路选线与山岭地貌的关系、各类垭口的工程地质条件。

（五）水文地质

重点：地下水的埋藏类型及其特点、各类地下水的工程性质。

重点概念：潜水、上层滞水、承压水、岩溶水。

难点：地表水和地下水的补给关系、等水位线图和等水压线图的用途、地下水对工程建设的影响。

(六)道路工程地质问题

重点：各种特殊土的工程特性及其引起的路基变形破坏、道路边坡的变形和失稳、桥位和隧道位置选择的工程地质问题、桥基稳定性、隧道稳定性。

重点概念：软土、黄土、膨胀土、盐渍土、多年冻土、岩石性质对边坡的影响、地质构造对边坡的影响。

难点：桥梁隧道的选址问题，道路选线问题，各种特殊性土及其工程性质。

(七)道路工程地质勘察

重点：工程地质勘察在道路、桥梁、隧道工程中的运用。

重点概念：挖探、钻探、地球物理勘探、室内试验、原位试验。

难点：勘察点的布置，设备的工作原理和勘察结果的分析。

第一节　矿物与岩石

一、矿物与岩石

(一)矿物

矿物是存在于地壳中的具有一定化学成分和物理性质的自然元素和化合物。绝大多数矿物为固态，只有极少数呈液态(汞 Hg)和气态(如 CO_2，SO_2 等)。目前已发现的矿物约有 3000 多种，但组成岩石的主要矿物约有 30 多种，这些组成岩石的矿物称为造岩矿物，如常见的石英(SiO_2)、正长石($KAlSi_3O_8$)、方解石($CaCO_3$)等。

自然界的矿物，都是在一定的地质环境中形成的，随后并因经受各种地质作用而不断地发生变化。每一种矿物只是在一定的物理和化学条件下才是相对稳定的，当外界条件改变到一定程度后，矿物原来的成分、内部构造和性质就会发生变化，形成新的次生矿物。因此矿物不但是岩石的组成单元，而且是研究岩石生成环境和演变历史的一把重要的钥匙。

由于矿物的化学成分和内部结构不同，每种矿物都有自己特有的物理性质。所以矿物的物理性质是鉴别矿物的主要依据。矿物的物理性质是多种多样的。为便于用肉眼鉴别常见的造岩矿物，这里主要介绍矿物的颜色、条痕、光泽、硬度、解理和断口等物理性质。

1.颜色

矿物的颜色，是矿物对不同波长可见光波的吸收作用产生的。按成色原因，有自色、他色、假色之分。

(1)自色：是矿物固有的颜色，颜色比较固定。一般来说，含铁、锰多的矿物，如黑云母、普通角闪石、普通辉石等，颜色较深，多呈灰绿、褐绿、黑绿以至黑色；含硅、铝、钙等成分多的矿物，如石英、长石、方解石等，颜色较浅，多呈白、灰白、淡红、淡黄等各种浅色。

(2)他色：是矿物混入了某些杂质所引起的，与矿物的本身性质无关。他色不固定，随杂质的不同而异。如纯净的石英晶体是无色透明的，混入杂质就呈紫色、玫瑰色、烟色。由于他色不固定，对鉴定矿物没有很大意义。

(3)假色：是由于矿物内部的裂隙或表面的氧化薄膜对光的折射、散射所引起的。如方解石解理面上常出现的虹彩，斑铜矿表面常出现斑驳的蓝色和紫色。

2.条痕

矿物的条痕，是矿物在无釉白色瓷板上划擦时留下的粉末的颜色。矿物的条痕可以与其本身的颜色一致，也可以不一致。如方铅矿的颜色是铅灰色，条痕却是黑色；斜长石的颜色是白色，条痕也是白色。矿物的条痕可以消除假色，减弱他色，因而要比矿物颜色稳定得多，所以，它是鉴定矿物的重要标志之一。矿物条痕的颜色主要对金属矿物具有鉴定意义。

如果欲鉴定的矿物，不能直接画出条痕，则可用小刀刮下粉末放在瓷板上或者白纸上进行观察。

应该注意的是，有的带色条痕，经过摩擦以后，其粉末越细颜色会发生变化。例如，石墨与辉钼矿，是很相似的矿物，他们的条痕均为黑色（或灰黑色），但两者经摩擦后，他们的条痕则有了明显的差别，石墨仍为黑色，辉钼矿则显示绿黄色，借此可以帮助我们鉴别矿物。

3.光泽

矿物表面呈现的光亮程度，称为光泽。矿物的光泽是矿物表面的反射率的表现，按其强弱程度，分为金属光泽、半金属光泽和非金属光泽。造岩矿物绝大部分属于非金属光泽。由于矿物表面的性质或矿物集合体的集合方式不同，又会反映出各种不同特征的光泽。

(1)玻璃光泽：反光如镜，如长石、方解石解理面上呈现的光泽。

(2)珍珠光泽：光线在解理面间发生多次折射和内反射，在解理面上所呈现的像珍珠一样的光泽，如云母等。

(3)丝绢光泽：纤维状或细鳞片状矿物，由于光的反射互相干扰，形成丝绢般的光泽，如纤维石膏和绢云母等。

(4)油脂光泽：矿物表面不平，致使光线散射，如石英断口上呈现的光泽。

(5)蜡状光泽：像石蜡表面呈现的光泽，如蛇纹石、滑石等致密块体矿物表面的光泽。

(6)土状光泽：矿物表面暗淡如土，如高岭石等松粒块体矿物表面所呈现的光泽。

4.硬度

矿物抵抗外力刻划、研磨的能力，称为硬度。由于矿物的化学成分或内部构造不同，所以不同的矿物常具有不同的硬度。硬度是矿物的一个重要鉴定特征。在鉴别矿物的硬度时，是用两种矿物对刻的方法来确定矿物的相对硬度。硬度对比的标准，从软到硬依次由下列10种矿物组成，称为摩氏硬度计。摩氏硬度只反映矿物相对硬度的顺序，它并不是矿物绝对硬度的等级。

矿物的摩氏硬度排序：

滑石(1)＜石膏(2)＜方解石(3)＜萤石(4)＜磷灰石(5)＜正长石(6)＜石英(7)＜黄玉(8)＜刚玉(9)＜金刚石(10)

矿物硬度的确定，是根据两种矿物对刻时互相是否刻伤的情况而定。如将需要鉴定的矿物与标准硬度矿物中的磷灰石对刻，结果被磷灰石所刻伤而自己又能刻伤萤石，说明它的硬度大于萤石而小于磷灰石，在4～5之间，即可定为4.5。常见的造岩矿物的硬度，大部分为2～6.5，大于6.5的只有石英、橄榄石、石榴石等少数几种。野外工作中，常用指甲(2～2.5)、铁刀刃(3～3.5)、玻璃(5～5.5)、钢刀刃(6～6.5)鉴别矿物的硬度。

矿物的硬度，对岩石的强度有明显影响。风化、裂隙、杂质等会影响矿物的硬度。所以，在鉴别矿物的硬度时，要注意在矿物的新鲜晶面或解理面上进行。

5.解理、断口

矿物受打击后，能沿一定方向裂开成光滑平面的性质，称为解理。裂开的光滑平面称为解理面。不具方向性的不规则破裂面，称为断口。

不同的晶质矿物，由于其内部构造不同，在受力作用后开裂的难易程度、解理数目以及解理面的完全程度也有差别。根据解理出现方向的数目，有一个方向的解理，如云母等；有两个方向的解理，如长石等；有三个方向的解理，如方解石等。根据解理的完全程度，可将解理分为以下几种：

(1)极完全解理：极易裂开成薄片，解理面大而完整，平滑光亮，如云母。

(2)完全解理：常沿解理方向开裂成小块，解理面平整光亮，如方解石。

(3)中等解理：既有解理面，又有断口，如正长石。

(4)不完全解理：常出现断口，解理面很难出现，如磷灰石。

矿物解理的完全程度和断口是互相消长的，解理完全时则不显断口。反之，解理不完全或无解理时，则断口显著。如不具解理的石英，则只呈现贝壳状断口。

解理是造岩矿物的另一个鉴定特征。矿物解理的发育程度，对岩石的力学强度会产生不同的影响。

此外，如滑石的滑腻感，方解石遇盐酸起泡等，都可作为鉴别该种矿物的特征。

(二)常见的造岩矿物

常见的造岩矿物及其物理性质，见表 3-1。

常见造岩矿物物理性质简表

表 3-1

矿物名称及化学成分	形状	物理性质				主要鉴定特征
		颜色	光泽	硬度	解理、断口	
石英 SiO_2	六棱柱状或双锥状、粒状、块状	无色、乳白或其他色	玻璃光泽、断口为油脂光泽	7	无解理，贝壳状断口	形状，硬度，油脂光泽
正长石 $K(AlSi_3O_8)$	短柱状、板状、粒状	肉色、浅玫瑰或近于白色	玻璃光泽	6	二向完全解理，近于正交	解理，颜色，硬度
斜长石 $Na(AlSi_3O_8)Ca(Al_2Si_2O_8)$	长柱状、板条状	白色或灰白色	玻璃光泽	6	二向完全解理，斜交	颜色，解理面有细条纹，硬度
白云母 $KAl_3(AlSi_3O_{10})(OH)_2$	板状、片状	无色、灰白至浅灰色	玻璃或珍珠光泽	2～3	一向极完全解理	解理，薄片有弹性
黑云母 $K(Mg,Fe)_3(AlSi_3O_{10})(OH)_2$	板状、片状	深褐、黑绿至黑色	玻璃或珍珠光泽	2.5～3	一向极完全解理	解理，颜色，薄片有弹性
角闪石 $(Ca,Na)(Mg,Fe)_4(Al,Fe)[(Si,Al)_4O_{11}]_2(OH)_2$	长柱状、纤维状	深绿至黑色	玻璃光泽	5.5～6	二向完全解理，交角近 56°	形状，颜色
辉石 $(Na,Ca)(Mg,Fe,Al)[(Si,Al)_2O_6]$	短柱状、粒状	褐黑、棕黑至深黑色	玻璃光泽	5～6	二向完全解理，交角近 90°	形状，颜色
橄榄石 $(Fe,Mg)_2(SiO_4)$	粒状	橄榄绿、淡黄绿色	油脂或玻璃光泽	6.5～7	通常无解理，贝壳状断口	颜色，硬度

续上表

矿物名称及化学成分	形状	物理性质				主要鉴定特征
		颜色	光泽	硬度	解理、断口	
方解石 $CaCO_3$	菱面体、块状、粒状	白、灰白或其他色	玻璃光泽	3	三向完全解理	解理，硬度，遇盐酸强烈起泡
白云石 $CaMg(CO_3)_2$	菱面体、块状、粒状	灰白、淡红或淡黄色	玻璃光泽	3.5～4	三向完全解理，晶面常弯曲呈鞍状	解理，硬度，晶面弯曲，遇盐酸起泡微弱
石膏 $CaSO_4 \cdot 2H_2O$	板状、条状、纤维状	无色、白色或灰白色	玻璃或丝绢光泽	2	一向完全解理	解理，硬度，薄片无弹性和挠性
高岭石 $Al_4(Si_4O_{10})(OH)_8$	鳞片状、细粒状	白、灰白或其他色	土状光泽	1	一向完全解理	性软，粘舌，具可塑性
滑石 $Mg_3(Si_4O_{10})(OH)_2$	片状、块状	白、淡黄、淡绿或浅灰色	蜡状或珍珠光泽	1	一向完全解理	颜色，硬度，触摸有油腻感
绿泥石 $(Mg,Fe)_5Al(AlSi_3O_{10})(OH)_8$	片状，土状	深绿色	珍珠光泽	2～2.5	一向完全解理	颜色，薄片无弹性有挠性
蛇纹石 $Mg_6(Si_4O_{10})(OH)_8$	块状、片状、纤维状	淡黄绿、淡绿或淡黄色	蜡状或丝绢光泽	3～3.5	无解理，贝壳状断口	颜色，光泽
石榴石 $(Mg,Fe,Mn,Ca)_3(Al,Fe,Cr)_2(SiO_4)_3$	菱形十二面体、二十四面体、粒状	棕、棕红或黑红色	玻璃光泽	6.5～7.5	无解理，不规则断口	形状，颜色，硬度
黄铁矿 FeS_2	立方体、粒状	浅黄铜色	金属光泽	6～6.5	贝壳状或不规则断口	形状，颜色，光泽

二、三大类岩石

在地质作用下产生的，由一种或多种矿物以一定的规律组成的自然集合体，称为岩石。主要由一种矿物组成的岩石，称为单矿岩，如石灰岩就是由方解石组成的单矿岩；由两种或两种以上的矿物组成的岩石，称为复矿岩，如花岗岩主要是由正长石、石英和云母等矿物组成的复矿岩。根据矿物组成，可对岩石大致进行分类。矿物的成分、性质及其在各种因素影响下的变化，都会对岩石的强度和稳定性发生影响。自然界有各种各样的岩石，按成因，可分为岩浆岩、沉积岩和变质岩三大类。

(一)岩浆岩

岩浆岩是由岩浆冷凝形成的岩石。岩浆存在于地壳的深处，是处于高温、高压下的硅酸盐熔融体，它的主要成分是硅酸盐，还有其他元素、化合物以及溶解的气体（H_2O、CO_2等）。

岩浆经常处于活动状态中，当地壳发生变动或受到其他内力作用时，承受巨大压力的岩浆，就会沿着构造薄弱带上升，侵入地壳或喷出地面。岩浆在上升过程中，压力减小，热量散失，经复杂的物理化学过程，最后冷却凝结，就形成了岩浆岩。

岩浆上升侵入围岩，在地壳深处结晶形成的岩石，称为深成岩，在地面以下较浅处形成的岩石，称为浅成岩，两者统称为侵入岩。由喷出地面的熔岩凝固形成的岩石，称为喷出岩。侵入岩和喷出岩，由于生成时的物理环境不同，因而具有不同的结构和构造。

岩浆侵入体和喷出体的产出状态，如图 3-1 所示。

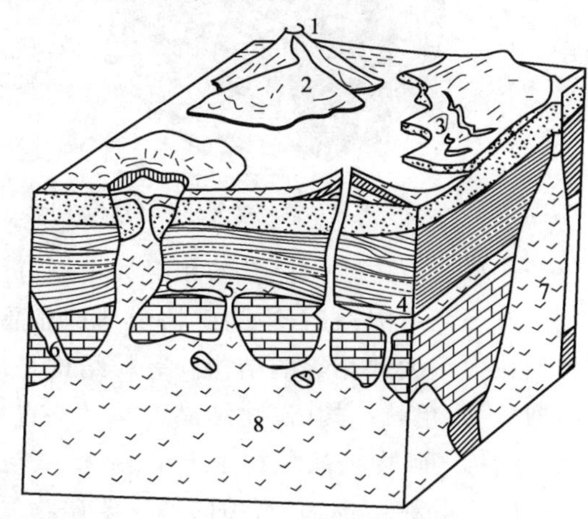

图 3-1 岩浆侵入体和喷出体示意图

1-火山锥；2-熔岩流；3-岩被；4-岩床；5-岩盘；6-岩墙；7-岩株；8-岩基

1. 岩浆岩的矿物成分

组成岩浆岩的矿物，根据颜色，可分为浅色矿物和深色矿物两类。

(1)浅色矿物：有石英、正长石、斜长石及白云母等。

(2)深色矿物：有黑云母、角闪石、辉石及橄榄石等。

岩浆岩的矿物成分，是岩浆化学成分的反映。岩浆的化学成分相当复杂，但含量高、对岩石的矿物成分影响最大的是 SiO_2。根据 SiO_2 的含量，岩浆岩可分为下面几类：

(1)酸性岩类(SiO_2 含量＞65％)

矿物成分以石英、正长石为主，并含有少量的黑云母和解闪石。岩石的颜色浅，相对密度轻。

(2)中性岩类(SiO_2 含量 65％～52％)

矿物成分以正长石、斜长石、角闪石为主，并含有少量的黑云母及辉石。岩石的颜色比较深，相对密度比较大。

(3)基性岩类(SiO_2 含量 52％～45％)

矿物成分以斜长石、辉石为主，含有少量的角闪石及橄榄石。岩石的颜色深，相对密度也比较大。

(4)超基性岩类(SiO_2 含量＜45％)

矿物成分以橄榄石、辉石为主，其次有角闪石，一般不含硅铝矿物。岩石的颜色很深，相对密度很大。

2. 岩浆岩的结构和构造

(1)结构

岩浆岩的结构，是指组成岩石的矿物的结晶程度、晶粒大小、晶体形状及其相互结合的情况。岩浆岩的结构特征，是岩浆成分和岩浆冷凝时物理环境的综合反映。

①按岩石中矿物的结晶程度划分(图 3-2)

a. 全晶质结构：岩石全部由结晶矿物组成。这种结构是岩浆在温度缓慢降低的情况下形成的，通常是侵入岩特有的结构，如花岗岩、正长岩。

b. 半晶质结构：岩石由结晶矿物和非晶质矿物组成。这种结构主要为浅成岩具有的结构，有时在喷出岩中也能见到，如流纹岩。

c. 非晶质结构(玻璃质结构)：岩石全部由非晶质矿物组成，又称玻璃质结构。这种结构是岩浆喷出地表迅速冷凝，来不及结晶的情况下形成的，属于喷出岩特有的结构，如浮岩、黑

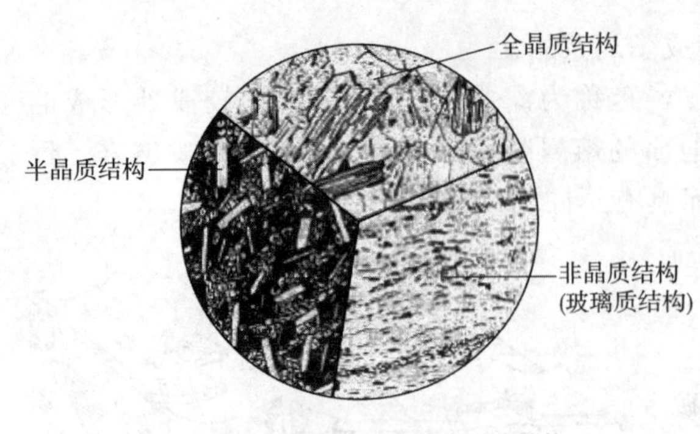

图 3-2　按结晶程度划分三种结构

曜岩。

②按岩石中矿物的晶粒大小划分

a. 显晶质结构：岩石全部由结晶较大的矿物组成，用肉眼或放大镜即可辨认。

b. 隐晶质结构：岩石全部由结晶微小的矿物组成，用肉眼和放大镜均看不见晶粒，只有在显微镜下可识别。

c. 玻璃质结构：岩石全部为非晶质所组成，均匀致密似玻璃。

③按岩石中矿物晶粒的相对大小划分

a. 等粒结构：岩石中的矿物全部是显晶质(肉眼或放大镜可辨别的)颗粒，同种主要矿物结晶颗粒大小大致相等的结构。等粒结构是深成岩特有的结构。按其矿物结晶颗粒大小可进一步划分为：粗粒结构(矿物结晶颗粒平均直径大于 5mm)、中粒结构 (矿物结晶颗粒 1～5mm)、细粒结构 (矿物结晶颗粒小于 1mm)。

b. 不等粒结构：岩石中同种主要矿物结晶颗粒大小不等，相差悬殊。其中晶形完好、颗粒粗大的称为斑晶，小的称为石基。这种结构多见于深成侵入岩边部或浅成侵入岩中。按其颗粒相对大小又可分为：斑状结构(石基为隐晶质或玻璃质，此种结构是浅成岩或喷出岩的重要特征)和似斑状结构(石基为显晶质，此种结构多见于深成岩体的边缘或浅成岩中)。

(2)构造

岩浆岩的构造，是指矿物在岩石中排列和充填方式所反映出来的外貌特征。岩浆岩的构造特征，主要决定于岩浆冷凝时的环境。常见的岩浆岩构造有以下几类。

①块状构造：矿物在岩石中分布比较均匀，无定向排列的现象。这种构造在深成岩中分布最广，如花岗岩、闪长岩、辉长岩等。

②流纹状构造：岩石中不同颜色的条纹、拉长的气孔以及长条形矿物沿一定方向排列所形成的流动状构造。这种构造是流纹岩等喷出岩所具有的构造。它反映岩浆喷出地表后流动的痕迹。

③气孔状构造：岩浆喷出地表后，由于压力急剧降低，岩浆凝固时，挥发性气体未能及时逸出，以致在岩石中留下许多圆形、椭圆形或长管形的孔洞。气孔状构造常为玄武岩、浮岩等喷出岩所具有。

④杏仁状构造：岩石中的气孔，为后期矿物(如方解石、石英等)充填所形成的一种形似杏仁的构造。如某些玄武岩和安山岩的构造。

3. 常见的岩浆岩

(1)酸性岩类

①花岗岩：是深成侵入岩。多呈肉红、浅灰、灰白等色。矿物成分主要为石英和正长石，其次有黑云母、角闪石和其他矿物。全晶质等粒结构，块状构造。根据所含深色矿物的不同，可进一步分为黑云母花岗岩、角闪石花岗岩等。花岗岩分布广泛，性质均匀坚固，是良好的建筑物地基和天然建筑石料。但是，在花岗岩地区进行工程建设时，要特别注意其风化程度和节理发育情况。

②花岗斑岩：是浅成侵入岩。成分与花岗岩相似，所不同的是具斑状结构，斑晶为长石或石英，石基多由细小的长石、石英及其他矿物组成，块状构造。

③流纹岩：是喷出岩，呈岩流状产出，颜色一般较浅，常呈灰白、灰红、浅黄褐等色。矿物成分同花岗岩，具典型的流纹构造，隐晶质斑状结构。细小的斑晶常由石英或长石组成，基质多有隐晶质和玻璃质矿物组成。在流纹岩中很少出现黑云母和角闪石等深色矿物。

(2)中性岩类

①正长岩：是深成侵入岩。多呈肉红色、浅灰或浅黄色。全晶质等粒结构，块状构造。主要矿物成分为正长石，其次为黑云母和角闪石，一般石英含量极少。其物理力学性质与花岗岩相似，但不如花岗岩坚硬，且易风化。

②正长斑岩：是浅成侵入岩。一般呈棕灰色或浅红褐色。矿物成分同正长岩。与正长岩所不同的是具斑状结构，斑晶主要是正长石，石基比较致密。

③粗面岩：是喷出岩。常呈浅灰、浅褐黄或淡红色。斑状结构，斑晶为正长石，石基多为隐晶质，具细小孔隙，表面粗糙。

④闪长岩：是深成侵入岩。灰白、深灰至黑灰色。主要矿物为斜长石和角闪石，其次有黑云母和辉石，全晶质等粒结构，块状构造。闪长岩结构致密，强度高，且具有较高的韧性和抗风化能力，是良好的建筑石料。

⑤闪长玢岩：是浅成侵入岩。灰色或灰绿色。矿物成分与闪长岩相同，具斑状结构，斑晶主要为斜长石，有时为角闪石。岩石中常有绿泥石、高岭石和方解石等次生矿物。

⑥安山岩：是喷出岩。灰色、紫色或灰紫色。斑状结构，斑晶常为斜长石。气孔状或杏仁状构造。

(3)基性岩类

①辉长岩：是深成侵入岩。灰黑至黑色。全晶质等粒结构，块状构造。主要矿物为斜长石和辉石，其次有橄榄石、角闪石和黑云母。辉长岩强度高，抗风化能力强。

②辉绿岩：是浅成侵入岩。灰绿或黑绿色。具特殊的辉绿结构(辉石充填于斜长石晶体格架的空隙中)，矿物成分与辉长岩相同，但常含有方解石、绿泥石等次生矿物，强度也高。

③玄武岩：是喷出岩。灰黑至黑色。主要矿物成分与辉长岩相同。呈隐晶质细粒或斑状结构，气孔或杏仁状构造。玄武岩致密坚硬、性脆，强度很高，具有抗磨损、耐酸性强的特点。

(二)沉积岩

沉积岩是在地表或近地表的常温常压环境中形成的，沉积物质来自先前存在的岩石(岩浆岩、变质岩和早已形成的沉积岩)的化学和物理破坏产物。沉积岩是地表面分布最广的一种岩石，虽然它的体积只占地壳的5%，但是出露面积约占陆地表面积的75%。

沉积岩的形成是一个长期而复杂的地质作用过程(风化、剥蚀、搬运、沉积、硬结成岩)。出露地表的各种岩石，经长期的日晒雨淋，风化破坏，逐渐地松散分解，或成为岩石碎屑，或成为细粒黏土矿物，或成为其他溶解物质。这些先成岩石的风化产物，大部分被流水等运动介质搬运到河、湖、海洋等低洼的地方沉积下来，成为松散的堆积物。这些松散的堆积物经过压密、胶结、重结晶等作用，逐渐形成沉积岩。

1.沉积岩的物质组成

沉积岩主要由以下几种物质组成。

(1)碎屑物质

由先成岩石经物理风化作用产生的碎屑物质组成。其中大部分是化学性质比较稳定，难溶于水的原生矿物的碎屑，如石英、长石、白云母等。另一部分则是岩石的碎屑。此外，还有其他方式生成的一些物质，如火山喷发产生的火山灰等。

(2)黏土矿物

主要是一些由含铝硅酸盐类矿物的岩石，经化学风化作用形成的次生矿物。如高岭石、微晶高岭石及水云母等。这类矿物的颗粒极细(<0.005mm)，具有很大的亲水性、可塑性及膨胀性。

(3)化学沉积矿物

是由纯化学作用或生物化学作用从溶液中沉积结晶产生的沉积矿物。如方解石、白云石、石膏、石盐、铁和锰的氧化物或氢氧化物等。

(4)有机质及生物残骸

由生物残骸或经有机化学变化而成的物质。如贝壳、硅藻土、泥炭及其他有机质等。

在上述的沉积岩组成物质中，黏土矿物、方解石、白云石、有机质等，是沉积岩所特有的，是物质组成上区别于岩浆岩的一个重要特征。

在沉积岩的组成物质中还有胶结物，这些胶结物或是通过矿化水的运动带到沉积物中，或是来自原始沉积物矿物组分的溶解和再沉淀。碎屑岩类岩石物理力学性质的好坏，与其胶结物有密切关系。常见的胶结物有以下几种：

①硅质：胶结成分为石英及其他二氧化硅。颜色浅，强度高。

②铁质：胶结成分为铁的氧化物及氢氧化物。颜色深，呈红色，强度仅次于硅质胶结。

③钙质：胶结成分为碳酸钙一类的物质。颜色浅，强度比较低，具有可溶性。

④泥质：胶结成分为黏土。多呈黄褐色，胶结松散，强度低，易湿软、风化。

同一种胶结物胶结的岩石，若胶结方式不同，岩石强度差异也很大。胶结方式是指胶结物与碎屑颗粒之间的联结形式，常见的胶结方式有基底式胶结、孔隙式胶结和接触式胶结三种(图 3-3)。碎屑颗粒互不接触，散布于胶结物中，称为基底式胶结。它胶结紧密，岩石孔隙度小，较其他胶结方式的岩石强度高，其强度和稳定性完全取决于胶结物的成分。碎屑颗粒之间直接接触，胶结物充填于碎屑间的孔隙中，称为孔隙式胶结。所以其工程性质与与碎屑颗粒成分、形状及胶结物成分都有关系，强度变化较大。碎屑颗粒之间直接接触，胶结物只在颗粒接触处有胶结物联结，其余颗粒间孔隙未被胶结物充填，称为接触式胶结。所以接触胶结的岩石，一般都是孔隙度大、重度小、吸水率高、强度低、透水性强。

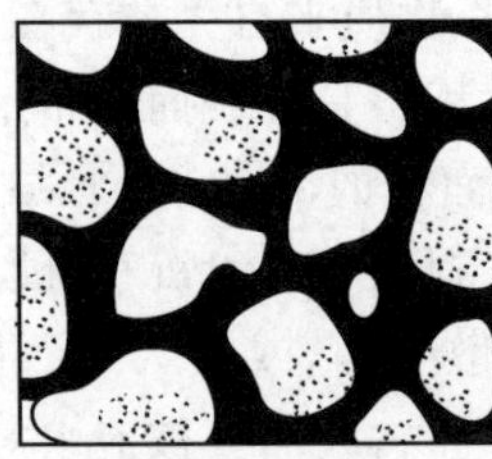
a)基底式胶结

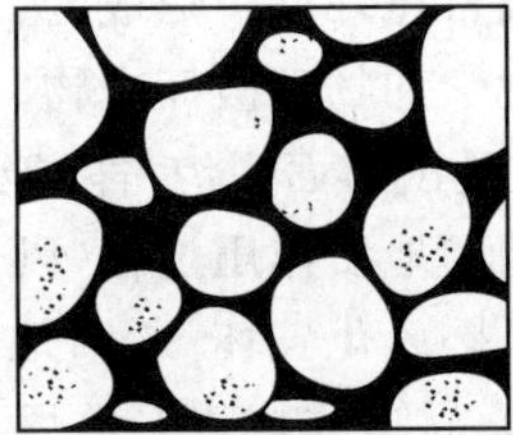
b)孔隙式胶结

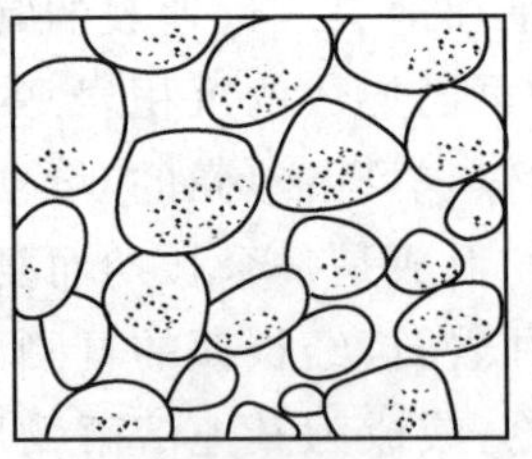
c)接触式胶结

图 3-3 按沉积岩的胶结类型

2.沉积岩的结构和构造

(1)结构

沉积岩的结构是指沉积岩的组成物质的颗粒大小、形状及结晶程度。它不仅决定了沉积岩的岩性特征，也反映了沉积岩的形成条件。按组成物质、颗粒大小及形状等方面的特点，一般分为碎屑结构、泥质结构、结晶结构及生物结构 4 种。

①碎屑结构

由碎屑物质被胶结物胶结而成，是沉积岩所特有的结构。按碎屑粒径的大小可分为：

a.砾状结构：碎屑粒径＞2mm。碎屑形成后未经搬运或搬运不远而留有棱角者，称为角砾状结构；碎屑经过搬运呈浑圆状或具有一定磨圆度者，称为砾状结构。

b.砂质结构：碎屑粒径为0.05～2mm。其中0.5～2mm的为粗粒结构，如粗粒砂岩；0.25～0.5mm的为中粒结构，如中粒砂岩；0.05～0.25mm的为细粒结构，如细粒砂岩。

c.粉砂质结构：碎屑粒径为0.005～0.05mm，如粉砂岩。

②泥质结构

由粒径＜0.005mm的黏土矿物颗粒组成。是泥岩、页岩等黏土岩的主要结构。

③结晶结构

由溶液中沉淀或经重结晶所形成的结构。结晶结构为石灰岩、白云岩等化学岩的主要结构。

④生物结构

由生物遗体或碎片所组成，如贝壳结构、珊瑚结构等。是生物化学岩所具有的结构。

(2)构造

沉积岩的构造是指其组成部分的空间分布及其相互间的排列关系。沉积岩最主要的构造是层理构造、层面构造和化石。它们是区别岩浆岩和某些变质岩的主要标志。对了解沉积岩的生成及地理环境有着重要意义。沉积岩的层理构造、层面特征和含有化石，是沉积岩在构造上区别岩浆岩的重要特征。

①层理构造

沉积岩在形成过程中由于沉积环境的改变，使先后沉积的物质在颗粒大小、形状、颜色和成分上发生变化，从而显示出来的成层现象，称为层理构造。

层与层之间的界面，称为层面。层面是由较短的沉积间断所造成。上下两个层面间连续不断沉积所形成的岩石，称为岩层。一个岩层上下层面之间的垂直距离，称为岩层的厚度。

岩层按厚度可分为块状(＞1m)、厚层(0.5～1m)、中厚层(0.1～0.5m)和薄层(＜0.1m)，大厚度岩层中所夹的薄层，称为夹层。有些岩层一端较厚，而另一端逐渐变薄以至消失，这种现象称为尖灭。若在不大的距离内两端都尖灭，而中间较厚则称为透镜体。

层理和层面的方向有时不一致，根据两者的关系，可对层理形态进行分类：当层理与层面延长方向相互平行时，称为平行层理。其中，当层理面平直时称为水平层理，当层理面波状起伏时称为波状层理。当层理与层面斜交时称为斜层理。若是多组不同方向的斜交层理相互交错，则称为交错层理。

②层面构造

层面上有时还保留有反映沉积岩形成时的某些特征，如波痕、泥裂、雨痕等，称为层面构造。

a.波痕：沉积过程中，沉积物由于受风力或水流的波浪作用，在沉积岩层面上遗留下来的波浪痕迹。

b.泥裂：黏土沉积物表面，由于失水收缩而形成不规则的多边形裂缝。

c.雨痕：沉积物表面经受雨点、冰雹打击后遗留下来的痕迹。

③化石

在沉积岩中常可见到动植物的遗骸和痕迹，它们经过石化交替作用保存下来而成为化石，如蚌壳、三叶虫、树叶等。化石常沿层理面平行分布。根据化石可以推断岩石形成的地理环境和确定岩层的地质年代。化石是沉积岩的重要特征。

3.常见的沉积岩

(1)碎屑岩类

碎屑岩类,即由粗粒的碎屑和细粒的胶结物两部分组成。根据碎屑物质的来源可分为火山碎屑岩和沉积碎屑岩两类。

①火山碎屑岩

火山碎屑岩是由火山喷发的碎屑物质在地表经短距离搬运,或就地沉积而成。由于它在成因上具有火山喷出与沉积的双重性,所以是介于喷出岩和沉积岩之间的过渡类型。

a.火山集块岩:主要由粒径>100mm的粗火山碎屑物质组成,胶结物主要为火山灰或熔岩,有时为碳酸钙、二氧化硅或泥质。

b.火山角砾岩:火山碎屑占90%以上,粒径一般为2~100mm,多呈棱角状,常为火山灰或硅质胶结。颜色常呈暗灰、深灰或褐灰色。

c.凝灰岩:一般由粒径<2mm的火山灰及细碎屑组成。碎屑主要是晶屑、玻屑及岩屑,胶结物为火山灰等。凝灰岩孔隙性高,重度小,易风化。

②沉积碎屑岩

沉积碎屑岩又称为正常碎屑岩,是由先成岩石风化剥蚀的碎屑物质,经搬运、沉积、胶结而成的岩石。常见的有:

a.砾岩及角砾岩:砾状结构,由50%以上粒径>2mm的粗大碎屑胶结而成,黏土含量<25%。由浑圆状砾石胶结而成的称为砾岩;由棱角状的角砾胶结而成的称为角砾岩。角砾岩的岩性成分比较单一。砾岩的岩性成分一般比较复杂,经常由多种岩石的碎屑和矿物颗粒组成。胶结物的成分有钙质、泥质、铁质及硅质等。

b.砂岩:砂质结构,由50%以上粒径介于0.05~2mm的砂粒胶结而成,黏土含量<25%。按砂粒的矿物组成,可分为石英砂岩、长石砂岩和岩屑砂岩。按砂粒粒径的大小,可分为粗粒砂岩、中粒砂岩和细粒砂岩。胶结物的成分对砂岩的物理力学性质有重要影响。根据胶结物的成分,又可将砂岩分为硅质砂岩、铁质砂岩、钙质砂岩及泥质砂岩几个亚类。硅质砂岩的颜色浅,强度高,抵抗风化的能力强。泥质砂岩一般呈黄褐色,吸水性强,易软化,强度和稳定性差。铁质砂岩常呈紫红色或棕红色,钙质砂岩呈白色或灰白色,强度和稳定性介于硅质与泥质砂岩之间。砂岩分布很广,易于开采加工,是工程上广泛采用的建筑石料。

c.粉砂岩:粉砂质结构,常有清晰的水平层理。由50%以上粒径介于0.005~0.05mm的粉砂胶结而成,黏土含量<25%。结构较疏松,强度和稳定性不高。

(2)黏土岩类

黏土岩是分布最广的一类沉积岩,具泥质结构,质地均匀细腻,主要由黏土矿物组成。常见的岩石类型如下:

①页岩:是由黏土脱水胶结而成,以黏土矿物为主,大部分有明显的薄层理,呈页片状。可分为硅质页岩、黏土质页岩、砂质页岩、钙质页岩及炭质页岩。除硅质页岩强度稍高外,其余岩性软弱,易风化成碎片,强度低,与水作用易于软化而丧失稳定性。

②泥岩:成分与页岩相似,常成厚层状。以高岭石为主要成分的泥岩,常呈灰白色或黄白色,吸水性强,遇水后易软化。以微晶高岭石为主要成分的泥岩,常呈白色、玫瑰色或浅绿色,表面有滑感,可塑性小,吸水性强,吸水后体积急剧膨胀。

黏土岩夹于坚硬岩层之间,形成软弱夹层,浸水后易于软化滑动。

(3)化学及生物化学岩类

化学岩主要是母岩化学风化后的溶解物质，在化学条件适当或有生物参与的化学作用下，从海水和湖水中沉积而成。常见的岩石类型有以下几种。

①石灰岩：简称灰岩。矿物成分以方解石为主，其次含有少量的白云石和黏土矿物。常呈深灰、浅灰色，纯质灰岩呈白色。由纯化学作用生成的具有结晶结构，但晶粒极细，经重结晶作用即可形成晶粒比较明显的结晶灰岩。由生物化学作用生成的灰岩，常含有丰富的有机物残骸。石灰岩中一般都含有一些白云石和黏土矿物，当黏土矿物含量达25%～50%时，称为泥灰岩；白云石含量达25%～50%时，称为白云质灰岩。石灰岩分布相当广泛，岩性均一，易于开采加工，是一种用途很广的建筑石料。

②白云岩：主要矿物成分为白云石，也含有方解石和黏土矿物。结晶结构。纯质白云岩为白色，随所含杂质的不同，可出现不同的颜色。性质与石灰岩相似，但强度和稳定性比石灰岩高，是一种良好的建筑石料。白云岩的外观特征与石灰岩近似，在野外难于区别，可用盐酸起泡程度辨认。

③泥灰岩：是一种介于碳酸盐和黏土岩之间的过渡类型岩石，成分复杂。标准的泥灰岩含50%～75%的方解石，25%～50%的黏土物质。当黏土矿物含量少于25%时，称为含泥石灰岩或泥质石灰岩。泥灰岩常产于石灰岩和黏土岩的过渡地带，夹于薄石灰岩或黏土岩之中，呈透镜状或薄层状产出。

(三)变质岩

地壳内部原有的岩石(岩浆岩、沉积岩和变质岩)，由于受到高温、高压及化学成分加入的影响，改变原来的矿物成分和结构、构造，形成新的岩石，称为变质岩。这种使岩石改变的作用，称为变质作用。变质岩不仅具有变质过程中所产生的特征，而且还常保留着原来岩石的某些特点。

引起变质作用的主要因素是高温、高压和新的化学成分的加入。变质作用可概括为接触变质与区域变质两种基本类型。岩浆从地球深处上升到地壳中，带着很大热能，使与之接触的岩石温度急剧上升，由于这种热的影响所引起的变质作用，称为接触变质作用。在大规模区域性地壳变动影响下，使大面积岩体处在高温、高压、岩浆活动等因素的综合作用下所引起的变质作用，称为区域变质作用。

1.变质岩的矿物成分

变质岩的矿物成分可分为两大类：一类是与岩浆岩、沉积岩所共有的，如石英、长石、云母、角闪石、辉石、方解石等，它们大多是原岩残留下来的，有的是在变质作用中形成的；另一类是在变质作用中产生的变质岩所特有的矿物，以此将变质岩与其他岩石区别开来，如石墨、滑石、蛇纹石、石榴石、绿泥石、绢云母、硅灰石、蓝晶石、红柱石等，称为变质矿物。

2.变质岩的结构和构造

变质岩的结构和构造是识别变质作用条件和过程的重要标志，利用结构和构造特征可以鉴别变质岩的类型，为变质岩命名提供依据，因此，一直受到地质学家们的重视。

(1)结构

岩石在变质过程中，由于矿物的重结晶和新矿物的生成，相应的也要出现一些新的结构。变质岩的结构是指变质岩的变质程度、颗粒大小和连接方式，按变质作用的成因及变质程度不同，可分为下列主要结构：

①变余结构

有些岩石经过变质以后，重结晶作用不完全，原岩的矿物成分和结构特征一部分被保留下来，即构成变余结构。如泥质砂岩变质以后，泥质胶结物变成绢云母和绿泥石，而其中碎屑物质(如石英)不发生变化，便形成变余砂状结构。还有其他的变余结构，如与岩浆岩有关的变余斑状结构、变余花岗结构等。

②变晶结构

指变质作用过程中，原来岩石基本上在固态条件下，由重结晶作用形成的结晶质结构。变晶结构与岩浆岩的结晶结构的区别，在于前者基本上是在固态条件下，由各种矿物基本上同时重结晶而成，可具有明显的定向性，岩石均为全晶质，没有非晶质成分，斑晶中常有大量基质矿物的包裹体等；而后者是在熔融的岩浆逐渐冷却的过程中，由各种矿物先后结晶而成，常具有明显的结晶顺序。

③碎裂结构

指岩石受挤压应力作用，使矿物发生弯曲、破裂，甚至粉碎后，又被黏结在一起形成的结构。碎裂结构具有明显的条带和片理，是动力变质中常见的结构，如糜棱结构、碎裂结构、碎斑结构等。

(2)构造

变质岩的构造是指变晶矿物集合体之间的分布与充填方式。可分为下列几种：

①板状构造：岩石中矿物颗粒细小，肉眼不能分辨，片理面平直，沿片理面偶有绢云母、绿泥石出现，光泽微弱，易沿片理面裂开成厚度一致的薄板，如板岩。

②千枚状构造：岩石中矿物颗粒细小，肉眼难以分辨，片理面较平直，沿片理面有绢云母出现，呈丝绢光泽，易沿片理面劈成薄片状，如千枚岩。

③片状构造：岩石中含有大量片状、板状或柱状矿物，沿片理面富集，平行排列，光泽较强，沿片理面易剥开成不规则的薄片，如云母片岩。

④片麻状构造：岩石由粒状矿物和片状或柱状矿物相间平行排列，呈条带状，沿片理面不易劈开，如片麻岩。

⑤块状构造：岩石由粒状结晶矿物组成，无定向排列，呈均匀地分布，也不能定向裂开，如大理岩、石英岩等。

板状、千枚状、片状、片麻状等片理构造是变质岩所特有的，是识别变质岩的显著标志。

3.常见的变质岩

(1)片理状岩类

①片麻岩：具典型的片麻状构造，变晶或变余结构，因发生重结晶，一般晶粒粗大，肉眼可以辨识。片麻岩可以由岩浆岩变质而成，也可由沉积岩变质形成。主要矿物为石英和长石，其次有云母、角闪石、辉石等，此外有时含有少许石榴石等变质矿物。岩石颜色视深色矿物含量而定，石英、长石含量多时色浅，黑云母、角闪石等深色矿物含量多时色深。片麻岩进一步的分类和命名，主要根据矿物成分，如角闪石片麻岩，斜长石片麻岩等。片麻岩强度较高。如云母含量增多，强度相应降低。因具片理构造，故较易风化。

②片岩：具片状构造，变晶结构。矿物成分主要是一些片状矿物，如云母、绿泥石、滑石等，此外尚含有少许石榴石等变质矿物。进一步的分类和命名是根据矿物成分，如云母片岩、绿泥石片岩、滑石片岩等。片岩的片理一般比较发育，片状矿物含量高，强度低，抗风化能力差，极易风化剥落，岩体也易沿片理倾向坍落。

③千枚岩：多由黏土岩变质而成。矿物成分主要为石英、绢云母、绿泥石等。结晶程度比

片岩差，晶粒极细，肉眼不能直接辨别，外表常呈黄绿褐红、灰黑等色。由于含有较多的绢云母，片理面常有微弱的丝绢光泽。千枚岩的质地松软，强度低，抗风化能力差，容易风化剥落，沿片理倾向容易产生塌落。

④板岩：具板状构造，变余结构、有时具变晶结构。多是页岩经浅变质而成。矿物颗粒细小，主要由绢云母、石英、绿泥石和黏土组成。常为深灰至黑灰色，也有绿色及紫色。易裂开成薄板。打击时有清脆之声，可与页岩区别。能加工成各种尺寸的石板。板岩在水的长期作用下易于软化、泥化形成软弱夹层。

(2)块状岩类

①大理岩：由石灰岩或白云岩经重结晶变质而成，等粒变晶结构，块状构造。主要矿物成分为方解石，遇稀盐酸强烈起泡，可与其他浅色岩石相区别。大理岩常呈白色、浅红色、淡绿色、深灰色以及其他各种颜色，常因含有其他带色杂质而呈现出美丽的花纹。大理岩强度中等，易于开采加工，色泽美丽，是一种很好的建筑装饰石料。

②石英岩：结构和构造与大理岩相似。一般由较纯的石英砂岩变质而成，常呈白色，因含杂质，可出现灰白色、灰色、黄褐色或浅紫红色。石英岩强度很高，抵抗风化的能力很强，是良好的建筑石料，但硬度很高，开采加工相当困难。

三、岩石的工程地质性质

岩石的工程地质性质包括物理性质、水理性质和力学性质三个主要方面。就大多数的工程地质问题来看，岩体的工程地质性质，主要决定于岩体内部裂隙系统的性质及其分布情况，但岩石本身的性质也起着重要的作用。这里主要介绍有关岩石工程地质性质的一些常用指标和影响岩石工程地质性质的一些主要因素。

(一)岩石工程地质性质的常用指标

1. 岩石的物理性质

(1)岩石的密度(ρ)

岩石单位体积的质量称为岩石的密度。可用下式表示：

$$\rho=\frac{m}{V} \tag{3-1}$$

式中：ρ——岩石的密度(g/cm^3)；

m——岩石的总质量(g)；

V——岩石的总体积(cm^3)。

岩石孔隙中完全没有水存在时的密度，称为干密度。岩石中孔隙全部被水充满时的密度，称为岩石的饱和密度。常见岩石的密度为2.3～2.8g/cm^3。

(2)岩石的相对密度(D)

岩石的相对密度，是固体岩石的质量与同体积4℃水的质量的比值。在数值上，等于固体岩石的单位体积的质量，即

$$D=\frac{m_s}{V_s\rho_w}=\frac{m_s}{V_s} \tag{3-2}$$

式中：D——岩石的相对密度；

m_s——固体岩石的质量(g)；

V_s——固体岩石的体积(cm^3)；

ρ_w——水的密度(g/cm^3)。

固体岩石的质量是指不包含气体和水在内的干燥岩石的质量，固体岩石的体积是指不包括孔隙在内的岩石的实体体积。

岩石相对密度的大小，决定于组成岩石的矿物的相对密度及其在岩石中的相对含量。常见的岩石，其相对密度一般介于2.5～3.3之间。

(3)岩石的孔隙率(n)

岩石的孔隙率(或孔隙度)是指岩石中孔隙、裂隙的体积与岩石总体积之比值，常以百分数表示，即

$$n=\frac{V_v}{V}\times 100\% \tag{3-3}$$

式中：n——岩石的孔隙率(%)；

V_v——岩石中孔隙、裂隙的体积(cm^3)；

V——岩石总体积(cm^3)。

岩石孔隙率的大小，主要决定于岩石的结构和构造，同时也受风化或构造作用等因素的影响。一般坚硬岩石的孔隙率小于2%～3%，但砾岩、砂岩等多孔岩石，则经常具有较大的孔隙率。

(4)岩石的吸水性

岩石的吸水率(W_1)是指在常压条件下岩石的吸水能力，以该条件下岩石所吸水分质量与干燥岩石质量之比，用百分数表示，即

$$W_1=\frac{m_{W_1}}{m_S}\times 100\% \tag{3-4}$$

式中：W_1——岩石的吸水率(%)；

m_{W_1}——岩石在常压下吸水的质量(g)；

m_S——干燥岩石的质量(g)。

岩石的吸水率，与岩石孔隙的大小、孔隙张开程度等因素有关。岩石的吸水率高，则水对岩石的侵蚀、软化作用就强，岩石强度和稳定性受水作用的影响也就显著。

岩石的饱水率(W_2)是指在高压(15MPa)或真空条件下岩石的吸水能力，以该条件下岩石所吸水分质量与干燥岩石质量之比，用百分数表示。

岩石的吸水率与饱水率的比值，称为岩石的饱水系数。饱水系数越大，岩石的抗冻性越差。一般认为饱水系数小于0.8的岩石是抗冻的。

2.岩石的水理性质

岩石的水理性质，是指岩石与水作用时的性质，如透水性、溶解性、软化性、抗冻性等。

(1)岩石的透水性

岩石的透水性，是指岩石允许水通过的能力。岩石透水性的大小，主要取决于岩石中裂隙、孔隙及孔洞的大小和连通情况。

岩石的透水性用渗透系数(K)来表示。渗透系数等于水力坡降为1时，水在岩石中的渗透速度，其单位用m/d或cm/s表示。

(2)岩石的溶解性

岩石的溶解性，是指岩石溶解于水的性质，常用溶解度或溶解速度来表示。在自然界中常见的可溶性岩石，有石膏、岩盐、石灰岩、白云岩及大理岩等。岩石的溶解性不但和岩石的化学

成分有关，而且还和水的性质有很大的关系。淡水一般溶解能力较小，而富含 CO_2 的水，则具有较大的溶解能力。

(3)岩石的软化性

岩石的软化性，是指岩石在水的作用下，强度及稳定性降低的一种性质。岩石的软化性主要决定于岩石的矿物成分、结构和构造特征。黏土矿物含量高、孔隙率大、吸水率高的岩石，与水作用容易软化而丧失其强度和稳定性。

岩石软化性的指标是软化系数。它等于岩石在饱水状态下的极限抗压强度与岩石在风干状态下极限抗压强度的比值。其值越小，表示岩石在水作用下的强度和稳定性越差。未受风化作用的岩浆岩和某些变质岩，软化系数大都接近于1，是弱软化的岩石、其抗水、抗风化和抗冻性强。软化系数小于0.75的岩石，认为是强软化的岩石，工程性质比较差。

(4)岩石的抗冻性

岩石孔隙中有水存在时，水结冰，体积膨胀，就产生巨大的压力。由于这种压力的作用，会促使岩石的强度和稳定性坏。岩石抵抗这种冰冻作用的能力，称为岩石的抗冻性。在冰冻地区，抗冻性是评价岩石工程性质的一个重要指标。

岩石的抗冻性，有不同的表示方法，一般用岩石的抗冻试验前后抗压强度的降低率表示。抗压强度降低率小于20%～25%的岩石，认为是抗冻的；大于25%的岩石，认为是非抗冻的。

3. 岩石的力学性质

(1)岩石的强度指标

岩石的强度指标主要有抗压强度、抗拉强度和抗剪强度。岩石的破坏主要有压碎、拉断和剪断等形式。

①抗压强度(f_r)　岩石在单向压力作用下，抵抗压碎破坏的能力，为岩石抗压强度，即

$$f_r=\frac{P_F}{A} \tag{3-5}$$

式中：f_r——岩石抗压强度(kPa)；

P_F——岩石受压破坏时总压力(kN)；

A——岩石受压面积(m^2)。

②抗拉强度(σ_t)　岩石单向拉伸时，抵抗拉断破坏的能力称岩石的抗拉强度，即

$$\sigma_t=\frac{P_t}{A} \tag{3-6}$$

式中：σ_t——岩石抗拉强度(kPa)；

P_t——岩石在受拉破坏时总拉力(kN)；

A——岩石受拉面积(m^2)。

③抗剪强度(τ)　岩石抵抗剪切破坏的能力称岩石的抗剪强度。它又可分抗剪断强度、抗剪强度和抗切强度。

抗剪断强度是指在垂直压力作用下的岩石剪断强度，即

$$\tau=\sigma\tan\varphi+c \tag{3-7}$$

式中：τ——岩石抗剪断强度(kPa)；

σ——破裂面上的法向应力(kPa)；

c——岩石的黏聚力(kPa)；

φ——岩石的内摩擦角；

$\tan\varphi$——岩石的摩擦系数。

坚硬岩石因结晶联结或胶结联结牢固，因此其抗剪断强度较高。

抗剪强度是沿已有的破裂面发生剪切滑动时的指标，即

$$\tau=\sigma\tan\varphi \tag{3-8}$$

抗剪强度大大低于抗剪断强度。

抗切强度是指压应力等于零时的抗剪断强度，即

$$\tau=c$$

岩石的抗压强度最高，抗剪强度居中，抗拉强度最小。岩石越坚硬，其值相差越大。岩石的抗剪强度和抗压强度是评价岩石稳定性的重要指标。

常见岩石的抗压，抗剪及抗拉强度，见表 3-2。

常见岩石的抗压、抗剪及抗拉强度（MPa） 表 3-2

岩石名称	抗压	抗剪	抗拉
花岗岩	100～250	14～50	7～25
闪长岩	150～300		15～30
辉长岩	150～300		15～30
玄武岩	150～300	20～60	10～30
砂岩	20～170	8～40	4～25
页岩	5～100	3～30	2～10
石灰岩	30～250	10～50	5～25
白云岩	30～250		15～25
片麻岩	50～200		5～20
板岩	100～200	15～30	7～20
大理岩	100～250		7～20
石英岩	150～300	20～60	10～30

(2)岩石的变形指标

岩石的变形指标主要有弹性模量、变形模量和泊松比。

①弹性模量(E)。应力与弹性应变的比值称岩石的弹性模量，即

$$E=\frac{\sigma}{\varepsilon_e} \tag{3-9}$$

式中：E——弹性模量(MPa)；

σ——正应力(MPa)；

ε_e——弹性应变。

②变形模量(E_0)。应力与总应变的比值，称岩石变形模量，即

$$E_0=\frac{\sigma}{\varepsilon_e+\varepsilon_p}=\frac{\sigma}{\varepsilon} \tag{3-10}$$

式中：E_0——变形模量(MPa)；

ε_e——弹性应变；

ε_p——塑性应变；

σ——正应力(MPa)。

③泊松比(μ)。岩石在轴向压力作用下的横向应变和纵向变应的比值，称为泊松比，即

$$\mu=\frac{\varepsilon_x}{\varepsilon_y} \tag{3-11}$$

式中：μ——泊松比；

ε_x——横向应变；

ε_y——纵向应变。

岩石的泊松比一般在0.2～0.4之间。

(二)影响岩石工程地质性质的因素

影响岩石工程地质性质的因素是多方面的，但归纳起来，主要的有两个方面：一是岩石的地质特征，如岩石的矿物成分、结构、构造及成因等；另一个是岩石形成后所受外部因素的影响，如水的作用及风化作用等。现就上述因素对岩石工程地质性质的影响，作一些说明。

1.矿物成分

岩石是由矿物组成的，岩石的矿物成分对岩石的物理力学性质产生直接的影响，这是容易理解的。例如辉长岩的相对密度比花岗岩大，这是因为辉长岩的主要矿物成分辉石和角闪石的相对密度比石英和正长石大的缘故。又如石英岩的抗压强度比大理岩要高得多，这是因为石英的强度比方解石高的缘故。两例说明，尽管岩类相同，结构和构造也相同，如果矿物成分不同，岩石的物理力学性质会有明显的差别。但也不能简单地认为，含有高强度矿物的岩石，其强度一定就高。因为岩石受力作用后，内部应力是通过矿物颗粒的直接接触来传递的，如果强度较高的矿物在岩石中互不接触，则应力的传递必然会受中间低强度矿物的影响，岩石就不一定能显示出高的强度。

从工程要求来看，大多数岩石的强度相对来说都是比较高的。所以，在对岩石的工程地质性质进行分析和评价时，更应该注意那些可能降低岩石强度的因素，如花岗岩中的黑云母含量是否过高，石灰岩、砂岩中黏土类矿物的含量是否过高等。黑云母是硅酸盐类矿物中硬度低、解理最发育的矿物之一，它容易遭受风化而剥落，也易于发生次生变化，最后成为强度较低的铁的氧化物和黏土类矿物。石灰岩和砂岩，当黏土类矿物的含量大于20%时，就会直接降低岩石的强度和稳定性。

2.结构

岩石的结构特征，是影响岩石物理力学性质的一个重要因素。根据岩石的结构特征，可将岩石分为两类：一类是结晶联结岩石，如大部分的岩浆岩、变质岩和一部分沉积岩；另一类是由胶结物联结的岩石，如沉积岩中的碎屑岩等。

结晶联结是由岩浆或溶液结晶或重结晶形成的。矿物的结晶颗粒靠直接接触产生的力牢固地联结在一起，结合力强，孔隙度小，比胶结联结的岩石具有较高的强度和稳定性。结晶联结的岩石，结晶颗粒的大小对岩石的强度有明显影响。如粗粒花岗岩的抗压强度，一般在120～140MPa之间，而细粒花岗岩有的则可达200～250MPa。又如大理岩的抗压强度一般在100～120MPa之间，而最坚固的石灰岩则可达250MPa。这说明，矿物成分和结构类型相同的岩石，其矿物结晶颗粒的大小对强度的影响是显著的。

胶结联结是矿物碎屑由胶结物联结在一起的。胶结联结的岩石，其强度和稳定性主要决

定于胶结物的成分和胶结的形式，同时也受碎屑成分的影响，变化很大。就胶结物的成分来说，硅质胶结的强度和稳定性高，泥质胶结的强度和稳定性低，铁质和钙质胶结的介于两者之间。如泥质胶结的砂岩，其抗压强度一般只有 60～80MPa，钙质胶结的可达 120MPa，而硅质胶结的则可高达 170MPa。

胶结联结的形式，有基底式胶结、孔隙式胶结和接触式胶结三种，见图 3-3 及相关说明。肉眼不易分辨，但对岩石的强度有重要影响。

3. 构造

构造对岩石物理力学性质的影响，主要是由矿物成分在岩石中分布的不均匀性，和岩石结构的不连续性所决定的。前者是指某些岩石所具有的片状构造、板状构造、千枚状构造、片麻构造以及流纹构造等。岩石的这些构造，往往使矿物成分在岩石中的分布极不均匀。一些强度低、易风化的矿物，多沿一定方向富集，或呈条带状分布，或呈局部的聚集体，从而使岩石的物理力学性质在局部发生很大变化。观察和试验证明，岩石受力破坏和岩石遭受风化，首先都是从岩石的这些缺陷中开始发生的。后者是指不同的矿物成分虽然在岩石中的分布是均匀的，但由于存在着层理、裂隙和各种成因的孔隙，致使岩石结构的连续性与整体性受到一定程度的影响，从而使岩石的强度和透水性在不同的方向上发生明显的差异。一般来说，垂直层面的抗压强度大于平行层面的抗压强度，平行层面的透水性大于垂直层面的透水性。假如上述两种情况同时存在，则岩石的强度和稳定性将会明显降低。

4. 水

岩石饱水后强度降低，已为大量的试验资料所证实。当岩石受到水的作用时，水就沿着岩石中可见和不可见的孔隙、裂隙侵入，浸湿岩石自由表面上的矿物颗粒，并继续沿着矿物颗粒间的接触面向深部浸入，削弱矿物颗粒间的联结，使岩石的强度受到影响。如石灰岩和砂岩被水饱和后，其极限抗压强度会降低 25%～45%。就是像花岗岩、闪长岩及石英岩等一类的岩石，被水饱和后，其强度也均有一定程度的降低。降低程度在很大程度上取决于岩石的孔隙度。当其他条件相同时，孔隙度大的岩石，被水饱和后其强度降低的幅度也大。

和上述的几种影响因素比较起来，水对岩石强度的影响，在一定程度上是可逆的，当岩石干燥后其强度仍然可以得到恢复。但是，如果伴随干湿变化，出现化学溶解、结晶膨胀等作用，使岩石的结构状态发生改变，则岩石强度的降低，就转化成为不可逆的过程了。

5. 风化

风化是在温度、水、气体及生物等综合因素影响下，改变岩石状态、性质的物理化学过程。它是自然界最普遍的一种地质现象。

风化作用促使岩石的原有裂隙进一步扩大，并产生新的风化裂隙，使岩石矿物颗粒间的联结松散和使矿物颗粒沿解理面崩解。风化作用的这种物理过程，能促使岩石的结构、构造和整体性遭到破坏，孔隙度增大，重度减小，吸水性和透水性显著增高，强度和稳定性大为降低。随着物理过程的加强，则会引起岩石中的某些矿物发生次生变化，从根本上改变岩石原有的工程地质性质。

习 题

3-1 以下矿物中，硬度最高的是(　　)。

A. 正长石　　B. 石英　　C. 云母　　D. 方解石

3-2　沉积岩分类的关键因素是(　　)。

A. 结构特征　　B. 构造特征　　C. 矿物成分　　D. 胶结物成分

3-3　碎屑岩的胶结类型有(　　)。

1. 孔隙式　2. 基底式　3. 片理式　4. 板状式　5. 接触式

A. 1、2、3　　B. 2、3、4　　C. 2、3、4、5　　D. 1、2、5

3-4　以下全部为岩浆岩结构类型的选项是(　　)。

A. 等粒结构、不等粒结构、生物结构　　B. 变晶结构、变余结构、碎裂结构

C. 斑状结构、似斑状　　D. 碎屑结构、泥质结构、化学结构

3-5　下列岩石中为岩浆岩类的是(　　)。

A. 花岗岩　　B. 白云岩　　C. 千枚岩　　D. 大理岩

3-6　条痕是指矿物的(　　)。

A. 固有颜色　　B. 粉末的颜色

C. 杂质的颜色　　D. 表面氧化物的颜色

3-7　呈菱面体、白色、玻璃光泽、具3组完全解理、硬度为3,且稀遇盐酸剧烈起泡的矿物是(　　)。

A. 石英　　B. 白云母　　C. 方解石　　D. 正长石

3-8　地壳表面分布最广的岩石是(　　)。

A. 岩浆岩　　B. 玄武岩　　C. 变质岩　　D. 沉积岩

第二节　地 质 构 造

一、地壳运动及地质作用

(一)地壳运动

地球作为一个天体,自形成以来就一直不停地运动着。地壳作为地球最外层薄壳(主要指岩石圈),在地球历史演变过程中,同样不断地运动、发展和变化。例如,约2500万年以前,喜马拉雅山地区曾是一片汪洋大海,后来由于地壳上升才隆起成今日的“世界屋脊”。这种主要由地球内动力地质作用引起地壳变化,使岩层或岩体发生变形和变位的运动称为地壳运动。地壳运动的结果形成了各种不同的构造形迹,如褶皱、断裂等,称为地质构造或构造形迹。因此,地壳运动也常称为构造运动。地壳运动控制着海陆变迁及其分布轮廓,地壳的隆起和坳陷,以及山脉、海沟的形成,火山、地震的产生等。地壳运动的速率一般以缓慢渐变的方式进行,不易为人们所察觉,因此必须进行长期的观测才能发现。但有时也表现十分强烈,在短期内发生快速突变的运动,如火山喷发、地震活动等。地壳运动至今仍在发展运动中,按时间顺序,一般认为,晚第三纪以前的构造运动称为古构造运动,晚第三纪以后的构造运动则称为新构造运动,其中人类历史时期发生的构造运动称为现代构造运动。

地壳运动按其运动方向分为水平运动和垂直运动两种基本形式。水平运动是指地壳沿地表切线方向产生的运动,主要表现为岩石圈的水平挤压、拉伸及剪切,引起岩体的弯曲和断裂,可以形成巨大的褶皱山系、裂谷和大陆漂移等。垂直运动是指地壳沿地表法线方向产生的运动,主要表现为岩石圈的垂直上升或下降,引起地壳大面积的隆起和凹陷,形成海侵和海退等。

水平运动和垂直运动是紧密联系的，在时间和空间上往往交替发生。

（二）地质作用

在地球的演变历史中，地壳每时每刻都在变化着，例如：山脉的隆起、地壳的下沉、火山喷发和地震、风化、剥蚀、搬运、沉积等。这种引起地壳物质组成、地壳结构和地表形态不断发生变化的作用，统称为地质作用。根据发生地质作用的来源，又分为内力地质作用和外力地质作用两种基本类型。

1.内力地质作用

内力地质作用是指地球自转、重力和放射性元素蜕变等能量，在地壳深处产生的动力对地球内部及地表的地质作用。根据内动力地质作用方式的不同，可以分为构造运动、地震作用、岩浆及火山作用和变质作用四种类型。

(1)构造运动

使地壳发生变形、变位的动力作用，如地壳的垂直升降运动及水平运动，也称地壳运动。

(2)地震作用

是由地球内动力而引起的地壳岩石圈的快速颤动或波动。

(3)岩浆及火山作用

地球的放射性元素蜕变，产生巨大的能量，在地球内部可使原岩熔成高温及高压的岩浆，由地下深处侵入地壳上部冷凝成岩，甚至喷出地表而形成火山及熔岩。

(4)变质作用

指地壳中的原岩受高温、高压及其他化学因素的作用，而使原有岩石的成分、结构、构造发生变化的作用。

2.外力地质作用

外动力地质作用是指来自地壳以外的能量（如太阳辐射能、重力能或日、月及天体引力等的影响下产生的动力）在地壳表层所进行的各种地质作用。根据外动力地质作用方式的不同，可以分为风化作用、剥蚀作用、搬运作用、沉积作用和固结成岩作用五种类型。

(1)风化作用

地壳表层岩石在太阳辐射、水、大气和生物等因素的共同作用下，发生物理和化学的变化，使岩石崩解破碎以至逐渐分解的作用，称为风化作用。

(2)剥蚀作用

是地壳表层岩石受风力、地表流水、地下水、湖泊、海洋或冰川等动力作用，而遭受破坏并被剥离原地的作用，如风蚀作用、河流的侵蚀作用、地下水的潜蚀作用、冰川的刨蚀作用等。

(3)搬运作用

指风化、剥蚀后的岩石碎屑、胶体、分子或离子等不同状态的物质，被各种外动力和流水、风、冰川、地下水、海浪等以不同方式迁移或搬运到他处的过程。

(4)沉积作用

被搬运的物质，由于搬运介质的物理介质的物理及化学条件的改变导致被搬运物质堆积下来的现象。

(5)固结成岩作用

指使松散沉积物变为坚硬岩石的作用，包括胶结作用、压实作用和结晶作用。

上述各种内、外动力地质作用长期反复地进行，从而促使地壳不断地变化和发展，这就是地壳和地球的永恒运动。

二、地质年代

(一)地质年代表

地球形成至今大约已有46亿年,在这漫长的地质历史中,地壳经历了大量的构造运动、岩浆活动、海陆变迁、剥蚀和沉积作用等各种地质事件,形成不同时期的岩石地层、地质构造,以及生物繁衍生息。判断岩石地层和地质构造的形成时间与新老关系非常重要,地质学上通常用地质年代来表示之。地质学家根据几次大的地壳运动和生物界大的演变,把地质历史划分为五个"代",每个代又分为若干"纪",纪内因生物发展及地质情况不同,又进一步划分为若干"世"和"期",以及一些更细的段落,这些统称为地质年代单位。在特定的时间间隔内所形成的岩石体,称为时间地层单位,它可以包括多种不同的岩石类型。与地质年代单位对应的时间地层单位列于表3-3。

地质年代单位与时间地层单位 表3-3

地质年代单位	代	纪	世	期
时间地层单位	界	系	统	阶

第一个地质年代表是1756年由莱曼和以后的维尔纳提出的。现代的地质年代表是在19世纪发展起来的。

地壳运动和生物演化,在代、纪、世期间,世界各地都有普遍性的显著变化。所以,代、纪、世是国际通用的地质年代单位,次一级的单位只具有区域性或地区性的意义。

中国地质年代表,见表3-4。

地 质 年 代 表 表3-4

代	纪		世	距今年代(百万年)	主要地壳运动	主要现象
新生代K_2	第四纪Q		全新世Q_4 上更新世Q_3 中更新世Q_2 下更新世Q_1	2~3	喜马拉雅山	冰川广布,黄土沉积,地壳发育成现代形势 人类出现,发展
	第三纪R	晚第三纪N	上新世N_2 中新世N_1	25		地壳初具现代轮廓,哺乳类动物、鸟类急速发展,并开始分化
		早第三纪E	渐新世E_3 始新世E_2 古新世E_1	70	燕山运动	
中生代M_2	白垩纪K		上白垩世K_2 下白垩世K_1	135		地壳运动强烈,岩浆活动
	侏罗纪J		上侏罗世J_3 中侏罗世J_2 下侏罗世J_1	180	印支运动	除西藏等地区外,中国广大地区已上升为陆地,恐龙极盛,出现鸟类
	三叠纪T		上三叠世T_3 中三叠世T_2 下三叠世T_1	225	海西运动 (华力西运动)	华北为陆地,华南为浅海,恐龙哺乳类动物发育

续上表

代		纪	世	距今年代（百万年）	主要地壳运动	主要现象
古生代 P_z	上古生代 P_{z2}	二叠纪 P	上二叠世 P_2 下二叠世 P_1	270		华北至此为陆地，华南为浅海。冰川广布，地壳运动强烈，间有火山爆发
		石炭纪 C	上石炭世 C_3 中石炭世 C_2 下石炭世 C_1	350		华北时陆时海，华南为浅海，陆生植物繁盛，珊瑚、腕足类、两栖类动物繁盛
		泥盆纪 D	上泥盆世 D_3 中泥盆世 D_2 下泥盆世 D_1	400	加里东运动	华北为陆地，华南为浅海，火山活动，陆生植物发育，两栖类动物发育，鱼类极盛
	下古生代 P_{z1}	志留纪 S	上志留世 S_3 中志留世 S_2 下志留世 S_1	440		华北为陆地，华南为浅海，局部地区火山爆发，珊瑚、笔石发育
		奥陶纪 O	上奥陶世 O_3 中奥陶世 O_2 下奥陶世 O_1	500		海水广布，三叶虫、腕足类、笔石极盛
		寒武纪 $\in$	上寒武世 $\in_3$ 中寒武世 $\in_2$ 下寒武世 $\in_1$	600	蓟县运动	浅海广布，生物开始大量发展，三叶虫极盛
元古代 P_t	晚元古代 P_{t2}	震旦纪 Z_z		700		浅海与陆地相间出露，有沉积岩形成，藻类繁盛
		青白口纪 Z_Q		1000		
		蓟县纪 Z_J		1400		
		长城纪 Z_C		1800	吕梁运动	
	早元古代 P_{t1}			2500	五台运动	海水广布，构造运动及岩浆活动强烈，开始出现原始生命现象
太古代 A_r				3650	鞍山运动	
地球初期发展阶段				6000		

（二）地层的相对地质年代及其确定方法

地层是指在一定地质时期内先后形成的具有一定层状或非层状岩石的总称。它与岩层一词的区别主要在是含有时间概念（岩层是指具有明显的岩石类型和识别的物理界限的岩石体），即一个地层单位可以包含数种岩性不同的岩层。地质历史的划分主要是根据对地层的观察研究得来的。岩性能说明该岩层形成时的自然地理环境，岩层中的构造形迹记录着地壳运动的情况，岩层中的化石更能清楚地说明生物进化、气候、环境等自然条件。因此，岩石地层就像是记录地质历史发展情况的书本。

地层的划分与地质年代的划分是一致的，只是单位名称不同（表 3-3）。地层的地质年代有两种：一种是绝对地质年代，是用距今多少年来表示，是通过岩石样品所含放射性元素测定的；另一种是相对地质年代，是由该地层与相邻已知地层的相对层位的关系来决定的。绝对地质年代，能说明岩层形成的确切时间，但不能反映岩层形成的地质过程。相对地质年代，不包含用“年”表示的时间概念，但能说明岩层形成的先后顺序及其相对的新老关系。在地质工作中，一般以应用相对地质年代为主。

1. 沉积岩相对地质年代的确定

在野外工作中确定沉积岩地层的相对年代，即判别其新老关系，有下述几种方法。

（1）地层层序法

沉积岩在形成过程中，总是先沉积的岩层在下面，后沉积的岩层在上面，形成自然的层序。如果这种正常层序未被剧烈构造变动扰乱，岩层的相对地质年代可以由它们在层序中的位置确定（图 3-4）。即位于下面的地层较老，而上面的地层较新。在构造变动复杂的地区，由于岩层的正常层位发生了变化，通过层序来确定岩层的相对地质年代，就比较困难（图 3-5）。须用岩层的层面构造来恢复原始地层的层序以便确定其相对新老关系。

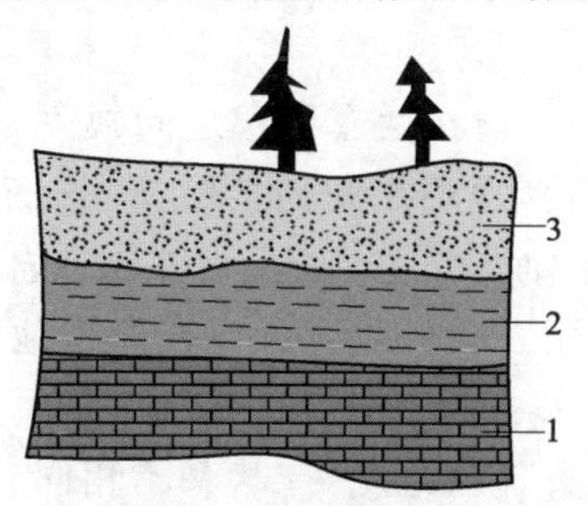

图 3-4　正常层序
1～3-岩层由老至新

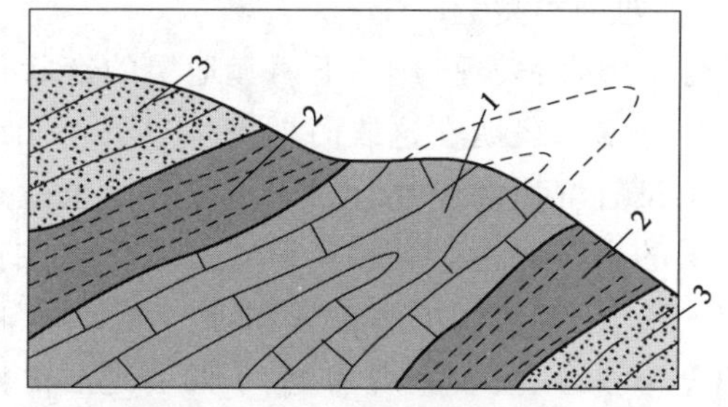

图 3-5　变动层位
1～3-岩层由老至新

（2）古生物化石法

生物进化是由简单向复杂，低级到高级逐渐发展的，它的演化是不可逆的。在地质年代的每一个阶段中，都发育有适应于当时自然环境和发展阶段的特有生物群。因此，在不同地质年代沉积的岩层中，会含有不同特征的古生物化石。含有相同化石的岩层，无论相距多远，都是在同一地质年代中形成的。所以，只要确定出岩层中所含标准化石的地质年代，那么岩层的地质年代，自然也就跟着确定了。古生物化石法是沉积岩相对地质年代确定的重要方法，也是一种相对可靠的方法。

（3）岩性对比法

在一定区域内，同一时期形成的岩层，其岩性特点通常应是一致的或近似的。因此，可以以岩石的成分、结构、构造等岩性特点，作为岩层对比的基础。但此法具有一定的局限性，因为同一地质年代的不同地区，其沉积物的组成、性质并不一定都是相同的，而在不同的地质年代，也可能形成某些性质类似的岩层。

(4)地层接触关系

一个地区的地层之间的接触关系，从一个侧面记录了该地区地壳运动的演化历史。因此，通过地层接触关系的研究，可以追溯地壳运动的性质、特点和演化历史，确定地质构造的形成时期和岩浆活动时期，同时对研究古地理深化演化，寻找某些矿床以及解决其他有关地质问题等都具有重要意义。

沉积岩地层的接触关系基本上可以分为整合接触和不整合接触两种。

①整合接触

指上下两套岩层产状一致，相互平行，连续沉积形成，其间不缺失某个时代的岩层，上下岩层的岩性或所含化石都是一致的或递变的。它反映岩层形成期间地壳比较稳定，没有强烈的构造运动，古地理环境变化不大。

②不整合接触

指上下岩层间的层序有了间断，即先后沉积的地层之间缺失了一部分地层。地层之间这种接触关系称为不整合。沉积间断时期可能代表没有沉积作用的时期也可能代表以前沉积的岩石被侵蚀的时期。这种上下岩层之间的接触面，称为不整合接触面。不整合接触面以下的岩层先沉积，年代比较老；不整合接触面以上的岩层后沉积，年代比较新；不整合接触面上下岩层之间反映着沉积间断，即岩层地质年代的不连续。由于发生了阶段性的变化，接触面上下的岩层，在岩性及古生物等方面往往都有显著不同。因此，不整合接触就成为划分地层相对地质年代的一个重要依据。根据不整合接触面上、下两套岩层的产状，按不整合接触面上、下地层的产状及其反映的地壳运动特征，不整合可分为平行不整合(也称假整合)和角度不整合(即狭义的不整合)两种类型。

a. 平行不整合：表现为上、下两套地层的产状彼此平行，但在两套地层之间缺失一些时代的地层[图 3-6a)]，表明在这段时期发生过沉积间断，这两套地层之间的接触面——不整合面就代表这个没有沉积的侵蚀时期。不整合面也就是古剥蚀面，在这个面上常有底砾岩(其砾石为下伏地层的岩石碎块)，有时保留着古风化壳或古土壤层。其形成过程可以简单地表示为：下降沉积—上升、沉积间断和遭受剥蚀—再下降、再沉积。

b. 角度不整合：主要表现为上、下两套地层之间既缺失部分地层，产状又不相同。它的特点是不整合面上、下两套岩层成角度相交，上覆岩层覆盖于倾斜岩层侵蚀面之上。岩层时代是不连续的，岩性和古生物特征是突变的[图 3-6b)]。角度不整合的形成过程可表示为：地壳下降，接受沉积；岩层褶皱隆起为山，遭受长期侵蚀；地壳再次下降，接受新的沉积。角度不整合

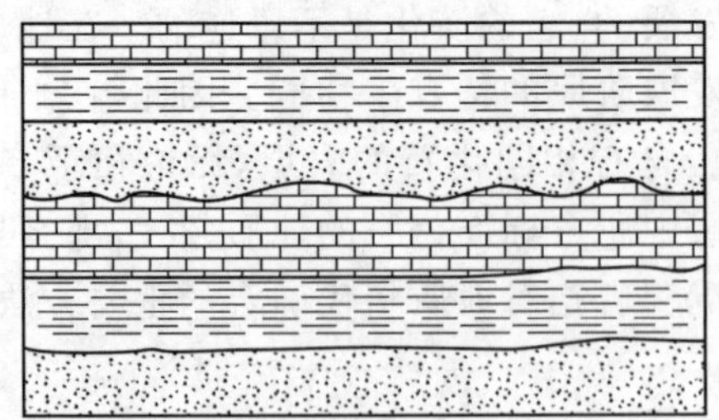

a)平行不整合

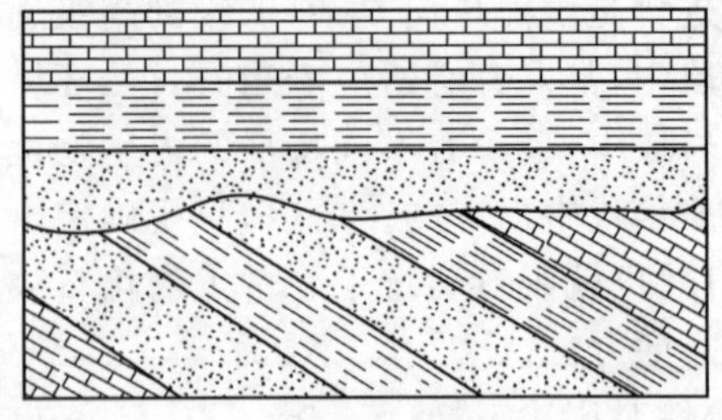

b)角度不整合

图 3-6　不整合的两种类型

说明在一段时间内，地壳有过升降运动和褶皱运动，古地理环境发生过极大的变化。

2. 岩浆岩相对地质年代的确定

岩浆岩不含古生物化石，也没有层理构造。岩浆岩的相对地质年代，是通过它与沉积岩的接触关系以及它本身的穿插构造来确定的。

(1)接触关系

根据岩浆岩体与周围已知地质年代的沉积岩的接触关系，来确定岩浆岩的相对地质年代。有两种接触关系：

①侵入接触

岩浆体侵入于沉积岩层之中，侵入体周围沉积岩有受热变质现象。说明岩浆侵入体的形成年代，晚于发生变质的沉积岩层的地质年代[图 3-7a)]。

②沉积接触

岩浆岩形成之后，经长期风化剥蚀，后来在侵蚀面上又有新的沉积。侵蚀面上部的沉积岩层无变质现象，而在沉积岩的底部往往有由岩浆岩组成的砾岩或岩浆岩风化剥蚀的痕迹。说明岩浆岩的形成年代，早于沉积岩的地质年代[图 3-7b)]。

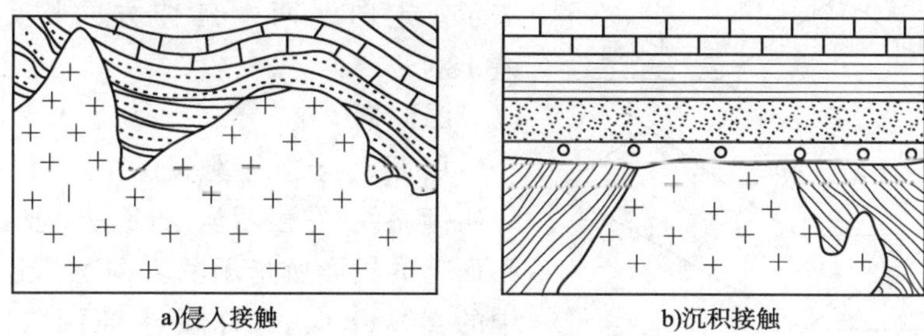

图 3-7　岩浆岩与沉积岩的接触关系

(2)穿插构造

穿插的岩浆岩侵入体(如岩株、岩脉和岩基)，总是比被它们所侵入的最新岩层还要年轻，而比不整合覆盖在它上面的最老岩层要老。如果两个侵入岩接触，岩浆岩的相对地质年代，也可由穿插关系确定。一般是年轻的侵入岩脉穿过较老的侵入岩(图 3-8)。

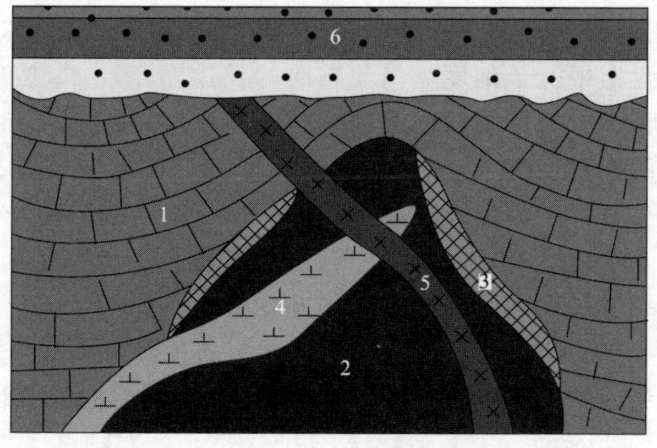

图 3-8　运动规律切割岩石形成顺序示意图

(注：夏邦栋，1984)

1-石灰岩，形成最早；2-花岗岩，形成晚于石灰岩；3-夕卡岩，形成时代同于或晚于花岗岩；4-闪长岩，形成晚于花岗岩和夕卡岩；5-辉绿岩，形成晚于闪长岩；6-砾岩，形成最晚

三、地质构造

地壳中存在着很大的应力，组成地壳的岩层在地应力的长期作用下就会发生变形，形成构造变动的形迹，我们把构造运动在岩层和岩体中遗留下来的各种变形、变位形迹称为地质构造。地质构造分为水平构造、倾斜构造、垂直构造、褶皱构造和断裂构造等几种基本类型。它们可以构成不同规模、不同类型的复杂的构造体系。

(一)岩层的产状

岩层的产状是指岩层在空间位置的展布状态。它是分析研究各种地质构造形态的最基本依据。岩体的产状直接影响岩体的稳定性。岩层的产状可分为水平的、倾斜的、直立的。岩层产状用岩层面的走向、倾向和倾角三个要素的数值来表示。任何面状构造或地质体界面的产状，都可用产状要素来表示。

1.走向

岩层层面与水平面的交线称为岩层的走向线，走向线所指的方向就是岩层的走向。岩层的走向表示了岩层在空间的水平延伸的方向，如图3-9中的直线AB。走向用方位角或象限角表示。走向线两端延伸方向均是走向，彼此相差180°。

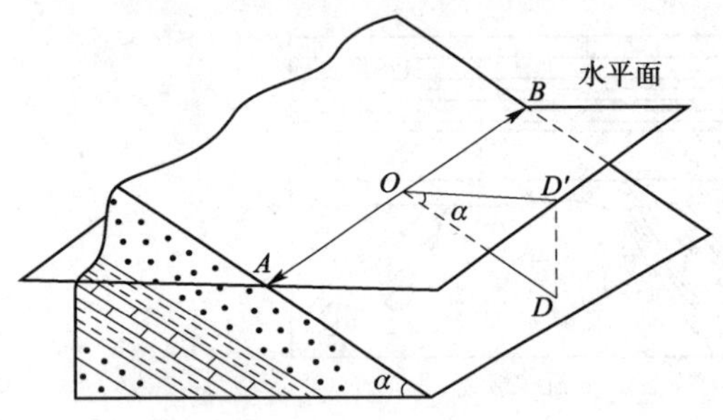

图3-9 岩层的产状要素

AB-走向；OD'-倾向；α-倾角

2.倾向

层面上与走向线垂直并沿斜面向下所引的直线叫倾斜线，它表示岩层的最大坡度。倾斜线在水平面上的投影所指示的方向称岩层的倾向(图3-9中的直线OD')，又称倾向，真倾向只有一个。岩层的倾向表示岩层在空间的倾斜方向。岩层的走向和倾向相差90°。

3.倾角

层面上的倾斜线和它在水平面上投影的夹角，称倾角，又称真倾角。倾角表示岩层的倾斜程度。视倾斜线和它在水平面上投影的夹角，如图3-9所示中的α，称视倾角。真倾角只有一个，而视倾角可有无数个，任何一个视倾角都小于该层面的真倾角。

岩层产状通常是用地质罗盘仪在野外测量得到。其测量方法如下：

测走向时，先将罗盘上平行于刻度盘南北方向的长边贴于层面，然后放平，使圆水准泡居中，这时指北针(或指南针)所指刻度盘的读数，就是岩层走向的方位。走向线两端的延伸方向均是岩层的走向，所以同一岩层的走向有两个数值，相差180°。

测倾向时，将罗盘上平行于刻度盘东西方向的短边与走向线平行，同时将罗盘的北端指向岩层的倾斜方向，调整水平，使圆水准泡居中后，这时指北针所指的度数就是岩层倾向的方位。倾向只有一个方向，同一岩层面的倾向与走向相差90°。

测倾角时，将罗盘上平行刻度盘南北方向的长边竖直贴在倾斜线上，紧贴层面使上边与岩层走向垂直，转动罗盘背面的倾斜器，使长管水准泡居中后，倾角指示针所指刻度盘读数就是岩层的倾角。

在野外记录或报告中岩层的产状可用方位角和象限角来表示。方位角表示法是平面方位或方向的一种表示方法。该方法以所需确定点的位置为中心，正北方向为方位角的0°，按顺时针方向旋转，旋转一周为360°。因此正东、正南、正西的方位角依次为90°、180°和270°，其他方向的方位角则在这几个数值之间等分。地质学中常使用方位角来表示产状。方位角表示法只记倾向和倾角，如 200°∠30°，前面是倾向的方位角，后面是倾角，读为“倾向 200°、倾角 30°”。象限角表示法是以北或南方向为准(0°)，将平面划分为四个象限来表示方位或方向的方法。如 N20°W∠30°，读为“倾向北偏西 20°、倾角 30°”。在地质图上，岩层产状要素用符号表示，常用符号有：30° 长线代表走向，短线代表倾向，度数是倾角，长短线必须按实际方位标绘在图上；岩层水平(倾角为 0°～5°)；岩层直立(倾角＞85°)，箭头指向较新岩层；70° 岩层倒转，箭头指向倒转后的倾向。

（二）水平构造与倾斜构造

1. 水平构造

未经构造变动的沉积岩层，其形成时的原始产状是水平的，先沉积的老岩层在下，后沉积的新岩层在上，形成产状近于水平的构造称水平构造，亦称水平岩层(图 3-10)。水平构造多分布在大范围内均匀抬升或下降的地区，如陕北的中生界地层等。

a)

b)

图 3-10　水平构造

2. 直立构造

岩层层面与水平面垂直或近于垂直时，称为直立构造，亦称直立岩层(图 3-11)。在强烈构造运动挤压下，常可形成直立岩层。

a)

b)

图 3-11　直立构造

3. 倾斜构造

由于地壳运动使原始水平或近水平的岩层发生倾斜，岩层层面与水平面之间有一定夹角的岩层，称为倾斜构造，亦称倾斜岩层(图 3-12)。它常常是褶皱的一翼或断层的一盘，也可以是大区域内的不均匀抬升或下降所形成的。在一定地区内向同一方向倾斜和倾角基本一致的岩层又称单斜构造。

图 3-12　倾斜构造

(三)褶皱构造

组成地壳的岩层，受构造应力的强烈作用，使岩层形成一系列波状弯曲而未丧失其连续性的构造，称为褶皱构造。褶皱构造是岩层产生的塑性变形，是地壳表层广泛发育的基本构造之一。

1. 褶皱要素

褶皱构造形体的各个组成部分称为褶皱要素，它是用以描述和研究褶皱构造的形态特征和空间展布规律的。褶皱要素主要有核、翼、轴面、轴(线)、枢纽、转折端等(图 3-13)。

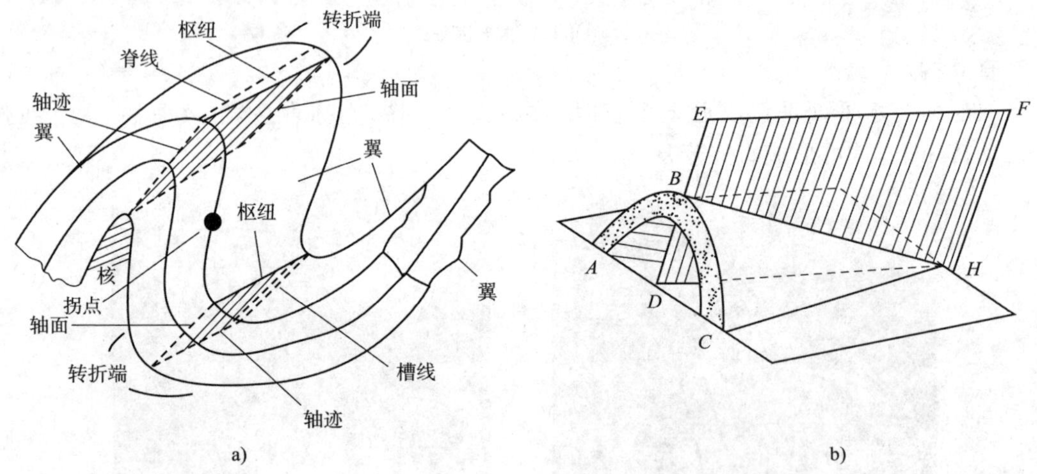

图 3-13　褶皱要素

ABC-所包围的内部岩层为核；*ABH*、*CBH*-翼；*DEFH*-轴面；*DH*-轴；*BH*-枢纽

(1)核部：核部是褶皱的中心部分，通常指位于褶皱中央最内部的一个岩层。

(2)翼：泛指核部两侧的岩层。

(3)轴面：以褶皱顶平分两翼的面称为褶皱轴面。轴面是为了标定褶皱方位及产状而划定的一个假想面。褶皱的轴面可以是一个简单的平面，也可以是一个复杂的曲面。轴面可以是直立的，也可以是倾斜的或平卧的。

(4)轴:轴面与水平面的交线称为褶皱的轴。轴的方向就是褶皱的延伸方向。轴的长度表示褶皱伸延的规模。

(5)枢纽:轴面与褶皱同一岩层层面的交线称为褶皱的枢纽。褶皱枢纽有水平的、倾斜的,也有波状起伏的。枢纽可以反映褶皱在延伸方向产状的变化情况。

(6)转折端:从一翼向另一翼过渡的弯曲部分。

2.褶皱的基本形态

褶皱构造的基本形态是背斜和向斜(图3-14)。

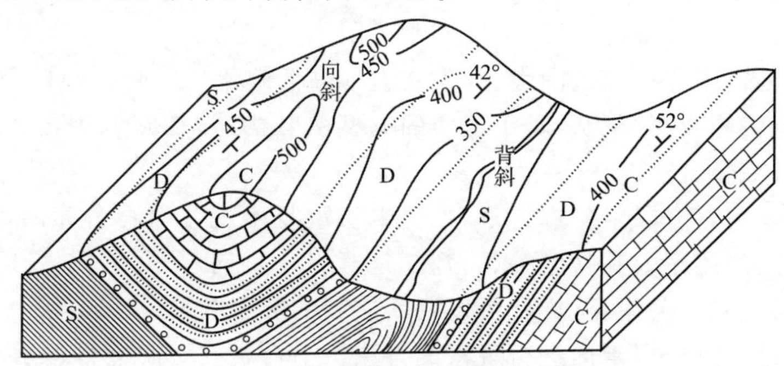

图3-14 向斜和背斜

(1)背斜:岩层向上弯曲,核心部分岩层时代较老,两侧岩层依次变新并对称分布。

(2)向斜:岩层向下弯曲,核心部分岩层时代较新,两侧岩层依次变老并对称分布。

3.褶皱的形态分类

褶皱的形态多种多样,不同形态的褶皱反映了褶皱形成时不同的力学条件及成因。为了更好地描述褶皱在空间的分布,研究其成因,常以褶皱的形态为基础,对褶皱进行分类。下面介绍两种形态分类。

(1)按褶皱横剖面形态分类,即按横剖上轴面和两翼岩层产状分类:

①直立褶皱:轴面直立,两翼岩层倾向相反,倾角大致相等[图3-15a)]。

②倾斜褶皱:轴面倾斜,两翼岩层倾向相反,倾角不相等[图3-15b)]。

③倒转褶皱:轴面倾斜,两翼岩层倾向相同,一翼岩层层序正常,另一翼岩层层序例转[图3-15c)]。

④平卧褶皱:轴面近水平,两翼岩层近水平,一翼岩层层序正常,另一翼岩层层序例转[图3-15d)]。

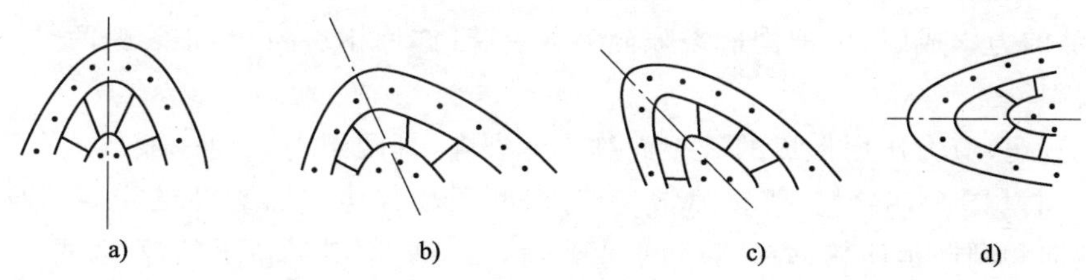

图3-15 按轴面横剖面形态分类

(2)按褶皱纵剖面形态分类,即按枢纽产状分类:

①水平褶皱:枢纽近于水平,呈直线状延伸较远,两翼岩层界线基本平行并对称分布,若褶皱长宽比大于10∶1,在平面上呈长条状,称为线状褶皱。

②倾伏褶皱:枢纽向一端倾伏,另一端昂起,两翼岩层界线不平行,在倾伏端交汇成封闭弯曲线。若枢纽两端同时倾伏,则两翼岩层界线呈环状封闭,其长宽比在10∶1~3∶1之间时,

称为短轴褶皱。其长宽比小于 3：1 时，背斜称为穹窿构造，向斜称为构造盆地。

4. 褶皱构造的野外观察方法

在一般情况下，人们容易认为背斜为山，向斜为谷，但实际情况要复杂得多。因为背斜遭受长期剥蚀，不但可以逐渐地被夷为平地，而且往往由于背斜轴部的岩层遭到构造作用的强烈破坏，在一定的外力条件下，甚至可以发展成为谷地。向斜山与背斜谷（图 3-14）的情况在现实中也是比较常见的。将背斜为山，向斜为谷的地形称为顺（正）地形；反之，称为逆（负）地形。因此，不能够完全以地形的起伏情况作为识别褶皱构造的主要标志。

褶皱的规模大小不一，小的褶皱，可以在小范围内，通过几个出露在地面的基岩露头进行观察。规模大的褶皱，因分布的范围大，并常受地形高低起伏的影响，既难一览无余，也不可能通过少数几个露头就能窥其全貌。对于这样的大型褶皱构造，在野外就需要采用穿越的方法和追索的方法进行综合观察。

(1)穿越法就是垂直岩层走向进行观察，当岩层重复出现并对称分布时，便肯定有褶皱构造，再根据岩层出露的层序及其新老关系，判断是背斜还是向斜，然后进一步分析两翼岩层的产状和两翼与轴面之间的关系，这样就可以判断褶皱的形态类型。

(2)追索法就是平行岩层走向进行观察的方法。平行岩层走向进行追索观察，便于查明褶曲延伸的方向及其构造变化的情况。当两翼岩层在平面上彼此平行展布时为水平褶曲，如果两翼岩层在转折端闭合或呈“S”形弯曲时，则为倾伏褶曲。

穿越法和追索法，不仅是野外观察褶曲的主要方法，同时也是野外观察和研究其他地质构造现象的一种基本的方法。在实践中一般以穿越法为主，追索法为辅，根据不同情况，穿插运用。

（四）断裂构造

构成地壳的岩石受地应力作用后发生变形，当变形达到一定程度时，岩石的连续性和完整性遭到破坏，产生各种大小不同的断裂称为断裂构造。断裂构造主要分为裂隙和断层两大类。凡岩石沿破裂面没有明显位移的称为裂隙，也称为节理。岩石沿破裂面两侧发生了明显位移或较大错动的称为断层。

断裂构造在地壳中广泛分布，它往往是工程岩体稳定性的控制性因素。

1. 裂隙

裂隙普遍存在于岩体或岩层中，以构造应力作用形成的构造裂隙为主。构造裂隙具有明显的方向性和规律性，其成因与褶皱和断层形成过程密切相关，对不同性质的岩石和在不同构造部位，构造裂隙的力学性质和发育程度都不相同。

根据裂隙的力学成因，可把构造裂隙分为剪裂隙（亦称扭裂隙）和张裂隙两类。

(1)剪裂隙

岩石受剪（扭）应力作用形成的破裂面称为剪裂隙，其两组剪切面一般形成“X”形的裂隙，故又称为 X 裂隙[图 3-16a)]。剪裂隙常与褶皱、断层相伴生。剪裂隙的主要特征是：裂隙产状稳定，沿走向和倾向延伸较远；裂隙面平直光滑，常有剪切滑动留下的擦痕，可用来判断两侧岩石相对移动方向；剪裂隙面两壁间的裂缝很小，一般呈闭合状；在砾岩中可以切穿砾石。剪裂隙常成对呈“X”形出现，一般发育较密，裂隙之间距离较小，特别是软弱薄层岩石中常密集成带。由于剪裂隙交叉互相割切岩层成碎块体，破坏岩体的完整性，故剪裂隙面常是易于滑动的软弱面。

(2)张裂隙

岩层受张应力作用而形成的破裂面称为张裂隙。在褶皱岩层中，多在弯曲顶部产生与褶皱轴走向一致的张裂隙[图 3-16b)]。张裂隙的主要特征是:裂隙产状不稳定,延伸不远即行消失。裂隙面弯曲且粗糙,张裂隙两壁间的裂缝较宽,呈开口或楔形,并常被岩脉充填。张裂隙一般发育较稀,裂隙间距较大,很少密集成带,张裂隙往往是渗漏的良好通道。

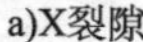

a)X裂隙

b)张裂隙

图 3-16　构造裂隙

剪裂隙和张裂隙是地质构造应力作用所形成的主要裂隙类型,在地壳岩体中广泛分布,对岩体的稳定性影响很大。

除了构造裂隙之外,还有非构造裂隙。非构造裂隙是由成岩作用、外动力和重力等非构造因素所形成的裂缝,如原生裂隙(岩石形成过程中形成的裂隙)、风化裂隙和卸荷裂隙等。其中具有普遍意义的是风化裂隙。风化裂隙广泛发育在岩层(体)靠近地面的部分,一般很少达到地面以下 10～15m 的深度。风化裂隙分布零乱,无明显的方向性,但相互间连通性强。风化裂隙使地表岩石破碎甚至完全松散,岩石工程地质性质降低,也是基岩山区浅层地下水的赋存空间,风化裂隙对山区公路路堑、隧道进出口的边坡稳定性影响极大。

2.断层

岩石受力作用断裂后,两侧岩块沿断裂面发生了显著位移的断裂构造,称为断层(图 3-17)。断层规模大小不一,小的几米,大的上千公里,相对位移从几厘米到几十公里。

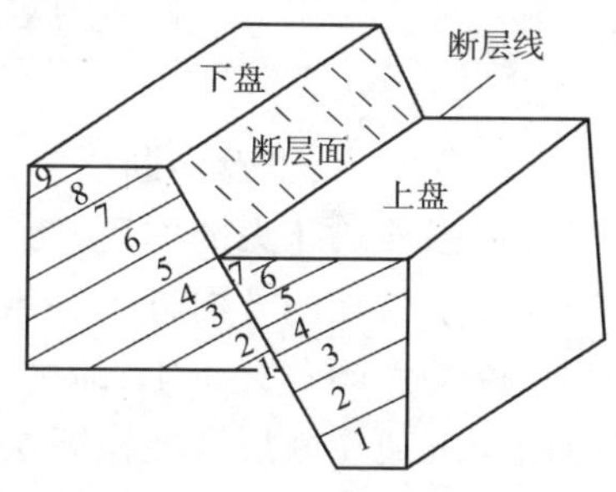

图 3-17　断层要素

1～9-地层顺序

(1)断层要素

①断层面和破碎带:两侧岩块发生相对位移的断裂面,称为断层面。断层面可以是直立的,但大多数是倾斜的。断层的产状,就是用断层面的走向、倾向和倾角表示的。规模大的断层,经常不是沿着一个简单的面发生,而往往是沿着一个错动带发生,称为断层破碎带。其宽度从数厘米到数十米不等。断层的规模越大,破碎带也就越宽,越复杂。由于两侧岩块沿断层面发生错动,所以在断层面上常留有擦痕,在断层带中常形成糜棱岩、断层角砾和断层泥等。

②断层线:断层面与地面的交线,称为断层线。断层线表示断层的延伸方向,其形状决定于断层面的形状和地面的起伏情况。

③断盘:断层面两侧发生相对位移的岩块,称为断盘。当断层面倾斜时,位于断层面上部的称为上盘;位于断层面下部的称为下盘。当断层面直立时,常用断块所在的方位表示,如东盘、西盘等。如以断盘位移的相对关系为依据,则将相对上升的一盘称为上盘,相对下降的一盘称为下降盘。上升盘和上盘,下降盘和下盘并不完全一致,上升盘可以是上盘,也可以是下

盘。同样，下降盘可以是下盘，也可以是上盘，两者不能混淆。

④断距：断层两盘沿断层面相对移动开的距离。

(2)断层的基本类型

断层的分类方法很多，所以有各种不同的类型。根据断层两盘相对位移的情况，可以分为下面三种。

①正断层：上盘沿断层面相对下降，下盘相对上升的断层。正断层一般是由于岩体受到水平张应力及重力作用，使上盘沿断层面向下错动而成。一般规模不大，断层线比较平直，断层面倾角较陡，常大于 45°[图 3-18a)]。在野外有时见到有数条正断层排列组合在一起，形成阶梯式断层、地垒和地堑等(图 3-19)。

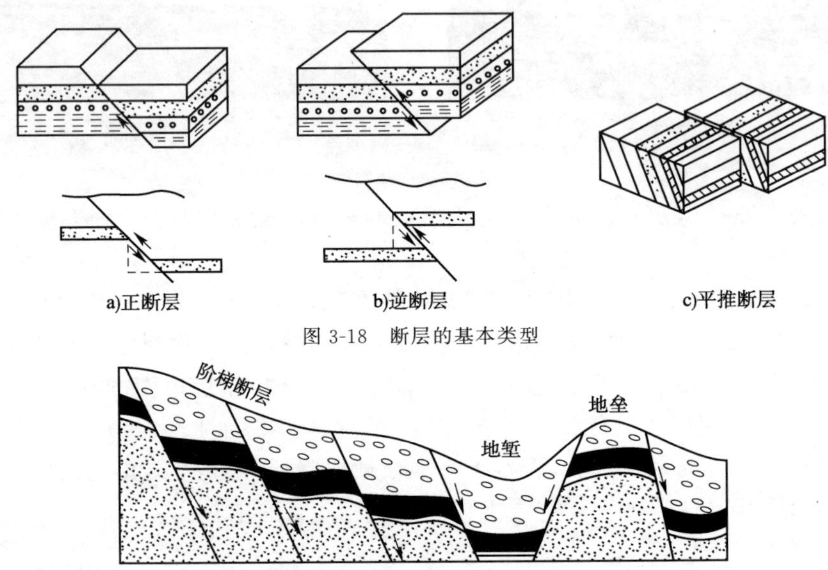

图 3-18　断层的基本类型

图 3-19　阶梯状断层、地堑和地垒

②逆断层：上盘沿断层面相对上升，下盘相对下降的断层。逆断层一般是由于岩体受到水平方向强烈挤压力的作用，使上盘沿断面向上错动而成[图 3-18b)]。断层线的方向常和岩层走向或褶皱轴的方向近于一致，和压应力作用的方向垂直。断层面从陡倾角至缓倾角都有。其中断层面倾角大于 45°的称为冲断层；介于 25°～45°之间的称为逆掩断层；小于 25°的称为辗掩断层。逆掩断层和辗掩断层常是规模很大的区域性断层。有时一系列冲断层或逆掩断层使岩层依次向上冲掩，形成叠瓦式构造(图 3-20)。

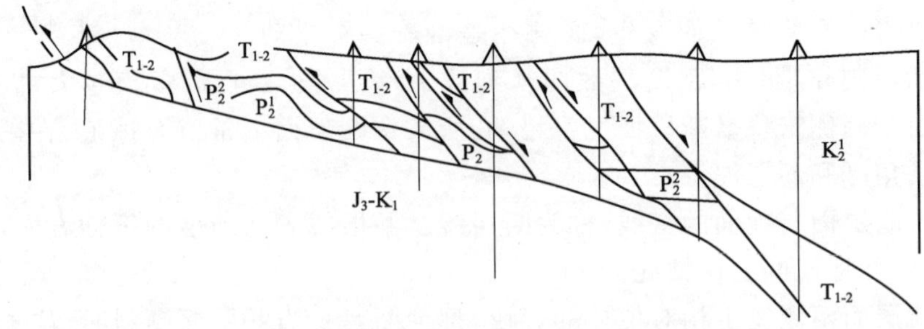

图 3-20　江苏茅山南段花山一带叠瓦式构造

③平推断层：由于岩体受水平扭应力作用，使两盘沿断层面发生相对水平位移的断层。平推断层的倾角很大，断层面近于直立，断层线比较平直[图 3-18c)]。

(3)断层的野外识别方法

在野外进行地质勘察工作时，由于岩层受到风化剥蚀、沟谷切割、第四系松散岩土覆盖等多种因素的影响，常常不能直接观察或分辨断层的类型。因此需要根据地层分布、地貌特征、断层的伴生构造现象等方面形成的一些独特现象来判断，这些现象也称为断层的识别标志。

①岩层中断

当断层横切岩层走向时，岩层沿走向延伸方向会突然中断，被错断开。如果断层横切褶皱轴表现为断层两侧核部岩层的宽窄度突然发生变化，在背斜核部相对变窄的一侧为下降盘，而向斜核部相对变窄的一侧为上升盘，如图 3-21 所示。

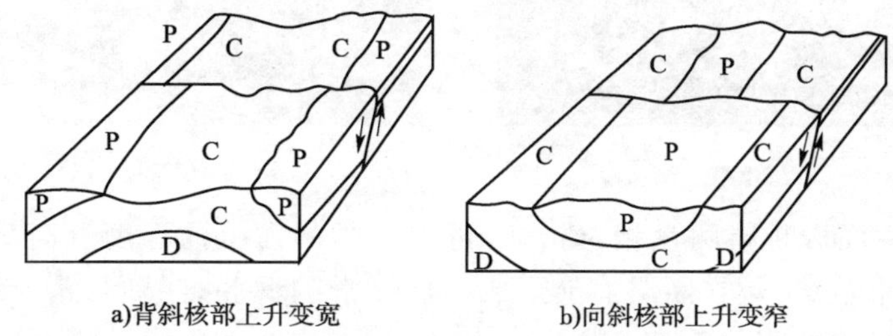

a)背斜核部上升变宽　b)向斜核部上升变窄

图 3-21　断层横切褶皱核部立体示意图

②地层的重复与缺失

当地层走向与岩层走向大致平行时，断层使一盘上升或下降，地面遭受剥蚀夷平后，沿着地表顺倾向方向观察，会看到相同地层的不对称重复出现，或者该出现的地层却没有出现的现象，如图 3-22 所示。

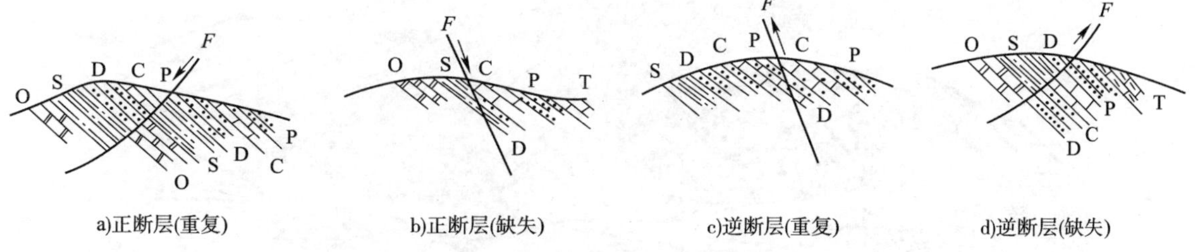

a)正断层(重复)　b)正断层(缺失)　c)逆断层(重复)　d)逆断层(缺失)

图 3-22　纵断层造成的地层重复与缺失

③断层面和断层带上的标志

a. 断层破碎带与构造岩：规模较大的断层常形成断层破碎带，其宽度为几厘米至数十米不等。破碎带由被挤压、错动形成的大小不一、粗细不等的岩石碎块、岩粉等组成，但它们常被胶结或在强烈的挤压力作用下发生动力变质。某些矿物重结晶，定向排列或产生一些新的变质矿物，如叶蜡石、绿帘石、绿泥石、绢云母等。这种被断层破碎带中所特有的岩石称为构造岩。最常见的构造岩有断层角砾岩，其中的角砾棱角显著，大小不一，一般无定向排列，角砾的成分与断层两盘的成分相同。断层角砾常被钙、硅、铁、黏土等物质胶结。典型的断层角砾岩常见于正断层(或张性断层)。如果断层两盘剧烈错动，破碎岩石常被碾磨成细小碎屑和粉末，呈鳞片状或小透镜体状(肉眼不易分辨)，定向排列显著。若松软未胶结，称断层泥，若胶结起来，致密坚硬，称糜棱岩。在逆断层，平推断层中常见此种构造岩。

b. 断层擦痕：断层两盘相对错动，常在断层面上留下平行细密而均匀的擦痕，有时形成相间平行排列的擦脊和擦槽。这些擦痕有时呈一头粗深一头浅细的“丁”字形，由粗向细的方向代表对盘运动的方向。用手抚摸擦痕，有不同方向的滑涩的手感，光滑方向代表对盘移动方向(图 3-23)。

c. 断层阶步：断层两盘相对错动，在断层面上所形成的小陡坎（台阶）称阶步。阶步常垂直擦痕方向延伸，但延伸一般不远，阶步间彼此平行排列。阶步陡坎方向指示对盘运动方向（图 3-24）。

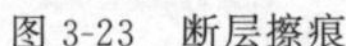

图 3-23　断层擦痕

图 3-24　断层阶步

d. 断层滑面（镜）面：断层两盘相对错动，可引起断层面上的温度升高，使一些铁、锰、钙、硅等成分的物质粉末重熔，敷在断层面上形成一层光滑的薄膜，叫断层滑（镜）面。在扭性、压扭性断层面上更容易出现断层滑面。

④地貌特征

巨大的断层两侧，常使地貌发生突然变化，如山区断层沿山脊在横切的断层处被切成陡崖，陡崖常形成三角形，故称为断层三角面（图 3-25）。河流常在断层处发生弯曲，地下水常沿断层渗出形成泉水。

图 3-25　河南偃师五佛山断层形成的断层三角面

四、各种地质构造在地质图中的表现形式和特点

在地质图上，是通过地层分界线、地层年代符号、岩性符号和地质构造符号，把不同地质构造的形态特征和分布情况反映出来的。下面介绍不同情况下的构造形态在地质平面图上的主要表现形式。

（一）水平构造

水平构造的地层分界线在地质平面上与地形等高线平行或者一致，地形等高线怎样弯曲，地层分界线随着也怎样弯曲。较新的岩层分布在地势较高的地方，较老的岩层出露在地势较低的地方[图 3-26a]直立岩层的分界线在地质平面图上为一条直线，不受地形起伏的影响[图 3-26b]。

（二）单斜构造

单斜构造的地层分界线在地质平面图上是一条与地形等高线相交的“V”字形曲线。当岩层的倾向与地面倾斜的方向相反时，在山脊处“V”字形的尖端朝向山麓，在沟谷处“V”字形的尖端朝向上游；当岩层的倾向与地面倾斜的方向一致且倾角大于地面坡度时则相反，在山脊处“V”字形的尖端朝向山里，沟俗处“V”字形的尖端朝向沟谷的下游；当岩层的倾向与地面倾斜的方向一致且倾角小于地面坡度时，“V”字形的尖端朝向沟谷的上游(图 3-27～图 3-29)。

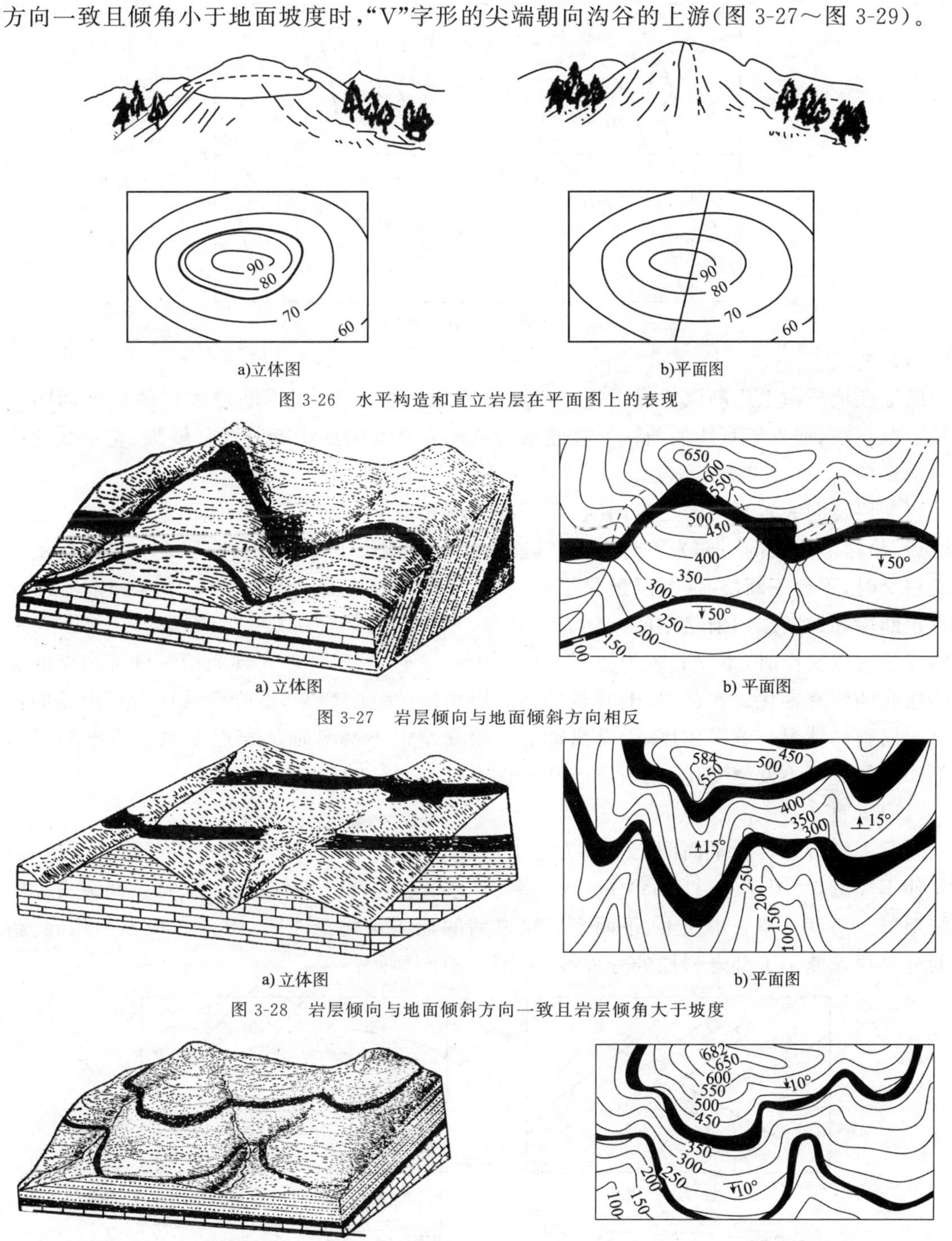

a)立体图　　b)平面图

图 3-26　水平构造和直立岩层在平面图上的表现

a) 立体图　　b) 平面图

图 3-27　岩层倾向与地面倾斜方向相反

a) 立体图　　b) 平面图

图 3-28　岩层倾向与地面倾斜方向一致且岩层倾角大于坡度

a) 立体图　　b) 平面图

图 3-29　岩层倾向与地面倾斜方向一致且岩层倾角小于坡度

(三)褶皱

遭受剥蚀的水平褶皱，其地层分界线在地质平面图上呈带状分布，对称的大致向一个方向平行延伸。倾状褶皱的地层分界线在转折端闭合，当倾伏背斜与倾伏向斜相间排列时，地层分界线呈“S”形曲线，如图 3-30 所示。如前所述，从岩层的新老关系或产状特征，可以进一步反映是背斜还是向斜。

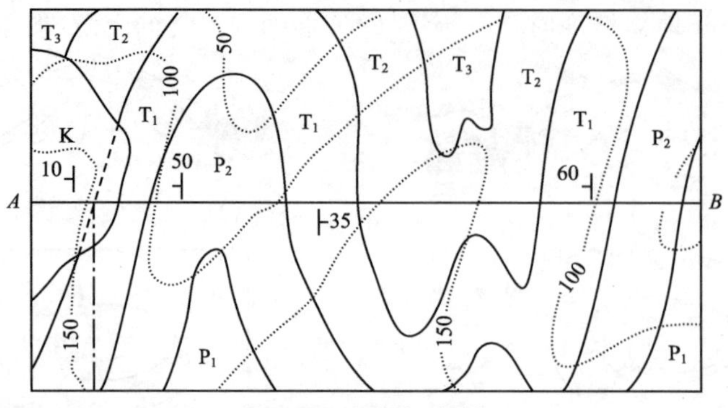

图 3-30　地质图上褶皱

（四）断层

断层在地质图上用断层线表示。由于断层倾角一般较大，所以断层线在地质平面图上通常是一段直线，或近于直线的曲线。在断层线两侧存在有岩层中断、重复、缺失、宽窄变化或前后错动现象。

当断层走向大致平行岩层走向时，断层线两侧出现同一岩层不对称重复或缺失。地面被剥蚀后，出露老岩层的一侧为上升盘，出露新岩层的一侧为下降盘。当断层走向与岩层走向垂直或斜交时，不论正断层、逆断层还是平推断层，在断层线两侧岩层都出现中断和前后错动现象。正断层和逆断层向前错动的一侧为上升盘，相对向后错动的一侧为下降盘。当断层与褶皱轴线垂直或斜交时，不仅表现为翼部岩层顺走向不连续，而且还表现为褶皱轴部岩层的宽度在断层线两侧有变化。在背斜，上升盘轴部岩层出露的范围变宽，下降盘轴部岩层出露的范围变窄。向斜的情况与背斜相反，上升盘轴部岩层变窄而下降盘轴部岩层变宽。平推断层两盘轴部岩层的宽度不发生变化，在断层线两侧仅表现为褶皱轴线及岩层错开。

（五）不整合

平行不整合在地质平面图上表现为上下两套岩层的产状一致，岩层分界线彼此平行，但地质年代不连续，如图 3-31a）所示中的上二叠统地层直接与下二叠统地层接触，中间缺失了中二叠统地层。角度不整合不仅上、下两套岩层之间的地质年代不连续，而且产状也不相同，新岩层的分界线遮断了下部老岩层的分界线，如图 3-31b）所示。

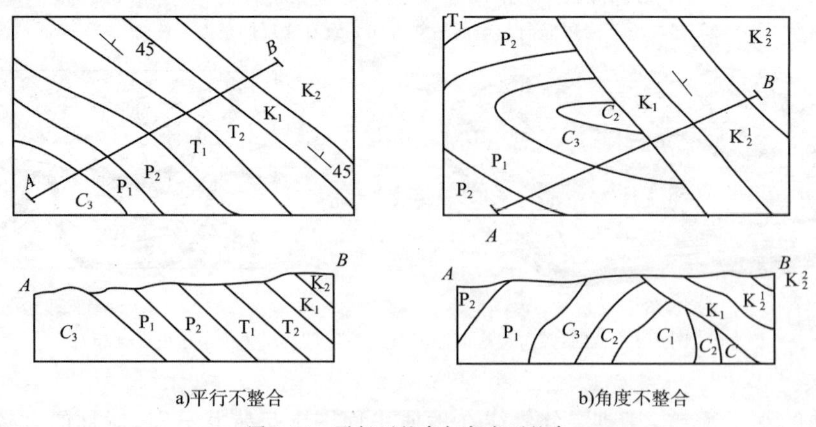

图 3-31　平行不整合与角度不整合

习　题

3-9　国际性通用的地质年代单位是(　　)。

A. 代、纪、时　　B. 代、纪、世　　C. 代、系、期　　D. 代、系、世

3-10　下图为地质平面图,图中地层的接触关系(　　)。

A. 平行不整合接触　　B. 角度不整合接触

C. 沉积接触　　D. 侵入接触

3-11　下图为河谷纵剖面图,请选择最佳的桥梁跨越位置(　　)。

A. 背斜倾向上游的一翼　　B. 背斜核部

C. 背斜倾向下游的一翼　　D. 任意位置都可以

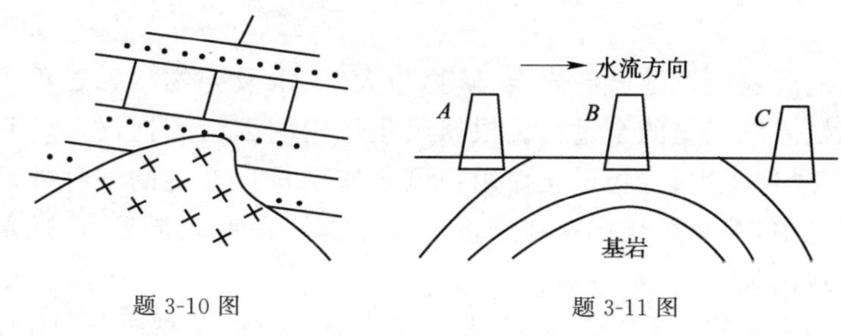

题 3-10 图　　题 3-11 图

3-12　当岩层倾向与地形坡向一致时,若岩层倾角大于坡脚,则岩层分界线弯曲方向和等高线弯曲方向(　　)。

A. 相同　　B. 相反　　C. 相互平行　　D. 不确定

3-13　如图所示,根据地形等高线与岩层产状分界线的关系,判断岩层倾向与地面倾斜方向的关系(　　)。

A. 岩层倾斜方向与地面倾斜方向相同

B. 岩层倾斜方向与地面倾斜方向相反

C. 岩层倾斜方向与地面倾斜方向平行

D. 岩层倾斜方向与地面倾斜方向垂直

题 3-13 图

3-14　下图为平面图,图中构造为(　　)。

A. 向斜、正断层　　B. 背斜、正断层　　C. 向斜、逆断层　　D. 背斜、逆断层

3-15　下图为地质平面图,图中 O~D 与 J~K 两套地层的接触关系(　　)。

A. 整合接触　　B. 平行不整合接触

C. 角度不整合接触　　D. 侵入接触

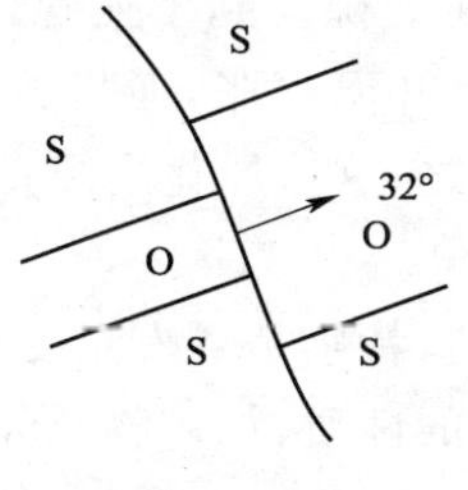

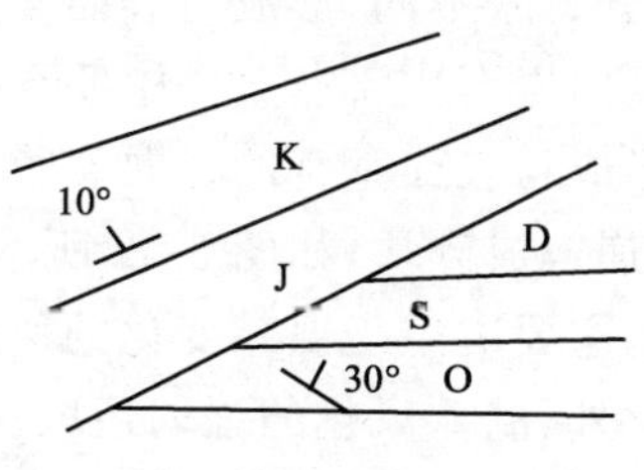

题 3-14 图　　题 3-15 图

第三节　外动力地质作用

一、外动力地质作用

以太阳的辐射能和日月的引力能为主要能源，在地表或地表附近进行的地质作用称为外动力作用。外动力作用实质上是地壳表层的水、大气、生物以外部能为能源，改造雕塑地壳（主要是地壳表面）的过程。外动力作用的主要类型有风化作用、剥蚀作用、搬运作用、沉积作用、负荷地质作用以及硬结作用。其中剥蚀、搬运与沉积作用，按动力性质可分为风力作用、地表流水作用、地下水作用、湖海作用以及冰川作用等。外动力地质作用与公路工程有密切关系，是公路工程地质研究的主要对象之一。本节只介绍具有普遍意义的风化作用和地表流水地质作用。

（一）风化作用

风化作用是指地表或接近地表的岩石、矿物与大气、水及生物接触过程中产生物理、化学变化而在原地形成松散堆积物的全过程。根据风化作用的因素和性质可将其分为三种类型：物理风化作用、化学风化作用、生物风化作用。风化作用是最普遍的一种外动力地质作用，在大陆的各种地理环境中，都有风化作用在进行。风化作用在地表最显著，随着深度的增加，其影响就逐渐减弱以致消失。

风化作用使坚硬致密的岩石松散破坏，改变了岩石原有的矿物成分和化学成分，使岩石的强度和稳定性大为降低，对工程建筑条件有不良影响。此外，滑坡、崩塌、泥石流等不良地质现象，大部分都是在风化作用的基础上逐渐形成和发展起来的。

1. 风化作用的类型

风化作用按其占优势的营力和岩石变化的性质分为：物理风化、化学风化、生物风化三种密切联系的类型。

（1）物理风化作用

在地表或接近地表条件下，岩石、矿物在原地发生物理或机械破碎而不改变化学成分、不形成新矿物的作用，称为物理风化或机械风化作用。机械风化作用与化学风化作用常常环环相扣，如机械风化作用造成的裂缝会增加进行化学风化作用的表面面积。而化学风化作用在裂缝造成的矿物变化亦会帮助岩石分解。物理风化作用的方式主要有温差风化、水的冻结与融化等。此外，盐类的结晶与潮解、岩石的卸荷等，也会促进岩石发生物理风化作用。

①温差风化

温差风化，或称为洋葱状风化、剥离作用、日晒风化等。岩石是热的不良导体，白天岩石在阳光照射下，表层首先升温，由于岩石是热的不良导体，热向岩石内部传递很慢，遂使岩石内外之间出现温差，各部分膨胀不同，形成与表面平行的风化裂隙。到了夜晚，白天吸收的太阳辐射热继续以缓慢速度向岩石内部传递，内部仍在缓慢地升温膨胀，而岩石表面却迅速散热降温、体积收缩，于是形成与表面垂直的径向裂隙，久而久之，这些风化裂隙日益扩大、增多，导致岩石层层剥落，最后崩解成碎块，如图3-32所示。

温差风化的强弱主要决定于温差变化的速度和幅度，特别是昼夜温度变化的幅度越大，温差风化则越强烈。此外，温差风化的强弱还取决于岩石的性质，如矿物成分与岩石结构等。

②水的冻结与融化

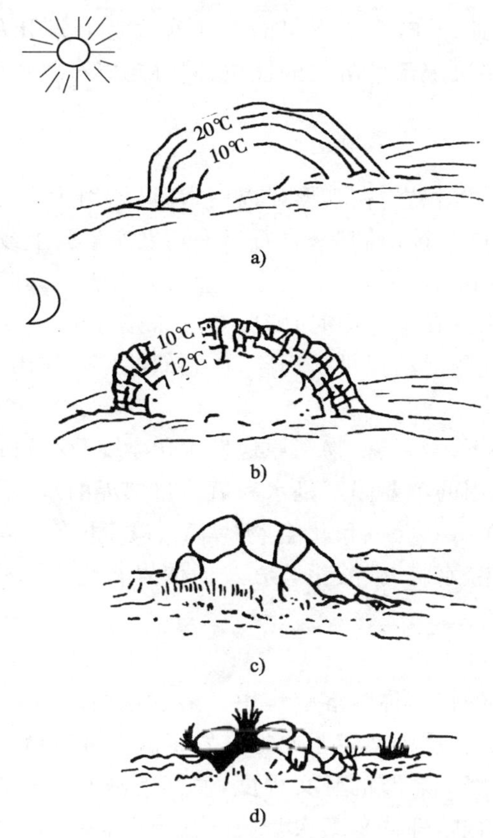

图 3-32　温差风化使岩石逐渐崩解的过程示意图

在一些高寒地带，如雨水或融雪水侵入岩石裂隙，当岩石温度低到 0℃以下时，液态的水就变为固态的冰，体积膨胀约 9%。这对裂隙将产生很大的膨胀压力，使原有裂隙进一步扩大，同时产生更多的新裂隙。当温度升高至冰点以上时，冰又融化成水，体积减小，扩大的空隙中又有水渗入。年复一年，就会使岩体逐渐崩解成碎块。这种物理风化作用又称为冰劈作用或冰冻风化作用，如图 3-33 所示。冰冻风化作用主要发生在严寒的高纬度地区和低纬度的高寒山岳地区。

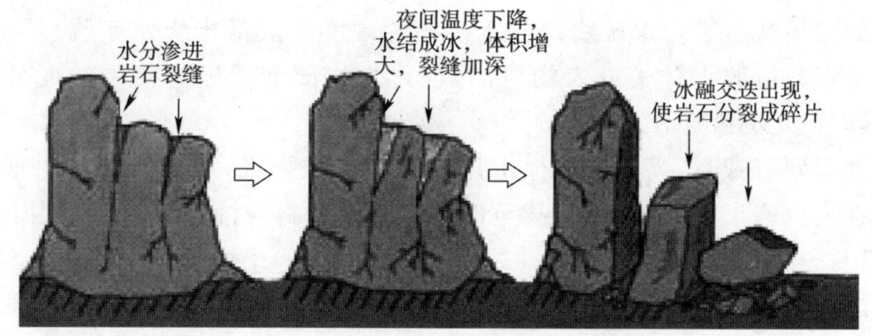

图 3-33　水的冻结与融化引起岩石崩解过程示意图

③可溶盐的结晶与潮解

在干旱及半干旱地区，广泛地分布着各种可溶盐类。有些盐类具有很大的吸湿性，能从空气中吸收大量的水分而潮解，最后成为溶液。温度升高，水分蒸发，盐分又结晶析出，体积显著增大。由于可溶盐溶液在岩石的空隙和裂隙中结晶时的撑裂作用，使得裂隙逐渐扩大，导致岩石松散破坏。可溶盐的结晶撑裂作用,在干旱的内陆盆地是十分引人注目的。盐类结晶对岩石所起的物理破坏作用,主要决定于可溶盐的性质,同时与岩石空隙度的大小和构造特征也有很大关系。

④岩石释重

无论岩浆岩、变质岩还是沉积岩,在其形成以后,都可能因为上覆巨厚的岩层而承受巨大的静压力。一旦上覆岩层遭受剥蚀而卸荷,岩石释重随之产生向上或向外的膨胀作用,形成一系列与地表平行的裂隙。处于地下深处,承受巨大静压力的岩石,其潜在的膨胀力是十分惊人的。在一些矿山,当岩石初次露在掌子面时,膨胀是非常迅速的,以致碎片炸裂飞出。岩石释重所形成的裂隙,为水和空气的活动提供了通路,使它们的风化作用更有效地进行。

(2)化学风化作用

在地表或接近地表条件下,岩石、矿物在原地发生化学变化并可产生新矿物的过程叫化学风化作用。引起化学风化作用的主要因素是水和氧。自然界的水,不论是雨水、地面水或地下水,都溶解有多种气体(如 O_2、CO_2 等)和化合物(如酸、碱、盐等),因此自然界的水都是水溶液。水溶液可通过溶解、水化、水解、碳酸化等方式促使岩石化学风化。氧的作用方式是氧化作用。

①溶解作用

水直接溶解岩石中矿物的作用称为溶解作用。溶解作用的结果,使岩石中的易溶物质被逐渐溶解而随水流失,难溶的物质则残留于原地。岩石由于可溶物质的被溶解而致孔隙增加,削弱了颗粒间的结合力从而降低岩石的坚实程度,使其更易遭受物理风化作用而破碎。最容易溶解的矿物是卤化盐类(岩盐,钾盐),其次是硫酸盐类(石膏,硬石膏),再次是碳酸盐类(石灰岩,白云岩)。岩石在水里的溶解作用一般进行得十分缓慢,但是当水的温度升高以及压力增大时,水的溶解作用就比较活跃。特别是当水中含有侵蚀性的 CO_2 而发生碳酸化作用时,水的溶解作用就会显著增强,如在石灰岩分布地区,由于这种溶解作用经常会产生溶洞、溶穴等岩溶现象。

②水化作用

有些矿物与水接触后和水发生化学反应,吸收一定量的水到矿物中形成含水矿物,这种作用称为水化作用。如硬石膏经过水化作用变为石膏就是很好的例子。

水化作用的结果产生了含水矿物。含水矿物的硬度一般低于无水矿物,同时由于在水化过程中结合了一定数量的水分子进入物质的成分之中,改变了原有矿物的成分,引起体积膨胀,对岩石也具有一定的破坏作用。

若岩层中含有硬石膏时,当石膏发生水化作用而体积膨胀,对围岩会产生很大的压力,促使岩层破碎。在隧道施工中,这种压力甚至能引起支撑倾斜、衬砌开裂,应当引起足够的注意。

③水解作用

某些矿物溶于水后,出现离解现象,其离解产物可与水中的 H^+ 和 $(OH)^-$ 发生化学反应,形成新的矿物,这种作用称为水解作用。例如正长石经水解作用后,开始形成的 K^+ 与水中 $(OH)^-$ 结合,形成 KOH 随水流失,析出一部分 SiO_2 可呈胶体溶液随水流失,或形成蛋白石 $(SiO_2 \cdot nH_2O)$ 残留于原地,其余部分可形成难溶于水的高岭石而残留于原地。

④碳酸化作用

当水中溶有 CO_2 时,水溶液中除 H^+ 和 $(OH)^-$ 外,还有 CO_3^{2-} 和 HCO_3^-,碱金属及碱土金属与之相遇会形成碳酸盐,这种作用称为碳酸化作用。硅酸盐矿物经碳酸化作用,其中碱金属变成碳酸盐随水流失，如花岗岩中的正长石受到长期碳酸化作用时，则发生反应。

⑤氧化作用

矿物中的低价元素与大气中的游离氧化合变为高价元素的作用，称为氧化作用。氧化作用是地表极为普遍的一种自然现象。在湿润的情况下，氧化作用更为强烈。自然界中，有机化合物、低价氧化物、硫化物最容易遭受氧化作用。尤其是低价铁常被氧化成高价铁。例如常见的黄铁矿(FeS_2)在含有游离氧的水中，经氧化作用形成褐铁矿($Fe_2O_3 \cdot nH_2O$)，同时产生对岩石腐蚀性极强的硫酸，可使岩石中的某些矿物分解形成洞穴和斑点，致使岩石破坏。

(3)生物风化作用

岩石在动、植物及微生物影响下发生的破坏作用，称为生物风化作用。生物风化主要发生在岩石的表层和土壤中。生物风化作用既有机械的、也有化学的，具有双重性。

生物的机械风化作用主要是通过生物的生命活动来进行。如树根生长对岩石的压力可达$10kg/cm^2$，这能使根深入岩石裂缝，劈开岩石，从而引起岩石崩解。又如穴居动物田鼠、蚂蚁等不停地挖掘洞穴，使岩石破碎、土粒变小。

生物的化学风化作用是通过生物的新陈代谢和生物死亡之后的遗体腐烂分解来进行的。植物和细菌在新陈代谢过程中能析出有机酸、亚硝酸、硝酸、碳酸和氢氧化铵等溶液而腐蚀岩石。生物死亡分解可以形成腐殖质，它一方面可供给植物生长的钾盐、磷盐、氮的化合物和各种碳水化合物；另一方面因含有有机酸，对岩石、矿物也有腐蚀作用。生物特别是微生物的化学风化作用是很强烈的。

生物风化作用的意义不仅在于引起岩石的机械和化学破坏，还在于它形成了一种既有矿物质又有有机质的物质——土壤。

上述三类风化作用及其多种风化方式都具有其独立意义。但是，在很多情况下，它们相伴而生，并相互影响和促进，共同破坏岩石。如物理风化能扩大岩石的空隙，使大块岩石碎裂，增加其表面积，这就有利于水、气及生物的活动，加速岩石的化学风化。而化学风化改变矿物和岩石的成分性质，破坏了原有岩石的完整性和强度，这就为物理风化的深入提供了有利条件。生物风化则总是与各种物理风化及化学风化作用配合发生。

2.岩石风化的影响因素

岩石风化是一个复杂的地质过程，是许多因素综合作用的结果。影响岩石风化速度、深度、程度以及分布规律的因素可分为内因和外因两大因素。内因是指岩石的地质特征，包括岩石的矿物成分、结构和构造等方面。外因主要包括气候、地形、地下水以及地质构造等方面。

(1)岩石成分

岩浆岩比变质岩和沉积岩易于风化。岩浆形成于高温高压，矿物质种类多，内部矿物抗风化能力差异大。岩浆岩中基性岩比酸性岩易于风化，基性岩中暗色矿物较多，颜色深，易于吸热、散热。沉积岩易溶岩石(如石膏、碳酸盐类等岩石)比其他沉积岩易于风化。在相同的条件下，不同矿物组成的岩石由于风化速度不等，岩石表面凹凸不平。或由不同岩性组成的岩层，抗风化能力弱的岩层形成相互平行的沟槽，砂岩、页岩互层，页岩呈沟槽。

(2)岩石的结构、构造

岩石结构较疏松的易于风化，不等粒易于风化，粒度粗者较细者易于风化，构造破碎带易于风化，往往形成洼地或沟谷。

(3)气候条件

气候因素包含温度、降雨量和湿度，它们是控制风化作用的重要因素。

气候寒冷或干燥地区，生物稀少，寒冷地区降水以固态形式为主，干旱区降水很少，以物理风化作用为主，化学和生物风化为次。岩石破碎，但很少有化学风化形成的黏土矿物，以生物风化为主形成的土壤也很薄，如图 3-34 所示。

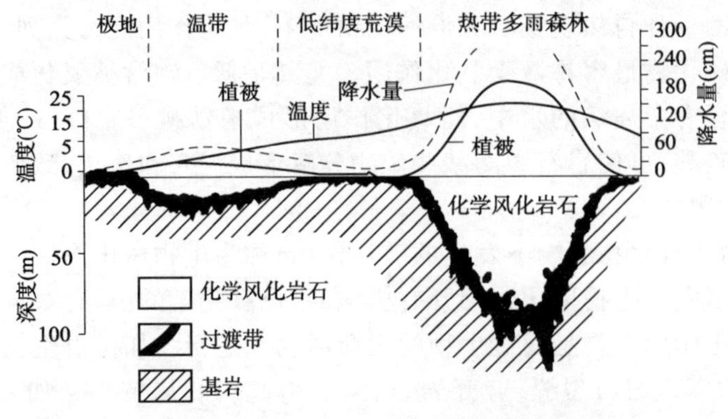

图 3-34　不同气候带风化作用的强度和深度

气候潮湿炎热地区，降水量大，生物繁茂，生物的新陈代谢和尸体分解过程产生的大量有机酸，具有较强的腐蚀能力，故化学风化和生物风化都十分强烈，形成大量黏土，在有利的条件下可形成残积矿床，也可形成较厚的土壤层。

(4)地形条件

地形影响气候，间接影响风化作用。另一方面，陡坡上，地下水位低，生物较少，以物理风化为主。地势平坦，受生物影响较大，以化学风化作用为主。

(5)地质构造

地质构造是促进岩石风化的重要因素。断层、节理、层理、沉积间断等，均能构成风化营力(水、气等)深入岩石内部的良好通道，加深和加速岩石风化。因此在褶曲轴部、断层破碎带及其附近裂隙密集部位的岩石风化程度比完整的岩石严重。

(二)暂时性流水的地质作用

地表流水可分为暂时流水和经常流水两类。暂时流水是一种季节性、间歇性流水，它主要以大气降水以及积雪冰川融化为水源，所以一年中有时有水，有时干枯。如大气降水后沿山坡坡面或山间沟谷流动的水，经常在一年中大部分时间流水不断，它的水量虽然也随季节发生变化，但不会长期的干枯无水，这就是通常所说的河流。一条暂时流水的沟谷，若能不间断地获得水源供给，就会变成一条河流。实际上，一条河流的水源往往是多方面的，除大气降水外，高山冰、雪融化水和地下水都可能是它的重要水源。暂时流水与河流相互连接，脉络相通，组成统一的地表流水系统。不论长期流水或暂时流水，在流动过程中都要与其接触的地表岩土体发生相互作用，产生侵蚀、搬运和堆积作用，形成各种地貌和不同的松散沉积层。地表流水不仅是影响地表形态不断发展变化的一个带有普遍性的重要自然因素，而且经常影响着公路建设的条件。

1. 坡面细流的地质作用

雨水降落到坡面或覆盖坡面的积雪融化时，其中一部分被蒸发，一部分渗入地下，剩下的部分在汇入洼地或沟谷之前形成无数的网状坡面细流，从高处沿坡面向低处缓慢流动，时而冲刷，时而沉积，不断地使坡面上细小的风化岩屑和黏土物质沿坡面向下移动，最后，在坡脚或山坡中下部低凹处沉积下来形成坡积层。雨水、融雪水对整个坡面所进行的这种比较均匀、缓慢和在短期内并不显著的地质作用，称为洗刷作用。洗刷作用的强度和规模，在一定的气候条件下与山坡的岩性、风化程度和坡面植物的覆盖程度有关，一般在缺少植物的土质山坡或风化严重的软弱岩质山坡上洗刷作用比较显著。

2.山洪急流的地质作用

在山区集中暴雨或积雪骤然大量融化所形成的坡面流水汇集于沟谷中，都会在短时间内形成流量大、流速高的流水，一般称为山洪急流。山洪急流具有极强的侵蚀和搬运能力，并把冲刷下来的碎屑物质带到山麓平原或沟谷口堆积下来，形成洪积层。

山洪急流沿沟谷流动时，由于集中了大量的水，沟底坡度大，流速快，所以拥有巨大的动能，如果地表岩石或土比较疏松、裂隙发育，地面坡度较陡，再加上地面缺少植物覆盖，则该地区极易形成冲沟(由冲刷作用形成的沟底狭窄、两壁陡峭的沟谷叫冲沟)。经常、反复进行的冲刷作用，先在地表低洼处形成小沟，小沟又不断被加深、扩宽形成大沟，大沟两侧及上游又形成许多新的小支沟，随着冲沟的形成和不断发展，使当地产生大量水土流失，地表被纵横交错的大、小冲沟切割得支离破碎，如图 3-35 所示。黄土高原地区，如陕北的绥德、吴旗，甘肃陇东的庆阳、宁县，冲沟系统规模之大，切割之深，发展之快，均为其他地区所罕见。在这些地区，冲沟的形成和发展对公路等工程产生严重影响，冲沟使地形变得支离破碎，路线布局往往受到冲沟的控制，不仅增加路线长度和跨沟工程、增大工程费用，而且经常由于冲沟的不断发展，截断路基，中断交通，或者由于洪积物掩埋道路，淤塞涵洞，影响正常运输。

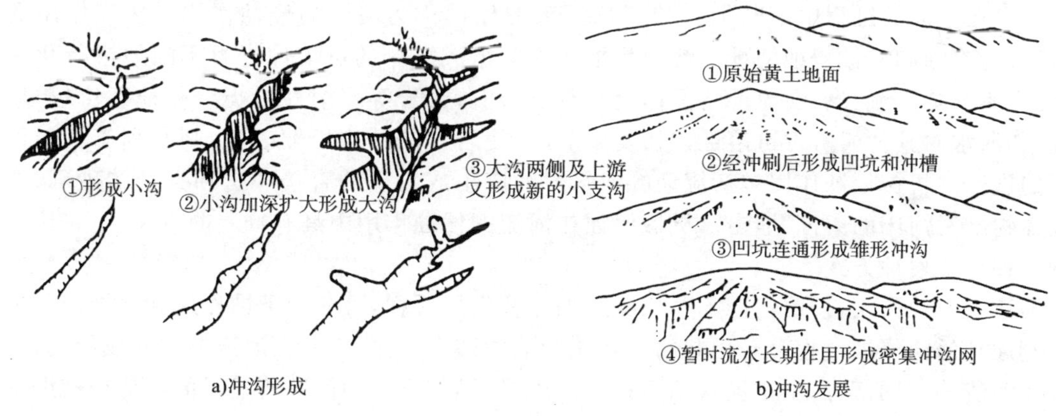

图 3-35　冲沟形成和发展示意图

(三)河流地质作用

河流普遍分布于不同的自然地理带，是改造地表的主要地质营力之一。由河流作用所形成的谷地称为河谷。河谷的形态要素包括谷坡和谷底两大部分，如图 3-36 所示。谷底中包括河床和河漫滩。河床是指平水期河水占据的谷底，也称为河槽。河漫滩是平水期不被河水淹没但可被洪水淹没的谷底部分。谷坡是河谷两侧因河流侵蚀而形成的岸坡。古老的谷坡上常发育有洪水不能淹没的阶地。谷坡与谷底的交界称为坡麓，谷坡与山坡交界的转折处称为谷缘，也称为谷肩。河水通过侵蚀、搬运和堆积作用形成河床，并使河床的形态不断发生变化，河床形态的变化反过来又影响着河水的流速场，从而促使河床发生新的变化，两者互相作用，互相影响。河流的侵蚀、搬运和堆积作用，可以认为是河水与河床动平衡不断发展的结果。

河流地质作用的强弱，主要与河水的动能有关。河水的动能与流量和流速平方的乘积成正比。河流在洪水期冲刷、搬运和堆积作用之所以特别强烈，就是因为河流的流量、流速显著增大，河水动能显著增强的缘故。由于河流的长期作用，形成了河床、河漫滩、河流阶地和河谷等各种河流地貌,同时也形成了第四纪陆相堆积物的另一个成因类型,即冲积层。

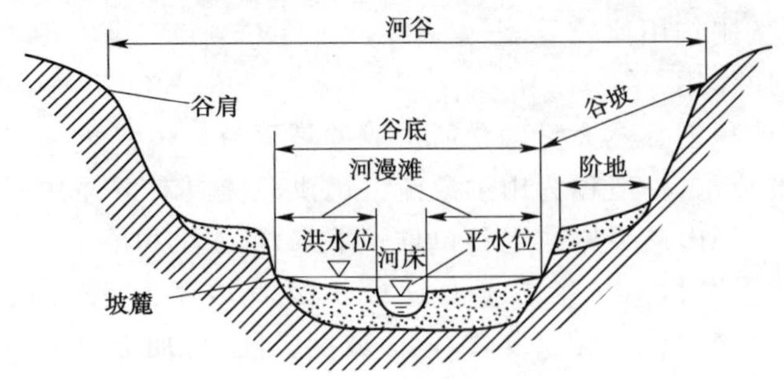

图 3-36 河谷要素示意图

一条河流从河源到河口一般可分为三段:上游、中游和下游。上游多位于高山峡谷中,急流险滩多,河道较直,流量不大但流速很高,河谷横断面多呈“V”字形。中游河谷较宽广,河漫滩和河流阶地发育,横断面多呈“U”字形。下游多位于平原地区,流量大而流速较低,河谷宽广,河曲发育,在河口处易形成三角洲。

河流的侵蚀作用、搬运作用和沉积作用在整条河流上同时进行,相互影响。在河流的不同段落上,三种作用进行的强度并不相同,常以某一种作用为主。

1.河流的侵蚀作用

河水在流动的过程中不断加深和拓宽河床的作用称为河流的侵蚀作用。按其作用的方式,可分为溶蚀和机械侵蚀两种。溶蚀是指河水对组成河床的可溶性岩石不断地进行化学溶解,使之逐渐随水流失。河流的溶蚀作用在石灰岩、白云岩等可溶性岩类分布地区比较显著。此外,如河水对其他岩石中可溶性矿物发生溶解,使岩石的结构松散破坏,则有利于机械侵蚀作用的进行。机械侵蚀作用包括流动的河水对河床组成物质的直接冲击和夹带的砂砾、卵石等固体物质对河床的磨蚀、撞击。机械侵蚀在河流的侵蚀作用中具有普遍的意义,它是山区河流的一种主要侵蚀方式。

河流的侵蚀作用,按照河床不断加深和拓宽的发展过程,可分为下蚀作用和侧蚀作用。下蚀和侧蚀是河流侵蚀过程中互相制约和互相影响的两个方面,不过在河流的不同发展阶段,或同一条河流的不同部分,由于河水动力条件的差异,不仅下蚀和侧蚀所显示的优势会有明显的区别,而且河流的侵蚀和沉积优势也会有显著的差别。

(1)下蚀作用

河水在流动过程中使河床逐渐下切加深的作用,称为河流的下蚀作用。河水夹带固体物质对河床的机械破坏,是使河流下蚀的主要因素。其作用强度取决于河水的流速和流量,同时,也与河床的岩性和地质构造密切相关。很明显,河水的流速和流量大时,下蚀作用的能量大,如果组成河床的岩石坚硬且无构造破坏,则会抑制河水对河床的下切的速度。反之,如岩性松软或受到构造作用的破坏,则下蚀易于进行,河床下切过程加快。下蚀作用为主的地区往往形成峡谷地貌。

河流的侵蚀过程总是从河的下游逐渐向河源方向发展的,这种溯源推进的侵蚀过程称为溯源侵蚀。分水岭不断遭到剥蚀切割,河流长度的不断增加,以及河流的袭夺现象,都是河流溯源侵蚀造成的结果。河流溯源侵蚀过程中的差异下蚀常常形成瀑布。

河流的下蚀作用并不是无止境的继续下去,而是有它自己的基准面的。因为随着下蚀作用的发展,河床不断加深,河流的纵坡逐渐变缓,流速降低,侵蚀能量削弱,达到一定的基准面后,河流的侵蚀作用将趋于消失。河流下蚀作用消失的平面,称为侵蚀基准面。流入主流的支流，基本上以主流的水面为其侵蚀基准面；流入湖泊海洋的河流，则以湖面或海水面为其侵蚀基准面。大陆上的河流绝大部分都流入海洋，而且海洋的水面也较稳定，所以又把海平面称为基本侵蚀基准面。侵蚀基准面并不是固定不变的，由于河流的下蚀作用通常都受岩性、构造运动、植被、气候变化及人类工程活动等多种因素影响，因此河流的侵蚀基准面常会发生变化。侵蚀基准面一经变动，则会引起相关水系的侵蚀和堆积过程发生重大的改变。所以，根据河谷侵蚀与堆积地貌组合形态的研究，能够对地区新构造运动的情况做出判断。

(2)侧蚀作用

河流以携带的泥、砂、砾石为工具，并以自身的动能和溶解力对河床两岸的岩石进行侵蚀，使河谷加宽的作用称为侧蚀作用(图 3-37)。河流的中、下游以及平原区的河流，由于河床坡度较为平缓，侧蚀作用占主导地位。河水在运动过程中横向环流的作用，是促使河流产生侧蚀的经常性因素。此外，如河水受支流或支沟排泄的洪积物以及其他重力堆积物的障碍顶托，致使主流流向发生改变，引起对岸产生局部冲刷，这也是一种在特殊条件下产生的河流侧蚀现象。在天然河道上能形成横向环流的地方很多，但在河湾部分最为显著[3-38a)]。当运动的河水进入河湾后，由于受离心力的作用，表层流束以很大的流速冲向凹岸，产生强烈冲刷，使凹岸岸壁不断坍塌后退，并将冲刷下来的碎屑物质由底层流束带向凸岸堆积下来[3-38b)]。由于横向环流的作用，使凹岸不断受到强烈冲刷，凸岸不断发生堆积，结果使河湾的曲率增大，并受纵向流的影响，使河湾逐渐向下游移动，因而导致河床发生平面摆动。这样天长日久，整个河床就被河水的侧蚀作用逐渐地拓宽(图 3 39)。

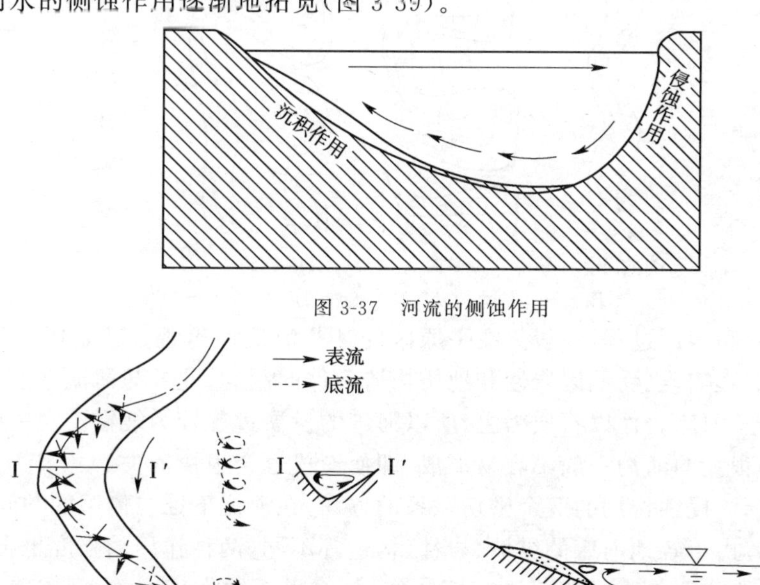

图 3-37 河流的侧蚀作用

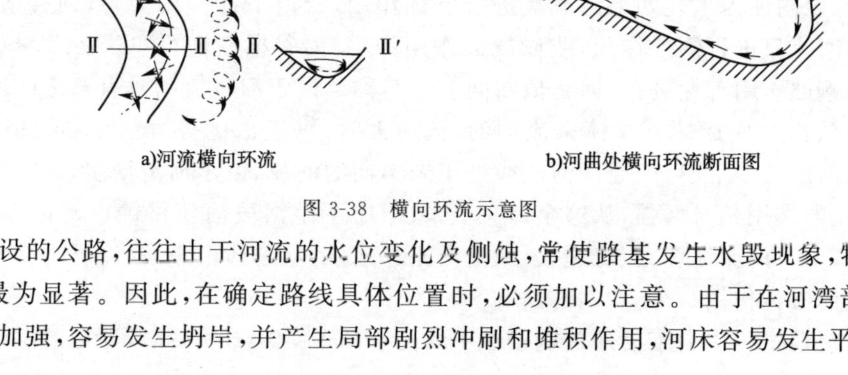

a)河流横向环流

b)河曲处横向环流断面图

图 3-38 横向环流示意图

沿河布设的公路，往往由于河流的水位变化及侧蚀，常使路基发生水毁现象，特别是河湾凹岸地段，最为显著。因此，在确定路线具体位置时，必须加以注意。由于在河湾部分横向环流作用明显加强，容易发生坍岸，并产生局部剧烈冲刷和堆积作用，河床容易发生平面摆动，因此对于桥梁建筑，也是很不利的。

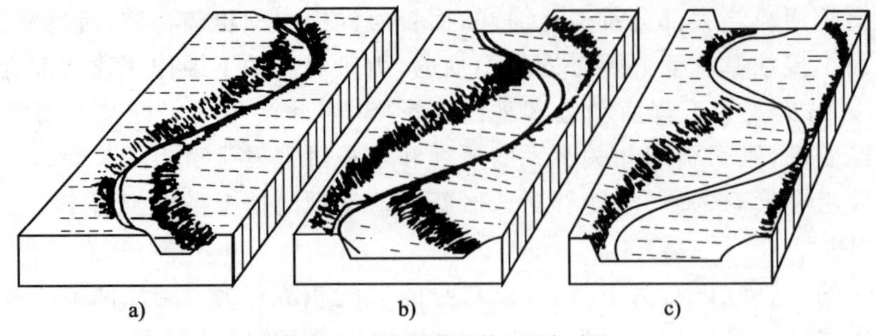

图 3-39　侧蚀作用使河谷加宽

由于河流侧蚀的不断发展，致使河流一个河湾接着一个河湾，并使河湾的曲率越来越大[图 3-40a)]，河流的长度越来越长，结果使得河床的比降逐渐减小，流速不断降低，侵蚀能量逐渐削弱，直至常水位时已无能量继续发生侧蚀为止。这时河流所特有的平面形态，称为蛇曲[图 3-40b)]。有些处于蛇曲形态的河湾，彼此之间十分靠近，一旦流量增大，河水会裁弯取直，流入新开拓的局部河道，而残留的原河湾的两端因逐渐淤塞而与原河道隔离，形成状似牛轭的静水湖泊，称为牛轭湖[图 3-40c)]。最终，由于主要承受淤积，致使牛轭湖逐渐成为沼泽，以至消失。

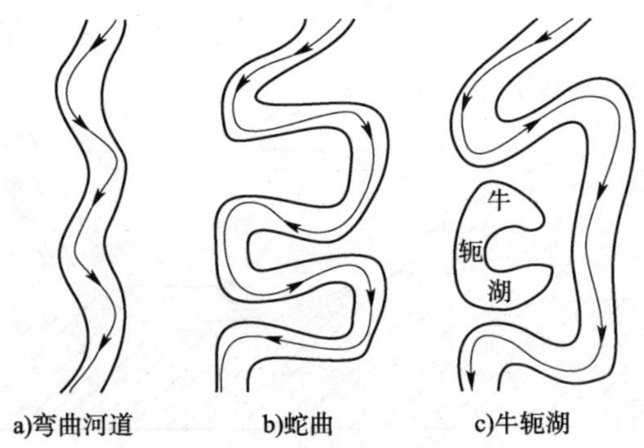

图 3-40　蛇曲的发展与牛轭湖的形成

上述河湾的发展和消亡过程，一般只在平原区的某些河流中出现。这是因为河流的发展既受河流动力特征的影响，也受地区岩性和地质构造条件的制约，此外与河流夹沙量也有一定的关系。在山区，由于河床岩性以石质为主，所以河湾的发展过程较为缓慢。在一些输沙量大的平原河流中，曲率很大的河湾一般不容易形成，即使形成也会很快消失。

下蚀和侧蚀是河流侵蚀作用的两个密切联系的方面，在河流下蚀与侧蚀的共同作用下，河床不断加深和拓宽。由于各地河床的纵坡、岩性、构造等不同，两种作用的强度也会不同，或以下蚀为主，或以侧蚀为主。如果河流只进行下蚀作用，或以下蚀作用为主，河谷横断面呈"V"字形。如果河流只进行侧蚀作用，或以侧蚀作用为主，河谷横断面呈"U"字形，谷底宽平。如下蚀作用与侧蚀作用等量进行，河谷横断面多不对称。由于河水流动具有紊流的性质，是由纵流与横向环流组合而成螺旋状流束流动的，流速大时，纵流占优势，流速小时，横向环流占优势。一般在河流的中下游、平原区河流或处于老年期的河流，由于河湾增多，纵坡变小，流速降低，横向环流的作用相对增强，从这个意义上来说，中下游河段河流侵蚀以侧蚀作用为主。在河流的上游，由于河床纵坡大、流速大、纵流占主导地位，从总体上来说，以下蚀作用为主。

2.河流的搬运作用

河流在流动过程中夹带沿途冲刷侵蚀下来的物质(泥沙、石块)离开原地的移动作用，称为搬运作用。河流的侵蚀和堆积作用,在一定意义上都是通过搬运过程来进行的。河水搬运能量的大小,决定于河水的流量和流速,在一定的流量条件下,流速是影响搬运能量的主要因素。河流搬运物的粒径与水流流速的平方成正比。

河流搬运的物质,主要来自谷坡洗刷、崩落、滑塌下来的产物和冲沟内洪流冲刷出来的产物,其次是河流侵蚀河床的产物。

流水搬运的方式可分为物理搬运和化学搬运两大类。物理搬运的物质主要是泥沙、石块,化学搬运的物质则是可溶解的盐类和胶体物质,其搬运的距离最远,水中各种离子和胶体颗粒多被搬运到湖、海盆地中,当条件适合时,在湖、海盆地中产生沉积。

物理搬运根据流速、流量和泥沙、石块的大小不同,又可分为悬浮式、跳跃式和滚动式三种方式。悬浮式搬运的主要是颗粒细小的砂和黏性土,悬浮于水中或水面,顺流而下。例如黄河中大量黄土颗粒主要是悬浮式搬运。跳跃式搬运的物质一般为块石、卵石和粗砂,它们有时被急流、涡流卷入水中向前搬运,有时则被缓流推着沿河底滚动。滚动式搬运的主要是巨大的块石、砾石,它们只能在水流强烈冲击下,沿河底缓慢向下游滚(移)动。

河流在搬运过程中,随着流速逐渐减小,被携带物质按其大小和重量陆续沉积在河床中,上游河床中沉积物较粗大,越向下游沉积物颗粒越细小。从河床断面上看,流速逐渐减小时,粗大颗粒先沉积下来,细小颗粒后沉积、覆盖在粗大颗粒之上,从而在垂直方向上显示出层理。在河流平面上和断面上,沉积物颗粒大小的这种有规律的变化,称河流的分选作用。另外,在搬运过程中,被搬运物质与河床之间、被搬运物质互相之间,都不断地发生摩擦、碰撞,从而使原来有棱角的岩屑、碎石逐渐磨去棱角而成浑圆形状,成为在河床中常常见到的砾石、卵石和砂,它们都具有一定的磨圆度,这种作用称河流的磨蚀作用。良好的分选性和磨圆度是河流沉积物区别于其他成因沉积物的重要特征。

3.河流的沉积作用

河流在运动过程中,当河水夹带的泥沙、砾石等物质超过了河水的搬运能力时,被搬运的物质便在重力作用下逐渐沉积下来,称为沉积作用,河流的沉积物称为冲积层。河流沉积物几乎全部是泥沙、砾石等机械碎屑物,而化学溶解的物质多在进入湖盆或海洋等特定的环境后才开始发生沉积。

二、残积层、坡积层、洪积层、冲积层的特点

(一)残积层

地表岩石经过长期风化作用以后,改变了矿物成分、结构和构造,形成和原来岩石性质不同的风化产物,其中除一部分易溶物质被水溶解流失外,大部分物质残留在原地,这种物质称为残积物,这种风化层称为残积层(图 3-41)。残积物向上逐渐过渡为土壤层。土壤层直接分布在地表,因富含有机质颜色较深或有植物根系分布其中。残积层向下逐渐过渡为半风化岩石的弱风化岩石。土壤层、残积层和风化岩层形成完整的风化壳。残积碎屑物由地表向深处由细变粗是其最重要的特征。

残积物不具有层理,碎屑物质大小不均匀、棱角显著,无分选,粒度和成分受气候条件和母岩岩性控制。在干旱或寒冷地区,化学风化作用微弱而以物理风化作用为主,岩石风化产物多为棱角状的砂、砾等粗碎屑物质,其中缺少黏土矿物。在垂直剖面上,上部碎屑的粒径较小,向下部逐渐粗大。

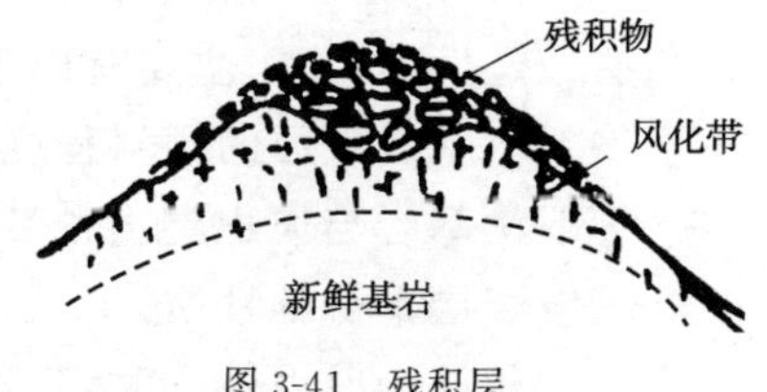

图 3-41 残积层

半干旱地区，除物理风化作用外，尚可有化学风化作用进行，残积物中常形成黏土矿物、铁的氢氧化物与Ca、Mg碳酸盐和石膏等。气候潮湿地区，化学风化作用活跃，物理风化作用不发育，残积物主要由黏土矿物组成，厚度也相应增大。气候湿热地区，残积物中除黏土矿物外，铝土矿和铁的氢氧化物含量高，常为红色。

残积物成分与母岩岩性关系密切。花岗岩的残积物中常含有由长石分解形成的黏土矿物，而石英则破碎成为细砂。石灰岩的残积物往往成为红黏土。矿屑沉积岩的残积物外观上变化不大，仅恢复其未固结前松散状态的特征。

残积物的厚度往往与地形条件有关，在陡坡和山顶部位常被侵蚀而厚度小。平缓的斜坡和山谷低洼处因不易被侵蚀而厚度较大。

残积层的工程地质性质，主要取决于矿物成分、结构和构造等因素。残积层具有较多的孔隙和裂缝，易遭冲刷，强度和稳定性较差。由于残积层孔隙多，又加成分和厚度很不均匀，所以作为建筑物的地基时，应考虑其承载能力和可能产生的不均匀沉陷。由于残积层结构比较松散，作为路堑边坡时，应考虑可能出现的坍塌和冲刷等问题。

（二）坡积层

由坡面细流的侵蚀、搬运和沉积作用在坡脚或山坡低凹处形成新的沉积层称坡积层（图3-42）。坡积层是山区公路勘测设计中经常遇到的第四纪陆相沉积物中的一个成因类型，它顺着坡面沿山坡的坡脚或山坡的凹坡呈缓倾斜裙状分布，在地貌上称为坡积裙。

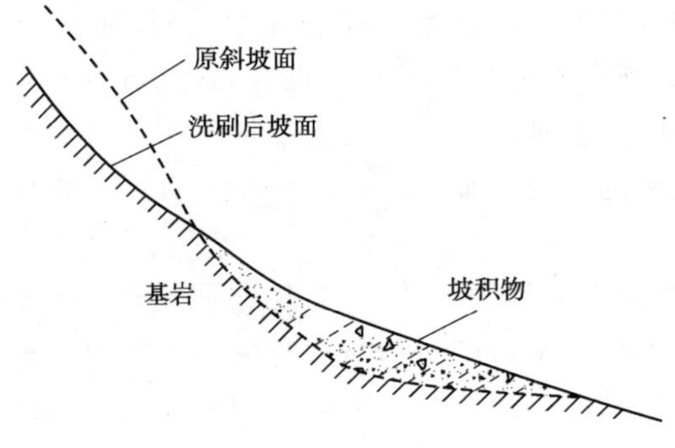

图3-42 坡积层的形成

坡积层具有下述特征：

(1)坡积层可分为山地坡积层和山麓平原坡积层两个亚组：其厚度变化较大，一般是中下部较厚，向山坡上部及远离山脚方向均逐渐变薄尖灭。

(2)坡积层多由碎石和黏性土组成，其成分与下伏基岩无关，而与山坡上部基岩成分有关。山地坡积层一般以粉质黏土夹碎石为主，而山麓平原坡积层则以粉质黏土为主，夹有少量的碎石。在我国干旱、半干旱地区的山麓平原坡积层，常具有黄土的某些特征。

(3)由于从山坡上部到坡脚搬运距离较短，故坡积层层理不明显，碎石棱角清楚。组成物分选差、大小基本混杂在一起。

(4)坡积层松散、富水，作为建筑物地基强度很差。坡积层很容易发生滑动，概括起来影响坡积层稳定性的因素，主要有以下三个方面：

①下伏基岩顶面的倾斜程度。

②下伏基岩与坡积层接触带的含水情况。

③坡积层本身的性质。

当坡积层的厚度较小时，其稳定程度首先取决于下伏岩层顶面的倾斜程度，如下伏地形或岩层顶面与坡积层的倾斜方向一致且坡度较陡时，尽管地面坡度很缓，也易于发生滑动。山坡或河谷谷坡上的坡积层的滑动，经常是沿着下伏地面或基岩的顶面发生的。

当坡积层与下伏基岩接触带有水渗入而变得软弱湿润时，将显著减小坡积层与基岩顶面的摩阻力，更容易引起坡积层发生滑动。坡积层内的挖方边坡在久雨之后容易产生坍方，水的作用是一个带有普遍性的原因。

由于坡积层的孔隙度一般都比较高，特别是在黏土颗粒含量高的坡积层中，雨季含水率增加，不仅增大了本身的重量，而且抗剪强度随之降低，因而稳定性就跟着大为减小。以粗碎屑为主组成的坡积层，其稳定性受水的影响一般不如黏土颗粒那样显著。

（三）洪积层

洪积层是由山洪急流搬运的碎屑物质组成的。当山洪夹带大量的泥砂石块流出沟口后，由于沟床纵坡变缓，地形开阔，水流分散，流速降低，搬运能力骤然减小，所夹带的石块、岩屑、砂砾等粗大碎屑先在沟口堆积下来，较细的泥砂继续随水搬运，多堆积在沟口外围一带。由于山洪急流的长期作用，在沟口一带就形成了扇形展布的堆积体，在地貌上称为洪积扇（图 3-43）。洪积扇的规模逐年增大，有时与相邻沟谷的洪积扇互相连接起来，形成规模更大的洪积裙或洪积平原。

图 3-43　洪积扇

洪积层是第四纪陆相堆积物中的一个类型，从工程地质观点来看，洪积层有以下主要特征：

(1)组成物质分选不良，粗细混杂，碎屑物质多带棱角，磨圆度不佳。

(2)有不规则的交错层理、透镜体、尖灭及夹层等。

(3)山前洪积层由于周期性的干燥，常含有可溶盐类物质，在土粒和细碎屑间，往往形成局部的软弱结晶联结，但遇水作用后，联结就会破坏。

洪积层主要分布于山麓坡脚的沟谷出口地带及山前平原，从地形上看，是有利于工程建筑的。由于洪积物在搬运和沉积过程中的某些特点，规模很大的洪积层一般可划分为三个工程地质条件不同的地段（图 3-44）：靠近山坡沟口的粗碎屑沉积地段，孔隙大，透水性强，地下水埋藏深，压缩性小，承载力比较高，是良好的天然地基。洪积层外围的细碎屑沉积地段，如果在沉积过程中受到周期性的干燥，黏土颗粒发生凝聚并析出可溶盐分时，则洪积层的结构颇为结实，承载力也是比较高的。在上述两地段之间的过渡带，因为常有地下水溢出，水文地质条件不良，对工程建筑不利。

（四）冲积层

河流在运动过程中，能量不断受到损失，泥沙、砾石等搬运物质在重力作用下逐渐沉积下来，这些沉积物称为冲积层(图 3-45)。

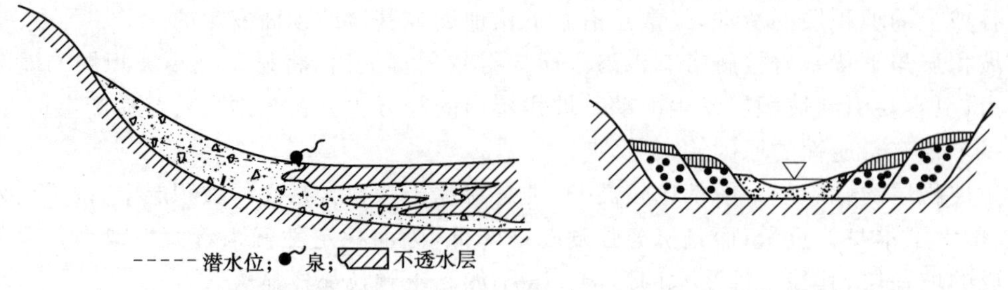

图 3-44 山前洪积扇剖面图

图 3-45 冲积层

冲积层的特点从河谷单元来看，可以分为两大部分：河床相与河漫滩相。河床内的沉积作用随水位的季节性变化而有规律地进行。在洪水期，大而重的碎屑物被搬走，在平水期又沉积下来，所以河床内的每个地方都有沉积发生。由于河床是经常被流水占据的部分，水流速度快，故沉积物粗，属冲积物中粒度最粗的部分。一般在上游，颗粒最粗，多由粗砾、甚至巨砾组成，且分选性差，粗细混杂。在中、下游，颗粒较细，较均匀，多由粗砂、细砂等组成。在洪水期，河水漫出河床，由于流速突然减小，较粗的沉积物便迅速沉积下来，形成河漫滩相沉积物。沉积物多由粉砂与黏土组成，内侧较粗，向外逐渐变细。由于河曲的不断发展，河床侧向迁移，在河床相沉积层之上堆积了河漫滩相沉积，这一套沉积构成冲积层的二元结构。即下部为河床相沉积物，颗粒粗。表层为河漫滩相沉积物，颗粒细，以黏土、粉土为主(图 3-46)。

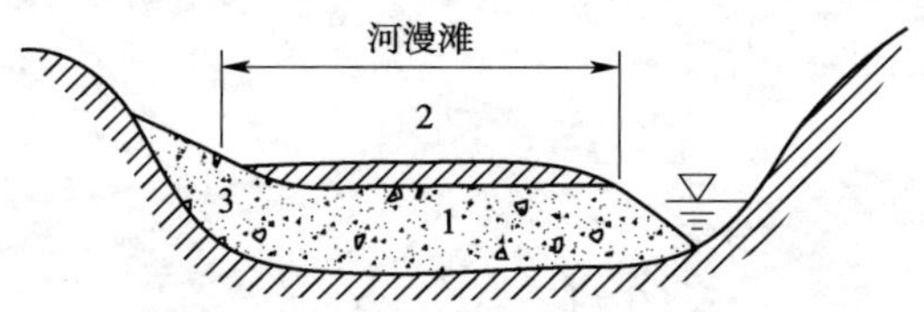

图 3-46 河漫滩沉积

1-河床沉积物；2-河漫滩冲积物；3-山坡坡积裙

从河流纵向延伸来看，由于不同地段流速降低的情况不同，各处形成的沉积层就具有不同特点，基本可分为四大类型段。

(1)在山区，河床纵坡陡、流速大，侵蚀能力较强，沉积作用较弱。河床冲积层多为蚀余相，松散堆积物较薄，且以巨砾、卵石和粗砂为主。

(2)当河流由山区进入平原时，流速骤然降低，大量物质沉积下来，形成冲积扇。冲积扇的形状和特征与前述洪积扇相似，但冲积扇规模较大，冲积层的分选性及磨圆度更高。例如北京及其附近广大地区就位于永定河冲积扇上。冲积扇还常分布在大山的山麓地带，例如祁连山北麓、天山北麓和燕山南麓的大量冲积扇。如果山麓地带几个大冲积扇相互连接起来，则形成山前倾斜平原。在山前，河流沉积常与山洪急流沉积共同进行，因此山前倾斜平原也常称为冲洪积平原。

(3)在河流中、下游，则由细小颗粒的沉积物组成广大的冲积平原，例如黄河下游、海河及淮河的冲积层构成的华北大平原。冲积平原也常分布有牛轭湖相沉积，如长江的江汉平原。

(4)在河流入海的河口处，流速几乎降到零，河流携带的泥沙绝大部分都要沉积下来。沉积物在水面以下呈扇形分布，扇顶位于河口，扇缘则伸入海中，露出水面的部分形如一个顶角指向河口的倒三角形，故称河口冲积层为三角洲(图 3-47)。三角洲的内部构造与洪积扇、冲积扇相似：下粗上细，即近河口处较粗，距河口越远越细。随着河流不断带来沉积物，三角洲的范围也不断向海洋方面扩展。例如长江下游自江阴以东地区，就是由大三角洲逐渐发展而成。我国河流中携带泥沙量最多的黄河，其三角洲已向黄海伸进 480km，每年伸进 300m。

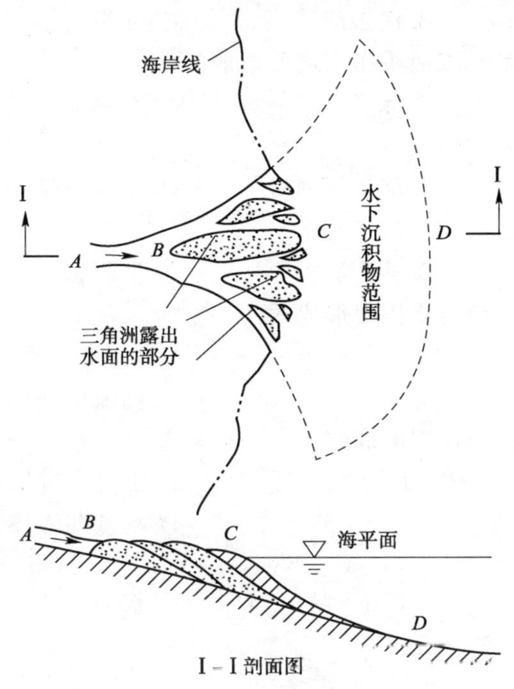

图 3-47　三角洲

A-河道；B-河口（扇顶）；C-三角洲水上水下分界位置；D-三角洲的水下部分前缘（扇缘）

从冲积层的形成过程，可知它具有以下特征：

(1)积层分布在河床、冲积扇、冲积平原或三角洲中。冲积层的成分非常复杂，河流汇水面积内的所有岩石和土都能成为该河流冲积层的物质来源。与前面讨论过的三种第四纪沉积层相比，冲积层物质分选性好，磨圆度高，且发育近水平层理。

(2)山区河流沉积物较薄，颗粒较粗，承载力较高且易清除，地基条件较好。

(3)由于冲积平原分布广，表面坡度比较平缓，多数大、中城市都坐落在冲积层上；道路也多选择在冲积层上通过。作为工程建筑物的地基，砂、卵石的承载力较高，黏性土较低。在冲积平原特别应当注意冲积层中两种不良沉积物：一种是软弱土层，例如牛轭湖、沼泽地中的淤泥、泥炭等；另一种是容易发生流沙现象的细、粉砂层。遇到它们时应当采取专门的设计和施工措施。

(4)三角洲沉积物含水率高，常呈饱和状态，承载力较低。但其最上层，因长期干燥比较硬实，承载力较下面高，俗称硬壳层，可用作低层建筑物的天然地基。

(5)冲积层中的砂、卵石、砾石常被选用为建筑材料。厚度稳定、延续性好的砂、卵石层是丰富的含水层，可以作为良好的供水水源。

习　题

3-16　属于化学风化作用的方式有(　　)。

A. 冰劈作用　　B. 温差风化　　C. 水解作用　　D. 岩石释荷

3-17　残积层是(　　)。

A. 风化作用的产物　　B. 洗刷作用的产物

C. 冲刷作用的产物　　D. 河流地质作用的产物

3-18　河流入海或入湖的地方堆积了大量的碎屑物，构成一个三角形地段，成为(　　)。

A. 沙嘴　　B. 河漫滩　　C. 冲积平原　　D. 河口三角洲

3-19　下列哪种地貌是河流地质作用现象形成的(　　)。

A. "V"谷　　B. 冰脊　　C. 石芽　　D. 天生桥

3-20　坡积物主要分布在(　　)。

A. 山沟沟口处　　B. 河流漫滩处　　C. 山坡坡脚处　　D. 山顶处

3-21　具有更好的分选性和磨圆度的土是(　　)。

A. 坡积物　　B. 冲积物　　C. 洪积物　　D. 残积物

3-22　残积土是由(　　)地质作用形成的。

A. 风化作用　　B. 雨、雪水的地质作用

C. 洪流的地质作用　　D. 河流的地质作用

3-23　洪积扇是由(　　)作用形成的。

A. 山坡细流的堆积作用　　B. 山谷洪流堆积作用

C. 降雨淋滤作用　　D. 淋滤与漫流堆积作用

第四节　地　　貌

一、概述

地貌是指由于内、外力地质作用的长期进行，在地壳表面形成的各种不同成因、不同类型、不同规模的起伏形态。地貌学是专门研究地壳表面各种起伏形态的形成、组成、发展和空间分布规律的科学。

"地形"与"地貌"含义不同。"地形"专指地表既成形态的某些外部特征，如高低起伏、坡度大小和空间分布等，它不涉及这些形态的地质结构，以及这些形态的成因和发展。这些形态在地形图中以等高线表达。"地貌"含义广泛，它不仅包括地表形态的全部外部特征，如高低起伏、坡度大小、空间分布、地形组合及其与邻近地区地形形态之间的相互关系等，更重要的是运用地质动力学的观点，分析和研究这些形态的组成、成因及其发展。

地貌条件与公路工程的建设及运营有着密切的关系。公路常穿越不同的地貌单元，地貌条件是评价公路工程地质条件的重要内容之一。各种不同的地貌，都关系到公路勘测设计、桥隧位置选择的技术经济问题和养护工程等。为了处理好公路工程与地貌条件之间的关系，必须学习和掌握一定的地貌知识。

二、地貌的形成和发展

(一)地貌形成和发展的动力

内力作用形成了地壳表面的基本起伏，对地貌的形成和发展起决定性作用。首先，地壳的构造运动不仅使地壳岩层受到强烈的挤压、拉伸或扭动而形成一系列褶皱带和断裂带，而且还在地壳表面造成大规模的隆起和沉降。隆起区形成大陆、高原、山岭；沉降区则形成海洋、平原、盆地。其次，地下岩浆的喷发活动对地貌的形成和发展也有一定的影响，火山喷发可形成火山锥和熔岩盖等堆积物，后者的覆盖面积可达数百以至数十万平方公里，厚度可达数百、数千米。内力作用

不仅形成了地壳表面的基本起伏，而且还对外力作用的条件、方式及过程产生深刻的影响。例如，地壳上升，侵蚀、剥蚀、搬运等作用增强，堆积作用就变弱；地壳下降，则情况相反。

外力作用根据其作用过程可分为风化、剥蚀、搬运、堆积和成岩等作用，根据其动力性质可分为风化、重力、风力、流水、冰川、冻融、溶蚀等作用。外力作用对由内力作用所形成的基本地貌形态，不断地进行雕塑、加工，起着改造作用，其总趋势是削高补低，力图把地表夷平，即把由内力作用所造成的隆起部分进行剥蚀破坏，同时把破坏的碎屑物质搬运堆积到由内力作用所造成的低地和海洋中去。如同内力作用会引起外力作用的加剧一样，在外力作用把地表夷平的过程中，也会改变地壳已有的平衡，从而为内力作用产生新的地面起伏提供新的条件。

综上所述，地貌的形成和发展是内、外力共同作用的结果。我们现在看到的各种地貌形态，就是地壳在内、外力作用下发展到现阶段的形态表现。

（二）地貌形成、发展的规律和影响因素

地貌的形成和发展变化，首先取决于内、外力作用之间的量的对比。例如，在内力作用使地表上升的情况下，如果上升量大于外力作用的剥蚀量，地表就会升高，最后形成山岭地貌；反之，如果上升量小于外力作用的剥蚀量，地表就会降低或被削平，最后形成剥蚀平原。同样，在内力作用使地表下降的情况下，如果下降量大于外力作用所造成的堆积量，地表就会下降，形成低地；反之，如果下降量小于外力作用所造成的堆积量，地表就会被填平甚至增高，形成堆积平原或各种堆积地貌。

此外，地貌的形成和发展变化也决定于地貌水准面。当内力作用造成地表基本起伏后，如果地壳运动由活跃期转入宁静期，此时内力作用变弱，但外力作用并未因此而变弱，它的长期继续作用最终将把地表夷平，形成一个夷平面，这个夷平面是高地被削平、凹地被填充的水准面，所以也称为地貌水准面。地貌水准面是外力作用力图最终达到的剥蚀界面，所以也称为侵蚀基准面。在此过程中，由外力作用所形成的各种地貌，其形成和发展均要受其控制。地貌水准面并非一个，一般认为有多少种外力作用，就有多少相应的地貌水准面，这些地貌水准面可以是单因素的，但在更多情况下为多种因素互相结合的结果，因为在同一地区各种外力作用常常是同时进行的。地貌水准面有局部地貌水准面与基本地貌水准面之分，如果地貌水准面不与海平面发生联系，则它只能控制局部地区地貌的形成和发展，这种地貌水准面称为局部地貌水准面；如果地貌水准面能够和海平面发生联系，那么海平面就成为控制整个地区地貌形成和发展的地貌水准面，所以海平面也称为基本地貌水准面。当某一地区地貌的发展达到它的地貌水准面时，特别是许多河流穿插切割时，地表会变成波状起伏的侵蚀平原，称为准平原。

地貌的形成和发展除受上述规律制约外，还受地质构造、岩性、植被、气候条件等因素的影响。外力作用改造地表形态的能力，常常是与地质构造和岩石性质相联系的。地质构造对地貌的影响，明显地见于山区及剥蚀地区。例如，各种构造破碎带常是外力作用表现最强烈的地方，而单斜山、桌状山等也多是岩层产状在地貌上的反映。岩性不同，其抵抗风化和剥蚀的能力也就不同，从而形成不同的地貌。气候条件对地貌形成和发展的影响也是显著的，例如，高寒的气候地带常形成冰川地貌，干旱地带则形成风沙地貌，等等。

三、地貌的分类

（一）地貌的形态分类

地貌的形态分类，按地貌的绝对高度、相对高度及地面的平均坡度等形态特征进行。表 3-5

是陆地上山地和平原的一种常见的分类方案。

大陆地貌的形态分类 表 3-5

形态类别		绝对高度(m)	相对高度(m)	平均坡度(°)	举 例
山地	高山	>3500	>1000	>25	喜马拉雅山、天山
	中山	3500～1000	1000～500	10～25	大别山、庐山、雪峰山
	低山	1000～500	500～200	5～10	川东平行岭谷、华蓥山
	丘陵	<500	<200		闽东沿海丘陵
平原	高原	>600	>200		青藏、内蒙古、黄土、云贵高原
	高平原	>200			成都平原
	低平原	0～200			东北、华北、长江中下游平原
	洼地	低于海平面高度			吐鲁番洼地

在公路工程中，把表 3-5 中的丘陵进一步按相对高度划分为重丘和微丘，相对高度大于 100m 的为重丘，小于 100m 的为微丘。

(二)地貌的成因分类

目前还没有公认的地貌成因分类方案，根据公路工程的特点，这里介绍以地貌形成的主导因素作为分类基础的方案，此方案较为简单实用。

1.内力地貌

即以内力作用为主所形成的地貌，它可分为：

(1)构造地貌：由地壳的构造运动所造成的地貌，其形态能充分反映原来的地质构造形态。如高地符合于构造隆起和上升运动为主的地区，盆地符合于构造凹陷和下降运动为主的地区，如褶皱山、断块山等。

(2)火山地貌：由火山喷发出来的熔岩和碎屑物质堆积所形成的地貌为火山地貌，如熔岩盖、火山锥等。

2.外力地貌

即以外力作用为主所形成的地貌，根据外动力的不同可分为以下几种：

(1)水成地貌：水成地貌以水的作用为地貌形成和发展的基本因素。水成地貌又可分为面状洗刷地貌、线状冲刷地貌、河流地貌、湖泊地貌与海洋地貌等。

(2)冰川地貌：冰川地貌以冰雪的作用为地貌形成和发展的基本因素。冰川地貌又可分为冰川剥蚀地貌与冰川堆积地貌，前者如冰斗、冰川槽谷等，后者如侧碛、终碛等。

(3)风成地貌：风成地貌以风的作用为地貌形成和发展的基本因素。风成地貌又可分为风蚀地貌与风积地貌，前者如风蚀洼地、蘑菇石等，后者如新月形沙丘、沙垄等。

(4)岩溶地貌：岩溶地貌以地表水和地下水的溶蚀作用为地貌形成和发展的基本因素。其所形成的地貌如溶沟、石芽、溶洞、峰林、地下暗河等。

(5)重力地貌：重力地貌以重力作用为地貌形成和发展的基本因素。其所形成的地貌如崩塌、滑坡等。

此外，还有湖成地貌、海成地貌、黄土地貌、冻土地貌等。

各种地貌类型众多，这里主要介绍与公路工程关系密切的河流阶地、平原地貌和山岭地貌。

四、河流阶地

河谷内河流侵蚀或沉积作用形成的阶梯状地形称河流阶地。阶地延伸方向与河流方向垂直时称为横向阶地；阶地延伸方向与河流方向平行则称为纵向阶地。通常所讲的阶地，多指纵向阶地(图 3-48)。阶地可能有多级，从河漫滩向上依次称为一级阶地、二级阶地、三级阶地等。每一级阶地都有阶地面、阶地前缘、阶地后缘、阶地斜坡和阶地坡麓等要素。阶地面即阶地平台的表面，实际上是原来老河谷的谷底，它大多向河谷轴部和河流下游微作倾斜。阶地面并不十分平整，因为它的上面，特别是在它的后缘，常常由于崩塌物、坡积物、洪积物的堆积而呈波状起伏。此外，地表径流也对阶地面起着切割破坏作用。阶地斜坡是指阶地面以下的坡地，系河流向下深切所造成的。阶地斜坡倾向河谷轴部，也常被地表径流所切割破坏。

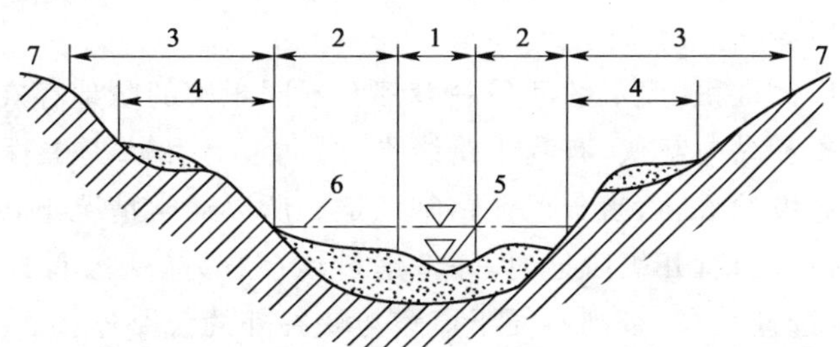

图 3-48 河谷断面图

1-河床；2-河漫滩；3-谷坡；4-阶地；5-平水位；6-洪水位；7-谷缘

纵向阶地是地壳上升运动与河流地质作用的结果。地壳每一次剧烈上升，使河流侵蚀基准面相对下降，大大加速了下蚀的强度，河床底被迅速向下切割，河水面随之下降，以致再到洪水期时也淹没不到原来的河漫滩。这样，原来的老河漫滩就变成了最新的Ⅰ级阶地，原来的Ⅰ级阶地变为Ⅱ级……依此类推，在河床下面则形成新的河漫滩。一条河流有多少级阶地是由该地区地壳上升次数决定的，每剧烈上升一次就应当有相应的一级阶地产生，例如兰州地区的黄河就有六级阶地。但是，由于河流地质作用的复杂性，河流两岸生成的阶地级数及同级阶地的大小范围并不完全对称相同，例如左岸有Ⅰ、Ⅱ、Ⅲ共三级阶地，右岸可能只有Ⅱ、Ⅲ两级阶地；左岸的Ⅲ级阶地可能比较宽广、完整，右岸的Ⅲ级阶地则可能支离破碎、残余面积不大。阶地编号越大，生成年代越老，则可能被侵蚀破坏得越严重，越不易完整保存下来。

还应指出，并不是所有的河流或河段都有阶地，由于河流的发展阶段以及河谷所处的具体条件不同，有的河流或河段并不存在阶地。

根据河流阶地组成物质的不同，可以把阶地分为三种基本类型(图 3-49)。

(1)侵蚀阶地：也称基岩阶地。指阶地表面由河流侵蚀而成，只有很少的冲积物，主要由被侵蚀的岩石构成。侵蚀阶地多位于山区，是由地壳上升很快、河流下切极强造成的。

(2)基座阶地：指阶地表面有较厚的冲积层，但地壳上升、河流下切较深，以致切透了冲积层，切入了下部基岩以内一定深度，从阶地斜坡上明显地看出，阶地由上部冲积层和下部基岩两部分构成。

(3)冲积阶地：也称堆积阶地或沉积阶地。指整个阶地在阶地斜坡上出露的部分均由冲积层构成，表明该地区冲积层很厚，地壳上升引起的河流下切未能把冲积层切透。

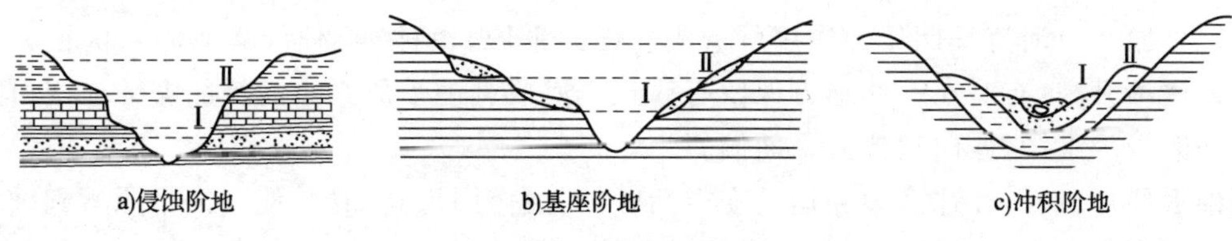

图 3-49 河流阶地的类型

根据阶地的形成过程，在野外辨认河流阶地时应注意下述两方面特征：形态特征和物质组成特征。从形态上看，阶地表面一般较平缓，纵向微向下游倾斜，倾斜度与本段河床底坡接近，横向微向河中心倾斜。河床两侧同一级阶地，其阶地表面距河水面高差应当相近。某些较老的阶地，由于长时间受到地表水的侵蚀作用，平整的阶地表面遭到破坏，形成高度大致相等的小山包。应当指出，不能只从形态上辨认阶地，以免与人工梯田、台坎混淆，还必须从物质组成上研究。由于阶地是由老的河漫滩形成，具有二元结构，表层由黏性土，下部由砂、卵石等冲积层组成。就侵蚀阶地而言，在基岩表面上也应或多或少地保留冲积物。因此，冲积物是阶地物质组成中最重要的物质特征。

由于河流的长期侵蚀堆积，成形的河谷一般都有不同规模的阶地存在，它一方面缓和了山谷坡脚地形的平面曲折和纵向起伏，有利于路线平、纵面设计和减少工程量，另一方面又不易遭受山坡变形和洪水淹没的威胁，易于保证路基稳定。所以通常情况下，阶地是河谷地貌中敷设路线的理想地貌部位。当有几级阶地时，除考虑过岭高程外，一般首选一级阶地，其次是二级阶地，阶地阶数不宜选择太高，否则不便于道路与峡谷外的公路连接。

五、平原地貌

平原地貌是地壳在升降运动微弱或长期稳定的条件下，经过风化剥蚀夷平或岩石风化碎屑经搬运而在低洼地面堆积填平所形成的。平原地貌具有大地表面开阔平坦、地势高低起伏不大的外部形态。一般说来，平原地貌有利于公路选线，在选择有利地质条件的前提下，可以设计成比较理想的公路线形。

按高程，平原可分为高原、高平原、低平原和洼地；按成因，平原可分为构造平原、剥蚀平原和堆积平原。

（一）构造平原

此类平原主要由地壳构造运动所形成，其特点是地形面与岩层面一致，堆积物厚度不大。构造平原又可分为海成平原和大陆拗曲平原，前者系由地壳缓慢上升、海水不断后退所形成，其地形面与岩层面一致，上覆堆积物多为泥沙和淤泥，并与下伏基岩一起微向海洋倾斜；后者系由地壳沉降使岩层发生拗曲所形成，岩层倾角较大，平原面呈凹状或凸状，其上覆堆积物多与下伏基岩有关。

由于基岩埋藏不深，所以构造平原的地下水一般埋藏较浅。在干旱或半干旱地区如排水不畅，常易形成盐渍化。在多雨的冰冻地区则常易造成道路的冻胀和翻浆。

（二）剥蚀平原

此类平原系在地壳上升微弱的条件下，经外力的长期剥刨夷平所形成，其特点是地形面与岩层面不一致，覆堆积物常常很薄，基岩常常裸露地表，只是在低洼地段有时才覆盖有厚度稍大的残积物、坡积物、洪积物等。按外力剥蚀作用的动力性质不同，剥蚀平原又可分为河成剥蚀平原、海成剥蚀平原、风力剥蚀平原和冰川剥蚀平原，其中较为常见的是前面两种剥蚀平原。河成剥蚀平原系由河流长期侵蚀作用所造成的侵蚀平原，也称准平原，其地形起伏较大，并向河流上游逐渐升高，有时在一些地方保留有残丘。海成剥蚀平原系由海流的海蚀作用所造成，其地形一般极为平缓，微向现代海平面倾斜。

剥蚀平原形成后，往往因地壳运动变得活跃，剥蚀作用重新加剧，使剥蚀平原遭到破坏，故其分布面积常常不大。剥蚀平原的工程地质条件一般较好。

(三)堆积平原

此类平原系在地壳缓慢而稳定下降的条件下,经各种外力作用的堆积填平所形成,其特点是地形开阔平缓,起伏不大,往往分布有厚度很大的松散堆积物。按外力堆积作用的动力性质不同,堆积平原又可分为河流冲积平原、山前洪积冲积平原、湖积平原、风积平原和冰碛平原,其中较为常见的是前面三种。

河流冲积平原系由河流改道及多条河流共同沉积所形成。它大多分布于河流的中、下游地带,因为这些地带河床常常很宽,堆积作用很强,且地面平坦,排水不畅。每当雨季洪水易于泛滥,河流所携带的大量碎屑物质便堆积在河床两岸,形成天然堤。当河水继续向河床以外广大面积淹没时,流速减慢,堆积面积愈来愈大,堆积物愈来愈细,久而久之,便形成广阔的冲积平原。

河流冲积平原地形开阔平坦,具有良好的工程建设条件,对公路选线也十分有利。但其下伏基岩往往埋藏很深,第四纪堆积物很厚,且地下水一般埋藏较浅,地基土的承载力较低,在冰冻潮湿地区道路的冻胀翻浆问题比较突出。此外,还应注意,为避免洪水淹没,路线应设在地形较高处,而在淤泥层分布地段,还应注意其对路基、桥基的强度和稳定性的影响。

山前区是山区和平原的过渡地带,一般是河流冲刷和沉积都很活跃的地区。汛期到来时洪水冲刷,在山前堆积了大量的洪积物;汛期过后,常年流水的河流中冲积物增加。洪积物或冲积物多沿山麓分布,靠近山麓地形较高,环绕着山前成一狭长地带,形成规模大小不一的山前洪积冲积平原。由于山前平原是由多个大小不一的洪(冲)积扇互相连接而成,因而呈高低起伏的波状地形。在新构造运动上升的地区,堆积物随洪(冲)积扇向山麓的下方移动,使山前洪积冲积平原的范围不断扩大;如果山区在上升过程中曾有过间歇,在山前平原上就产生了高差明显的山麓阶地。

山前洪积冲积平原堆积物的岩性与山区岩层的分布有密切关系,其颗粒为砾石和砂,以至粉粒或黏粒。由于地下水埋藏较浅,平原上常有地下水溢出,水文地质条件较差,往往对工程建筑不利。

湖积平原系由河流注入湖泊时,将所挟带的泥沙堆积湖底使湖底逐渐淤高,湖水溢出、干涸所形成,其地形之平坦为各种平原之最。

湖泊平原中的堆积物,由于是在静水条件下形成的,故淤泥和泥炭的含量较多,其总厚度一般也较大,其中往往夹有多层呈水平层理分布的薄层细砂或黏土,很少见到圆砾或卵石,且土颗粒由湖岸向湖心逐渐由粗变细。

湖泊平原地下水一般埋藏较浅。其沉积物由于富含淤泥和泥炭,具有一定的可塑性和流动性,孔隙率大,压缩性高,故承载力很低。

六、山岭地貌

(一)山岭地貌的形态要素

山岭地貌具有山顶、山坡、山脚等明显的形态要素。

山顶是山岭地貌的最高部分,山顶呈长条状延伸时称山脊。山脊海拔较低的鞍部,即相连的两山顶之间较低的山腰部分称为垭口。一般来说,山体岩性坚硬、岩层倾斜或因受冰川剥蚀时,多呈尖顶或很狭窄的山脊,如图 3-50a)所示;在气候湿热,风化作用强烈的花岗岩或其他松软岩石分布地区,岩体经风化剥蚀,多呈圆顶,如图 3-50b)所示;在水平岩层或古夷平面分布地区,则多呈平顶,如图 3-50c)所示,典型的如方山、桌状山等。

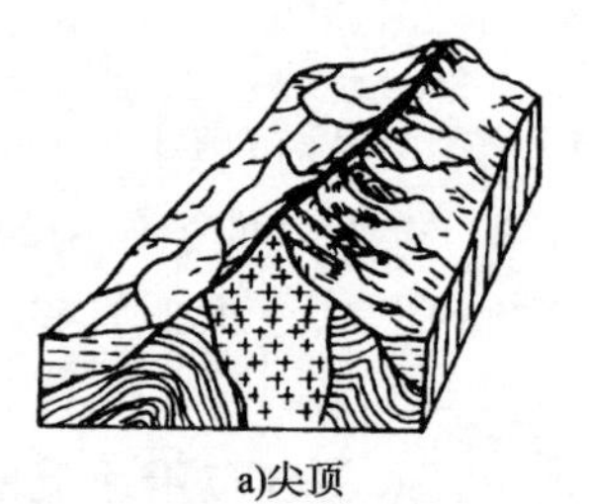
a)尖顶

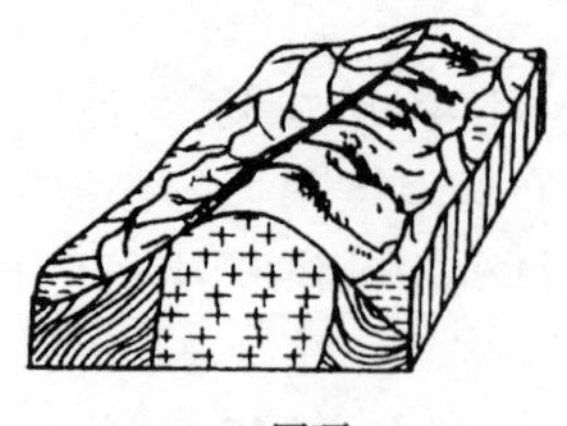
b)圆顶

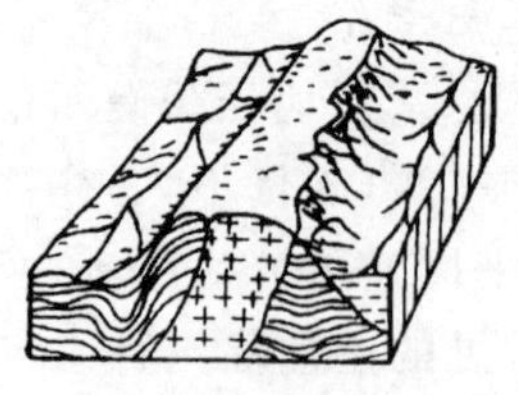
c)平顶

图 3-50 山顶的各种形态

山坡是山岭地貌的重要组成部分。在山岭区,山坡分布的面积最广。山坡的形状有直线形、凹形、凸形以及复合形等各种类型,这取决于新构造运动、岩性、岩体结构及坡面剥蚀和堆积的演化过程等因素。

山脚是山坡与周围平地的交接处。由于坡面剥蚀和坡脚堆积,使山脚在地貌上一般并不明显,在那里通常有一个起着缓和作用的过渡地带,它主要是由一些坡积裙、冲积锥、洪积扇及岩堆、滑坡堆积体等流水堆积地貌和重力堆积地貌组成。

(二)山岭地貌的类型

山岭地貌可以按形态或成因分类。按形态分类一般是根据山地的海拔高度、相对高度和坡度等特点进行划分。根据地貌成因,可以将山岭地貌划分为以下类型:

1.构造变动形成的山岭

(1)平顶山

平顶山是由水平岩层构成的一种山岭,多分布在顶部岩层坚硬(如灰岩、胶结紧密的砂岩或砾岩)和下卧层软弱(如页岩)的硬软相互层发育地区,在侵蚀、溶蚀和重力崩塌作用下,使四周形成陡崖或深谷,由于顶面坚硬岩层抗风化力强而兀立如桌面。由水平硬岩层覆面的分水岭,有可能成为平坦的高原。

(2)单面山

单面山是由单斜岩层构成的沿岩层走向延伸的一种山岭,它常常出现在构造盆地的边缘和舒缓的穹窿、背斜和向斜构造的翼部,其两坡一般不对称。与岩层倾向相反的一坡短而陡,称为前坡。前坡多是经外力的剥蚀作用所形成,故又称为剥蚀坡;与岩层倾向一致的一侧坡长而缓,称为后坡或构造坡。如果岩层倾角超过 40°,则两坡的坡度和长度均相差不大,其所形成的山岭外形很像猪背,所以又称猪背岭,单面山的发育,主要受构造和岩性控制。如果各个软硬岩层的抗风化能力相差不大,则上下界限分明,前后坡面不对称,上为陡崖,下为缓坡;若软岩层抗风化能力很弱,则陡坡不明显,上部出现凸坡,下部出现凹坡。如果上部坚岩层很薄,下部软弱层很厚,则山脊走线比较弯曲;反之若上厚下薄,则山脊走线比较顺直,陡崖很高。如果岩层倾角较小,则山脊走线弯曲;反之,若倾角较大,则山脊走线顺直。此外,顺岩层走向流动的河流,河谷一侧坡缓,另一侧坡陡,称为单斜谷。猪背岭由硬岩层构成,山脊走线很平直,顺岩层倾向的河流,可以将岩层切成深的峡谷。

单面山的前坡(剥蚀坡),由于地形陡峻,若岩层裂隙发育,风化强烈,则容易产生崩塌,且其坡脚常分布有较厚的坡积物和倒石堆,稳定性差,故对布设路线不利。后坡(构造坡)由于山坡平缓,坡积物较薄,故常常是布设路线的理想部位。不过在岩层倾角大的后坡上深挖路堑时,应注意边坡的稳定问题,因为开挖路堑后,与岩层倾向一致的一侧,会因坡脚开挖而失去支撑,特别是当地下水沿着其中的软弱岩层渗透时,容易产生顺层滑坡。

(3)褶皱山

褶皱山是由褶皱岩层所构成的一种山岭。在褶皱形成的初期,往往是背斜形成高地(背斜山),向斜形成凹地(向斜谷),地形是顺应构造的,所以称为顺地形。但随着外力剥蚀作用的不断进行,有时地形也会发生逆转现象,背斜因长期遭受强烈剥蚀而形成谷地,而向斜则形成山岭,这种与地质构造形态相反的地形称为逆地形。一般在年轻的褶皱构造上顺地形居多,在较老的褶皱构造上,由于侵蚀作用进一步发展,逆地形则比较发育。此外,在褶皱构造上还可能同时存在背斜谷和向斜谷,或者演化为猪背岭、单斜山或单斜谷。

(4)断块山

断块山是由断裂变动所形成的山岭。它可能只在一侧有断裂,也可能两侧均为断裂所控制。断块山在形成的初期可能有完整的断层面及明显的断层线,断层面构成了山前的陡崖,断层线控制了山脚的轮廓,使山地与平原,或山地与河谷间的界线相当明显而且比较顺直。而后由于剥蚀作用的不断进行,断层面便可能遭到破坏而后退,崖底的断层线也被巨厚的风化碎屑物所掩盖。此外,由断层面所构成的断层崖,也常受垂直于断层面的流水侵蚀,因而在谷与谷之间就形成一系列断层三角面,它是野外识别断层常用的一种地貌证据。

(5)褶皱断块山

上述山岭都是由单一的构造形态所形成,但在更多情况下,山岭常常是由它们的组合形态所构成。由褶皱和断裂构造的组合形态构成的山岭称褶皱断块山,这里曾经是构造运动剧烈和频繁的地区。

2.火山作用形成的山岭

火山作用形成的山岭,常见有锥状火山和盾状火山。锥状火山是多次火山活动形成的,其熔岩黏性较大、流动性小,冷却后便在火山口附近形成坡度较大的锥状外形。盾状火山是由黏性较小、流动性大的熔岩冷凝形成,故其外形呈基部较大、坡度较小的盾状。

3.剥蚀作用形成的山岭

这种山岭是在山体地质构造的基础上,经长期外力剥蚀作用所形成的。例如,地表流水侵蚀作用所形成的河间分水岭,冰川刨蚀作用所形成的刃脊、角峰,地下水溶蚀作用所形成的峰林等,都属于此类山岭。由于此类山岭的形成是以外力剥蚀作用为主,山体的构造形态对地貌形成的影响已不明显,所以此类山岭的形态特征主要取决于山体的岩性、外力的性质及剥蚀作用的强度和规模。

(三)垭口与山坡

1.垭口

对于公路工程来说,研究山岭地貌必须重点研究垭口。垭口是指山脊上呈马鞍状的明显下凹处。因为越岭的公路路线若能寻找合适的垭口,可以降低公路高程和减少展线工程量。从地质作用看,可以将垭口归纳为如下三种基本类型。

(1)构造型垭口

这是由构造破碎带或软弱岩层经外力剥蚀所形成的垭口,常见的有下列三种。

①断层破碎带型垭口:这种垭口的工程地质条件比较差。岩体的整体性被破坏,经地表水侵入和风化,岩体破碎严重,一般不宜采用隧道方案,如采用路堑,也需控制开挖深度或考虑边坡防护,以防止边坡发生崩塌,如图3-51所示。

②背斜张裂带型垭口:这种垭口虽然构造裂隙发育,岩层破碎,但工程地质条件较断层破碎带型好,这是因为垭口两侧岩层外倾,有利于排除地下水与边坡稳定,一般可采用较陡的边坡坡度,使挖方工程量和防护工程量都比较小。如果选用隧道方案,施工费用和洞内衬砌也比

较节省，是一种较好的垭口类型，如图 3-52 所示。

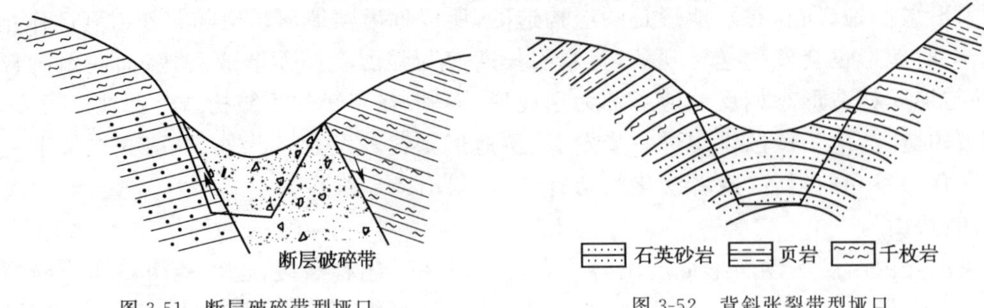

图 3-51 断层破碎带型垭口

图 3-52 背斜张裂带型垭口

③单斜软弱层型垭口：这种垭口主要由页岩、千枚岩等易于风化的软弱岩层构成。两侧边坡多不对称，一侧岩层外倾可略陡一些。由于岩性松软，风化严重，稳定性差，故不宜深挖，若采取路堑深挖方案，与岩层倾向一致的一侧边坡坡角应小于岩层的倾角，两侧坡面都应有防风化的措施，必要时应设置护壁或挡土墙。穿越这一类垭口，宜优先考虑隧道方案，可以避免因风化带来的路基病害，还有利于降低越岭线的高程，缩短展线工程量或提高公路线形标准，如图 3-53 所示。

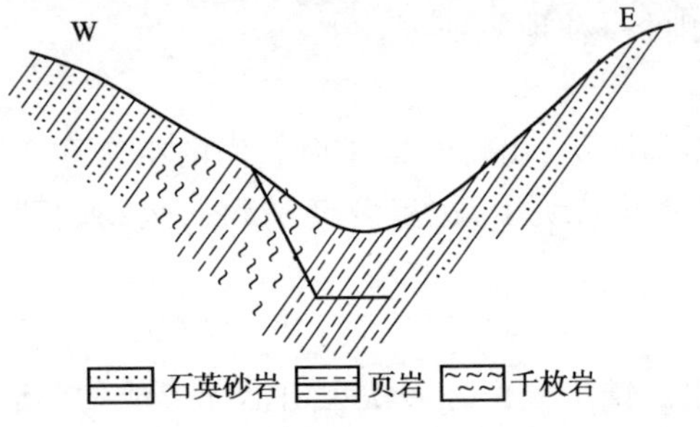

图 3-53 单斜软弱层型垭口

(2)剥蚀型垭口

这是以外力强烈剥蚀为主导因素所形成的垭口，其形态特征与山体地质结构无明显联系。此类垭口的共同特点是松散覆盖层很薄，基岩多半裸露。垭口的肥瘦和形态特点主要取决于岩性、气候及外力的切割程度等因素。在气候干燥的寒冷地带，岩性坚硬和切割较深的垭口本身较薄，宜采用隧道方案，采用路堑深挖也比较有利，是一种良好的垭口类型。在气候温湿地区和岩性较软弱的垭口，则本身较平缓宽厚，采用深挖路堑或隧道对穿都比较稳定，但工程量比较大。在石灰岩地区的溶蚀性垭口，无论是明挖路堑或开凿隧道，都应注意溶洞或其他地下溶蚀地貌的影响。

(3)剥蚀—堆积型垭口

这是在山体地质结构的基础上，以剥蚀和堆积作用为主导因素所形成的垭口。其开挖后的稳定条件主要决定于堆积层的地质特征和水文地质条件。这类垭口外形浑缓，垭口宽厚，易于公路展线，但松散堆积层的厚度较大，有时还发育有湿地或高地沼泽，水文地质条件较差，故不宜降低过岭高程，通常以低填或浅挖的断面形式通过。

2.山坡

山坡是山岭地貌形态的基本要素之一，不论越岭线或山脊线，路线的绝大部分都是设置在山坡或靠近岭顶的斜坡上。所以在路线勘测中总是把越岭垭口和展线山坡作为一个整体通盘考虑。山坡的形态特征是新构造运动、山坡的地质结构和外动力地质条件的综合反映，对公路的建筑条件有着重要的影响。

山坡的外部形态特征包括山坡的高度、坡度及纵向轮廓等。山坡的外形是各种各样的，下面根据山坡纵向轮廓和山坡坡度，将山坡简略地概括为以下几种类型。

(1)按山坡的纵向轮廓分类(图 3-54)

①直线形坡：在野外见到的直线形山坡，一般可分为三种情况。第一种是山坡岩性单一，经长期的强烈冲刷剥蚀，形成纵向轮廓比较均匀的直线形山坡，这种山坡的稳定性一般较高。

第二种是由单斜岩层构成的直线形山坡，这种山坡在介绍单面山时曾经指出过，其外形在山岭的两侧不对称，一侧坡度陡峻，另一侧则与岩层层面一致，坡度均匀平缓。从地形上看，有利于布设路线，开挖路基后遇到的均系顺倾向边坡，在不利的岩性和水文地质条件下，很容易发生大规模的顺层滑坡，因此不宜深挖。第三种是由于山体岩性松软或岩体相当破碎，在气候干、寒，物理风化强烈的条件下，经长期剥蚀碎落和坡面堆积而形成的直线形山坡，这种山坡在青藏高原和川西峡谷比较发育，其稳定性最差，选作傍山公路的路基，应注意避免挖方内侧的坍方和路基沿山坡滑坍。

②凸形坡：这种山坡上缓下陡，自上而下坡度渐增，下部甚至呈直立状态，坡脚界限明显。这类山坡往往是由于新构造运动加速上升，河流强烈下切所造成。其稳定条件主要决定于岩体结构，一旦发生山坡变形，则会形成大规模的崩塌。凸形坡上部的缓坡可选作公路路基，但应注意考察岩体结构，避免因人工扰动和加速风化导致失去稳定，如图 3-54a)、b)所示。

③凹形坡：这种山坡上部陡，下部急剧变缓，坡脚界线很不明显。山坡的凹形曲线可能是新构造运动的减速上升所造成，也可能是山坡上部的破坏作用与山麓风化产物的堆积作用相结合的结果。分布在松软岩层中的凹形山坡，不少都是在过去特定条件下由大规模的滑坡、崩塌等山坡变形现象形成的，凹形坡面往往就是古滑坡的滑动面或崩塌体的依附面。地震后的地貌调查表明，凹形山坡在各种山坡地貌形态中稳定性比较差。在凹形坡的下部缓坡上，也可进行公路布线，但设计路基时，应注意稳定平衡；沿河谷的路基应注意冲刷防护，如图 3-54c)所示。

④阶梯形坡：阶梯形山坡有两种不同的情况，一种是由软硬不同的水平岩层或微倾斜岩层组成的基岩山坡，由于软硬岩层的差异风化而形成阶梯状山坡外形，山坡的表面剥蚀强烈，覆盖层薄，基岩外露，稳定性一般比较高。另一种是由于山坡曾经发生过大规模的滑坡变形，由滑坡台阶组成的次生阶梯状斜坡。这种斜坡多存在于山坡中下部，如果坡脚受到强烈冲刷或不合理的切坡，或者受到地震的影响，可能引起古滑坡复活，威胁建筑物的稳定，如图 3-54d)所示。

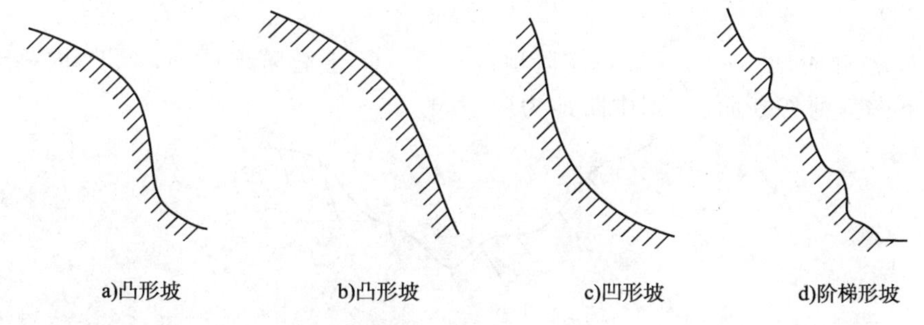

图 3-54　各种形态的山坡

(2)按山坡的纵向坡度分类

山坡的纵向坡度，小于 15°的为微坡，介于 16°～30°之间的为缓坡，介于 31°～70°的为陡坡，山坡坡度大于 70°的为垂直坡。

稳定性高，坡度平缓的山坡便于公路展线，对于布设路线是有利的，但应注意考察其工程地质条件。平缓山坡特别是在山坡的一些坳洼部分，通常有厚度较大的坡积物和其他重力堆积物分布，坡面径流也容易在这里汇聚；当这些堆积物与下伏基岩的接触面因开挖而被揭露后，遇到不良水文情况，就可能引起堆积物沿基岩顶面发生滑动。

习　题

3-24　阶地根据形态特征可分为(　　)。

A. 横阶地、纵阶地　　B. 堆积阶地、侵蚀阶地

C. 基座阶地、堆积阶地　　D. 上叠阶地、内叠阶地

3-25　形成河口三角洲的外力作用是(　　)。

A. 流水搬运　　B. 海浪堆积　　C. 流水堆积　　D. 洋流堆积

3-26　山地按地貌形态的分类是(　　)。

A. 最高山、高山、中山、低山　　B. 最高山、高山、中山、丘陵

C. 最高山、高山、高原、丘陵　　D. 高山、中山、低山

3-27　阶地级数越高，其形成时代和所处的位置分别为(　　)。

A. 越早、越低　　B. 越晚、越低　　C. 越早、越高　　D. 越晚、越高

3-28　在各种山坡地貌形态中，(　　)是稳定较差的一种。

A. 直线形坡　　B. 凸形坡　　C. 凹形坡　　D. 阶梯形坡

3-29　如果地壳经历多次的间断性上升，则可在河谷上形成若干级河谷阶地，请问哪一级阶地的工程性质最好？(　　)

A. 四级阶地　　B. 三级阶地　　C. 二级阶地　　D. 一级阶地

3-30　下图为河谷断面图，图中阶地为(　　)。

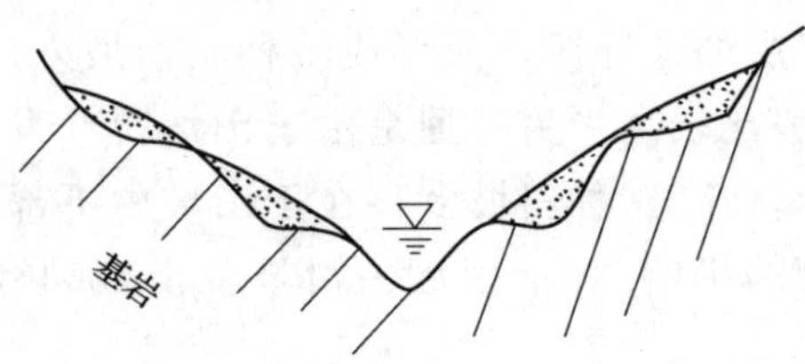

题 3-30 图

A. 侵蚀阶地　　B. 基座阶地　　C. 上叠阶地　　D. 内叠阶地

3-31　下图为河谷断面图，图中阶地为(　　)。

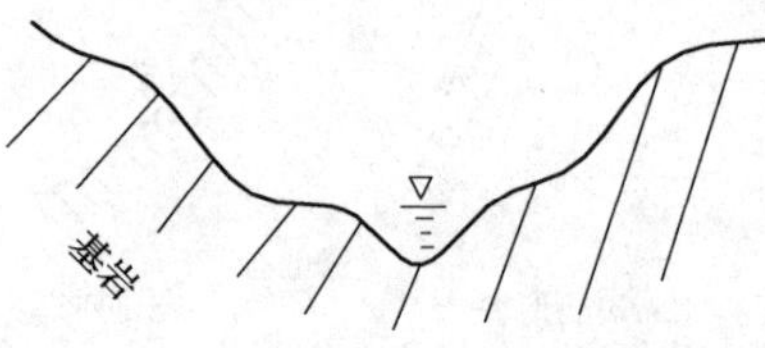

题 3-31 图

A. 侵蚀阶地　　B. 上叠阶地　　C. 侵蚀堆积阶地　　D. 内叠阶地

第五节　水 文 地 质

赋存在地表面以下岩土体空隙(土体中的孔隙，岩体中的孔隙、裂隙、溶隙)中的水称为地下水，地下水有气态、液态和固态三种，但以液态为主。当水量少时，水分子受静电引力被吸附在碎屑颗粒和岩石的表面成为吸附水；薄层状的吸附水的厚度超过几百个水分子直径时，则为薄膜水。吸附水和薄膜水因受静电引力作用，不能自由移动。当水将岩土空隙填满时，如果空

隙较小，则水受表面张力作用，可沿空隙上升形成毛细管水；如果空隙较大，水的重力大于表面张力，则水受重力的支配从高处向下渗流，形成重力水。重力水是地下水存在最主要的方式。

研究地下水的学科称为水文地质学，与地下水的赋存、补给、径流和排泄等有关的条件称为水文地质条件。地下水的富集必须具备3个条件：有较大的储水空间；有充足的补给水源；有良好的汇水条件。地下水在重力作用下不停地运动着，运动特点主要决定于岩土的透水性。岩土的透水又决定于岩土中空隙的大小、数量和连通程度。岩土体按相对的透水能力划分为透水的、半透水的和不透水的三类。透水的(有时包括半透水的)岩土层称为透水层；不透水的岩土层称为隔水层；当透水层被水充满时称为含水层。

地下水分布很广，与人们的生产、生活和工程活动的关系也很密切。它一方面是饮用、灌溉和工业供水的重要水源之一，是宝贵的天然资源。但另一方面，它与土石相互作用会使土体和岩体的强度和稳定性降低，给工程的建设和正常使用造成危害。许多不良地质现象和工程病害，如滑坡、岩溶、潜蚀、土体盐渍化和路基盐胀、多年冻土和季节冻土中冰的富集、地基沉陷、道路冻胀和翻浆等都与地下水的存在和活动有关，地下水还常常给隧道施工和运营带来困难，甚至是灾害。

一、地下水的类型

地表以下岩土层中的空隙充满水的地带称为饱水带，在饱水带之上未被水充满的地带称为包气带，如图3-55所示。

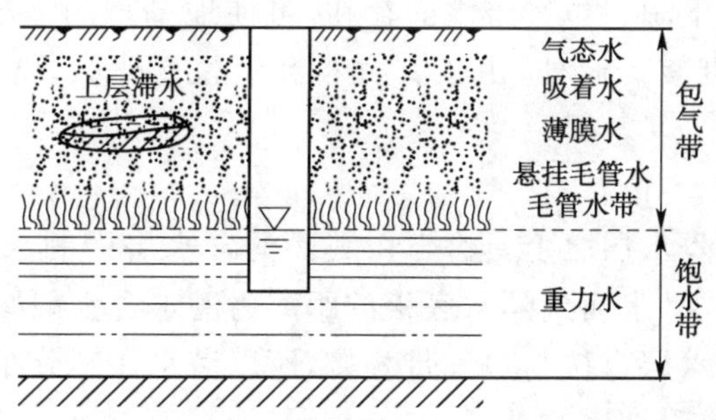

图3-55 包气带及饱水带

地下水的埋藏条件是指含水岩层在地质剖面中所处的部位以及受隔水层限制的情况。根据地下水的埋藏条件，可以把地下水划分为包气带水、潜水和承压水(图3-56)。按含水层空隙性质(含水介质)的不同，可将地下水区分为孔隙水、裂隙水和岩溶水，见表3-6。

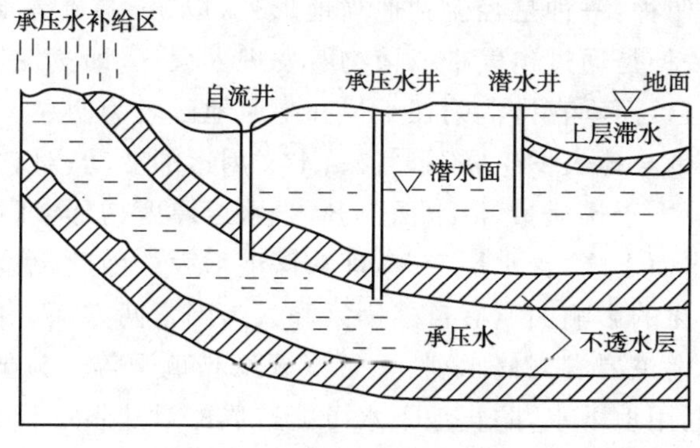

图3-56 地下水的埋藏类型

地下水分类表 表 3-6

埋藏条件＼含水介质类型	孔隙水	裂隙水	岩溶水
上层滞水	局部黏性土隔水层上季节性存在的重力水(上层滞水)	裂隙岩层浅部季节性存在的重力水及毛细水	裸露的岩溶化岩层上部岩溶通道中季节性存在的重力水
潜水	各类松散堆积物浅部的水	裸露于地表的各类裂隙岩层中的水	裸露于地表的岩溶化岩层中的水
承压水	山间盆地及平原松散堆积物深部的水,向斜构造的碎屑岩孔隙中的水	组成构造盆地、向斜构造或单斜断块的被掩覆的各类裂隙岩层中的水	组成构造盆地、向斜构造或单斜断块的被掩覆的岩溶化岩层中的水

二、上层滞水、潜水、承压水的分布规律及特点

(一)上层滞水

在包气带内局部隔水层上积聚的具有自由水面的重力水称为上层滞水。上层滞水接近地表,接受大气降水的补给,以蒸发形式或向隔水底板边缘排泄。其主要特征是:埋深浅,在垂直和平面上分布均不稳定,分布区和补给区一致;水量和水质受气候控制,季节性变化明显,雨季水量多,旱季水量少,甚至干涸。包气带水的存在,可使地基土的强度减弱。在寒冷的北方地区,易引起道路的冻胀和翻浆。此外,由于其分布和水位变化大,常给工程的设计、施工带来困难。

(二)潜水

饱水带中第一个连续隔水层之上具有自由表面的含水层中的水称为潜水,潜水的水面为自由水面,称为潜水面。从潜水面到隔水底板的距离为潜水含水层厚度,潜水面到地面的距离为潜水埋藏深度。潜水含水层直接与包气带相接,所以潜水在其分布范围内,都可以通过包气带接受大气降水、地表水或凝结水的补给。

潜水在重力作用下,通常由水位高的地方向水位低的地方径流。流动快慢取决于含水层的渗透能力和水力坡度。潜水面的形状或水力坡度大小与地形在一定程度上保持一致,地面坡度越大,潜水面的坡度越大,但比地形的起伏要平缓。因此,一般地形切割强烈,潜水的径流、循环快,含水层厚度小,水的矿化度低;地形完整、开阔则相反。

潜水的排泄方式有两种:一种是径流到适当地形处,以泉、渗流等形式泄出地表或流入地表水,即径流排泄。另一种是通过包气带或植物蒸发进入大气,即蒸发排泄。水平排泄在地形切割强烈的山区最为普遍,而垂直排泄则在干旱和平原地区较为明显。

潜水直接通过包气带与地表发生联系,气象、水文因素的变动,对它影响显著,丰水季节或年份,潜水接受的补给量大于排泄量,潜水面上升,含水层厚度增加,埋藏深度变小。干旱季节排泄量大于补给量,潜水面下降,含水层变薄,埋藏深度增大。因此,潜水的分布动态有明显的季节变化。潜水动态变化的影响因素有自然因素和人为因素两方面。自然因素有气象、水文、地质和生物等。人为因素主要有兴修水利、大面积灌溉和疏干等。只要人们掌握潜水的动态变化规律,就能合理地利用地下水,防止地下水可能造成的对建筑工程的危害。

潜水的化学成分变化很大。主要取决于气候、地形及岩性条件。湿润气候和地形切割强

烈的地区,利于潜水的径流排泄,而不利于蒸发排泄,往往形成含盐量低的淡水。干旱气候和低平地形区,潜水以蒸发排泄为主,常形成含盐量高的咸水。

一般情况下,潜水面是向排泄区倾斜的曲面,起伏基本与地形一致,但较地形起伏平缓。潜水面上各点的高程称作潜水位。将潜水位相等的各点连线即得潜水等水位线图,见图 3-57。相邻两等水位线间作一垂直连线,即得此范围内的潜水的流向。根据等水位线图可以判断潜水与地表水的相互补给关系,如图 3-58。

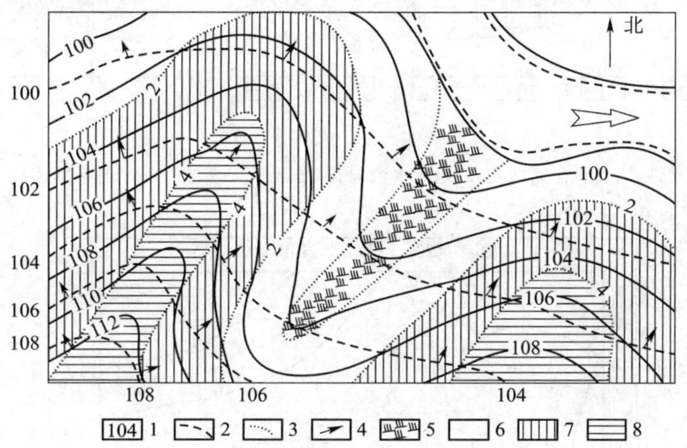

图 3-57 潜水等水位线及埋藏深度图

1-地形等高线(m);2-等水位线(m);3-等埋深线(m);4-潜水流向;5-埋深为零区;6-埋深 0～2m 区;7-埋深 2～4m 区;8-埋深大于 4m 区

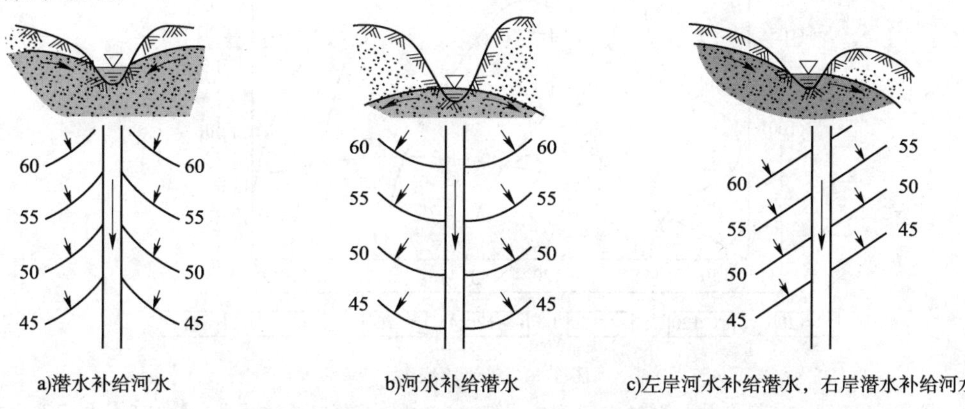

图 3-58 潜水与地表水之间的补给关系

由于等水位线图能表明潜水的埋藏深度、流向、水力梯度、含水层厚度及其动态变化等,所以在工程上,特别是对于隧道工程有很大的实用价值,是评价工程所在地区水文地质条件的重要图件。应当指出,潜水位是在不断变化的,潜水等水位图只能反映某一特定时间的水位情况。应该注重湿季的最高等水位线图和旱季的最低等水位线图,其他时间的潜水位,是在二者之间变化。

(三)承压水

充满于两个隔水层之间的含水层中的地下水称为承压水,见图 3-59。承压水含水层上部的隔水层称作隔水顶板,下部的隔水层称为隔水底板。顶底板之间的距离为含水层厚度。承压性是承压水的一个重要特征。用钻孔揭露含水层,水位将上升到含水层顶板以上一定高度才静止下来。静止水位高出含水层顶板的距离便是承压水头。钻孔中静止水位的高程就是含水层在该点的测压水位。测压水位高于地表时，钻孔能够自喷出水。将某一承压含水层测压水位相等的各点连线，即得等水压线，在图上根据钻孔水位资料绘出等水压线，便得到等水压线图，见图3-60。根据等水压线图可以确定承压水的流向和水力梯度。

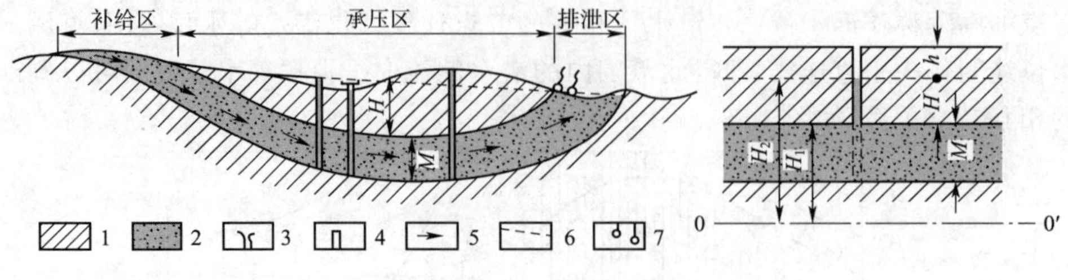

图3-59 承压水

1-隔水层；2-含水层；3-喷水钻孔；4-不自喷钻孔；5-地下水流向；6-测压水位；7-泉；M-含水层厚度；h-水位埋深；H-承压水位；H_1-位置水位；H_2-测压水位；0-0′-大地水准面

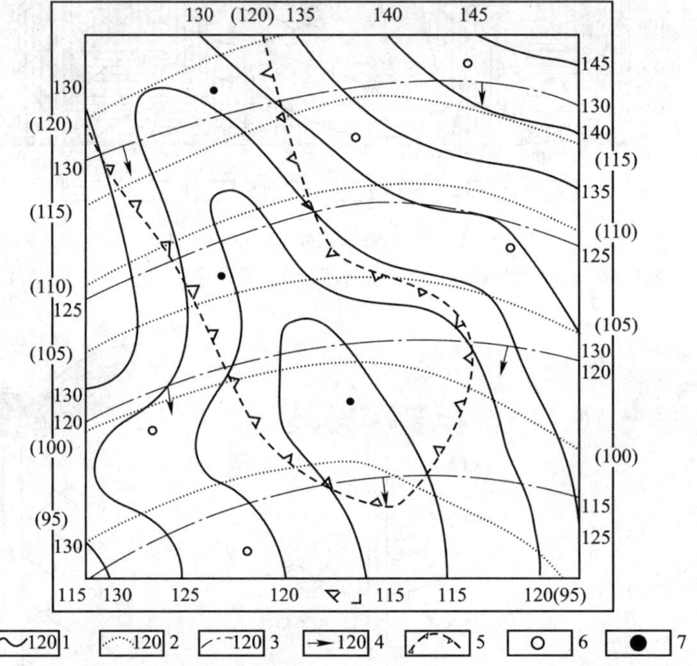

图3-60 等水压线图

1-地形等高线（m）；2-含水层顶板等高线（m）；3-等水压线（m）；4-地下水流向；5-承压水自溢区；6-钻孔；7-自流井

承压水受隔水层的限制，与地表水联系较弱。因此气候、水文因素的变化对承压水的影响较小，承压水动态变化稳定。

适宜形成承压水的地质构造大致有两种：一为向斜构造或盆地称为自流盆地。另一为单斜构造称为自流斜地。

承压含水层在接受补给时，主要表现为测压水位上升，而含水层的厚度加大很不明显。增加的水量通过水的压密及空隙的扩大而储容于含水层之中。承压含水层因排泄而减少水量时，测压水位降低。这时，上覆岩层的压力并不改变，为了恢复平衡，含水空隙必须作相应的收缩，将减少的水所承受的压力转移给含水层骨架。与此同时，由于减压，水的体积膨胀。过量抽取地下承压水使得含水层空隙压缩变形，是导致地面沉陷的主要原因，治理的主要措施就是减少地下承压水的抽取量和向地下注水。

承压含水层在地形适宜处露出地表时,可以泉或溢流形式排向地表或地表水体。也可以通过导水断裂带向地表或其他含水层排泄。

承压水一般水量较大,隧道和桥基施工时若钻透隔水层,会造成突然而猛烈的涌水,处理不当将给工程带来重大损失。

三、裂隙水

埋藏在基岩裂隙中的地下水称为裂隙水。裂隙水分布很不均匀,水力联系也很复杂。裂隙水的这些特点与裂隙介质的特征有关。根据裂隙水赋存介质的不同,将裂隙水划分为脉状裂隙水和层状裂隙水两种类型。坚硬基石中的裂隙分布不均匀且具方向性,通常只在岩层中某些局部范围内连通,构成若干互不联系或联系很差的脉状含水系统,这个系统中赋存的为脉状裂隙水。破碎岩层中,裂隙分布连续均匀,构成具有统一水力联系、水量分布均匀的层状裂隙含水系统,赋存的为层状裂隙水。另外,按基岩裂隙成因的不同,可将裂隙水分为:风化裂隙水、成岩裂隙水和构造裂隙水三种类型。

风化裂隙水:分布于风化裂隙中的地下水一般为层状裂隙水,受风化壳的控制,风化裂隙水多属潜水。通常情况下,风化壳规模和厚度相当有限,风化裂隙含水层水量不大,就地补给,就地排泄。但风化裂隙水在基岩山区分布十分广泛,对边坡工程影响很大,常常是边坡失稳和浅层滑坡形成的重要原因。

成岩裂隙水:沉积岩和深成岩浆岩的成岩裂隙多是闭合的,含水意义不大。陆地喷溢的玄武岩在冷凝收缩时,常形成六方柱状节理和层面节理。这类节理大多张开且密集均匀,连通良好,常构成储水丰富、导水通畅的层状裂隙含水系统。岩脉及侵入岩接触带,张开裂隙发育,常形成近于垂直的带状裂隙含水系统。成岩裂隙水可以是潜水,也可以是承压水。

构造裂隙水:构造裂隙是岩石在构造运动中受力产生的。在岩石性质和构造应力的影响和控制下,裂隙的张开性、密度、方向性和连通性均有显著的区别。因此,构造裂隙水的分布规律相当复杂,呈现出不均匀性和各向异性的主要特点。与主要构造线方向一致且垂直于主要构造线的裂隙,一般是张应力作用下形成的,张开性好,为导水裂隙。剪应力造成的节理面平整而闭合,多半不导水。应力集中的部位,裂隙常较发育,岩层的透水性好。在同一裂隙含水层中,背斜轴部常较两翼富水,倾斜岩层常较平缓岩层富水,断层带附近往往格外富水。同一岩层的不同部位,岩性与应力分布不均匀,裂隙密度与张开性也有差别,在应力集中或岩性有利的部位,张开裂隙互相连通,构成裂隙含水系统。同一岩性中可包含若干个裂隙含水系统。发育构造裂隙的岩层,透水性常显示各向异性,某些方向上的裂隙张开性好,而另一些方向上的裂隙张开性差,甚至闭合。构造裂隙水可以是潜水,也可以是承压水。然而,即使是构造裂隙潜水,只要不是裂隙发育十分密集均匀,往往显示局部的承压性。构造裂隙水局部流向往往与整体流向不一致,迂回绕行,有时甚至与整体流向正好相反。

构造裂隙水一般水量比较丰富,常常是良好的供水水源,但往往对隧道施工造成危害,如产生突然涌水事故等。

四、岩溶水

赋存与运移于可溶岩的空隙、裂隙以及溶洞中的地下水叫岩溶水。岩溶含水介质是多级次的空隙系统。一般情况下,包含下列尺寸不等的空隙:

(1)岩溶管道,通常直径数十厘米到数米,其中还可能包括体积十分巨大的溶洞。

(2)各级构造裂隙。

(3)成岩过程中形成的各种原生孔隙与裂隙。

(4)充填溶洞的松散沉积物的孔隙。

上述成因与尺寸不等的空隙,按一定次序组合,构成宏观上具有统一水力联系的岩溶含水介质。广泛分布的细小孔隙,渗透性差且总容积相当大,是主要的储水空间。大的岩溶管道及开阔的溶蚀裂隙,主要起导水通道的作用。尺寸介于两者之间的不同级次裂隙构成的网络,兼具储水空间和导水通道的作用,联系着主要导水通道与主要储水空间。

在尺寸大小悬殊的空隙中流动的岩溶水,运动状况相当复杂。在裂隙网络与较小的溶蚀管道中,地下水作层流运动。在巨大的干流通道中,呈紊流运动。

岩溶水可以是潜水,也可以是承压水。

岩溶管道与周围裂隙网络中的水流并不是同步运动的。雨季,通过地表的落水洞、溶蚀漏斗,岩溶管道迅速大量地吸收降水及地表水,水位抬升快,在向下游流动的同时,还向周围裂隙网络散流。枯水期,管道中形成水位凹槽,而周围裂隙网络保持高水位,沿着垂直于管道流的方向向其汇流。在岩溶含水系统中,局部流向与整体流向一般是不一致的。

在岩溶地区,降水通过落水洞、溶蚀漏斗等直接流入或灌入,短时间内,通过顺畅的途径,迅速补给岩溶水。流入岩溶地区的河流,往往全部转入地下。地下河系化的结果是,成百甚至成千公里范围内的岩溶水,集中地通过一个大泉或泉群排泄。灌入式的补给,畅通的径流及集中排泄,使岩溶水水位发生强烈的动态变化;远离排泄区的地段,地下水位年变化幅度可达数十米乃至数百米,变化迅速而缺乏滞后。

岩溶水径流交替强烈,因此岩溶水多为矿化度小于 0.5g/L 的 HCO_3-Ca 水,白云岩分布区多为 HCO_3-Ca-Mg 水,岩溶承压水的化学成分则随水交替条件而异,由补给区向深部,矿化度可逐渐增大到每升数克,转为 SO_4-HCO_3-Ca-Mg 型水。由于降水与地表水未经过滤便直接进入岩溶含水层,岩溶水极易被污染。

综上所述,岩溶水具有如下特点:

(1)分布的不均匀性。由于岩溶分布和发育的不均匀性,岩溶含水层的富水性极不均匀。

(2)水力联系密切。由于地下溶洞与溶洞、溶洞与溶蚀裂隙之间相互连通,因而使岩溶水具有密切的水力联系和较强的传递能力。

(3)水量动态多变、随季节变化大。

由于岩溶地下水与地表水联系密切,所以岩溶地下水流量的季节变化幅度很大,基本与地表河流相同。另外,当溶蚀漏斗、落水洞和溶蚀裂隙与排泄条件较差的地下通道相联系,往往随季节表现为间歇性或周期性的消水与涌水。

岩溶水分布不均匀、水量大给工程预测、预防带来困难,尤其是隧道施工难度大,也常造成路基水毁。因此,在岩溶地区进行公路建设,必须认真研究岩溶发育规律和岩溶水运动特点。

习　题

3-32　下列不是地下水富集必须具备的条件是(　　)。

A. 较多的储水空间　　B. 有充足的补给水源

C. 有良好的汇水条件　　D. 有良好的排水条件

3-33　基岩裂隙水的主要径流通道是(　　)。

A. 岩石的孔隙　　B. 岩石的节理　　C. 溶洞　　D. 岩层的层理

3-34　右图为潜水等水位线图，潜水和地表水的补给关系是(　　)。

A. 潜水补给河水

B. 河水补给潜水

C. 一岸潜水补给河水，另一岸河水补给潜水

D. 无法判断

题 3-34 图

3-35　水质最好的水是(　　)。

A. 潜水　　B. 上层滞水　　C. 承压水　　D. 裂隙水

3-36　岩溶水不具有的特点是(　　)。

A. 分布的不均匀性　　B. 水力联系密切　　C. 水量动态多变　　D. 不易被污染

3-37　从潜水等水位线图上不能获取的信息是(　　)。

A. 潜水的埋藏深度　　B. 潜水的流向　　C. 潜水的水力梯度　　D. 潜水的化学成分

3-38　决定地下水流向的是(　　)。

A. 压力的大小　　B. 位置的高低　　C. 水头的大小　　D. 含水层类型

3-39　对地下水动态的影响起主导作用的因素是(　　)。

A. 气候因素　　B. 水文因素　　C. 地质因素　　D. 植被因素

3-40　地下水降低可使降水周围的地面(　　)。

A. 下降　　B. 上升　　C. 不变　　D. 不确定

第六节　道路工程地质问题

道路是带状建筑，线路绵延千百公里，穿越地形、地质条件复杂的不同构造单元，沿线各地段孕育着各种自然地质灾害，时时威胁着道路的安全。道路建筑物的设置和施工，改变了建筑物周围的地质环境，破坏了山体的平衡和稳定状态，可能引发各种工程地质问题。本章主要讨论道路工程建筑物的工程地质问题，按路基、桥涵和隧道三种不同建筑物常见的工程地质问题及其发生的地质条件和背景进行阐述。

一、路基工程地质问题

路基是道路的重要组成部分，它主要承受车辆的动力荷载和其上部建筑的重量及自然因素的作用。坚固、稳定的路基是道路安全运行的保障。

路基断面有路堑和路堤及半填半挖型三种形式，线路设计高程高出地面时，必须填方修成路堤，线路设计高程低于地面时，又必须开挖成路堑。路基所出现的各种软化、变形和整体失稳一般称为路基病害。路基病害常与特殊的工程地质条件有关，其实质是路基工程地质问题。本节按照路基病害发生的特点和所处的位置，对路基不均匀变形和边坡面变形破坏进行简要介绍。

(一)路基不均匀变形

路基不均匀变形以路基沉陷变形较为常见，但也包括鼓胀变形。除路基施工碾压不足外，特殊的工程地质条件及山区特殊的地形地貌常是主要原因。软土、湿陷性黄土、膨胀土、盐渍土、多年冻土等分布区域的路基常出现路基沉陷变形，而在盐渍土和膨胀土分布地区的路基则出现不均匀鼓胀变形。以下按各种特殊土类和地质条件对路基不均匀变形分别进行叙述，主要介绍各类土的性质及地质条件与路基病害的关系等。

1.软土路基沉陷

(1)软土的工程性质

软土一般是指天然含水率大、压缩性高、承载力低和抗剪强度很低的,呈软塑—流塑状态的黏性土。软土是一类土的总称,并非指某一种特定的土,一般将软土分为软黏性土、淤泥质土、淤泥、泥炭质土和泥炭等,即其性质大体与上述概念相近的土都可以归为软土。

软土主要是在静水或缓慢流水环境中沉积的,以细颗粒为主的第四纪沉积物。通常在软土形成过程中有一定的生物化学作用的参与,这是因为在软土沉积环境中,往往生长一些喜湿的植物,这些植物死亡后遗体埋在沉积物中,在缺氧条件下分解,参与了软土的形成。

软土一般具有下列工程性质:

①软土的孔隙比和含水率

软土多在静水或缓慢流水中沉积,颗粒分散性高,联结弱,具有较大的孔隙比和高含水率,孔隙比一般大于1.0,高的可达5.8(滇池淤泥),含水率大于液限达50%~70%,最大可达300%。但随沉积年代的久远和深度的加大,孔隙比和含水率降低。

②软土的透水性和压缩性

软土孔隙比大,但孔隙小,黏粒的吸水、亲水性强,土中有机质多,分解出的气体封闭在孔隙中,使土的透水性变差,一般渗透系数 k 小于 10^{-6}cm/s,在荷载作用下排水不畅,固结慢,压缩性高,压缩系数 $a=0.7\sim2.0(\mathrm{MPa})^{-1}$,压缩模量 E_s 为1~6MPa,压缩过程长,开始时压缩下沉很慢,完成下沉所需的时间很长。

③软土的强度

软土强度低,无侧限抗压强度为10~40kPa。不排水直剪试验的 $\varphi=2°\sim5°$,$c=10\sim15$kPa;排水条件下 $\varphi=10°\sim15°$,$c=20$kPa。所以评价软土抗剪强度时,应根据建筑物加荷情况选用不同的试验方法。

④软土的触变性

软土受到振动,海绵状结构破坏,土体强度降低,甚至呈现流动状态,称为触变,也称振动液化。触变使地基土大面积失效,对建筑物破坏极大。一般认为,触变是由于吸附在土颗粒周围的水分子的定向排列扰动破坏,土粒好像悬浮在水中,出现流动状态,因而强度降低。静置一段时间,土粒与分子相互作用,重新恢复定向排列,结构恢复,土的强度又逐渐提高。软土触变用灵敏度(S_t)表示

$$S_t=\frac{C}{C'} \tag{3-12}$$

式中:C——天然结构下的抗剪强度;

C'——结构扰动后的抗剪强度。

一般,S_t 为3~4,个别达8~9,灵敏度越大,强度降低越明显,触变造成的危害也越大。

⑤软土的流变性

软土在长期荷载作用下,变形可以延续很长时间,最终引起破坏,这种性质称为流变性。破坏时软土的强度远低于常规试验测得的标准强度,一些软土的长期强度只有标准强度的40%~80%。但是,软土的流变发生在一定荷载下,小于该荷载,不产生流变,不同的软土产生流变的荷载值也不同。

(2)软土路基的变形破坏

简单地说软土地基的变形破坏主要是因承载力低、地基变形大或发生挤出,造成建筑物的

破坏。因此,软土地基沉降计算(固结理论)和稳定性分析(强度理论)是软土理论的两大课题,也是工程设计和施工必须考虑的两个主要问题。修建在软土地基上的道路路堤受强度控制,必须控制在临界高度以下,否则容易发生挤出破坏。

在软土地区进行工程建设,勘察工作应查明软土的分布范围和厚度、软土的垂直结构、物质成分、物理和力学性质。选线、定线时,路线应选择靠近山丘、地势较高的地段通过,应尽量远离河流、湖塘、封闭或半封闭的洼地。设计时,应根据沉降计算和稳定性分析确定路堤极限高度(临界高度),根据工后沉降量标准制订施工工艺和地基处理方法。当基底不作特殊加固处理,用快速施工方法修筑路堤时,必须控制路堤填筑高度和填筑速度,否则地基或路堤必须采取加固或处理措施。软土地基处理方法一般有换填法,抛石挤泥法,反压护道法,砂垫层法,预压、沙井或袋装砂井、挤密沙桩、塑料板等排水法,石灰、水泥或化学药剂加固法等。工程实践中,多采用几种方法综合处理,如砂垫层、预压和塑料排水板一起使用。

2.黄土路基沉陷

(1)黄土的工程性质

黄土是第四纪以来,在干旱、半干旱气候条件下,陆相沉积的一种特殊土。黄土一般具有下列工程性质:

①黄土的粒度成分

黄土的粒度成分以粉粒为主,约占 60%~70%,其次是砂粒和黏粒,各占 1%~29%和 8%~26%。在黄土分布地区,黄土的粒度成分有明显的变化规律,陇西和陕北地区黄土的砂粒含量大于黏粒,而豫西地区黏粒含量大于砂粒,即由西北向东南,砂粒减少、黏粒增多,这种情况与黄土湿陷性西北强、东南弱的递减趋势大体相关。一般认为黏粒含量大于 20%的黄土,湿陷性减小或无湿陷性。但是也有例外的情况,兰州西黄河北岸的次生黄土黏粒含量超过 20%,湿陷性仍十分强烈。这与黏粒在土中赋予状态有关,均匀分布在土骨架中的黏粒,起胶结作用,湿陷性小;呈团粒状分布的黏粒,在骨架中不起胶结作用,就具有湿陷性。

②黄土的相对密度

黄土的相对密度一般在 2.54~2.84 之间,与黄土的矿物成分及其含量多少有关,砂粒含量高的黄土相对密度低,约在 2.69 以下,黏粒含量高的相对密度大,一般在 2.72 以上。黄土结构疏松,具有大孔隙,密度较低,为 1.5~1.8g/cm^3,干密度约为 1.3~1.6g/cm^3,干密度反映土的密实程度,一般认为干密度小于 1.5g/cm^{3}的黄土具有湿陷性。

③黄土的含水率

黄土含水率与当地年降雨量及地下水埋深有关,位于干旱、半干旱地区的黄土一般含水率较低,当地下水埋藏较浅时含水率就高一些。含水率与湿陷性有一定关系,含水率低,湿陷性强,含水率增大,湿陷性减弱,一般含水率超过 25%时就不再具有湿陷性了。

④黄土的压缩性

土的压缩性由压缩系数 α 表示,它是指在单位压力作用下土的孔隙比的减小,单位为(MPa)$^{-1}$。一般认为 a 小于 0.1(MPa)$^{-1}$为低压缩性土,a=0.1~0.4(MPa)$^{-1}$为中等压缩性土,a 大于 0.5(MPa)$^{-1}$是高压缩性土。黄土虽然具有大孔隙、结构疏松,但压缩性中等,只有近代堆积的黄土是高压缩性的,年代越老的黄土压缩性越小。

⑤黄土的抗剪强度

一般黄土的内摩擦角 φ=15°~25°,黏聚力 c=30~40kPa,抗剪强度中等。

从上述黄土的一般工程性质看,干燥状态下黄土的工程力学性质并不差,但遇水软化甚至发生湿陷后，常引起工程建筑物的破坏，所以湿陷性是湿陷性黄土的最不良性质。

⑥黄土的湿陷性和黄土陷穴

天然黄土在一定的压力作用下，浸水后产生突然的下沉现象，称为湿陷。黄土湿陷发生在一定的压力下，这个压力称为湿陷起始压力，当土体受到的压力小于起始压力时，不产生湿陷。湿陷发生在土的饱和自重压力下称为自重湿陷，发生在自重压力和建筑物的附加压力下称为非自重湿陷。自重湿陷的黄土，湿陷起始压力小于自重压力，非自重湿陷黄土的湿陷起始压力大于自重压力。黄土的非自重湿陷比较普遍，其工程意义较大。

黄土湿陷性的原因目前尚未查清，多数学者认为是由于进入黄土中的水使土颗粒间的黏聚力降低甚至消失引起的。

黄土湿陷性评价目前都采用浸水压缩试验方法，将黄土原状土样放入固结仪内，在无侧限膨胀条件下进行压缩试验，测出天然湿度下变形稳定后的试样高度 h_2 及浸水饱和条件下变形稳定后的试样高度 h'_2，然后按下式计算黄土的相对湿陷系数 δ_{sh}：

$$\delta_{sh}=\frac{h_2-h'_2}{h_2} \tag{3-13}$$

尽管黄土产生湿陷的原因还不甚清楚，但是黄土内部疏松的结构、水的侵入和一定的附加压力是引起湿陷的内在与外部条件，应当针对这些条件采取相应的防治措施。首先是防水措施，防止地表水下渗和地下水位的升高；其次对地基进行处理，降低黄土的孔隙率，加强内部联结和土的整体性，提高土体程度。具体措施详见土力学、地基基础等有关课程。

此外，除了湿陷性引起工程建筑物的破坏外，黄土地区地下常常有天然或人工的洞穴，这些洞穴的存在和发展容易造成上覆土层和工程建筑物突然陷落，称为黄土陷穴。天然洞穴主要由黄土自重湿陷和地下水潜蚀形成。在黄土地区地表略凹处，雨水积聚下渗，黄土被浸湿发生湿陷变形下沉。地下水在黄土的孔隙、裂隙中流动时，既能溶解黄土中的易溶盐，又能在流速达到一定值时把土中细小颗粒冲蚀带走，从而形成空洞，这就是潜蚀作用。随着地下水潜蚀作用不断地进行，土中空洞由少变多，由小变大，最终导致地表坍陷或工程建筑物的破坏，潜蚀作用多发生在黄土中易溶盐含量高、大孔隙多、地下水流速及流量较大的部位。从地表地形、地貌看，地表坡度变化较大的河谷阶地边缘、冲沟两岸、陡坡地带等，有利于地表水下渗或地下水加速，是潜蚀洞穴分布较多的地方。人工洞穴包括古老的采矿、掏砂坑道和墓穴等，这些洞穴分布无规律，不易发现，容易造成隐患。

(2)黄土路基的变形破坏

黄土因其特殊的大孔隙、垂直节理发育等结构特性，强渗透和遇水崩解的水理特性，干燥时高强度、浸水后强度明显降低的强度特性，造成路基常出现路堤下沉、坡面冲刷、边坡滑塌和滑坡、冲沟侵蚀路基等工程病害。特别是湿陷性黄土质地疏松，大孔隙和垂直裂隙发育，富含可溶盐，浸水后结构迅速破坏而发生显著的附加下沉，工程病害更是频发且强烈。

黄土路基各种病害的发生与水的关系密切。路堤沉陷除施工压实不足外，常是由地基湿陷、地下洞穴塌陷、路线通过冲沟时沟底地基湿软、冲沟逆源侵蚀路基等原因造成的。雨水造成坡面冲刷、滑塌，河流冲刷坡脚或地下水软化坡脚引起滑坡。地下水位较高造成路基软化和冻胀、翻浆。因此，黄土地区进行道路建设和道路病害治理必须重视排水问题，包括地表排水和地下排水。

黄土陷穴、人工坑洞、地下墓穴等人工洞穴在黄土地区较为多见。线路勘测时不易发现，运营一段时间后可能突然发生沉陷。西北地区铁路路基由于地下暗穴不易发现，曾多次颠覆列车。因此，对于黄土地区的工程建筑，必须查清建筑地区的黄土是否具有湿陷性及其湿陷性的强弱，根据情况采取夯实、换填土或化学加固等地基处理措施，注意排除地表水和地下水的渗入可能性。在有陷穴、人为洞穴分布地区，应查明陷穴、洞穴的分布规律，对已有的陷穴应回填夯实，平整地面，排除地表水和地下水的影响。

3.膨胀土路基变形

膨胀土是一种黏性土，具有明显的膨胀、收缩特性。它的粒度成分以黏粒为主，黏粒的主要矿物是蒙脱石、伊利石，这两类矿物有强烈的亲水性，吸收水分后体积膨胀，失水后收缩，多次膨胀、收缩，强度很快衰减，导致修建在膨胀土上的工程建筑物开裂、下沉、失稳破坏。

(1)膨胀土的工程性质

①膨胀土的粒度成分

膨胀土的黏度成分以黏粒含量为主，高达50%以上，黏粒粒径小于0.005mm，接近胶体颗粒，为准胶体颗粒，比表面积大，颗粒表面由具有游离价的原子或离子组成，即具有表面能，在水溶液中吸引极性水分子和水中离子，呈现出强亲水性。

②膨胀土的密度

天然状态下，膨胀土结构紧密、孔隙比小，干密度达1.6～1.8g/cm^3，塑性指数为18～23，膨胀土的天然含水率与塑限比较接近，一般为18%～26%，土体处于坚硬或硬塑状态，常被误认为是良好的天然地基。

③膨胀土的裂隙性

膨胀土中裂隙十分发育，是区别于其他土的明显标志。膨胀土的裂隙按成因有原生和次生之别。原生裂隙多闭合，裂面光滑，常有蜡状光泽，暴露在地表后受风化影响裂面张开，次生裂隙多以风化裂隙为主，在水的淋滤作用下，裂面附近蒙脱石含量显著增高，呈白色，构成膨胀土的软弱面，这种灰白土是引起膨胀土边坡失稳滑动的主要原因。

④膨胀土的强度

天然状态下，膨胀土的剪切强度、弹性模量都比较高，但遇水后强度降低，黏聚力小于100kPa，内摩擦角小于10°，有的甚至接近饱和淤泥的强度。

⑤膨胀土具有超固结性

所谓超固结性是指在膨胀土受到的应力史中，曾受到比现在土的上覆自重压力更大的压力，因而孔隙比小，压缩性低。但是一旦开挖，遇水膨胀，强度降低，造成破坏。

膨胀土的固结程度用超固结比 R 表示，即

$$R=\frac{P_c}{P_0} \tag{3-14}$$

式中：P_c——土的前期固结压力；

P_0——目前土层的上覆自重压力。

正常土 $R=1$，超固结土 $R>1$。

(2)膨胀土的胀缩性指标

一般来讲，黏性土都有一定的膨胀性，只是膨胀量小，没有达到危害程度。为了正确评价膨胀土与非膨胀土，必须测定其膨胀收缩指标，表示膨胀土的胀缩性指标有下列几种。

自由膨胀率(F_s)：指人工制备的烘干土，在水中吸水后体积增量(V_w+V_0)与原体积(V_0)之比：

$$F_s=\frac{V_w-V_0}{V_0}\times 100\% \tag{3-15}$$

$F_s \geqslant 40\%$为膨胀土。

膨胀率(C_{sw}):人工制备的烘干土,在一定的压力下,侧向受限水膨胀稳定后,试样增加的高度($h_w - h_0$)与原高度(h_0)之比:

$$C_{sw} = \frac{h_w - h_0}{h_0} \times 100\% \tag{3-16}$$

$C_{sw} \geqslant 40\%$为膨胀土。

线缩率(e_{sl}):为土样收缩后高度减小量($l_0 - l$)与原高度 l_0 之比:

$$e_{sl} = \frac{l_0 - l}{l_0} \times 100\% \tag{3-17}$$

$e_{sl} \leqslant 5\%$为膨胀土。

(3)膨胀土的路基变形

膨胀土因特殊的工程性质对工程建筑产生多种危害,而且变形破坏具有反复性。在膨胀土地区,房屋建筑普遍出现开裂变形,路面常出现大范围、大幅度的随季节变化的波浪变形;路基常出现的病害有不均匀鼓胀和沉陷,沿路肩部位的纵裂和坍肩,在路堑边坡和路堤边坡的剥落、冲蚀、溜塌、坍滑和滑坡,有"逢堑必滑,无堤不坍"之说。

这些病害的产生必须具备两个基本条件:一是土具有胀缩特性,胀缩性愈大可能产生的病害愈严重;二是水的渗入,没有含水率的变化,则不会产生土的体积变化和结构破坏,即不会产生路基的变形和破坏。因此,控制填土的性质或改善土的胀缩性,减小路基、路面水的渗入,是防治膨胀土道路病害的重要手段。膨胀土的膨胀潜势与土的初始密度和初始含水率有关,初始密度愈大、初始含水率愈小,土体膨胀潜力愈大;反之,则小。因此,采用合理的填土压实标准和碾压含水率,是减轻胀缩危害的另一重要方面。

膨胀土的强度为典型的变动强度,具有初期强度极高、经过几个干湿循环后强度极低的特点。初期强度极高,造成施工开挖和破碎碾压困难,也不易被压实。路堤填筑后,在大气物理风化和湿胀干缩效应作用下,土块崩解,受上部重量和行车荷载作用,路堤易产生不均匀下沉。路堤愈高,沉陷量愈大。

路肩部位常因机械碾压不到,使填土达不到要求的密实度。同时,因路肩位于临空面,受大气物理风化强烈、干湿交替频繁,其胀缩程度远大于路堤内部。所以在路肩部位常产生坍滑、沉陷和纵向裂缝等病害。

膨胀土路堑边坡表层土体受大气物理风化作用明显,使土块碎解成细粒状、鳞片状,在重力作用下易发生剥落,在坡面水流作用下易发生冲蚀。经过长期湿胀干缩,边坡表层土体强度明显降低,在水和重力作用下,易发生坡体溜塌、坍滑和滑坡。膨胀土滑坡多为牵引式,呈叠瓦状,成群发生。滑坡体为纵长式,一般可从坡脚牵引至坡顶,多为浅层性,厚度 1.0 ~3.0m 为多,一般不超过 6.0m,滑坡体厚度与大气风化作用层厚度有关。膨胀土滑坡的发生与土的性质和土体结构关系密切,与边坡高度和坡度关系不明显。因此,以放缓坡度来防止膨胀土滑坡发生的效果并不明显,必须采取其他有效的工程措施。但膨胀土地区的边坡坡度还是比其他土类边坡明显较缓。

4. 盐渍土路基变形

岩石在风化过程中分离出少量的易溶盐类(常见的有氯盐、硫酸盐和碳酸盐),易溶盐被水流带至江河、湖泊洼地或随水渗入地下水中,当地下水沿土层的毛细管升高于地表或接近地表时,经蒸发作用水中盐分分离出来聚集于地表,或地表下不深的土层中。土层中易溶盐的含量大于0.5%时，这种土一般可称为盐渍土。

(1)盐渍土的工程性质

①盐渍土的力学性质

在一定含水率的条件下，因土粒中含有盐分，使土粒间的距离增大，而黏聚力及内摩擦角则随之减小，土体的强度降低，因此，土在潮湿状态时，土中的含盐量愈大，则其强度愈低。当含盐量增加到某一程度后，盐分能起胶结作用时，或土中含水率减小，盐分开始结晶，晶体充填于土孔隙中起骨架作用时。则土的黏聚力及内摩擦角增大，其强度反而比不含盐的同类土的强度高。因此盐渍土的强度与土的含水率关系密切，含水率较低且含盐量较高时，土的强度就较高，反之较低。

②盐渍土的湿陷性和水稳性

盐渍土不仅遇水发生膨胀，易溶盐遇水还会发生溶解，地基也会因溶蚀作用而下陷。有些地区盐渍土的结构与黄土类似，其粉粒含量>45%，孔隙率>45%，有一定的湿陷性。为防止盐渍土产土湿陷，要求其含盐量不超过一定数值(如100g土中SO_4^{2-}<30mL)并加大土体密度(干重度≥15kN/m³)。

水对盐渍土的稳定性影响很大，在潮湿的情况下，一般均表现为吸湿软化，使稳定性降低。

③盐渍土的压实性

当土中的含盐量增大时，其最佳密度逐渐减小，当含盐量超过一定限度时，就不易达到规定的标准密度。如果需要以含盐量较高的土作为填料，就需要加大夯实能量。硫酸盐渍土的含盐量增加到接近2%时，碳酸盐渍土的含盐量超过0.5%时，土的密度显著降低。氯盐渍土中的盐类晶体填充在土的孔隙中，能使土的密度增大，但当土湿化后，盐类溶解，土的密度就降低。

④盐渍土中的有害毛细水作用

盐渍土中的有害毛细水上升能直接引起地基土的浸湿软化和次生盐渍化，进而使土的强度降低，产生盐胀、冻胀等病害。影响毛细水上升高度和上升速度的因素，主要是土的粒度成分、土的矿物成分、土颗粒的排列和孔隙的大小，以及水溶液的成分、浓度、温度等；土的粒度成分对毛细水上升高度的影响最为显著，一般来说，颗粒愈细上升高度愈高。盐分含量对毛细水上升高度也有影响，主要因素是盐的含量和盐的类型，盐分对毛细水上升高度有着正反两个方面的影响：一方面，水中含盐量可以提高其表面张力，毛细水上升高度随着表面张力增大而增大；另一方面，水中盐分又使其溶液的相对密度增大，并使颗粒表面的分子水膜厚度增大，从而增加了毛细水上升的阻力，使毛细水的上升值减小。当矿化度较低时，前种情况占优势，反之则后一种影响占优势。

(2)盐渍土路基变形

我国沿海和内陆地区分布着大范围的盐渍土，当盐渍土中硫酸盐含量较高时，土的物理、力学性质和筑路性质会发生显著变化，引起许多路基病害。路基和地基土中的硫酸盐，因地表浅层水热状况的变化而引起其发生化学成分和物理性状的改变。以硫酸钠为例，硫酸钠在水中的溶解度随温度而改变。在温度为32.4℃时，硫酸钠的溶解度达到峰值，高于或低于这个数值，溶解度都将降低。当低于32.4℃时，溶解度随温度降低而急剧减小，溶液中析出物为十水硫酸钠。当高于32.4℃时，溶解度随温度升高而降低，析出物为无水硫酸钠。无水硫酸钠密度为2.68g/cm³，十水硫酸钠的密度为1.48 g/cm³，从理论上讲，无水硫酸钠的体积是十水硫酸钠的大约3倍。因此，盐渍土地区的路基随着温度的变化出现胀缩现象，低温季节土体膨胀，路面出现鼓包、开裂；高温季节，由于硫酸盐脱水，路基出现松软和泥泞。内陆干旱地区季节温差和昼夜温差大，盐渍土地区道路、铁路、机场道面等的病害也相应严重。

影响路基盐胀的主要因素有土质、含盐类型、含盐量、土的含水率、土体密度、温度及其变化过程等。

空隙较小的黏性土和空隙较大的砂性土不利于水和盐分的迁移，对盐胀不利。因此，黏土或天然沙砾常被用作垫层以隔断地下水和盐分向路基及路面内的积聚。一般来讲，盐胀最为强烈的土为粉性土。粉土的孔隙率较大且孔隙连通性好，孔隙的大小也有利于毛细水的迁移，毛细水上升的过程就是盐分集中的过程，所以粉土路基的盐胀作用最为强烈。

各种盐类中，以硫酸盐的胀缩最为明显，其中又以 Na_2SO_4 最强烈，氯盐和碳酸盐类的胀缩性较小。

含盐量对膨胀影响的基本规律是：含盐量小于某一值时土体膨胀不明显，大于该值后膨胀量迅速增加，但盐分增加到不能被土中水完全溶解时，多余的盐分将不再形成盐胀，即盐胀量不再随含盐量的增加而增加。以在盐胀中起主要作用的 Na_2SO_4 为例，当含盐量小于 1%时，土体无明显的膨胀；当含盐量大于 2%时，膨胀量随含盐量的增加迅速增大。因此，路基设计规范规定 Na_2SO_4 含量小于 1%时，部分工程可用；大于 2%时工程中不能使用，或采取改性措施后才可使用。

含水率对盐胀的影响与含盐量有关。当含水率小于 6%时，无论含盐量多少，土体膨胀都不明显；当含盐量大于 2%、含水率大于 6%时，随着含水率的增加盐胀率增加，但有一峰值，超过峰值后，盐胀率随含水率增加而减小，减小的原因是：含水率的增加导致了盐溶液的浓度降低而成为非饱和溶液，盐分结晶能力降低；当含盐量大于 3%以后，盐胀率为峰值所对应的含水率在 14%～18%之间。

土体密度对盐胀率的影响，在密度—膨胀率图上为一下凹曲线：对应于某一干密度（如硫酸盐渍土为 $1.6g/cm^3$），土体盐胀率最小，小于和大于该密度，盐胀率均增加。路基要求的压实密度所对应的盐胀率是较大的。

盐渍土开始产生结晶膨胀所对应的温度称为起胀温度。硫酸盐渍土的起胀温度在 25℃左右，盐胀增长的温度区间很大，从起胀温度开始一直可延续到－15℃，即从秋末开始一直延续到隆冬。降温速率对盐胀也有明显影响，降温缓慢时盐胀量大，快时盐胀量小。

5.多年冻土路基变形

在高纬度和海拔较高的高原、高山地区，一年中有相当长的一段时间气温低于零度，这时土中的水分冻结成固态的冰，冰与土冻结成整体，形成一种特殊的土——冻土。

土冻结时发生冻胀，强度增大，融化时发生沉陷，强度降低，甚至出现软塑或流塑状态。修建在冻土地区的工程建筑物，常常由于土体的反复冻融，导致工程建筑物的破坏。

冻土从冻结时间看，有季节冻土和多年冻土两种。季节冻土是指冬季冻结、夏季融化的土。在年平均气温低于零度的地区，冬季长，夏季很短，冬季冻结的土层在夏季结束前还未全部融化，又随气温降低开始冻结了，这样地面以下一定深度的土层常年处于冻结状态，就是多年冻土。通常认为，持续三年以上处于冻结不融化的土称为多年冻土。

多年冻土地区处于特殊的自然环境状态，年均气温低于 0℃，多年冻土地层结构从地表向下依次为：随季节变化而处于冻结和融化状态的季节活动层、保持常年冻结的多年冻土层、常年融化层。多年冻土层的顶面称为多年冻土上限，底面则称为下限。天然状态下，在上限以下存在厚度不等的冰层或含土冰层。多年冻土受气候、地表植被等环境条件和冻土含冰量、地温等条件影响，处于不同稳定状态。一般来说，气温、地温愈低，地表植被愈好，冻土稳定性愈好；因为水的热容量较大，所以含冰量愈大，冻土稳定性愈好。

(1)多年冻土的工程性质

①物理及水理性质

多年冻土中水分既包括冰，也包括未冻水。因此，在评价土的工程性质时，必须测定天然冻土结构下的重度、相对密度、总含水量(冰及未冻水)和相对含冰量(土中冰重与总含水量之比)四项指标。其中未冻结水含量的获取是关键。多采用下式计算：

$$w_c = K w_p \tag{3-18}$$

式中：w_c——未冻水含量；

w_p——土的塑限；

K——温度修正系数，由表 3-7 选用。

修正系数 *K* 值 表 3-7

土的名称	塑性指数 I_p	地温(℃)							
		−0.3	−0.5	−1.0	−2.0	−4.0	−6.0	−8.0	−10.0
砂类土、粉土	$I_p \leqslant 2$	0	0	0	0	0	0	0	0
粉土	$2 < I_p \leqslant 7$	0.6	0.5	0.4	0.35	0.3	0.28	0.26	0.25
粉质黏土	$7 < I_p \leqslant 13$	0.7	0.65	0.6	0.5	0.45	0.43	0.41	0.4
粉质黏土	$13 < I_p \leqslant 17$	*	0.75	0.65	0.55	0.5	0.48	0.46	0.45
黏土	$I_p > 17$	*	0.95	0.9	0.65	0.6	0.58	0.56	0.55

注：*表示在该温度下孔隙中的水均为未冻土。

总含水量 w_n 和相对含冰量 w_i 按下式计算：

$$\begin{aligned} w_n &= w_b + w_c \\ w_i &= w_b / w_n \end{aligned} \tag{3-19}$$

式中：w_b——在一定温度下，冻土中的含冰量(%)；

w_c——在一定温度下，冻土中的未冻水量(%)。

②力学性质

冻土的强度和变形仍可用抗压强度、抗剪强度和压缩系数表示。但是由于冻土中冰的存在，使冻土力学性质随温度和加载时间而变化的敏感性大大增加。在长期荷载作用下，冻土强度明显衰减，变形明显增大。温度降低时，土中未冻土减少，含冰量增大，冻土类似岩石，短期荷载下强度大增，变形可忽略不计。

冻土冻胀融沉是其重要的工程性质，现按冻土的冻胀率和融沉情况对其进行分类。冻胀率 n 为土在冻结过程中土体积的相对膨胀量，以百分率表示，即

$$n = \frac{h_2 - h_1}{h_1} \times 100\% \tag{3-20}$$

强冻胀土：$n > 6\%$

冻胀土：$6\% \geqslant n > 3.5\%$

弱冻胀土：$3.5\% \geqslant n > 2\%$

不冻胀土：$n \leqslant 2\%$

冻土融化下沉由两部分组成，一是外力作用下的压缩变形，另一是温度升高引起的自身融化下沉。多年冻土按融沉情况分级见表 3-8。

多年冻土按融沉情况分级 表 3-8

冻土名称	土的类别	总含水量 w(%)	融化后的潮湿程度	融沉性分类
少冰冻土	粉黏粒质量≤15%的粗颗粒土(其中包括碎石类土、砾砂、粗砂、中砂。以下同)	$w\leqslant10$	潮湿	(Ⅰ级)不融沉
	粉黏粒质量>15%的粗颗粒土,细砂、粉砂	$w\leqslant12$	稍湿	
	黏性土、粉土	$w\leqslant w_p$	坚硬(粉土为稍湿)	
多冰冻土	粉黏粒质量≤15%的粗粒土	$10<w\leqslant16$	饱和	(Ⅱ级)弱融沉
	粉黏粒质量>15%的粗颗粒土、细砂、粉砂	$12<w\leqslant18$	潮湿	
	黏性土、粉土	$w_p<w\leqslant w_p+7$	硬塑(粉土为潮湿)	
富冰冻土	粉黏粒质量≤15%的粗颗粒土	$16<w\leqslant25$	饱和出水(出水量<10%)	(Ⅲ级)融沉
	粉黏粒质量>15%的粗颗粒土、细砂、粉砂	$18<w\leqslant25$	饱和	
	黏性土、粉土	$w_p+7<w\leqslant w_p+15$	软塑(粉土为潮湿)	
饱冰冻土	粉黏粒质量≤15%的粗颗粒土	$25<w\leqslant44$	饱和出水(出水量10%~20%)	(Ⅳ级)强融沉
	粉黏粒质量>15%的粗颗粒土、细砂、粉砂		饱和出水(出水量<10%)	
	黏性土、粉土	$w_p+15<w\leqslant w_p+35$	流塑(粉土为饱和)	

(2)多年冻土路基变形

由于修筑公路、铁路,特别是公路铺筑沥青面层,破坏了多年冻土的水热平衡状态,吸热大于散热,多年冻土逐渐融化。上限附近不同厚度和不同含冰量的冰层融化,引起路基基底发生不均匀沉陷,或由于水分向路基上部集聚而引起冻胀、翻浆。青藏公路格尔木至拉萨段位于青藏高原腹地,穿越五百多公里的多年冻土分布区,自20世纪70年代铺筑沥青面层以来,出现了大范围较严重的路基、路面沉陷,病害主要集中出现在不稳定和较不稳定冻土带。另外,路基下的冰丘、冰锥和季节活动层的冻融作用往往会使路基鼓胀,引起路基、路面的开裂与变形;当冰丘、冰锥溶解后,路基又发生不均匀沉陷。东北大、小兴安岭多年冻土地区的道路受冰丘、冰锥的影响,鼓胀和沉陷变形较为明显;青藏公路则以路基、路面开裂较为严重。

针对多年冻土特性和道路病害,多年冻土地区路基设计采用:保护、一般保护和不保护三种原则。保护原则也称为被动原则,是采取工程措施严格控制多年冻土不发生变化;一般保护是采取工程措施,控制冻土变形速率和变形总量;不保护也称主动原则,是采取措施加速冻土融化或清除冻土以及不采取任何工程保护措施的原则。保护原则适用于重要和对变形敏感的工程结构物,且冻土为稳定或较稳定型;一般保护原则适用于受变形影响不敏感的工程,适用的冻土类型为较稳定型；不保护原则一般适用于不稳定冻土。

6.山区特殊地形地貌条件引起的路基不均匀变形

山区公路必然会穿越不同的地形和地质组成，其路基常存在填方与挖方、填高与填低、挖在较完整坚硬岩土层与挖在松软岩土层等不同情况，必然会造成路基的纵横向不均匀变形，形成路基的沉陷或开裂。

(1)山区路基的横向不均匀变形

在沟谷密集发育地段，路基形式以填方路堤及挖方路堑交替出现，由于填方和挖方路段，在荷载和水的作用下，沉降变形不同，导致路基发生横向不均匀变形。

沟谷等低洼处一般采用高填方路堤，路基自重较大，沟谷内地基较松软，在路堤自重、行车荷载及水的作用下，地基将产生过大沉降或不均匀沉降，导致路基产生横向不均匀变形。

不同填方高度的路基，在荷载及水的作用下，也会产生不同程度的沉降变形，导致路基产生横向不均匀变形。

(2)山区路基的纵向不均匀变形

山坡线全挖方地段，通常由于山体表层岩体与山体内部岩体风化程度不同，或山体表层覆盖有松散堆积物，通常路基由外部风化程度较高的岩体(或松散堆积层)与内部较完整岩体两部分构成。在荷载及其他因素的影响下，路基不同部位产生的沉降量不同，导致路基产生纵向不均匀变形。

山坡线半填半挖路段，通常外侧路基为填方、内侧为挖方。在荷载及其他因素的影响下，路基填挖方部位产生的沉降量不同，导致路基产生纵向不均匀变形。

(二)边坡工程地质问题

边坡受岩性、构造等地质条件和风化、水的渗入和冲刷等自然地质作用以及人工开挖等工程活动的影响，常出现坡面变形和整体失稳破坏二类工程病害。在山区高等级公路建设中高大边坡大量出现，边坡工程地质问题会愈来愈严重，破坏和造成的损失也会更加严重。

1.坡面变形

坡面变形是指路堑(或路堤)边坡坡面的局部破坏，包括风化剥落、落石、冲刷和表层滑塌等。

剥落是指岩质路堑边坡岩体在风化作用及地表各种地质应力作用下，岩体表层破裂成小不等的岩屑，滚落在坡脚下就地堆积。剥落多发生在坡积层、页岩、泥岩和砂质泥岩组成的边坡中，强烈风化的花岗岩坡面也易发生砂状剥落。产生剥落的原因主要是温度、湿度的变化、冻胀等引起的各种物理风化作用，使岩体联结发生破坏。剥落是岩质边坡坡面缓慢变形，边坡岩体整体上是稳定的。坡面剥落发展到严重阶段，大量岩屑堆积在坡脚，堵塞侧沟，排水不畅，如不及时清理，局部剥落不断扩大可发展为较大的表层滑塌或崩塌，影响整个边坡稳定。

植物防护是一种经济、简便，效果较好的坡面防护措施。植物能覆盖表土、防止雨水冲刷，固结土壤，能有效地防止坡面风化剥落。对于易风化的岩石边坡坡面，开挖后及时采用水泥石灰砂浆或石灰炉渣浆抹面，也可采用喷混凝土护坡或浆砌片石封闭坡面。

坡面冲刷是雨水顺坡面流动时将松散的颗粒带走，而在坡面上冲刷出一条带状小纹沟。结构松散的土质边坡和黄土边坡，常常是冲刷强烈作用的部位。一条条顺坡面排列的细长的沟槽，将坡面分割得支离破碎。这些变形进一步发展，可以导致路堑或路堤更大规模的破坏。因此，对坡面上刚出现的轻微冲刷应及时整治。作好地面和路面排水，截断流向坡面的水流，使之减至最低程度，对已经形成的冲刷沟槽，嵌补、填实，防止其继续发展是整治冲刷的有效手段。

表层滑塌是由于边坡上有地下水出露，形成点状或带状湿地，产生的坡面表层滑塌现象。这类破坏由雨水浸湿、冲刷也能产生。它往往是边坡更大规模变形破坏的前奏。对已发生的破坏应及时整治，避免进一步发展。疏导和拦截地下水，保持坡面干燥，可以制止边坡变形的发展。

2.整体失稳

整体失稳是指边坡的整体塌滑和滑坡。塌滑时边坡上部或顶部地面下沉，出现多条张拉裂缝，边坡中、下部向外鼓胀，显示出边坡整体滑动和破坏的征兆。

边坡整体塌滑和滑坡是路基工程中的重要工程地质问题。山区公路工程常常需要在斜坡坡脚开挖路堑，修建人工边坡。这种工程活动改变了斜坡内初始的应力状态，使坡脚剪应力更趋于集中，开挖的人工边坡切断斜坡岩体内各种结构面，破坏了边坡岩体的稳定性。

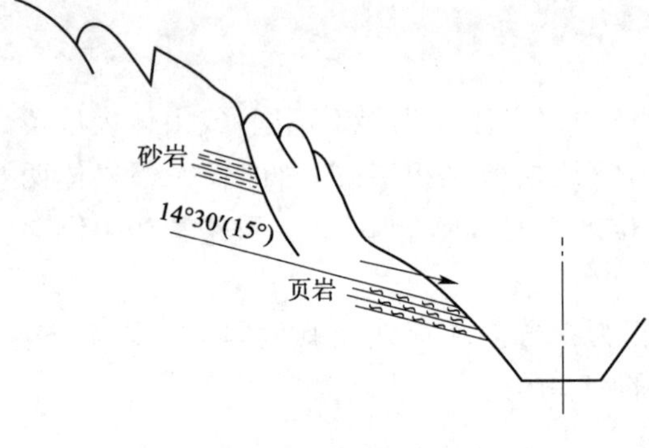

图 3-61　某滑坡示意图

这种由工程开挖引起的边坡滑动，常发生在岩层顺坡倾斜，层间夹有泥化的页岩或泥岩层中，倾角大于泥化层层间的内摩擦角，一旦开挖切断坡脚岩层，即刻引起顺层滑动。某一滑坡由白垩系泥质砂岩、页岩组成，岩层倾向线路，倾角为15°。边坡上部砂岩中发育两组陡倾角节理，倾向斜路。表水沿节理下渗至砂岩、页岩接触面，浸润软化页岩。施工开挖路堑后，岩体失去平衡，形成基岩滑坡(图 3-61)。

斜坡坡脚坡积物广泛分布，道路傍山修建切割坡脚，截断坡积层，降低其稳定性，引起坡积层沿下伏基岩面向线路方向滑动。因此，山区道路坡积层内发生的滑坡是常见的边坡病害。

山区河谷斜坡是自然地质作用强烈地段，河岸两侧也是边坡整体稳定病害多发地段。受河流侵蚀作用和岩层产状影响，河谷斜坡处于不同稳定状态。一般来看，顺倾向岸坡地形较缓，但整体稳定性较差；反倾向坡则相反(图 3-62)。河流凹岸稳定性较差，凸岸稳定性则较好。

岩质边坡的破坏失稳与岩体中发育的各种结构面有很大关系。结构面破坏了岩体的完整性，使岩体成为各种结构面分割的岩块组合体。相比之下结构面的强度远低于岩块。岩体破坏都是沿着结构面发生，特别是边坡岩体中结构面贯通，产状有利于滑动破坏时，尤为不利(图 3-63)。岩质路堑边坡常见的破坏形式有单滑面和双滑面(或称楔形滑动)两种类型。

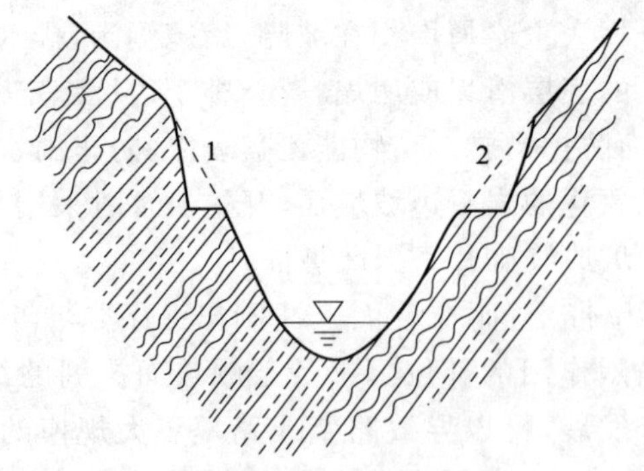

图 3-62　单斜河谷边坡稳定性示意图

1-有利情况；2-不利情况

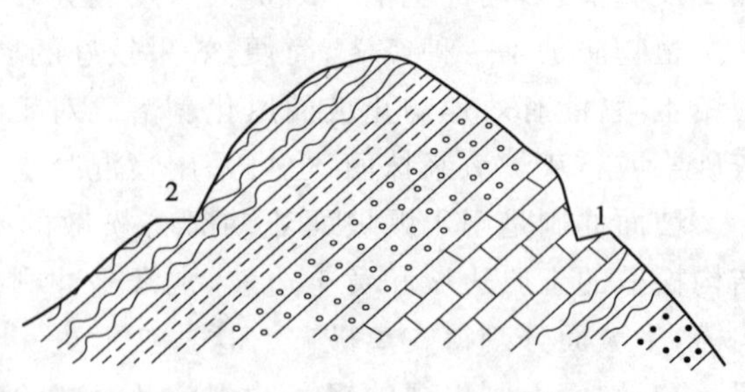

图 3-63　地质构造对边坡稳定的影响

1-有利情况；2-不利情况

二、桥梁工程地质问题

桥梁是道路工程建筑的重要组成部分。线路跨越河流、沟谷或其他道路，需要架设桥梁，桥梁也是线路通过地质灾害频繁发生地区的主要工程。

在道路工程地质勘测中，由于对桥址周围的工程地质特征了解不足，在桥梁施工、运营时，遇到不少问题。如有的将墩、台设在滑坡上，基坑开挖时引起滑坡复活，而使已建成的墩、台错位，有的墩、台建在岩溶洞穴上，致使墩、台倾斜无法使用。查明建筑物场址周围的工程地质条件，确保建筑物的安全、正常使用，这对于桥梁也不例外，而桥位选择、桥梁基坑稳定性和正确选定桥基承载力，是确保桥梁安全的 3 个重要方面。

（一）桥位选择的工程地质问题

桥梁位置的选择应该综合考虑线路方向、选线设计技术要求、城乡建设、交通水利设施的要求和地形、地质条件等多方面因素。一般，中、小桥位置由线路条件决定，特大桥或大桥则往往先选好桥位，然后再统一考虑线路条件。大桥和特大桥位的选定，除综合考虑政治、经济等因素外，还必须十分重视桥位地段的地质、地貌特征和河流水文特征。

桥位应选择在岸坡稳定、地基条件良好、无不良地质现象的地段；应尽可能避开大断裂带，尤其不可在未胶结的断层破碎带和具有活动可能的断裂带上造桥。

从河流的情况来看，最理想的桥位应选择在水流集中、河床稳定、河道顺直、坡降均匀、河谷较窄的地段，桥梁的轴线与河流方向垂直。

河道水流是一种螺旋状的环流。它以自己特有的侵蚀—搬运—沉积方式，不断地深切河床、拓宽河谷和加长流路。对于某一具体河段，它正处在特定的发育阶段。因此，在某一地段选择桥位时，首先要研究地貌条件，了解河水对河床和岸坡冲刷作用的规律，避开那些有河床变迁，巨大河湾、活动沙洲的不良地段。还要大致判定河谷内覆盖层的厚薄、基岩埋藏深浅，以便合理选定桥位。

1. 山区河流桥位条件

山区河流多在山峦起伏的深涧峡谷中流动，其特点是坡降大，水流急，河谷较深，河床中常有基岩裸露，或由巨砾、粗砂沉积覆盖，覆盖层一般较平原河流薄。

山区河流的水文特征是：洪水暴涨暴落，洪峰次数频繁，持续时间短，流量及水位变化幅度较大。

根据山区河流的特点及勘测设计实践，选择山区河流的桥位时，应考虑如下 4 个原则：

（1）桥渡线尽可能选在河道顺直、水流通畅地段，避免在河湾、沙洲，河心孤石突起及河道急剧展宽等河段通过。

（2）桥渡线宜选在河槽较窄的峡谷段通过，并应同时考虑施工方法与施工场地的布置问题。当由于峡谷段水深流急，一跨不成，必须在河中建墩时，为避免基础施工困难，也可在开阔段通过。

（3）桥渡线应避免在两河交汇或支流汇入主流的河口段通过，避免两河洪水涨落时间不同，冲淤变化复杂，影响建筑物的安全。

（4）桥头及其引线应避开滑坡、崩塌、泥石流等地质灾害发生场所。

2. 山前区宽河桥位条件

河流流出山区进入山前地区，地形骤然拓宽，多形成山前宽河。它可分为上游狭窄河段，中游扩散河段和下游收缩河段，不同河段具有不同的特点。

(1)上游狭窄河段

河流强烈下切,两岸陡立,河床纵坡大,流速也大,河床稳定。此处桥长最短,桥位最易确定,桥位布置也较简单,桥下净空高,河滩路堤最短。基础工程简单,防护工程少,是良好的桥址选择处。

(2)下游收缩河段

一般大河流随地形条件汇成一股或数股河道,水流平稳,河床稳定,在这里建桥也是较好的选择。

(3)中游扩散河段

此处水流经常变化,冲淤次数较多。在此布置桥位,对孔径的大小,桥梁净空及导流建筑物设置等问题均难以解决。尤其是逐年淤高,是一个复杂且危害极大的问题。在此建桥,造价高,养护困难。因此,应尽可能避开在此河段上建桥。

根据上述各河段的特点,布桥时应注意以下几点:

①上游狭窄河段应采用一河一桥的原则。

②中游扩散河段一般应顺应水流的自然趋势,采取一河多桥原则。在显著的支岔上分别设桥。但在水流比较集中,泛滥范围不宽,设置相应的导流建筑物能保证桥渡安全时,也可考虑一河一桥的原则。

③下游收缩河段应分别在各稳定的河道上建桥。不宜改河合并,以保证桥梁安全。

3.平原区河流桥位条件

平原区河流,河床摆动较大,而且有的河段稳定,有的河段仍不断变化。

(1)在平原区河流稳定河段,桥位应选在河道顺直、河床深槽地段,桥梁中线宜与河流两岸垂直。

(2)在平原区河流次稳定河段,则要注意河床的天然演变。一般桥位可选在河湾顶部中间位置跨越,不宜设在两河湾间直线过渡段,以免河湾下移,引起桥下斜流冲刷,危及墩、台安全。

(3)对于平原区游荡性河段,桥位宜选在有坚固抗冲的岸壁或人工建筑物河堤等处。必要时采取导流措施保护桥渡安全。

(二)桥基勘测中的工程地质问题

桥基工程地质勘测的任务是为桥梁墩台设计提供地质资料。方法是在调查与测绘的基础上进行勘探工作。对于大、中桥,目前均采用以钻探为主,辅以物探和原位测试的方法。勘测应提供的资料有:桥位处的河床地质断面(剖面)图;钻孔柱状断面图与钻探记录;水、土和岩石的试验、化验资料。勘探资料应满足查明地质构造、不良地质现象、地基土的物理力学性质及地下水的状态等要求。

桥基工程地质勘测应注意的主要问题有:

1.钻孔布设

钻孔布设应在桥位工程地质调查与测绘及物探的基础上进行,以避免盲目性。

钻孔数量取决于:设计阶段;桥位地质条件;拟采用的基础类型。

在初步勘察阶段,当工程地质条件简单时,中桥一般不应少于2～3个钻孔,大桥一般不应少于3～5个钻孔,特大桥一般不应少于5～7个钻孔;在详细勘察阶段,钻孔数应不少于墩台数。若采用沉井基础,或基础设在倾斜、锯齿状的基岩面上时,应增加补助钻孔,情况复杂时每一墩台需要7～10个钻孔。

钻孔一般布置在桥梁轴线或其两侧,为了避免钻穿具有承压水的岩层而引起基础施工困难，也可布设在墩台以外。为了解沿河床方向基岩面的倾斜情况，在桥梁的上、下游可加设补助钻孔。

2.钻孔深度

钻孔深度取决于河床地质条件、基础类型与深度及施工方法。

河床地质条件包括：河床地层结构、基岩埋深、地基承载力、可能的冲刷深度等。

基础类型及施工方法有：明挖、沉井、桩基等。

如遇基岩，要求钻入基岩风化层 2～5m。这一点在山区有蚀余堆积的河床上，尤其应注意，避免把孤石错定为基岩。

不同岩土类型的钻孔大概深度可参考表 3-9 。

钻孔的大概深度 表 3-9

序列号	土层名称	钻孔深度(m)	
		大桥	中桥
1	岩石	风化岩石下不少于 3m	
2	砂砾	15	10
3	砂	20	15
4	黏质土	30	25
5	软黏土	低于荷重土层表面以下不得少于 15m	

注：砂、砂砾、黏质土的深度由河底最大计算冲刷高程算起。

3.操作要求

为保证钻探工作的质量，钻进过程中要认真对待取样、鉴别这些环节。每 1～1.5m 深取样，每次岩性变化要取样，并保证较高的岩芯采取率。为使样品尽可能保持原来状态，应注意选择钻头类型和较大的钻孔直径及钻进方法。记录要仔细，对所使用的钻具、进尺、取样以及钻进中的感觉等均应详实记录。在鉴别样芯时，应与调查、测绘结果对照，避免发生重大误判。

大、中桥桥位地质钻探多是水上作业，安全问题尤为重要。若发生安全事故，不仅工作受到严重影响，甚至会造成人身事故或钻探设备受到损失。在下列情况应特别注意安全：位于水深流急的大河上时；位于水库下游受水库放水影响时；位于河口受潮汐影响水位变化时。

（三）桥基稳定性及承载力的确定

1.桥基稳定性

桥梁基础及其施工过程中基坑的稳定性受到地质条件与河流冲刷的影响，会产生基础垮塌、滑移和基坑坍滑等破坏或变形，威胁工程和人员的安全。

(1)基坑坍滑

桥梁墩、台基础明挖施工时，基坑坍滑是经常发生的工程地质问题。傍山沿河的线路频频跨越斜坡上的沟溪，基坑多位于坡体中、下部或沟溪峡谷斜坡上，施工时易牵动斜坡山体滑坍。如在松散覆盖层中开挖基坑，容易产生基坑边坡变形或引起覆盖层沿基岩面的滑动，尤其在基岩面上富水条件下更为常见。基坑位于基岩中时，表层基岩多风化，节理密集、发育，基坑边坡多沿节理坍滑，在层状岩石夹有软弱夹层而且岩层倾向基坑时，基坑切断了软弱夹层，可能引起顺层滑动。平原区或山间盆地等各地段，冲积层上的基坑在地面以下一定深度，常遇到含水或饱水呈流塑状的土层或流动层，常发生基坑涌水或坑壁坍塌，给施工造成很大困难，严重时大量滑坍甚至会淹埋基坑，危及人身安全。

(2)基底软弱夹层

层状岩石中多含泥岩、页岩、千枚岩等软弱岩层或构造破碎带，在受水浸泡下，软化成泥状，使得桥基稳定性差、承载力不足，桥梁无法在其上设置墩台基础。因此，基地软弱夹层是桥基勘测和设计中必须认真对待的问题。

(3)基底溶洞

桥梁基础底部岩溶洞穴对建筑物的危害主要是使建筑物基础悬空，洞穴顶板过薄，不能承受荷重而产生地表沉陷，甚至突然坍塌。宜(宾)珙(县)铁路某大桥桥墩基础下部有溶洞，导致墩台倾斜。对于墩台基础下的溶洞问题，因为溶洞埋于地下具有隐蔽性，必须认真勘察，并对洞穴顶板的安全厚度做出评价。影响岩溶洞穴顶板稳定的因素众多，又难以量化处理，目前多根据经验作近似处理。

(4)河流冲刷对桥基的危害

洪水期间河水流量流速猛增，河流的冲刷作用强烈，由于桥梁墩台基础埋深过浅，或桥位布置不当，严重压缩过水断面，致使墩台基础常常遭受洪水冲刷，基础外露，危及桥梁安全。如陇海铁路灞河桥，2002 年 6 月 9 日灞河突发洪水，由于洪水冲刷造成 5 个桥墩相继垮塌。为避免桥基冲刷，基础应设在最大冲刷深度以下一定距离，以免水流淘蚀基础下土层，造成墩台倾斜。有关基础埋置深度的规定请查阅相关规范。

2.承载力确定

在建筑物基础传递荷载的影响范围内的土层称为地基。地基允许承载力是指地基所能承受的由基础传递的压力，在这种压力作用下，地基不发生破坏，建筑物也不会因为地基产生过大的沉降而变形、失稳。地基承载力对确定桥梁的基础类型、基础埋深、结构形式和工程造价影响极大，是桥梁设计中必须提供的重要数据。

地基承载力的确定有三种方法：载荷试验法、公式计算法和应用规范查表法。

载荷试验是在建筑物场址进行原位试验的方法。由载荷试验测得的数据能反映地基土的真实情况，一些重要建筑物多由载荷试验确定地基承载力，一些地质条件复杂的场地，也经常进行载荷试验。

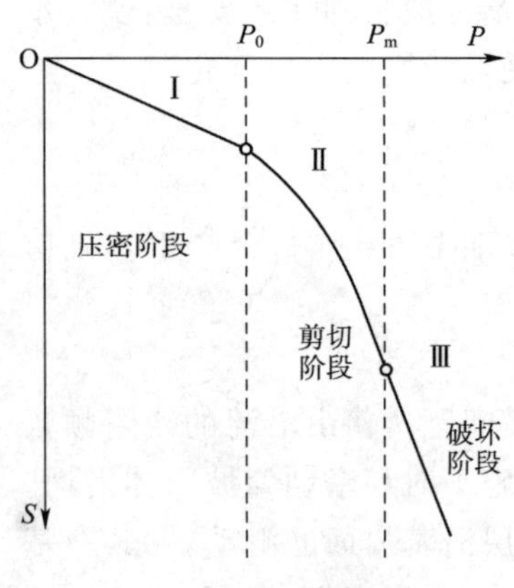

图 3-64　P-S 曲线

P-荷载(kPa)；P_0-临塑荷载(kPa)；P_m-极限荷载(kPa)；S-沉降量(mm)

载荷试验是由载荷板向地基土传递压力，观测压力与地基土沉降之间的关系，作出压力 P 与沉降 S 曲线，由 P-S 曲线(图 3-64)确定地基承载力，具体方法后续课程有详细介绍。

计算地基承载力的理论公式有多个，这些公式都以某些假定为基础推导得来。公式中一般考虑基础形式、基础埋置深度、土的物理性质和状态、力学性质等因素。

规范法是一种经验方法，它是在多年实践经验中，在地基土的某些物理指标与承载力之间的统计关系的总结，制定出相应的表格。由表中根据某些指标查取承载力。规范法以大量实践经验为基础，因此比较准确、可靠，使用方便，为现场普遍采用。

地基承载力还可以由旁压仪、触探、十字板剪切仪等原位测试方法测定，感兴趣的读者可以参考有关书籍，这里不再介绍。

三、隧道工程地质问题

隧道是道路工程中与地质条件关系最密切的工程建筑物。

隧道位于地下，四周被各种地层包围，处于不同的地质构造部位，可能遇到各种地质问题。修建在坚硬、完整岩层中的隧道，围岩稳定，坑道变形小，开挖时不易坍方，可以采用大断面的开挖方法，不做衬砌或衬砌很薄。而在风化、破碎严重的岩层中的隧道，由于围岩强度低，稳定性差，适合用分部开挖、密集支撑，加大衬砌厚度。在地质灾害多，对公路安全有严重威胁的地质复杂地段，如不能查清隧道通过地段的工程地质条件，可能引发出各种工程地质问题。

本节主要讨论隧道位置的选择与地质条件的关系，隧道涌水、地下温度、瓦斯与岩爆等问题。

(一)隧道位置的选择与地质条件

隧道是整个公路中的组成部分，在一般情况下，隧道的位置应当根据岩层的走向来加以确定。但对于长大隧道，特别是工程地质条件复杂的长大隧道，其位置的选择往往取决于工程地质条件的优劣，即工程地质条件决定隧道位置。在各类地质条件中，地质构造与岩层产状、岩石类型及风化程度、地下水条件、地质灾害等都会对隧道位置的选择产生影响。这里主要讨论在各类地质构造条件下和地质灾害地区隧道位置的选择。

(二)地质构造与岩层产状对隧道稳定的影响

1.岩层产状与隧道稳定性的关系

在水平岩层(倾角小于10°)中，由于洞室开挖失去支撑，在拱顶岩层中产生拉应力，若岩层很薄且为软弱岩层、层间连接较弱或为不同性质的岩层以及有软弱夹层时，常常发生拱顶坍塌掉块。若岩层被几组相交的垂直或大倾角裂隙切割，则可能造成隧道拱顶大面积坍塌。因此，穿越水平岩层的隧道，应选择在坚硬、完整的岩层中。在软硬相间的情况下，隧道拱部应尽量设置在硬岩中。

在倾斜岩层中，沿岩层走向布置隧道一般是不利的。主要的工程地质问题是不均匀的地层压力，即偏压。当岩层倾角较大时，施工中还易产生顺层滑动和塌方。实践证明，隧道沿岩层走向通过不同岩性的倾斜岩层时，应选在岩性坚硬完整的岩层中，避免将隧道选在不同岩层的交界处或有软弱夹层的地带。隧道顺岩层走向通过直立或近于直立的岩层时，除偏压外，稳定性与倾斜岩层相似。

隧道轴向与岩层走向垂直或大角度斜交，是隧道在单斜岩层中最好的布置。在这种情况下岩层受力条件较为有利，开挖后易于成拱，同时围岩压力分布也较均匀，且岩层倾角愈大，隧道稳定性愈好。

2.地质构造与隧道稳定性的关系

一般情况下，应当避免将隧道沿褶曲的轴部设置，该处岩层弯曲、裂隙发育，岩石较为破碎。特别在向斜轴部常是地下水富集之处，开挖后会造成大量地下水涌出。另外向斜轴部的岩层下部受拉，上部受压，裂隙将岩层切割成上小下大的楔形体，隧道拱顶易产生岩块坍落。通常尽量将隧道设置在褶曲的翼部或横穿褶曲轴。垂直穿越背斜的隧道，其两端的拱顶压力大，中部压力小。隧道横穿向斜时，情况则相反。

断层是在构造运动中产生的，断层对隧道工程，特别是对隧道施工会产生巨大不利影响。断层破碎带内不仅岩层破碎严重，还常是地下水的储水空间或集水通道，在断层破碎带内的隧道施工极易产生坍塌和涌水。断层两侧的岩层中往往存在一定的残余地应力，因而围岩压力较大。在选择隧道位置时应尽量避开大规模断层，若不易避开时，则应采用隧道轴线与断层线垂直或大角度通过。当隧道通过几组断层时，还应考虑围岩压力沿隧道轴线可能重新分布，断层形成上大下小的楔体，可能将自重传给相邻岩体，使它们的地层压力增加。

(三)不良地质现象发育地区隧道位置的选择

1.滑坡地区隧道位置的选择

滑坡是一种危害极大的地质灾害,多分布在河谷或山前斜坡地带,滑坡体在天然状态下稳定性已较差,在隧道施工扰动下更易失去平衡,产生滑动。小型滑坡一般对隧道洞口产生影响,大型滑坡不仅影响洞口还会影响到洞身的稳定性,历史上曾滑动过的古老滑坡由于其地貌形态在后期受到改造,不易辨认,选线时不慎,把隧道布置在古滑坡体上,施工时将引起古滑坡的复活。如成昆线铁路二梯岩隧道出口端位于堆积层中,勘测时对地质不重视,认为堆积体稳定,施工过程中发生大小坍方 20 余次,线路右上方山体呈弧形开裂达 120m 长,洞内衬砌严重变形、开裂,经地质补测才知道是因为坡积层顺基岩面滑动所致。

由上述例子可知,当隧道需要在滑坡地区通过时,必须查清滑坡地区的岩性、地质构造、水文地质条件,确定滑坡范围、滑动面的位置、滑动方向及滑坡产生、发展的原因,才能判断滑坡的稳定状态,以及将来可能发展的趋势。一般情况下应避开滑坡体,必须在滑坡地区通过时,应将隧道设在滑动面以外一定距离处。如果滑动面可能继续向深部发展,则隧道位置应选在可能形成新滑面以下一定深度处。对于古滑坡体,只有查清滑坡性质及滑体结构,并采取一定的措施,如刷方减载,排水等工程措施后,确认古滑坡体不会因隧道施工而复活,才能把隧道放在滑坡体内通过。

2.崩塌岩堆地区隧道位置的选择

崩塌落石多发生在岩石坚硬、有裂隙切割的岩体组成的陡坡地段,在长年累月的风化作用及各种外动力地质作用下,易产生崩塌落石,岩石崩落危及坡脚下的公路。

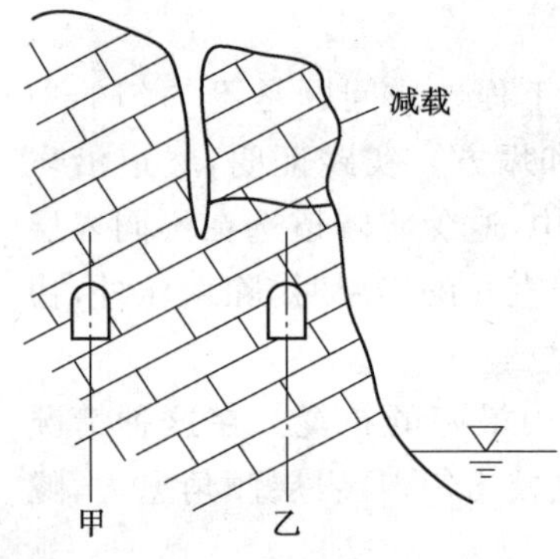

图 3-65 崩塌落石地段隧道方案

在崩塌、落石地区确定隧道位置时,必须查清岩体中裂隙的产状,延伸长度,胶结情况及对公路可能构成的危害。一般小型崩塌、落石地区,可以清除危岩或作嵌补裂隙处理。如果裂隙延伸长度大,张开无胶结,岩体稳定性差,有严重崩塌、落石隐患地段,应以长隧道通过。在查明斜坡外侧张开裂隙的规模、范围、特征及其发展趋势后,采用减载、压浆或嵌补加固措施,确保张裂隙外岩体稳定的情况下,方可将隧道位置放在张裂隙外岩体中通过(图 3-65)。

隧道通过岩堆地区时,必须查明岩堆的规模、范围,岩堆的物质组成和密实程度,以及岩堆的稳定状态和发展趋势。一般情况下,应避免在岩堆体内设置隧道。隧道必须通过岩堆体时,必须放在岩堆体下一定深度的基岩内,任何情况下都不可将隧道设在岩堆体与基岩接触面上。

3.泥石流地区隧道位置的选择

隧道通过泥石流地区,以在流通区泥石流沟口的基岩中通过为首选方案,这里侵蚀作用比较轻微,无沉积物或沉积物较少,沟槽相对稳定,如果沟底岩层比较完整,对隧道稳定无影响。当线路布设高程较低,隧道需要在泥石流的沉积区通过时,一定要注意洞口位置的选择,避开洪积物可能扩大的范围,尤其是发展中的泥石流,洪积扇不断扩大,更应注意,以免堵塞洞口。当老洪积扇处于下切阶段,应考虑泥石流沟的改道和最大下切深度,使隧道洞顶距最低下切面有一定距离,确保安全。

4.岩溶地区隧道位置的选择

岩溶地区石灰岩经地表水和地下水的溶蚀,在地下形成各种岩溶地貌。隧道通过岩溶地区，会遇到溶蚀裂隙、管道、漏斗、溶洞和暗河等，给隧道施工带来很大困难。一旦隧道与充水溶洞、暗河贯通，将发生大量涌水，危及施工安全。因此，在岩溶地区选择隧道位置时，应查明区域地层的岩性、地质构造以及地表水与地下水的补给、排泄关系，查清岩溶洞穴、地下暗河的分布、位置、大小、填充情况及稳定性等，尽可能避开对隧道危害较大的暗河、溶洞等发育区。

根据岩溶发育规律，在可溶岩层与非可溶岩层接触地带或构造破碎带，常常是岩溶发育地带，选择隧道位置时，应尽量避开这些地带，将隧道位置选在非可溶岩中。正断层较逆断层和平推断层更有利于岩溶发展，因此在断裂发育地区，隧道应避开正断层，如避不开，应正交或以大角度通过断层破碎带，以减少岩溶危害。当隧道洞身穿过溶洞时，应查明溶洞大小、规模及稳定状态。只要溶洞比较稳定，岩溶不再发展，一般情况下对隧道的稳定性没有影响，只要采取适当工程措施即可。如果洞身在溶洞附近通过，这时隧道周围，特别是拱顶及隧底距溶洞应保留足够的安全距离。

（四）隧道洞口位置的选择

隧道洞口位置选择合理与否，直接影响洞门的沉降变形及稳定、洞门仰坡的稳定等。隧道洞口位置选择时一般应遵循如下的原则：

隧道洞口应选择在山坡稳定、地质条件较好处，不应设在偏压很大或严重不良地质地段，宜避开排水困难的沟谷低洼处。

位于悬岩陡壁下的洞口，一般不宜切削原山坡。当坡面及岩顶稳定，无落石或坍塌可能时，可贴壁进洞。避免在不稳定的悬岩陡壁下进洞，否则应延伸洞口接以明洞，其长度宜延伸到坍落可能影响的范围以外 3～5m，或采取其他措施，保证运营安全。

对于层面不稳定的岩层，开挖后容易引起顺层滑动或坍塌的地段，宜提早进洞。否则，应采取有效的工程措施防止病害。

在滑坡地段选择洞口位置时，应结合洞外路堑地质、弃渣处理、少占农田、填方利用、排水条件及有利施工等因素综合分析确定。

隧道洞口应避开居民点，当不能避开时，应考虑施工爆破对人身及房屋等设施的影响，并采取环境保护措施。

黄土地区隧道的洞口，应避免设在冲沟、陷穴附近，以免引起洞口坡面产生冲蚀、泥流或坍陷等病害。在无地下水、密实、稳定的老黄土地区，除洞外有填方要求，经全面研究可适当地挖深进洞外，一般不宜挖深进洞。

地震区隧道洞口位置，不应设在受震后易于产生崩塌、滑坡、错落等不良地质处；宜选择在对抗震有利的地貌、地质处。

根据隧道洞口地形、地质条件及排水等要求，需要修建明洞（或棚洞）接长时，洞口应尽量设在山坡无病害的地方；不宜在滑坡、岩堆、泥石流等地段内修建。

严寒地区（包括多年冻土和积雪地区）的隧道洞口，应避开易产生热融滑坍、冰锥、冰丘、第四纪覆盖层及地下水发育的不良地质地段。一般宜早进洞晚出洞，减少对自然山坡的破坏。

（五）地下水、地温、瓦斯与岩爆问题

1. 地下水

(1)隧道涌水

隧道涌水是隧道工程地质中的一个复杂问题。是指在富水的岩土体中开挖隧道，当遇到互相贯通又含水的孔隙时，大量的地下水涌入洞内，新开挖的隧道就成为排泄地下水的新通道。在土及未胶结的断层破碎带中，涌水的动水压力和冲刷作用，可能导致隧道围岩失去稳定性。涌水排除不及时，积水严重会影响工程作业，甚至可以淹没隧道。大瑶山隧道通过石灰岩地段时，遇到断层破碎带，发生大量涌水，竖井一度被淹，不得已停工处理。因此，在勘测设计阶段如何正确预测隧道涌水量是一个十分重要的问题。

隧道涌水量取决于含水层的厚度、透水性、补给来源，以及隧道的长度和断面大小。主要通过勘探、试验来查明以上水文地质条件，并计算隧道涌水量。然而，限于目前对地下岩体的储水空间特别是裂隙分布、地下水的补给、径流和排泄条件认识不足，以及勘测手段等方面的欠缺，预测涌水量与实际涌水量偏差较大。要提高预测涌水量的准确性，关键在于查清隧道通过地区的地质及水文地质条件和岩体的富水状况。

(2)隧道浸水与渗水

隧道位于地下特别是水下隧道，隧道围岩常处于地下水的浸泡中。地下水的活动会改变岩石的物理力学性质，降低岩体强度，并加速岩体风化破坏。地下水在软弱结构面中活动，可起软化、润滑作用，常常造成岩块坍塌。在泥页岩、千枚岩等软岩中活动引起岩层软化，进而造成隧道洞身变形等。某些地层，如膨胀岩土、无水石膏等，在水的作用下，能使体积膨胀，地层压力大大增加。

隧道渗水是指隧道建成后，地下水顺洞身施工接缝或裂缝渗出的现象。渗水对隧道衬砌具有破坏性，也对车辆行驶造成影响，在北方地区破坏和影响则更大。地下水中一般含有多种离子成分，对混凝土具有不同程度的侵蚀性，水在衬砌层中渗透就使其被侵蚀。在北方冬季冻结期，渗水在混凝土裂缝中冻结膨胀，会加剧混凝土的破坏。冬季渗水在洞壁和路面冻结则严重影响车辆行驶，甚至造成安全事故。渗水还在洞壁形成水渍，影响洞内照明效果。

2. 地温

对于深埋隧道，地下温度是一个重要影响因素。一般规定隧道内温度不应超过25℃，超过这个温度就应采取降温措施。当隧道内温度超过32℃时，施工作业困难，劳动效率大大降低。所以，深埋隧道必须考虑地温影响。

众所周知，地壳中的温度是有一定规律变化的。地表下一定深度处的地温，常年不变的称为常温带。常温带以下，地温随深度的增大而增高，地热增温率为深度增加100m时地温的增加值。

这样，可以由下式估算隧道埋深处的温度

$$T=T_0+(H-h)G \tag{3-21}$$

式中：T_0——常温带的温度(℃)；

H——隧道埋深(10^2m)；

h——常温带的深度(10^2m)；

G——地热增温率；

T——隧道埋深处的温度(℃)。

除了深度，地温还与地质构造、火山活动及地下水温度等因素有关。岩石层理方向导热性好，所以位于陡倾地层中的隧道地温低于层理大致平行地面地层中的隧道地温。在近代构造运动和岩浆活动频繁地区，受岩浆热源影响，地温较一般地区高，在地下热水、温泉出露地区地温也较高。

3. 瓦斯

隧道穿过含煤、石油、天然气、沥青等地层时，可能遇到瓦斯。它使人窒息致死，甚致引起爆炸，造成严重事故。

瓦斯是地下隧道有害气体的总称，其中以甲烷为主，还有二氧化碳、一氧化碳、硫化氢、二氧化硫和氮气等。当瓦斯浓度达43%～57%时，空气中含氧量降低到9%～12%，足以引起人窒息。当瓦斯含量在5%～6%至14%～16%时就会爆炸，含量8%时最易爆炸，达9.5%时爆炸力量猛。瓦斯含量在5%～6%以下时不会爆炸，但会在高温下燃烧。

瓦斯在煤层和石油沉积物中或邻近的岩层中较为丰富。选线时应尽量避开或不通过含瓦斯的地层，或尽量减少隧道从其中通过。通过这类地层时，切忌线路走向与煤层走向一致，线路坡度应根据通风排水综合考虑，洞口位置应设在自然通风良好的地方。

当隧道通过可能产生瓦斯的煤层时，必须有安全可靠的措施，如通风、瓦斯检查、防火防爆等。

隧道施工时，应加强通风，降低瓦斯浓度。开挖时工作面上的瓦斯含量超过1%时，就不准装药放炮，超过2%时工作人员应撤出，进行处理。

4.岩爆

岩爆是在隧道工作面（主要是掌子面）上发生的岩片爆裂、岩块弹射或崩落掉块现象。岩爆发生前无明显征兆，发生时伴随有岩石破裂的爆裂声，弹射出的岩块有一定的初速度，伤害力强，对施工人员和机械设备造成很大的危害。

岩爆现象有两种：一种是当岩石发生爆裂声响后，裂开的岩块随即被弹射出来。爆裂发生时突然迅速，声响大，弹射时常伴有烟雾状粉末散出，被弹出的岩块较小，一般为几厘米长、宽的碎块、薄片，弹射远而有力。这种情况多发生在导坑顶部和扩大的牛角弯处，而齐头掌子面与侧壁则很少发生。另一种情况是岩石发生爆裂声响后，裂开的岩块并不立即弹射出来，而是经过一段时间，岩块才从围岩中弹射或自由落下，爆裂声响小，爆裂岩块较大。这种岩爆常见于巷道顶部，侧壁也有可能发生。

岩爆产生的原因，目前的研究还不能完全解释。一般认为，岩体在初始应力作用下，产生弹性变形，岩体内部积聚了很大的弹性应变能，当开挖巷道后，岩体初始应力受到扰动，巷道周围应力重新分布，在应力集中部位，超过了岩石的力学强度，岩石破裂，其中积聚的应变能突然释放，产生岩爆。发生岩爆的岩体多为花岗岩、正长岩、斑岩、闪长岩、辉绿岩、片麻岩和石灰岩等坚硬脆性岩体，埋深多大于200m，岩体中具有较高的初始应力。

施工过程中主要采用下列方法防治岩爆：

(1)超前钻孔：在预测可能发生岩爆的工作面上钻数个直径60～80mm，深数米或10m左右的钻孔，释放岩体中的应力。

(2)超前支撑：即紧跟衬砌超前开挖顶板，超前作顶板支撑，可减少岩爆危害。或紧跟开挖工序，使用锚杆支撑及金属挂网护顶，也能得到满意效果。

(3)喷雾洒水：向新爆破的岩面上洒水，增加岩石湿度，降低了岩石的脆性，可以减少岩爆现象。

习　题

3-41　黄土的(　　)是黄土地区浸水后产生大量沉陷的重要原因。

A.湿陷性　　B.崩解性　　C.潜蚀性　　D.易冲刷性

3-42　黄土场地湿陷类型，应按实测自重湿陷或计算自重湿陷判定。当自重湿陷(　　)时，应定为自重湿陷性黄土场地。

A. >7.0cm　B. >3.0cm　C. >5.0cm　D. >9.0cm

3-43 软土具有(　)

A. 裂隙性　B. 湿陷性　C. 超固结性　D. 触变性

3-44 黄土地基存在湿陷和压缩两种不同性质的变形。对于饱和黄土,则主要应考虑(　)变形进行计算。

A. 湿陷　B. 压缩　C. 湿陷与压缩　D. 长期

3-45 当湿陷系数 δ_s 满足(　)条件时,应定为湿陷性黄土。

A. $\delta_s>0.015$　B. $\delta_s>0.030$　C. $\delta_s>0.050$　D. $\delta_s>0.0015$

3-46 软土的天然含水率一般为(　)。

A. 30%~50%　B. 50%~70%　C. 60%~80%　D. 70%~90%

第七节　道路工程地质勘察

道路工程地质勘察的方法,主要有研究既有资料、调查与测绘、勘探、试验与长期观测等。

一、资料的收集和研究

工程地质勘察各阶段的准备工作,是根据勘测任务的要求,配备必要的专业人员,收集、研究有关资料,了解现场情况,并做好勘察仪具等的准备工作。其中,收集和研究路线通过地区既有的相关资料,不仅是外业准备工作的重要内容,也是工程地质勘察的一种主要方法。特别是在既有资料日益丰富、遥感技术日益先进的今天,这种方法显得愈来愈重要。

收集的资料一般应包括以下几个方面的内容:

(1)区域地质资料,如地层、地质构造、岩性、土质及筑路材料等。

(2)地形、地貌资料,如区域地貌类型及其主要特征,不同地貌单元与不同地貌部位的工程地质评价等。

(3)区域水文地质资料,如地下水的类型、分带及分布情况,埋藏深度、变化规律等。

(4)各种特殊地质地段及不良地质现象的分布情况、发育程度与活动特点等。

(5)地震资料,如沿线及其附近地区的历史地震情况,地震烈度,地震破坏情况及其与地貌、岩性、地质构造的关系等。

(6)气象资料,如气温、降水、蒸发、湿度、积雪、冻结深度及风速、风向等。

(7)其他有关资料,如气候、水文、植被、土壤等。

(8)工程经验,区内已有道路、铁路的工程地质问题及其防治措施等。

上述资料,应包括政府和生产、科研、教学等部门所提供的一切有参考价值的地质图、文献、调查报告等。当勘察地区面积较大及地形、地质条件比较复杂时,应特别注意收集利用既有航空照片和卫星照片等。

对收集到的资料进行分析研究和判释,可以初步掌握路线所经地区的工程地质条件的概况和特点,粗略判定可能遇到的主要工程地质问题,并了解这些问题的研究现状和工程经验。这对于作好准备工作和外业工作,是十分必要的。在道路工程地质勘察工作中,正确运用这种方法,可以减少外业工作的盲目性,提高工作质量与效率。

二、调查与测绘

调查与测绘是工程地质勘察的主要方法。通过观察和访问,对路线通过地区的工程地质条件进行综合性的地面研究，将查明的地质现象和获得的资料，填绘到有关的图表与记录本中，这种工作统称为调查测绘(调绘)。道路工程地质调查测绘，一般可在沿线两侧带状范围内进行，通常采用沿线调查的方法而不进行测绘；对不良地区地段及地质条件复杂的路段，应扩大调绘范围，以提出完整可靠的地质资料；对可能控制路线方案、路线位置或重点工程的地质点，以及重要的地质界线，则应根据需要进行详细测绘。

(一)工程地质调查

工程地质调查主要是用直接观察和访问群众的方法，需要时可配合适量的勘探和试验工作。

(二)工程地质测绘

工程地质测绘与工程地质调查的不同之处在于，工程地质测绘的范围往往较大，并且要求把调查研究结果填绘在一定比例尺的地形图上，以编制工程地质图。测绘范围以能满足工程技术要求为前提，并应包括与工程地质环境有关的范围。测绘的比例尺可在以下范围内选用：可行性研究阶段 1∶5000～1∶50000，初勘阶段 1∶2000～1∶10000，详勘阶段 1∶200～1∶2000。为达到测绘精度要求，实地测绘所用地形图的比例尺必须大于或等于提交成图比例尺。

工程地质调查测绘的基本内容主要包括以下几个方面：

(1)地形、地貌

地形、地貌的类型、成因、特征与发展过程；地形、地貌与岩性、构造等地质因素的关系；地形、地貌与工程地质条件的关系，对路线布设及路基工程的影响等。

(2)地层、岩性

地层的层序、厚度、年代、成因及其分布情况；岩性、风化破碎程度及风化层厚度；土石的类别，工程性质及对工程的影响等。

(3)地质构造

断裂、褶皱的位置、构造线走向、产状等形态特征和地质力学特征，岩层的产状和接触关系，软弱结构面的发育情况及其与路线的关系、对路基的稳定影响等。

(4)第四纪地质

第四纪沉积物的成因类型、土的工程分类及其在水平与垂直方向上的变化规律；土的物理、水理、化学、力学性质；特殊土及地区性土的研究和评价。

(5)地表水及地下水

河、溪的水位、流量、流速、冲刷、淤积、洪水位与淹没情况；地下水的类型、化学成分与分布情况，地下水的补给与排泄条件，地下水的埋藏深度、水位变化规律与变化幅度；地面水及地下水对道路工程的影响。

(6)特殊地质、不良地质

各种不良地质现象及特殊地质问题的分布范围、形成条件、发育程度、分布规律及其对道路工程的影响。

(7)地震

根据沿线地震基本烈度的区划资料，结合岩性、构造、水文地质等条件，通过调查访问，确定 7 度及以上的地震烈度界线。

(8)工程经验

对既有建筑物的稳定情况和工程措施进行调查访问，以兹借鉴。

三、勘探

勘探是工程地质勘察的重要方法，是获得深部地质资料必不可少的手段。勘探工作必须在调查测绘的基础上进行。在进行勘探时，应充分利用地面调查测绘资料，合理布置勘探点，以减少不必要的工作量，同时应充分利用地面调查测绘资料，分析勘探结果，以避免判断的错误。

在初勘阶段，勘探点的位置与数量，应在工程可行性研究阶段的勘探基础上，视地质条件的复杂程度及实际需要而定。在详勘阶段，勘探点的数量，应满足各类工程施工图设计对工程地质资料的需要。具体要求可查阅有关规程、手册等。

道路工程地质勘探的方法有挖探、钻探、地球物理勘探等。下面介绍几种常用方法。

(一)挖探

挖探是道路工程地质勘探中广泛采用的一种方法。这种方法最大的优点是能取得详尽的直观资料和原状土样，但勘探深度有限，而且劳动强度大。

道路工程地质工作中的挖探主要为坑探和槽探。

1.坑探

坑探是垂直向下掘进的土坑，浅者称为试坑，深者称为探井。坑探断面一般采用1.5m×1.0m的矩形，或直径0.8～1.0m的圆形。坑探深度一般为2～3m，较深的需进行加固。坑探适用于不含水或地下水量微小的较稳固地层，主要用来查明覆盖层的厚度和性质、滑动面、断层、地下水位及采取原状土样等。

2.槽探

槽探挖掘成狭长的槽形，其宽度一般为0.6～1.0m，长度视需要而定，深度通常小于2m。槽探适用于基岩覆盖层不厚的地方，常用来追索构造线，查明坡积层、残积层的厚度和性质，揭露地层层序等。槽探一般应垂直于岩层走向或构造线布置。

(二)钻探

在工程地质勘测工作中，钻探是广泛采用的一种最重要的勘探手段，它可以获得探部地层的可靠地质资料。

1.简易钻探

简易钻探是公路工程地质勘探中经常采用的方法。其优点是：工具轻，体积小，操作方便，进尺较快，劳动强度较小。缺点是：不能采取原状土样或不能取样，在密实或坚硬的地层内不易钻进或不能使用。

常用的简易钻探工具有洛阳铲、锥铲与小螺纹钻等。

(1)小螺纹钻勘探

小螺纹钻是用人工加压加转钻进，适用于黏性土及亚砂土地层，可以取得扰动土样。钻探深度小于6m。

(2)锥探

锥探是用锥具向下冲入土中，凭感觉探查疏松覆盖层的厚度或基岩的埋藏深度，探深一般可达10m左右。常用来查明黄土陷穴，沼泽、软土的厚度及其基底的坡度等。

(3)洛阳铲勘探

洛阳铲勘探是借助洛阳铲的重力冲入土中，钻成直径小而深度较大的圆孔，可采取扰动土样。冲进深度一般为10m，在黄土层中可达30余米。

2. 机械钻探

机械钻探是指用钻机在地层中钻孔，以鉴别和划分地表下地层，并可以沿孔深取样的一种勘察方法。机械钻探是工程地质勘察中应用最为广泛的一种勘探手段。机械钻探主要用于桥梁、隧道及大型滑坡等不良地质现象的勘探，一般是在挖探、简易钻探不能达到目的时采用。

为保证工程地质钻探工作的质量，避免遗漏或弄错重要的地质界面，在钻进过程中不应放过任何可疑的地方，对所获得的地质资料应进行准确的分析判断。任何时候都不能忘记用地面观察所得的地质资料来指导钻探工作，校核钻探结果。

根据钻进时破碎岩石的方法，机械钻探可分为冲击钻进、回转钻进、冲击—回转钻进及振动钻进。道路工程地质勘探常用的钻进方法，主要是机械回转钻进和冲击—回转钻进。

(1)冲击钻进

冲击钻进是利用钻具的重力和冲击力，使钻头冲击孔底以破碎岩石。这种方法能保持较大的钻孔口径。人力冲击钻进，适用于黄土、黏性土、砂性土等疏松的覆盖层，但劳动强度大，难以取得完整的岩芯，机械冲击钻进，适用于砾、卵石层及基岩，不能取得完整岩芯。

(2)回转钻进

回转钻进是利用钻具回转，使钻头的切割刃或研磨材料削磨岩石，可分孔底全面钻进与孔底环状钻进(岩芯钻进)两种。工程地质勘探广泛采用岩芯钻进，这种方法能取得原状土和比较完整的岩芯。人力回转钻进适用于沼泽、软土、黏性土、砂性土等松软地层，设备简单，但劳动强度较大。机械回转钻进，有多种钻头和研磨材料，可适应各种软硬不同的地层。

(3)冲击—回转钻进

冲击—回转钻进也称综合钻进，钻进过程是在冲击与回转综合作用下进行的。它适用于不同的地层，能采取岩芯，在工程地质勘探中应用也较广泛。目前应用的钻进方法有气动和液动两种，其中反循环连续取样冲击回转钻进(或双壁钻杆潜孔锤连续取样钻进)在岩石地层勘探的应用有发展前景。

(4)振动钻进

振动钻进是利用机械动力所产生的振动力，通过连接杆及钻具传到钻头周围的土层中，振动器高速振动，使土层的抗剪强度急剧降低，借振动器和钻具的重量，切削孔底土层，达到钻进的目的。振动钻进速度快，主要适用于土层及粒径较小的碎、卵石层。

具体的钻探方法可根据钻进地层和勘察要求按表 3-10 选择。

钻探方法的适用范围 表 3-10

钻探方法		钻进地层					勘察要求	
		黏性土	粉土	砂土	碎石土	岩石	直观鉴别、采取不扰动试样	直观鉴别，采取扰动试样
回转	螺旋钻探	＋＋	＋	＋	—	—	＋＋	＋＋
	无岩芯钻探	＋＋	＋＋	＋＋	＋	＋＋	—	—
	岩芯钻探	＋＋	＋＋	＋＋	＋	＋＋	＋＋	＋＋
冲击	冲击钻探	—	＋	＋＋	＋＋	—	—	—
	锤击钻探	＋＋	＋＋	＋＋	＋	—	＋＋	＋＋
振动钻探		＋＋	＋＋	＋＋	＋	—	＋	＋＋
冲洗钻探		＋	＋＋	＋＋	—	—	—	—

注：＋＋适用，＋部分适用，—不适用。

(三)地球物理勘探

地球物理勘探简称物探。凡是以各种岩、土物理性质的差别为基础,采用专门的仪器,观测天然或人工的物理场变化,来判断地下地质情况的方法,统称为物探。

物探的优点是效率高、成本低、仪器和工具比较轻便。物探方法是地层在自然状态下,各种物理指标均未受到破坏的情况下进行的一种较好的原位测试方法。但是由于不同岩、土可能具有某些相同的物理性质,或同一种岩、土可能具有某些物理性质差异,因此有时较难得出肯定的结论,必须使用钻孔加以校核、验证,所以物探有其一定的适用条件。

物探宜运用于下列场合:

(1)作为钻探的先行手段,了解隐蔽的地质界线、界面或异常点。

(2)作为钻探的辅助手段,在钻孔之间增加地球物理勘察点,为钻探成果的内插、外推提供依据。

(3)作为原位测试手段,测定岩土体的波速、动弹性模量、特征周期、土对金属的腐蚀等参数。

各种地球物理勘探方法及其适用条件见表 3-11。

各种地球物理勘探方法及其适用条件 表 3-11

<table>
<tr><th colspan="4">方　法</th><th>应　用</th><th>适用条件</th></tr>
<tr><td rowspan="10">陆地</td><td rowspan="4">直流电法</td><td rowspan="2">电阻率法</td><td>电测探</td><td>了解地层岩性、基岩埋深;
了解构造破碎带、滑动带位置,节理裂隙发育方向;
探测含水构造,含水层分布;
寻找地下洞穴</td><td>探测的岩层要有足够的厚度,岩层倾不宜大于 20°;
分层的 P 值有明显的差异,在水平方向没有高电阻或低电阻屏蔽;
地形比较平坦</td></tr>
<tr><td>电剖面</td><td>探测地层、岩性分界;
探测断层破碎带的位置;
寻找地下洞穴</td><td>分层的电性差异较大</td></tr>
<tr><td rowspan="2">电位法</td><td>自然电场法</td><td>判定在岩溶,滑坡以及断裂带中地下水的活动情况</td><td>地下水埋藏较浅,流速足够大,并有一定的矿化度</td></tr>
<tr><td>充电法</td><td>测定地下水流速、流向、测定滑坡的滑动方向和滑动速度</td><td>含水层深度小于 50m,流速大于 1.0m/d,地下水矿化度微弱,转岩电阻率较大</td></tr>
<tr><td rowspan="3">交流电法</td><td colspan="2">频率测探法</td><td>查找岩溶、断层、裂隙及不同岩层界面</td><td></td></tr>
<tr><td colspan="2">电磁法</td><td>寻找导电、导磁矿体岩石</td><td></td></tr>
<tr><td colspan="2">无线电波透视法</td><td>探测溶洞</td><td></td></tr>
<tr><td rowspan="3">地震勘探</td><td colspan="2">直达波法</td><td>测定波速,计算动弹性参数</td><td></td></tr>
<tr><td colspan="2">反射波法</td><td>测定不同地层界面</td><td>界面两侧介质的波阻抗要有明显差异,能形成反射面</td></tr>
<tr><td colspan="2">折射波法</td><td>测定地层界面、基岩埋深、断层位置</td><td>离开震源一定距离(盲区)才能收到折射线</td></tr>
</table>

续上表

方法		应用	适用条件
陆地	声波探测	测定动弹性参数，监测洞室围岩或边坡应力	
	重力勘探	确定掩埋大断层、矿井、洞穴的位置	
	磁法勘探	确定断层或岩脉的位置，探测地下金属目标物	无强磁场干扰乱
水域	水声剖面法	测量水深断面	
	连续地震反射剖面（浅层剖面）	测定水下地层和构造	不能区分虽材料不同但动弹特性相近的地层
测井	电视测井	观察钻孔井壁	孔内水不能浑浊
	放射性测井	测定砂土密度、含水率，区分地层	
	井径测量	测定钻孔直径	
	电测井	测定含水层特性	
土壤对金属腐蚀性指标测定		测定土壤的电阻率，评价土壤对地下金属管线的腐蚀性	

在工程地质勘探中已广泛使用物探。当与调查测绘、挖探、钻探密切配合时，对指导地质判断、合理布置钻孔、减少钻探工作量等方面都能取得良好的效果。恰当地运用多种物探方法，互相配合，进行综合物探，也能取得较好的效果。

物探按其工作条件的不同可分为地面物探、井下物探与航空物探、航天物探。按其所利用的岩、土物理性质的不同可分为电法勘探、电磁法勘探、地震勘探、声波探测、重力勘探、磁力勘探与放射性勘探等。在道路工程地质工作中，较常用的有电法勘探、地震勘探、地质雷达勘探等。其中，地质雷达(属电磁法勘探)是利用高频电磁脉冲波的反射，探测地层构造和地下埋藏物体的电磁装置，故又称探地雷达，通过发射天线向地下辐射宽带的脉冲波，在地下传播中遇到不同介质的介电常数和导电率存在差异时，将在其分界面上发生反射，返回地表的电磁波被接收天线接收，根据接收到的回波来判断目标的存在，并计算其距离和位置，可用于空中、地面与井中探测，但主要用于地面。此外，声波探测在工程地质工作中也有较广泛的应用，它是利用声波在岩体(岩石)中的传播特性及其变化规律，测试岩体(岩石)的物理力学性质，也可利用在应力作用下岩体(岩石)的发声特性对岩体进行稳定性监测。

(四)试验

试验是工程地质勘察的重要环节，是对岩土的工程性质进行定量评价的必不可少的方法，是解决某些复杂的工程地质问题的主要途径。

工程地质调查测绘与勘探工作，只能解决岩土的空间分布、发展历史、形成条件等问题，对岩土的工程性质只能进行定性的评价，要进行准确、定量的评价必须通过试验工作。

在工程实践中可能遇到某些复杂的自然现象和作用，一时尚不能从理论上认识清楚，而又急于解决，在这种情况下，往往可通过试验的方法加以解决。

工程地质试验可分为室内试验和野外试验两种。室内试验是对调查测绘、勘探及其他过程中所采取的样品进行试验，这种试验通常在试验室中进行，有时也可用试验箱在野外进行。野外试验是在现场岩土的原处并在自然条件下进行的，基本保持了岩土的天然结构与状态，和取样试验是有区别的，这种试验也称为现场试验或原位试验。

1.室内试验

(1)岩土工程性质的常规试验

土的试验一般包括土的成分、物理性质、水理性质与力学性质四个主要部分，岩石的试验一般包括物理性质和力学性质两个部分，有时还需进行土和岩石的热学性质试验。其中每一个部分都包括若干个具体试验项目，如土的物理性质就包括密度、相对密度、含水率、液限等项目，土的力学性质则包括压缩性、抗剪强度等项目。

测定岩土工程性质的试验，将在道路建筑材料、土质学与土力学等课程中详细讨论，这里从略。

选择室内试验的项目、数量和条件时，应根据工程要求、设计阶段和当地自然条件等因素确定，可参考有关规范、手册的规定，但应注意用理论指导这一工作，以求节省人力、物力和时间，又能提高工作质量。例如，根据地质学原理，土的工程性质与土层的成因类型和地质年代有直接关系，因此有可能通过选择有代表性的样品，以较少数量的试验，评价较大范围内土的工程性质。

(2)工程地质问题的专门试验

对某些尚未被认识清楚或不便于数学推理的、因素复杂的工程地质问题，常常需要通过专门设计的模型试验或模拟试验作出解答或评价。

2.野外试验

野外试验与室内试验不同之处如下：

(1)试验在岩土的原处，不脱离其周围环境，并在当地自然条件下进行；

(2)试验的范围或试样的体积较大。

野外试验在设备、技术、人力、物力和时间等方面的投入，一般要比室内试验大得多，但由于有的野外试验是室内试验所不能代替的，而且有的比室内试验准确得多，因此，它是工程地质勘察必不可少的定量评价方法。

道路工程地质野外试验主要包括两个方面：一是岩土的透水性试验，二是岩土的力学试验。属于前者的有压水试验与抽水试验等；属于后者的有触探(静力触探、动力触探与标准贯入试验)、载荷试验(静力载荷与桩载荷)、剪力试验(直剪法、水平挤出法与十字板剪力试验)、旁压试验、应力应变量测(千分表法、电阻片法、压力盒法)与弹性系数测定(地震法)等。下面概略地介绍几种常用的野外原位试验。

(1)载荷试验

载荷试验是在原位条件下，向地基(或基础)逐级施加荷载，并同时观测地基(或基础)随时间而发展的变形(沉降)的一项原位测试方法。该试验是确定天然地基、复合地基、桩基础承载力和变形特性参数的综合性测试手段，也是确定某些特殊性土特征指标的有效方法，还是某些原位测试手段(如静力触探、标准贯入试验等)赖以进行对比的基本方法。按试验目的、适用条件等，载荷试验可分为平板载荷试验、螺旋板载荷试验、桩基载荷试验、动力载荷试验。下面介绍工程地质工作中常用的平板载荷试验。

平板载荷试验适用于各类地基土和软岩、风化岩，在工程地质勘察中主要用于：①确定地基岩土的承载力，研究地基土的变形特征，测定变形模量。②测定黄土、膨胀性岩土、盐渍岩土等特殊岩土的特征性指标。

平板载荷试验的仪器设备主要包括：①承压板。承压板为一定面积(按国家标准，土基上为 0.25～0.50m^2，岩基上为 0.07m^2）的圆形或方形板（多用钢板，也可为钢筋混凝土板），用于向试坑底面加压。②加荷装置。一般由荷载源（重物或机械力向承压板加荷载）、荷载台架或反力装置（锚定或支撑系统）构成。③沉降观测记录仪表及装置。

试验采用分级加载的方法，在每级加载后测读沉降，至沉降稳定为止，再施加下一级荷载。当试验目的主要是确定地基的承载力时，试验一般进行到能得到极限压力为止，至少应为设计荷载的 2 倍；当试验主要是用于确定地基的变形模量时，试验至出现比例界限点以后 1～2 级荷载即可终止。试验土体出现极限压力的标志是：①承载板周围土明显隆起或出现破坏性裂纹；②荷载增加不多而沉降急剧增加；③荷载不变，24h 内沉降随时间等速或加速发展。

对试验资料的整理，主要是根据原始记录绘制荷载（P）与沉降（S），或沉降（S）与时间（t）的关系曲线，即 P-S 曲线和 S-t 曲线，并确定地基的承载力或变形模量等指标。

（2）静力触探

静力触探试验可用于土层划分、土类判别，并可用于估算砂土相对密度（D_r）、内摩擦角（φ）、黏土不排水强度（C_u）、土的压缩模量（E_s）、土的变形模量（E_o）、饱和黏土不排水模量（E_u）、砂土初始切线弹性模量（E_i）和初始切线剪切模量（G_i）、地基承载力、单桩承载力、固结系数、渗透系数和黄土湿陷系数及砂土和粉土液化判别等，适用于黏性土、粉土、软土、砂土等土类。

目前广泛应用的是电测静力触探，即将带有电测传感器的探头，用静力以匀速贯入土中，根据电测传感器的信号，测定探头贯入土中所受的阻力。按传感器的功能，静力触探分常规的静力触探（CPT，包括单桥探头、双桥探头）和孔压静力触探（CPTU）。单桥探头测定的是比贯入阻力（P_s），双桥探头测定的是锥尖阻力（q_c）和侧壁摩阻力（f_s），孔压静力触探探头是在单桥探头或双桥探头上增加量测贯入土层时土中的孔隙水压力（孔压）的传感器。

静力触探具有快速、数据连续、再现性好、操作省力等优点。静力触探的贯入深度与土类和触探机的推力有关。20t 的触探机在软土中最大的贯入深度可达 70m，在中密砂层中最大贯入深度可达 30m。

静力触探的仪器设备包括探头、探杆、压入主机、数据采集记录仪器。探头的标准外形为圆柱体，底端为圆锥体，锥尖角 60°，顶端与探杆连接，锥头截面积有 10cm^2、15cm^2、20cm^2 三种。探杆用来把探头贯入到所需的深度，应用高强度钢材制成，一般每根 1m 长。触探机提供把探头和探杆压入土中所需的推力，并保证以均匀速度贯入（1.2±0.3m/min），每贯入一次的行程常用 1m。为避免触探机在贯入过程中上抬，还配置能使推力充分发挥的反力装置，常用地锚或重物，或两者结合。

我国使用的电测静力触探探头都是电阻应变式的，采用的量测记录仪器有电阻应变仪（或数字式应变仪）、电子电位差计（即自动记录仪）和数据采集处理系统（应用单板机或微机，是今后的主要发展方向）。

试验时，以匀速 20mm/s（±5mm/s）把探头压入土中，每隔 10～20cm 测记 q_c、f_s（或 p_s）及孔压 u，深度量测误差要求不大于 1%（计深装置应固定于地面不动点）。根据试验结果，绘制静力触探曲线[对于 CPT，绘制 p_s-h 或 q_c-h、f_s-h 和 R_i-h 曲线，其中 $R_i=(f_s/q_c)\times100\%$]，划分土层界线，计算各分层土的静探参数的平均值。

（3）动力触探试验与标准贯入试验

圆锥动力触探试验（DPT）是利用一定的锤击动能，将一定规格的圆锥探头打入土中，然后依据贯入击数或动贯入阻力判别土层的变化，确定土的工程性质，对地基土作出工程地质评价。这种试验适用于强风化、全风化的硬质岩石、各种软质岩石及各类土。

动力触探试验指标主要用于以下目的：①评定砂土的孔隙比或相对密实度、粉土及黏性土的状态；②估算土的强度和变形模量；③评定场地地基的均匀性及承载力；④搜查土洞、滑动面、软硬土层界面等；⑤确定桩基持力层及承载力，检验地基改良与加固的效果质量。

动力触探的试验设备分为轻型、中型、重型、超重型等不同类型，试验设备主要有触探头、触探杆及穿心锤3个部分。

单孔动力触探试验应绘制动探击数(或动贯入阻力)与贯入深度的关系曲线，对地基进行力学分层。

标准贯入试验(SPT)的基本原理与动力触探试验相同，只是将探头换为标准贯入器(开口管状空心探头)。该试验是用质量为63.5kg的穿心锤，以0.76m的自由落距，将一定规格的标准贯入器先打入土中0.15m，然后再打入0.30m，记录该0.30m的锤击次数，称为标准贯入击数，用N表示。

标准贯入试验的目的是用测得的N值判断砂土的密实度或黏性土和粉土的稠度，估算土的强度与变形指标，确定地基土的承载力，评定砂土、粉土的振动液化及估计单桩极限承载力与沉桩可能性；并可划分土层类别，确定土层剖面和取扰动土样进行一般物理性试验等。标准贯入试验适用于砂土、粉土及一般黏性土、风化岩、冰碛土等。

标准贯入仪主要由标准贯入器、探杆、穿心锤、锤垫及自动落锤装置等组成。试验时，将贯入器竖立，锤击时应避免偏心及侧向晃动，打入土中0.15m后，开始记录每打入0.10m的击数，累计0.30m的锤击数N。锤击速度不应超过每分钟30锤，落锤高度0.76 ± 0.02m，并记录50击的实际贯入深度，并按下式换算成相应于0.30m的贯入击数N：

$$N=30\times50/\Delta S \tag{3-22}$$

式中：ΔS——50击时的贯入量(cm)。

旋转钻杆提出贯入器，取其土样进行鉴别、描述、记录并测量其长度。将需要保存的土样仔细包装或封闭、编号，以备室内试验用。然后重复以上操作步骤，进行下一深度的贯入试验，直至所需深度。根据试验资料，绘制N-H(深度)曲线。

(4)十字板剪切试验

十字板剪切试验是将插入软土中的十字板头，以一定的速率旋转，测出土的抵抗力矩，从而换算土的抗剪强度。该试验适用于原位测定饱和软黏土的不排水总强度和估算软黏土的灵敏度。试验深度一般不超过30m。为测定软黏土不排水抗剪强度随深度的变化，试验点竖向间距可取1m或根据静探等资料决定。

目前我国使用的十字板剪切仪有机械式和电测式两种，后者的工效和测试精度均比前者高，因此较多使用的是后者。

机械式十字板剪切仪主要由测力装置、十字板头(图3-66a)、轴杆等三部分组成，应用于软粘土中的测试时一般可选用$D\times H=75\text{mm}\times150\text{mm}$的板头，在稍硬的土中可选用50mm×100mm的板头，一般使用的轴杆直径为20mm。电测式十字板剪切仪是在静力触探探头上附加一套电阻式十字板，它可以在饱和软黏土地区用一套仪器进行静力触探和十字板试验，仪器的结构主要包括十字板头、回转系统和静力触探仪共用的加压、量测、反力系统部分(图3-66b)。根据换算公式即可由试验结果(量表或应变仪的读数)计算原状土或重塑土的十字板抗剪强度值。

(5)旁压试验

旁压试验又称横压试验，其原理是通过一定的成孔方法（有预钻孔、自钻孔、先钻小直径然后压入、直接压入等）将圆柱形旁压器在现场竖直放入土（岩）中，加压使旁压器沿水平径向呈圆柱形扩张，从而量测土（岩）中圆柱形孔穴的压力—变形关系。旁压试验可用于原位测定地基土的变形模量和承载力。

常用旁压仪的类别，主要有预钻孔、自钻孔、扁平板旁压仪等。预钻式旁压试验适用于黏性土、粉土、砂土、碎石土、风化岩和软岩。自钻式旁压试验适用于不含砾的砂土、粉土、黏性土，尤其是适用于软土。扁平板旁压试验适用于不含砾的土。

预钻式旁压仪由旁压器、控制单元和管路三部分组成（图 3-67）。旁压器是对孔壁土（岩）体直接施加压力的部分，是旁压仪最重要的部件。它由金属骨架、密封的橡皮膜和膜外护铠组成。旁压器分单腔式和三腔式两种，目前常用的是三腔式，其上下两个护控把测量腔夹在中间，试验时有压介质（水和油）从控制单元通过中间管路系统进入测量腔，使橡皮膜沿径向膨胀，孔周土（岩）体受压呈圆柱形扩张，从而量测孔壁压力与钻孔体积变化的关系。控制单元的功能是控制试验压力和测读旁压器体积（应变）的变化。管路是用于连接旁压器和控制单元、输送和传递压力和体积信息的系统，通常包括气路、水（油）路和电路。

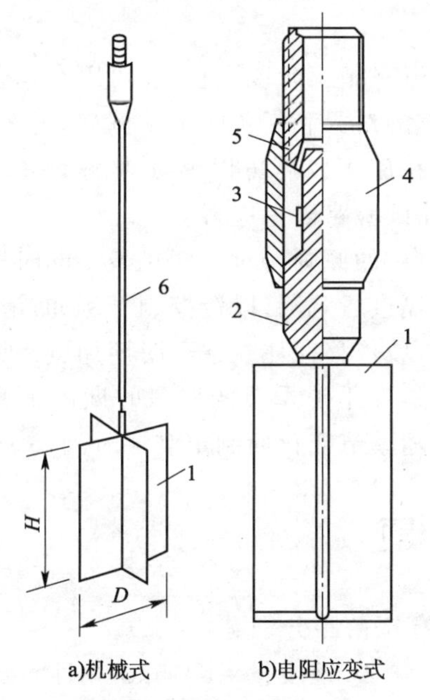

图 3-66　板头结构示意图

1-十字板；2-扭力柱；3-应变片；4-套筒；5-出线孔；6-轴杆

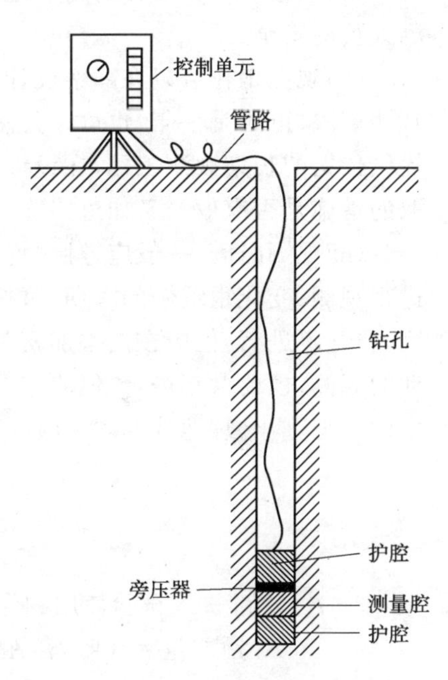

图 3-67　旁压试验示意图

自钻式旁压仪通常由包含自钻机的探头部分，以及控制单元和管路系统组成。自钻的原理是把装有旁压器的薄壁取样器用某一速率压入土中，同时用几个转动的刀片将进入取样器内的土芯弄碎，形成钻屑，钻屑由射出的液体作用而成悬浮液，从旁压器的中央通过钻杆空心孔排到地面。

扁平板旁压试验是用静力（或锤击动力）把一扁铲形探头贯入到土中某一预定深度，然后加压使之侧向扩张，量测不同侧向膨胀位移时的侧向压力，根据这些对应于不同位移时的压力值，可以估算土的工程性质。

根据试验结果，可绘制旁压曲线（如压力与体积曲线、压力与环向应变曲线等），或计算一些参数、指数，然后求地基的承载力、变形模量等指标。

(五)长期观测

物理地质现象与作用是在自然环境不断变化的情况下发生与发展的，其中某些具有年周期的变化过程，例如盐渍土、道路冻害等；某些具有多年的变化过程，如滑坡、泥石流等；而另一些则可能兼有上述两种变化，如沙漠、多年冻土等。通过直接观察和勘探，只能了解某一个短时期的情况，要了解其变化规律，就需要做长期的观测工作，而掌握其变化规律，有时则是工程设计所必需的。因此，长期观测是工程地质勘察的重要方法，在某些情况下是必须的。长期观测不仅可以为设计直接提供依据，还能为科学研究积累资料。在道路工程的实践中，对沙漠、盐渍土、滑坡、泥石流、多年冻土与道路冻害等物理地质作用与现象，都有设立长期观测站的实例和经验。

观测点的选择，主要根据工程设计的要求而定。但应注意选择在：

(1)典型的地段，以使观测资料具有代表性。

(2)影响因素比较单纯的地段，以便于资料的分析整理。

(3)便于观测的地点，能够长期坚持观测。

(4)对于一些灾害性的物理地质现象，如滑坡、雪崩、泥石流等，在选择观测点时应注意观测人员的安全。

(5)观测工作可以在勘察设计阶段进行，也可以在施工阶段进行，还可以在运营阶段进行。观测期限，可以是一年，也可以是多年，主要视观测的对象和任务而定。例如，为滑坡防治措施提供依据的长期观测工作，在设计以前就应进行，在施工以后可以继续观测下去，以检验所采取的措施是否有效。又如道路冻害的观测，只能在试验路段上进行。

(6)观测时间，一般应遵照“均布控制、加密重点”的原则。对于变化最多的时期，应频繁地进行观测；变化很缓慢的时期，可按相等的时间间隔进行观测，以资控制。例如，滑坡位移的观测，要常年进行，但应在雨季加密观测次数，因为滑坡位移往往在这个时期加剧。又如，沙丘移动的观测，也要常年进行，但应在多风时期，特别是在干旱季节的多风时期内加密观测次数。由此可见，应合理地选择观测时间，针对观测对象随季节变化而制定观测时间。

习　题

3-47　标准贯入试验使用的穿心锤的质量与穿锤落距分别是(　　)。

A. 锤质量=10kg，落距=50cm　　B. 锤质量=63.5k8，落距=50cm

C. 锤质量=63.5kg，落距=76cm　　D. 锤质量=10kg，落距=76cm

3-48　在工程地质勘察中，采用(　　)能直接观察地层的结构和变化。

A. 坑探　　B. 钻探　　C. 触探　　D. 地球物理勘探

3-49　原位试验方法主要包括(　　)。

1. 载荷试验；2. 静力触探；3. 动力触探和标准贯入试验；4. 十字板剪切试验；5. 旁压试验。

A. 1、2、3　　B. 1、3、4　　C. 2、3、5　　D. 1、2、3、4、5

3-50　工程地质测绘不包含的基本内容是(　　)。

A. 地形、地貌　　B. 地层岩性、第四纪地质

C. 地质构造　　D. 地下水

习题参考答案

3-1 D	3-2 A	3-3 D	3-4 C	3-5 A
3-6 B	3-7 C	3-8 A	3-9 B	3-10 B
3-11 A	3-12 B	3-13 A	3-14 D	3-15 C
3-16 C	3-17 A	3-18 D	3-19 A	3-20 C
3-21 B	3-22 A	3-23 B	3-24 A	3-25 C
3-26 D	3-27 C	3-28 C	3-29 D	3-30 B
3-31 A	3-32 D	3-33 B	3-34 C	3-35 C
3-36 D	3-37 D	3-38 C	3-39 A	3-40 A
3-41 A	3-42 A	3-43 D	3-44 B	3-45 A
3-46 B	3-47 C	3-48 A	3-49 D	3-50 D

第四章 工程勘测

复习指导

(一)一般规定

重点掌握各等级公路项目不同设计阶段的勘测内容与深度,不同设计阶段勘测新技术、新方法及其应满足的基本精度要求;控制测量桩、路线控制桩的埋设、书写等的规定与要求,桩标记录、勘测记录的规定与要求。

(二)测量方法

重点掌握水准测量的外业观测,水平角和竖直角的观测与计算,直线定向,误差的分类及特点,误差传播定律等知识。学会水准测量的内业计算,竖直角计算公式的推导,视距测量公式的推导,误差传播定律的应用。

(三)控制测量

重点掌握公路平面控制测量的主要方法,平面控制点的布设、测量、观测等技术要点,公路高程控制测量的主要方法,高程控制点的布设、测量、观测等技术要点,公路控制测量应提交的技术资料。

(四)地形图测绘及应用

重点掌握不同设计阶段对地形图测绘、图式、比例、精度等的技术要求,航空摄影测量、水下地形图测绘、数字地面模型等的技术要求及其应用要点。

(五)初测

重点掌握依据批复的工程可行性研究初步拟定的路线起终点、中间控制点及路线基本走向,在地形图、航测相片、数字地面模型或实地对所拟定的勘测方案进行初测的技术要求,初测阶段路线、路基、路面、排水、小桥涵、大中桥、隧道、路线交叉、沿线设施、环境保护、临时工程、工程经济等的调查与勘测的基本技术要求,初测应提交的技术资料。

(六)定测

重点掌握现场核对初步设计审批意见的执行与优化、调整的定测技术要求。定测阶段路线中线敷设、中桩高程测量、横断面测量、路基、路面、排水、小桥涵、大中桥、隧道、路线交叉、沿线设施、环境保护、临时工程、工程经济等的调查与勘测的基本技术要求。定测应提交的技术资料,一次定测的适用条件、勘测调查内容及其测量精度。

第一节 一般规定

一、公路勘测的基本要求

道路勘测是道路工程设计的依据和基础,而道路工程设计又是道路施工的依据和基础。

勘测资料是否齐全、准确和规范，直接影响工程设计质量。因此，在道路勘测中，必须以非常认真的态度，深入地调查和研究，实事求是，精心勘测，注重技术经济效益，兼顾环境和社会的影响，为道路设计提供准确、完整的数据和资料，为设计、施工奠定坚实的基础。

(1)道路勘测在有条件时，尽量利用航空摄影测量、地面立体摄影测量和已有航测资料，优先选用先进仪器和最新测设手段，以提高测设速度和测设效益。

(2)道路勘测必须推行全面质量管理，野外资料、各种原始记录和计算成果应及时严格检查，有完善的签字制度。勘测工作完成后，应组织有关单位进行验收。

(3)各种测量标志的规格、书写、埋设、固定等，应符合《公路勘测规范》(JTG C10—2007)的要求。勘测中使用的名词、符号及图表格式，应按交通运输部现行的有关规定执行。地形图式应按国家测绘局制订的现行图式表示，如有补充，应增绘图例。

(4)各种测量仪器和设备，是测量人员重要的测绘工具。使用前，一定要认真阅读使用说明书，按规定的方法操作，平时应加强保养和维护，按规定定期检校。严禁使用未按规定检校或检校不合格的仪器。

二、测量标志

(一)测量标志的分类

测量标志分为控制测量桩、路线控制桩和标志桩三类。

(1)控制测量桩：主要用于控制测量的GPS点、三角点、导线、水准点，特大型桥隧控制桩以及互通立交控制桩等。

(2)路线控制桩：是指路线起终点桩、公里桩、曲线要素桩、交点桩、转点桩、断链桩等。

(3)标志桩：是指路线中心桩和控制桩的指示桩。

(二)测量标志的要求

1.控制测量桩

(1)四等控制测量桩应采用混凝土桩，尺寸规格应符合如图4-1所示的规定。有特殊要求的控制测量桩，其尺寸、规格、形状等应进行专门设计。

(2)各级控制测量桩必须有中心标志，中心标志应牢固。平面控制测量桩的中心标志的刻画应细小、清晰，高程控制测量桩的中心标志顶端应圆滑。

(3)不同的控制测量桩共用时，必须满足各自的埋设和作业要求，标志规格以其中较高者为准。

2.路线控制桩

(1)路线控制桩应采用木质桩，断面不应小于5cm×5cm，长度不应小于30cm。

(2)路线控制桩应钉设小钉，表示其中心位置。

(3)当路线控制桩为控制测量桩使用时，应进行护桩，并应设置指示标志。

3.标志桩

标志桩应采用木质或竹质桩，断面不小于5cm×1.5cm，长度不应小于30cm。

(三)标志埋设

1.控制测量桩

(1)控制测量桩应埋设在基础稳定、易于长期保存的地点。埋设时，应具有足够的稳定性。控制测量桩高出地面的部分不得超过5cm。

(2)控制测量桩埋设时，坑底应填以砂石，并捣实或现浇厚度20cm以上的混凝土，地表应在控制测量桩周围现浇厚度 5cm 以上、控制桩以外宽度 10cm 以上的混凝土。埋设的控制测量桩应待沉降稳定后方可使用。

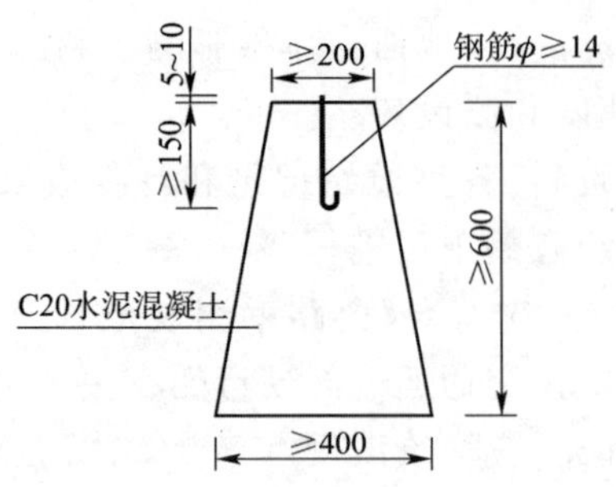

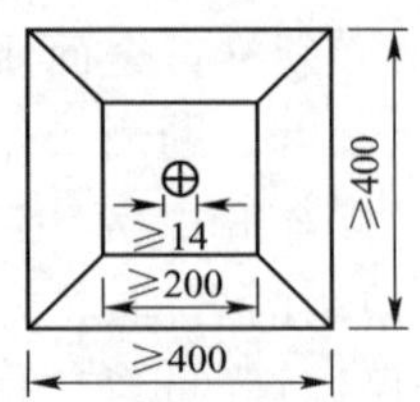

a)四等平面控制测量桩

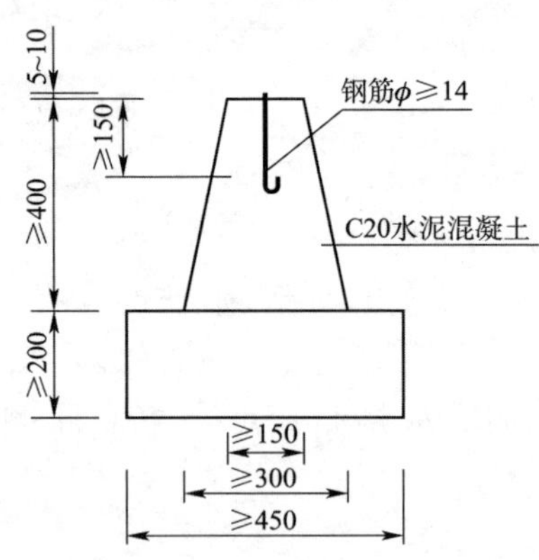

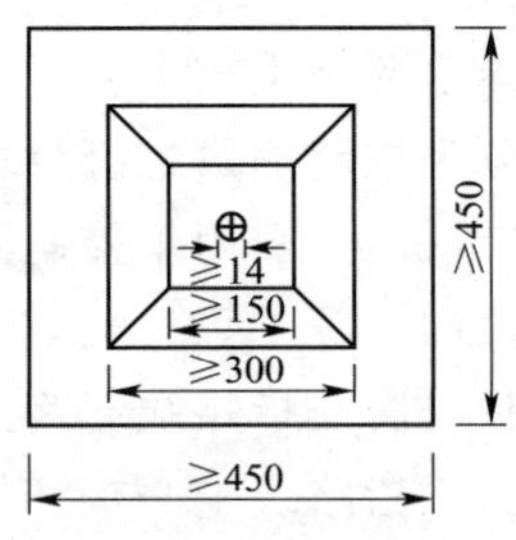

b)四等高程控制测量桩

图 4-1　测量桩尺寸图

(3)冻土地区,季节冻土层以下标志的高度应大于标准高度的 2/3,并应在位于季节冻土层段的标志周围包裹防水材料。

(4)控制测量桩位于岩石或固定建筑物上时,应将表面凿毛、冲洗干净后,在上面浇筑混凝土并埋入中心标志,其顶部外形尺寸与相应标志相符,混凝土的高度应大于 20cm。

(5)控制测量桩位于沙丘和土层松软地区时,应增加标志尺寸和基坑底层现浇混凝土的面积和厚度,直至具有足够的稳定性。

(6)利用原有控制测量桩时,应确认标志完好,并符合控制测量桩的规格和埋设要求。

2. 路线控制桩

(1)路线控制桩顶面宜与地面齐平,并加设指示桩。路线控制桩的木质方桩顶面应钉小钉,表示点位。

(2)路线控制桩位于岩石或建筑物上时,可用油漆标记。柔性路面地段可用钢筋打入路面,且与路面平齐。

(3)路线控制桩应具有较高的稳定性,不得随意搁置于地表面。

3. 标志桩

(1)标志桩打入地下的长度应大于 15cm。当标志桩作为指示桩时,应钉设在被指示的桩的附近。

(2)标志桩位于岩石或建筑物上时,可用油漆标记。柔性路面地段可用铁钉打入路面,且与路面平齐。

(3)标志桩应具有一定的稳定性,不得随意搁置于地表面。

(四)标志书写

(1)控制测量桩应在其表面标注点名、点号。

(2)路线控制桩、标志桩应标明桩号、中心位置。

(3)控制测量桩、路线控制桩和标志桩应按起终点方向顺序连续编号,中线桩宜按0~9循环编号。

(4)分离式路基测量,其左、右侧路线桩号前应冠以左、右字母符号,并应以前进方向右侧路线为全程连续计算桩号。

(5)有比较方案时,桩号前应冠以比较线的编号。

(6)公路测量符号宜采用汉语拼音字母,有特殊要求时可采用英文字母。

三、测量记录

(一)测量记录的重要性

外业勘测是内业设计的依据,也是长期保存的原始记录档案。随着计算机和现代测设仪器的普及,许多记录都用计算机存储,但仍然不能忽视人工野外记录工作。测量记录仍然是道路勘测的质量管理要求。

(二)测量记录的要求

1.桩标记录

(1)控制测量桩应填写点之记,并应在现场填绘。

(2)路线控制桩作为控制测量桩使用时,应填写固定桩志表。

2.勘测记录

(1)道路勘测的各种记录,应采用专用记录簿。必须编排页码,严禁撕页。采用电子设备时记录时,打印输出的内容应具有可查性。

(2)测量数据记录不得涂改、转抄。当记录发生错误时,应按规定条款进行处理。

(3)原始数据和记事项目应现场记录,记录项目应齐全。

(4)各种记录簿应编排目录,并由测量、复核及主管人员签署。

习 题

4-1 在埋设控制测量桩时,控制测量桩高出地面的位置不超过(   )。

A. 5cm B. 10cm C. 15cm D. 20cm

4-2 下列说法错误的是(   )。

A. 测量标志分为控制测量桩,路线控制桩和标志桩

B. 冻土地区,季节冻土层以下标志的高度大于标准高度的1/3

C. 标志桩打入地下的长度应大于15cm

D. 当路线控制桩为控制测量桩使用时,应进行护桩,并设置指示标志

第二节　测量方法

一、直线定向

直线定向是指确定直线和某一参照方向(称标准方向)的关系。

(一)标准方向的种类

1. 真子午线方向

过地球上某点及地球北极和南极的半个大圆为该点的真子午线。通过该点真子午线的切线方向称为该点的真子午线方向,它指出地面上某点的真北和真南方向。真子午线方向是用天文测量方法或用陀螺经纬仪来测定的。由于地球上各点的真子午线都收敛于两极,所以地面上不同经度的两点,其真子午线方向是不平行的。两点真子午线方向间的夹角称为子午线收敛角。

2. 磁子午线方向

自由悬浮的磁针静止时,磁针北极所指的方向即是磁子午线方向,又称磁北方向。磁子午线方向可用罗盘仪来测定。由于地球南北极与地磁场南北极不重合,故真子午线方向与磁子午线方向也不重合,它们之间的夹角为δ,称为磁偏角。

磁子午线北端在真子午线以东为东偏,其符号为正;以西时为西偏,其符号为负。

3. 坐标纵轴方向

由于地面上任何两点的真子午线方向和磁子午线方向都不平行,这会给直线方向的计算带来不便。采用坐标纵轴作为标准方向,在同一坐标系中任意点的坐标纵轴方向都是平行的,从而极大方便了使用。因此,在平面直角坐标系中,一般采用坐标纵轴作为标准方向。坐标纵轴方向,又称坐标北方向。我国采用高斯平面直角坐标系,在每个6°带或3°带内都以该带的中央子午线作为坐标纵轴。如采用假定坐标系,则用假定的坐标纵轴(x轴)。以过O点的真子午线作为坐标纵轴,所以任意点A或B的真子午线方向与坐标纵轴方向间的夹角就是任意点与点O间的子午线收敛角γ。当坐标纵轴方向的北端偏向真子午线方向以东时,γ定为正值;偏向西时,γ定为负值。

(二)直线定向的方法

直线定向是确定直线和标准方向的关系,这一关系常用方位角或象限角来描述。

1. 方位角

从标准方向的北端量起,沿顺时针方向量到直线的水平角称为该直线的方位角。方位角的取值范围为0°～360°。当标准方向取为真子午线时,称真方位角,用$A_{真}$来表示。当标准方向取为磁子午线时,称磁方位角,用$A_{磁}$来表示。真方位角和磁方位角的关系为

$$A_{真} = A_{磁} + \delta \tag{4-1}$$

在平面直角坐标系中,当标准方向取为坐标纵轴时,称坐标方位角,用α来表示。

真方位角和坐标方位角的关系为

$$A_{真} = \alpha + \gamma \tag{4-2}$$

2. 正反方位角

若规定直线一端量得的方位角为正方位角,则直线另一端量得的方位角为反方位角,正反

方位角是不相等的。对于真方位角，其正反方位角的关系为

$$A_{12} = A_{21} + \gamma \pm 180^\circ \tag{4-3}$$

对于坐标方位角，由于在同一坐标系内坐标纵轴方向都是平行的，所以正反坐标方位角的关系为

$$\alpha_{12} = \alpha_{21} \pm 180^\circ \tag{4-4}$$

3.象限角

直线与标准方向所夹的锐角称为象限角。象限角由标准方向的指北端或指南端开始向东或向西计量，取值范围为 0°～90°，以角值前加上直线所指的象限名称来表示，如北东 41°。

4.象限角与坐标方位角的关系

象限角与坐标方位角的关系见表 4-1。

象限角与坐标方位角的关系 表 4-1

象限	象限角与坐标方位角的关系	象限	象限角与坐标方位角的关系
Ⅰ	北东 $R=\alpha$	Ⅲ	南西 $R=\alpha-180^\circ$
Ⅱ	南东 $R=180^\circ-\alpha$	Ⅳ	北西 $R=360^\circ-\alpha$

5.真方位角的测定

常用的方法有两种：天文测量法和陀螺经纬仪法。

6.磁方位角的测定

由于地球磁极的位置不断在变动，以及磁针易受周围环境等的影响，所以磁子午线方向不宜作为精确定向的标准方向。但是由于磁方位角的测定很方便，所以在精度要求不高时可使用。磁方位角可用罗盘仪测定。

7.坐标方位角的推算

为了使整个测区的坐标系统统一，测量工作中不是直接测定每条边的方向，而是通过与已知方向的联测，推算出各边的坐标方位角。推算坐标方位角的一般公式为

$$\alpha_{前} = \alpha_{后} \mp 180^\circ \pm \beta \tag{4-5}$$

式中，β 为左角时，取正号，减 180°；β 为右角时，取负号，加 180°。

二、水准测量

(一)水准测量方法

1.路线水准测量

如图 4-2 所示，当欲测高差的两点距离较远或高差较大或遇障碍，不能在一个测站完成时，应按连续设站的水准路线进行。水准测量中，已知高程的地面固定点称为水准点；中间起传递高程作用的点称为转点。水准路线的布置形式一般有如下三种。

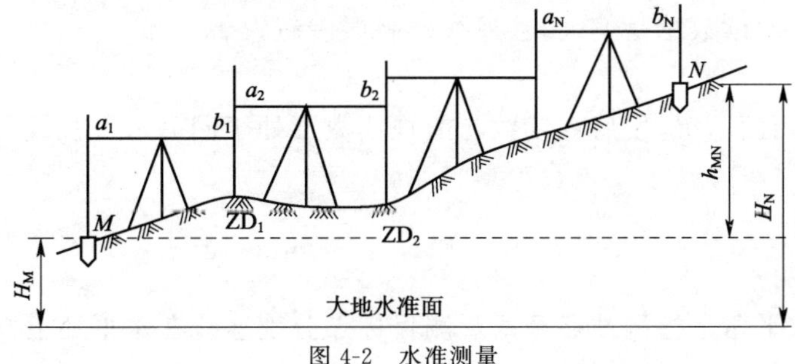

图 4-2 水准测量

(1)闭合水准路线：从一个水准点出发，沿线测量各待定点，最后又回到原来的水准点上。

(2)附合水准路线：从一个水准点出发，沿线测量各待定点，最后闭合到另一个水准点上。

(3)支水准路线：从一个水准点出发，沿线测量待定点(不得超过两点)，应进行往返观测。

2. 水准测量的校核工作

(1)测站校核：有变动仪器高法、双面尺法和双仪器法，两次测出的高差之差不超过规定值，即可取两次高差的平均值。

计算校核

$$\sum h = \sum a - \sum b \tag{4-6}$$

(2)成果校核：也称路线校核，检核高差闭合差 f_h 是否在规定的允许误差范围内。f_h 的计算如下：

①闭合路线

$$f_h = \sum h_{测} \tag{4-7}$$

②附合路线

$$f_h = \sum h_{测}(H_{终} - H_{始}) \tag{4-8}$$

③支路线

$$f_h = \sum h_{往} + \sum h_{返} \tag{4-9}$$

(二)成果整理

路线校核精度合格后，即可进行闭合差的分配，原则是改正数 v 与测站数 n(或路线长度 l，以 km 计)成正比，并与闭合差反符号。则测段改正数为

$$v_i = \frac{-f_h}{\sum n} \cdot n_i \tag{4-10}$$

或

$$v_i = \frac{-f_h}{\sum l} \cdot l_i \tag{4-11}$$

将改正数加在相应测段的高差观测值上得到改正后高差，即可从起始水准点高程加上改正后高差逐点推算所求点高程。

(三)水准测量的误差

1. 仪器误差

水准仪的几何条件不满足，水准尺刻划不准或弯曲等。

2. 置平误差

读数时水准管轴未精确水平。

3. 水准尺倾斜

水准尺未竖直，使读数总是偏大，且视线越高误差越大。

4. 水准仪下沉

仪器随安置时间而下沉，使后视读数与前视读数不处于同一水平视线上。

三、角度测量

(一)水平角观测

工程测量中，水平角是指测站点至两观测目标点分别连线在水平面上投影后的夹角。

1. 测回法

如表 4-2 所示，O 为测站，A、B 为始目标和终目标。观测 $\angle AOB$ 步骤如下：

(1)在 O 点安置经纬仪，对中与整平。

(2)盘左位置，照准 A，读水平度盘读数 $a_{左}$，一般使初始读数略大于 0°，顺时针转动照准部照准目标 B，读出 $b_{左}$。盘右位置，照准 B，读出 $b_{右}$，逆时针转动照准部照准 A，读出 $a_{右}$。记录与计算如表 4-2 所示。

测回法观测手簿 表 4-2

测站	竖盘位置	目标	水平盘读数 (° ′ ″)	半测回角值 (° ′ ″)	一测回角值 (° ′ ″)	平均角值 (° ′ ″)	备注 (略图)
O	左	A	0 00 30	185 51 12	185 51 03		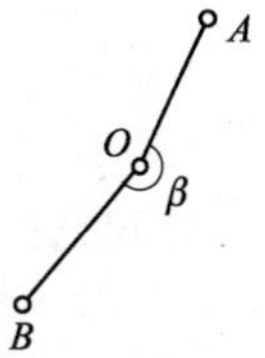
		B	185 51 42				
	右	A	180 00 54	185 50 54			
		B	5 51 48				

(3)盘左、盘右观测，分别称为上半测回和下半测回，合称为一测回。半测回角值之差不超过 40″(DJ_6)或 24″(DJ_2)，则取平均值作为一测回角值。

$$\begin{cases}\beta_{左} = b_{左} - a_{左} \\ \beta_{右} = b_{右} - a_{右} \\ \beta = \dfrac{\beta_{左} + \beta_{右}}{2}\end{cases} \tag{4-12}$$

(4)当观测的测回数 $n>1$ 时，为减小度盘刻划误差影响，每测回起始目标读数应增加 $180°/n$。

2. 全圆测回法

当一个测站上的观测目标为 3 个或 3 个以上时，可采用全圆测回法，或称为方向观测法。例如，在测站 O 上观测 A、B、C、D 四个目标的操作步骤如下：

(1)盘左位置，选一清晰目标 A 作为起始方向，顺时针依次瞄准 A、B、C、D、A，分别读取读数 a、b、c、d、a'。a 与 a' 之差为半测回归零差。

(2)盘右位置，逆时针依次瞄准 A、D、C、B、A，并分别读取对应读数。

(3)数据整理与计算。

①两倍照准误差 $2C$＝盘左读数－(盘右读数±180°)。

②各方向平均读数＝[盘左读数＋(盘右读数±180°)]/2。起始方向 A 有两个平均读数，应再次平均写在该测回平均读数的最上方，并以圆括号标明。

③归零方向值＝各方向平均读数－起始方向平均读数(圆括号内的值)。此时该测回的起始方向值已强制归化为 0°00′00″。

④任意两方向间的水平角等于对应的归零方向值之差。

3. 水平角观测的误差

(1)仪器误差：仪器制造时加工不完善、仪器轴系的几何条件未能满足、照准部偏心等。

(2)对中误差：测站偏心误差、瞄准目标偏心误差。

(3)观测误差：照准误差、读数误差。

(4)外界条件的影响。

(二)竖直角观测

竖直角是指同一竖直面内的视线方向与水平方向的夹角。当视线水平时,竖直度盘读数为 90°的整数倍。竖直角观测只要照准目标并读取竖盘读数,即可计算出竖直角。步骤如下:

(1)对中整平后,盘左,十字丝交点照准目标。打开自动归零装置,如无此装置,则转动竖盘指标水准管微动螺旋使气泡居中,读取盘左竖盘读数 L。

(2)盘右,同法读取盘右竖盘读数 R。

(3)计算,竖直角计算公式取决于竖盘的刻划形式。在盘左时,将望远镜略水平后向上仰,若竖盘读数减小,则竖直度盘为顺时针注记,反之则为逆时针注记。竖直角计算公式为

顺时针注记

$$\begin{cases}\alpha_{\mathrm{L}} = 90° - L \\ \alpha_{\mathrm{R}} = R - 270°\end{cases} \tag{4-13}$$

逆时针注记

$$\begin{cases}\alpha_{\mathrm{L}} = L - 90° \\ \alpha_{\mathrm{R}} = 270° - R\end{cases} \tag{4-14}$$

一测回角值

$$\alpha = \frac{\alpha_{\mathrm{L}} + \alpha_{\mathrm{R}}}{2} \tag{4-15}$$

表 4-3 为竖直角观测示例。

竖直角观测手簿 表 4-3

测站	目标	竖盘位置	竖盘读数 (° ′ ″)	半测回角值 (° ′ ″)	一测回竖角值 (° ′ ″)	备注
A	P	左	101 15 30	11 15 30	11 15 18	盘左 270 0 180 90
		右	258 44 54	11 15 06		
	Q	左	80 16 12	−9 43 48	−9 43 42	
		右	279 43 36	−9 43 36		

当视线水平,指标水准管气泡居中时,竖盘指标偏离正确位置的值 x 称为竖盘指标差。

$$x = -\frac{\alpha_{\mathrm{L}} - \alpha_{\mathrm{R}}}{2} \tag{4-16}$$

四、测量误差的基本知识

(一)误差的分类与特性

1.误差的定义

观测值与客观存在的真值之差称为测量真误差。有时某些量无法得到真值,常采用平均值作为该量的最可靠值,称为最或是值,又称似真值。观测值与平均值之差称为最或是误差,又称似真误差。

$$\begin{cases}\text{真误差} = \text{观测值} - \text{真值} \\ \text{最或是误差} = \text{观测值} - \text{平均值}\end{cases} \tag{4-17}$$

测量误差按性质分为系统误差与偶然误差。产生误差的原因有三种:测量仪器的构造不

完善、观测者感觉器官的鉴别能力有限、外界环境与气象条件不稳定等。观测成果的精确程度称为精度，取决于观测时的有关仪器、人和环境所构成的观测条件。具有同样技术的人，用同等精度的仪器，在同样的外界环境下进行观测，即观测条件相同的各次观测称为等精度观测；观测条件不同的各次观测称为非等精度观测。

2. 系统误差及特性

在相同观测条件下对某量进行多次观测，其误差大小与符号保持不变或按一定规律变化，这种误差称为系统误差。例如钢尺实长与名义长不等引起的距离误差、水准管轴不平行于视准轴引起的水准尺读数误差等。

系统误差的特性是因其符号不变而具有累积性，对观测结果影响较大。

在找到系统误差的规律之后，可有针对性地采取一定的措施：对观测值加改正数，严格进行仪器和工具的检验校正，选用适当的观测程序和方法等，使系统误差得到抵消或削减。

3. 偶然误差及特性

在相同观测条件下对某量进行多次观测，其误差大小和符号没有一致的倾向性，表现为偶然性，但从整体看，大量观测误差具有偶然事件的统计规律，这种误差称为偶然误差，亦称随机误差。例如望远镜的照准误差、水准尺上毫米数的估读等。偶然误差应按其规律进行调整以求得最可靠值。

偶然误差的特性：

(1)偶然误差的绝对值不超过一定的界限，即有界性。

(2)绝对值小的误差比绝对值大的误差出现的或然率大，即小误差密集性。

(3)绝对值相等的正、负误差出现的或然率相等，即对称性。

(4)当观测次数趋于无穷大时，偶然误差的算术平均值的极限为零，即抵偿性。

4. 过失误差

观测过程中可能出现粗差，亦称过失误差或错误，不允许存在于观测结果中，也不属测量误差讨论的范畴。应在工作中仔细认真，提高责任心，严格遵守作业规范，避免错误。

(二)评定精度的标准

中误差、相对误差和允许误差常作为评定观测成果精度的标准。

1. 中误差

在等精度观测条件下，对某一真值为 X 的物理量观测 n 次，观测值为 $l_i(i=1,2,\cdots,n)$，真误差 $\Delta_i=l_i-X$，则中误差为

$$\begin{cases} m=\pm\sqrt{\dfrac{[\Delta\Delta]}{n}} \\ [\Delta\Delta]=\Delta_1\Delta_1+\Delta_2\Delta_2+\cdots+\Delta_n\Delta_n \end{cases} \tag{4-18}$$

2. 相对误差

观测误差的绝对值与观测值之比，并化为分子为 1 的分数形式，称为相对误差。即

往返丈量相对误差

$$K=\frac{|D_{往}-D_{返}|}{D_{平均}}=\frac{1}{M} \tag{4-19}$$

相对中误差

$$K=\frac{|m|}{D}=\frac{1}{M} \tag{4-20}$$

相对误差常用于距离丈量的精度评定，而不能用于角度测量和水准测量的精度评定，因后两者的误差大小与观测量（角度、高差）的大小无关。

3.允许误差

允许误差亦称极限误差。从偶然误差的有界性可知，偶然误差的绝对值不会超过一定界限。绝对值大于 2 倍中误差的偶然误差，出现概率为 4.6%，而大于 3 倍中误差者概率为 3‰，所以，规范中规定取 2 倍（或 3 倍）中误差作为允许误差。

即

$$\Delta_{允}=2m（或\ \Delta_{允}=3m） \tag{4-21}$$

（三）等精度观测的精度评定

在等精度观测条件下，某量的 n 次观测值的算术平均值为 $x=[l]/n$，似真误差为 $v_i=l_i-x(i=1,2,\cdots,n)$，观测值中误差为

$$m=\pm\sqrt{\frac{[vv]}{n-1}} \tag{4-22}$$

算术平均值中误差为

$$M=\frac{m}{\sqrt{n}} \tag{4-23}$$

（四）误差传播定律

某些非直接观测量，是由另一些直接观测量按一定的函数关系通过计算间接得到的。阐明观测值中误差与函数值中误差之间关系的函数式称为误差传播定律。

1.一般函数的中误差

设有一般函数 $Z=F(x_1,x_2,\cdots,x_n)$；x_1、x_2、…、x_n 为各自独立的直接观测量，其对应中误差分别为 m_1、m_2、…、m_n。则一般函数的中误差为

$$m_Z=\pm\sqrt{\left(\frac{\partial F}{\partial x_1}\right)^2\cdot m_1^2+\left(\frac{\partial F}{\partial x_2}\right)^2\cdot m_2^2+\cdots+\left(\frac{\partial F}{\partial x_n}\right)^2\cdot m_n^2} \tag{4-24}$$

即函数的中误差等于函数对各观测量的偏导数与相应观测值中误差乘积之平方和的平方根。

2.几种常见函数的中误差

应用误差传播定律可以导出各种函数中误差的表达式。

(1)和差函数的中误差

$$Z=x_1\pm x_2\pm\cdots\pm x_n$$

则

$$m_Z=\pm\sqrt{m_1^2+m_2^2+\cdots+m_n^2} \tag{4-25}$$

即多个独立观测量代数和的中误差等于各对应观测值中误差之平方和的平方根。

(2)倍函数的中误差

即观测量与常数乘积的中误差等于观测值中误差与常数的乘积。

$$Z=kx$$

则

$$m_Z=km \tag{4-26}$$

(3)直线函数的中误差

$$Z = k_1x_1 \pm k_2x_2 \pm \cdots \pm k_nx_n$$

则

$$m_Z = \pm \sqrt{k_1^2m_1^2 + k_2^2m_2^2 + \cdots + k_n^2m_n^2} \tag{4-27}$$

即直线函数的中误差等于各个常数与相应观测值中误差乘积之平方和的平方根。

3.误差传播定律的应用

(1)钢尺量距的精度

钢尺丈量的中误差与距离的平方根成正比，即

$$m_D = \pm \mu\sqrt{D} \quad (\mu = m/\sqrt{l}) \tag{4-28}$$

式中：m_D——量得距离的中误差；

μ——单位长度的量距中误差；

D——量得的距离；

m——丈量一尺段的中误差；

l——尺段长。

(2)水平角观测的精度

一测回角值的中误差

$$m_\beta = m\sqrt{2} \tag{4-29}$$

半测回角值的中误差

$$m'_\beta = m_\beta\sqrt{2} \tag{4-30}$$

盘左盘右角值之差的中误差

$$m_{\Delta\beta} = m'_\beta\sqrt{2} \tag{4-31}$$

盘左盘右角值之差的极限误差

$$m_{极} = 2m_{\Delta\beta}(或\ 3m_{\Delta\beta}) \tag{4-32}$$

式中：m——一测回方向观测值中误差。

(3)高差测量的误差

高差中误差

$$m_h = m\sqrt{2} \tag{4-33}$$

两次高差之差的中误差

$$m_{\Delta h} = m_h\sqrt{2} \tag{4-34}$$

两次高差之差的极限误差

$$m_{\Delta h极} = 2m_h\sqrt{2}(或\ 3m_h\sqrt{2}) \tag{4-35}$$

式中：m——前视或后视水准尺上的读数中误差。

(4)路线水准测量的误差

高差总和的中误差

$$\begin{cases} m_{\sum h} = m_h\sqrt{n} = m_d\sqrt{2n} \\ m_{\sum h} = m\sqrt{L} \end{cases} \tag{4-36}$$

式中：m_d——前视或后视尺的读数中误差；

m_h——高差中误差；

n——测站数；

m——水准路线单位长度的高差中误差；

L——水准路线长度(km)。

五、GPS 定位的概念及主要特点

GPS 系统确定地面点位的思路是：根据空中卫星发射的信号，确定空间卫星的轨道参数，计算出锁定的卫星在空间的瞬时坐标，然后将卫星看作为分布于空间的已知点，利用 GPS 地面接收机，接收从某几颗(4 颗或 4 颗以上)卫星在空间运行轨道上同一瞬时发出的超高频无线电信号，再经过系统的处理，获得地面点至这几颗卫星的空间距离，用空间后方距离交会的方法，求得地面点的空间位置。GPS 系统所采用的坐标为 WGS-84 坐标系。如图 4-3 所示，地面上 A、B 两点的空间三维坐标分别为：$A(X_a、Y_a、Z_a)$、$B(X_b、Y_b、Z_b)$。

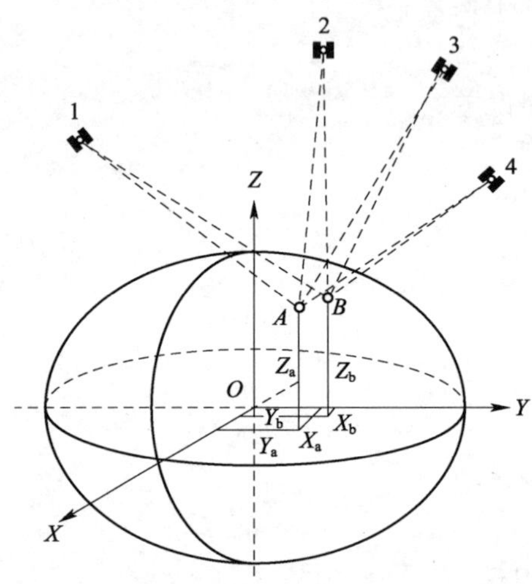

图 4-3　地面点为坐标示意图

由于空间卫星的时钟与地面接收机的时钟不可能同步，因此，需要观测 4 颗或以上的卫星，才能确定 4 个变量的值，即 x、y、z 和时间 t。GPS 系统采用高轨测距体制，以观测站至 GPS 卫星之间的距离作为基本观测量。为了获得距离观测量，主要采用两种方法：

其一是伪距测量，即根据接收机接收到的 GPS 卫星发射的测距 A/C 码和电文内容，通过信号从发射到到达用户接收机的传播时间，从而计算出卫星和接收机天线间的距离。但由于 GPS 卫星时钟与用户接收机时钟难以保持严格的同步，存在时钟差，所以观测的卫星与接收机天线间的距离均含有受到卫星钟与用户接收机钟同步差的影响，并不是真实值，因此习惯上称所测距离为“伪距”。

其二是载波相位测量，即测定 GPS 卫星载波信号在传播路径上的相位变化值，以确定信号传播的距离的方法。采用伪距观测量定位速度最快，而采用载波相位观测量定位精度最高。通过对 4 颗或 4 颗以上的卫星同时进行伪距或相位的测量，即可推算出接收机的三维位置。

(一)绝对定位与相对定位

按定位方式，GPS 定位分为绝对定位(单点定位)和相对定位(差分定位)。

1. 绝对定位

绝对定位又称单点定位，指的是在一个观测点上，利用 GPS 接收机观测 4 颗以上的 GPS 卫星，根据 GPS 卫星和用户接收机天线之间的距离观测量和已知卫星的瞬时坐标，独立确定特定点在地固坐标系(坐标系固定在地球上，随地球一起转动)中的位置，称为绝对定位，如

图 4-4所示。

绝对定位的优点是，只需一台接收机便可独立定位，观测的组织与实施简便，数据处理简单。其主要问题是由于 GPS 采用单程测距原理，卫星钟与用户接收机的钟难以保持严格的同步，所以观测的卫星与测站间的距离，含有受到卫星钟与用户接收机钟同步差，以及卫星星历和卫星信号在传播过程中的大气延迟误差的影响，定位精度较低，不能满足工程定位测量的要求。

2. 相对定位

相对定位又称差分定位，指的是在两个或若干个观测站上，设置 GPS 接收机，同步跟踪观测相同的 GPS 卫星，测定它们之间相对位置，根据不同接收机的观测数据来确定观测点之间的相对位置的方法，称为相对定位，如图 4-5 所示。

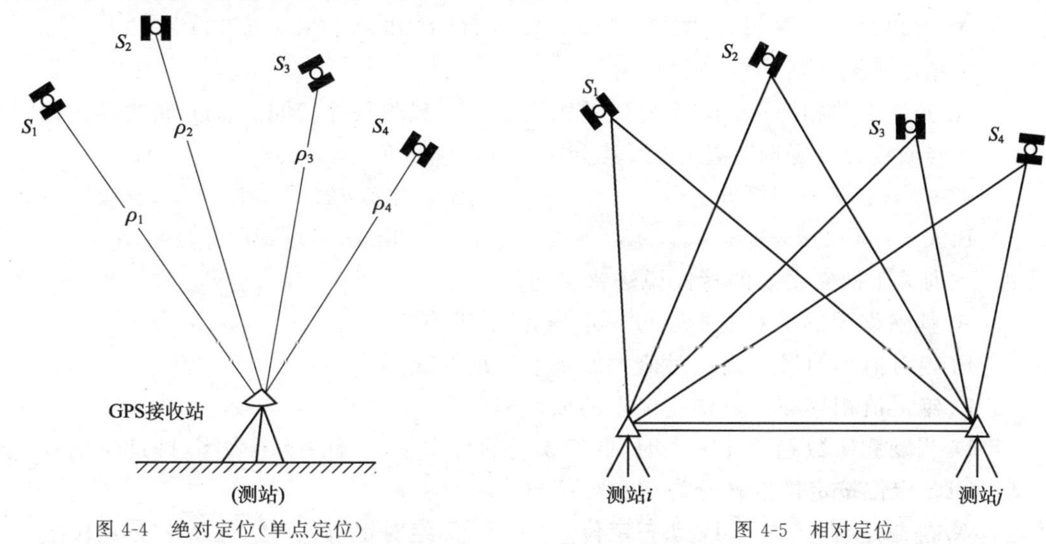

图 4-4　绝对定位(单点定位)

图 4-5　相对定位

在相对定位中，至少有一个点的位置是已知的，称之为基准点。由于相对定位是在几个点同步观测 GPS 卫星数据进行的，因此，可以有效地消除或减弱许多相同的或基本相同的误差，如卫星钟的误差、卫星星历误差、信号的传播延迟误差等，从而可以获得很高的相对定位精度。但相对定位要求各站接收机必须同步跟踪观测相同的卫星，因而作业组织和实施比较复杂，而且两点的距离受到限制，一般在 1000km 以内。

(二)静态定位与动态定位

按待定点相对于地固坐标系的运动状态来区分，GPS 定位可以分为静态定位和动态定位。

1. 静态定位

若观测站相对于地固坐标系，没有可以察觉到的运动，或者有微小的运动，但是在一次观测期间(数小时或若干天)无法察觉到，这样确定待定点位置的方法，称为静态定位。其基本特点是，在 GPS 观测数据处理中，待定点的坐标是个常量，没有速度分量。在静态定位中，可以进行大量的重复观测，以提高定位精度。

2. 动态定位

若观测站相对于地固坐标系有显著的运动，则这样的点的定位称为动态定位。动态定位可以分为两种情况：一是导航动态定位，它要求在用户运动时，实时地确定用户的位置和速度，并根据预先选定的终点和运动路线，引导用户沿预定航线到达目的地；另一种是精密动态定位，其主要目的不是导航，而是精确确定用户各个时刻的位置和速度，目前，后者比较广泛地应用于工程测量中。

习　题

4-3　标准方向的种类不包括(　　)。

A. 真子午线方向　B. 磁子午线方向　C. 坐标纵轴方向　D. 坐标横轴方向

4-4　水准路线的布置形式不包括(　　)。

A. S 型路线　B. 闭合水准路线　C. 附合水准路线　D. 支水准路线

4-5　平整场地时，从水准仪读得后视读数后，在一个方格的四个角 A、B、C 和 D 点上读得前视读数分别为 1.385m、0.568m、2.232m 和 0.336m，则方格上的最高点和最低点分别是(　　)。

A. A 和 D　B. D 和 C　C. C 和 D　D. A 和 B

4-6　等精度观测是指(　　)的观测。

A. 允许误差相同　B. 系统误差相同　C. 观测条件相同　D. 偶然误差相同

4-7　当竖直度盘为逆时针注记时，其盘左和盘右竖直角计算公式为(　　)。

A. $90°-L, R-270°$　B. $L-90°, 270°-R$

B. $R-270°, 90°-L$　D. $270°-R$, $\mathrm{L}-90°$

4-8　下列关于偶然误差的特性说法错误的是(　　)。

A. 偶然误差的绝对值不超过一定的界限，即有界性

B. 绝对值小的误差比绝对值大的误差出现的或然率小

C. 绝对值相等的正负误差出现的或然率相等

D. 当观测次数趋于无穷大时，偶然误差的算术平均值的极限为零，即抵偿性

4-9　GPS 定位按定位方式分为相对定位与(　　)。

A. 静态定位　B. 动态定位　C. 绝对定位　D. 差分定位

第三节　控制测量

测量工作中为了扩展测量工作面及防止误差的积累，应遵循的原则是在布局上从整体到局部，在精度上从高级到低级，在工作程序上从控制到碎部。即在测区内选择一些具有全局性控制意义的点，用精确的方法测定它的平面坐标和高程位置，以这些点作为基础，再以低一级的精度测出其他点。这些在布局、精度和程序上具有控制意义的点称为控制点，由控制点组成的几何图形称为控制网，分为平面控制网和高程控制网。测定控制点平面位置和高程位置的工作分别称为平面控制测量和高程控制测量。

一、平面控制网的定位与定向

地面点的平面位置用平面坐标表示，点与点之间可根据其水平距离和方位角计算坐标增量，如果其中一个点的坐标已知，则另一点的坐标即可求出。

确定一直线与标准方向的夹角的工作称为直线定向。标准方向有三种：真子午线方向、磁子午线方向和中央子午线方向(坐标纵轴方向)。真子午线方向与磁子午线方向的夹角称为磁偏角，真子午线方向与中央子午线方向的夹角称为子午线收敛角。由标准方向北端起顺时针量到直线的水平夹角称为方位角，有真方位角、磁方位角和坐标方位角三种。方位角的取值范围为 $0°\sim360°$。直线 AB 的坐标方位角 α_{AB} 与直线 BA 的坐标方位角 α_{BA} 互为正反方位角，相

差 180°。直线的方向还可用象限角表示，它是由标准方向的北端或南端起依顺时针或逆时针量到直线的锐角。直线的象限角不仅要说明大小，而且还要指出所在象限，如直线 OA 的象限角 R_{OA} =南东 60°36′（或 S60°36′E），象限只能用北东（NE）、北西（NW）、南东（SE）和南西（SW）来表示。坐标方位角和象限角可互相换算，如 R_{OA} =南东 60°36′，则 $\alpha_{OA}=119°24'$。

二、导线测量

（一）导线的一般知识

导线是由若干条直线段连成的折线，相邻点的连线称为导线边，用测距仪或钢尺或其他方法测定。相邻边的水平角称为转折角，用经纬仪测定。当给定起始边方位角和起始点坐标，就可推算各导线点坐标。它适用于城市的密集建筑区、隐蔽地区和地下工程，也适用于狭长地带。根据不同情况和要求，导线布置形式有：

（1）闭合导线：起止于同一已知点和已知方位角的导线。

（2）附合导线：起始于一个已知点和一个已知方位角，终止于另一个已知点和另一个已知方位角的导线。

（3）支导线：从一个已知点和一个已知方位角开始延伸出去的导线。

（4）导线网：由若干条导线组成的多边形网状导线或结点形式网状导线。

（二）导线测量的外业

导线测量外业包括踏勘选点与建立标志、边长丈量、转折角测量和连接测量，即连接角和连接边的测量。

（三）闭合导线测量的内业计算

导线测量内业计算的目的是根据已知数据，利用外业观测成果和校核条件，正确计算出各导线点的最后坐标。

1. 角度闭合差的计算与调整

n 边闭合多边形的内角和 $\sum\beta_{测}$ 与理论值 $(n-2)180°$ 之差称为闭合多边形角度闭合差。

$$f_\beta=\sum\beta_{测}-(n-2)\times180° \tag{4-37}$$

按表 4-4 的指标，检查 f_β 是否在 $f_{\beta允}$ 的范围内。如果精度合格，则 f_β 的分配原则是：将角度闭合差反符号并平均分配到各观测角上（如不能整除时，余数可分配到短边有关角上），则

$$\begin{cases}v_\beta=\dfrac{-f_\beta}{n}\\ \beta_{改正后}=\beta_{测}+v_\beta\end{cases} \tag{4-38}$$

导线测量的主要技术要求 表 4-4

等级	导线长度（km）	平均边长（mm）	测角中误差（″）	测距中误差（mm）	测距相对中误差	测回数		方位角闭合差（″）	相对闭合差
						DJ$_2$	DJ$_6$		
一级	4	0.5	±5	±15	≤1/30000	2	4	$\pm10\sqrt{n}$	≤1/15000
二级	2.4	0.25	±8	±15	≤1/14000	1	3	$\pm16\sqrt{n}$	≤1/10000
三级	1.2	0.1	±12	±15	≤1/7000	1	2	$\pm24\sqrt{n}$	≤1/5000
图根	≤1.0M	≤1.5 倍测图最大视距	一般 30，首级 20				1	一般 $\pm60\sqrt{n}$，首级 $\pm40\sqrt{n}$	≤1/2000

注：n 为测站数，M 为测图比例尺的分母。

2.用改正后的角值计算各边方位角

当导线点编号为逆时针时，转折角在导线前进方向的左侧，则转折角称为左角；反之称为右角。推算方位角的公式分别如下

左角

$$\alpha_{前}=\alpha_{后}-180°+\beta_{左} \tag{4-39}$$

右角

$$\alpha_{前}=\alpha_{后}+180°-\beta_{右} \tag{4-40}$$

3.坐标增量闭合差的计算与调整

由边长丈量值和推算的方位角值可求坐标增量。由于量距有误差，改正后的角度有残余误差，致使推得的方位角含有误差，因而只能计算出未经改正的坐标增量。

$$\begin{cases}\Delta x'=D\cos\alpha\\ \Delta y'=D\sin\alpha\end{cases} \tag{4-41}$$

从理论上讲，闭合导线各边坐标增量总和$\sum\Delta x_{理}$和$\sum\Delta y_{理}$均应为零。但实际上$\sum\Delta x'$与$\sum\Delta y'$并不为零，这个值就称为坐标增量闭合差。

$$\begin{cases}f_x=\sum\Delta x'\\ f_y=\sum\Delta y'\end{cases} \tag{4-42}$$

而$f_D=\sqrt{f_x^2+f_y^2}$称为导线全长闭合差。为了评定导线的精度，应求出导线全长相对闭合差。

$$K=\frac{f_D}{\sum D}=\frac{1}{M} \tag{4-43}$$

按表4-4的指标检查K是否在$K_{允}$的范围内。如果精度合格，则f_x和f_y的分配原则是：将增量闭合差反符号，并按与边长成正比分配到对应边的增量上，则

$$\begin{cases}v_x=\left(\frac{-f_x}{\sum D}\right)D\\ v_y=\left(\frac{-f_y}{\sum D}\right)D\end{cases} \tag{4-44}$$

则改正后坐标增量为

$$\begin{cases}\Delta x=\Delta x'+v_x\\ \Delta y=\Delta y'+v_y\end{cases} \tag{4-45}$$

4.各点坐标计算

根据起始点坐标和改正后的坐标增量，依次计算各导线点的坐标，如下式

$$\begin{cases}x_{i+1}=x_i+\Delta x_{i(i+1)}\\ y_{i+1}=y_i+\Delta y_{i(i+1)}\end{cases} \tag{4-46}$$

最后推算得起始点坐标应与已知值相等，以此作为计算校核。

5.闭合导线计算实例

【例4-1】 见表4-5。

(四)闭合导线计算步骤

附合导线计算步骤与闭合导线相同，由于导线的形式不同和原始数据不同，则在角度闭合差和增量闭合差的计算与调整上有所不同。

1.角度闭合差的计算与调整

$$\begin{cases}\sum\beta_{量}=\alpha_{始}-\alpha_{终}+n\times180°(右角)\\ \sum\beta_{量}=\alpha_{终}-\alpha_{始}+n\times180°(左角)\end{cases} \tag{4-47}$$

闭 合 导 线 计 算 表

表 4-5

点号	水平角 观测值 (° ′ ″)	水平角 改正后角值 (° ′ ″)	方位角 (° ′ ″)	距离 (m)	增量计算值 $\Delta x'$	增量计算值 $\Delta y'$	改正后增量值 Δx	改正后增量值 Δy	坐标 x(m)	坐标 y(m)	点号
A	(左)								1000.000	2000.000	A
			125 59 36	140.272	+21 +82.437	+10 +113.492	+82,458	+113.502			
B	+5 107 48 38	107 48 43							917.542	2113.502	B
			33 48 19	106.881	+16 +63.117	+8 +85.254	+63.101	+86.262			
C	+5 73 00 22	73 00 27							980.643	2199.764	C
			306 48 46	172.358	+25 +103.277	+13 +137.989	+103.252	+137.976			
D	+5 89 33 56	89 34 01							1083.895	2061.788	D
			216 22 47	104.186	+15 +83.880	+8 +61.795	+83.895	+61.788			
A	+6 89 36 43	89 36 49							1000.000	2000.000	A
			125 59 36								
B											B
Σ	359 59 39			523.697	+0.077	+0.039	+0.000	+0.000			

$\Sigma\beta_{测} = 359°59'39''$

$\Sigma\beta_{理} = (n-2)180° = 360°$

$f_\beta = \Sigma\beta_{测} - \Sigma\beta_{理} = -21''$

$f_{\beta允} = \pm 24''\sqrt{n} = \pm 48''$

$v_\beta = -f_\beta / n = +5.2''$

$f_x = \sum \Delta x' = +0.077\text{m}$

$f_y = \sum \Delta y' = -0.039\text{m}$

$f_D = \sqrt{f_x^2 + f_y^2} = 0.086\text{m}$

$K = f_D / \sum D = 1/6000$

$K_{允} = 1/5000$

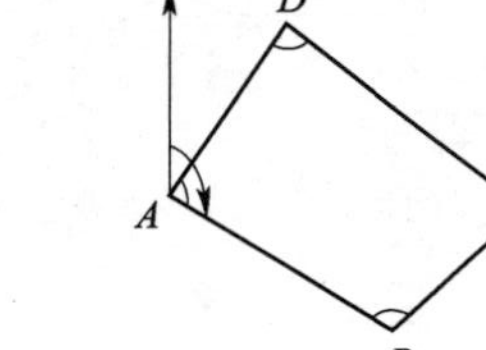

$$\begin{cases} f_\beta = \sum\beta_{测} - \sum\beta_{理} \\ v_\beta = -\dfrac{f_\beta}{n} \end{cases} \tag{4-48}$$

许多书中是采用测算出来的终边方位角 $\alpha'_{终}$ 与已知的终边方位角 $\alpha_{终}$ 之差求 f_β，称为方位角闭合差。

$$\begin{cases} \alpha'_{终} = \alpha_{始} + n \times 180° - \sum\beta_{测}(右角) \\ \alpha'_{终} = \alpha_{始} - n \times 180° + \sum\beta_{测}(左角) \\ f_\beta = \alpha'_{终} - \alpha_{终} \end{cases} \tag{4-49}$$

即

$$\begin{cases} v_\beta = \dfrac{f_\beta}{n}(右角) \\ v_\beta = -\dfrac{f_\beta}{n}(左角) \end{cases} \tag{4-50}$$

2.坐标增量闭合差的计算与调整

$$\begin{cases} \sum\Delta x_{理} = x_{终} - x_{始} \\ \sum\Delta y_{理} = y_{终} - y_{始} \\ f_x = \sum\Delta x_{测} - \sum\Delta x_{理} \\ f_y = \sum\Delta y_{测} - \sum\Delta y_{理} \end{cases} \tag{4-51}$$

f_x、f_y 的分配原则同闭合导线式(4-40)。

3.附合导线计算实例

【例 4-2】 见表 4-6。

三、交会定点

当测区内解析控制点密度不够时，可以利用两个或两个以上已知点进行测角交会定点、测边交会定点等，以加密控制。

(一)测角交会法

它包括前方交会、侧方交会和后方交会。这里介绍前方交会，如图 4-6 所示。在 A、B 两个已知坐标点上设站分别测得 α、β 角，就可求得待定点 P 的坐标值。

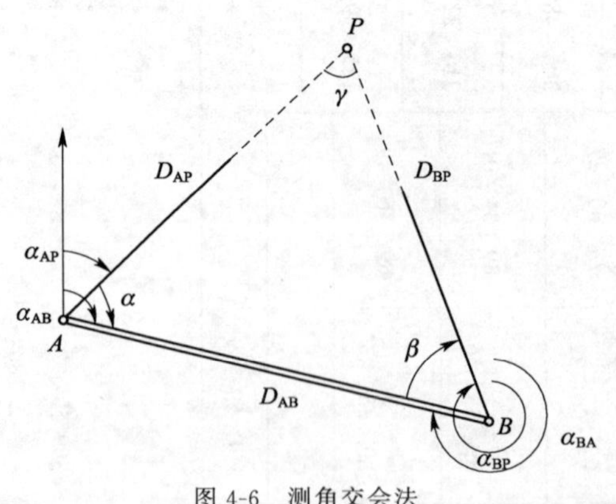

图 4-6　测角交会法

计算方法一：将 A、B、P 三点按逆时针顺序编号，然后应用变形的戎格公式解算。

附合导线计算表

表 4-6

点号	水平角 观测值 (° ′ ″)	水平角 改正后角值 (° ′ ″)	方位角 (° ′ ″)	距离 (m)	增量计算值 $\Delta x'$	增量计算值 $\Delta y'$	改正后增量值 Δx	改正后增量值 Δy	坐标 x(m)	坐标 y(m)	点号
A	(右)										A
			65 32 18								
B	+7 95 17 17	95 17 24							3800.00	4500.000	B
			158 14 54	217.624	+13 +188.938	+8 +107.994	+188.925	+107.986			
1	+7 251 36 49	251 36 56							3611.075	4607.986	1
			78 37 58	178.718	+11 +35.225	+6 +175.212	+35.236	+175.206			
2	+7 147 25 24	147 25 31							3646.311	4783.192	2
			111 12 27	194.129	+12 +70.226	+7 +180.982	+70.214	+180.975			
C	+7 171 16 21	171 16 28							3576.097	4964.167	C
			119 55 59								
D											D
Σ	665 35 51	665 36 19		590.471	+223.939	+464.188	+223.903	+464.167			

(右角) $\sum\beta_{理} = \alpha_{始} - \alpha_{终} + n \cdot 180° = 665°36'19''$

$\begin{cases} f_\beta = \sum\beta_{测} - \sum\beta_{理} = -28'' \text{,反号平均改正} \\ v_\beta = -f_\beta/n = +7'' \end{cases}$

或

$\alpha'_{测} = \alpha_{测} - \sum\beta_{测} + n \cdot 180° = 119°56'27''$

$\begin{cases} f_\beta = \alpha'_{测} - \alpha_{理} = +28° \text{,同号平均改正} \\ v_\beta = f_\beta/n = +7° \end{cases}$

$f_{\beta允} = \pm 16''\sqrt{n} = \pm 32''$

$f_x = \sum\Delta x' - (x_{始} - x_{终}) = -0.036\text{m}$

$f_y = \sum\Delta y' - (y_{始} - y_{终}) = +0.021\text{m}$

$f_u = \sqrt{f_x^2 + f_y^2} = 0.042\text{m}$

$K = f_D / \sum D = 1/14000$

$K_{允} = 1/10000$

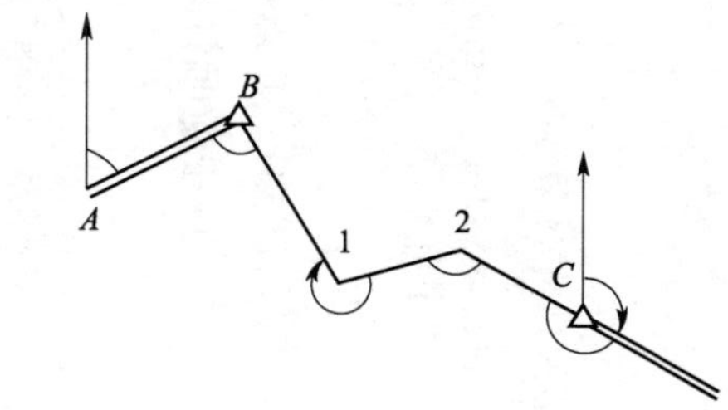

$$
\begin{cases}
x_P = \dfrac{x_A \cot\beta + x_B \cot\alpha + (y_B - y_A)}{\cot\alpha + \cot\beta} \\
y_P = \dfrac{y_A \cot\beta + y_B \cot\alpha + (x_A - x_B)}{\cot\alpha + \cot\beta}
\end{cases}
\tag{4-52}
$$

计算方法二：先计算 AP、BP 边的方位角和边长，公式有 $\alpha_{AP} = \alpha_{AB} - \alpha$，$\alpha_{BP} = \alpha_{BA} + \beta$，$\gamma = 180° - (\alpha + \beta)$，$D_{AP} = D_{AB} \times \sin\beta / \sin\gamma$，$D_{BP} = D_{AB} \times \sin\alpha / \sin\gamma$。然后计算 AP、BP 边的坐标增量，并分别从 A、B 推算 P 点坐标。

(二)测边交会法

如图 4-7 所示，已知 A、B 点坐标，用电磁波测距仪测定 D_{AP}、D_{BP}，可以求得待定点 P 的坐标值。当 A、B、P 三点按逆时针顺序编号时，P 点坐标计算公式如下：

$$
r = \frac{D_{AB}^2 + D_{AP}^2 - D_{BP}^2}{2D_{AB}}
\tag{4-53}
$$

$$
\begin{cases}
h = \sqrt{D_{AP}^2 - r^2} \\
x_P = x_A + r\cos\alpha_{AB} + h\sin\alpha_{AB} \\
y_P = y_A + r\sin\alpha_{AB} - h\cos\alpha_{AB}
\end{cases}
\tag{4-54}
$$

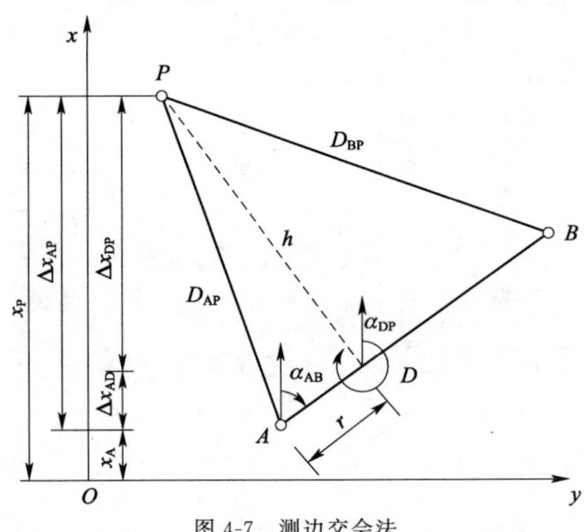

图 4-7　测边交会法

四、高程控制测量

小地区高程控制是以三、四等水准测量为首级高程控制，以满足地形图测绘和工程建设测量的需要。

(一)三、四等水准测量

三、四等水准测量应从国家一、二等水准点引出三、四等水准路线。点位应选择在土质坚实易长期保存处，并埋设标石；观测应在通视良好、成像清晰的条件下进行；观测方法是用红黑双面尺法，也可用变更仪器高法进行。三等水准测量采用双面尺法的观测程序是后黑—前黑—前红—后红，四等则可为后黑—后红—前黑—前红。后前前后的观测程序可以消除或削弱水准仪下沉误差的影响。往返观测取平均值可以消除或削弱水准尺下沉误差的影响。

(二)图根水准测量

图根水准测量是在测区内为测绘地形图而加密高程控制点所进行的水准测量工作，精度低于测区的首级高程控制。

（三）三角高程测量

测区内需要有一定数量的水准点，但在地形复杂地区，可采用三角高程测量加密高程控制点，常用于测图高程控制。如图 4-8 所示，高差的计算公式为

$$h_{AB} = D_{AB}\tan\alpha + i - v \tag{4-55}$$

式中：D_{AB}——水平距离，由直接丈量或图解求得，当其大于 400m 时，高差应作地球曲率和大气折光修正；

α——竖直角；

i——仪器高（度）；

v——觇高程。

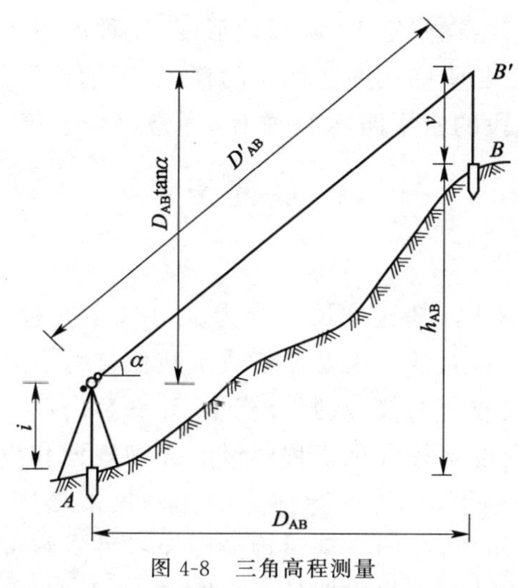

图 4-8　三角高程测量

电磁波测距为三角高程测量提供了有利条件，并顾及大气折光因素影响后，公式可写为

$$h_{AB} = D'_{AB}\sin\alpha + \frac{1}{2R}(D'_{AB}\cos\alpha)^2 + i - v \tag{4-56}$$

式中：　D'_{AB}——测距仪测得的斜距；

R——地球半径，取 6371km；

$\frac{1}{2R}(D'_{AB}\cos\alpha)^2$——大气折光对高差的影响。

习　题

4-10　根据不同情况和要求，导线布置形式有（　　）。

A. 闭合导线与附合导线　　B. 支导线

C. 导线网　　D. A、B 和 C

4-11　已知直线 AB 的方位角为 $\alpha_{AB}=56°$，$\beta_{右}=\angle ABC=280°$，则直线 BC 的方位角 α_{BC} 为（　　）。

A. −44°　　B. 44°　　C. 136°　　D. 316°

4-12　测角交会法包括（　　）。

A. 前方交会　　B. 侧方交会　　C. 后方交会　　D. A、B 和 C

4-13　三等水准测量采用双面尺法的观测程序是（　　）。

A. 后黑—前黑—前红—后红　　　　B. 后黑—后红—前黑—前红

C. 后黑—前红—前黑—后红　　　　D. 后黑—前黑—后红—前红

第四节　地形图测绘及应用

一、概述

地球表面有高低起伏变化的各种地貌，还有人工的和自然的各种地物。在测区建立控制网后，根据控制点的位置，通过实地测量，按照一定的比例尺和规定的符号，测定测区内地物和地貌的平面位置和高程，并缩绘在图纸上，制成地形图，这种测量工作就是地形图的测绘。

在测绘地形图之前，首先要明确测图比例尺的概念，所谓地形图的比例尺就是图上某一线段的长度 d 与地面上相应线段的水平距离 D 之比，通常以分子等于 1 的分数形式表示，即

$$d/D = 1/M \tag{4-57}$$

式中：M——比例尺分母。

由于地形图的服务对象不同，其比例尺可分为大、中、小三种。1∶500～1∶5000 比例尺的地形图称为大比例尺地形图，通常采用经纬仪或平板仪进行野外测绘而得，现代的方法是利用电磁波测距仪、光电测距仪或全站仪，从野外测量、计算到内业一体化的数字化测量，主要用于公路、城市道路、铁路、水利设施等各种工程建设的详细规划和设计以及工程量计算等。

1∶10000～1∶100000 比例尺的地形图称为中比例尺地形图，采用航空摄影测量或航天遥感数字摄影测量方法测绘而成，是国家基尺地形图及各种资料编绘而成的。

根据比例尺的定义，在测图时可将实地的水平距离 D 换算为图上长度 d；在用图时也可将图上长度 d 换算为实地上相应的水平距离 D，其公式为

$$d = D/M \quad (\text{或 } D = dM)$$

这种比例尺称为数字比例尺，分母 M 越大，比例尺越小。为了用图方便以及减小由于图纸伸缩变化而产生的误差影响，常在图上绘制图示比例尺，如图 4-9 所示。

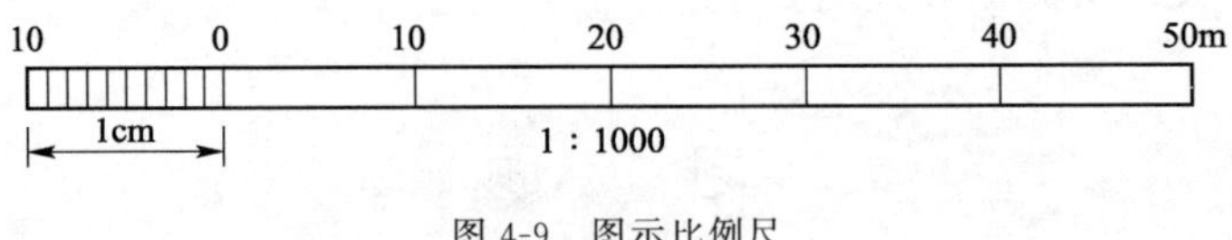

图 4-9　图示比例尺

正常情况，人眼在图纸上能分辨出的最小距离为 0.1mm，即在图纸上当两点间距离小于 0.1mm 时，人眼就无法再分辨。因此，在地形图上 0.1mm 所代表的实地水平距离称为地形图的比例尺精度。即

$$\text{比例尺精度} = 0.1M(\text{mm}) \tag{4-58}$$

比例尺精度的概念对测图与用图都具有十分重要的意义。首先，根据测图的比例尺，可以知道在地面上量距应准确到什么程度，例如测绘 1∶2000 比例尺的地形图时，其比例尺的精度为 0.1×2000＝0.2m，因此测量地面上距离的绝对精度只需 0.2m；其次，也可按照地面距离的规定精度来确定采用多大比例尺的地形图，如果要求在图上能表示出地面上 0.5m 的细节，则

由比例尺精度可知所用的测图比例尺不应小于 0.1/(0.5×1000)=1/5000,也就是用 1∶5000 比例尺来测绘地形图就能满足要求,由此可知比例尺越大,表示地形变化的状况越详细,精度越高。所以测图比例尺应根据用图的需要来确定,工程常用的几种大比例尺地形图的比例尺精度如表 4-7 所列。

大比例尺地形图的比例尺精度 表 4-7

比例尺	1∶500	1∶1000	1∶2000	1∶5000	1∶10000
比例尺精度(m)	0.05	0.1	0.2	0.5	1

地形图测绘的工作程序是采取“从整体到局部,先控制后碎部”的原则,根据测图的目的和要求并结合测区具体情况,首先逐级建立平面和高程控制,然后利用控制测量的成果来详细测绘地形图。在测绘过程中都应遵守有关规范的规定。测图方法、仪器和地形取舍要满足测图的精度要求,以保证测图乃至用图的质量。

二、地形图的应用

由于地形图全面、客观地反映了地面的地形情况,因此,被广泛应用于各种工程建设中。利用地形图可以获取很多工程建设中所需的信息。

(一)求点的坐标

如图 4-10 所示,图上 A 点的坐标,可利用图廓坐标格网的坐标值来求出。首先找出 A 点所在方格的西南角坐标 $x_0=5200\text{m}$, $y_0=1200\text{m}$。其次通过 A 点做出坐标格网的平行线 ab、cd,再按测图比例尺(1∶2000)量取 aA 和 cA 的长度,则

$$\begin{cases} x_A = x_0 + cA \\ y_A = y_0 + aA \end{cases} \tag{4-59}$$

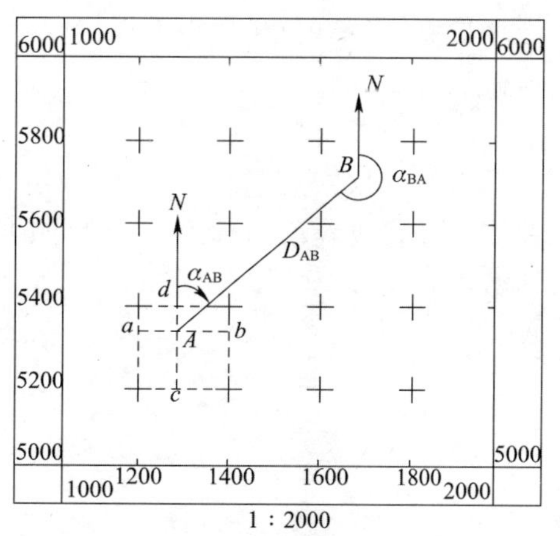

图 4-10 确定点的坐标

考虑到图纸伸缩的影响及检核量测的误差,还应量取 ab、cd 的长度。从理论上讲:$ab=cd=l$,l 为坐标格网边长(一般为 10cm)。由于图纸伸缩,以及量测长度有一定误差,上式一般不成立,则 A 的坐标应按下式计算

$$\begin{cases} x_A = x_0 + \dfrac{l}{cd} \times cA \\ y_A = y_0 + \dfrac{l}{ab} \times aA \end{cases} \tag{4-60}$$

如图 4-10 所示,根据比例尺量出 $aA=80.4\text{m}$,$cA=135.2\text{m}$,$ab=200.2\text{m}$,$cd=200.4\text{m}$,已知坐标网边长的名义长度为 $l=200\text{m}$,则有

$$x_A = 5200 + \frac{200}{200.4} \times 135.2 = 5334.9\text{m}$$

$$y_A = 1200 + \frac{200}{200.2} \times 80.4 = 1280.3\text{m}$$

（二）求点的高程

在地形图上求任何一点的高程，都可根据等高线和高程注记来完成。如图 4-11 所示，A 点恰好位于等高线上，则其高程就等于该等高线的高程，即 51m。如果所求点位于两条等高线之间时，则可以按比例关系求得其高程。如 B 点位于 54m 和 55m 两根等高线之间，可通过 B 点作一大致与两根等高线相垂直的直线，交两条等高线于 m、n 两点，从图上量得：$mn=d$，$mB=l$，设等高线的等高距为 h（该图 $h=1\text{m}$），则 B 点的高程为

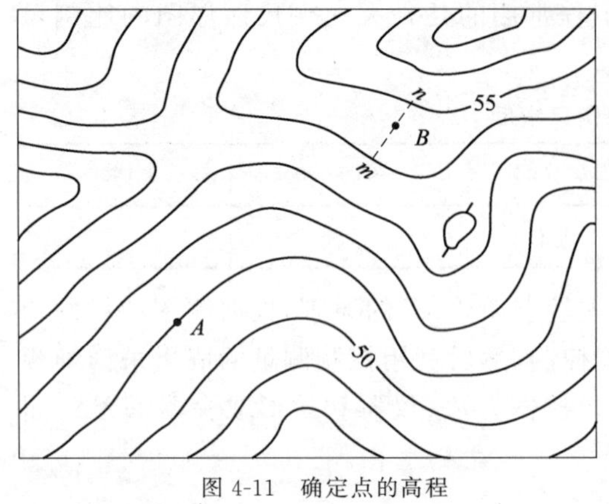

图 4-11　确定点的高程

$$H_B = H_m + h \times \frac{l}{d} \tag{4-61}$$

式中：H_m——m 点的高程（在图中为 54m）。

三、地形碎部点的测绘方法

根据所用仪器的不同，地形碎部点测绘的传统方法有大平板仪（光电测距照准仪）测图法、经纬仪测绘（测记）法及小平板仪联合经纬仪测图法等。下面仅阐述经纬仪测绘（测记）法的具体做法。

（一）安置仪器

将经纬仪安置于测站点（已展绘到图纸上的控制点）A 上，如图 4-12 所示，量取仪器高 i，并测定竖直度盘的指标差 x，然后照准另一控制点 B 作为起始方向，并在该方向上使水平度盘读数配置成 0°0′00″。

图 4-12　经纬仪测绘（测记）法

（二）观测

照准立在碎部点 1 上的视距尺，读取水平度盘读数或直接读取水平角、中丝读数（一般使中丝对准尺上仪器高 i 处）和视距间隔，并读出竖盘读数，分别记入地形碎部点测量记录表中，见表 4-8。观测 20 个左右的碎部点后，应检查起始方向，归零差不得大于 $\pm1.5'$。

地形碎部点测量记录表 表 4-8

测站 A； 后视点 B； 仪器高 $i=1.42$m； 指标差 $x=0$； 测站高程 $H_A=207.40$m

点号	视距 kn	中丝读数	竖盘读数	竖直角	初算高差(m)	$\Delta=i-v$ (m)	高差(m)	水平角	水平距离(m)	高程(m)	备注
1	76.0	1.42	93°28′	−3°28′	−4.95	0	−4.95	275°25′	75.7	202.8	屋角
2	75.0	2.42	93°00′	−3°00′	−3.92	−1.00	−4.92	372°30′	74.7	202.5	
3	51.4	1.42	91°45′	−1°45′	−1.57	0	−1.57	7°40′	51.4	205.9	鞍部
4	25.7	1.42	87°26′	+2°34′	+1.15	0	+1.15	178°20′	25.6	208.6	

（三）观测

绘图员将裱有图纸的绘图板安置在测站边，根据计算出的测站点到碎部点的水平角、水平距离，按照极坐标法，仍以图上的 ab 方向为零方向，用透明半圆仪量测水平角，得到自测站点到碎部点 1 的方向线，沿此方向线从 A 点截取水平距离在图上的长度，即得碎部点 1 的点位，展绘碎部点 1。碎部点的高程标注在该点位的右侧，同时还要避免与地物符号重叠，也不要标注在图廓外。用同样方法可测绘其他碎部点。

绘图员应边展绘点边对照实物进行检查核对，按照规定的地物、地貌图式绘图。这种方法在技术人员紧张的情况下，也可在野外用经纬仪观测碎部点的数据，做好记录并画出草图，而后在室内根据记录数据和草图来绘制地形图。

经纬仪测绘法测图，操作简单、方便，工作效率高，任务紧迫时可分组进行，因此此法得到了广泛的应用。其缺点是因在室内绘图不能对照实地及时发现问题，因此，成图后应到现场核对，以保证成图质量。

四、地形图的分幅与编号方法

为了便于管理和使用不同比例尺的地形图，地形图实行统一的分幅与编号。具体方法有：梯形分幅编号法（国际上通用）、矩形分幅编号法。

图幅的名称即图名，均以所在图幅内主要的地名命名，如图 4-13 的图名为“大王庄”。

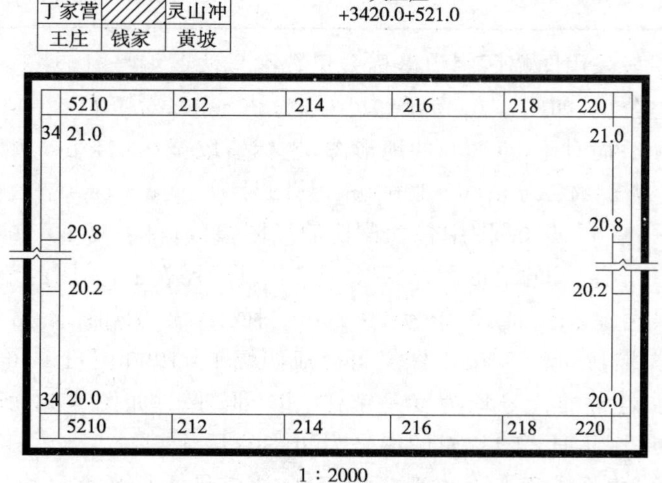

图 4-13　地形图的分幅与编号

为便于储存、检索和使用系列地图，每幅地图都有代号，每张地形图也有一定的图号。图号是该图幅相应分幅办法的编号，标注于图幅上方正中处。我国基本地图的编号是以 1∶100 万地形图的编号为基础进行系统编号的。1∶100 万地形图为国际统一的分幅与编号，按经纬线分幅。分幅与编号方法为：

1∶50 万地形图的编号是 1∶100 万地形图图号后加上大写字母 A、B、C、D。1∶20 万地形图图号是在 1∶100 万地形图图号后加上带方括号的自然序数[1]、[2]、…、[36]。1∶10 万地形图图号是在 1∶100 万地形图图号后加上自然序数 1、2、…、144。1∶5 万地形图图号是在 1∶10万地形图图号后加上大写字母 A、B、C、D。1∶2.5 万地形图图号是在 1∶5 万地形图图号后加上自然序数 1、2、3、4。1∶1 万地形图图号是在 1∶10 万地形图图号后加上带圆括号的自然序数(1)、(2)、…、(64)。1∶5000 地形图图号是在 1∶1 万地形图图号后加上小写字母 a、b、c、d。1∶2000 地形图图号是在 1∶5000 地形图图号后加上本比例尺的代号 1、2、…、9。

为了说明本幅图与相邻图幅的联系，供索取和拼接相邻图幅用时，通常把相邻图幅的图号(或图名)标注在邻接图表中。中间绘有斜线的是本图幅，其余方格注以相邻图的图名(或编号)，如图 4-13 所示。图廓是地形图的边界线，有内、外图廓之分，如图 4-13 所示，内图廓线就是坐标格网线，外图廓线为图幅最外边界线，以较粗的实线描绘，两图廓线之间的短线用来标记坐标值，以 km 为单位。图中左下角的 3420.0 表示本图的起始纵坐标为 3420km，中间横线上 34 两字省去不写，521.0 表示本图的起始横坐标为 521km。

土建工程使用的大比例尺地形图一般均为按坐标格网划分的正方形分幅编号法。1∶5000、1∶2000、1∶1000 和 1∶500 比例尺地形图的图幅如表 4-9 所示。1∶5000 的地形图的图幅为 40cm×40cm，其他比例尺的地形图图幅均为 50cm×50cm，这样，较小比例尺的地形图恰好为较大比例尺地形图的 4 幅。

地 形 图 的 图 幅 表 4-9

比例尺	图幅大小(cm×cm)	实地面积(km^2)	一张 1∶5000 的地形图所含图幅数
1∶5000	40×40	4	1
1∶2000	50×50	1	4
1∶1000	50×50	0.25	16
1∶500	50×50	0.0625	64

地形图的编号一般采用图幅西南角坐标公里数编号法。编号时，对于 1∶5000 的地形图，西南角坐标值取至整公里，如图 4-13 所示，其图号为 20～30；对于 1∶2000 和 1∶1000 的地形图，坐标值取至 0.1km；而对于 1∶500 的地形图，坐标值取至 0.01km。例如，某 1∶2000 的地形图，西南角坐标值为 x=46500m，y=19000m，其图号为 46.5～19.0。

按照图 4-14 中一幅 1∶5000 图中包含该比例尺图幅数，将一幅 1∶5000 的地形图作四等分，便得四幅 1∶2000 比例尺的地形图，分别以Ⅰ、Ⅱ、Ⅲ、Ⅳ表示，其图的编号可在 1∶5000 图编号后加上各自的代号Ⅰ、Ⅱ、Ⅲ、Ⅳ作为 1∶2000 图的编号，例如图 4-14 中左下角阴影部分为：20-30-Ⅲ。依次类推，一幅 1∶2000 图又可分成四幅 1∶1000 图；1∶1000 图再可分成四幅 1∶500 图，其后附加各自的代号均为罗马字Ⅰ、Ⅱ、Ⅲ、Ⅳ。如图 4-14 所示，其他阴影部分 1∶1000的编号为 20-30-Ⅱ-Ⅰ，1∶500 的编号为 20-30-Ⅰ-Ⅰ-Ⅰ。

当测区较小时，可根据工程条件和要求，采用自然序号或行列编号法，也可采用其他编号法。总之应本着从实际出发,根据测图、用图和管理方便及用图单位的要求灵活运用。

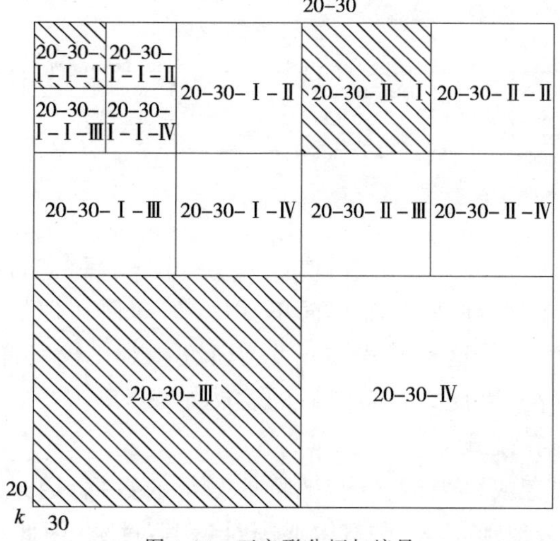

图 4-14 正方形分幅与编号

除正方形分幅外,也有采用矩形分幅的,图幅大小一般为 40cm×50cm。图号也可以采用图幅西南角坐标公里数编号法。

五、地物及其表示方法

凡地面上的自然形成物和人工构筑物统称为地物,如河流、湖泊、森林、房屋、道路等。地面上的地物在地形图上都是用简明、准确、易于判断实物的符号表示的,这些符号称为地形图图式,由国家测绘主管部门统一编制、印刷发行。地形图图式的符号按其特点又分为比例符号、非比例符号、半比例符号和注记符号等,各种符号的图形和尺寸,对于不同比例尺的测图,在地形图图式中都有统一的规定。各种符号是地形图阅读的主要依据,测图时必须正确使用。

有些地物的轮廓较大,如房屋、池塘、稻田等,这些地物能按测图比例尺缩绘在图纸上,所绘制的轮廓称为比例符号,也就是能表示地物位置以及它的形状和大小的符号;有些地物较小,如水井、独立树、旗杆、宝塔、测量控制点等,这些地物按测图比例尺缩小后在图上无法表示出来,必须采用一种特定的、统一尺寸的符号表示它的中心位置,这种符号称为非比例符号;有些呈线状延伸的地物,如铁路、道路、管线、河流、渠道、围墙、篱笆、城墙等,长度可按比例绘出,而宽度则不能,这种表示地物的符号称为半比例符号;用文字、数学或特殊的标记对地物加以说明的符号称为地物注记符号,如城镇名、道路名、高程注记、平面控制点、点号等。

在不同比例尺的地形图上表示地面上同一地物,由于测图比例尺的变化,所使用的符号也会变化。某一地物在大比例尺地形图上用比例符号表示,而在中、小比例尺地形图上则可能就变成为非比例符号或半比例符号。

六、全站仪数字化测图

利用全站仪能同时测定距离、角度、高差,提供待测点三维坐标,将仪器野外采集的数据,结合计算机、绘图仪以及相应软件,就可以实现自动化测图。

(一)全站仪测图模式

结合不同的电子设备,全站仪数字化测图主要有如图 4-15 所示三种模式。

1. 全站仪结合电子平板模式

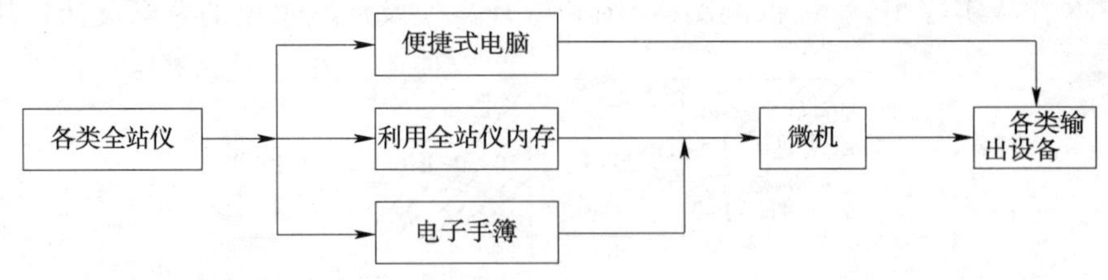

图 4-15　全站仪地形测图模

该模式是以便携式电脑作为电子平板，通过通信线直接与全站仪通信、记录数据，实时成图。因此，它具有图形直观、准确性强、操作简单等优点，即使在地形复杂地区，也可现场测绘成图，避免野外绘制草图。目前这种模式的开发与研究相对比较完善，由于便携式电脑性能和测绘人员综合素质不断提高，因此它符合今后的发展趋势。

2. 直接利用全站仪内存模式

该模式使用全站仪内存或自带记忆卡，把野外测得的数据，通过一定的编码方式，直接记录，同时野外现场绘制复杂地形草图，供室内成图时参考对照。因此，它操作过程简单，无须附带其他电子设备；对野外观测数据直接存储，纠错能力强，可进行内业纠错处理。随着全站仪存储能力的不断增强，此方法进行小面积地形测量时，具有一定的灵活性。

3. 全站仪加电子手簿或高性能掌上电脑模式

该模式通过通信线将全站仪与电子手簿或掌上电脑相连，把测量数据记录在电子手簿或便携式电脑上，同时可以进行一些简单的属性操作，并绘制现场草图。内业时把数据传输到计算机中，进行成图处理。它携带方便，掌上电脑采用图形界面交互系统，可以对测量数据进行简单的编辑，减少了内业工作量。随着掌上电脑处理能力的不断增强，科技人员正进行针对全站仪的掌上电脑二次开发工作，此方法会在实践中进一步完善。

（二）全站仪数字测图过程

全站仪数字化测图，主要分为准备工作、数据获取、数据输入、数据处理、数据输出五个阶段。在准备工作阶段，包括资料准备、控制测量、测图准备等，与传统地形测图一样，此处不再赘述，现以实际生产中普遍采用的全站仪加电子手簿测图模式为例，从数据采集到成图输出介绍全站仪数字化测图的基本过程。

1. 野外碎部点采集

一般用“解算法”进行碎部点测量采集，用电子手簿记录三维坐标（x，y，H）及其绘图信息。既要记录测站参数、距离、水平角和竖直角的碎部点位置信息，还要记录编码、点号、连接点和连接线型四种信息，在采集碎部点时要及时绘制观测草图。

2. 数据传输

用数据通信线连接电子手簿和计算机，把野外观测数据传输到计算机中，每次观测的数据要及时传输，避免数据丢失。

3. 数据处理

数据处理包括数据转换和数据计算。数据处理是对野外采集的数据进行预处理，检查可能出现的各种错误；把野外采集到的数据编码，使测量数据转化成绘图系统所需的编码格式。数据计算是针对地貌关系的，当测量数据输入计算机后，生成平面图形、建立图形文件、绘制等高线。

4. 图形处理与成图输出

编辑、整理经数据处理后所生成的图形数据文件，对照外业草图，修改整饰新生成的地形图，补测重测存在漏测或测错的地方。然后加注高程、注记等，进行图幅整饰，最后成图输出。

（三）数据编码

野外数据采集，仅测定碎部点的位置并不能满足计算机自动成图的需要，必须将所测地物点的连接关系和地物类别（或地物属性）等绘图信息记录下来，并按一定的编码格式记录数据。编码按照《基础地理信息要素分类与代码》(GB/T 13923—2006)进行，地形信息的编码由 4 部分组成；大类码、小类码、一级代码、二级代码，分别用 1 位十进制数字顺序排列。第一大类码是测量控制点，又分平面控制点、高程控制点、GPS 点和其他控制点四个小类码，编码分别为 11、12、13 和 14。小类码又分若干一级代码，一级代码又分若干二级代码。如小三角点是第 3 个一级代码，5 秒小三角点是第 1 个二级代码，则小三角点的编码是 113，5 秒小三角点的编码是 1132。

野外观测，除要记录测站参数、距离、水平角和竖直角等观测量外，还要记录地物点连接关系信息编码。现以一条小路为例（图 4-16），说明野外记录的方法。记录格式见表 4-10，表中连接点是与观测点相连接的点号，连接线型是测点与连接点之间的连线形式，有直线、曲线、圆弧和独立点四种形式，分别用 1、2、3 和空为代码，小路的编码为 443，点号同时也代表测量碎部点的顺序，表中略去了观测值。

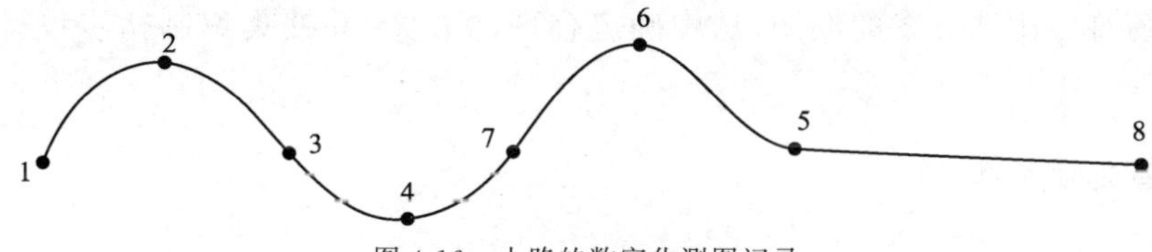

图 4-16　小路的数字化测图记录

小路的数字化测图编码　　表 4-10

单　　元	点　　号	编　　号	连　接　点	连接线性
第一单元	1	443-1		2
	2	443-2	1	
	3	443-3	2	
	4	443-4	3	
第二单元	5	443-5	8	−2
	6	443-6	5	
	7	443-7	4	
第三单元	8	443-8		1

目前开发的测图软件一般是根据自身特点的需要、作业习惯、仪器设备和数据处理方法制定自己的编码规则。利用全站仪进行野外测设时，编码一般由地物代码和连接关系的简单符号组成。如代码 F0、F1、F2…分别表示特种房、普通房、简单房…（F 字为“房”的第一拼音字母，以下类同），H1、H2…表示第一条河流、第二条河流的点位…。

习　题

4-14　中比例尺地形图采用(　　)方法测绘而成。

A. 经纬仪　　B. 电磁波测距仪

C. 全站仪　　D. 航空摄影测量或航天遥感数字摄影测量

4-15 测绘 1:5000 比例尺的地形图时,其比例尺的精度为(　　)。

A. 0.5m　　B. 1m

C. 5m　　D. 0.05m

4-16 根据所用仪器的不同,地形碎部点测绘的传统方法不包括(　　)。

A. 全站仪　　B. 大平板仪测图法

C. 经纬仪测绘法　　D. 销平板仪联合经纬仪测图法

4-17 1∶5000 的比例尺地形图图幅为(　　)。

A. 50cm×50cm　　B. 40cm×40cm

C. 40cm×50cm　　D. 60cm×60cm

第五节　初　　测

初测是两阶段设计和三阶段设计中第一阶段(初步设计阶段)的外业勘测与调查工作。

初测的目的是根据批复的《工程项目可行性研究报告》所拟定的修建原则和路线基本走向方案,通过现场对各比选方案的勘测,从中确定合理的方案,并搜集编制初步设计文件所需的勘测调查资料。

一、初测的前期工作

(一)准备工作

(1)根据初测需要,搜集与项目相关的技术、经济、社会及自然条件等资料。具体有:

①三角点、导线点、水准点、GPS 点等测量控制点及各种比例尺的地形图、航测像片等资料。

②沿线自然地理概况、地质、水文、气象、地震基本烈度等资料。

③沿线铁路、公路、航运、城建、农林、水利、电力、环保、国土资源、国防等部门与本项目有关的规划、设计、规定、科研成果等资料。

④改(扩)建公路还应搜集原有公路的测设、施工、养护、路况及交通量等资料。

(2)根据批复的工程可行性研究初步拟定的路线起终点、中间控制点及基本走向方案,在地形图、数字地面模型或航测相片上进行研究,初步确定初测的勘测方案。

(3)根据初步确定的勘测方案,编写工作大纲和技术设计书。在工作大纲中应写明测设组织形式、测设人员、人员分工、工作阶段划分、各阶段工期、质量保证措施等。在技术设计书中应写明资料搜集及可利用情况、仪器设备状况、测设内容、测设方法、测设深度、采用的技术标准及提供的资料等。

(二)现场踏勘

(1)根据准备阶段确定的初拟勘测方案,进行现场踏勘,主要内容有:

①核查搜集地形图的地形、地物的变化及初拟方案的影响。

②沿线居民点、农田水利设施、主要建筑设施和不良地质的分布情况及对初拟方案的影响情况,并对初拟方案作出相应的调整。

③沿线各种地上(下)管线、重要历史文物、名胜古迹、旅游风景区、自然保护区、景观区等的分布情况,并对初拟方案进行调整或拟定相应的环保措施。

④对沿线重点工程和复杂的大桥、中桥、隧道、互通式立体交叉等,应逐一落实其位置与相

应设置条件。

⑤对重要的路线方案、与地方规划或设施有干扰的方案，应征求当地政府或主管部门的意见。

⑥改(扩)建公路应对原有旧的路线线形、路基、路面、桥涵、防护和排水系统、交通事故与主要病害情况进行踏勘。

(2)对搜集的国家及有关部门布设的控制点的完好程度及可利用性进行检查，根据测区地形、植被覆盖情况结合技术条件确定控制测量方案。

(3)通过现场踏勘确定初测路线地形图测量范围和地形图测量方案。

(4)应调查沿线气象及交通条件等，确定外业勘测方案。

二、初测的要点

(一)平面控制测量

(1)公路平面控制测量，包括：公路、桥梁、隧道的平面控制测量。平面控制网的布设应遵循因地制宜、技术先进、经济合理、确保质量的原则。

(2)平面控制网宜全线贯通，统一平差。

(3)平面控制网测量应采用 GPS 测量、导线测量、三角测量、三边测量方法进行，路线平面控制测量宜采用导线测量方法进行。二级及二级以上公路必须进行平面控制测量，二级及以上公路应进行平面控制测量。

(4)各级公路、桥梁、隧道平面控制测量的等级不得低于表 4-11 的规定。

平面控制等级 表 4-11

高架桥、路线控制测量	多跨桥梁总长 L(m)	单跨桥梁 L_K(m)	隧道贯通长度 L_C(m)	测量等级
—	$L \geqslant 3000$	$L_K \geqslant 500$	$L_C \geqslant 6000$	二等
—	$2000 \leqslant L < 3000$	$300 \leqslant L_K < 500$	$3000 \leqslant L_C < 6000$	三等
高架桥	$1000 \leqslant L < 2000$	$150 \leqslant L_K < 300$	$1000 \leqslant L_C < 3000$	四等
高速、一级公路	$L < 1000$	$L_K < 150$	$L_C < 1000$	一级
二、三、四级公路	—	—	—	二级

(5)应根据公路等级、路线所在地区的地形和作业条件、拟投入的仪器设备、国家控制点数量和分布位置等，确定测量控制网的精度等级、布网方式和作业方式。

(6)可首先布设首级控制网，然后加密与公路、构造物等级相适应的控制网，也可一次性布设与公路、构造物等级相适应的控制网。

(7)应利用路线经过地区已有国家或其他有关部门的平面控制资料，但应进行以下工作：

①对原有控制点进行检测。

②控制测量的坐标系统与本路的坐标系统不一致时，应进行换算。

③原有平面控制点不能满足公路放线要求时，应按规定予以加密。

(二)高程控制测量

(1)同一个公路项目，应采用同一个高程系统，并应与相邻项目高程系统相衔接。不能采用同一系统时，应给定高程系统的转换关系。独立工程或三级以下公路联测有困难时，可采用假定高程。

(2)高程控制测量应采用水准测量或三角高程测量的方法进行，高程异常变化平缓的地区可使用 GPS 测量的方法进行，但应对作业成果进行充分的检核。

(3)路线高程控制网应全线贯通、统一平差。

(4)二级及二级以上公路必须进行高程控制测量。二级以下公路宜进行高程控制测量。

(5)各级公路及构造物的水准测量等级不得低于表4-12的规定。

公路及构造物的水准测量等级　　表4-12

高架桥、路线控制测量	多跨桥梁总长 L(m)	单跨桥梁 L_K(m)	隧道贯通长度 L_C(m)	测量等级
—	$L\geqslant 3000$	$L_K\geqslant 500$	$L_C\geqslant 6000$	二等
—	$1000\leqslant L<3000$	$150\leqslant L_K<500$	$3000\leqslant L_C<6000$	三等
高速、一级公路	$L<1000$	$L_K<150$	$L_C<3000$	四等
二、三、四级公路	—	—	—	五等

(6)各等级公路高程控制网最弱点高程中误差不得大于±25mm,用于跨越水域和深谷的大桥、特大桥的高程控制网最弱点高程中误差不得大于±10mm,每公里观测高差中误差和附合水准路线长度应小于表4-13的规定。

高程控制测量的技术要求　　表4-13

测量等级	每公里高差中数中误差(mm)		附合或环线水准路线长度(km)	
	偶然中误差	全中误差	路线、隧道	桥梁
二等	±1	±2	600	100
三等	±3	±6	60	10
四等	±5	±10	25	4
五等	±8	±16	10	1.6

(7)高程控制点的布设。路线高程控制点相邻点间的距离以1～1.5km为宜,特大桥构造物每一端应埋设两个(含两个)以上高程控制点。高程控制点距离路线中心线的距离应大于50m,小于300m。

(8)应利用路线经过地区已有国家或其他有关部门设置的高程控制点,但应进行以下工作:

①对原有高程控制点进行逐一检测。

②原高程系统与本路的高程系统不一致时,应进行换算。

(三)地形图的测绘

(1)各级公路均应进行根据设计需要进行地形图测绘。

(2)根据路线所在地区的地形、地物和植被覆盖情况、公路等级及所具备的经济、技术条件等,确定地形图的测绘方式,地形图比例尺、等高距的选择、精度要求应按《公路勘测规范》规定进行。

(3)地形图的测绘范围应根据公路等级、地形条件及设计需要等合理确定,应能满足线形优化及构造物布置的需要。二级及二级以上公路中线每侧不宜小于300m。高速公路和一级公路采用分离式路基时,地形图应覆盖中间带;当两条路线相距很远或中间带为大河与高山时,可不测绘中间带地形图。

(4)当公路等级低且无须利用地形图进行纸上定线时,可利用纵、横断面资料,配合测量仪器现场勾绘地形图。

(四)路线勘测与调查

(1)路线定线时,应充分了解并掌握沿线规划以及地形、地貌、地质、水文、气候、地下埋藏、地面建筑设施等情况。

(2)纸上定线应进行的勘测内容:

①应将具有特殊要求和控制的地点、必须绕避的建筑物或地质不良地带、地下建筑和管线等标注于地形图上。

②越岭路线需进行纵坡控制的地段,应在地形图上放坡,并将放坡点标示于图上。

③路线上一般地形变坡点可从图上判读,对高程要求较严格的路段和地点,如河堤、铁路、立体交叉、水坝、干渠、重要管线交叉等,应实测其高程,点绘纵断面图。

④对高填深挖地段、大型桥梁、隧道、立体交叉以及需要特殊控制的地段进行实地放桩,进行纵、横断面测量。

⑤应在地形图上点绘或实测控制性断面。

(3)现场定线应进行的勘测内容:

①现场定线一般适用于三、四级公路的线路选取。

②现场踏勘前,应在地形图上确定控制点、绕避点,选择路线通过的最佳位置。

③越岭路线或受纵坡控制的路段,应选择好坡面及展线方式进行放坡展线。

④现场定线时,可采用直接定交点法、延长直线钉设转点或交点的方法确定路线交点位置。

⑤选设的交点和转点作为测量控制点使用时,应进行护桩并按照二级平面控制测量的要求测定角度和长度。如不作为测控制点使用时,应将交点和转点与路线控制测量点联测,确定交点和转点坐标。

(4)不管是纸上定线还是现场定线,均应根据专业调查需要,进行路线放线。路线放线可采用极坐标法、GPS-RTK 法、链距法、偏角法、支距法等。

(5)定线放线的密度应满足勘测与调查的需要。放桩桩位、中桩高程及横断面测量精度要求按定测中路线中线敷设的要求执行。也可利用数字地面模型,内插中桩的高程和横断面数据。

(五)其他勘测与调查

(1)路基、路面及排水勘测与调查。

(2)小桥勘测与调查。

(3)大、中桥勘测与调查。

(4)隧道勘测与调查。

(5)路线交叉勘测与调查。

(6)沿线设施勘测与调查。

(7)环境保护调查。

(8)沿线筑路材料调查。

(9)临时工程勘测与调查。

(10)工程经济调查。

(六)初测的内业工作

1. 初测内业工作的主要内容

(1)对外业资料进行检查、复核和签署,对测绘资料进行限差检查并按规定进行计算,对测绘成果进行精度分析和评价。

(2)对勘测成果进行内部自检和验收。

(3)按专业分类编制外业勘测成果图表及勘测报告。

(4)方案调整时,应补充相应的勘测调查资料。

2.初测应提交的成果

(1)测量成果及计算等资料。

(2)各种调查、勘测原始记录及检验资料。

(3)勘测报告及有关协议、纪要文件。

(4)根据设计需要编制的各种图表、说明资料。

习　题

4-18　下列关于平面控制测量说法错误的是(　　)。

A.平面控制网的布设应遵循因地制宜,技术先进,经济合理,确保质量的原则

B.平面控制网宜全线贯通,统一平差

C.二级及以上公路可不进行平面控制测量

D.可首先布置首级控制网,其次加密与公路和构造物等级相适应的控制网

4-19　各等级公路高程控制网最弱点高程中误差不得大于(　　)。

A.±10mm　　B.±15mm

C.±20mm　　D.±25mm

4-20　下列关于现场定线勘测内容说法错误的是(　　)。

A.现场定线一般适用于一、二级公路的路线选取

B.现场踏勘前,应在地形图上确定控制点,绕避店,选择最佳路线

C.越岭路线或受纵坡控制的路段,应选择好坡面及展线方式进行放坡展线

D.现场定线时,可采用直接定交点法、延长直线钉设转点或交点的方法确定路线交点位置

第六节　定　　测

道路定测,是施工图设计阶段的外业勘测和调查工作,即定线测量。

定测的目的是根据批准的初步设计文件及确定的修建原则和工程方案,结合自然条件与环境,通过优化设计后进行实地定桩放线,准确测定路线线位和构筑物位置,为道路施工图设计提供准确、可靠的勘测调查资料。

一、定测的准备工作

(一)收集资料

应搜集工程可行性研究、初步设计阶段勘测、设计的有关资料以及审查、批复意见。

(二)拟定勘测方案

根据任务的内容、规模和仪器设备情况,拟定勘测方案。

（三）现场核查

（1）对初步设计所搜集的资料进行现场核查。

（2）对沿线地形、地貌及地物的变化情况进行核查。

（3）对初测阶段施测的路线平面、高程控制点的点位分布情况进行全面检查。

①对初测阶段设置的平面、高程控制点的点位分布情况进行全面检查。

②当控制点的点位分布满足设计要求时，应对其进行全面检测，检测成果与初测成果的较差在限差以内时，应采用原成果作为作业的依据。

③当个别段落控制点分布由于损坏或因方案变更造成不能满足设计要求时应进行补设，高程控制测量可采用同级控制加密，平面控制测量连续补点不大于3个时，可进行同级加密，技术要求与精度应符合规定。

④当检测成果与初测成果的较差超出限差或控制点分布不能满足设计要求时，应对整个控制网进行复测或重测，并应重新进行平差计算。

二、定测的要点

对方案明确、地形地质条件比较简单的二、三、四级公路的勘测，可采用一次定测，定测一般分为选线组、测角组、中桩组、水平组、横断面组、调查组、路基路面组、桥涵隧道组、内业组共九个作业组进行。

高等级公路测设，一般采用两阶段或三阶段，多用纸上定线法。首先在地形图上定出交点，从地形图上读出各交点的大地坐标，根据各交点的坐标计算出交点间距和导线方位角，再计算出转角，再确定每个交点曲线半径值和缓和曲线长度，从而计算出曲线要素与主点桩号，定出路线，然后用全站仪或GPS置于实地，根据中桩的大地坐标将其放到实地上，再搜集相关外业资料。该方法取消了实地测角和测距的工作，从而取消了测设中误差传递和积累，解决了不能和国家控制点闭合的问题。外业勘测时，将选线组、测角组、中桩组组合成一个中线组，如果采用GPS-RTK技术放样，还可在中线放样的同时完成中桩抄平工作。

（一）路线勘测

1. 选线与放线

定测阶段应根据批复的初步设计方案，结合现场地形、地物条件或初设审查意见等进一步优化、调整与完善线形线位及构造物位置。若初测阶段采用的是现场定线，定测阶段一般是在实地现场调整交点位置与曲线参数，对路线进行优化。若初测阶段采用的是纸上定线，定测阶段一般是在地形图上调整交点位置与曲线参数，对路线进行优化，并根据控制测量桩和纸上定线计算成果进行实地放线。

2. 中线敷设

（1）中线敷设方法

路线中线敷设可采用极坐标法、GPS-RTK法、链距法、偏角法、支距法等方法进行。高速、一级、二级公路宜采用极坐标法、GPS-RTK法，直线段可采用链距法，但链距长度不应超过200m。

（2）中线敷设位置

需要钉设的中桩包括：路线的起终点桩、公里桩、百米桩、主点桩、桥梁或隧道中轴线控制桩，以及按桩距要求根据地形、地物、地质需要设置的加桩等。

路线经过下列位置应设加桩：路线纵、横向地形变化处；路线与其他线状物交叉处；拆迁建筑物处；桥梁、隧道、涵洞等构造物处；土质变化及不良地质地段起、终点处；道路轮廓及交叉中心；省、地（市）、县级行政区分界处；改、扩建公路地形特征点、构造物和路面面层类型变化处。

路线中桩间距，应满足表 4-14 的规定。

中桩间距　表 4-14

直线(m)		曲线表中尺为平曲线半径(mm)			
平原、微丘	重丘、山岭	不设超高的曲线	$R>60$	$30<R<60$	$R<30$
50	25	25	20	10	5

(3)中桩桩位精度

中桩桩位精度应满足表 4-15 的要求。

中桩平面桩位精度　表 4-15

公　路	平原微丘		重丘、山岭	
高速公路，一、二级公路	≤±5	≤±10	≤10	≤20
三级及三级以下公路	≤±5	≤±15	≤20	≤30

(4)断链及处理

断链桩宜设置于直线段，不宜设在桥梁、隧道、立交等构造物范围之内。断链桩上应标明换算里程及增减长度。

(二)中桩高程测量

1. 中桩高程测量方法

中桩高程测量可采用水准测量、三角高程测量或 GPS-RTK 方法测量施测，并闭合于路线高程控制点。

2. 中桩高程测量精度与要求

(1)应测至桩志处的地面，读数精度至厘米，其测量的精度指标应符合表 4-16 的规定。沿线需要特殊的建筑物、管线、铁路轨顶等，应按规定测出其高程，两次测量之差应小于 2cm。

中桩高程测量精度　表 4-16

公路等级	闭合差(mm)	两次测量之差(mm)
高速公路，一、二级公路	$\leqslant 30\sqrt{L}$	≤5
三级及三级以下公路	$\leqslant 50\sqrt{L}$	≤10

(2)用三角高程测定中桩高程时，每一次距离应观测一测回两个读数，垂直角应观测一测回。

(3)用 GPS-RTK 方法时，求解转换参数采用的高程控制点不应少于 4 个，且应覆盖整个中桩高程测量区域，流动站至最近高程控制点的距离不应大于 2km，并应利用另一个控制点进行检查，检查点的观测高程与理论值之差应满足表 4-16 两次测量之差的 0.7 倍。

(三)横断面测量

1. 横断面测量方法

高速、一级、二级公路横断面测量应采用水平仪-皮尺法、GPS-RTK 法、全站仪法、架置式无棱镜激光测距仪法；无构造物及防护工程路段可采用数字地面模型方法、手持式无棱镜激光测距仪法；特殊困难地区和三级及三级以下公路，可采用数字地面模型方法、手持式无棱镜激光测距仪法、抬杠法。

2.横断面测量精度与要求

(1)断面中的距离、高差的读数精确至0.1m，检测互差限差应符合表4-17的规定。

横断面检测互差限差　　表4-17

公路等级	距离(m)	高差(m)
高速公路，一、二级公路	$L/100+0.1$	$h/100+L/200+0.1$
三级及三级以下公路	$L/50+0.1$	$h/50+L/100+0.1$

(2)断面测量的宽度应满足路基及排水设计、附属物设置的需要。

(3)用无棱镜激光测距仪法测量时，其距离和高差应观测两次，两次读数之差不超过表4-17的规定时，取平均值作为最终观测值。

(4)断面测量应逐桩施测，其方向应与路线中线切线垂直。

(5)断面测量除应观测高程变化点之间的距离和高差外，还宜观测最远点到中桩的距离和高差，其与高程变化点之间的距离和高差总和之差不应大于表4-17的规定。

(6)高速公路、一级公路的分离式路基和二、三、四级公路的回头弯路段，应测出联通上、下行路线横断面，并应标明相关关系。

(7)断面测量应反映地形、地物情况，横断面应在现场点绘成图，并及时核对；采用测记法室内点绘时，必须进行现场核对。

(8)数字地面模型获取横断面数据时，其航空摄影成图及DM建立，除应满足相关要求外，在相片控制测量时应对植被茂密的地段适当加密像控点，在相片调绘时应加强对沿线陡坎、植被、建筑物等的调查，并对植被茂密、峡谷等地段进行横断面抽查，抽查比例大于5%。

(四)地形测量

1.地形测量方法

实测地形图可选用测记法、测绘法等成图方法。距离测量可采用视距法或光电测距法，也可用GPS-RTK方法测量地形。定测阶段，局部地区地物发生变化的路段，地形图修测可使用交会法；地形、地物变化较大或采用交会法施测困难时，应利用导线点、图根点进行。

2.地形测量要求

(1)定测时应利用初测地形图，并进行现场核对。地形、地物发生变化的路段，应予修测；地形图范围不能满足设计要求时，应进行补测；变化较大时，应予重测。

(2)原有导线点、图根点不能满足修测、补测和重测需要时，应进行导线点补测。

(3)修测、补测和重测地形图的技术要求和精度应符合地形测图的规定。

(五)桥涵测量

1.桥址测量

(1)在桥位选定后，在桥头两岸距离岸边10～20m处各钉中线桥位桩一个，然后沿桥位桩间施测桥址中线纵断面、平原区河沟仅当沟形弯曲或桥位斜交时，需要在桥位上下游侧墙及锥形护坡坡脚处增测1～2条平行线路的纵断面；山区河沟一般增测2～3条平行纵断面。平行纵断面需测到河岸以上，起测点位置和高程要和中线桥位桩和路线中桩取得联系。

(2)河床比降图的测绘

桥址附近的河床比降图需显示出其上下游沟底纵剖面有无陡坡、跌水及淤积、冲刷等现象，便于考虑是否需要设缓流设备，河床是否开挖和河床如何加固等，另外在孔径水力计算中需计算河沟的天然水深、河床比降的数值。

(3)桥址地形图测绘

小桥涵一般无须测绘地形图，当桥址上下游河沟弯曲、地形起伏、水流流向紊乱等情况时，需进一步研究桥位布置、改移河道和设置导流工程或复杂的弯桥和斜桥时，应实测桥址等高线地形图，测图范围以满足设计需要为准。

2.涵址测量

(1)涵位中心纵断面测量

当涵位及其与路线的交角选定后，应自涵位中桩沿涵洞中线方向分别向上下游施测纵断面，施测长度一般各为15～20m。每一测点的地貌特征应予以记录，注明是沟底还是沟边位置，以便决定涵底高程和比降。

(2)涵底河沟横断面测量

在涵位中桩及其上下游进出口翼墙处，各测一个垂直于涵位中线的横断面，以便了解涵位附近的地形地貌，便于检查涵址及其与路线的交角是否合适，涵身与翼墙基础有无悬空现象，从而更合理地布设翼墙及洞口加固与缓流设备等。

(3)涵址平面示意图勾绘

为了便于内业设计时了解涵址附近的地形、地貌现象，当地形较为复杂、河沟较弯曲、涵位与路线斜交、上下游河沟需要改道或与其他建筑物有干扰时，有必要勾绘出涵址的平面示意图。

(六)定测调查

1.调查的任务

调查的主要任务是根据道路测设任务的要求，通过对道路所经地区的自然条件和技术经济条件进行调查，为道路选线和内业设计提供原始资料。

2.调查的工作内容

调查的主要内容有工程地质情况调查、筑路材料情况调查、小桥涵情况调查、预算资料调查和杂项调查等。

(1)工程地质情况调查

工程地质情况调查包括路线、路基和路面等方面。通过调查、观测和必要的勘探、试验，进一步掌握与评价路线通过地带的工程地质和水文地质情况，为正确选定路线位置，合理进行纵坡、路基、路面、隧道、桥涵等设计提供准确的工程地质依据。

①路线方面应调查的内容有：

在工程地质复杂和工程建设条件艰巨地段，会同选线人员研究路线布设及所采取的工程措施。

调查沿线范围内的地貌单元和地貌特征、地质构造、岩性、植被、土壤种类以及不良地质现象等情况，并分段进行工程地质评价。

分段测绘具有代表性的工程地质横断面，标明土、石分类界限，并划分土石等级。

调查气象、地震及施工、养护经验等资料。

编写地质情况说明书。

②路基应调查的内容有：

调查分析自然山坡或路基边坡的稳定情况，根据地质构造、岩性及风化破碎程度以及其他影响边坡稳定的因素，提出路堑边坡坡度大小及防护加固措施。

路基坡面及支挡构造物调查，提出结构类型、基础埋置深度等措施意见。

路基土壤及排水条件调查，提出路基土壤分类和水文地带类型。

③路面应调查的内容有：

搜集有关气象资料、地貌条件，划定各路段的道路气候分区，并提出土基回弹模量建议值，供路面设计使用。

调查当地常用路面结构类型和经验厚度。

特殊不良地质地区，如黄土、盐渍土、沙漠、沼泽以及滑坡、岩溶、泥石流等不良地质条件的综合性地质调查与观测，为制订防治措施提供资料。

(2)筑路材料情况调查

在道路建设中，需要大量的筑路材料来修建路基、路面、桥涵、挡土墙以及其他构造物，筑路材料的质量、数量以及运距，直接影响工程的建造质量和造价。进行筑路材料调查的任务是根据适用、经济和就地取材的原则，对沿线料场的分布情况进行广泛的调查，以探明其数量、质量及开采条件，为施工提供符合要求的料场。

筑路材料按其来源不同，有外购材料和自采材料。外购材料，主要包括钢材、水泥。木材、炸药、雷管、沥青等，其调查主要是向市场了解单价、供货单位及运输方法等，以供设计编制工程预算。自采材料，主要是指当地自采的块石、片石、碎石、砂、黏土等天然材料以及石灰、炉渣等当地材料；自采材料的调查，一方面为工程施工提供料源充足的产地，另一方面为编制预算提供材料价格依据。

通过实地勘查与调查，应提出的资料成果有：

①编制沿线筑路材料一览表，并注明料场的位置、材料的名称、规格和储藏量等信息。

②绘制自采材料示意图，明确各个料场的供应范围。

③确定材料的开采和运输方法，计算材料单价。

④编制筑路材料试验分析一览表。

⑤编制筑路材料说明书。

(3)小桥涵情况调查

①桥涵水文资料调查。

桥涵水文资料调查的目的，是为确定设计流量和孔径提供资料，具体调查内容根据水文计算要求确定。对于跨径 1.5m 以下的小涵洞，可不进行水文孔径计算，通过实地勘查，用目估法直接确定孔径。

②桥涵位置调查。

小桥涵位置原则上应服从路线走向，应全面综合考虑和比较，使全部工程量小，造价低，进口要顺，水流要稳，不发生斜流、涡流等现象，以免冲刷洞口、堤坝或农田，保证农业灌溉、排洪的需要。

③桥涵设置地点调查。

桥涵设置地点调查主要是天然河沟与路线相交处，农田灌溉渠与路线相交处，路线通过较长的低洼地带及沼泽地带、天然积水洼地等处的调查。

④小桥涵类型的调查。

小桥涵类型的调查主要是小桥涵建筑材料的类型、涵洞的填土高度、桥涵的水力性质、涵洞的洞身形式等内容的调查。

⑤桥涵地质调查。

桥涵地质调查的目的是探明桥涵基底工程地质及水文地质情况，为正确选定桥涵及附属构造物的基础类型和尺寸、埋置深度等提供资料。调查内容包括：地基土壤类别与特征，有无不良地质情况，土壤冻结深度及水文地质对桥涵基础与施工有无影响等。

桥涵地质调查方法以调查为主，挖探为辅，当地质条件比较简单，通过天然岩石露头情况调查、访问当地群众等方式，对原有桥涵进行调查，或向当地有关地质部门取得当地的区域地质资料，能够判明桥涵基底地质情况时，可不进行专门的勘探工作。当上述手段不能够查明地质情况或设计有特殊需要时，应挖探或辅以钻探。

⑥资料整理。

小桥涵情况调查，应完成以下资料的整理：

填写小桥涵野外资料调查记录本；

填写原有桥涵资料调查记录本；

附属工程调查的有关资料。

(4)预算资料调查

施工预算是道路设计文件的重要组成部分，进行预算资料调查的目的是为编制预算提供资料。调查应按《道路建设概预算编制办法》的有关规定执行，主要内容有：

施工组织形式调查，向建设投资部门调查落实施工组织形式，以便正确使用有关定额和费用标准。

工资标准调查，调查工程所在地区工资计算方法和有关工资现行标准。

外购材料及交通运输调查，向地方物资和商业部门调查当地材料、外购材料以及零星材料的价格、规格、运距、运输方式、供应数量及材料包装情况等。

材料运输费用调查，向当地交通运输部门调查施工期间可能提供的运输方式和车辆数量、运输路线和里程、各种运输工具的价格、装卸费、回空费及物资类别等级规定等。

气温、雨量、施工季节等的调查。

其他费用调查，其他费用在概预算中占有相当大的比例，应根据工程地区、施工组织形式等具体情况进行调查，内容包括施工队伍调迁费、冬雨期施工增加费、伙食运输补贴、职工取暖补贴及特殊费用等。

(5)杂项调查

当路线方案确定后，应根据测设初步成果，沿路线所经地区进行图样核对，检查设计是否妥当，并调查工程占地、拆迁等情况，为内业设计搜集原始资料。主要调查内容有：

测设成果现场复核。为保证设计质量，对于外业测量及内业成果必须进行实地复核。首先，核对路线地形及纵、横断面图与实际情况有无出入，然后根据纵断面拉坡、横断面“戴帽子”，进一步检查纵断面设计高程是否合适，路基横断面处理有无问题，有问题可就地调整更改。

占地调查。道路工程建设占用土地应逐段按土地类别(旱地、水田、菜地、果园、经济林等)分布统计占地数量及土地所属单位，并向有关部门调查有关补偿的规定，如土地征用价格、临时占用土地的青苗补偿标准等。

拆迁调查。主要包括因工程影响而必须拆迁的各类房屋、水井、坟墓及其他建筑物等。调查内容有：建筑物名称、结构类型与等级、所在位置、拆迁数量、所属单位及补偿标准等。

迁移电信、电力设施调查。调查需要迁移的电信、电力设备数量，编号及所在位置，会同电力、电信部门现场核查，协商迁移与补偿办法，并联系架设工地临时电力、电信设备等有关事宜。

工程配合调查。公路跨越铁路或水利设施等发生干扰时，应会同有关单位实地研究，协商解决办法，共同拟定施工配合方案及工程费用摊付办法。

(七)定测的内业工作

1.定测内业工作主要内容

(1)对下列各项外业资料进行检查、复核和签署，检查、复核内容包括测量方法的正确性、野外计算的正确性、记录的完整性等，检查各项勘测调查项目、内容及详细程度是否满足施工图设计要求。其主要内容包括：

控制点点之记。

平面、高程控制测量野外记录手簿。

地形图测量的记录数据。

中桩放样记录手簿。

中平测量记录手簿。

横断面测量记录手簿。

各专业勘测调查记录手簿。

(2)对勘测成果进行内部自检和验收。对测绘资料进行限差检查并按规定进行计算，对测绘成果进行精度分析和评价。

(3)向有关部门搜集的资料，应检查、分析其是否齐全、可靠、适用、正确。

(4)对地形复杂的路线、不良地质地段、大型桥隧、立体交叉地段的勘测调查资料，必须进行现场核对。

(5)应按专业分类编绘外业勘测成果图表并编制勘测报告。

2.定测应提交的成果

(1)控制测量、补测或复测记录、计算和成果资料，地形图补充测量资料。

(2)各种调查、勘测原始记录、图纸及资料。

(3)各专业勘测调查的质量检查及分析评定资料。

(4)外业勘测说明书及有关协议和文件。

(5)根据设计需要编制的各种图表、说明资料。

3.检查验收

外业完成后，应经过主管部门的检查验收，经确认方能离开现场或开展设计工作。

习　　题

4-21　平原或微丘路线中桩间距应为(　　)。

A. 50m　　B. 40m　　C. 30m　　D. 25m

4-22　中桩高程测量方法有哪些(　　)。

A. 水准测量　　B. 三角高程测量

C. GPS－RTK 方法测量　　D. 以上都是

4-23　高速公路，一级和二级公路两次测量之差应满足(　　)。

A. ≤5mm　　B≤10mm　　C. ≤15mm　　D. ≤20mm

4-24　三级及三级以下公路横断面中的距离公式(　　)。

A. $0.1+L/100$　　B. $0.1+L/50$　　C. $0.1+L/200$　　D. $0.1+L/150$

习题参考答案

4-1　A	4-2　B	4-3　D	4-4　A	4-5　B
4-6　C	4-7　A	4-8　B	4-9　C	4-10　D
4-11　D	4-12　D	4-13　A	4-14　D	4-15　A
4-16　A	4-17　B	4-18　C	4-19　D	4-20　A
4-21　A	4-22　D	4-23　B	4-24　B	

第五章　结构设计原理

复 习 指 导

根据考试大纲要求，本章包括了钢筋混凝土结构、砌体结构的部分内容，主要考查道路工程师是否掌握结构设计所需的基础理论知识。考生应紧扣大纲内容，全面复习与突出重点相结合，即通过复习教程对基本概念、基本原理和基本知识有一个整体把握，并在此基础上对每节的主要内容重点复习，重点掌握。

根据基础考试命题的特点，复习时不要偏重难度大，过于繁杂的知识，而应注重“基本”知识的理解和记忆，掌握“基本”概念、“基本”假设、“基本”思想及主要结论和应用。

结构设计包括了三类不同的结构，每一类结构基本由三部分组成，即：①材料性能；②基本计算方法；③构造。不同类型的结构之间，或同一类结构的不同受力构件之间存在着相同点与不同点，应善于分析比较，找出规律性，这样不仅可以加深记忆，也可事半功倍。

第一节　钢筋混凝土结构的设计原则

一、钢筋与混凝土之间的黏结与锚固

（一）钢筋与混凝土之间的黏结

钢筋混凝土结构中，钢筋和混凝土这两种材料能共同工作的基本前提是：

(1)钢筋和混凝土之间具有足够的黏结强度，能承受由于变形差（相对滑移）沿钢筋与混凝土接触面上产生的剪应力。

(2)钢筋和混凝土的线膨胀系数较为接近（钢为 1.2×10^{-5}，混凝土为 $1.0\times10^{-5}\sim1.5\times10^{-5}$），温度变化时不会产生较大的温度应力而破坏两者的黏结。

(3)包围在钢筋外面的混凝土可以保护钢筋免遭锈蚀。

1.黏结机理

光圆钢筋与混凝土的黏结作用主要由以下三部分组成：

(1)混凝土中水泥胶体与钢筋表面的化学胶着力。

(2)钢筋与混凝土接触面上的摩擦力。

(3)钢筋表面粗糙不平产生的机械咬合力。

其中，胶着力所占比例很小，发生相对滑移后，黏结力主要由摩擦力和咬合力提供。光圆钢筋的黏结强度较低，为1.5～3.5MPa。光圆钢筋拔出试验的破坏形态是钢筋自混凝土中被拔出的剪切破坏，其破坏面就是钢筋与混凝土的接触面。

带肋钢筋由于表面轧有肋纹，能与混凝土犬牙交错紧密结合，其胶着力和摩擦力仍然存在，但主要是钢筋表面凸起的肋纹与混凝土的机械咬合作用。带肋钢筋的肋纹对混凝土的斜

向挤压力形成滑移阻力，斜向挤压力沿钢筋轴向的分力使带肋钢筋表面肋纹之间混凝土犹如悬臂梁受弯、受剪；斜向挤压力的径向分力使外围混凝土犹如受内压的管壁，产生环向拉力。因此，变形钢筋的外围混凝土处于复杂的三向应力状态，剪应力及拉应力使横肋混凝土产生内部斜裂缝，而其外围混凝土中的环向拉应力则使钢筋附近的混凝土产生径向裂缝。

2.钢筋与混凝土之间的黏结应力

钢筋与混凝土接触的界面上沿钢筋纵向分布的纵向剪应力称为黏结应力。在下列三种情况下可能产生黏结应力：

(1)当钢筋伸入混凝土支座内并受到拉力或压力时，在钢筋锚固长度的范围内产生与拉力或压力相平衡的纵向剪应力，称为锚固黏结应力。

(2)当弯矩沿跨度方向变化时，相邻截面的受拉钢筋的应力也发生变化，产生应力差，这使混凝土与钢筋之间产生了黏结应力，称为弯曲黏结应力。

(3)当弯矩与轴力沿纵向不变，构件一旦开裂，则在两相邻裂缝之间的钢筋应力不均匀，存在应力差，在混凝土与钢筋之间产生黏结应力，称为局部黏结应力。

3.影响黏结强度的因素

影响钢筋和混凝土黏结强度的因素主要有钢筋表面形状、混凝土强度、浇筑位置、保护层厚度和钢筋净间距等。

(1)带肋钢筋与混凝土的黏结强度比光圆钢筋大 2～3 倍；螺纹钢筋与混凝土的黏结强度比月牙钢筋高 10％～15％。

(2)光圆钢筋和变形钢筋的黏结强度均随混凝土强度等级提高而非线性提高；黏结强度与混凝土抗拉强度大致成正比。

(3)黏结强度与钢筋所处的位置有关。水平位置钢筋下面混凝土的下沉和泌水可能削弱钢筋与混凝土间的黏结。

(4)钢筋之间的净距对黏结强度有重要影响。截面上一排钢筋根数越多、净距越小，黏结强度降低越多，钢筋外围混凝土还可能产生劈裂裂缝。

(5)混凝土保护层太薄易导致沿纵向钢筋方向的劈裂裂缝，并使黏结强度显著降低。

(二)钢筋的锚固

根据《公路钢筋混凝土及预应力混凝土桥涵设计规范》(JTG 3362—2018)(简称《公路混凝土规范》)的规定：当计算中充分利用钢筋的强度时，其最小锚固长度 l_a 应符合表 5-1 的规定。

钢筋最小锚固长度 l_a 表 5-1

钢筋种类		HPB300				HRB400、HRBF400、RRB400			HRB500		
混凝土强度等级		C25	C30	C35	≥C40	C30	C35	≥C40	C30	C35	≥C40
受压钢筋(直端)		$45d$	$40d$	$38d$	$35d$	$30d$	$28d$	$25d$	$35d$	$33d$	$30d$
受拉钢筋	直端	—	—	—	—	$35d$	$33d$	$30d$	$45d$	$43d$	$40d$
	弯钩端	$40d$	$35d$	$33d$	$30d$	$30d$	$28d$	$25d$	$35d$	$33d$	$30d$

注：1. d 为钢筋直径。

2. 对于受压束筋和等代直径 $d_e \leqslant 28$mm 的受拉束筋的锚固长度，应以等代直径按表列值确定，束筋的各单根钢筋在同一锚固终点截断；对于等代直径 $d_e > 28$mm 的受拉束筋，束筋内各单根钢筋，应自锚固起点开始，以表内规定的单根钢筋的锚固长度的 1.3 倍，呈阶梯形逐根延伸后截断，即自锚固起点开始，第一根延伸 1.3 倍单根钢筋的锚固长度，第二根延伸 2.6 倍单根钢筋的锚固长度，第三根延伸 3.9 倍单根钢筋的锚固长度。

3. 采用环氧树脂涂层钢筋时，受拉钢筋最小锚固长度应增加 25％。

4. 当混凝土在凝固过程中易受扰动时，锚固长度应增加 25％。

5. 当受拉钢筋末端采用弯钩时，锚固长度为包括弯钩在内的投影长度。

受拉钢筋端部弯钩应符合表 5-2 的规定。

受拉钢筋端部弯钩 表 5-2

弯曲部位	弯曲角度	形　　状	钢筋	弯曲直径(D)	平直段长度
末端弯钩	180°	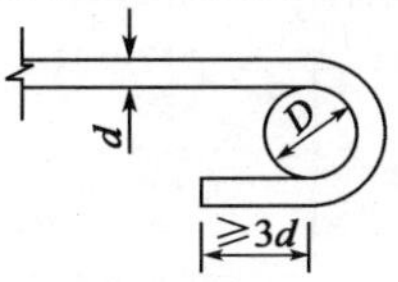 d　D　≥3d	HPB300	≥2.5d	≥3d
	135°	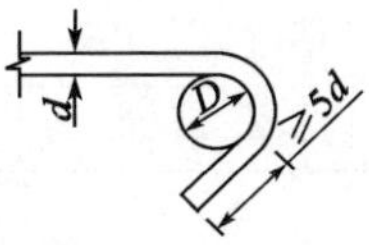 d　D　≥5d	HRB400 HRB500 HRBF400 RRB400	≥5d	≥5d
	90°	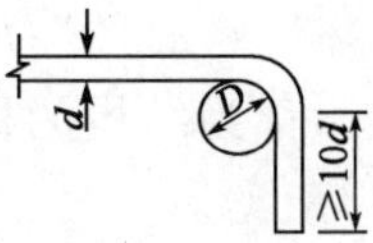 d　D　≥10d	HRB400 HRB500 HRBF400 RRB400	≥5d	≥10d
中间弯折	≤90°	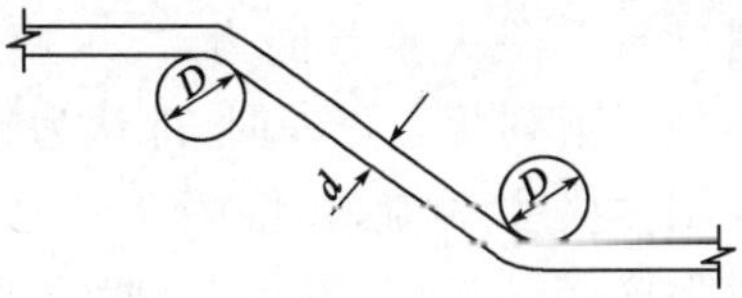 D　d　D	各种钢筋	≥20d	—

二、结构的极限状态设计方法

(一)结构功能要求

根据《公路工程结构可靠度设计统一标准》(GB/T 50283—1999)(简称《结构统一标准》)所确定的原则,结构设计时采用以概率理论为基础的极限状态设计方法,结构设计的目的是要使所设计的结构能够完成全部预定功能要求,并具有足够的可靠性。

(1)安全性

结构在正常设计、施工和使用条件下,应该能够承受可能出现的各种作用(各种荷载、外加变形、约束变形等)。而且在偶然荷载作用,或偶然事件发生时或发生后,结构应能保持必需的稳定性而不致倒塌。

(2)适用性

结构在正常使用时应能满足预定的使用要求,有良好的工作性能,其变形、裂缝或振动等性能均不能超过规定的限值。

(3)耐久性

结构在正常使用和正常维护条件下,在规定的使用期限内应有足够的耐久性,如保护层不能过薄,裂缝不得过宽,以免引起钢筋锈蚀;不发生混凝土严重风化、腐蚀、老化,以免影响结构的预定使用期限。

上述功能要求,即结构在规定的时间内(在设计基准期内),在规定的条件下(正常设计、正常施工、正常使用和正常维修)完成预定功能的能力,称为结构的可靠性。

根据《公路桥涵设计通用规范》(JTG D60—2015)(简称《公路通用规范》),桥梁的设计使用年限见表 5-3。

桥涵设计使用年限(年) 表 5-3

<table>
<tr><th rowspan="2">公路等级</th><th colspan="3">主体结构</th><th colspan="2">可更换部件</th></tr>
<tr><th>特大桥大桥</th><th>中桥</th><th>小桥涵洞</th><th>斜拉索吊索
系杆等</th><th>栏杆伸缩
装置支座等</th></tr>
<tr><td>高速公路
一级公路</td><td>100</td><td>100</td><td>50</td><td rowspan="3">20</td><td rowspan="3">15</td></tr>
<tr><td>二级公路
三级公路</td><td>100</td><td>50</td><td>30</td></tr>
<tr><td>四级公路</td><td>100</td><td>50</td><td>30</td></tr>
</table>

(二)结构的极限状态

结构能够满足结构功能要求即称结构“可靠”或“有效”;反之则称结构“不可靠”或“失效”。结构处于“可靠”或“失效”的某一特定临界状态,称为结构的极限状态。

我国《结构统一标准》将结构极限状态分为两类。

1.承载能力极限状态

承载能力极限状态是指结构或构件达到了最大承载能力,出现疲劳破坏或者产生了不适于继续承载的过大变形。当结构或构件出现了下列状态之一时,即认为超过了承载能力极限状态:

(1)整个结构或结构的一部分作为刚体失去平衡,如桥梁在风力作用下整体倾倒。

(2)结构构件或其连接因超过材料强度而破坏(包括疲劳破坏),如短的轴心受压构件中混凝土和钢筋分别达到抗压强度而破坏,构件中的钢筋锚固因长度不够而被拔出,或构件因过度变形(塑性)而不适于继续承载。

(3)结构转变为机动体系,如简支梁跨中截面达到抗弯承载力而形成三铰共线的机动体系,丧失承载能力。

(4)结构或构件丧失稳定,如细长柱达到临界荷载后压屈失稳而破坏(屈曲)。

(5)地基丧失承载能力而破坏(如失稳等)。

2.正常使用极限状态

正常使用极限状态是对应于结构或结构构件达到正常使用或耐久性能的某项规定限值。当出现下列状态之一时,即认为超过了正常使用极限状态:

(1)影响正常使用或有碍观瞻的变形,如梁的应变过大影响观瞻或正常使用。

(2)影响正常使用或耐久性的局部损坏,如裂缝过宽影响水池的正常使用或导致钢筋锈蚀。

(3)影响正常使用的振动,如楼盖梁板的振幅过大影响正常使用。

(4)影响正常使用的其他特定状态,如基础相对沉降过大等。

(三)结构的功能函数与极限状态方程

1.作用效应

施加在结构上的直接作用或者间接作用,以及在结构或结构构件内产生的内力和变形(如轴力、弯矩、剪力、扭矩、挠度、转角、裂缝、应力与应变等),总称为作用效应,用“S”表示。由直接作用产生的作用效应称为荷载效应,如汽车、人群和自重引起的作用。

2.结构杭力

结构或结构构件承受内力和变形的能力,总称为结构抗力,用“R”表示。如构件的承载能力、刚度，抵抗裂缝的能力等。结构抗力与结构构件的截面形式、尺寸、材料强度等级等因素有关。

3.结构的功能函数与极限状态方程

结构或结构构件的工作状态是处于安全可靠，还是处于失效状态，可以由反映作用效应 S 与结构抗力 R 两者之间关系的功能函数 Z 来表达。结构安全可靠的基本条件应符合式(5-1)的要求。

$$Z=g(R,S)=R-S\geqslant 0 \tag{5-1}$$

式(5-1)称为结构的功能函数，当结构处于极限状态时，则

$$Z=R-S=0 \tag{5-2}$$

式(5-2)称为结构的极限状态方程。

功能函数是判别结构失效或可靠的标准：

(1)当 $Z>0$ 时，结构处于可靠状态。

(2)当 $Z=0$ 时，结构处于极限状态。

(3)当 $Z<0$ 时，结构处于失效状态。

(四)结构可靠度及其指标

结构安全、适用、耐久是结构可靠的标志，总称为结构的可靠性。

1.结构可靠度的定义

结构的可靠度是指在规定的设计基准期(公路桥涵结构的设计基准期为100年)内，在规定的条件下(正常设计、正常施工、正常使用)，完成预定功能(结构安全性、适用性、耐久性)的概率。结构可靠度就是结构可靠性的概率度量。

2.结构的可靠概率、失效概率与可靠指标

若结构功能函数 $Z=R-S$ 的概率分布曲线如图5-1所示，属于正态分布，则结构的可靠概率 P_s、失效概率 P_f，结构的可靠指标之间存在下列关系。

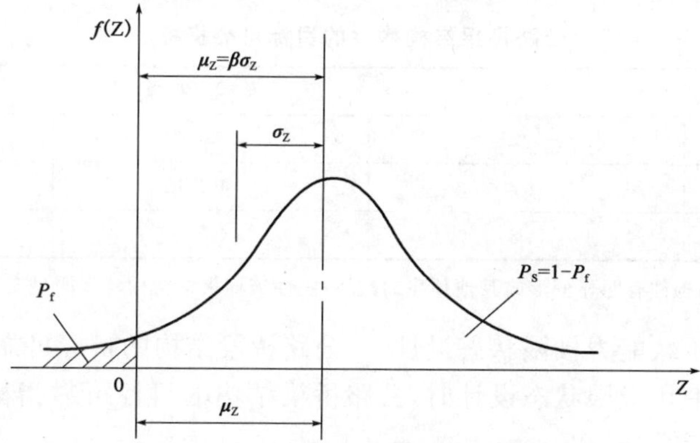

图5-1 正态分布图上可靠概率、失效概率和可靠指标的表示方法

(1)结构可靠概率是指结构能够完成预定功能的概率($Z=R-S>0$)，即

$$P_s=\int_0^{\infty} f(Z)\mathrm{d}Z \tag{5-3}$$

(2)结构失效概率是指结构不能完成预定功能的概率，即

$$P_f=\int_{-\infty}^{0} f(Z)\mathrm{d}Z \tag{5-4}$$

(3)结构的可靠概率与失效概率的关系为

$$P_s + P_f = 1 \tag{5-5}$$

或

$$P_s = 1 - P_f \tag{5-6}$$

(4)结构的可靠指标 β 为结构功能函数 Z 的平均值 μ_Z 与其标准差 σ_Z 的比值，即

$$\beta = \frac{\mu_Z}{\sigma_Z} \tag{5-7}$$

或

$$\mu_Z = \beta\sigma_Z \tag{5-8}$$

$$\mu_Z = \mu_R - \mu_S \tag{5-9}$$

$$\sigma_Z = \sqrt{\sigma_R^2 + \sigma_S^2} \tag{5-10}$$

式中：μ_R、σ_R——分别为结构抗力 R 正态分布随机变量平均值与标准差；

μ_S、σ_S——分别为作用效应 S 正态分布随机变量平均值与标准差。

用失效概率 P_f 来度量结构的可靠性有明确的物理意义，能较好地反映问题的实质。但结构功能函数包含多种因素影响，而且每一种因素不一定完全服从正态分布，需要对它们进行当量正态化处理，计算失效概率一般要进行多维积分，数学上复杂。由于可靠指标与失效概率 P_f 在数量上有一一对应关系，β 越大，P_f 越小；反之 β 越小，P_f 则越大。若用 β 来度量结构可靠度，可使问题简化。

3.目标可靠指标

在解决可靠性的定量尺度后，另一重要问题是选择作为设计依据的可靠指标，即目标可靠指标，以求达到工程上安全与经济的最佳平衡。目标可靠指标主要采用"校准法"并结合工程经验和经济优化原则加以确定。《结构统一标准》采用与国际标准《结构可靠性总原则》(ISO/DIS 2394)衔接的技术标准。其按持久状况进行承载能力极限状态设计时，公路桥梁结构的目标可靠指标应符合表 5-4 的规定。

公路桥梁结构构件的目标可靠指标 表 5-4

破坏类型	安全等级		
	一级	二级	三级
延性破坏	4.7	4.2	3.7
脆性破坏	5.2	4.7	4.2

注：表中延性破坏指结构构件有明显变形或其他预兆的破坏；脆性破坏指结构构件无明显变形或其他预兆的破坏。

按偶然状况进行承载能力极限状态设计时，公路桥梁结构的目标可靠指标，应符合有关规范的规定。进行正常使用极限状态设计时，公路桥梁结构的目标可靠指标可根据不同类型结构特点和工程经验确定。

三、极限状态设计表达式

《公路混凝土规范》采用的是近似概率极限状态设计法，具体设计计算应满足承载能力和正常使用两类极限状态的各项要求。

(一)三种设计状况

根据桥梁在施工和使用过程中面临的不同情况，规定了结构设计的三种状况：持久状况、短暂状况和偶然状况。这三种设计状况的结构体系、结构所处环境条件、经历的时间长短都是

不同的，所以设计时采用的计算模式、作用（或荷载）、材料强度的取值及结构可靠度水平也有差异。

1. 持久状况

持久状况指桥涵建成后承受自重、车辆荷载等作用持续时间很长的状况。该状况是指桥梁的使用阶段。这个阶段持续的时间很长，需对结构的所有预定功能进行设计，即必须进行承载能力极限状态和正常使用极限状态的计算。

2. 短暂状况

短暂状况指桥涵施工过程中承受临时性作用的状况。该状况对应的是桥梁的施工阶段。这个阶段的持续时间相对于使用阶段是短暂的，结构体系、结构所承受的荷载等与使用阶段也不同，设计时要根据具体情况而定。这个阶段一般只进行承载能力极限状态计算（规范中以计算构件截面应力来表达），必要时才作正常使用极限状态计算。

3. 偶然状况

偶然状况指在桥涵使用过程中偶然出现的状况，如桥梁可能遇到地震等作用的状况。这种状况出现的概率极小，且持续的时间极短。偶然状况的设计原则是，主要承重结构不致因非主要承重结构发生破坏而导致丧失承载能力；或允许主要承重结构发生局部破坏而剩余部分在一段时间内不发生连续倒塌。显然，偶然状况只需进行承载能力极限状态计算，不必考虑正常使用极限状态。

（二）承载能力极限状态计算表达式

承载能力极限状态是对应于桥涵及其构件达到最大承载能力或出现不适于继续承载的变形或变位的状态。按照《结构统一标准》的规定，公路桥涵进行持久状况承载能力极限状态设计时，应根据桥涵结构破坏所产生后果的严重程度，按表 5-5 划分的三个安全等级进行设计，以体现不同情况的桥涵的可靠度差异。在计算上，不同安全等级用结构重要性系数 γ_0 来表示。

公路桥涵结构设计安全等级 表 5-5

设计安全等级	破坏后果	适用对象	结构重要性系数
一级	很严重	（1）各等级公路上的特大桥、大桥、中桥； （2）高速公路、一级公路、二级公路、国防公路及城市附近交通繁忙公路上的小桥	1.1
二级	严重	（1）三、四级公路上的小桥； （2）高速公路、一级公路、二级公路、国防公路及城市附近交通繁忙公路上的涵洞	1.0
三级	不严重	三、四级公路上的涵洞	0.9

注：本表所列特大、大、中桥等系按《公路通用规范》表 1.0.5 中的单孔跨径确定，对多跨不等跨桥梁，以其中最大跨径为准。

在一般情况下，同座桥梁的各种构件宜取相同的安全等级，必要时部分构件可作适当调整，但调整后的级差不应超过一个等级。

公路桥涵的持久状态设计各构件按承载能力极限状态的要求，进行承载能力及稳定计算，必要时还应对结构的倾覆和滑移进行验算。在进行承载能力极限状态计算时，作用（或荷载）的效应（其中汽车荷载应计入冲击系数）应采用其组合设计值；结构材料性能采用其强度设计值。

规范规定桥梁构件的承载能力极限状态的计算以塑性理论为基础，设计的原则是作用效

应最不利组合（基本组合）的设计值必须小于或等于结构抗力的设计值，其基本表达式为

$$\gamma_0 S_d \leqslant R \tag{5-11}$$

$$R = R(f_d, a_d) \tag{5-12}$$

式中：γ_0——桥梁结构的重要性系数，按表5-5取用；

S_d——作用（或荷载）效应（其中汽车荷载应计入冲击系数）的基本组合设计值；

R——构件承载力设计值；

f_d——材料强度设计值；

a_d——几何参数设计值，当无可靠数据时，可采用几何参数标准值，即设计文件规定值。

（三）正常使用极限状态计算表达式

公路桥涵正常使用极限状态是指对应于桥涵及其构件达到正常使用或耐久性的某项限值的状态。正常使用极限状态计算在构件持久状况设计中占有重要地位，尽管不像承载能力极限状态计算那样直接涉及结构的安全问题，但如果设计不好，也有可能间接引发出结构的安全问题。

公路桥涵的持久状态设计按正常使用状态的要求进行计算，是以结构弹性理论或弹塑性理论为基础，采用作用（或荷载）的短期效应组合或短期效应组合并考虑长期效应组合的影响，对构件的抗裂、裂缝宽度和挠度进行验算，并使各项计算值不超过规范规定的各相应限值。采用的极限状态设计表达式为

$$S \leqslant C_1 \tag{5-13}$$

式中：S——正常使用极限状态的作用（或荷载）效应组合设计值；

C_1——结构构件达到正常使用要求所规定的限值，例如变形、裂缝宽度和截面抗裂的应力限值。

对公路桥涵结构的设计计算，《公路通用规范》除了要求进行上述持久状况承载能力极限状态计算和持久状况正常使用极限状态计算外，还按照公路桥梁的结构受力特点和设计习惯，要求对钢筋混凝土和预应力混凝土受力构件按短暂状况设计时计算其在制作、运输及安装等施工阶段由自重、施工荷载产生的应力，并不应超过规定的限值；按持久状况设计预应力混凝土受弯构件，应计算其使用阶段的应力，并不应超过限值。构件应力计算的实质是构件强度验算，是对构件承载能力计算的补充。采用极限状态设计表达式为

$$S \leqslant C_2 \tag{5-14}$$

式中：S——作用（或荷载）标准值（其中汽车荷载应计入冲击系数）产生的效应力，当有组合时不考虑荷载组合系数；

C_2——结构的功能限值（应力）。

结构构件持久状况和短暂状况的应力是按照结构弹性理论进行计算的。

四、结构上的作用、作用值与作用效应组合

（一）公路桥梁结构上的作用分类

结构上的作用按随时间的变异性和出现的可能性分为三类，见表5-6。

（1）永久荷载（恒载）。在结构使用期间，其量值不随时间变化，或其变化值与平均值比较可忽略不计的作用。

（2）可变作用。在结构使用期间，其量值随时间变化，且其变化值与平均值相比较不可忽

略的作用。

(3)偶然作用。在结构使用期间出现的概率很小,一旦出现,其值很大且持续时间很短的作用。

作用分类　　表5-6

编　号	作用分类	作用名称
1	永久作用	结构重力(包括结构附加重力)
2		预加力
3		土的重力
4		土侧压力
5		混凝土收缩与徐变作用
6		水的浮力
7		基础变位作用
8	可变作用	汽车荷载
9		汽车冲击力
10		汽车离心力
11		汽车引起的土侧压力
12		汽车制动力
13		人群荷载
14		疲劳荷载
15		风荷载
16		流水压力
17		冰压力
18		波浪力
19		温度(均匀温度和梯度温度)作用
20		支座摩阻力
21	偶然作用	船舶的撞击作用
22		漂流物的撞击作用
23		汽车撞击作用
24	地震作用	地震作用

(二)作用的代表值

结构或结构构件设计时,针对不同设计目的所采用的各种作用代表值,包括作用标准值、准永久值和频遇值等。

1.作用的标准值

作用的标准值是结构或结构构件设计时,采用的各种作用的基本代表值。其值可根据作用在设计基准期内最大概率分布的某一分值确定;无充分资料时,可根据工程经验,经分析后确定。

永久作用采用标准值作为代表值。永久作用的标准值,对结构自重,可按结构构件的设计尺寸与材料单位体积的自重(重力密度)计算确定。

承载能力极限状态设计及按弹性阶段计算结构强度(应力)时采用标准值作为可变作用的

代表值。可变作用的标准值可按《公路通用规范》规定采用。

2. 可变作用频遇值

在设计基准期间，可变作用超越的总时间为规定的较小比率或超越次数为规定次数的作用值。它是指结构上较频繁出现的且量值较大的荷载作用取值。

正常使用极限状态按短期效应(频遇)组合设计时，采用频遇值为可变作用的代表值。可变作用频遇值为可变作用标准值乘以频遇系数 ψ_f。

3. 可变作用准永久值

指在设计基准期间，可变作用超越的总时间约为设计基准期一半的作用值。它是在结构上常出现的且量值较小的荷载作用值。结构在正常使用极限状态按长期效应(准永久)组合设计时采用准永久值作为可变作用的代表值，实际上是考虑可变作用的长期作用效应而对标准值的一种折减，记为 $\Psi_q Q_k$，其中折减系数 ψ_2 称为准永久值系数。

(三)作用效应组合

公路桥涵结构设计时应当考虑结构上可能出现的多种作用，例如桥涵结构构件上除构件永久作用(如自重等)外，可能同时出现汽车荷载、人群荷载等可变作用。这时应按承载能力极限状态和正常使用极限状态，结合相应的设计状况进行作用效应组合，并取其最不利组合进行设计。作用效应组合是结构上几种作用分别产生的效应的随机叠加，而作用效应最不利组合是指所有可能的作用效应组合中对结构或构件产生总效应最不利的一组作用效应组合。

1. 承载能力极限状态计算时作用效应组合

按承载能力极限状态设计时，应根据各自的情况选用基本组合和偶然组合中的一种或两种作用效应组合。基本组合是永久作用标准值效应与可变作用标准值效应的组合，基本表达式为

$$S_{ud}=\gamma_0 S(\sum_{i=1}^{m}\gamma_{Gi}G_{ik},\gamma_{L1}\gamma_{Q1}Q_{1k},\psi_c\sum_{j=2}^{n}\gamma_{Lj}\gamma_{Qj}Q_{jk}) \tag{5-15a}$$

或

$$S_{ud}=\gamma_0 S(\sum_{i=1}^{m}G_{id},Q_{1d},\sum_{j=2}^{n}Q_{jd}) \tag{5-15b}$$

式中：S_{ud}——承载能力极限状态下作用基本组合的效应设计值；

$S(\quad)$——作用组合的效应函数；

γ_0——结构重要性系数，按表 5-5 规定的结构设计安全等级采用，对应于设计安全等级一级、二级和三级分别取 1.1、1.0 和 0.9；

γ_{Gi}——第 i 个永久作用的分项系数，应按《公路通用规范》表 4.1.5-2 的规定采用；

G_{ik}、γ_{Gi}——第 i 个永久作用的标准值和设计值；

γ_{Q1}——汽车荷载(含汽车冲击力、离心力)的分项系数。采用车道荷载计算时取 $\gamma_{Q1}=1.4$，采用车辆荷载计算时，其分项系数取 $\gamma_{Q1}=1.8$。当某个可变作用在组合中其效应值超过汽车荷载效应时，则该作用取代汽车荷载，其分项系数取 $\gamma_{Q1}=1.4$；对专为承受某作用而设置的结构或装置，设计时该作用的分项系数取 $\gamma_{Q1}=1.4$；计算人行道板和人行道栏杆的局部荷载，其分项系数也取 $\gamma_{Q1}=1.4$；

Q_{1k}、Q_{1d}——汽车荷载(含汽车冲击力、离心力)的标准值和设计值；

γ_{Qj}——在作用组合中除汽车荷载(含汽车冲击力、离心力)、风荷载外的其他第 j 个可变作用的分项系数，取 $\gamma_{Qj}=1.4$，但风荷载的分项系数取 $\gamma_{Qj}=1.1$；

Q_{jk}、Q_{jd}——在作用组合中除汽车荷载(含汽车冲击力、离心力)外的其他第 j 个可变作用的标准值和设计值；

ψ_c——在作用组合中除汽车荷载(含汽车冲击力、离心力)外的其他可变作用的组合值系数,取 $\psi_c=0.75$;

$\psi_c Q_{jk}$——在作用组合中中除汽车荷载(含汽车冲击力、离心力)外的第 j 个可变作用的组合值;

γ_{Lj}——第 j 个可变作用的结构设计使用年限荷载调整系数。公路桥涵结构的设计使用年限按现行《公路工程技术标准》(JTG B01)取值时,可变作用的设计使用年限荷载调整系数取 $\gamma_{Lj}=1.0$;否则,γ_{Lj} 取值应按专题研究确定。

2.正常使用极限状态计算时作用效应组合

公路桥涵结构按正常使用极限状态设计时,应根据不同的设计要求,采用作用的频遇组合或准永久组合,并应符合下列规定。

(1)频遇组合:永久作用标准值与汽车荷载频遇值、其他可变作用准永久值相组合。

作用频遇组合的效应设计值可按式(5-16)计算。

$$S_{fd}=S(\sum_{i=1}^{m}G_{ik},\psi_{f1}Q_{1k},\sum_{j=2}^{n}\psi_{qj}Q_{jk}) \tag{5-16}$$

式中:S_{fd}——作用频遇组合的效应设计值;

ψ_{f1}——汽车荷载(不计汽车冲击力)频遇值系数,取 $\psi_{f1}=0.7$;当某个可变作用在组合中其效应值超过汽车荷载效应时,则该作用取代汽车荷载,人群荷载 $\psi_f=1.0$,风荷载 $\psi_f=0.75$,温度梯度作用 $\psi_f=0.8$,其他作用 $\psi_f=1.0$。

(2)准永久组合:永久作用标准值与可变作用准永久值相组合。

作用准永久组合的效应设计值可按式(5-17)计算。

$$S_{qd}=S(\sum_{i=1}^{m}G_{ik},\sum_{j=1}^{n}\psi_{qj}Q_{jk}) \tag{5-17}$$

式中:S_{qd}——作用准永久组合的效应设计值;

ψ_{qj}——第 j 个可变作用的准永久值系数,汽车荷载(不计汽车冲击力)$\psi_q=0.4$,人群荷载 $\psi_q=0.4$,风荷载 $\psi_q=0.75$,温度梯度作用 $\psi_q=0.8$,其他作用 $\psi_q=1.0$。

注意:当作用与作用效应可按线性关系考虑时,S_{fd} 和 S_{qd} 可通过作用效应代数相加计算。

五、材料强度指标取值

按照承载能力极限状态和正常使用极限状态进行设计计算时,结构构件的抗力计算中必须用到材料的强度值。由于材料强度具有变异性,为了在设计中合理取用材料强度值,材料强度的取值采用了标准值和设计值。

(一)材料强度指标的取值原则

材料强度标准值是材料强度的一种特征值,是由标准试件按标准试验方法经数理统计以概率分布的 0.05 分位值确定的强度值,即其取值原则是在符合规定质量的材料强度实测值的总体中,材料的强度标准值(f_k)应具有不小于 95% 的保证率,其基本表达式为

$$f_k=u_{f150}(1-1.645\delta_{f150}) \tag{5-18}$$

式中:u_{f150}、δ_{f150}——边长为 150mm 试件抗压强度的平均值和变异系数。

材料强度的设计值是材料强度标准值除以材料性能分项系数后的值,基本表达式为

$$f=\frac{f_k}{\gamma_f} \tag{5-19}$$

式中:γ_f——材料性能分项系数,需根据不同材料进行构件分析的可靠指标达到规定的目标可

靠指标及工程经验校准来确定。

(二)混凝土强度标准值和强度设计值

1.混凝土的强度等级

混凝土强度等级($f_{cu,k}$)按立方体抗压强度标准值确定。立方体抗压强度标准值是指按照标准方法制作和养护的边长为150mm的立方体试件,在28d龄期用标准试验方法测得的具有95%保证率的抗压强度,按式(5-18)确定。

公路桥梁受力构件的混凝土强度等级有12级,即C25～C80,中间以5MPa进级。C25代表$f_{cu,k}=25$MPa,其余类推。《公路混凝土规范》规定:钢筋混凝土构件的混凝土强度等级不低于C25;当采用强度标准400MPa及以上钢筋时,混凝土强度等级不低于C30;预应力混凝土构件不低于C40。

2.混凝土强度的标准值

混凝土轴心抗压强度标准值f_{ck}和轴心抗拉强度标准值f_{tk}可按下列公式确定:

$$f_{ck}=\mu_{fc}(1-1.645\delta_{fc})=0.88\alpha\frac{f_{cu,k}}{(1-1.645\delta_{f150})}(1-1.645\delta_{f150})=0.88\alpha f_{cu,k} \tag{5-20}$$

式中:α——系数,C50及以下混凝土$\alpha=0.76$;C55～C80混凝土,$\alpha=0.78\sim0.82$。考虑C40以上混凝土具脆性,C40～C80混凝土的折减系数为1.00～0.87,中间按直线插入。

μ_{fc}——混凝土棱柱体抗压强度f_c的平均值。

$$f_{tk}=\mu_{ft}(1-1.645\delta_{f1})=0.88\times0.395\left(\frac{f_{cu,k}}{1-1.645\delta_{f150}}\right)^{0.55}(1-1.645\delta_{f150})$$

$$=0.88\times0.395f_{cu,k}^{0.55}(1-1.645\delta_{f150})^{0.45} \tag{5-21}$$

式中:μ_{ft}——混凝土棱柱体抗拉强度f_t的平均值;

其他符号意义同前。

混凝土轴心抗压强度标准值和轴心抗拉强度标准值可参见相关规范条文。

3.混凝土强度设计值

《公路混凝土规范》取混凝土轴心抗压强度和轴心抗拉强度的材料性能分项系数为1.45,接近按二级安全等级结构分析的脆性破坏构件目标可靠指标的要求。

按$\gamma_f=1.45$代入式(5-19),可得到混凝土轴心抗压强度设计值f_{cd}和轴心抗拉强度设计值f_{td}。

(三)钢筋的强度标准值和强度设计值

为使钢筋强度标准值与钢筋的检验标准统一,对有明显流幅的热轧钢筋,钢筋的抗拉强度标准值f_{sk}采用国家标准中规定的屈服强度标准值(废品限值,其保证率不小于95%);对于无明显流幅的钢筋,如钢丝、钢绞线等,根据国家标准中规定的极限抗拉强度确定,其保证率也不小于95%。

必须指出,对钢绞线、预应力钢丝等无明显流幅的钢筋,取$0.85\sigma_b$(σ_b为国家标准中规定的极限抗拉强度)作为设计取用的条件屈服强度(指相应于残余应变为0.2%时的钢筋应力)。

热轧钢筋和精轧螺纹钢筋的材料性能分项系数取1.2,钢绞线、钢丝的材料性能分项系数取1.47。将钢筋的强度标准值除以相应的材料性能分项系数,即得到钢筋抗拉强度设计值。

钢筋抗压强度设计值按$f'_{sd}=\varepsilon'_s E'_s$或$f'_{pd}=\varepsilon'_p E'_p$确定。$E'_s$和$E'_p$分别为热轧钢筋和钢绞

线等的弹性模量；ε_s' 和 ε_p' 为相应钢筋种类的受压应变，取 $\varepsilon_s'(\varepsilon_p')$ 等于 0.002。f_{sd}'（或 f_{pd}'）不得大于相应的钢筋抗拉强度设计值。钢筋的强度标准值和设计值见规范相关条文。

习　题

5-1　对于有明显屈服点的钢筋，其强度标准值取值的依据（　　）。

A. 极限抗拉强度　　B. 屈服强度

C. 0.85 倍的极限抗拉强度　　D. 钢筋比例极限对应的应力

5-2　混凝土双向受力时，（　　）情况下强度最低。

A. 两向受拉　　B. 两向受压

C. 一拉一压　　D. 两向受拉，且两向拉应力值相等时

5-3　安全等级为二级的延性结构构件的可靠性指标为（　　）。

A. 4.2　　B. 3.7　　C. 3.2　　D. 2.7

5-4　我国规范度量结构构件可靠度的方法是（　　）。

A. 用可靠性指标 β，不计失效概率 P_f

B. 用荷载、材料的分项系数及结构的重要性系数，不计 P_f

C. 用 β 表示 P_f，并在形式上采用分项系数和结构构件的重要性系数

D. 用荷载及材料的分项系数，不计 P_r

5-5　一计算跨度为 4m 的简支梁，梁上作用有恒载标准值（包括自重）15kN/m，活荷载标准值 5kN/m. 其跨中最大弯矩设计值为（　　）。

A. 50kN・m　　B. 50.3kN・m　　C. 100kN・m　　D. 100.6kN・m

5-6　结构在设计使用年限超过设计基准期后，结构将发生（　　）。

A. 立即丧失其功能　　B. 可靠度降低

C. 不失效则可靠度不变　　D. 可靠度降低，但可靠指标不变

5-7　结构的可靠指标 β 与失效概率 P_f 的关系为（　　）。

A. 无直接关系　　B. β 越小，失效概率 P_f 越小

C. β 越大，失效概率 P_f 越小　　D. β 越大，失效概率 P_f 越大

5-8　复合受力下，混凝土抗压强度的次序为（　　）。

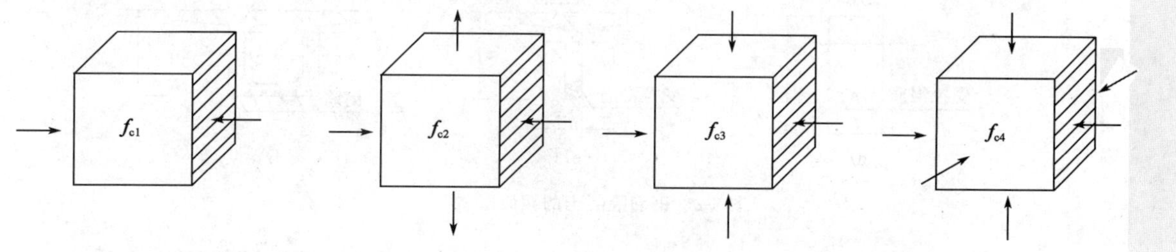

A. $f_{c1} = f_{c2} < f_{c3} < f_{c4}$　　B. $f_{c1} < f_{c2} < f_{c3} < f_{c4}$

C. $f_{c2} < f_{c1} < f_{c3} < f_{c4}$　　D. $f_{c2} < f_{c1} = f_{c3} < f_{c4}$

5-9　荷载效应 S、结构抗力 R 作为两个独立的基本随机变量，根据其功能函数 $Z = R - S$ 有（　　）。

A. $Z>0$ 时结构安全　　B. $Z=0$ 时结构安全

C. $Z<0$ 时结构安全　　　　D. $Z>0$ 时结构失效

5-10　在长期荷载作用下，钢筋混凝土梁的挠度会随时间而增长，其主要原因是（　　）。

A. 受拉钢筋产生塑性变形　　　　B. 受拉混凝土产生塑性变形

C. 受压混凝土产生塑性变形　　　　D. 混凝土的徐变

5-11　混凝土轴心抗压强度试验标准试件尺寸是（　　）。

A. 150mm×150mm×150mm　　　　B. 150mm×150mm×300mm

C. 200mm×200mm×400mm　　　　D. 150mm×150mm×400mm

5-12　下列各项中能够表明构件达到承载能力极限状态的描述是（　　）。

A. 轴心受压柱因达到临界荷载而丧失稳定性

B. 影响外观的变形

C. 令人不适的振动

D. 影响耐久性能的局部损坏

第二节　受弯构件强度计算

一、受弯构件的截面形式与构造

（一）钢筋混凝土受弯构件的截面形式

钢筋混凝土受弯构件常用的截面形式主要有矩形、T 形和箱形等（图 5-2）。

钢筋混凝土板可分为整体现浇板和预制板。在工地现场搭支架、立模板、配置钢筋，然后就地浇筑混凝土的板称为整体现浇板。其截面宽度较大（图 5-2a），但可取单位宽度（例如以 1m 为计算单位）的矩形截面进行计算。预制板是在预制现场或工地预先制作好的板。预制时板宽度 b 一般控制在 1～1.5m 之间。

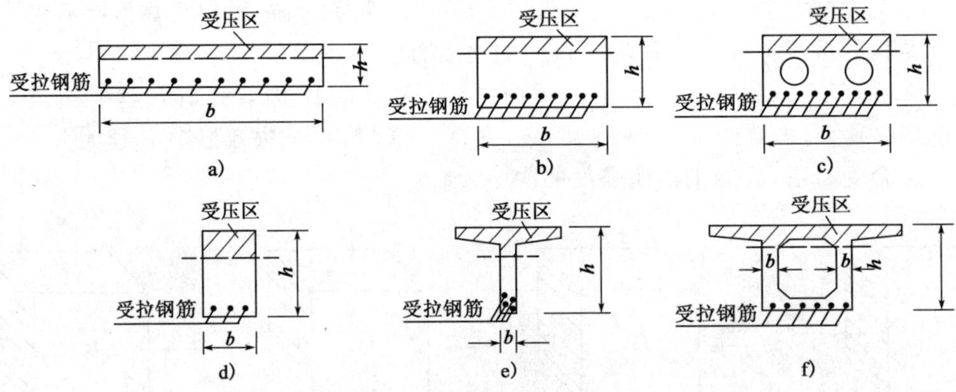

图 5-2　钢筋混凝土的截面形式

板的厚度 h 由其控制截面上最大的弯矩和板的刚度要求决定，但是为了保证施工质量及耐久性要求，《公路混凝土规范》规定了各种板的最小厚度：人行道板不宜小于 80mn（现浇整体）和 60mm（预制）；空心板的顶板和底板厚度均不宜小于 80mm。

钢筋混凝土的截面形式按下面的建议值选用：

（1）现浇矩形截面梁的宽度 b 常取 120mm、150mm、180mm、200mm、220mm 和 250mm，其后按 50mm 一级增加（当梁高 $h\leqslant 800$mm 时）或 100mm 一级增加（当梁高 $h>800$mm 时）。

矩形截面梁的高宽比 h/b 一般可取 2.0～3.5。

(2)预制的 T 形截面梁，其截面高度 h 与跨径 l 之比(称高跨比)一般为 $h/l=1/16\sim1/11$，跨径较大时取用偏小比值。梁肋宽度 b 常取为 150～180mm，具体根据梁内主筋布置及抗剪要求而定。

T 形截面梁翼缘悬臂端厚度不应小于 100mm，梁肋处翼缘厚度不宜小于梁高 h 的 1/10。

(二)钢筋的构造

梁内的钢筋有纵向受拉钢筋(主钢筋)、弯起钢筋或斜钢筋、箍筋、架立钢筋和水平纵向钢筋等。

梁内的钢筋常常采用骨架形式，一般分为绑扎钢筋骨架和焊接钢筋骨架两种形式。

绑扎骨架是将纵向钢筋与横向钢筋通过绑扎而成的空间钢筋骨架(图 5-3)。焊接骨架是先将纵向受拉钢筋(主钢筋)，弯起钢筋或斜筋和架立钢筋焊接成平面骨架，然后用箍筋将数片焊接的平面骨架组成空间骨架(图 5-4)。

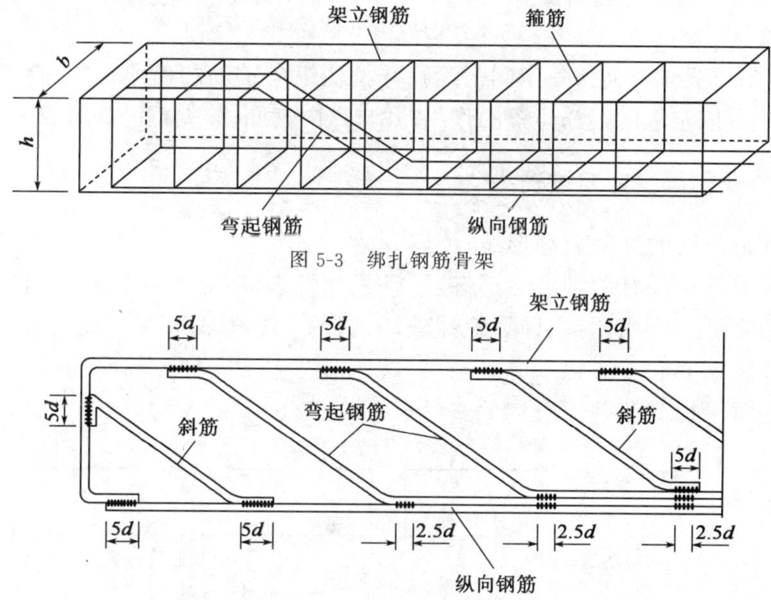

图 5-3　绑扎钢筋骨架

图 5-4　焊接钢筋骨架

绑扎钢筋骨架中，各主钢筋的净距或层与层间的净距为：当钢筋为三层或三层以下时，不小于 30mm，并不小于主钢筋直径 d；当为三层以上时，不小于 40mm 或主钢筋直径 d 的 1.25 倍。绑扎钢筋骨架的净距要求见图 5-5a)。

焊接钢筋骨架中，多层主钢筋是竖向不留空隙用焊缝连接，钢筋层数一般不宜超过 6 层。焊接钢筋骨架的净距要求见图 5-5b)。

梁内弯起钢筋是由主钢筋按规定的部位和角度弯至梁上部后，并满足锚固要求的钢筋；斜钢筋是专门设置的斜向钢筋，它们的设置及数量均由抗剪计算确定。

架立钢筋和沿梁高的两侧面呈水平方向布置的水平纵向钢筋，均为梁内构造钢筋。

架立钢筋是为构成钢筋骨架而附加设置的纵向钢筋，其直径依梁截面尺寸而选择，通常采用直径为 10～14mm 的钢筋。

水平纵向钢筋的作用主要是在梁侧面发生混凝土裂缝后，可以减小混凝土裂缝宽度。纵向水平钢筋要固定在箍筋外侧，其直径一般采用 6～8mm 的光圆钢筋，也可以用带肋钢筋。

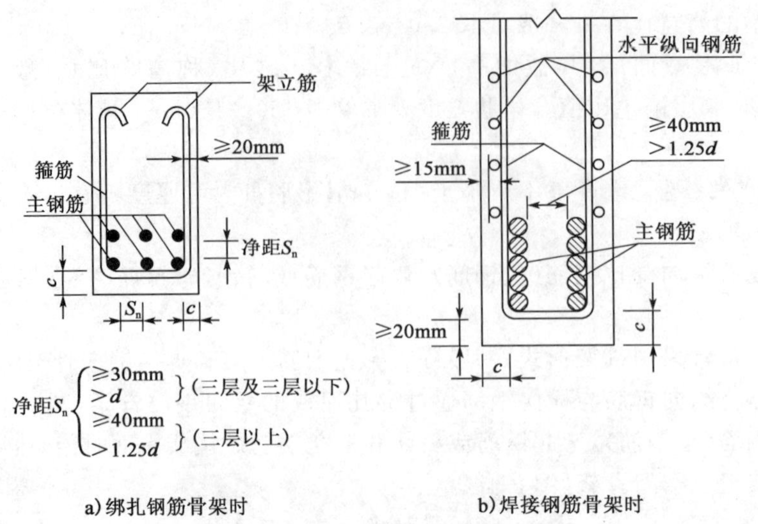

图 5-5 梁主钢筋净距和混凝土保护层

梁内箍筋是沿梁纵轴方向按一定间距配置并箍住纵向钢筋的横向钢筋，除了帮助混凝土抗剪外，在构造上起着固定纵向钢筋位置的作用，并与纵向钢筋、架立钢筋等组成骨架(图 5-3)。

二、受弯构件正截面受力全过程

1.受弯构件正截面的三种破坏形态

钢筋混凝土受弯构件有两种破坏形态：一种是塑性破坏(延性破坏)，指的是结构或构件在破坏前有明显的变形或征兆；另一种是脆性破坏，指的是结构或构件在破坏前无明显变形或征兆。对常用的热轧钢筋和普通强度混凝土梁，破坏形态主要受到配筋率的影响，按配筋情况及相应破坏时的性质可得到正截面破坏的三种形态(图 5-6)。

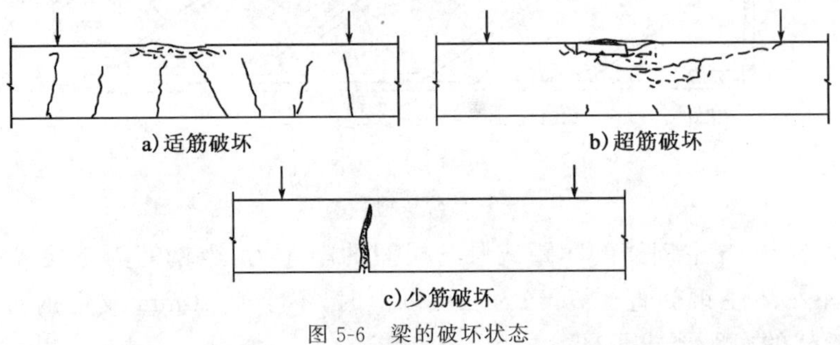

图 5-6 梁的破坏状态

(1)适筋破坏[塑性破坏，图 5-6a)]。当正截面混凝土受压区的高度 $x \leqslant \zeta_b h_0$(ζ_b 为相对界限受压区高度)，$\rho = A_s/(bh_0) > \rho_{min}$ 时，构件纵向受拉筋先达到屈服，然后受压区混凝土被压坏，呈塑性破坏，有明显的塑性变形和裂缝预兆，在设计中应设计成这种梁。

(2)超筋破坏[脆性破坏，图 5-6b)]。当正截面混凝土受压区高度 $x > \zeta_b h_0$ 时，由于受压区混凝土先压碎，而受拉钢筋尚未达到屈服。破坏前有一定的变形与裂缝预兆，但不如适筋梁明显，属脆性破坏，材料不能充分利用，在设计中应加以避免。

(3)少筋破坏[脆性破坏，图 5-6c)]。当构件受拉配筋率 $\rho = A_s/(bh_0) < \rho_{min}$(最小配筋率)时，构件一旦开裂即丧失承载能力，呈脆性破坏，无明显预兆，材料不能充分利用，在设计中应加以避免。

2. 适筋梁的破坏全过程

适量配筋情况下的钢筋混凝土梁从加载开始到破坏的全过程，可分为三个阶段：

第Ⅰ阶段末：混凝土受压区的应力基本上仍是三角形分布。但由于受拉区混凝土塑性变形的发展，拉应变增长较快，根据混凝土受拉时的应力—应变曲线，拉区混凝土的应力图形为曲线形。这时，受拉边缘混凝土的拉应变临近极限拉应变，拉应力达到混凝土抗拉强度，表示裂缝即将出现，梁截面上作用的弯矩用 M_{cr} 表示。

第Ⅱ阶段：荷载作用弯矩到达 M_{cr} 后，在梁混凝土抗拉强度最弱截面上出现了第一批裂缝。这时，在有裂缝的截面上，拉区混凝土退出工作，把它原承担的拉力转给了钢筋，发生了明显的应力重分布，钢筋的拉应力随荷载的增加而增加；混凝土的压应力不再为三角形分布，而形成微曲的曲线形，中和轴位置向上移动。

第Ⅱ阶段末：钢筋拉应变达到屈服时的应变值，表示钢筋应力达到其屈服强度，第Ⅱ阶段结束。

第Ⅲ阶段：在这个阶段里，钢筋的拉应变增加很快，但钢筋的拉应力一般仍维持在屈服强度不变（针对具有明显流幅的钢筋）。这时，裂缝急剧开展，中和轴继续上升，混凝土受压区不断缩小，压应力也不断增大，压应力图成为明显的丰满曲线形。

第Ⅲ阶段末：这时，截面受压上边缘的混凝土压应变达到其极限压应变值，压应力图呈明显曲线形，并且最大压应力已不在上边缘而是在距上边缘稍下处，这都是混凝土受压时的应力—应变图所决定的。在第Ⅲ阶段末，受压区混凝土的抗压强度耗尽，在临界裂缝两侧的一定区段内，受压区混凝土出现纵向水平裂缝，随即混凝土被压碎、梁破坏，在这个阶段，纵向钢筋的拉应力仍维持在屈服强度。

三、受弯构件正截面承载能力计算

（一）计算的基本原则

1. 受弯构件正截面承载力计算的基本假定

（1）平截面假定。钢筋混凝土受弯构件在加载的各个阶段，截面的平均应变都能较好地符合平截面假定。平截面假定为受弯构件正截面承载能力计算提供了变形协调关系，使计算公式具有更明确的物理意义。

（2）不考虑受拉区混凝土的抗拉强度。在裂缝截面处，受拉区混凝土已大部分退出工作，仅在靠近中和轴附近有一部分混凝土承担拉应力，其值较小，内力偶臂也较小，因此计算中可不考虑混凝土的抗拉强度。

（3）受压区混凝土的应力—应变曲线采用图 5-7 中的曲线。

$$\sigma = \sigma_0\left[2\left(\frac{\varepsilon}{\varepsilon_0}\right)-\left(\frac{\varepsilon}{\varepsilon_0}\right)^2\right] \quad (\varepsilon \leqslant \varepsilon_0) \tag{5-22}$$

$$\sigma = \sigma_0 \quad (\varepsilon_0 < \varepsilon \leqslant \varepsilon_{cu}) \tag{5-23}$$

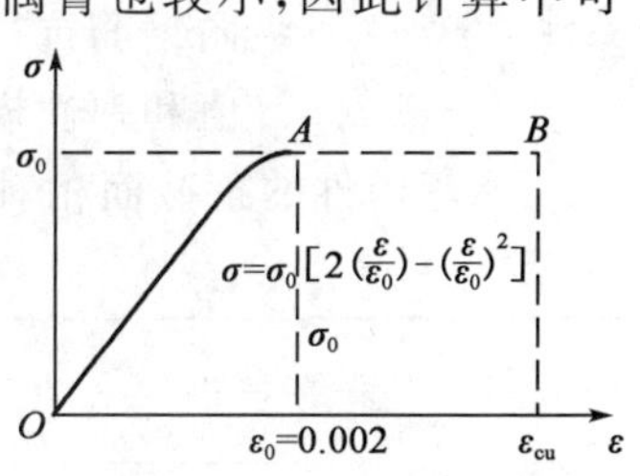

图 5-7　混凝土应力—应变曲线图

式中：σ_0 ——峰值应力，取 $\sigma_0 = 0.85f_{ck}$；

f_{ck}——混凝土标准圆柱体抗压强度；

ε_0——混凝土压应力刚达到 σ_0 时的压应变，取 $\varepsilon_0 = 0.002$；

ε_{cu}——混凝土极限压应变，取 $\varepsilon_{cu} = 0.0035$。

（4）钢筋的应力—应变曲线采用弹性—全塑性模型曲线。

2. 受压区混凝土等效矩形应力图形

受弯构件正截面承载力的计算需要知道破坏时混凝土压应力的分布图形，特别是受压区混凝土的压应力合力及其作用位置。为了计算方便，假设在保持压应力合力的大小及作用位置不变的条件下，用等效矩形的混凝土压应力图来替换实际的混凝土压应力分布图形(图 5-8)。

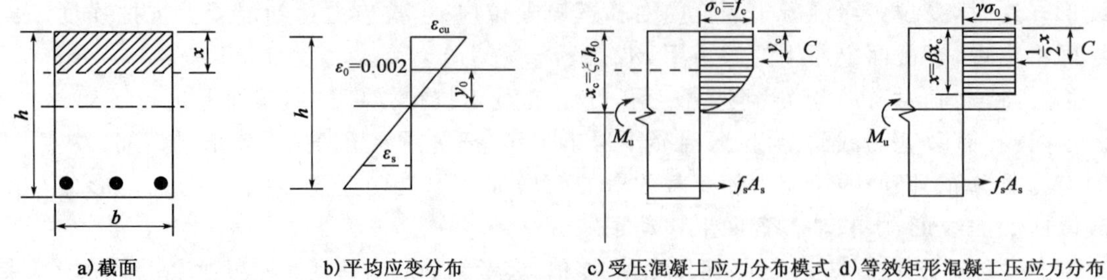

图 5-8 受压区混凝土等效矩形应力图

这个等效的矩形压应力图形由无量纲参数 β 和 γ 确定。β 为矩形压应力图的高度 x 与平截面假定下的中和轴高度 x_c 的比值，即 $\beta = x/x_c$；γ 为矩形压应力图的应力与受压区混凝土最大应力的比值。它们有如下计算公式：

$$\beta = \frac{1 - \frac{2}{3}\left(\frac{\varepsilon_0}{\varepsilon_{cu}}\right) + \frac{1}{6}\left(\frac{\varepsilon_0}{\varepsilon_{cu}}\right)^2}{1 - \frac{1}{3}\frac{\varepsilon_0}{\varepsilon_{cu}}} \tag{5-24}$$

$$\gamma = \frac{1}{\beta}\left(1 - \frac{1}{3}\frac{\varepsilon_0}{\varepsilon_{cu}}\right) \tag{5-25}$$

当 ε_0 和 ε_{cu} 确定后，受压区混凝土实际压应力分布即可换成等效的矩形压应力分布图形。混凝土强度等级对应的 ε_{cu} 和相应的系数 β 的取值可查《公路混凝土规范》获得。

3. 相对界限受压区高度

当受拉钢筋刚达到屈服应变时，受压区外边缘混凝土达到受弯的极限压应变 ε_{cu} 时的相对界限受压区计算高度，可以根据平截面假定的比例关系确定。其计算公式为

$$\xi_b = \frac{\beta}{1 + \frac{f_{sd}}{\varepsilon_{cu} E_s}} \tag{5-26}$$

式中：f_{sd} ——纵向钢筋抗拉强度设计值。按混凝土轴心抗压强度设计值、不同钢筋的强度设计值和弹性模量值可得到《公路混凝土规范》规定的 ξ_b 取值。

受弯构件的正截面相对界限受压区高度 ξ_b 应按表 5-7 采用。

相对界限受压区高度 ξ_b 表 5-7

钢筋种类	混凝土强度等级			
	C50 及以下	C55、C60	C65、C70	C75、C80
HPB300	0.58	0.56	0.54	—
HRB400、HRBF400、RRB400	0.53	0.51	0.49	—
HRB500	0.49	0.47	0.46	—
钢绞线、钢丝	0.40	0.38	0.36	0.35
预应力螺纹钢筋	0.40	0.38	0.36	—

注：1. 截面受拉区内配置不同种类钢筋的受弯构件，其 ξ_b 值应选用相应于各种钢筋的小者。

2. $\xi_b = x_b/h_0$，x_b 为纵向受拉钢筋和受压区混凝土同时达到各自强度设计值时的受压区矩形应力图高度。

4. 最小配筋率

最小配筋率是少筋梁和适筋梁的界限。当梁的配筋率逐渐减小，梁的工作特性从钢筋混凝土结构逐渐向素混凝土结构过渡，所以可按采用最小配筋率的钢筋混凝土梁在破坏时，正截面承载力等于同样截面尺寸、同样材料的混凝土梁正截面开裂弯矩的标准值。有这个原则，同时考虑温度变化、混凝土收缩应力的影响因素和设计经验，《公路混凝土规范》规定了受弯构件纵向受力钢筋的最小配筋率。

（二）几种截面形式受弯构件的计算方法

1. 单筋矩形截面受弯构件

(1)计算图式

根据受弯构件正截面承载力计算的基本原理，可以得到单筋矩形截面受弯构件承载力计算简图（图 5-9）。

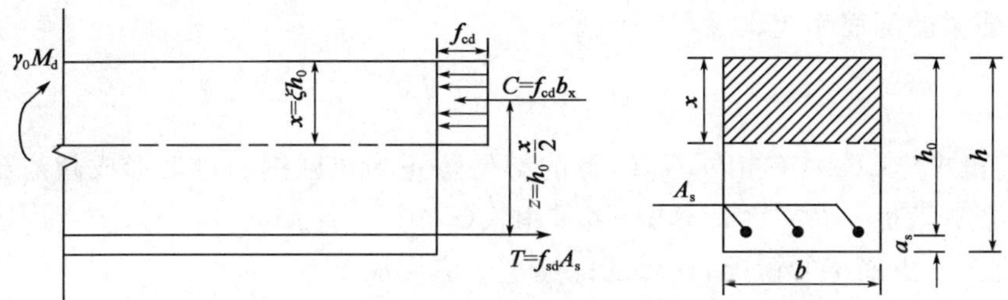

图 5-9　单筋矩形截面受弯构件承载力计算简图

(2)计算公式

按照计算原则，受弯构件计算截面上的最不利荷载基本组合效应计算值 $\gamma_0 M_d$ 不应超过截面的承载能力(抗力)M_u。

由图 5-9 可以写出单筋矩形截面受弯构件正截面计算的基本公式。

由截面上水平方向内力之和为零的平衡条件，即 $T+C=0$，可得到

$$f_{cd}bx = f_{sd}A_s \tag{5-27}$$

由截面上对受拉钢筋合力 T 作用点的力矩之和为零的平衡条件，可得到

$$\gamma_0 M_d \leqslant M_u = f_{cd}bx\left(h_0 - \frac{x}{2}\right) \tag{5-28}$$

由截面上对受压区混凝土合力作用点 C 的力矩之和为零的平衡条件，可得到

$$\gamma_0 M_d \leqslant M_u = f_{sd}A_s\left(h_0 - \frac{x}{2}\right) \tag{5-29}$$

式中：M_d——计算截面上的弯矩组合设计值；

γ_0——结构的重要性系数；

M_u——计算截面的抗弯承载力；

f_{cd}——混凝土轴心抗压强度设计值；

f_{sd}——纵向受拉钢筋抗拉强度设计值；

A_s——纵向受拉钢筋的截面面积；

x——等效矩形应力图的计算受压区高度；

b——截面宽度；

h_0——截面有效高度。

(3)公式适用条件

式(5-27)~式(5-29)仅适用于适筋梁,而不适用于超筋梁和少筋梁。因为超筋梁破坏时钢筋的实际拉应力 σ_s 并未到达抗拉强度设计值,故不能按 f_{sd} 来考虑。因此,公式具有两个适用条件。

①为防止出现超筋梁情况,计算受压区高度 x 应满足

$$x \leqslant \xi_b h_0 \tag{5-30}$$

式中:ξ_b——相对界限受压区高度,可根据混凝土强度级别和钢筋种类由规范查得。

$$\xi = \frac{x}{h_0} = \frac{f_{sd}}{f_{cd}} \frac{A_s}{bh_0} = \rho \frac{f_{sd}}{f_{cd}} \tag{5-31}$$

当 $\xi = \xi_b$ 时,可得到适筋梁的最大配筋率为

$$\rho_{max} = \xi_b \frac{f_{cd}}{f_{sd}} \tag{5-32}$$

显然,适筋梁的配筋率应满足

$$\rho \leqslant \rho_{max} = \xi_b \frac{f_{cd}}{f_{sd}} \tag{5-33}$$

式(5-33)和式(5-30)具有相同意义,目的都是防止受拉区钢筋过多形成超筋梁,满足其中一式,另一式必然满足。在实际计算中,多采用式(5-30)。

②为防止出现少筋梁的情况,计算的配筋率 ρ 应当满足

$$\rho \geqslant \rho_{min} \tag{5-34}$$

2.双筋矩形截面受弯构件

当截面承受的弯矩组合设计值 M_d 较大,而截面尺寸受到使用条件限制或混凝土强度又不宜提高,按单筋截面设计出现 $\xi>\xi_b$ 时,则应改用双筋截面,即在截面受压区配置钢筋来协助混凝土承担压力且将 ξ 减小到 $\xi\leqslant\xi_b$,破坏时受拉区钢筋应力可达到屈服强度,而受压区混凝土不致过早压碎。当梁截面承受异号弯矩时,则必须采用双筋截面。一般情况下,采用受压钢筋来承受截面的部分压力是不经济的。但是,受压钢筋的存在可以提高截面的延性,并可减少构件在长期荷载作用下的变形。

(1)计算图式

试验表明,双筋截面破坏时的受力特点与单筋截面相似。只要满足 $\xi\leqslant\xi_b$,双筋截面仍具有适筋破坏特征,即破坏时受拉钢筋的应力先达到其屈服强度,然后,受压区混凝土的应力达到其抗压强度。这时,受压区混凝土的应力图形为曲线分布,边缘纤维的压应变已达到极限应变 ε_{cu},由于受压区混凝土塑性变形的发展,受压钢筋的应力一般也将达到其抗压强度。

因此,在建立双筋截面承载力的计算公式时,受拉钢筋的应力可取抗拉强度设计值 f_{sd},受压钢筋的应力一般可取抗压强度设计值 f'_{sd},受压区混凝土仍可采用等效矩形应力图形和混凝土抗压设计强度 f_{cd}。双筋矩形截面受弯承载力计算的图式如图 5-10 所示。

(2)计算公式

由截面上水平方向内力之和为零的平衡条件,即 $T+C+T'=0$,可得

$$f_{cd}bx + f'_{sd}A'_s = f_{sd}A_s \tag{5-35}$$

由截面上对受拉钢筋合力 T 作用点的力矩之和为零的平衡条件,可得

$$\gamma_0 M_d \leqslant M_u = f_{cd}bx\left(h_0 - \frac{x}{2}\right) + f'_{sd}A'_s(h_0 - a'_s) \tag{5-36}$$

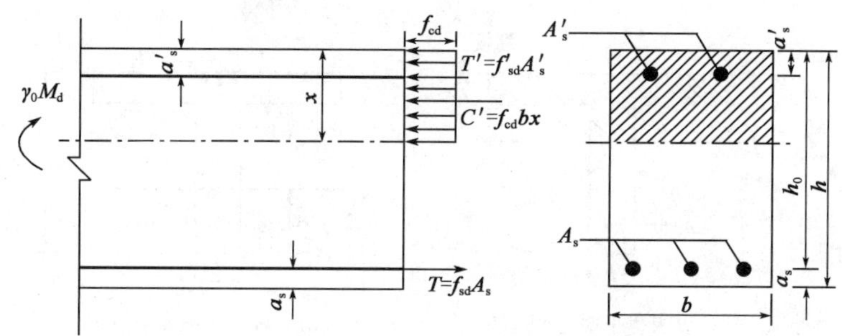

图 5-10　双筋矩形截面受弯构件承载力计算简图

由截面上对受压钢筋合力 T' 作用点的力矩之和为零的平衡条件，可得

$$\gamma_0 M_d \leqslant M_u = -f_{cd}bx\left(\frac{x}{2}-a'_s\right)+f_{sd}A_s(h_0-a'_s) \tag{5-37}$$

式中：f'_{sd}——受压区钢筋的抗压强度设计值；

A'_s——受压区钢筋的截面面积；

a'_s——受压区钢筋合力点至截面受压边缘的距离；

其他符号与单筋矩形截面相同。

(3)公式适用条件

①为了防止出现超筋梁情况，计算受压区高度 x 应满足

$$x \leqslant \xi_b h_0 \tag{5-38}$$

②为了保证受压钢筋 A'_s 达到抗压强度设计值 f'_{sd}，计算受压区高度 x 应满足

$$x \geqslant 2a'_s \tag{5-39}$$

在实际设计中，若求得 $x<2a'_s$，则表明受压钢筋 A'_s 可能达不到其抗压强度设计值，此时可取 $x=2a'_s$，即假设混凝土压应力合力作用点与受压区钢筋 A'_s 合力作用点相重合，对受压钢筋合力作用点取矩，可得到正截面抗弯承载力的近似表达式为

$$M_u = f_{sd}A_s(h_0-a'_s) \tag{5-40}$$

双筋截面的配筋率 ρ 一般均能大于 ρ_{min}，所以往往不必再计算。

3. T 形截面受弯构件

1)T 形截面受弯构件的特点

矩形截面梁在破坏时，受拉区混凝土早已开裂，不再承担拉力，对截面的抗弯承载力不起作用，因此可将受拉区混凝土挖去一部分，将受拉钢筋集中布置在剩余受拉区混凝土内，形成钢筋混凝土 T 形梁的截面，其承载能力与原矩形截面梁相同，可节省混凝土，减轻梁自重，增加跨越能力。

T 形截面一般由翼缘板（简称翼板）和梁肋（或称梁腹、腹板）构成。翼板一般是变厚度的，计算时取其平均厚度。翼板与梁肋交汇处常以承托加强。当截面承受正弯矩作用时，翼板受压[图 5-11a)]；当截面承受负弯矩作用时，翼板受拉，其承载能力与肋宽为 b、梁高为 h 的矩形截面梁相同[图 5-11b)]。

工程中采用的空心板、工字形梁、箱形梁，在进行正截面抗弯承载力计算时，均可等效成 T 形截面来处理。等效的原则是等效前后的面积、惯性矩及形心位置不变。

T 形截面中的翼板受压时，在翼板宽度方向上纵向压应力的分布是不均匀的，这是由剪力滞引起的，如图 5-12 所示。离梁肋越远，压应力越小，为了方便计算，根据等效受力原则，把与梁肋共同工作的翼板宽度限制在一定的范围内，称为受压翼板的有效宽度 b'_f。在 b'_f 宽度范围

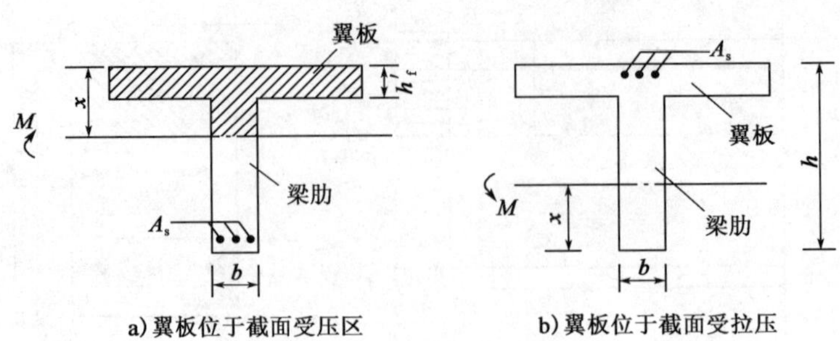

a)翼板位于截面受压区　　b)翼板位于截面受拉压

图 5-11　T 形截面的受压区位置

内的翼板可以认为是全部参与工作，并假定其压应力是均匀分布的，而在这范围内以外部分，则不考虑它参与受力。

《公路混凝土规范》规定，T 形截面梁(内梁)受压翼板有效宽度 b'_f 取下列三者中最小值。

①简支梁计算跨径的 1/3，对连续梁各中间跨正弯矩区段，取该跨计算跨径的 0.2 倍；边跨正弯矩区段，取该跨计算跨径的 0.27 倍；各中间支点负弯矩区段，则取该支点相邻两跨计算跨径之和的 0.07 倍。

②相邻两梁的平均间距。

③ $b + 2b_h + 12h'_f$ 。当 $h_h/b_h < 1/3$ 时，取($b + 6b_h + 12h'_f$)。此处，b、b_h、h_h 和 h'_f 见图 5-13。其中，h_h 为承托根部厚度。

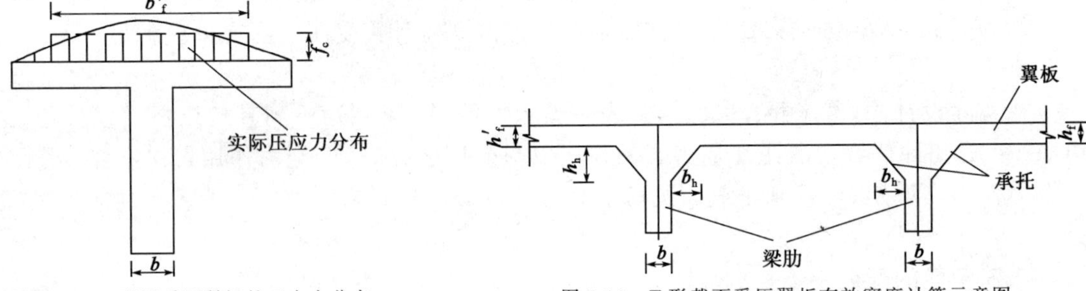

图 5-12　T 形梁受压翼板的正应力分布　　图 5-13　T 形截面受压翼板有效宽度计算示意图

边梁受压翼板的有效宽度取相邻内梁翼缘有效宽度之半加上边梁肋宽度之半，再加 6 倍的外侧悬臂板平均厚度或外侧悬臂板实际宽度两者中的较小者。

此外，《公路混凝土规范》还规定，计算超静定梁内力时，T 形梁受压翼缘的计算宽度取实际全宽度。

2)基本计算公式及适用条件

T 形截面按受压区高度的不同可分为两类：受压区在翼板厚度内，即 $x \leqslant h'_f$[图 5-14a)]，为第一类 T 形截面；受压区已进入梁肋，即 $x > h'_f$[图 5-14b)]，为第二类 T 形截面。

下面介绍这两类单筋 T 形截面梁正截面抗弯承载力计算基本公式。

(1)第一类 T 形截面

第一类 T 形截面，中和轴在受压翼板内，受压区高度 $x \leqslant h'_f$。此时，截面虽为 T 形，但受压区形状为宽 b'_f 的矩形，而受拉区截面形状与截面抗弯承载力无关，故以宽度为 b'_f 的矩形截面进行抗弯承载力计算。计算时只需将单筋矩形截面公式中梁宽 b 以翼板有效宽度 b'_f 置换即可。

由截面平衡条件(图 5-15)可得到基本计算公式为

$$f_{cd} b'_f x = f_{sd} A_s \tag{5-41}$$

$$\gamma_0 M_d \leqslant M_u = f_{cd} b'_f x\left(h_0 - \frac{x}{2}\right) \tag{5-42}$$

$$\gamma_0 M_d \leqslant M_u = f_{sd} A_s\left(h_0 - \frac{x}{2}\right) \tag{5-43}$$

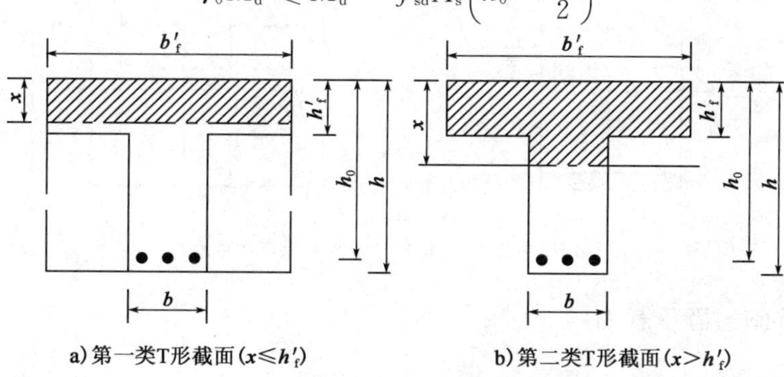

图 5-14　两类 T 形截面

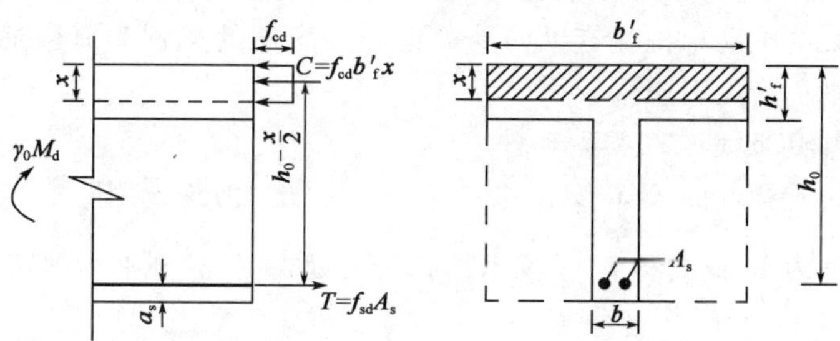

图 5-15　第一类 T 形截面抗弯承载力计算图式

基本公式具有如下适用条件：

① $x \leqslant \xi_b h_0$ 。

第一类 T 形截面的 $x = \xi_b h_0 \leqslant h'_f$ ，即 $\xi \leqslant \frac{h'_f}{h_0}$，由于一般 T 形截面的$\frac{h'_f}{h_0}$ 较小，因而 ξ 值也小，所以一般均能满足这个条件。

②$\rho > \rho_{min}$。

这里的 $\rho = \frac{A_s}{bh_0}$，b 为 T 形截面的梁肋宽度。

(2)第二类 T 形截面

第二类 T 形截面，中和轴在梁肋部，受压区高度 $x > h'_f$，受压区为 T 形(图 5-16)，故可将受压区混凝土压应力的合力分为两部分求得：一部分是宽度为肋宽 b、高度为 x 的矩形，其合力 $C_1 = f_{cd} bx$；另一部分是宽度为$(b'_f - b)$、高度为 h'_f 的矩形，其合力 $C_2 = f_{cd} h'_f (b'_f - b)$。

由图 5-16 的截面平衡条件可得到第二类 T 形截面的基本计算公式为

$$f_{cd} bx + f_{cd} h'_f (b'_f - b) = f_{sd} A_s \tag{5-44}$$

$$\gamma_0 M_d \leqslant M_u = f_{cd} bx\left(h_0 - \frac{x}{2}\right) + f_{cd}(b'_f - b) h'_f\left(h_0 - \frac{h'_f}{2}\right) \tag{5-45}$$

基本公式具有如下适用条件：

① $x \leqslant \xi_b h_0$ 。

②$\rho \geqslant \rho_{min}$。第二类 T 形截面的配筋率较高，一般情况下均能满足 $\rho \geqslant \rho_{min}$ 的要求，故可不必进行验算。

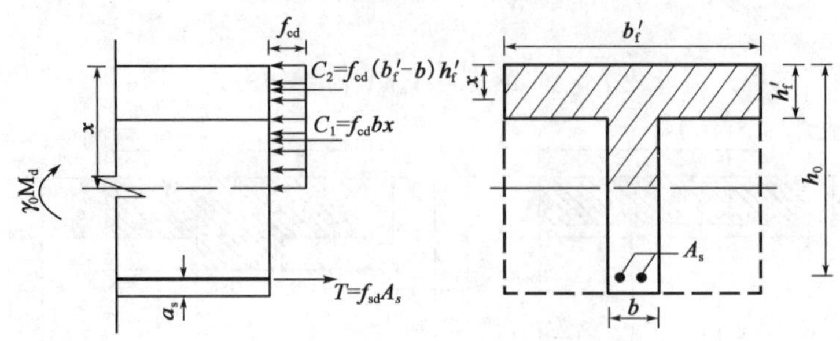

图 5-16　第二类 T 形截面抗弯承载力计算图式

四、受弯构件斜截面承载力

受弯构件的各截面上，除作用有弯矩外，一般同时还作用有剪力。在剪力和弯矩共同作用的区段，可能发生沿斜截面的破坏。钢筋混凝土梁设置的箍筋和弯起(斜)钢筋都起抗剪作用，一般把它们统称为梁的腹筋。把配有纵向受力钢筋和腹筋的梁称为有腹筋梁；仅有纵向受力钢筋而不设腹筋的梁称为无腹筋梁。

(一)无腹筋梁斜截面破坏的主要形态

在讨论无腹筋简支梁截面破坏形态之前，有必要引出“剪跨比”概念。剪跨比是一个无量纲常数，用 $m=\dfrac{M}{Vh_0}$ 来表示，此时称为“广义剪跨比”，此处 M 和 V 分别为剪弯区段中某个竖直截面的弯矩和剪力，h_0 为截面有效高度。对于集中荷载作用下的简支梁，常采用 $m=\dfrac{a}{h_0}$ 表示剪跨比，此剪跨比称为“狭义剪跨比”，其中 a 为集中力作用点至简支梁最近的支座之间的距离。

试验研究表明，随着剪跨比 m 的变化，无腹筋简支梁斜截面破坏的主要形态有以下三种(图 5-17)。

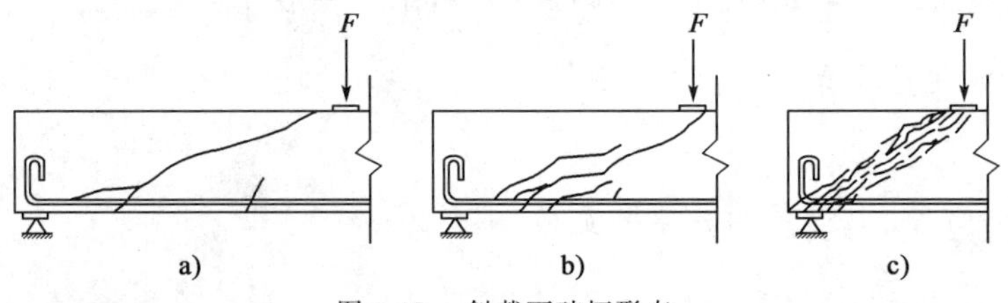

图 5-17　斜截面破坏形态

(1)斜拉破坏[图 5-17a)]

在荷载作用下，梁的剪弯段产生由梁底竖向裂缝沿主压应力轨迹线向上延伸发展而成的斜裂缝。其中有一条主要斜裂缝(又称临界斜裂缝)很快形成，并迅速伸展至荷载垫板边缘而使梁体混凝土裂通，梁被撕裂成两部分而丧失承载力；同时，沿纵向钢筋往往伴随产生水平撕裂裂缝。这种破坏称为斜拉破坏，往往发生于剪跨比较大($m>3$)时，这种破坏发生突然，破坏荷载等于或略高于主要斜裂缝出现时的荷载，破坏面较整齐，无混凝土压碎现象。

(2)剪压破坏[图 5-17b)]

随着荷载的增大，梁的剪弯段内陆续出现几条斜裂缝，其中一条发展成为临界斜裂缝。临界裂缝出现后，梁承受的荷载还能继续增加，而斜裂缝伸展至荷载垫板下，直到斜裂缝顶端(剪压区)的混凝土在正应力 σ_x、剪应力 τ 及荷载引起的竖向局部压应力 σ_y 的共同作用下被压酥而破坏，破坏处可见到很多平行的斜向短裂缝和混凝土碎渣，这种破坏称为剪压破坏，多见于

剪跨比为 $1\leqslant m\leqslant 3$ 的情况中。

(3)斜压破坏[图 5-17c)]

当剪跨比较小($m<1$)时，首先是荷载作用点和支座之间出现一条斜裂缝，然后出现若干条大体相平行的斜裂缝，梁腹被分割成若干个倾斜的小柱体。随着荷载增大，梁腹发生类似混凝土棱柱体被压坏的情况，破坏时斜裂缝多而密，但没有主裂缝，故称为斜压破坏。

总的来看，不同剪跨比无腹筋简支梁的破坏形态虽有不同，但荷载达到峰值时梁的跨中挠度都不大，而且破坏较突然，均属于脆性破坏。

(二)有腹筋简支梁斜截面的受力状态

1.有腹筋梁裂缝出现前后的受力状态

当梁中配置箍筋或弯起钢筋后，有腹筋梁中力的传递和抗剪机理将发生较大的变化。对于有腹筋梁，在荷载作用较小、斜裂缝出现之前，腹筋中的应力很小，腹筋的作用不大，对斜裂缝出现荷载影响很小。但是，斜裂缝出现后，与斜裂缝相交的腹筋应力显著增大，直接承担部分剪力。同时，腹筋能限制斜裂缝的开展和延伸，增大斜裂缝上端混凝土剪压区的截面面积，提高混凝土剪压区的抗剪能力。此外，箍筋还将提高斜裂缝交界面骨料的咬合和摩擦作用，延缓沿纵筋的劈裂裂缝的发展，防止混凝土保护层的突然撕裂，提高纵向钢筋的销栓作用。因此，腹筋将使梁的抗剪承载力有较大的提高。

试验证明，弯筋仅在穿越斜裂缝的部位才可能屈服。当弯筋恰好从斜裂缝顶端越过时，因接近受压区，弯筋有可能达不到屈服强度，计算时要考虑这个因素。弯起钢筋虽能提高梁的抗剪承载力，但数量少而面积集中，对限制大范围内的斜裂缝宽度的作用不大，所以，弯筋不宜单独使用，而总是与箍筋联合使用。

2.有腹筋梁斜截面破坏的形态

随着 m 及 ρ_{sv} 的变化，斜截面可能发生以下三种破坏形态：

(1)$\rho_{sv}<\rho_{sv,min}$(最小配箍率)，$m>3$ 时，斜裂缝一出现，箍筋马上屈服并进入强化阶段，立即丧失斜截面的承载力，产生斜拉破坏。这种破坏预兆性很差，承载力低，不能充分利用材料，设计中应当避免。

(2)$\rho_{sv,max}\geqslant\rho_{sv}\geqslant\rho_{sv,min}$，或虽然 $\rho_{sv}<\rho_{sv,min}$，但 $1\leqslant m\leqslant 3$ 时，当临界斜裂缝形成后，箍筋先屈服，然后斜裂缝顶端剪压区混凝土达到了复合受力的极限强度，丧失了斜截面抗剪压的承载力，称为剪压破坏。这种破坏事前有一定的预兆，其承载力随 ρ_{sv} 加大而提高，远大于斜拉破坏承载力。

(3)$\rho_{sv}>\rho_{sv,max}$，或虽然 $\rho_{sv}<\rho_{sv,max}$，但 $m<1$ 时，梁的腹板上发生多条近似平行的斜向裂缝，腹板的混凝土发生斜向压坏，称之为斜压破坏。这种破坏是由于主压应力达到混凝土的抗压强度而引起的，承载力很高，但破坏预兆性差，箍筋达不到屈服，箍筋强度不能充分利用，在设计中也应加以避免。

(三)影响受弯构件斜截面抗剪承载力的主要因素

试验研究表明，影响受弯构件斜截面抗剪承载力的因素很多，主要有剪跨比、混凝土强度、纵向受拉钢筋配筋率和箍筋数量及其强度等。

1.剪跨比 m

剪跨比 m 是影响受弯构件斜截面破坏形态和抗剪能力的主要因素之一。剪跨比 m 实质反映了梁内正应力 σ 与剪应力 τ 的相对比值。m 不同，则 σ/τ 也不同，梁内主应力的大小和方向也就不同，从而影响着梁的斜截面受剪承载力和破坏形态。由图 5-18 所示试验结果可以看出，随着剪跨比 m 的增大，破坏形态按斜压、剪压和斜拉的顺序演变，而抗剪能力逐步降低，当 $m>3$ 后，斜截面抗剪能力趋于稳定，剪跨比的影响不再明显。

2. 混凝土抗压强度 f_{cu}

梁的斜截面破坏是由于混凝土达到相应应力状态下的极限强度而发生的。因此，混凝土的抗压强度对梁的抗剪强度影响很大。由图 5-19 所示试验结果可见，梁的抗剪能力随混凝土抗压强度的提高而提高，其影响大致按线性规律变化。但是，由于在不同剪跨比下梁的破坏形态不同，所以，这种影响的程度也不相同。

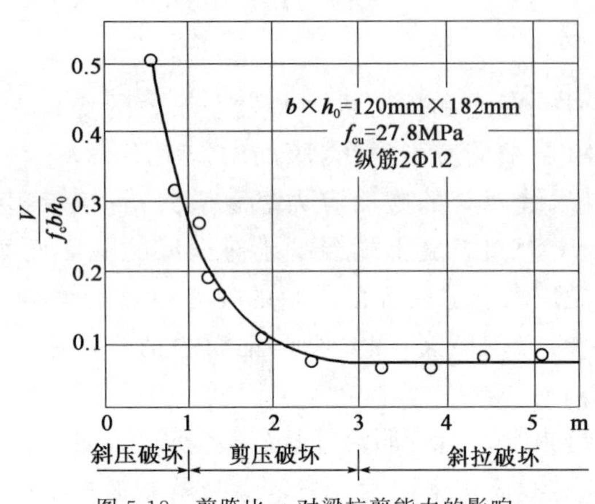

图 5-18　剪跨比 m 对梁抗剪能力的影响

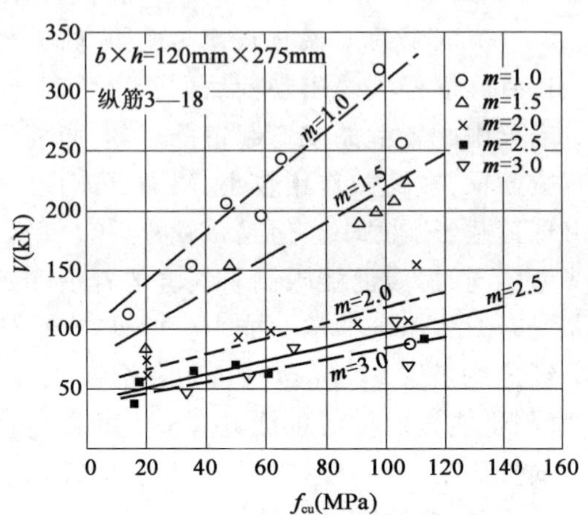

图 5-19　混凝土抗压强度对梁抗剪能力的影响

3. 纵向钢筋配筋率

试验表明，梁的抗剪能力随纵向钢筋配筋率 ρ 的提高而增大。一方面，因为纵向钢筋能抑制斜裂缝的开展和延伸，使斜裂缝上端的混凝土剪压区的面积增大，从而提高了剪压区混凝土承受的剪力 V_c，另一方面，纵向钢筋配筋率 ρ 对梁的抗剪能力的影响程度，随着剪跨比 m 的不同，ρ 的影响程度也不同。钢筋配筋率对梁抗剪能力的影响如图 5-20 所示。

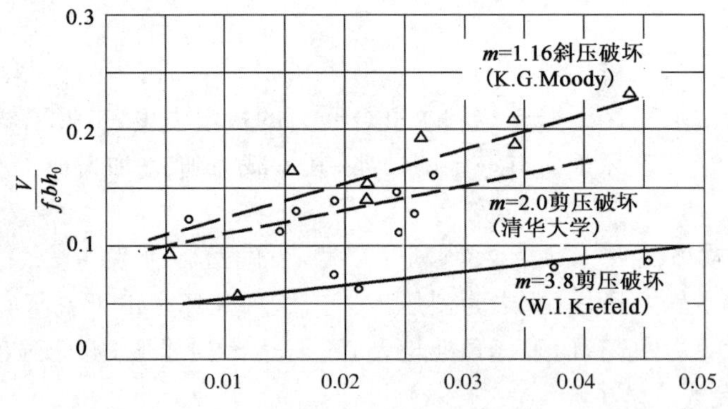

图 5-20　钢筋配筋率对梁抗剪能力的影响

4. 配筋率和箍筋强度

有腹筋梁斜裂缝出现后，箍筋不仅直接承受相当部分的剪力，而且能有效地抑制斜裂缝的开展和延伸，对提高剪压区混凝土的抗剪能力和纵向钢筋的销栓作用都有着积极的影响。

箍筋用量一般用箍筋配筋率（工程上习惯称配箍率）ρ_{sv} 表示，即

$$\rho_{sv}=\frac{A_{sv}}{bS_v} \tag{5-46}$$

式中：A_{sv}——斜截面内配置在沿梁长度方向一个箍筋间距 S_v 范围内的箍筋各肢总截面积；

b——截面宽度，对 T 形截面梁取 b 为肋宽；

S_v——沿梁长度方向箍筋的间距。

图 5-21 表示配筋率与箍筋抗拉强度的乘积对梁抗剪能力的影响。当其他条件相同时，两者大体呈线性关系。

由于梁斜截面破坏属于脆性破坏，为了提高斜截面的延性，不宜采用高强度钢筋作为箍筋。

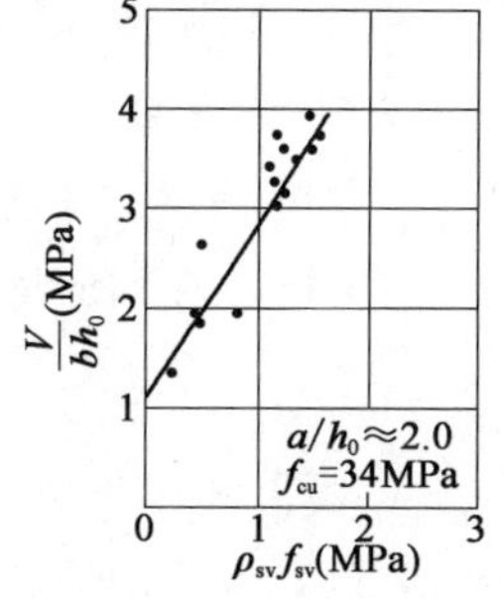

图 5-21 配箍率对梁抗剪能力的影响

（四）受弯构件的斜截面抗剪承载力

如前所述，钢筋混凝土梁沿斜截面的主要破坏形态有斜压破坏、斜拉破坏和剪压破坏等。在设计时，对于斜压和斜拉破坏，一般是采用截面限制条件和一定的构造措施予以避免。对于常见的剪压破坏形态，梁的斜截面抗剪承载力变化幅度较大，必须进行斜截面抗剪承载力的计算。

1. 基本公式

配有箍筋和弯起钢筋的钢筋混凝土梁，当发生剪压破坏时，其抗剪承载力 V_u 是由剪压区混凝土抗剪力 V_c、箍筋所能承受的剪力 V_{sv} 和弯起钢筋所能承受的剪力 V_{sb} 所组成，即

$$V_u=V_c+V_{sv}+V_{sb} \tag{5-47}$$

在有腹筋梁中，箍筋的存在抑制了斜裂缝的开展，使剪压区面积增大，导致了剪压区混凝土抗剪能力的提高。其提高程度与箍筋抗拉强度和配箍率有关。因而，式(5-47)中的 V_c 与 V_{sv} 是紧密相关的，但两者目前尚无法分别予以精确定量，而只能用 V_{cs} 来表达混凝土和箍筋的综合抗剪承载力，即

$$V_u=V_{cs}+V_{sb} \tag{5-48}$$

《公路混凝土规范》根据国内外的有关试验资料，对配有腹筋的钢筋混凝土梁斜截面抗剪承载力的计算采用下述半经验半理论的公式：

$$\gamma_0V_d\leqslant V_u=(0.45\times10^{-3})\alpha_1\alpha_2\alpha_3bh_0\sqrt{(2+0.6P)\sqrt{f_{cu,k}}\rho_{sv}f_{sv}}+(0.75\times10^{-3})f_{sd}\sum A_{sb}\sin\theta_s+(0.75\times10^{-3})\sum\sigma_{pe,ex}A_{ex}\sin\theta_{ex} \tag{5-49}$$

式中：V_d——剪力设计值(kN)，按斜截面剪压区对应正截面处取值；

γ_0——桥梁结构的重要性系数；

α_1——异号弯矩影响系数，计算简支梁和连续梁近边支点梁端的抗剪承载力时，$\alpha_1=1.0$；计算连续梁和悬臂梁近中间支点梁端的抗剪承载力时，$\alpha_1=0.9$；

α_2——预应力提高系数，对钢筋混凝土受弯构件，$\alpha_2=1.0$；

α_3——受压翼缘的影响系数，对矩形截面，取 $\alpha_3=1.0$；对 T 形和 I 形截面，取 $\alpha_3=1.1$；

b——斜截面剪压区对应正截面处，矩形截面的宽度(mm)，或 T 形和 I 形截面腹板的宽度(mm)；

h_0——截面的有效高度(mm)，取斜截面剪压区对应正截面处、自纵向受拉钢筋合力点至受压边缘的距离；

P——斜截面内纵向受拉钢筋的配筋率，$P=100\rho$，$\rho=A_s/bh_0$，当 $\rho>2.5$，取 $p=2.5$；

$f_{cu,k}$——边长为 150mm 的混凝土立方体抗压强度标准值(MPa)；

ρ_{sv}——箍筋配筋率，见式(5-46)；

f_{sv}——箍筋抗拉强度设计值(MPa)；

f_{sd}——弯起钢筋的抗拉强度设计值(MPa)；

A_{sb}——斜截面内在同一个弯起钢筋平面内的弯起钢筋总截面面积(mm^2)；

θ_s——弯起钢筋的切线与构件水平纵向轴线的夹角；

$\sigma_{pe,ex}$——使用阶段体外预应力钢筋扣除预应力损失后的有效应力(MPa)；

A_{ex}——斜截面内在同一弯起平面的体外预应力弯起钢筋的截面面积(mm^2)；

θ_{ex}——体外预应力弯起钢筋的切线与水平线的夹角，按斜截面剪压区对应正截面处取值。

这里要指出以下几点：

(1)式(5-49)所表达的斜截面抗剪承载力中，混凝土和箍筋提供的综合抗剪承载力为 $V_{cs}=(0.45\times10^{-3})\alpha_1\alpha_2\alpha_3 bh_0\sqrt{(2+0.6p)\sqrt{f_{cu,k}}\rho_{sv}f_{sv}}$，弯起钢筋提供的抗剪承载力为 $V_{sb}=(0.75\times10^{-3})f_{sd}\sum A_{sb}\sin\theta_s$。当不设弯起钢筋时，梁的斜截面抗剪力 V_u 等于 V_{cs}。

(2)式(5-49)是一个半经验半理论公式，使用时必须按规定的单位代入数值，而计算得到的斜截面抗剪承载力 V_u 的单位为 kN。

2.公式适用条件

式(5-49)是根据剪压破坏形态发生时的受力特征和试验资料得出的，仅在一定的条件下才适用，因而必须限定其适用范围，即计算公式的上、下限值。

(1)上限值——截面最小尺寸

当梁的截面尺寸较小而剪力过大时，就可能在梁的肋部产生过大的主压应力，使梁发生斜压破坏。这种梁的抗剪承载力取决于抗压强度及梁的截面尺寸，不能增加腹筋数量来提高抗剪承载力。《公路混凝土规范》规定了截面最小尺寸的限制条件，即

$$\gamma_0 V_d \leqslant (0.51\times10^{-3})\sqrt{f_{cu,k}}bh_0 \tag{5-50}$$

式中：V_d——验算截面处由作用(或荷载)产生的剪力组合设计值(kN)；

$f_{cu,k}$——混凝土立方体抗压强度标准值(MPa)；

b——相应于剪力组合设计值处矩形截面的宽度，或 T 形和 I 形截面腹板宽度(mm)；

h_0——相应于剪力组合设计值处截面的有效高度(mm)。

若(5-50)不满足，则应加大截面尺寸或提高混凝土强度等级。

(2)下限值——按构造要求配置箍筋

若截面尺寸足够大，则不需进行斜截面承载力的计算，但为防止发生斜拉破坏，《公路混凝土规范》规定，若符合下式，则不需进行斜截面抗剪承载力的计算，而仅按构造要求配置箍筋：

$$\gamma_0 V_d \leqslant (0.5\times10^{-3})\alpha_2 f_{td} bh_0 \tag{5-51}$$

式中的 f_{td} 为混凝土抗拉强度设计值(MPa)，其他符号的物理意义及单位与式(5-50)相同。对于实体板，下限值可提高 25%。

(五)受弯构件的斜截面抗弯承载力

受弯构件中纵向钢筋的数量是根据控制截面最大弯矩计算值计算的，而实际弯矩沿梁长通常是变化的，因此沿梁长各截面纵筋数量也可随弯矩的减小而减小。从实际工程中可以把纵筋弯起或截断，但如果弯起或截断的位置不恰当，会引起斜截面的受弯破坏。因此，还必须研究斜截面受弯承载力和纵筋弯起和截断对斜截面受弯承载力的不利影响。

1.斜截面抗弯承载力计算

试验研究表明，斜裂缝的发生与发展，除了可能引起前述的剪切破坏外，还可能使与斜裂

缝相交的箍筋、弯起钢筋及受拉钢筋的应力达到屈服强度，这时，梁被斜裂缝分开的两部分将绕位于斜裂缝顶端受压区的公共铰转动，最后，受压区混凝土被压碎而破坏。

矩形、T 形和 I 形截面的受弯构件(图 5-22)，其斜截面抗弯承载力应按下列规定进行验算：

$$\gamma_0 M_d \leqslant f_{sd} A_s Z_s + f_{pd} A_p Z_p + \sum f_{sd} A_{sb} Z_{sb} + \sum f_{pd} A_{pb} Z_{pb} + \sum f_{sv} A_{sv} Z_{sv} \qquad (5\text{-}52a)$$

此时，最不利的斜截面水平投影长度按下列公式试算确定：

$$\gamma_0 V_d = \sum f_{sd} A_{sb} \sin\theta_s + \sum f_{pd} A_{pb} \sin\theta_p + \sum f_{sv} A_{sv} \qquad (5\text{-}52b)$$

式中：M_d——弯矩设计值，按斜截面剪压区对应正截面处取值；

V_d——与弯矩设计值 M_d 对应的剪力设计值；

Z_s、Z_p——纵向普通受拉钢筋合力点、纵向预应力受拉钢筋合力点至受压区中心点 O 的距离；

Z_{sb}、Z_{pb}——与斜截面相交的同一弯起平面内普通弯起钢筋合力点、预应力弯起钢筋合力点至受压区中心点 O 的距离；

Z_{sv}——与斜截面相交的同一平面内箍筋合力点至斜截面受压端的水平距离。

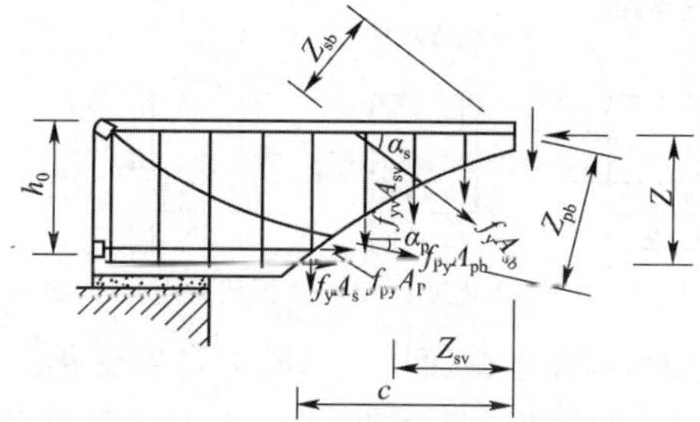

图 5-22 斜截面抗弯承载力计算图式

斜截面受压端受压区高度 x，按斜截面内所有的力对构件纵向轴投影之和为零的平衡条件求得。

在实际的设计中，一般是采用构造规定来避免斜截面受弯破坏。例如，在进行弯起钢筋布置时，为满足斜截面抗弯强度的要求，弯起钢筋的弯起点位置应设在按正截面抗弯承载力计算该钢筋的强度全部被利用的截面以外，其距离不小于 $0.5h_0$ 处。换句话说，若弯起钢筋的弯起点至弯起筋强度充分利用截面的距离(S_1)满足 $S_1 \geqslant 0.5h_0$，并且满足《公路混凝土规范》关于弯起钢筋规定的构造要求，则可不进行斜截面抗弯承载力的计算。

2.纵向受拉钢筋的弯起

在梁斜截面抗剪设计中已初步确定了弯起钢筋的弯起位置，但是纵向钢筋能否在这些位置弯起，显然应考虑同时满足正截面及斜截面抗弯承载力的要求。这个问题一般采用梁的抵抗弯矩图应覆盖计算弯矩包络图的原则来解决。

弯矩包络图是沿梁长度各截面上弯矩组合设计值 M_d 的分布图，其纵坐标表示该截面上作用的最大设计弯矩。简支梁的弯矩包络图一般可近似为一条二次抛物线(图 5-23)。

抵抗弯矩图(又称材料图)，就是沿梁长各个正截面按实际配置的总受拉钢筋面积能产生的抵抗弯矩图，即表示各正截面所具有的抗弯承载力。在确定纵向钢筋弯起位置时，必须使用抵抗弯矩图，故下面具体讨论钢筋混凝土梁的抵抗弯矩图。

设一简支梁计算跨径为 L，跨中截面布置有 6 根纵向受拉钢筋($2N1+2N2+2N3$)，其正截面抗弯承载力为 $M_{u,l/2} > \gamma_0 M_{d,l/2}$(图 5-23)。

假定底层 2 根 $N1$ 纵向受拉钢筋必须伸过支座中心线，不得在梁跨间弯起，而 $2N2$ 和

2N3 钢筋考虑在梁跨间弯起。

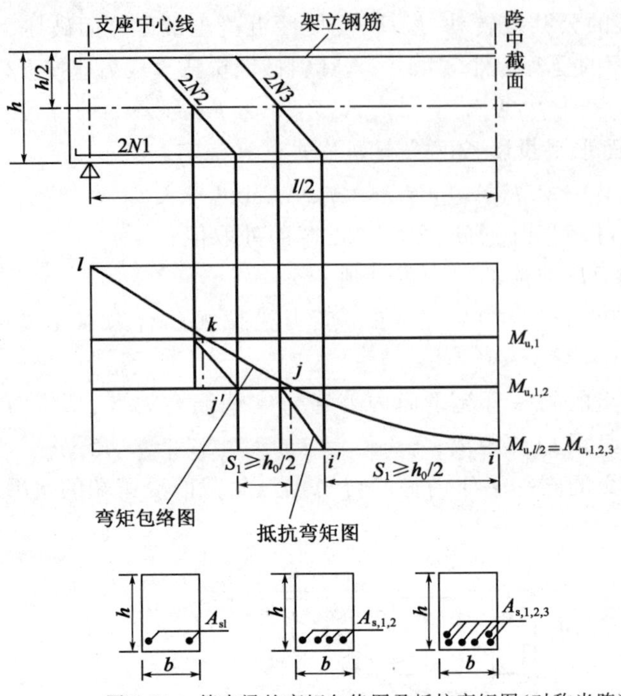

图 5-23　简支梁的弯矩包络图及抵抗弯矩图(对称半跨)

由于部分纵向受拉钢筋弯起,因而正截面抗弯承载力发生变化。在跨中截面,设全部钢筋提供的抗弯承载力为 $M_{u,l/2}$;弯起 2N3 钢筋后,剩余(2N1+2N2)钢筋面积 $A_{s,1,2}$,提供的抗弯承载力为 $M_{u,1,2}$;弯起 2N2 钢筋后,剩余 2N1 筋面积为 $A_{s,1}$,提供的抗弯承载力为 $M_{u,1}$。计算公式如下:

$$M_{u,l/2}=f_{sd}A_sZ_s \tag{5-53}$$

$$M_{u,l/2}=f_{sd}\mathrm{A}_{s,1,2}Z_{1,2} \tag{5-54}$$

$$M_{u,1}=f_sA_{s1}Z_1 \tag{5-55}$$

这样可以作出抵抗弯矩图(图 5-23)。抵抗弯矩图中 $M_{u,1,2}$,$M_{u,1}$ 水平线与弯起包络图的交点即为理论的弯起点。

由图 5-23 可见,在跨中点处,所有钢筋的强度被充分利用;在 j 点处 N1 和 N2 的钢筋强度被充分利用,而 N3 钢筋在 j 点以外(向支座方向)就不再需要了;同样,在 k 点以外也就不再需要了。通常可以把 i、j、k 三个点分别称为 N3、N2 和 N1 钢筋的"不需要点"。

为了保证斜截面抗弯承载力,N3 钢筋与梁中轴线的交点必须在其不需要点 j 以外,这是由于弯起钢筋的内力臂是逐渐减小的,故抗弯承载力也逐渐减小,当弯筋 N3 穿过梁中轴线基本上进入受压区后,它的正截面抗弯作用才认为消失。

N2 钢筋的弯起位置的确定原则与 N3 钢筋相同。

这样获得的抵抗弯矩图外包了弯矩包络图,保证了梁段内任一截面都不会发生正截面破坏和斜截面抗弯破坏。图 5-23 中 N2 和 N3 钢筋的弯起位置就被确定在 i'和 j'两点处。

在钢筋混凝土梁设计中,考虑梁斜截面抗剪承载力时,实际上已初步确定了各弯起钢筋的弯起位置。因此,可以按弯起包络图和抵抗弯矩图来检查已定的弯起钢筋的弯起初步位置,若满足前述的各项要求,则确认所设计的弯起位置合理。否则要进行调整,必要时可加设斜筋或附加弯起钢筋,最终使得梁中各弯筋(斜筋)的水平投影能相互有重叠部分,至少相接。

应该指出的是,若纵向受拉钢筋较多,除满足所需的弯起钢筋数量外,多余的纵向受拉钢筋可以在梁跨间适当位置截断。纵向受拉钢筋的初步截断位置一般取在理论截断处(类似弯起筋的理论弯起点),但截断的设计位置应从理论截断处至少延伸(l_a+h_0)的长度,此处 l_a 为受拉钢筋的最小锚固长度(详见下节内容),h_0 为截面的有效高度;同时,尚应考虑从不需要该钢筋的截面至少延伸 $20d$(普通热轧钢筋),此处 d 为钢筋直径。

五、全梁承载能力校核

对基本设计好的钢筋混凝土梁进行全梁承载力校核,就是进一步检查梁截面的正截面抗弯承载力、斜截面的抗剪和抗弯承载力是否满足要求。梁的正截面抗弯承载力按前述方法复核。在梁弯起钢筋设计中,按照抵抗弯矩图外包弯矩包络图原则,并且使弯起位置符合规范要求,故梁间任一正截面和斜截面的抗弯承载力已近满足要求,不必再进行复核。但是,腹筋设计仅仅是根据近支座斜截面上的荷载效应(即计算剪应力包络图)进行的,并不能得出梁间其他斜截面抗剪承载力一定大于或等于相应的剪力计算值 $V=\gamma_0V_d$,因此,应该对已配置腹筋的梁进行斜截面抗剪承载力复核。

(一)斜截面抗剪承载力的复核

对已基本设计好腹筋的钢筋混凝土简支梁的斜截面进行抗剪承载力复核,采用(5-49)、式(5-50)和式(5-51)。在使用式(5-49)时,应注意以下问题。

1.斜截面抗剪承载力复核截面的选择

《公路混凝土规范》规定,在进行钢筋混凝土简支梁斜截面抗剪承载力复核时,其复核位置应按照下列规定选取:

(1)距支座中心 $h/2$(梁高一半)处的截面。

(2)受拉区弯起钢筋弯起处的截面以及锚于受拉区的纵向钢筋开始不受力处的截面。

(3)箍筋数量或间距有改变处的截面。

(4)梁的肋板宽度改变处的截面。

2.斜截面顶端位置的确定

按照式(5-49)进行斜截面抗剪承载力复核时,式中的 V_b、b 和 h_0 均指斜截面顶端位置处的数值。通常采用下述方法确定斜截面顶端的位置:

(1)选择斜截面顶端位置。

(2)以底端位置向跨中方向取距离为 h_0 的截面,认为验算斜截面顶端就在此正截面上。

(3)由验算斜截面顶端的位置坐标,可以从内力包络图推得该截面上的最大剪力组合设计值 $V_{d,x}$ 及相应的弯矩组合设计值 $M_{d,x}$,进而求得剪跨比 $m=\dfrac{M_{d,x}}{V_{d,x}h_0}$ 及斜截面投影长度 $c=0.6mh_0$。

由斜截面投影长度,可确定与斜截面相交的纵向受拉钢筋配筋百分率 ρ、弯起钢筋数量 A_{sb} 和箍筋配筋率 ρ_{sv}。

取验算斜截面顶端正截面的有效高度 h_0 及宽度 b。

(4)将上述各值及与斜裂缝相交的箍筋和弯起钢筋数量带入式(5-49),即可进行斜截面抗剪承载力复核。

(二)有关的构造要求

构造要求及其措施是结构设计中的重要组成部分,构造措施对防止斜截面破坏显得尤其重要,下面结合《公路混凝土规范》的规定进行介绍。

1.纵向钢筋在支座处的锚固

在梁近支座处出现裂缝时，斜截面处纵向钢筋应力将增大，若锚固长度不足，钢筋与混凝土的相对滑移将导致斜裂缝宽度显著增大，甚至会发生黏结锚固破坏。为了防止钢筋被拔出而破坏，《公路混凝土规范》还规定：底层两外侧之间不向上弯曲的受拉主筋，伸出支点截面以外的长度应不小于 $10d$；对环氧树脂涂层钢筋应不小于 $12.5d$，d 为受拉主筋直径(图 5-24)。

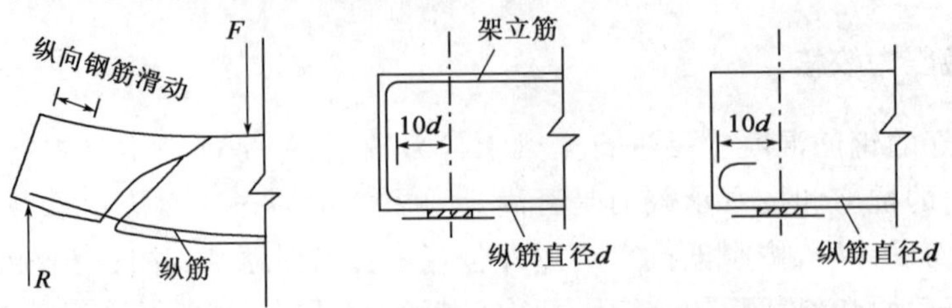

a) 支座附近纵向钢筋锚固破坏　b) 焊接骨架在支座处锚固　c) 绑扎骨架在支座处锚固

图 5-24　主钢筋在支座处的锚固

2. 纵向钢筋在梁跨间的截断与锚固

当某根纵向受拉钢筋在梁跨间的理论截断点处截断后，该处混凝土所承受的拉应力突增，往往会过早出现斜裂缝，如果截面的钢筋锚固不足，甚至可能降低构件的承载能力，因此，纵向受拉钢筋不宜在受拉区截断。若需要截断，为了保证钢筋强度的充分利用，必须将钢筋从理论截断点外伸一定的长度(l_a+h_0)再截断，其中 l_a 称为钢筋的锚固长度。

根据钢筋拔出试验结果和我国的工程实践经验，《公路混凝土规范》规定了不同受力情况下钢筋最小锚固长度，见表 5-1。

3. 箍筋的构造要求

(1)钢筋混凝土梁应设置直径不小于 8mm，且不小于 1/4 主钢筋直径的箍筋。HPB300 钢筋的配筋率不应小于 0.14%，HRB400 钢筋的配筋率不应小于 0.11%。

(2)箍筋的间距。箍筋的间距不应大于梁高的 1/2，且不大于 400mm；当所箍钢筋为按受力需要的纵向受压钢筋时，不应大于受压钢筋直径的 15 倍，且不应大于 400mm。支座中心向跨径方向长度不小于一倍梁高范围内，箍筋间距不宜大于 100mm。近梁端第一根箍筋应设置在距端面一个混凝土保护层的距离处。梁与梁或梁与柱的交接范围内可不设箍筋，靠近交接范围的第一根箍筋，其与交界的距离不大于 50mm。

4. 弯起钢筋

除已述内容对弯起钢筋的构造要求，《公路混凝土规范》还规定：简支梁第一排(对支座而言)弯起钢筋的末端弯折点应位于支座中心截面处，以后各排弯起钢筋的末端弯折点应落在或超过前一排弯起钢筋的弯起点。不得采用不与主筋焊接的斜钢筋(浮筋)。

习　题

5-13　纵筋弯起时弯起点必须设在该钢筋的充分利用点以外不小于 $h_0/2$ 的地方，这一要求是为了保证(　　)。

A. 正截面抗弯强度　　B. 斜截面抗剪强度

C. 斜截面抗弯强度　　D. 斜截面抗剪及抗弯强度

5-14　梁的抗剪设计中，如果出现 $\gamma_0 V_d \leqslant (0.5\times10^{-3})\alpha_2 f_{td} b h_0$ 的情况，应该(　　)。

A. 按构造要求配置箍筋用量　　B. 增加截面尺寸

C. 增加箍筋数量　　D. 设置弯起钢筋

5-15　双筋矩形截面正截面受弯承载力计算，验算 $x \geq 2a_s'$ 是为了(　　)。

A. 保证受压钢筋达到抗压设计强度　　B. 构件不开裂

C. 保证受拉钢筋达到屈服　　D. 保证构件破坏不是从受拉一侧先破坏

5-16　混凝土保护层厚度是指(　　)。

A. 箍筋的边缘至构件截面表面之间的距离

B. 受力钢筋截面形心至构件截面表面之间的距离

C. 钢筋的边缘至构件截面表面之间的最小距离

D. 附加钢筋截面形心至构件截面表面之间的距离

5-17　对于无腹筋梁，当 $1 < m < 3$ 时，常发生(　　)。

A. 斜压破坏　　B. 剪压破坏

C. 斜拉破坏　　D. 弯曲破坏

5-18　适筋梁在逐渐加载过程中，当正截面受拉钢筋达到屈服以后(　　)。

A. 该梁即达到最大承载力而破坏。

B. 该梁达到最大承载力，一直维持到受压混凝土达到极限压应变而破坏

C. 该梁承载力略有所增高，但很快受压区混凝土达到极限压应变，承载力急剧下降而破坏

D. 该梁达到最大承载力，随后承载力缓慢下降直到破坏

5-19　受弯构件正截面承载力中，对于双筋截面，下面哪个条件可以满足受压钢筋的屈服？(　　)

A. $x \leq \xi_b h_0$　　B. $x > \xi_b h_0$　　C. $x \geq 2a_s'$　　D. $x < 2a_s'$

5-20　下面关于钢筋混凝土受弯构件截面弯曲刚度的说明中，错误的是(　　)。

A. 截面弯曲刚度随着荷载增大而减小

B. 截面弯曲刚度随着时间的增加而减小

C. 截面弯曲刚度随着裂缝的发展而减小

D. 截面弯曲刚度不变

5-21　双筋矩形截面梁正截面受弯承载力计算时，受压钢筋设计强度规定不得超过400MPa，这是因为(　　)。

A. 受压混凝土强度不够　　B. 为了改善结构延性

C. 受压边缘混凝土已达到极限压应变　　D. 受压钢筋不致被压屈服

5-22　适筋梁正截面破坏时，其主要特征是(　　)。

A. 受压区混凝土先压碎，然后受拉钢筋屈服

B. 受拉钢筋被拉断，而受压区混凝土还未被压碎

C. 受拉钢筋先屈服，然后受压区混凝土被压碎

D. 受拉钢筋屈服，同时受压区混凝土被压碎

5-23　受弯构件斜截面承载力计算中，通过限制最小截面尺寸来防止(　　)。

A. 斜压破坏　　B. 斜拉破坏　　C. 剪压破坏　　D. 弯曲破坏

5-24　与素混凝土梁相比，适量配筋的钢混凝土梁的承载力和抵抗开裂的能力(　　)。

A. 承载力提高很多，抗裂提高不多　　B. 均提高很多

C. 抗裂提高很多，承载力提高不多　　D. 均提高不多

5-25　抗剪承载力计算公式适用于(　　)。

A. 剪压破坏　　B. 斜压破坏　　C. 斜拉破坏　　D. 斜弯破坏

5-26　对于无腹筋梁，当剪跨比 $m>3$ 时，常发生的破坏形式是(　　)。

A. 斜压破坏　　B. 斜拉破坏　　C. 剪压破坏　　D. 弯曲破坏

5-27　一矩形截面梁，$b\times h=200\text{mm}\times500\text{mm}$，混凝土强度等级为 C25($f_c=11.5\text{N/mm}^2$)，受拉区配有 $4\phi20$($A_s=1256\text{mm}^2$)的 HRB400 钢筋($f_{sd}=330\text{N/mm}^2$)，该梁沿正截面的破坏为(　　)。

A. 少筋破坏　　B. 超筋破坏　　C. 适筋破坏　　D. 界限破坏

5-28　当构件截面尺寸与材料强度等相同时，钢筋混凝土受弯构件正截面承载力 M_u 与纵向受拉钢筋配筋率 ρ 的关系是(　　)。

A. ρ 越大，M_u 也越大

B. ρ 越大，M_u 按线性关系增大

C. 当 $\rho_{min}\leqslant\rho\leqslant\rho_{max}$ 时，M_u 随 ρ 增大按线性关系增大

D. 当 $\rho_{min}\leqslant\rho\leqslant\rho_{max}$ 时，M_u 随 ρ 增大按非线性关系增大

5-29　对于适筋梁，当受拉钢筋刚达到屈服时，其状态是(　　)。

A. 达到极限承载能力

B. 受压边缘混凝土的压应变 $\varepsilon_c=\varepsilon_u$($\varepsilon_u$ 为混凝土的极限压应变)

C. 受压边缘混凝土的压应变 $\varepsilon_c\leqslant\varepsilon_u$

D. 受压边缘混凝土的压应变 $\varepsilon_c=0.002$

5-30　设计双筋矩形截面梁，当 A_s 和 A'_s 均未知时，使用钢量接近最少的方法是(　　)。

A. 取 $\xi=\xi_b$　　B. 取 $A_s=A'_s$

C. 使 $x=2a'_s$　　D. 取 $\rho=0.8\%\sim1.5\%$

5-31　无腹筋钢筋混凝土梁沿斜截面的抗剪承载力与剪跨比的关系是(　　)

A. 随剪跨比的增加而提高

B. 随剪跨比的增加而降低

C. 在一定范围内随剪跨比的增加而提高

D. 在一定范围内随剪跨比的增加而降低

第三节　受压构件强度计算

一、配有纵向钢筋和普通箍筋的轴心受压构件

当构件受到位于截面形心的轴向压力作用时，称为轴心受压构件。虽然严格意义上的轴心受压构件并不存在，但在实际工程中的某些构件可以按轴心受压构件设计。其破坏特征与承载力如下。

(1)当长细比 $l_0/b\leqslant8$ 时，将发生短柱破坏，构件出现纵向裂缝，混凝土被压碎，纵筋压屈外鼓呈灯笼状。其正截面抗压承载力为

$$\gamma_0N_d\leqslant N_u=0.9(f_{cd}A+f'_{sd}A'_s)\tag{5-56}$$

式中：N_d——轴向力组合设计值；

A——构件截面面积，当纵向钢筋配筋率大于 3% 时，式中 A 改为混凝土净截面积 $A_n=$

$A-A'_s$；

A'_s——受压钢筋全部截面积；

f_{cd}——混凝土轴心抗压强度设计值；

f'_{sd}——受压钢筋抗压强度设计值。

(2)当长细比 $l_0/b>8$ 时，将发生长柱破坏，其一侧出现纵向裂缝，混凝土被压碎，纵筋压屈外鼓；而另一侧出现横向裂缝，钢筋应力可能达不到屈服强度，其正截面抗压承载力为

$$\gamma_0 N_d \leqslant N_u = 0.9\varphi(f_{cd}A + f'_{sd}A'_s) \tag{5-57}$$

式中：φ——钢筋混凝土轴心受压构件的稳定系数，随构件长细比的增加而降低，取值可参照《公路混凝土规范》表 5.3.1，对于短柱 $\varphi=1$。

二、配有纵向钢筋和螺旋箍筋的轴心受压构件

配有符合适用条件的螺旋式或焊接环式间接箍筋时，可以考虑其对柱核心混凝土约束的间接作用，考虑混凝土为三向受压，其正截面的抗压承载力为

$$\gamma_0 N_d \leqslant N_u = 0.9(f_{cd}A_{cor} + kf_{sd}A_{so} + f'_{sd}A'_s) \tag{5-58}$$

式中：A_{cor}——构件的核心截面面积；

A_{so}——间接钢筋的换算截面面积，$A_{so}=\dfrac{\pi d_{cor}A_{so1}}{s}$；

d_{cor} 构件截面核心混凝土的直径；

A_{so1}——单根间接钢筋的截面面积；

A'_s——纵向钢面积；

f_{cd}——混凝土轴心抗压强度设计值；

f'_{sd}——受压钢筋抗压强度设计值；

k——间接钢筋的影响系数，混凝土强度等级 C50 及以下时取 2.0，C50～C80 时取 2.0～1.7，中间按线性内插。

应当注意，按式(5-58)设计时应考虑下列应用条件。

(1)式(5-58)算得的设计值不应大于由式(5-57)算得的设计值的 1.5 倍，这是为了保证在使用荷载作用下不发生保护层剥落。

(2)式(5-58)不适用于下列情况。

①当构件长细比 $\lambda=l_0/i\geqslant48$(i 为截面最小回转半径)时，或圆形截面柱长细比 $\lambda=l_0/d\geqslant12$(d 为圆形截面直径)时，因为这种柱由于侧向挠度引起的附加偏心矩过大，使承载力降低过多，螺旋箍作用不能充分发挥。

②当间接钢筋的换算截面面积小于纵向钢筋全部截面积 A'_s 的 1/4 时，不能充分约束混凝土。

③当按式(5-58)计算的设计承载力小于按式(5-57)计算的设计承载力时，与实际情况不符合。

三、偏心受压构件的破坏形态及其影响因素

1.影响偏心受压构件破坏形态的主要因素

影响偏心受压构件破坏形态的主要因素，除构件截面尺寸、形式及材料强度等级之外，还有构件的长细比(计算长度 l_0 与偏心方向截面高度 h 之比 l_0/h，或 l_0/i，i 为弯矩作用平面内的回转半径)、相对偏心距($e_0/h_0=M/Nh_0$)，纵向钢筋的配筋率(靠近轴力一侧的受压配筋率 ρ' 与远离

轴向力一侧的配筋率)。

2. 偏心受压短柱随 e_0/h_0、ρ、ρ_0 变化发生的破坏形态

(1)大偏心受压破坏

①当相对偏心距 e_0/h_0 较大,但受拉钢筋的配筋率 $\rho<\rho_{min}$ 时,将发生少筋破坏。这种破坏,构件的材料不能充分发挥作用,预兆性差,设计中应避免。

②当 e_0/h_0 较大,且 ρ 适当时,发生大偏心受压破坏,或称拉坏。这种破坏始于受拉区,其特点是远离轴向力一侧受拉区混凝土出现多条横向裂缝,最终有一条是主裂缝,在主裂缝处纵筋先受拉屈服,以后随着主裂缝的发展,受压区缩小,导致受压区混凝土压碎,受压钢筋达到抗压强度设计值(可以屈服或不屈服)。

(2)小偏心受压破坏

①当 e_0/h_0 较小或很小,或虽然 e_0/h_0 较大,但 ρ 也很大时,将发生小偏心受压破坏。其破坏始于靠近荷载一侧的受压区,受压区的钢筋先达到抗压强度设计值(一般能达到屈服),混凝土出现纵向裂缝并且先压碎。而远离轴向力一侧不出现横向裂缝或者存在一些小的横向裂缝,但不存在主横向裂缝,其钢筋一般达不到屈服强度(可能受拉或受压)。

②当 e_0/h_0 较小,但 $\rho'\gg\rho$,截面几何重心与物理重心相差较多,轴向力 N 位于这两者之间时,构件将首先发生远离轴向力一侧混凝土压碎,钢筋 A_s 达到受压屈服,而 A_s' 却达不到屈服。对于这种小偏心破坏,材料利用不合理,在设计中应加以避免。

3. 长细比对偏心受压构件破坏形态的影响

随着长细比的加大,偏心受压柱将发生短柱破坏、长柱破坏、细长柱破坏三种形式。现以矩形截面柱加以说明。

(1)当 $l_0/h\leqslant8$ 时为短柱,发生材料破坏。设计时可以忽略纵向弯曲二阶效应的作用,不考虑偏心距增大系数的影响。

(2)当 $8<l_0/h\leqslant30$ 时(一般工程中常取 $l_0\leqslant15$)为长柱,虽然也发生材料破坏,但在设计中纵向弯曲的二阶效应不能忽略,应考虑初始偏心距增大系数的影响。

(3)当 $l_0/h>30$ 时为细长柱,将发生失稳破坏。材料强度不能充分发挥作用,设计中应避免。

4. N -M 承载力相关曲线

偏心受压构件实际上是弯矩 M 和轴心压力 N 共同作用的构件,偏心距 $e_0=M/N$。因此,弯矩和轴心压力的不同组合使偏心距不同,将对给定材料、截面尺寸、配筋的偏心受压构件的承载力产生不同的影响,即在达到承载力极限状态时,截面承受的轴力 N 与弯矩 M 具有相关性,构件可以在不同 N 和 M 的组合下达到承载能力极限状态。

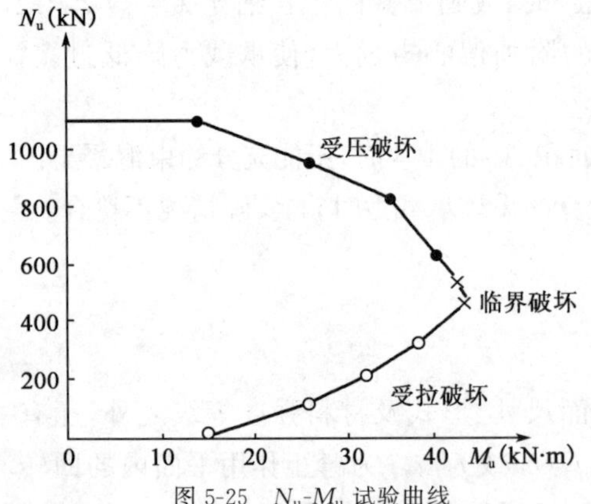

图 5-25 N_u-M_u 试验曲线

试验表明,在"受压破坏"的情况下,随着轴力的增加,构件的抗弯能力随之减小;但在"受拉破坏"的情况下,轴力的存在反而使构件的抗弯能力提高。在界限状态时,构件的抗弯能力达到最大值,见图 5-25。

由图 5-25 所示偏心受压构件的 N-M 相关曲线可以得出以下结论:

(1)当 $N>N_b$($\xi>\xi_b$)时,为小偏心受压,随着 N 的加大,截面能够承担的 M 将减小;反之亦然。或者

说，对称配筋时，随着 N 或 M 的加大，$A'_s=A_s$ 将增加。

(2)当 $N<N_b(\xi<\xi_b)$ 时，为大偏心受压，当 N 加大时，截面能够承担的 M 加大。或者说，随着 N 的加大，对称配筋时，$A'_s=A_s$ 将减小。

(3)当 $N=N_b(\xi=\xi_b)$ 时，为界限破坏，达到了最大的抗弯承载力 M_{max}。

四、偏心受压构件的纵向弯曲

钢筋混凝土受压构件在承受偏心力作用后，将产生纵向弯曲变形，即会产生侧向变形(变位)。对于长细比小的短柱，侧向挠度小，计算时一般可忽略其影响。而对长细比较大的长柱，由于侧向变形的影响，各截面所受的弯矩不再是 Ne_0 而变成 $N(e_0+y)$，y 为构件任意点的水平侧向变形。在柱高度中点处，侧向变形最大，截面上的弯矩为 $N(e_0+u)$。u 随着荷载的增大而不断加大，因而弯矩的增长也越来越快。如图 5-26 所示。一般把偏心受压构件截面弯矩中的 Ne_0 称为初始弯矩或一阶弯矩(不考虑构件侧向变形时的弯矩)，将 Nu 或 Ny 称为附加弯矩或二阶弯矩。由于二阶弯矩的影响，将造成偏心受压构件不同的破坏类型。

(一)偏心受压构件的破坏类型

钢筋混凝土偏心受压构件按长细比可分为短柱、长柱和细长柱。

1.短柱

偏心受压短柱中，虽然偏心力作用将产生一定的侧向变形，但其 u 值很小，一般可忽略不计。即可以不考虑二阶弯矩，各截面中的弯矩均可认为等于 Ne_0，弯矩 M 与轴向力 N 呈线性关系。

随着荷载的增大，当短柱达到极限承载能力时，柱的截面由于材料达到其极限强度而破坏。在 N-M 曲线图中，从加载到破坏的路径为直线，当直线与截面承载力线相交于 B 点时就发生材料破坏，即图 5-27 中的 OB 直线。

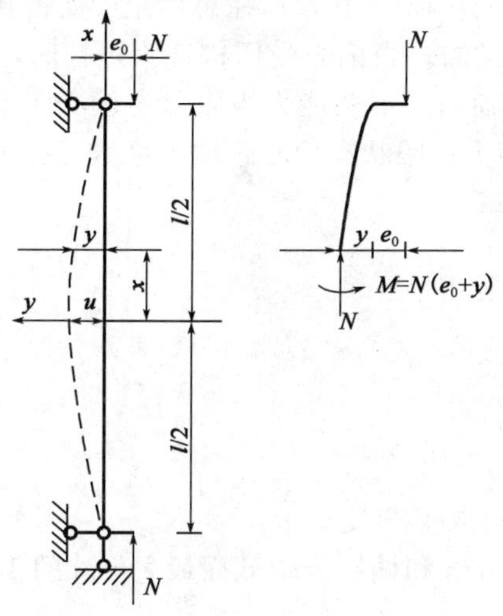

图 5-26　偏心受压构件的受力图示

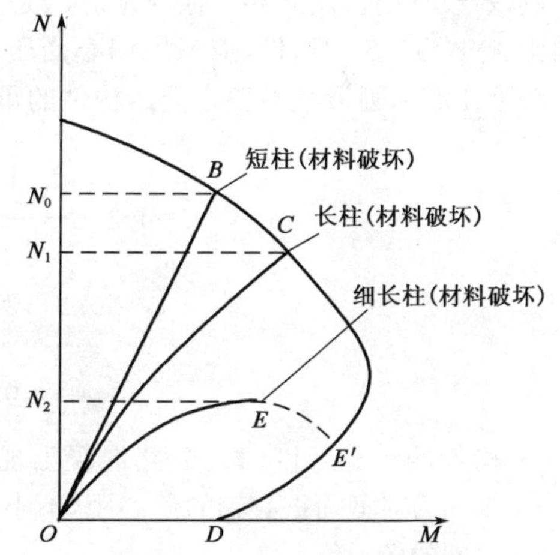

图 5-27　构件长细比的影响

2.长柱

对于矩形截面柱，当 $8<h_0/h\leqslant 30$ 时即为长柱。长柱受偏心力作用时的侧向变形 u 较大，二阶弯矩影响已不可忽视，因此，实际偏心距是随荷载的增大而非线性增加，构件控制截面最终仍然是由于截面中材料达到其强度极限而破坏，属材料破坏。

偏心受压长柱在 N-M 曲线图上从加载到破坏的受力路径为曲线，与截面承载能力曲线相交于 C 点而发生材料破坏，即图 5-27 中 OC 曲线。

3. 细长柱

对于长细比很大的柱，当偏心压力 N 达到最大值时（图 5-27 中 E 点），侧向变形 u 突然剧增，此时，偏心受压构件截面上钢筋和混凝土的应变均未达到材料破坏时的极限值，即压杆达到最大承载能力发生在其控制截面材料强度还未达到其破坏强度时，这种破坏类型称为失稳破坏。在构件失稳后，若控制作用在构件上的压力逐渐减小以保持构件继续变形，则随着 u 增大到一定值及相应的荷载下，截面也可达到材料破坏点（点 E'）。但这时的承载能力已明显低于失稳时的破坏荷载。由于失稳破坏与材料破坏有本质的区别，故设计中一般尽量不采用细长柱。

在图 5-27 中，短柱、长柱和细长柱的初始偏心距是相同的。但破坏类型不同。短柱和长柱受力路径分别为 OB 和 OC，为材料破坏；细长柱受力路径为 OE，为失稳破坏。随着长细比的增大，其承载力 N 值也不同，其值分别为 N_0、N_1 和 N_2，而 $N_0>N_1>N_2$。

（二）偏心距增大系数

实际工程中最常遇到的是长柱，由于其最终破坏是材料破坏，因此，在设计计算中需考虑由于构件侧向变形（变位）而引起的二阶弯矩的影响。

偏心受压构件控制截面的实际弯矩应为

$$M=N(e_0+u)=N\frac{e_0+u}{e_0}e_0 \tag{5-59}$$

令

$$\eta=\frac{e_0+u}{e_0}=1+\frac{u}{e_0}$$

则

$$M=N\cdot\eta e_0 \tag{5-60}$$

η 称为偏心受压构件考虑纵向挠曲影响（二阶效应）的轴向力偏心距增大系数。由式（5-60）可见，η 越大表明二阶弯矩的影响越大，则截面所承担的一阶弯矩 Ne_0 在总弯矩中所占比例就相对越小。应该指出的是，当 $e_0=0$ 时，式（5-60）是无意义的。当偏心受压构件为短柱时，则 $\eta=1$。对于长细比 $l_0/i>17.5$ 的构件，应考虑偏心受压构件轴向力承载能力极限状态偏心距增大系数 η。矩形、T 形、I 形和圆形截面偏心受压构件的承载能力极限状态偏心距增大系数可按下列公式计算：

$$\eta=1+\frac{1}{1300e_0/h_0}\left(\frac{l_0}{h}\right)^2\zeta_1\zeta_2 \tag{5-61}$$

$$\zeta_1=0.2+2.7\frac{e_0}{h_0}\leqslant 1.0 \tag{5-62}$$

$$\zeta_2=1.15-0.01\frac{l_0}{h}\leqslant 1.0 \tag{5-63}$$

式中：l_0——构件的计算长度，按《公路混凝土规范》附录 E 确定；

e_0——轴向力对截面重心轴的偏心距，不小于 20mm 和偏压方向截面最大尺寸的 1/30 两者之间的较大值；

h_0——截面的有效高度，对圆形截面取 $h_0=r+r_s$；

h——截面的高度，对圆形截面取 $h=2r$；

ζ_1——荷载偏心率对截面曲率的影响系数；

ζ_2——构件长细比对截面曲率的影响系数。

五、矩形截面偏心受压构件

钢筋混凝土矩形截面偏心受压构件是工程中应用最广泛的构件，其截面长边为 h，短边为 b。

在设计中，应该以长边方向的截面主轴面 x-x 为弯矩作用平面。

矩形偏心受压构件的纵向钢筋一般集中布置在弯矩作用方向的截面两对边位置上，以 A_s 和 A'_s 来分别代表离偏心压力较远一侧和较近一侧的钢筋面积。当 $A_s \neq A'_s$ 时，称为非对称布筋；当 $A_s = A'_s$ 时，称为对称布筋。

与受弯构件相比，偏心受压构件的正截面承载力计算采用下列基本假定：

(1)截面应变分布符合平截面假定。

(2)不考虑混凝土的抗拉强度。

(3)受压混凝土的极限压应变 $\varepsilon_{cu}=0.003 \sim 0.0033$。

(4)混凝土的压应力图形为矩形，应力集度为 f_{cd}，矩形应力图的高度 x 等于按平截面确定的受压区高度 x_c 乘以系数 β，即 $x=\beta x_c$。

矩形截面偏心受压构件正截面承载力计算图示见图 5-28。

对于矩形截面偏心受压构件，用 ηe_0 表示纵向弯曲的影响。只要是材料破坏类型，无论是大偏心受压破坏，还是小偏心受压破坏，受压区边缘混凝土都达到极限压应变，同一侧的受压钢筋 A'_s，一般都能达到抗压强度设计值 f'_{sd}，而对面一侧的钢筋 A_s 的应力，可能受拉(达到或未达到抗拉强度设计值 f_{sd})，也可能受压，故在图 5-28 中以 σ_s 表示 A_s 钢筋中的应力，从而可以建立一种包括大、小偏心受压情况的统一正截面承载力计算图式。

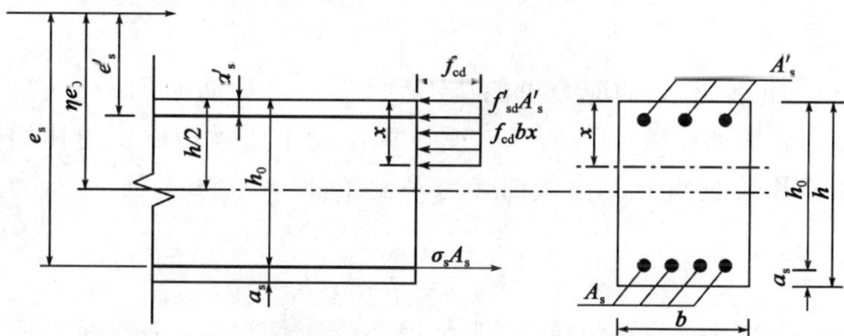

图 5-28　矩形截面偏心受压构件正截面承载力计算图式

由沿构件纵轴方向的内外力之和为零，可得到

$$\gamma_0 N_d \leqslant N_u = f_{cd}bx + f'_{sd}A'_s - \sigma_s A_s \tag{5-64}$$

由截面上所有对钢筋 A_s 合力点的力矩之和为零，可得到

$$\gamma_0 N_d e_s \leqslant N_u e_s = f_{cd}bx\left(h_0 - \frac{x}{2}\right) + f'_{sd}A'_s(h_0 - a'_s) \tag{5-65}$$

由截面上所有力对钢筋 A'_s 合力点的力矩之和为零，可得到

$$\gamma_0 N_d e'_s \leqslant N_u e'_s = -f_{cd}bx\left(\frac{x}{2} - a'_s\right) + \sigma_s A_s\left(h_0 - a'_s\right) \tag{5-66}$$

由截面上所有力对 N_u 作用点力矩之和为零，可得到

$$f_{cd}bx\left(e_s - h_0 + \frac{x}{2}\right) = \sigma_s A_s e_s - f'_{sd}A'_s e'_s \tag{5-67}$$

式中：x——混凝土受压区高度；

e_s、e'_s——分别为偏心压力 N_u 作用点至钢筋 A_s 合力作用点和钢筋 A'_s 合力作用点的距离。

$$e_s = \eta e_0 + h/2 - a_s \tag{5-68}$$

$$e'_s = \eta e_0 - h/2 + a'_s \tag{5-69}$$

式中：e_0——轴向力对截面重心轴的偏心距。

$$e_0 = M_d / N_d \tag{5-70}$$

式中：η——偏心距增大系数。

关于式(5-64)～式(5-67)的使用要求及有关说明如下。

(1)钢筋 A_s 的应力 σ_s 取值。

当 $\xi = x/h_0 \leqslant \xi_b$ 时，构件属于大偏心受压构件，取

$$\sigma_s = f_{sd} \tag{5-71}$$

当 $\xi = x/h_0 > \xi_b$ 时，构件属于小偏心受压构件，σ_s 应按式(5-72)计算，但应满足 $-f'_{sd} \leqslant \sigma_{si} \leqslant f_{sd}$。

$$\sigma_{si} = \varepsilon_{cu} E_s \left(\frac{\beta h_{0i}}{x} - 1 \right) \tag{5-72}$$

式中：σ_{si}——第 i 层普通钢筋的应力，按公式计算正值表示拉应力；

E_s——受拉钢筋的弹性模量；

h_{0i}——第 i 层普通钢筋截面重心至受压较大边边缘的距离；

x——截面受压区高度。

(2)为了保证构件破坏时，大偏心受压构件截面上的受压钢筋能达到抗压强度设计值 f'_{sd}，必须满足

$$x \geqslant 2a'_s \tag{5-73}$$

当 $x < 2a'_s$ 时，受压钢筋 A'_s 的应力可能达不到 f'_{sd}。与双筋截面受弯构件类似，这时近似取 $x = 2a'_s$，截面应力分布如图 5-29a)所示。受压区混凝土所承担的压力作用位置与受压钢筋承担的压力 $f'_{sd}A'_s$ 作用位置重合。由截面受力平衡条件(对受压钢筋 A'_s 合力点的力矩之和为零)可写出

$$\gamma_0 N_d e'_s \leqslant N_u e'_s = f_{sd} A_s (h_0 - a'_s) \tag{5-74}$$

(3)当偏心轴向力作用的偏心距较小，即小偏心受压情况下，全截面受压。若靠近偏心压力一侧的纵向钢筋 A'_s 配置较多，而远离偏心压力一侧的纵向钢筋 A_s 配置较少时，钢筋 A_s 的应力可能达到受压屈服强度，离偏心受力较远一侧的混凝土也有可能压坏，这时的截面应力分布如图 5-29b)所示。为使钢筋 A_s 数量不致过少，《公路混凝土规范》规定：对于小偏心受压构件，若偏心轴向力作用于钢筋 A_s 合力点和 A'_s 合力点之间时(满足 $\eta e_0 < h/2 - a'_s$)尚应符合下列条件：

$$\gamma_0 N_d e'_s \leqslant N_u e'_s = f_{cd} bh \left(h_0' - \frac{h}{2} \right) + f'_{sd} A_s (h_0' - a_s) \tag{5-75}$$

式中：h_0'——轴向钢筋 A'_s 合力点离偏心压力较远一侧边缘的距离，即 $h_0' = h - a'_s$(图 5-29)；

e'_s——受压钢筋距偏心轴向力的距离，按 $e' = h/2 - e_0 - a'_s$ 计算。

六、工字形截面偏心受压构件

(一)工字形截面偏心受压构件的特点

对于工字形、箱形和 T 形截面偏心受压构件的构造要求，与矩形偏心受压构件相同。在箍筋的布置上，应注意不允许采用有内折角的箍筋[图 5-30b)]，因为有内折角的箍筋受力后有拉直的趋势，其合力使内折角处混凝土崩裂。应采用图 5-30a)所示的叠套箍筋形式并要求在箍筋转角处设置纵向钢筋，以形成骨架。

工字形截面除去其受拉翼板，即成为具有受压翼板的 T 形截面，而箱形截面也很容易化

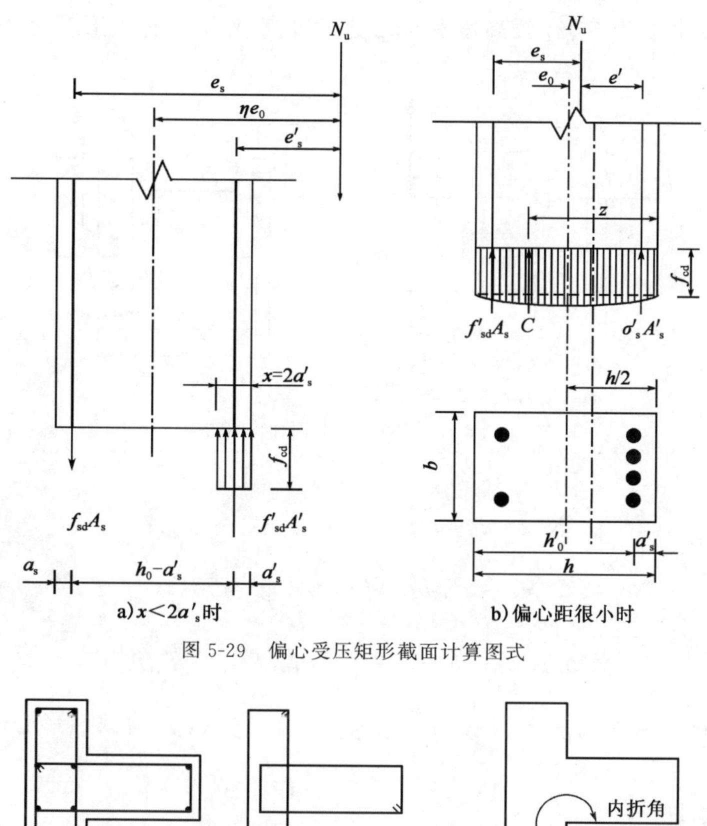

图 5-29 偏心受压矩形截面计算图式

图 5-30 T 形截面偏压构件箍筋形式

为等效工字形截面来计算，可以说工字形截面偏心受压构件具有 T 形截面和箱形截面偏心受压构件的共性，故本节以工字形截面偏心受压构件来介绍这一类截面形式的偏压构件计算原理。

（二）正截面承载力基本计算公式

工字形截面偏心受压构件，也有大偏心受压和小偏心受压两种情况，取决于截面受压区高度。但是，与矩形截面不同之处是受压区高度 x 的不同，受压区的形状不同(图 5-31)，因而计算公式有所不同。在下述计算公式中，N 为轴向力计算值，$N=\gamma_0 N_d$，其中 N_d 为轴向力组合设计值。

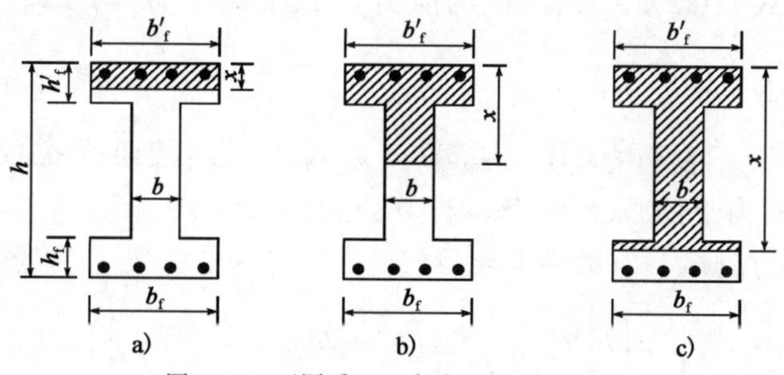

图 5-31 不同受压区高度的工字形截面

(1)当 $x\leqslant h_f'$ 时，受压区高度位于工字形截面受压翼板内(图 5-32)，属于大偏心受压。这时可按照翼板有效宽度为 b_f、有效高度为 h_0、受压区高度为 x 的矩形截面偏心受压构件来计算其正截面承载能力。

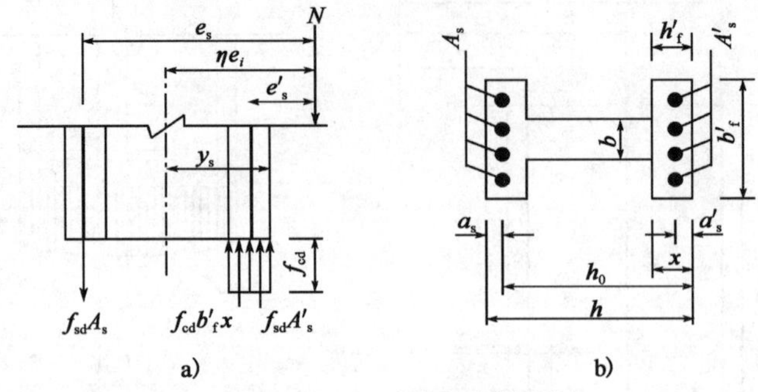

图 5-32　$x \leqslant h_f$时截面计算图式

基本计算公式为

$$N \leqslant N_u = f_{cd}b'_f x + f'_{sd}A'_s - f_{sd}A_s \tag{5-76}$$

$$Ne_s \leqslant N_u e_s = f_{cd}b'_f x\left(h_0 - \frac{x}{2}\right) + f'_{sd}A'_s(h_0 - a'_s) \tag{5-77}$$

$$f_{cd}b'_f x\left(e_s - h_0 + \frac{x}{2}\right) = f_{sd}A_s e_s - f'_{sd}A'_s e'_s \tag{5-78}$$

以上公式中的 $e_s = \eta e_0 + h_0 - y_s$，$e'_s = \eta e_0 - y_s + a'_s$，$y_s$ 为截面形心轴至截面受压区边缘的距离。

公式的适用条件是

$$x \leqslant \xi_b h_0 \tag{5-79a}$$

$$2a'_s \leqslant x \leqslant h'_f \tag{5-79b}$$

式中：h'_f——截面受压翼板厚度；

a'_s——混凝土受压区混凝土保护层厚度。

(2)当 $h'_f < x \leqslant (h-h_f)$时，受压区高度 x 位于肋板内(图 5-33)，基本计算公式为

$$N \leqslant N_u = f_{cd}[bx + (b'_f - b)h'_f] + f'_{sd}A'_s - \sigma_s A_s \tag{5-80}$$

$$Ne_s \leqslant N_u e_s = f_{cd}\left[bx\left(h_0 - \frac{x}{2}\right) + (b'_f - b)h'_f\left(h_0 - \frac{h'_f}{2}\right)\right] + f'_{sd}A'_s(h_0 - a'_s) \tag{5-81}$$

$$f_{cd}bx\left(e_s - h_0 + \frac{x}{2}\right) + f_{cd}(b'_f - b)h'_f\left(e_s - h_0 + \frac{h'_f}{2}\right) = \sigma_s A_s e_s - f'_{sd}A'_s e'_s \tag{5-82}$$

对于式(5-80)和式(5-82)中钢筋 A_s 的应力 σ_s 取值规定为：当 $x \leqslant \xi_b h_0$ 时，取 $\sigma_s = f_{sd}$；当 $x > \xi_b h_0$ 时，取 $\sigma_s = \varepsilon_{cu}E_s\left(\frac{\beta}{\xi} - 1\right)$。

(3)当$(h-h_f) < x \leqslant h$ 时，受压区高度 x 进入工字形截面受拉或受压较小的翼板内(图 5-34)。这时，显然为小偏心受压，基本计算公式为

$$N \leqslant N_u = f_{cd}[bx + (b'_f - b)h'_f + (b_f - b)(x - h + h_f)] + f'_{sd}A'_s - \sigma_s A_s \tag{5-83}$$

$$\begin{aligned} Ne_s \leqslant N_u e_s = {} & f_{cd}\left[bx\left(h_0 - \frac{x}{2}\right) + (b'_f - b)h'_f\left(h_0 - \frac{h'_f}{2}\right)\right] + \\ & (b_f - b)(x - h + h_f)\left(h_f - a_s - \frac{x - h + h_f}{2}\right) + f'_sA'_s(h_0 - a'_s) \end{aligned} \tag{5-84}$$

$$f_{cd}\left[bx\left(e_s-h_0+\frac{x}{2}\right)+(b'_f-b)h'_f\left(e_s-h_0+\frac{h'_f}{2}\right)+(b_f-b)(x-h+h_f)\right.$$
$$\left.\left(e_s+a_s-h_f+\frac{x-h+h_f}{2}\right)\right]=\sigma_s A_s e_s-f'_{sd}A'_s e'_s \tag{5-85}$$

以上公式中 e_s、e'_s 的物理意义同前；σ_s 为钢筋应力，$\sigma_s=\varepsilon_{cu}E_s\left(\frac{\beta}{\xi}-1\right)$。

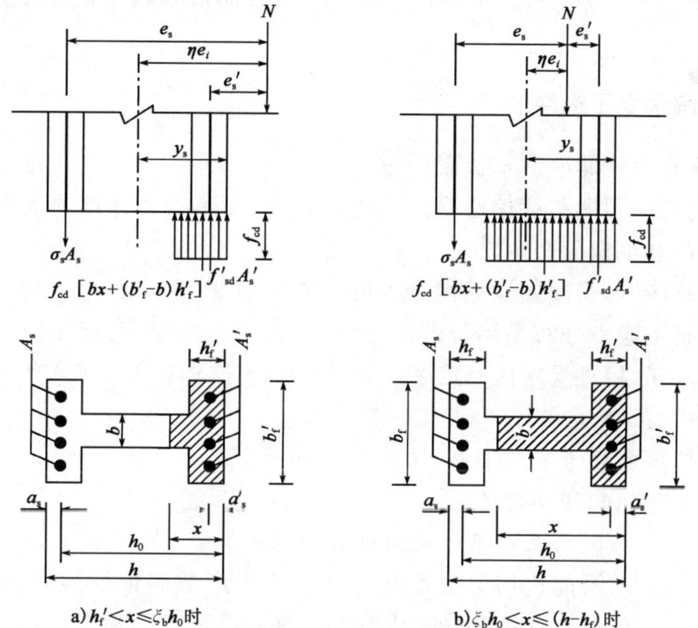

图 5-33　$h'_f<x(h-h_f)$ 时截面计算图式

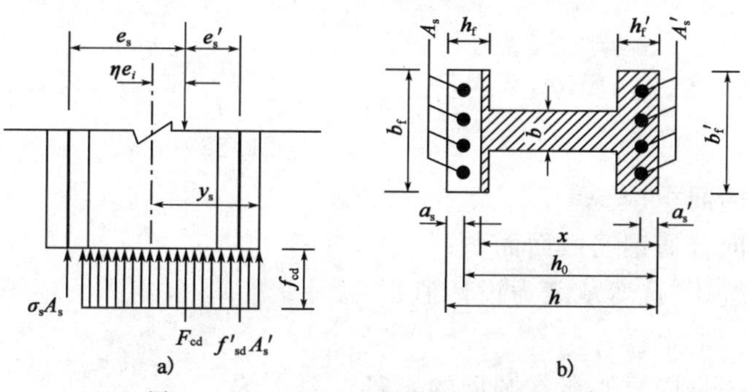

图 5-34　$(h-h_f)<x\leqslant h$ 时截面计算图式

（4）当 $x>h$ 时，全截面混凝土受压，为小偏心受压。这时，取 $x=h$，基本公式为

$$N\leqslant N_u=f_{cd}[bh+(b_f-b)h'_f+(b_f-b)h_f]+f'_{sd}A'_s-\sigma_s A_s \tag{5-86}$$

$$Ne_s\leqslant N_u e_s=f_{cd}\left[bh\left(h_0-\frac{h}{2}\right)+(b'_f-b)h'_f\left(h_0-\frac{h_f}{2}\right)+\right.$$
$$\left.(b_f-b)h_f\left(\frac{h_f}{2}-a_s\right)\right]+f'_{sd}A'_s(h_0-a'_s) \tag{5-87}$$

$$f_{cd}\left[bh\left(e_s-h_0+\frac{h}{2}\right)+(b'_f-b)h'_f\left(e_s-h_0+\frac{h'_f}{2}\right)\right]+$$
$$(b_f-b)h_f\left(e_s+a_s-\frac{h_f}{2}\right)=\sigma_s A_s e_s-f'_{sd}A'_s e'_s \tag{5-88}$$

对于 $x>h$ 的小偏心受压构件，还应防止远离偏心压力作用点一侧截面边缘混凝土先压坏的可能性，即应满足：

$$Ne'_s \leqslant f_{cd}\left[bh\left(h'_0-\frac{h}{2}\right)+(b'_f-b)h'_f\left(\frac{h'_f}{2}-a'_s\right)\right]+f_{cd}(b_f-b)h_f\left(h'_0-\frac{h_f}{2}\right)+f'_{sd}{}'A_s(h'_0-a_s) \tag{5-89}$$

以上公式中，$e'_s=y_s-\eta e_0-a'_s$，$h'_0=h-a'_s$。y_s 为截面形心轴至偏心压力作用一侧截面边缘的距离。

七、圆形截面偏心受压构件

(一)正截面承载力计算的基本假定

沿周边均匀配筋的圆形截面偏心受压构件，其正截面承载力计算的基本假定是：

(1)截面变形符合平截面假定。

(2)构件达到破坏时，受压边缘处混凝土的极限压应变取为 $\varepsilon_{cu}=0.0033$。

(3)受压区混凝土应力分布采用等效矩形应力图，应力集度 f_{cd}，计 $x=\beta x_0$（x_0 为实际受压区高度），β 值与实际相对受压区高度 $\xi=x_0/2r$（r 为圆形截面半径）有关，即：当 $\xi<1$ 时，$\beta=0.8$；当 $1<\xi\leqslant1.5$ 时，$\beta=1.067-0.267\xi$。

(4)不考虑受拉区混凝土参加工作，拉力由钢筋承受。

(5)将钢筋视为理想的弹塑性体。

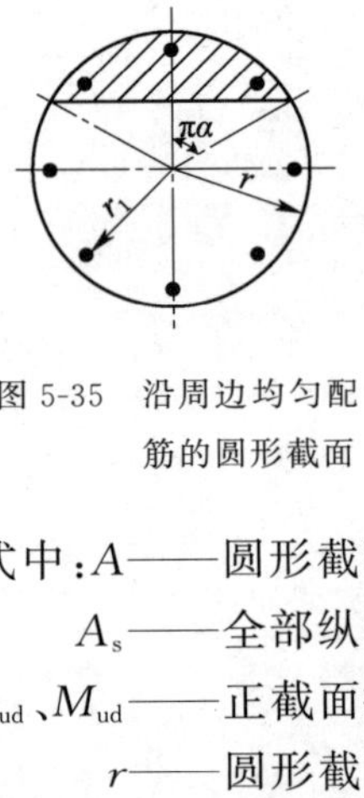

(二)正截面承载力计算的基本公式

沿周边均匀配置纵向钢筋的圆形截面钢筋混凝土偏心受压构件（图5-35），其正截面抗压承载力计算应符合下列规定：

$$\gamma_0 N_d \leqslant N_{ud} = \alpha f_{cd} A\left(1-\frac{\sin 2\pi\alpha}{2\pi\alpha}\right)+(\alpha-\alpha_t)f_{sd}A_s \tag{5-90}$$

$$\gamma_0 N_d \eta e_0 \leqslant M_{ud} = \frac{2}{3}f_{cd}Ar\frac{\sin^3\pi\alpha}{\pi}+f_{sd}A_s r_s\frac{\sin\pi\alpha+\sin\pi\alpha_t}{\pi} \tag{5-91}$$

$$\alpha_t = 1.25-2\alpha$$

图 5-35　沿周边均匀配筋的圆形截面

式中：A——圆形截面面积；

A_s——全部纵向普通钢筋截面面积；

N_{ud}、M_{ud}——正截面抗压、抗弯承载力设计值；

r——圆形截面的半径；

r_s——纵向普通钢筋重心所在圆周的半径；

e_0——轴向力对截面重心的偏心距；

α——对应于受压区混凝土截面面积的圆心角(rad)与 2π 的比值；

α_t——纵向受拉普通钢筋截面面积与全部纵向普通钢筋截面面积的比值，当 α 大于 0.625 时，取 α_t 为 0。

注：本条适用于截面内纵向普通钢筋数量不少于 8 根的情况。

当混凝土强度等级在 C30～C50、纵向钢筋配筋率在 0.5%～4%之间时，沿周边均匀配置纵向钢筋的圆形截面钢筋混凝土偏心受压构件正截面抗压承载力，可按《公路混凝土规范》附录 F 确定。

习　题

5-32　钢筋混凝土偏心受压构件，其大小偏心受压的根本区别是(　　)。

A. 截面破坏时，远离轴向力一侧的钢筋是否受拉屈服

B. 截面破坏时，受压钢筋是否屈服

C. 偏心距的大小

D. 受压一侧的混凝土是否达到极限压应变

5-33　在钢筋混凝土双筋梁、大偏心受压和大偏心受拉构件的正截面承载力计算中，要求受压区高度 $x \geqslant 2a_s'$ 是为了(　　)。

A. 保证受压钢筋在构件破坏时能达到其抗压强度设计值

B. 防止受压钢筋压屈

C. 避免保护层剥落

D. 保证受压钢筋在构件破坏时能达到其极限抗压强度

5-34　矩形截面对称配筋的偏心受压构件，发生界限破坏时的 N_b 值为(　　)。

A. 将随配筋率 ρ 值的增大而增大

B. 将随配筋率 ρ 值的增大而减小

C. N_b 与 ρ 值无关

D. N_b 与 ρ 值无关，但与配箍率有关

5-35　轴向压力 N 对构件抗剪承载力 V 的影响是(　　)。

A. 不论 N 的大小，均可提高构件的抗剪承载力 V

B. 不论 N 的大小，均会降低构件的 V

C. N 适当时提高构件的 V

D. N 大时提高构件的 V，N 小时降低构件的 V

5-36　螺旋箍筋约束混凝土使其抗压强度提高的原因是(　　)。

A. 螺旋箍筋直接受压　　B. 螺旋箍筋使混凝土密实

C. 螺旋箍筋使混凝土中不出现微裂缝　　D. 螺旋箍筋约束了混凝土的横向变形

5-37　偏心受压构件，当 $\eta e_i < 0.3h_0$，但 $x < \xi_b h_0$ 时，该构件将发生(　　)破坏。

A. 轴心受压　　B. 界限受压　　C. 小偏心受压　　D. 大偏心受压

5-38　钢筋混凝土短柱在持续不变的轴心压力作用下，经一段时间后，(　　)。

A. 钢筋的应力增加，混凝土的应力减小

B. 钢筋的应力减小，混凝土的应力增加

C. 钢筋和混凝土的应力均增加

D. 钢筋和混凝土的应力均不变

5-39　矩形截面大偏心受压构件截面设计时令 $x = \xi_b h_0$，这是为了(　　)。

A. 保证不发生小偏心受压破坏　　B. 使钢筋用量最少

C. 保证受拉钢筋屈服　　D. 保证受压钢筋屈服

第四节　受弯构件的应力、裂缝和变形计算

钢筋混凝土构件除了可能由于材料强度破坏或失稳等原因达到承载能力极限状态以外，

还可能由于构件变形或开裂过大影响构件的适用性和耐久性，而达不到结构正常使用的要求。因此，钢筋混凝土构件除要进行持久状况承载能力极限状态计算外，还要进行持久状况正常使用极限状态计算，以及短暂状况的构件应力计算。与承载能力极限状态计算相比，钢筋混凝土受弯构件在使用阶段的计算有如下特点：

(1)受弯构件的承载能力极限状态是取构件破坏阶段(第Ⅲ阶段)，而使用阶段是以带裂缝工作阶段(第Ⅱ阶段)为基础的。

(2)使用阶段计算是按照构件使用条件对已设计的构件进行验算，以保证在正常使用状态下的裂缝宽度和变形小于规范规定的各项限值。

(3)正常使用极限状态计算时作用(或荷载)效应应取用短期效应和长期效应的一种或两种组合，汽车荷载可不计入冲击系数。

一、换算截面

钢筋混凝土受弯构件受力进入第Ⅱ工作阶段的特征是弯曲竖向裂缝已形成并开展，中和轴以下大部分混凝土已退出工作，由钢筋承受拉力，应力 σ_s 还远小于其屈服强度，受压区混凝土的压应力图形大致是抛物线形。而受弯构件的荷载—挠度(跨中)关系曲线是一条接近于直线的曲线。因而，钢筋混凝土受弯构件的第Ⅱ工作阶段又可称为开裂后弹性阶段。对于第Ⅱ工作阶段的计算，一般有下面三项基本假定。

(1)平截面假定。即认为梁的正截面在梁受力并发生弯曲变形以后，仍保持为平面。

根据平截面假定，平行于梁中和轴的各纵向纤维的应变与其到中和轴的距离成正比。同时，由于钢筋与混凝土之间的黏结力，钢筋与其同一水平线的混凝土应变相等，因此，由图 5-36可得到

$$\frac{\varepsilon_c'}{x} = \frac{\varepsilon_c}{h_0 - x} \tag{5-92}$$

$$\varepsilon_s = \varepsilon_c \tag{5-93}$$

式中：ε_c、ε_c'——分别为混凝土的受拉和受压平均应变；

ε_s——与混凝土的受拉平均应变为 ε_c 的同一水平位置处的钢筋平均拉应变；

x——受压区高度；

h_0——截面有效高度。

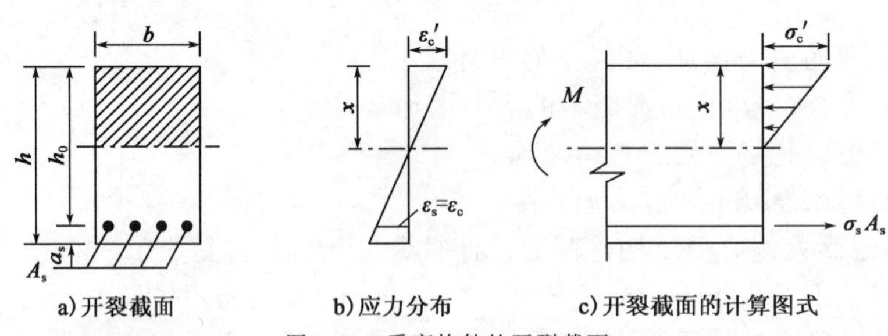

图 5-36　受弯构件的开裂截面

(2)弹性体假定。钢筋混凝土受弯构件在第Ⅱ工作阶段时，混凝土受压区的应力分布图形是曲线形，但此时曲线并不丰满，与直线形相差不大，可以近似地看作直线分布，即受压区混凝土的应力与平均应变成正比。故有

$$\sigma_c' = \varepsilon_c' E_c \tag{5-94}$$

(3)受拉区混凝土完全不能承受拉应力,拉应力完全由钢筋承受,有

$$\sigma_c = \frac{\sigma_s}{E_s} E_c = \frac{\sigma_s}{\alpha_{Es}} \tag{5-95}$$

式中的 α_{Es} 称为钢筋混凝土构件截面的换算系数,等于钢筋弹性模量与混凝土弹性模量的比值,$\alpha_{Es} = E_s / E_c$。

式(5-95)表明在钢筋同一水平位置处混凝土拉应力 σ_c 为钢筋应力 σ_s 的 $1/\alpha_{Es}$ 倍,换言之,钢筋的拉应力 σ_s 是同一水平位置处混凝土拉应力 σ_c 的 α_{Es} 倍。

由钢筋混凝土受弯构件第Ⅱ阶段计算假定而得到的计算图式与材料力学中匀质梁计算图式非常接近,主要区别是钢筋混凝土梁的受拉区混凝土不参与工作。因此,如果能将钢筋和受压区混凝土两种材料组成的实际截面换算成一种拉压性能相同的假想材料组成的匀质截面(称换算截面),即将实际截面可以看作是由匀质材料组成的截面,从而能采用材料力学公式进行截面计算。

通常,将钢筋截面积 A_s 换算成假想的受拉混凝土截面积 A_{sc},位于钢筋的重心处(图 5-37)。假想的混凝土所承受的总拉力应该与钢筋承受的总拉力相等,故

$$A_s \sigma_s = A_{sc} \sigma_c \tag{5-96}$$

由 $\sigma_c = \sigma_s / \alpha_{Es}$,可得到

$$A_{sc} = A_s \frac{\sigma_s}{\sigma_c} = \alpha_{Es} A_s \tag{5-97}$$

将 A_{sc} 称为钢筋的换算面积,而将受压区的混凝土面积和受拉区的钢筋换算面积所组成的截面称为钢筋混凝土构件开裂截面的换算截面(图 5-37),这样就可以按材料力学的方法来计算换算截面的几何特性。

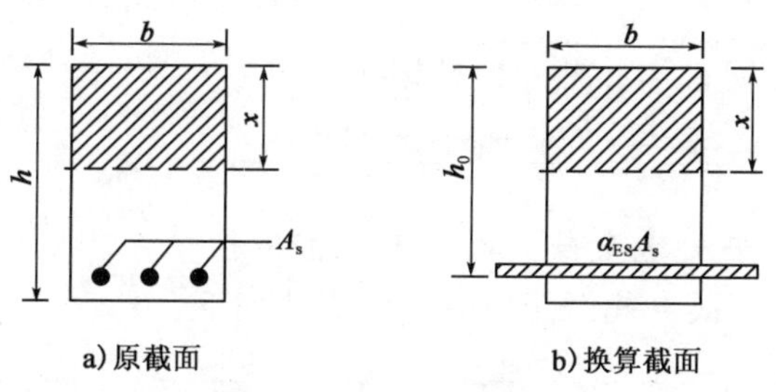

图 5-37　换算截面示意图

对于图 5-37 所示的单筋矩形截面,换算截面的几何特性计算表达式如下:

①换算截面面积

$$A_0 = bx + \alpha_{Es} A_s \tag{5-98}$$

②换算截面对中和轴的静矩

受压区

$$S_{oc} = \frac{1}{2} bx^2 \tag{5-99}$$

受拉区

$$S_{ot} = \alpha_{Es} A_s (h_0 - x) \tag{5-100}$$

③换算截面惯性矩

$$I_{cr} = \frac{1}{3} bx^3 + \alpha_{Es} A_s (h_0 - x)^2 \tag{5-101}$$

对于受弯构件,开裂截面的中和轴通过其换算截面的形心轴,即 $S_{oc} = S_{ot}$,可得到

$$\frac{1}{2}bx^2 = \alpha_{Es}A_s(h_0 - x) \tag{5-102}$$

化简后解得换算截面的受压区高度为

$$x = \frac{\alpha_{Es}A_s}{b}\left(\sqrt{1+\frac{2bh_0}{\alpha_{Es}A_s}}-1\right) \tag{5-103}$$

图 5-38 是受压翼缘有效宽度为 b_f'时，T 形截面的换算截面计算图式。

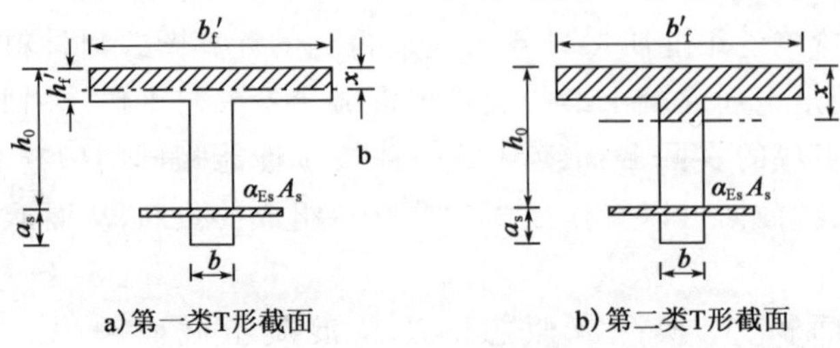

图 5-38　开裂状态下 T 形截面换算计算图式

当受压区高度 $x \leqslant$ 受压翼板高度 h_f'时，为第一类 T 形截面，可按宽度为 b_f'的矩形截面应用式(5-98)～式(5-103)来计算开裂截面的换算截面几何特性。

当受压区高度 $x \geqslant h_f'$时，表明中性轴位于 T 形截面的肋部，为第二类 T 形截面，这时，换算截面的受压区高度 x 计算式为

$$x = \sqrt{A^2 + B} - A \tag{5-104}$$

$$A = \frac{\alpha_{Es}A_s + (b_f' - b)h_f'}{b}, B = \frac{2\alpha_{Es}A_s h_0 + (b_f' - b)(h_f')^2}{b} \tag{5-105}$$

开裂截面的换算截面对其中和轴的惯性矩 I_{cr} 为

$$I_{cr} = \frac{b_f' x^3}{3} - \frac{(b_f' - b)(x - h_f')^3}{3} + \alpha_{Es}A_s(h_0 - x)^2 \tag{5-106}$$

全截面的换算截面是混凝土全截面面积和钢筋的换算面积所组成的截面。对于图 5-39 所示的 T 形截面，全截面的换算截面几何特性计算式如下：

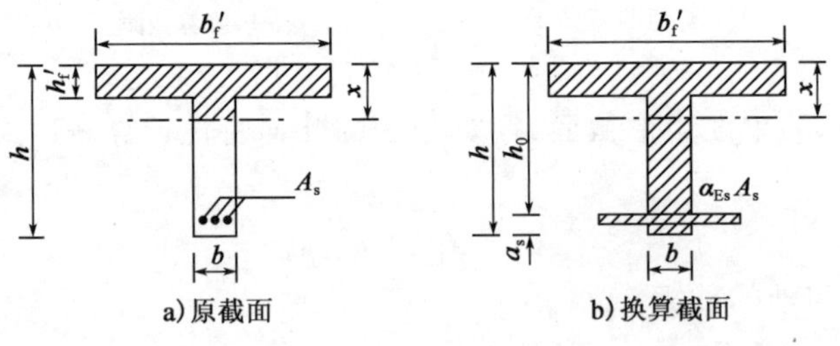

图 5-39　全截面换算示意图

①换算截面面积

$$A_0 = bh + (b_f' - b)h_f' + (\alpha_{Es} - 1)A_s \tag{5-107}$$

②受压区高度

$$x = \frac{\frac{1}{2}bh^2 + \frac{1}{2}(b_f' - b)(h_f')^2 + (\alpha_{Es} - 1)A_s h_o}{A_0} \tag{5-108}$$

③换算截面对中和轴的惯性矩

$$I_o = \frac{1}{12}bh^3 + bh\left(\frac{1}{2}h - x\right)^2 + \frac{1}{12}(b'_f - b)(h'_f)^3 + (b'_f - b)h'_f\left(\frac{h'_f}{2} - x\right)^2 + (\alpha_{Es} - 1)A_s(h_0 - x)^2 \tag{5-109}$$

二、产生裂缝的原因及裂缝控制

混凝土的抗拉强度很低，在不大的拉力作用下就可能出现裂缝。引起构件产生裂缝的原因很多，但可归结为以下三类：

(1)作用效应(如弯矩、剪力、扭矩及拉力等)引起的裂缝。其裂缝宽度与裂缝处的钢筋应力近似地成正比，由直接作用引起的裂缝一般是与受力钢筋以一定角度相交的横向裂缝。

(2)外加变形或约束变形引起的裂缝。外加变形一般有基础不均匀沉降、混凝土的收缩及温度变化等。约束变形越大，裂缝宽度越大。

(3)钢筋锈蚀裂缝。混凝土碳化或冬季施工掺氯盐过多引起的钢筋锈蚀的膨胀，锈蚀产物体积比被钢筋侵蚀的体积大 2～3 倍，这种体积膨胀使外围混凝土产生拉应力，引起混凝土开裂，甚至保护层混凝土剥落。钢筋锈蚀裂缝是沿钢筋长度方向劈裂的纵向裂缝。

过多的裂缝或过大的裂缝宽度会影响结构的外观，引起使用者的不安。从结构本身看，某些裂缝的发生或发展，将影响结构的使用寿命。为了保证钢筋混凝土构件的耐久性，必须在设计和施工等方面进行控制。其措施主要有：

(1)外加变形和约束变形引起的裂缝，往往是在构造上和施工艺上采取相应的措施予以控制，如设伸缩缝、沉降缝，加强保温措施及加强混凝土养护，改进施工条件，减小混凝土的收缩等。对地基不均匀沉降引起的裂缝，主要通过正确地选用地基处理方案、正确的基础方案和正确的基础设计解决。

(2)钢筋锈蚀裂缝是通过设置足够厚度的混凝土保护层，保证混凝土的密实性，严格控制早凝剂的掺入量来控制的。

(3)实际工程中结构构件的裂缝大部分是变形因素引起的。对受力裂缝主要通过构件抗裂度计算及构造加以控制。

裂缝发展的影响因素很多，较为复杂，如荷载作用、构件性质、环境条件和钢筋种类等都是裂缝的重要影响因素。

三、弯曲裂缝宽度计算

国内外关于受弯构件弯曲裂缝宽度的计算方法主要有两大类：第一类是计算理论法。它是根据某种理论建立计算图式，最后得到裂缝宽度计算公式，然后对公式中一些不易通过计算获得的系数，利用试验资料加以确定。第二类是分析影响裂缝宽度的主要因素，然后利用数理统计方法来处理大量的试验资料而建立计算公式。

计算理论主要有如下三种：

(1)黏结滑移理论。该理论认为裂缝控制主要取决于钢筋和混凝土之间的黏结性能。其要点是钢筋应力通过钢筋与混凝土之间的黏结应力传给混凝土，当混凝土裂缝出现以后，由于钢筋和混凝土之间产生了相对滑移，变形不一致而导致裂缝开展。

(2)无滑移理论。该理论认为在通常允许的裂缝宽度范围内，钢筋与混凝土之间的黏结力并不破坏，相对滑移很小，可以忽略不计，钢筋表面处裂缝宽度要比构件表面裂缝宽度小得多。其要点是表面裂缝宽度是由钢筋至构件表面的应变梯度控制的，钢筋的混凝土保护层厚度是影响裂缝宽度的主要因素。

(3)综合理论。是黏结滑移理论和无滑移理论的综合。通过在钢筋拉杆周围预埋导管并用墨水注入，试验后再剖开试件，观察变形钢筋附近周围形成的内部裂纹规律。这样既考虑了混凝土保护层厚度对裂缝宽度的影响，也考虑了钢筋和混凝土之间可能出现的滑移，比前两个理论更为合理，我国《混凝土结构设计规范》(GB 50010—2010)就采用综合理论方法。

按数理统计方法建立的裂缝宽度计算公式主要是大连理工大学提出的一种方法。我国公路行业规范在考察了更大范围的试验数据，并参考国际规范，提出了最大裂缝宽度 W_{cr} 计算公式。钢筋混凝土构件和 B 类预应力混凝土受弯构件，其最大裂缝宽度 W_{cr}(mm)可按下式计算：

$$W_{cr}=C_1C_2C_3\frac{\sigma_{ss}}{E_s}\left(\frac{c+d}{0.30+1.4\rho_{te}}\right) \tag{5-110}$$

式中：C_1——钢筋表面形状系数，对光面钢筋，$C_1=1.40$；对带肋钢筋，$C_1=1.00$；对环氧树脂涂层带肋钢筋，$C_1=1.15$；

C_2——长期效应影响系数，$C_2=1+0.5\frac{M_l}{M_s}$，其中 M_l 和 M_s 分别为按《公路混凝土规范》第 6.3.2 条的作用准永久组合和作用频遇组合计算的弯矩设计值(或轴力设计值)；

C_3——与构件受力性质有关的系数，当为钢筋混凝土板式受弯构件时，$C_3=1.15$，其他受弯构件 $C_3=1.0$，轴心受拉构件 $C_3=1.2$，偏心受拉构件 $C_3=1.1$，圆形截面偏心受压构件 $C_3=0.75$，其他截面偏心受压构件 $C_3=0.9$；

σ_{ss}——钢筋应力，按《公路混凝土规范》第 6.4.4 条计算；

c——最外排纵向受拉钢筋的混凝土保护层厚度(mm)，当 $c>50$mm 时，取 50mm；

d——纵向受拉钢筋直径(mm)；当用不同直径的钢筋时，d 改用换算直径 d_e，$d_e=\frac{\sum n_i d_i^2}{\sum n_i d_i}$；其中 n_i 为受拉区第 i 种钢筋的根数，d_i 为受拉区第 i 种钢筋的直径，按《公路混凝土规范》表 6.4.3 取值；对于第 9.3.11 条的焊接钢筋骨架，公式中的 d 或 d_e 应乘以系数 1.3；

ρ_{te}——纵向受拉钢筋的有效配筋率，按《公路混凝土规范》第 6.4.5 条计算，当 $\rho_{te}>0.1$ 时，取 $\rho_{te}=0.1$；当 $\rho_{te}<0.01$ 时，取 $\rho_{te}=0.01$。

《公路混凝土规范》规定，在正常使用极限状态条件下钢筋混凝土构件的裂缝宽度，应按作用(或荷载)短期效应组合并考虑长期效应组合影响进行验算，且不得超过规范规定的限值。在Ⅰ类和Ⅱ类环境条件下，算得的裂缝宽度不应超过 0.2mm；处于Ⅲ类和Ⅳ类环境下的钢筋混凝土受弯构件，容许裂缝宽度不应超过 0.15mm。对于跨径较大的钢筋混凝土简支梁、连续梁等，截面的配筋一般不是由承载能力控制的，而是由裂缝宽度控制的。

四、受弯构件的变形(挠度)验算

(一)受弯构件的刚度

受弯构件的变形计算是持久状况正常使用极限状态计算的一项重要内容，要求受弯构件具有足够的刚度，使构件在使用荷载作用下的最大变形(挠度)计算不得超过容许限值。

受弯构件在使用阶段的挠度应考虑作用(或荷载)长期效应的影响,即按作用(或荷载)短期效应组合和给定的刚度计算挠度值,在乘以挠度长期增长系数 η_θ。挠度长期增长系数取值规定为:当采用 C40 以下混凝土时,$\eta_\theta=1.60$;当采用 C40～C80 混凝土时,$\eta_\theta=1.45\sim1.35$,中间强度等级按直线内插取用。

《公路混凝土规范》规定,钢筋混凝土受弯构件按上述计算的长期挠度值,在消除结构自重产生的长期挠度后不应超过以下规定限值:梁式桥主梁的最大挠度处,$l/600$;梁式桥主梁的悬臂端,$l_1/300$。此处 l 为受弯构件的跨径,l_1 为悬臂的长度。

《公路混凝土规范》关于受弯构件在使用阶段变形验算的方法,是在平截面假定、弹性体假定和受拉区混凝土不参与工作三个基本假定的基础上,采用材料力学的方法,钢筋混凝土梁在弯曲变形时的挠度计算公式为

$$y=w=\alpha\frac{ML^2}{B} \tag{5-111}$$

式中:B——抗弯刚度,对匀质弹性梁,抗弯刚度 $B=EI$。

一般情况下,钢筋混凝土受弯构件各截面的配筋不一样,承受的弯矩也不相等,弯矩小的截面可能不出现弯曲裂缝,其刚度较弯矩大的开裂截面大得多,因此沿梁长度的抗弯刚度是个变值。为简化起见,把变刚度构件等效为等刚度构件,采用结构力学的方法,按在两端弯矩作用下构件转角相等的原则,可求得等刚度受弯构件的等效刚度 B,即为开裂构件等效截面的抗弯刚度。对钢筋混凝土受弯构件,规定计算变形时的抗弯刚度为

$$B=\frac{B_0}{\left(\frac{M_{cr}}{M_s}\right)^2+\left[1-\left(\frac{M_{cr}}{M_s}\right)^2\right]\frac{B_0}{B_{cr}}} \tag{5-112}$$

式中:B——开裂构件等效截面的抗弯刚度;

B_0——全截面的抗弯刚度,$B_0=0.95E_0I_0$;

B_{cr}——开裂截面的抗弯刚度,$B_{cr}=E_cI_{cr}$;

E_c——混凝土的弹性模量;

I_0——全截面换算截面惯性矩;

I_{cr}——开裂截面的换算截面惯性矩;

M_s——按短期效应组合计算的弯矩值;

M_{cr}——开裂弯矩,$M_{cr}=\gamma f_{tk}W_0$;

f_{tk}——混凝土轴心抗拉强度标准值;

γ——构件受拉区混凝土塑性影响系数,$\gamma=2\frac{S_0}{W_0}$;

S_0——全截面换算截面重心轴以上(或以下)部分面积对重心轴的面积矩;

W_0——全截面换算截面抗裂验算边缘的弹性抵抗矩。

(二)预拱度的设置

梁的变形是有结构重力和可变荷载两部分作用产生的。对受弯构件主要验算作用(或荷载)短期效应组合并考虑作用(或荷载)长期效应影响的长期挠度值(扣除结构重力产生的影响值)并满足限值。对结构重力引起的变形,一般可在施工中设置预拱度来加以消除。

当由作用(或荷载)短期效应组合并考虑作用(或荷载)长期效应影响产生的长期挠度不超过 $l/1600$(l 为计算跨径)时,可不设预拱度;当不符合上述规定时,则设预拱度。钢筋混凝土

受弯构件预拱度值按结构自重和1/2可变荷载频遇值计算的长期挠度值之和采用，即

$$\Delta=w_G+\frac{1}{2}w_Q \tag{5-113}$$

式中：Δ——预拱度值；

w_G——结构重力产生的长期竖向挠度；

w_Q——可变荷载频遇值产生的长期竖向挠度。

需要注意的是，预拱的设置按最大的预拱值沿顺桥向做成平顺的曲线。

习 题

5-40 受弯构件减小受力裂缝宽度最有效的措施之一是（ ）。

A. 增加截面尺寸

B. 提高混凝土的强度等级

C. 增加受拉钢筋截面面积，减小裂缝截面的钢筋应力

D. 增加钢筋的直径

5-41 进行简支梁挠度计算时，用梁的最小刚度 B 代替材料力学公式中的 EI，B 是指（ ）。

A. 沿梁长的平均刚度　B. 沿梁长挠度最大处截面的刚度

C. 沿梁长内最大弯矩处截面的刚度　D. 梁跨度中央处截面的刚度

5-42 受弯构件挠度验算不满足要求时，调整下列哪个因素对增加构件刚度最为有效？（ ）

A. h_0　B. ρ　C. ρ'　D. E_s

5-43 验算钢筋混凝土受弯构件裂缝宽度和变形的目的是（ ）。

A. 使构件能够带裂缝工作

B. 使构件满足正常使用极限状态的要求

C. 使构件满足承载能力极限状态的要求

D. 使构件能在弹性阶段工作

第五节　预应力混凝土结构

混凝土结构构件在承受作用（荷载）以前，利用张拉钢筋回弹挤压混凝土使混凝土截面受到预压应力，而被张拉的钢筋中存在预拉应力，称之为预应力混凝土结构。它与钢筋混凝土结构的受力差别是截面上的混凝土增加了预压应力，增加了预应力钢筋的预拉应力，因而提高了构件的抗裂度与刚度。

一、预应力混凝土的特点

（一）混凝土结构的分类

1. 国外配筋混凝土结构的分类

1970年欧洲混凝土委员会（CEB）建议，将配筋混凝土按预加应力的大小划分为如下四级：

（1）Ⅰ级：全预应力——在全部荷载最不利组合下，正截面上混凝土不出现拉应力。

(2)Ⅱ级:有限预应力——在全部荷载最不利组合下,正截面上混凝土允许出现拉应力,但不超过其抗拉强度(即不出现裂缝);在长期持续荷载作用下,混凝土不出现拉应力。

(3)Ⅲ级:部分预应力——在全部荷载最不利组合下,正截面上混凝土允许出现裂缝,但裂缝宽度不超过规定容许值。

(4)Ⅳ级:普通钢筋混凝土结构。

这一分类方法,由于对部分预应力混凝土结构的优越性强调不够,国际上已逐步改用按结构功能要求合理选用预应力度的分类方法。

2.国内配筋混凝土结构的分类

我国采用按预应力度分为全预应力混凝土、部分预应力混凝土和钢筋混凝土等三种结构。

(1)全预应力混凝土构件——在作用(荷载)短期效应组合下控制的正截面受拉边缘不允许出现拉应力。

(2)部分预应力混凝土构件——在作用(荷载)短期效应组合下控制的正截面受拉边缘出现拉应力或出现不超过规定宽度的裂缝。

(3)钢筋混凝土构件——不预加应力的混凝土构件。

其中,又将部分预应力构件分为两类:

A类:当对构件控制截面受拉边缘的拉应力加以限制时,为A类预应力混凝土构件。

B类:当构件控制截面受拉边缘的拉应力超过限值或出现不超过宽度限值的裂缝时,为B类预应力混凝土构件。

(二)预应力混凝土结构的优缺点

1.预应力混凝土结构的优点

(1)提高构件的抗裂度和刚度。

(2)改善结构的耐久性。

(3)节省材料,减轻自重。

(4)减小混凝土梁的竖向剪力和主拉应力。

(5)提高结构的耐疲劳性能。

(6)提高工程质量。

(7)可作为结构构件连接的手段,促进桥梁结构新体系与施工方法的发展。

2.预应力混凝土结构的缺点

(1)工艺复杂,需要配备技术熟练的专业队伍。

(2)需要一定的专门设备。

(3)预应力反拱度不易控制。

(4)预应力混凝土结构的开工费用较大。

(三)适用范围、材料及施加预应力方法

1.适用范围

(1)先张法预应力混凝土:宜用于预制厂大批制作的中、小型构件,设计和施工条件许可时,也可用于生产非常用的构件。

(2)后张法预应力混凝土:宜用于大型构件及现浇构件。应根据具体情况,如施工条件、构件类型、受力特点、工作环境等可以选用有黏结预应力或无黏结预应力混凝土。

2.预应力混凝土材料

(1)预应力筋:宜采用预应力钢丝、钢绞线和预应力螺纹钢筋。

(2)非预应力钢筋：宜采用 HPB300、HRB400，HRB500、HRBF400、RRB400 钢筋。

(3)混凝土：混凝土强度等级不应低于 C40，且其强度级别应随使用的钢材强度的提高而提高。

(4)锚具：必须采用由持有生产许可证的制造厂生产，并有合格证书及使用说明书的锚具。

3. 施加预应力方法

施加预应力的具体方法见表 5-8。

施加预应力方法　　表 5-8

类别	工　序	原　理	特　点
先张法	(1)在台座或钢模上张拉钢筋； (2)支模，绑扎其他钢筋，浇注混凝土； (3)混凝土达到一定强度后切断或放松钢筋，挤压混凝土	预应力钢筋张拉时截面缩小；混凝土硬化后切断端部预应力筋回缩受阻；通过端部黏结应力传递预应力使混凝土预压	(1)工艺较简单无需锚具； (2)需要台座或钢模； (3)张拉钢筋一般为直线； (4)适合于中小型工厂化生产
后张法	(1)浇注混凝土构件，预留孔洞； (2)混凝土达到一定强度后，穿预应力钢筋，并张拉钢筋预压混凝土，锚固钢筋保持预压应力； (3)孔道灌浆或不灌浆	利用构件本身作为支点张拉钢筋预压混凝土，利用端部锚具固定预应力钢筋以保持混凝土预压状态	(1)工艺较复杂需要锚具； (2)无需台座与钢模张拉； (3)可以采用直线或曲线； (4)可现场制作大、中型构件或整体结构； (5)是结构或构件需要的拼装手段

二、预应力钢筋张拉控制应力、预应力损失及损失组合

(一)预应力钢筋张拉控制应力

预应力钢筋张拉控制应力 σ_{con} 是张拉钢筋时施加给预应力筋从制造到使用阶段经受的最大应力，σ_{con} 值越高可以充分利用预应力筋对混凝土建立较高的预应力，节约材料。但若过高，则构件出现裂缝时的荷载接近极限荷载，破坏前预兆性差；而且进行超张拉时，可能使个别钢筋超过屈服强度，产生永久变形或脆断；同时使钢筋松弛损失加大。但若 σ_{con} 过低，经过预应力损失之后，建立预压应力的效果差、不经济，而且有丧失预应力的危险，因此预应力筋的张拉控制应力 σ_{con} 应符合表 5-9 的规定。

张拉控制应力限值　　表 5-9

钢筋类别	张拉控制应力限值	钢筋类别	张拉控制应力限值
高强钢丝、钢绞线	$\sigma_{con} \leqslant 0.75 f_{pk}$	预应力螺纹钢筋	$\sigma_{con} \leqslant 0.90 f_{pk}$

注：f_{pk}——预应力钢筋的抗拉强度标准值。

在下列情况下，可适当提高张拉控制应力：仅需在短时间内保持高应力的钢筋，例如为了减少一些因素引起的应力损失而需要进行超张拉的钢筋；为了提高构件在施工阶段的抗裂性而在使用阶段受拉区所设置的预应力钢筋。但在任何情况下，钢筋的最大张拉控制应力，对于高强钢丝、钢绞线不应超过 $0.80 f_{pk}$；对于预应力螺纹钢筋不应超过 $0.95 f_{pk}$。

(二)预应力损失

预应力损失与施工工艺、材料性能和环境影响等有关，影响因素复杂，各项预应力损失发生和完成的时间先后不一。预应力损失主要包括以下方面：

(1)预应力筋与管道壁间的摩擦引起的损失 σ_{l1}。

(2)张拉端锚具变形、钢筋内缩和接缝压缩引起的损失 σ_{l2}。

(3)混凝土加热养护时受张拉的钢筋与承拉设备之间的温差引起的损失 σ_{l3}。

(4)混凝土弹性压缩引起的应力损失 σ_{l4}。

(5)预应力钢筋的应力松弛引起的损失 σ_{l5}。

(6)混凝土的收缩和徐变引起的损失 σ_{l6}。

各项预应力损失值的计算见《公路混凝土规范》的相关条文。实际工程中，引起预应力损失的因素不仅限于上述各项，应根据具体情况考虑其他因素引起的预应力损失。

(三)有效预应力的计算

预应力钢筋的有效预应力 σ_{pe} 的定义为预应力钢筋锚下控制应力 σ_{con} 扣除相应阶段的应力损失 σ_l 后实际存余的预拉应力值。

(1)预应力损失值组合

根据应力出现损失的先后次序以及完成终值所需时间，具体宜按表 5-10 的规定进行组合。

各阶段预应力损失值的组合 表 5-10

预应力损失值的组合	先张法构件	后张法构件
混凝土预压前的损失(第一批)	$\sigma_{l2}+\sigma_{l3}+\sigma_{l4}+0.5\sigma_{l5}$	$\sigma_{l1}+\sigma_{l2}+\sigma_{l4}$
混凝土预压后的损失(第二批)	$0.5\sigma_{l5}+\sigma_{l6}$	$\sigma_{l5}+\sigma_{l6}$

(2)预应力钢筋的有效预应力

在预加应力阶段，预应力筋中的有效预应力为

$$\sigma_{pe}=\sigma_{p\mathrm{I}}=\sigma_{con}-\sigma_{l\mathrm{I}} \tag{5-114}$$

在使用阶段，预应力筋中的有效预应力，即永存预应力为

$$\sigma_{pe}=\sigma_{p\mathrm{II}}=\sigma_{con}-(\sigma_{l\mathrm{I}}+\sigma_{l\mathrm{II}}) \tag{5-115}$$

三、预应力混凝土受弯构件的计算

(一)预应力混凝土构件的三个受力阶段

预应力混凝土构件从预加应力到承受外荷载，直到最后破坏，可分为三个阶段：施工阶段、使用阶段和破坏阶段。全预应力构件和 A 类部分预应力构件的三个阶段的受力过程如下。

1. 施工阶段

预应力混凝土构件在制作、运输和安装施工中，将承受不同的荷载作用。在这一过程中，构件在预应力作用下，全截面参与工作并处于弹性工作阶段，可采用材料力学的方法并根据规范的要求进行设计计算。计算中应注意采用构件混凝土的实际强度和相应的截面特性。如后张法构件，在孔道灌浆前应按混凝土净截面计算，孔道灌浆并结硬后则可按换算截面计算。施工阶段依构件受力条件可分为预加应力阶段和运输、安装阶段。

(1)预加应力阶段

预加应力阶段，指从预加应力开始至预加应力结束(即传力锚固)为止的受力阶段。构件所承受的作用主要是偏心预压力(即预加应力的合力)；对于简支梁，由于预加应力的合力的偏心作用，构件将产生向上的反拱，形成以梁两端为支点的简支梁，因此梁的一期恒载(自重荷载)也在施加预应力的同时一起参加作用。

本阶段的设计计算要求是：①受弯构件控制截面上、下缘混凝土的最大拉应力和压应力都

不应超出规定限值；②控制预应力筋的最大张拉应力；③保证锚固区混凝土局部承压承载力大于实际承受的压力并有足够的安全度，且保证梁体不出现水平纵向裂缝。

（2）运输、安装阶段

在运输、安装阶段，混凝土梁所承受的荷载仍是预加力和梁的一期恒载。但由于引起预应力损失的因素相继增加，使预加应力的合力要比预加应力阶段小；同时梁的一期恒载作用应根据规范的规定计入 1.20 或 0.85 的动力系数。构件在运输中的支点或安装时的吊点位置常与正常支撑点不同，故应按照梁起吊时一期恒载作用下的计算图式进行验算，特别需要注意验算构件支点或吊点截面上缘混凝土的拉应力。

2. 使用阶段

使用阶段是指桥梁建成运营通车整个工作阶段。构件除承受偏心预加力和梁的一期恒载外，还要承受桥面铺装、人行道、栏杆等后加的二期恒载和车辆、人群等活荷载。试验研究表明，在试用阶段预应力混凝土梁基本处于弹性工作阶段。因此，梁截面的正应力为偏心预加力与以上各项荷载所产生的应力之和。

本阶段各项预应力损失将相继发生并全部完成，最后在预应力钢筋中建立相对不变的预拉应力（即扣除全部预应力损失后所存余的预应力），这即为永存预应力。永存预应力要小于施工阶段的有效预应力值。

3. 破坏阶段

对于只在受拉区配置预应力钢筋且配筋率适当的受弯构件（适筋梁），在荷载作用下，受拉区全部钢筋（包括预应力钢筋和非预应力钢筋）将先达到屈服强度，裂缝迅速向上延伸，而后受压区混凝土被压碎，构件即告破坏。破坏时，截面的应力状态与钢筋混凝土受弯构件相似，其计算方法也基本相同。

在正常配筋的范围内，预应力混凝土梁的破坏弯矩主要与构件的组成材料受力性能有关，其破坏弯矩值与同条件普通钢筋混凝土梁的破坏弯矩值几乎相同，而是否在受拉区钢筋中施加预应力对梁的破坏弯矩的影响很小。这说明预应力混凝土结构并不能创造出超越其本身材料强度能力之外的奇迹，而只是大大改善了结构在正常使用阶段的工作性能。

（二）使用阶段正截面抗弯承载计算

预应力混凝土受弯构件持久状况（使用阶段）承载能力极限状态计算作用效应组合采用基本组合，抗弯承载能力的计算与普通钢筋混凝土双筋矩形截面构件的抗弯计算相似。

（1）仅采用纵向体内钢筋的矩形截面（图 5-40）或翼缘位于受拉边的 T 形截面受弯构件，其正截面抗弯承载力计算应符合下列规定：

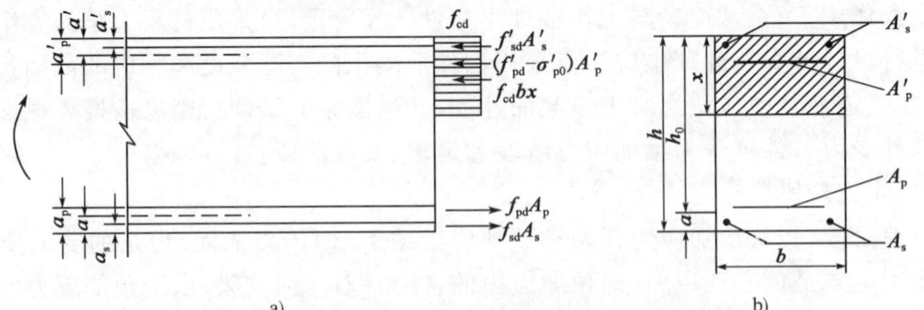

图 5-40　矩形截面受弯构件正截面抗弯承载力计算

$$\gamma_0 M_d \leqslant f_{cd}bx\left(h_0-\frac{x}{2}\right)+f'_{sd}A'_s(h_0-a'_s)+(f'_{pd}-\sigma'_{p0})A'_p(h_0-a'_p) \qquad (5\text{-}116)$$

混凝土的受压区高度 x 按下式计算：

$$f_{sd}A_s + f_{pd}A_p = f_{cd}bx + f'_{sd}A'_s + (f'_{pd} - \sigma'_{p0})A'_p \tag{5-117}$$

混凝土受压区高度应符合下列要求：

为了避免出现超筋梁，则

$$x \leqslant \xi_b h_0 \tag{5-118}$$

为了使钢筋 A'_s 应力达到 f'_{sd} 值，则

$$x \geqslant 2a'(x \geqslant 2a'_s) \tag{5-119}$$

式中：a'——纵向受压钢筋合力点至受压区边缘的距离，当受压区未配置纵向预应力钢筋或受压区纵向预应力钢筋的应力$(\sigma'_{p0} - f'_{pd})$为拉应力时，式(5-119)中的 a'用 a'_s 代替；

ξ_b——相对界限受压区高度，按下式计算：

$$\xi_b = \frac{\beta}{1 + \frac{0.002}{\varepsilon_{cu}} + \frac{f_{pd} - \sigma_{p0}}{E_s \varepsilon_{cu}}} \tag{5-120}$$

式中：σ_{p0}——受拉区纵向预应力钢筋合力点处混凝土法向应力等于零时的预应力筋应力。

(2)仅采用纵向体内钢筋的翼缘位于受压区的 T 形(图 5-41)或 I 形截面受弯构件，其正截面抗弯承载力应按下列规定计算：

①当符合下式条件时，则按宽度为 b'_f 的矩形截面计算：

$$f_{sd}A_s + f_{pd}A_p \leqslant f_{cd}b'_f h'_f + f'_{sd}A'_s + (f'_{pd} - \sigma'_{p0})A'_p \tag{5-121}$$

②当不符合式(5-121)的条件时，计算中应考虑截面中腹板的受压作用，其正截面抗弯承载力按下式计算：

$$\gamma_0 M_d \leqslant f_{cd}\left[bx\left(h_0 - \frac{x}{2}\right) + (b'_f - b)h'_f\left(h_0 - \frac{h'_f}{2}\right)\right] + f'_{sd}A'_s(h_0 - a'_s) + (f'_{pd} - \sigma'_{p0})A'_p(h_0 - a'_p) \tag{5-122}$$

其混凝土受压区高度 x 按下式确定：

$$f_{sd}A_s + f_{pd}A_p = f_{cd}[bx + (b'_f - b)h'_f] + f'_{sd}A'_s + (f'_{pd} - \sigma'_{p0})A'_p \tag{5-123}$$

式中：h'_f——T 形截面受压区的翼缘厚度；

b'_f——T 形截面受压区的翼缘有效宽度。

应用式(5-122)和式(5-123)时，混凝土受压区高度尚应符合式(5-118)和式(5-119)的要求。

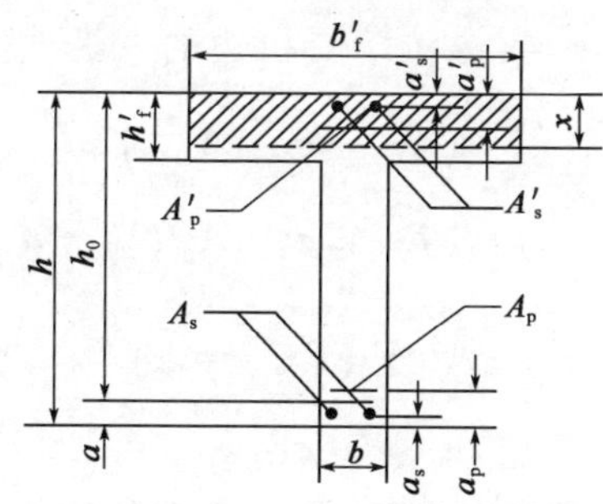

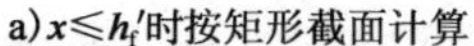
a) $x \leqslant h'_f$ 时按矩形截面计算

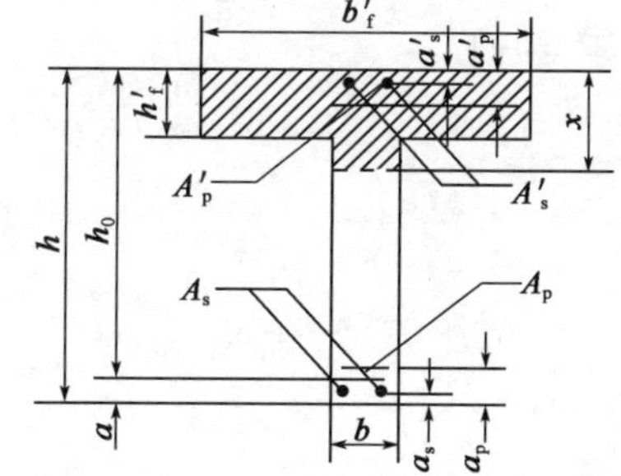

b) $x > h_f$ 时按T形截面计算

图 5-41　T 形截面受弯构件正截面承载力计算

(3)采用纵向体外预应力钢筋的 T 形截面(图 5-42)受弯构件，其正截面抗弯承载力计算应符合下列规定：

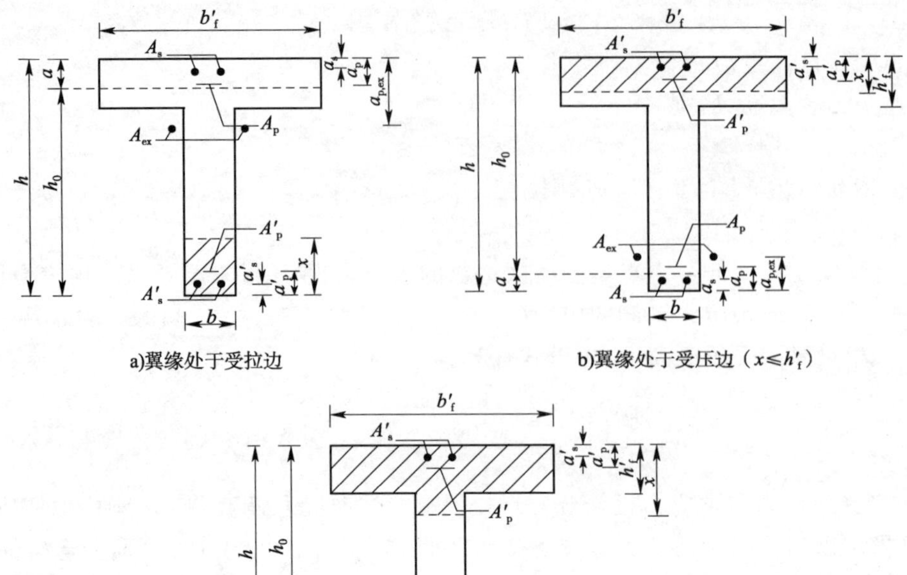

a)翼缘处于受拉边　　b)翼缘处于受压边（$x \leqslant h'_{\mathrm{f}}$）

c)翼缘处于受压边（$x > h'_{\mathrm{f}}$）

图 5-42　配置体外预应力的 T 形截面受弯构件正截面承载力计算

a-受拉区的普通钢筋、体内预应力钢筋和体外预应力钢筋的合力点至受拉区边缘的距离

①翼缘位于受拉区

$$\gamma_0 M_{\mathrm{d}} \leqslant f_{\mathrm{cd}} bx\left(h_0 - \frac{x}{2}\right) + f'_{\mathrm{sd}} A'_{\mathrm{s}}(h_0 - a'_{\mathrm{s}}) + (f'_{\mathrm{pd}} - \sigma'_{\mathrm{p0}}) A'_{\mathrm{p}}(h_0 - a'_{\mathrm{p}}) \tag{5-124}$$

$$f_{\mathrm{sd}} A_{\mathrm{s}} + f_{\mathrm{pd}} A_{\mathrm{p}} + \sigma_{\mathrm{pe,ex}} A_{\mathrm{ex}} = f_{\mathrm{cd}} b_{\mathrm{x}} + f'_{\mathrm{sd}} A'_{\mathrm{s}} + (f'_{\mathrm{pd}} - \sigma'_{\mathrm{p0}}) A'_{\mathrm{p}} \tag{5-125}$$

式中：$\sigma_{\mathrm{pe,ex}}$——使用阶段体外预应力钢筋扣除预应力损失后的有效应力，按《公路混凝土规范》第 6.1.6 条计算；

A_{ex}——体外预应力钢筋的截面面积。

②翼缘位于受压区

a. 当 $f_{\mathrm{sd}} A_{\mathrm{s}} + f_{\mathrm{pd}} A_{\mathrm{p}} + \sigma_{\mathrm{pe,ex}} A_{\mathrm{ex}} \leqslant f_{\mathrm{cd}} b'_{\mathrm{f}} h'_{\mathrm{f}} + f'_{\mathrm{sd}} A'_{\mathrm{s}} + (f'_{\mathrm{pd}} - \sigma'_{\mathrm{p0}}) A'_{\mathrm{p}}$ 时

$$\gamma_0 M_{\mathrm{d}} \leqslant f_{\mathrm{cd}} b'_{\mathrm{f}} x\left(h_0 - \frac{x}{2}\right) + f'_{\mathrm{sd}} A'_{\mathrm{s}}(h_0 - a'_{\mathrm{s}}) + (f'_{\mathrm{pd}} - \sigma'_{\mathrm{p0}}) A'_{\mathrm{p}}(h_0 - a'_{\mathrm{p}}) \tag{5-126}$$

$$f_{\mathrm{sd}} A_{\mathrm{s}} + f_{\mathrm{pd}} A_{\mathrm{p}} + \sigma_{\mathrm{pe,ex}} A_{\mathrm{ex}} = f_{\mathrm{cd}} b'_{\mathrm{f}} x + f'_{\mathrm{sd}} A'_{\mathrm{s}} + (f'_{\mathrm{pd}} - \sigma'_{\mathrm{p0}}) A'_{\mathrm{p}} \tag{5-127}$$

式中：h'_{f}——T 形截面受压翼缘厚度；

b'_{f}——T 形截面受压翼缘有效宽度，按《公路混凝土规范》第 4.3.3 条的规定采用。

b. 当 $f_{\mathrm{sd}} A_{\mathrm{s}} + f_{\mathrm{pd}} A_{\mathrm{p}} + \sigma_{\mathrm{pe,ex}} A_{\mathrm{ex}} > f_{\mathrm{cd}} b'_{\mathrm{f}} h'_{\mathrm{f}} + f'_{\mathrm{sd}} A'_{\mathrm{s}} + (f'_{\mathrm{pd}} - \sigma'_{\mathrm{p0}}) A'_{\mathrm{p}}$ 时

$$\gamma_0 M_{\mathrm{d}} \leqslant f_{\mathrm{cd}}\left[bx\left(h_0 - \frac{x}{2}\right) + (b'_{\mathrm{f}} - b) h'_{\mathrm{f}}\left(h_0 - \frac{h'_{\mathrm{f}}}{2}\right)\right] + f'_{\mathrm{sd}} A'_{\mathrm{s}}(h_0 - a'_{\mathrm{s}}) + (f'_{\mathrm{pd}} - \sigma'_{\mathrm{p0}}) A'_{\mathrm{p}}(h_0 - a'_{\mathrm{p}}) \tag{5-128}$$

$$f_{sd}A_s + f_{pd}A_p + \sigma_{pe,ex}A_{ex} = f_{cd}[bx + (b'_f - b)h'_f] + f'_{sd}A'_s + (f'_{pd} - \sigma'_{p0})A'_p \quad (5\text{-}129)$$

采用式(5-125)、式(5-127)、式(5-129)计算的受压区高度 x 应符合式(5-118)、式(5-119要求。

采用纵向体外预应力钢筋的箱形截面受弯构件的正截面抗弯承载力可参照本条计算。

(4)当计算中考虑受压区纵向钢筋但不符合公式(5-119)的条件时,采用纵向体外预应力钢筋的受弯构件,其正截面抗弯承载力的计算应符合下列规定(图 5-42):

①当受压区配有纵向普通钢筋和体内预应力钢筋,且体内预应力钢筋受压时:

$$\gamma_0 M_d \leqslant f_{pd}A_p(h - a_p - a') + f_{sd}A_s(h - a_s - a') + \sigma_{pe,ex}A_{ex}(h - a_{p,ex} - a') \quad (5\text{-}130)$$

②当受压区仅配纵向普通钢筋,或配有普通钢筋和体内预应力钢筋且体内预应力钢筋受拉时:

$$\begin{aligned}\gamma_0 M_d \leqslant\ & f_{pd}A_p(h - a_p - a'_s) + f_{sd}A_s(h - a_s - a'_s) + \\ & \sigma_{pe,ex}A_{ex}(h - a_{p,ex} - a'_s) - (f'_{pd} - \sigma'_{p0})A'_p(a'_p - a'_s)\end{aligned} \quad (5\text{-}131)$$

式中:$a_{p,ex}$——体外预应力钢筋合力点至受拉区边缘的距离。

(三)使用阶段斜截面承载力计算

(1)矩形、T 形及 I 形截面的预应力混凝土受弯构件,其受剪截面应符合的条件同普通钢筋混凝土梁。

(2)在计算预应力混凝土受弯构件斜截面的抗剪承载力时,其计算位置同普通钢筋混凝土梁的规定。

(3)矩形、T 形和 I 形截面的预应力混凝土受弯构件,当配有箍筋与弯起预应力钢筋时,其斜截面抗剪承载力应按下列公式计算:

$$\gamma_0 V_d \leqslant V_{cs} + V_{pb} \quad (5\text{-}132)$$

式中:V_d——斜截面受压端正截面上由作用(或荷载)产生的最大剪力组合设计值(kN);

V_{cs}——斜截面内混凝土和箍筋共同的抗剪承载力设计值(kN);

V_{pb}——与斜截面相交的预应力弯起钢筋抗剪承载力设计值(kN)。

(4)矩形、T 形和 I 形截面的预应力混凝土受弯构件斜截面抗弯承载力应按下列公式计算:

$$\gamma_0 M_d \leqslant f_{sd}A_sZ_s + f_{pd}A_pZ_p + \sum f_{pd}A_{pb}Z_{pb} + \sum f_{sv}A_{sv}Z_{sv} \quad (5\text{-}133)$$

式中:M_d——斜截面受压端正截面的最大弯矩组合设计值;

Z_s、Z_p——纵向普通受拉钢筋合力点、纵向预应力受拉钢筋合力点至受压区中心点的距离;

Z_{pb}——与斜截面相交的同一弯起平面内预应力弯起钢筋合力点至受压中心点的距离;

Z_{sv}——与斜截面相交的同一平面内箍筋合力点至斜截面受压端的水平距离。

计算斜截面抗弯承载力时,其最不利斜截面的位置,需选在预应力钢筋数量变少、箍筋截面与间距变化处,以及构件混凝土截面腹板厚度变化处。

预应力混凝土梁斜截面抗弯承载力的计算比较麻烦,因此也可以同普通钢筋混凝土受弯构件一样,用构造措施来加以保证,具体要求可参照钢筋混凝土梁的相关内容。

(四)使用阶段正截面裂缝验算

预应力混凝土构件的抗裂验算都是以构件混凝土拉应力是否超过规定的限值来表示的,属于结构正常使用极限状态计算的范畴。规范规定,对于全预应力混凝土和 A 类部分预应力混凝土构件，必须进行正截面抗裂和斜截面抗裂验算。

预应力混凝土受弯构件正截面抗裂验算按作用(或荷载)短期效应组合和长期效应组合两种情况进行，其构件边缘混凝土的正应力计算方法可参考规范。正截面抗裂应对构件正截面混凝土的拉应力进行验算，并应符合下列要求。

(1)全预应力混凝土构件，在短期效应组合下：

$$\sigma_{st}-0.85\sigma_{pc}\leqslant 0 \tag{5-134}$$

(2)A类部分预应力混凝土构件：

在短期效应组合下 $$\sigma_{st}-\sigma_{pc}\leqslant 0.7f_{tk} \tag{5-135}$$

在长期效应组合下 $$\sigma_{lt}-\sigma_{pc}\leqslant 0 \tag{5-136}$$

式中的 f_{tk} 为混凝土轴心抗拉强度标准值。

(五)使用阶段斜截面裂缝验算

预应力混凝土梁的腹部出现斜裂缝是不能自动闭合的，它不像梁的弯曲裂缝在使用阶段的大多数情况下可能是闭合的。因此，对梁的斜裂缝控制应更严格些，无论是全预应力混凝土还是部分预应力混凝土受弯构件都要进行斜截面抗裂验算。预应力混凝土梁斜截面的抗裂性验算是通过梁体混凝土主拉应力验算来控制的。主应力验算在跨径方向应选择剪力与弯矩均较大的最不利区段截面进行，且应选择计算截面重心处和宽度剧烈变化处作为计算点进行验算。斜截面抗裂性验算只需要验算在作用(或荷载)短期效应组合下的混凝土主拉应力。

验算混凝土主拉应力的目的是防止开始产生自受弯构件腹部中间的斜裂缝并要求至少应具有与正截面同样的抗裂安全度。当算出的混凝土主拉应力不符合下列规定时，则应修改构件截面尺寸。混凝土主拉应力限值应满足如下规定。

(1)全预应力混凝土构件，在作用(或荷载)短期效应组合下：

预制构件 $$\sigma_{tp}\leqslant 0.6f_{tk} \tag{5-137}$$

现场现浇(包括预制拼装)构件 $$\sigma_{tp}\leqslant 0.4f_{tk} \tag{5-138}$$

(2)A类和B类预应力混凝土构件，在作用(或荷载)短期预应力组合下：

预制构件 $$\sigma_{tp}\leqslant 0.7f_{tk} \tag{5-139}$$

现场现浇(包括预制拼装)构件 $$\sigma_{tp}\leqslant 0.5f_{tk} \tag{5-140}$$

式中的 f_{tk} 为混凝土轴心抗拉强度标准值。

(六)使用阶段的变形验算

预应力混凝土构件采用高强度材料，与跨长比较，其截面尺寸较普通钢筋混凝土构件小，而且预应力混凝土结构所使用的跨径范围一般比较大。因此，设计中应注意预应力混凝土梁的变形验算，以避免因变形过大而影响使用功能。

预应力混凝土受弯构件的挠度是由偏心预加力引起的上挠度(又称上拱度)和外荷载(恒载与活载)所产生的下挠度两部分所构成。对于跨径不大的预应力混凝土简支梁，其总挠度一般是较小的。预应力混凝土梁变形的精确计算，应同时考虑混凝土收缩、徐变、弹性模量等随时间而变化的影响因素，计算时常需借助于计算机。对于简支梁等，可采用以下实用计算方法。

1.预应力引起的上拱值

预应力混凝土受弯构件的上拱变形，又称反拱，是由预应力作用引起的，它与外荷载引起的挠度方向相反。在预应力作用下，预应力混凝土受弯构件的上拱值可根据给定的构件刚度用结构力学的方法计算。后张法简支梁跨中的上拱值为

$$\delta_{pe}=\int_0^l \frac{M_{pe}\overline{M}_x}{B_0}\mathrm{d}x \tag{5-141}$$

式中：M_{pe}——由永存预应力（永存预应力的合力）在任意截面 x 处所引起的弯矩值；

$\overline{M}_x$——跨中作用单位力时在任意截面 x 处所产生的弯矩值；

B_0——构件抗弯刚度，计算时按实际受力阶段取值。

2. 使用荷载作用下的挠度

在使用荷载下，预应力混凝土（包括全预应力混凝土与部分预应力混凝土）受弯构件的挠度，可近似地按结构力学的公式进行计算。主要在于如何合理地确定能够反映构件实际情况的抗弯刚度。对于全预应力构件以及 A 类部分预应力混凝土构件的等高简支梁、悬臂梁的挠度计算表达式为

$$\overline{w}_{Ms}=\frac{\alpha M_s l^2}{0.95E_c I_0} \tag{5-142}$$

式中：l——梁的计算跨径；

α——挠度系数，与弯矩图形状和支撑的约束条件有关；

M_s——按作用（或荷载）短期效应组合计算的弯矩；

I_0——构件全截面的换算截面惯性矩。

（七）端部锚固区计算

公路桥梁结构中使用的预应力混凝土构件多采用后张法，后张法构件在端部或其他布置锚具的地方，巨大的预加压力，将通过锚具及其下面不大的垫板面积传递给混凝土。要将这集中预加力均匀地传递到梁体的整个截面，需要一个过渡区段才能完成。试验和理论研究表明，这个过渡区段长度约等于构件的高度，因此又常把等于构件高度的这一过渡区段称为端块。端块的受力情况比较复杂，在靠近垫板处产生横向压应力，在其他部位则产生横向拉应力。当锚具的吨位很大时，这种拉应力可达到很可观的数值，有可能导致构件纵向开裂。此外，端块区域也是主拉应力的高发区，由于上述拉应力的存在，加大了主拉应力，也可能使构件出现斜裂缝。因此，对于后张法预应力混凝土构件，应进行锚下局部承压计算。锚下局部承压验算的方法可参阅规范局部承压计算的相关规定。梁端锚固区的应力状态比较复杂，工程设计时应采取针对性的构造补强措施。

习　题

5-44　先张法和后张法预应力混凝土构件传递预应力方法的区别是（　　）。

A. 先张法是靠钢筋与混凝土之间的黏结力来传递预应力，后张法是靠锚具来保持预应力

B. 先张法是靠锚具来保持预应力，后张法是靠钢筋与混凝土之间的黏结力来传递预应力

C. 先张法是靠传力架来保持预应力，后张法是靠千斤顶来保持预应力

D. 先张法和后张法均是靠锚具来保持预应力，只是张拉顺序不同

5-45　后张法预应力混凝土轴心受拉构件完成全部预应力损失后，预应力筋的总预拉应力 $N_{p\text{II}}=50\text{kN}$. 若加荷至混凝土应力为零时，外荷载 N_0 为（　　）。

A. $N_0=50\text{kN}$　　　　B. $N_0>50\text{kN}$

C. $N_0<50$kN　　D. $N_0=50$kN 或 $N_0>50$kN，应看 σ_l 的大小

5-46　预应力钢筋的松弛损失和徐变量都与预应力筋的张拉应力值密切相关，张拉应力越大，松弛损失和徐变变形分别（　　）。

A. 越小，越大　　B. 越大，越小

C. 越小，越小　　D. 越大，越大

5-47　《公路混凝土规范》规定，预应力混凝土构件的混凝土强度等级不应低于（　　）。

A. C20　　B. C30　　C. C35　　D. C40

5-48　对梁施加预应力，可提高梁的（　　）。

A. 抗裂性　　B. 延性

C. 斜截面抗弯强度　　D. 塑性

5-49　全预应力混凝土构件在使用条件下，构件截面混凝土（　　）。

A. 不出现压应力　　B. 允许出现拉应力

C. 不出现拉应力　　D. 允许出现压应力

5-50　对后张法预应力混凝土构件，一次性张拉预应力筋，混凝土受到的最大预压应力发生在（　　）。

A. 张拉预应力筋达到控制应力时　　B. 张拉并锚固后

C. 第二批损失出现后　　D. 构件运营一年以后

5-51　预应力混凝土后张法构件中，传力锚固时的第一批预应力损失 σ_l 应为（　　）。

A. $\sigma_{l1}+\sigma_{l2}$　　B. $\sigma_{l1}+\sigma_{l2}+\sigma_{l4}$

C. $\sigma_{l1}+\sigma_{l2}+\sigma_{l3}+\sigma_{l4}$　　D. $\sigma_{l2}+\sigma_{l3}+\sigma_{l4}+0.5\sigma_{l5}$

第六节　砖、石及混凝土砌体结构

砌体结构是以砌体（砖、混凝土砌块、石材）为主要材料建造的结构。砌体的胶结材料主要为砂浆（水泥石灰混合砂浆、石灰砂浆、水泥砂浆）。

一、块材

常用的砌体块材有砖、砌块和石材，其强度等级是根据块材的标准试件在标准试验条件下测得的抗压强度划分，用“MU”表示。

（一）砖

烧结普通砖、烧结多孔砖的强度等级分为 MU30、MU25、MU20、MU15 和 MU10；蒸压灰砂普通砖、蒸压粉煤灰普通砖的强度等级分为 MU25、MU20 和 MU15。由于砖的强度低、耐久性差，在公路桥涵结构中较少使用。

（二）混凝土

1. 混凝土砌块

混凝土砌块由普通混凝土或轻骨料混凝土制成。建筑用混凝土砌块为空心砌块：主要规格尺寸为 390mm×190mm×190mm、空心率在 25%～50%之间。有单排孔、双排孔和多排孔砌块。砌块的强度等级分为 MU20、MU15、MUl0、MU7.5 和 MU5。桥涵结构中使用的预制混凝土砌块可根据结构构造和施工要求来设计形状和尺寸。

2.片石混凝土

为避免整体浇筑素混凝土结构产生较大的收缩应力,同时为节省水泥用量,在其中分层掺入含量不多于20%的片石,称之为片石混凝土。其中片石强度等级不低于表5-11规定的最低强度等级,且不低于混凝土强度等级。

圬工材料的最低强度等级 表5-11

结构物种类	材料最低强度等级	砌筑砂浆最低强度等级
拱圈	MU50石材 C25混凝土(现浇) C30(预制块)	M10(大、中桥) M7.5(小桥涵)
大、中桥墩台及基础,轻型桥台	MU40石材 C25混凝土(现浇) C30(预制块)	M7.5
小桥涵墩台及基础	MU30石材 C20混凝土(现浇) C25(预制块)	M5

3.小石子混凝土

小石子混凝土是由胶结料(水泥)、粗骨料(细卵石或碎石)、细骨料(砂)加水拌和而成。在砌筑片石、块石砌体时,用小石子混凝土代替砂浆建成的砌体称为小石子混凝土砌体,它比同强度等级砂浆砌筑的片石和块石砌体的极限抗压强度高,可节省水泥和砂。

桥涵结构中整体浇筑的素混凝土结构,因为收缩变形大,施工期容易产生收缩裂缝或温度裂缝,且浇筑时耗费木材多、工期长、质量难控制,较少使用。桥涵结构中混凝土圬工结构使用的混凝土强度等级主要有C40、C35、C30、C25、C20和C15。

(三)石材

石材一般应选择坚硬、均匀、无裂纹且不易风化的石料,常用的天然石材的种类主要有花岗岩和石灰岩等。根据其形状、尺寸、清凿工序和开采方法可分为:片石、块石、细料石、半细料石和粗料石。桥涵结构中使用的石材强度等级主要有MU120、MU100、MU80、MU60、MU50、MU40和MU30。石材的强度等级可用边长为70mm的立方体饱和试块的抗压强度表示。

二、砂浆

砌体中常用的砂浆有混合砂浆(水泥石灰混合砂浆、石灰黏土砂浆)、石灰砂浆和水泥砂浆(纯水泥砂浆)。石灰砂浆和混合砂浆的强度低,在桥涵工程中使用较少。桥涵结构使用的砂浆强度等级主要有M20、M15、M10、M7.5和M5,其强度等级是由边长为70.7mm的立方体试块28d的抗压强度表示。采用同强度等级的水泥砂浆及混合砂浆砌筑的砌体,前者的砌体强度设计值低于后者。施工阶段砂浆尚未硬化的新砌砌体,或经检测砂浆未硬化的已建砌体,均可按砂浆强度为零确定其砌体强度。在施工中很容易产生砂浆强度低于设计强度的现象,应特别注意砂浆配合比和使用水泥的质量,通过试配确定配合比。

水泥石灰混合砂浆和石灰砂浆的强度较低,使用性能较差,故在桥涵工程中主要采用水泥砂浆。对砌体砂浆的基本要求是强度、可塑性和保水性。

(1)砂浆应满足砌体强度、耐久性要求,并具有良好的黏结性能。砂浆的强度应与块材的强度配合,块材强度高则配高强度砂浆,块材强度低则配低强度砂浆。

(2)砂浆的可塑性应保证砂浆在砌筑时容易且均匀地铺开,以提高强度和施工效率。

(3)砂浆保水性好使得在块材上铺设均匀;保水性差易发生离析,使新铺砂浆水分散失或被块材吸收,影响正常硬化,降低砌筑质量。

三、砌体

桥涵工程中常用的砌体种类有:混凝土预制块砌体、片石砌体、块石砌体、粗料石砌体、细料石砌体和半细料石砌体。图 5-43 为常用的几种砌体。桥涵工程中,应根据结构的重要程度、尺寸大小、工程环境、施工条件及材料供应情况综合考虑选用砌体的种类。砌体中的石料和混凝土材料除应符合强度规定外,还应满足抗风化、抗侵蚀、抗冻等特殊要求。

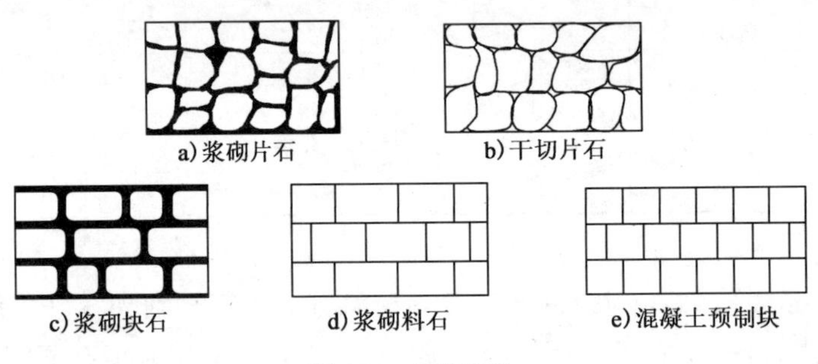

图 5-43 砌体种类

(一)砌体抗压强度

砌体是由块体用砂浆垫平黏结而成,因而它的受压工作与匀质的整体结构构件有很大差别。由于灰缝厚度和密实性的不均匀,以及块体和砂浆交互作用等原因,使块体的抗压强度不能充分发挥,砌体的抗压强度将低于单块块体的抗压强度。具体原因如下:

(1)砂浆层的非均匀和块体表面的不平整,导致块体处于受弯、受剪和局部受压的复杂应力状态。

(2)块体横向变形受砂浆影响而增大,砂浆因块体影响而减小,导致砌体中的块体受到横向拉力作用,砂浆处于三向受压。

(3)竖向灰缝不饱满时,竖向灰缝上的砌块内产生横向拉应力和剪应力集中,加快砌体开裂。

砌体从开始加载到破坏大致经历三个阶段(图 5-44):

(1)第Ⅰ阶段:整体工作阶段,即开始加载到个别块材内第一批裂缝出现阶段。此时,如荷载不增加,裂缝也不再发展,荷载约为破坏荷载的 50%~70%。

(2)第Ⅱ阶段:带裂缝工作阶段,即随荷载继续增大,块材内部裂缝不断发展,并逐渐连接起来形成连续的裂缝。此时,即使荷载不再增加裂缝仍将继续发展,荷载为破坏荷载的 80%~90%。

(3)第Ⅲ阶段:破坏阶段。当荷载稍微增加,裂缝急剧发展,并连成几条贯通的裂缝,将砌体分成若干小柱,各小柱受力极不均匀,最后由于小柱压碎或失稳导致砌体破坏。

影响砌体抗压强度的因素主要有:

(1)块体的强度。块体的抗拉、抗剪和抗压等强度对砌体的强度起主要作用。

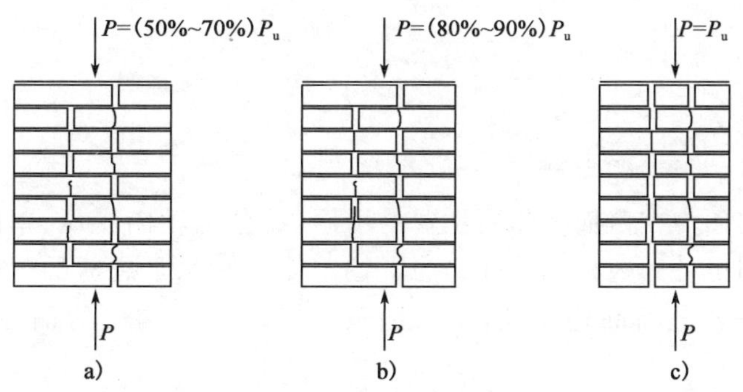

图 5-44 砖砌体受压过程

(2)块体形状和尺寸。块体的表面平整度和形状影响砌缝厚度变化;块体厚度影响砌体砌缝数量。这些都将影响块体的抗拉、抗剪和抗压受力状态,进而影响砌体强度。

(3)砂浆的物理力学性能。砂浆的强度等级影响砌体抗压强度和块体的横向变形;同时,砂浆的和易性和保水性对砌体强度也有影响。

(4)砌缝厚度。砂浆水平砌缝越厚,砌体强度越低。

(5)砌筑质量。

(二)砌体抗拉、抗弯、抗剪强度

砌体的抗拉、抗弯和抗剪强度远低于抗压强度,故应尽可能地使砌体结构用于主要承受压力的结构中。工程中,砌体受拉、受剪和受弯会在挡土墙和拱桥的拱圈等结构中出现。

实践证明,在多数情况下,砌体的受拉、受剪和受弯破坏发生在砂浆与块材的连接面上。因此,砌体的抗拉、抗弯、抗剪强度取决于砌缝间块材与砂浆的黏结强度。块材与砂浆的黏结强度按受力方向可分为两类:一类是作用力平行于砌缝时的切向黏结强度;一类是作用力垂直于砌缝时的法向黏结强度。法向黏结强度不易保证,实际工程中不允许设计成利用法向黏结强度的轴心受拉构件。

1.轴心受拉强度

在平行于水平砌缝的轴心拉力作用下,砌体的破坏有两种情况:一是砌体沿齿缝截面发生破坏,其强度主要取决于砌缝与块材间的切向黏结强度;二是砌体沿竖向砌缝和块材破坏,其强度主要取决于块材的抗拉强度。另外,当拉力作用方向与水平砌缝垂直时,砌体可能沿通缝截面的破坏,其强度主要取决于砌缝与块材的法向黏结强度。

2.弯曲抗拉强度

砌体处于弯曲状态时,可能沿通缝截面的破坏,砌体的弯曲抗拉强度主要取决于砂浆与块材间的法向黏结强度。当发生沿齿缝截面的破坏时,其强度主要取决于砌体中块材与砂浆间的切向黏结强度。

3.抗剪强度

砌体处于受剪状态时,可能沿通缝截面发生受剪破坏,其强度主要取决于砂浆与块材间的切向黏结强度。当发生沿齿缝截面的破坏时,其抗剪强度与块材抗剪强度及块材与砂浆间的切向黏结强度有关。对规则块材,砌体的齿缝抗剪强度取决于块材的抗剪强度,不计灰缝的抗剪作用。

各类砌体的直接抗剪、轴心抗拉及弯曲抗拉强度设计值可从《公路圬工桥涵设计规范》

查得。

四、砌体的计算

（一）受压承载能力计算

1.砌体受压构件的承载能力计算

受压构件按轴向压力在截面上作用位置的不同，可分为轴向受压、单向偏压和双向偏压；按构件长细比的不同可分为短柱和长柱。为了控制受拉区水平裂缝的过早出现和开展，保证结构的正常使用状态和截面的稳定性，单向和双向偏心受压构件的偏心距 e 应符合表 5-12 的规定。

受压构件偏心距限值　　表 5-12

作用组合	偏心距限值 e	作用组合	偏心距限值 e
基本组合	$\leqslant 0.6s$	偶然组合	$\leqslant 0.7s$

注：1.混凝土单向偏心受拉边或双向偏心的各受拉边，当设有不小于截面面积 0.05% 的纵向钢筋时，表内规定值可增加 $0.1s$。

2.表中 s 值为截面或换算截面重心轴至偏心方向截面边缘的距离。

砌体（包括砌体与混凝土组合）受压构件的承载能力应按下式计算：

$$\gamma_0 N_d < \varphi A f_{cd} \tag{5-143}$$

式中：N_d——轴向力设计值；

A——构件截面面积，对于组合截面按强度换算处理（具体规定可查《公路圬工桥涵设计规范》）；

f_{cd}——砌体或混凝土轴心抗压强度设计值，对组合截面应采用标准层轴心抗压强度设计值；

φ——构件轴向力的偏心距 e 和长细比 β 对受压构件承载力的影响系数。

砌体偏心受压构件承载能力影响系数 φ，按下列公式计算：

$$\varphi = \frac{1}{\frac{1}{\varphi_x} + \frac{1}{\varphi_y} - 1} \tag{5-144}$$

$$\varphi_x = \frac{1 - \left(\frac{e_x}{x}\right)^m}{1 + \left(\frac{e_x}{i_y}\right)^2} \cdot \frac{1}{1 + \alpha r_x (r_x - 3)\left[1 + 1.33\left(\frac{e_x}{i_y}\right)^2\right]} \tag{5-145}$$

$$\varphi_y = \frac{1 - \left(\frac{e_y}{y}\right)^m}{1 + \left(\frac{e_y}{i_x}\right)^2} \cdot \frac{1}{1 + \alpha r_y (r_y - 3)\left[1 + 1.33\left(\frac{e_y}{i_x}\right)^2\right]} \tag{5-146}$$

式中：φ_x、φ_y——分别为 x 方向和 y 方向偏心受压构件承载力影响系数；

x、y——分别为 x 方向、y 方向截面重心至偏心方向的截面边缘的距离；

e_x、e_y——轴向力在 x 方向、y 方向的偏心距；

m——截面形状系数，对于圆形截面取 2.5；对于 T 形或 U 形截面取 3.5；对于箱形截面或矩形截面（包括两端设有曲线形或圆弧形的矩形墩身截面）取 8.0；

i_x、i_y——弯曲平面内的截面回转半径，$i_x = \sqrt{I_x/A}$、$i_y = \sqrt{I_y/A}$；I_x、I_y 分别为截面绕 x 轴和 y 轴的惯性矩，A 为截面面积，具体取值可查规范；

α——与砂浆强度等级有关的系数，当砂浆强度等级大于或等于 M5 或为组合构件时，α 为 0.002；当砂浆强度等于 0 时，α 为 0.013；

r_x、r_y——构件在 x 方向、y 方向的长细比，当 r_x、r_y 小于 3 时取 3。

计算砌体偏心受压构件承载力的影响系数 φ 时，构件长细比 r_x、r_y 按下列公式计算：

$$r_x = \frac{\gamma_\beta l_0}{3.5 i_y} \tag{5-147}$$

$$r_y = \frac{\gamma_\beta l_0}{3.5 i_x} \tag{5-148}$$

式中：γ_β——不同物体材料构件的长细比修正系数，按表 5-13 的规定采用；

l_0——构件计算长度，按表 5-14 的规定取用；拱的纵、横向计算长度见规范；

i_x、i_y——弯曲平面内的截面回转半径，对于等截面构件，见上述计算；对于变截面构件，可取等代截面的回转半径。

长细比修正系数 表 5-13

砌体材料类别	γ_β	砌体材料类别	γ_β
混凝土预制块或组合构件	1.0	粗料石、块石、片石砌体	1.3
细料石、半细料石砌体	1.1		

构件计算长度 l_0 表 5 14

构件及其两端约束情况		计算长度 l_0
直杆	两端固结	$0.5l$
	一端固定，一端为不移动的铰	$0.7l$
	两端均为不移动的铰	$1.0l$
	一端固定，一端自由	$2.0l$

2.混凝土受压构件的承载能力计算

相对于由块材用砂浆砌筑的砌体，混凝土具有匀质、整体性好的优点。在表 5-12 规定的受压偏心距限值范围内时，混凝土受压构件计算（图 5-45）采用如下公式：

$$\gamma_0 N_d \leqslant \varphi f_{cd} A_c \tag{5-149}$$

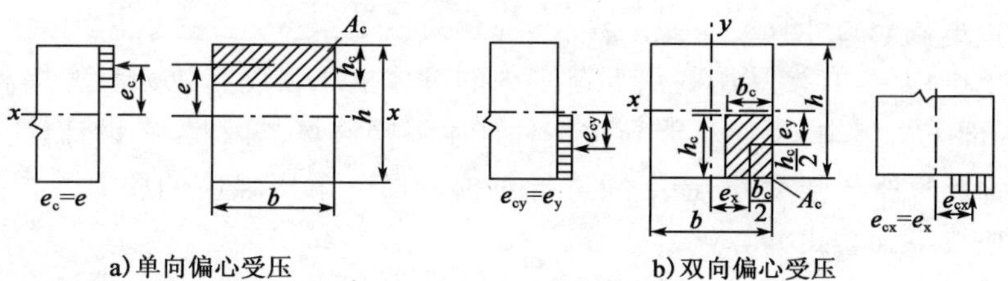

图 5-45 混凝土构件偏心受压

（1）单向偏心受压

变压区高度 h_c 应按下列条件确定（图 5-45a）：

$$e_c = e \tag{5-150}$$

矩形截面的受压承载力可按下式计算：

$$\gamma_0 N_d \leqslant \varphi f_{cd} b(h - 2e) \tag{5-151}$$

式中：N_d——轴向力设计值；

φ——弯曲平面内轴心受压构件弯曲系数，按表 5-15 采用；

f_{cd}——混凝土轴心抗压强度设计值；

A_c——混凝土受压区面积；

e_c——受压区混凝土法向应力合力作用点至截面重心的距离；

e——轴向力的偏心距；

b——矩形截面宽度；

h——矩形截面高度。

当构件弯曲平面外长细比大于弯曲平面内长细比时，尚应按轴心受压构件验算其承载力。

混凝土轴心受压构件弯曲系数 表 5-15

l_0/b	<4	4	6	8	10	12	14	16	18	20	22	24	26	28	30
l_0/i	<14	14	21	28	35	42	49	56	63	70	76	83	90	97	104
φ	1.00	0.98	0.96	0.91	0.86	0.82	0.77	0.72	0.68	0.63	0.59	0.55	0.51	0.47	0.44

注：1. l_0 为计算长度，按《公路混凝土规范》附录 E 的规定采用；

2. 在计算 l_0/b 或 l_0/i 时，b 或 i 的取值：对于单向偏心受压构件，取弯曲平面内截面高度或回转半径；对于轴心受压构件及双向偏心受压构件，取截面短边尺寸或截面最小回转半径。

(2) 双向偏心受压

受压区高度和宽度，应按下列条件确定(图 5-45b)：

$$e_{cy} = e_y \tag{5-152}$$

$$e_{cx} = e_x \tag{5-153}$$

矩形截面的轴心受压承载力可按下列公式计算：

$$\gamma_0 N_d \leqslant \varphi f_{cd}[(h-2e_y)(b-2e_x)] \tag{5-154}$$

式中：φ——轴心受压构件弯曲系数；

e_{cy}——受压区混凝土法向应力合力作用点在 y 轴方向至截面重心距离；

e_{cx}——受压区混凝土法向应力合力作用点在 x 轴方向至截面重心距离；

e_y——轴向力 y 轴方向的偏心距；

e_x——轴向力 x 轴方向的偏心距。

3. 局部受压承载能力计算

对于局部承压构件，直接受压的局部范围内的砌体抗压强度有较大程度提高，但局部受压面积却很小，局部应力集中，因而可能导致构件产生局部破坏。因此，在设计计算受压构件时，除了要按全截面验算受压强度外，还必须进行对构件局部承压强度的验算。混凝土截面局部承压的承载力应按下列公式计算：

$$\gamma_0 N_d \leqslant 0.9\beta A_l f_{cd} \tag{5-155}$$

$$\beta = \sqrt{\frac{A_b}{A_l}} \tag{5-156}$$

式中：N_d——局部承压面积上的轴向力设计值；

β——局部承压强度提高系数；

A_l——局部承压面积；

A_b——局部承压计算底面积，根据底面积重心与局部受压面积重心相重合的原则；

f_{cd}——混凝土轴心抗压强度设计值。

偏心距超过限值情况的计算方法请参考《公路混凝土规范》的相关内容，不再赘述。

（二）受弯、受剪承载能力计算

1.受弯构件承载能力计算

在弯矩的作用下砌体可能沿通缝截面或齿缝截面产生弯曲受拉而弯曲破坏。对受弯构件正截面的承载力要求截面的受拉边缘最大计算拉应力必须小于弯曲抗拉强度设计值，考虑到结构的安全等级，计入桥梁结构重要性系数，《公桥圬工桥涵设计规范》(JTG D61—2005)规定按下式计算：

$$\gamma_0 M_d \leqslant W f_{tmd} \tag{5-157}$$

式中：M_d——弯矩设计值；

W——截面受拉边缘的弹性抵抗矩；

f_{tmd}——构件受拉边缘的弯曲抗拉强度设计值。

2.受剪构件承载能力计算

砌体构件的试验表明，砌体沿水平向缝的抗剪承载能力为砌体沿通缝的抗剪承载能力及作用在截面上的压力所产生的摩擦力总和。这是由于随着剪力的加大，砂浆产生很大的剪切变形，一层砌体对另一层砌体开始移动，当有压力时，内摩擦力将抵抗滑移。因此，构件正截面通缝直接受剪时，《公桥圬工桥涵设计规范》(JTG D61—2005)规定砌体构件或混凝土构件直接受剪时其承载力按下式计算：

$$\gamma_0 V_d \leqslant A f_{vd} + \frac{1}{1.4}\mu_f N_k \tag{5-158}$$

式中：V_d——剪力设计值；

A——受剪截面面积；

f_{vd}——砌体或混凝土抗剪强度设计值；

μ_f——摩擦系数，采用 $\mu_f=0.7$；

N_k——与受剪截面垂直的压力标准值。

习　　题

5-52　下面关于砌体抗压强度正确的说法是(　　)。

A.砌体的抗压强度随砂浆和块体的强度等级的提高按一定比例增加

B.块体的外形越规则、平整，则砌体的抗压强度越高

C.砌体中灰缝越厚，则砌体的抗压强度越高

D.砂浆的变形性能越大，越容易砌筑，砌体的抗压强度越高

5-53　截面尺寸、砂浆和块体强度等级均相同的砌体受压构件，下面说法正确的是(　　)。

①承载力随高厚比的增大而减小；②承载力随偏心距的增大而减小；③承载力与砂浆的强度等级无关；④承载力随相邻横墙间距的增加而增大。

A.①②　　B.①③　　C.①④　　D.②④

5-54　截面尺寸为240mm×370mm的砖砌短柱，轴向压力的偏心距如图所示，其抗压承载力的大小顺序是(　　)。

A　①>②>③>④　　B　③>①>②>④

C ④>②>③>①　　　　　　　　D ①>③>④>②

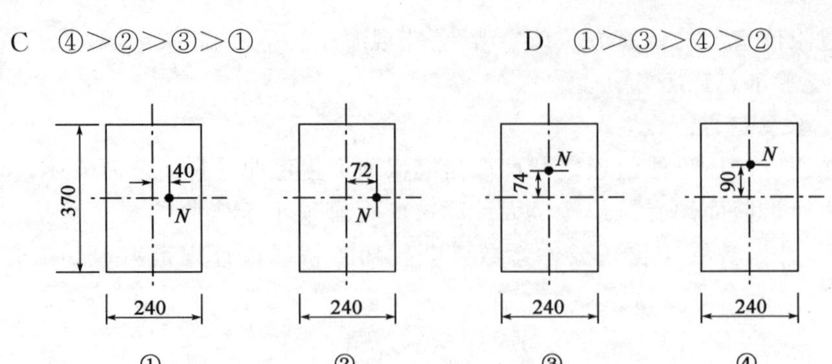

题 5-54 图 （尺寸单位：mm）

习题参考答案

5-1 B	5-2 C	5-3 A	5-4 C	5-5 B
5-6 B	5-7 C	5-8 C	5-9 A	5-10 D
5-11 B	5-12 A	5-13 B	5-14 A	5-15 A
5-16 C	5-17 B	5-18 C	5-19 C	5-20 D
5-21 C	5-22 C	5-23 A	5-24 A	5-25 A
5-26 B	5-27 C	5-28 D	5-29 C	5-30 A
5-31 D	5-32 A	5-33 A	5-34 C	5-35 C
5-36 D	5-37 D	5-38 A	5-39 B	5-40 C
5-41 C	5-42 A	5-43 B	5-44 A	5-45 B
5-46 D	5-47 D	5-48 A	5-49 C	5-50 A
5-51 B	5-52 B	5-53 A	5-54 D	

第六章 职业法规

复习指导

根据考试大纲要求，我国有关工程基本建设的法律法规，主要考道路工程师是否掌握与设计相关的法律和法规内容。考生应紧扣大纲内容，参考相关注册考试有关法规试题和本章所附的练习题，突出重点，重点复习和掌握：法的形式和各自的优先级；公路法中对规划和用地要求；建筑法中许可制度和设计资质与责任；合同法中的强制性规定；招标投标法中的强制性限定或否决投标的情况；安全生产法和建设工程安全生产条例中的从业人员权利和义务以及承担的违法责任；建设工程质量管理条例中设计质量不得低于强制性标准和设计师应对设计承担责任；建设工程勘察设计管理条例中注册的规定和设计任务的发包承包。

根据基础考试命题的特点，复习时不要偏重难度大，过于繁杂的知识，而应注重"基本"知识的理解和记忆，掌握"基本"的概念和应用。法律法规的规定要通过生活或实际工程事例加深对概念和规定的理解，例如合同法中规定，只有违反法律和行政法规强制性规定的合同才无效，如果没有违反强制性规定即使是违法的合同可能还有效或是可撤销合同。通过事例不仅可以加深记忆，也可达到事半功倍的效果。

第一节 我国有关工程基本建设的法律法规概述

一、法的形式

法的形式是指法的存在和表现形式，即国家制定和认可的法律规范的各种表现形式，主要有下列形式和具体优先级：

1. 宪法

宪法是我国的最高法律形式，是国家的根本大法。它所规定的是关于国家生活中最根本的问题。宪法具有最高的法律效力，是一般法律的立法基础。宪法的制定和修改要经过特定的程序，宪法的制定和修改只能由全国人民代表大会进行，且须经全国人民代表大会全体代表三分之二以上的人数通过。

2. 法律

法律的制定机关是全国人民代表大会及其常务委员会。全国人民代表大会可以制定和修改刑事、民事、国家机构的和其他的基本法律。全国人民代表大会常委会可以制定除应由全国人民代表大会制定的法律以外的其他法律。

3. 行政法规

行政法规是由国务院制定，是次于宪法和法律的一种法律形式。国务院是国家最高权力机关的执行机关，有权根据宪法和法律，规定行政措施，制定行政法规。它所发布的决议和命令,对在全国范围内贯彻执行宪法和法律,完成国家的组织和管理活动具有重要的作用。

4.部门规章

国务院所属机构,包括各部、各委员会制定的规范性的文件,也是我国法律形式之一。但这些规范性的文件只能在制定和颁布的部、委管辖的业务范围内产生法律效力。

5.地方法规

在不与宪法、法律、行政法规相抵触的前提下,省、自治区、直辖市及有立法权的城市的人民代表大会及其常委会,可以制定并发布地方性法规。这些规范性文件也是我国法律的形式之一。

6.地方规章

地方规章是省、自治区、直辖市以及省会(自治区首府)城市和经国务院批准较大城市的人民政府,根据法律和国务院的行政法规,制定并颁布的规范性文件。地方规章也是我国法律的形式之一。

7.国际条约

我国与各国签订的国际条约也是我国的法律形式之一。国际条约是指国家之间,就相互交往中的权利与义务关系所达成的各种书面形式的协议。我国同外国签订的条约生效后,对国内的社会组织、公民也具有普遍约束力,因此也是我国法律的形式之一,其法律优先级相当于法律。

二、法律法规体系中的优先级

根据《中华人民共和国立法法》(2015 年)87～89 条的规定:宪法＞法律＞行政法规＞地方法规、部门规章、地方规章;地方法规＞地方规章;规章＞政策性文件。

地方法规和地方规章与部门规章之间的优先级一样,不存在地方高于部门或者部门高于地方的情况。《中华人民共和国立法法》(2015 年)第 95 条规定“地方性法规、规章之间不一致时,由有关机关依照下列规定的权限做出裁决”:

(1)同一机关制定的新的一般规定与旧的特别规定不一致时,由制定机关裁决。

(2)地方性法规与部门规章之间对同一事项的规定不一致,不能确定如何适用时,由国务院提出意见,国务院认为应当适用地方性法规的,应当决定在该地方适用地方性法规的规定;认为应当适用部门规章的,应当提请全国人民代表大会常务委员会裁决。

(3)部门规章之间、部门规章与地方政府规章之间对同一事项的规定不一致时,由国务院裁决。

根据授权制定的法规与法律规定不一致,不能确定如何适用时,由全国人民代表大会常务委员会裁决。

第二节 《中华人民共和国公路法》的相关内容

《中华人民共和国公路法》(以下简称《公路法》)于 1997 年 7 月 3 日第八届全国人民代表大会常务委员会第二十六次会议通过,1999 年 10 月 31 日第九届全国人民代表大会常务委员会第十二次会议第一次修正(修改第 21、36 条,删除原第 76 条);2004 年 8 月 28 日第十届全国人民代表大会常务委员会第十一次会议第二次修正(修改第 50 条);2009 年 8 月 27 日第十一届全国人民代表大会常务委员会第十次会议《关于修改部分法律的决定》第三次修正(修改《公路法》第 83 条);2016 年 11 月 7 日第十二届全国人民代表大会常务委员会第二十四次会议《关于修改〈中华人民共和国对外贸易法〉等十二部法律的决定》第四次修正(修改《公路法》

第48条);2017年11月4日第十二届全国人民代表大会常务委员会第三十次会议《关于修改〈中华人民共和国会计法〉等十一部法律的决定》第五次修正(修改《公路法》第60、61条)。

一、《公路法》第一章中的条款

第一条　为了加强公路的建设和管理,促进公路事业的发展,适应社会主义现代化建设和人民生活的需要,制定本法。

第二条　在中华人民共和国境内从事公路的规划、建设、养护、经营、使用和管理,适用本法。本法所称公路,包括公路桥梁、公路隧道和公路渡口。

第三条　公路的发展应当遵循全面规划、合理布局、确保质量、保障畅通、保护环境、建设改造与养护并重的原则。

第四条　各级人民政府应当采取有力措施,扶持、促进公路建设。公路建设应当纳入国民经济和社会发展计划。国家鼓励、引导国内外经济组织依法投资建设、经营公路。

第五条　国家帮助和扶持少数民族地区、边远地区和贫困地区发展公路建设。

第六条　公路按其在公路路网中的地位分为国道、省道、县道和乡道,并按技术等级分为高速公路、一级公路、二级公路、三级公路和四级公路。具体划分标准由国务院交通主管部门规定。新建公路应当符合技术等级的要求。原有不符合最低技术等级要求的等外公路,应当采取措施,逐步改造为符合技术等级要求的公路。

第七条　公路受国家保护,任何单位和个人不得破坏、损坏或者非法占用公路、公路用地及公路附属设施。

任何单位和个人都有爱护公路、公路用地及公路附属设施的义务,有权检举和控告破坏、损坏公路、公路用地、公路附属设施和影响公路安全的行为。

二、《公路法》第二章"公路规划"中的具体规定

有关"公路规划"的具体条款如下:

第十二条　公路规划应当根据国民经济和社会发展以及国防建设的需要编制,与城市建设发展规划和其他方式的交通运输发展规划相协调。

第十三条　公路建设用地规划应当符合土地利用总体规划,当年建设用地应当纳入年度建设用地计划。

第十四条　国道规划由国务院交通主管部门会同国务院有关部门并商国道沿线省自治区、直辖市人民政府编制,报国务院批准。

省道规划由省自治区、直辖市人民政府交通主管部门会同同级有关部门并商省道沿线下一级人民政府编制,报省自治区、直辖市人民政府批准,并报国务院交通主管部门备案。县道规划由县级人民政府交通主管部门会同同级有关部门编制,经本级人民政府审定后,报上一级人民政府批准。

乡道规划由县级人民政府交通主管部门协助乡、民族乡、镇人民政府编制,报县级人民政府批准。依照第三款、第四款规定批准的县道、乡道规划,应当报批准机关的上一级人民政府交通主管部门备案。(编者注:归纳为"各级规划由本级政府的交通主管部门会同同级有关部门并商下一级政府编制,报本级人民政府批准;报上一级本级人民政府备案。例外是县道规划"。

省道规划应当与国道规划相协调。县道规划应当与省道规划相协调。乡道规划应当与县道规划相协调。(编者注:归纳为"下一级规划应当与上一级规划相协调")

第十五条　专用公路规划由专用公路的主管单位编制，经其上级主管部门审定后，报县级以上人民政府交通主管部门审核。

专用公路规划应当与公路规划相协调。县级以上人民政府交通主管部门发现专用公路规划与国道、省道、县道、乡道规划有不协调的地方，应当提出修改意见，专用公路主管部门和单位应当做出相应的修改。

第十六条　国道规划的局部调整由原编制机关决定。

国道规划需要作重大修改的，由原编制机关提出修改方案，报国务院批准。

经批准的省道、县道、乡道公路规划需要修改的，由原编制机关提出修改方案，报原批准机关批准。

第十七条　国道的命名和编号，由国务院交通主管部门确定；省道、县道、乡道的命名和编号，由省、自治区、直辖市人民政府交通主管部门按照国务院交通主管部门的有关规定确定。

第十八条　规划和新建村镇、开发区，应当与公路保持规定的距离并避免在公路两侧对应进行，防止造成公路街道化，影响公路的运行安全与畅通。

第十九条　国家鼓励专用公路用于社会公共运输。专用公路主要用于社会公共运输时，由专用公路的主管单位申请，或者由有关方面申请，专用公路的主管单位同意，并经省、自治区、直辖市人民政府交通主管部门批准，可以改划为省道、县道或者乡道。

三、《公路法》第三章“公路建设”中的具体规定

有关“公路建设”的具体条款如下：

第二十条　县级以上人民政府交通主管部门应当依据职责维护公路建设秩序，加强对公路建设的监督管理。

第二十一条　筹集公路建设资金，除各级人民政府的财政拨款，包括依法征税筹集的公路建设专项资金转为的财政拨款外，可以依法向国内外金融机构或者外国政府贷款。国家鼓励国内外经济组织对公路建设进行投资。开发、经营公路的公司可以依照法律、行政法规的规定发行股票、公司债券筹集资金。

依照本法规定出让公路收费权的收入必须用于公路建设。

向企业和个人集资建设公路，必须根据需要与可能，坚持自愿原则，不得强行摊派，并符合国务院的有关规定。

公路建设资金还可以采取符合法律或者国务院规定的其他方式筹集。

第二十二条　公路建设应当按照国家规定的基本建设程序和有关规定进行。

第二十三条　公路建设项目应当按照国家有关规定实行法人负责制度、招标投标制度和工程监理制度。

第二十四条　公路建设单位应当根据公路建设工程的特点和技术要求，选择具有相应资格的勘察设计单位、施工单位和工程监理单位，并依照有关法律、法规、规章的规定和公路工程技术标准的要求，分别签订合同，明确双方的权利义务。

承担公路建设项目的可行性研究单位、勘察设计单位、施工单位和工程监理单位，必须持有国家规定的资质证书。

第二十五条　公路建设项目的施工，须按国务院交通主管部门的规定报请县级以上地方人民政府交通主管部门批准。

第二十六条　公路建设必须符合公路工程技术标准。

承担公路建设项目的设计单位、施工单位和工程监理单位，应当按照国家有关规定建立健全质量保证体系，落实岗位责任制，并依照有关法律、法规、规章以及公路工程技术标准的要求和合同约定进行设计、施工和监理，保证公路工程质量。

第二十七条　公路建设使用土地依照有关法律、行政法规的规定办理。

公路建设应当贯彻切实保护耕地、节约用地的原则。

第二十八条　公路建设需要使用国有荒山、荒地或者需要在国有荒山、荒地、河滩、滩涂上挖砂、采石、取土的，依照有关法律、行政法规的规定办理后，任何单位和个人不得阻挠或者非法收取费用。

第二十九条　地方各级人民政府对公路建设依法使用土地和搬迁居民，应当给予支持和协助。

第三十条　公路建设项目的设计和施工，应当符合依法保护环境、保护文物古迹和防止水土流失的要求。

公路规划中贯彻国防要求的公路建设项目，应当严格按照规划进行建设，以保证国防交通的需要。

第三十一条　因建设公路影响铁路、水利、电力、邮电设施和其他设施正常使用时，公路建设单位应当事先征得有关部门的同意；因公路建设对有关设施造成损坏的，公路建设单位应当按照不低于该设施原有的技术标准予以修复，或者给予相应的经济补偿。

第三十二条　改建公路时，施工单位应当在施工路段两端设置明显的施工标志、安全标志。需要车辆绕行的，应当在绕行路口设置标志；不能绕行的，必须修建临时道路，保证车辆和行人通行。

第三十三条　公路建设项目和公路修复项目竣工后，应当按照国家有关规定进行验收；未经验收或者验收不合格的，不得交付使用。

建成的公路，应当按照国务院交通主管部门的规定设置明显的标志、标线。

第三十四条　县级以上地方人民政府应当确定公路两侧边沟(截水沟、坡脚护坡道，下同)外缘起不少于一米的公路用地。

第三节　《中华人民共和国建筑法》的相关内容

《中华人民共和国建筑法》(以下简称《建筑法》)于1997年11月1日第八届全国人民代表大会常务委员会第二十八次会议通过，自1998年3月1日起施行；2011年4月22日第十一届全国人民代表大会常务委员会第二十次会议修正(修改第48条，增加工伤保险为强制险，将意外伤害保险由强制改为鼓励)。《建筑法》是一部规范建筑活动的重要法律，立法的主要目的在于：加强对建筑活动的监督管理，维护建筑市场秩序，保障建筑工程的质量和安全，促进建筑业健康发展。《建筑法》共有八章八十五条，以规范建筑市场行为为起点，以建筑工程质量和安全为主线，主要设置了总则、建筑许可、建筑工程发包与承包、建筑工程监理、建筑安全生产管理、建筑工程质量管理、法律责任、附则等内容。

一、建筑施工许可的主要内容

1.建筑施工许可的概念

许可是指行政机关根据个人、组织的申请，依法准许个人、组织从事某种活动的行政行为，通常是通过授予书面证书形式赋予个人、组织以某种权利能力，或确认具备某种资格。

建筑施工许可是指建设行政主管部门根据建设单位和从事建筑活动的单位、个人的申请，依法准许建设单位开工或确认单位、个人具备从事建筑活动资格的行政行为。

根据《建筑法》第二章的规定，建筑许可包括三种制度，即：建筑工程施工许可制度、从事建筑活动单位资质制度、个人资格制度。建筑工程施工许可制度是指建设行政主管部门根据建设单位的申请，依法对建筑工程是否具备施工条件进行审查，符合条件者，准许该建筑工程开始施工并颁发施工许可证的一种制度。从事建筑活动的单位资质制度是指建设行政主管部门对从事建筑活动的建筑施工企业、勘察单位、设计单位和工程监理单位为人员素质、管理水平、资金数量、业务能力等进行审查，以确定其承担任务的范围，并发给相应的资质证书的一种制度。从事建筑活动的个人资格制度是指建设行政主管部门及有关部门对从事建筑活动的专业技术人员，依法进行考试和注册，并颁发执业资格证书的一种制度。

2. 从业单位的条件

建筑活动不同于一般的经济活动，从业单位条件的高低直接影响建筑工程质量和建筑安全生产，因此，从事建筑活动的单位必须有严格的法律条件。根据《建筑法》第十二条的规定，从事建筑活动的建筑施工企业、勘察单位、设计单位和工程监理单位应当具备四个方面的条件：

(1)有符合国家规定的注册资本。注册资本反映的是企业法人的财产权，也是判断企业经济力量的依据之一。从事经营活动的企业组织，都必须具备基本的责任能力，能够承担与其经营活动相适应的财产义务，这既是法律权利与义务相一致、利益与风险相一致原则的反映，也是保护债权人利益的需要，因此，建筑施工企业、勘察单位、设计单位和工程监理单位的注册资本必须适应从事建筑活动的需要，不得低于最低限额。注册资本由国家规定，既可以由全国人大及其常委会通过制定法律来规定，也可以由国务院或国务院建设行政主管部门来规定。

(2)有与其从事的建筑活动相适应的具有法定执业资格的专业技术人员。建筑活动具有技术密集的特点，因此，从事建筑活动的建筑施工企业、勘察单位、设计单位和工程监理单位必须有足够的专业技术人员。如建筑施工企业不仅要有工程技术人员，而且要有经济、会计、统计等管理人员。设计单位不仅要有建筑师，还需要有结构、水、电等方面的工程师。建筑活动是一种涉及公民生命和财产安全的一种特殊活动，因此，从事建筑活动的专业技术人员还必须有法定执业资格。这种法定执业资格必须依法通过考试和注册才能取得。如工程设计文件必须由注册建筑师签字才能生效。建筑工程的规模和复杂程度各不相同，因此，建筑活动所要求的专业技术人员的级别和数量也不同，建筑施工企业、勘察单位、设计单位和工程监理单位必须有与其从事的建筑活动相适应的专业技术人员。

(3)有从事相关建筑活动所应有的技术装备。建筑活动具有专业性、技术性强的特点，没有相应的技术装备则无法进行。如从事建筑施工活动，必须有相应的施工机械设备与质量检验测试手段；从事勘察设计活动，必须有相应的勘察仪具设备和设计机具仪器。因此，从事建筑活动的建筑施工企业、勘察单位、设计单位和工程监理单位必须有从事相关建筑活动所应有的技术装备。没有相应技术装备的单位，不得从事建筑活动。

(4)法律、行政法规规定的其他条件。建筑施工企业、勘察单位、设计单位和工程监理单位除了应具备从事建筑活动所必需的注册资本、专业技术人员和技术装备外，还须具备从事经营活动所应具备的其他条件。如按照《中华人民共和国民法通则》第三十七条规定，法人应当有自己的名称、组织机构和场所。按照《中华人民共和国公司法》规定，设立从事建筑活动的有限责任公司和股份有限公司，股东或发起人必须符合法定人数；股东或发起人共同制定公司章程（股份有限公司的章程还须经创立大会通过）；有公司名称，建立符合要求的组织机构；有固定的生产经营场所和必要的生产经营条件。

3.从业单位资质审查

《建筑法》第十三条对从事建筑活动的建筑施工、勘察单位、设计单位和工程监理单位进行资质审查做出了明确规定，从法律上确立了从业单位资质审查制度。

资质审查是指从事建筑活动的建筑施工企业、勘察单位、设计单位和工程监理单位，均须经过建设行政主管部门对其拥有的注册资本、专业技术人员、技术装备和已完成的建筑工程业绩、管理水平等进行审查，以确定其承担任务的范围，并发给相应的资质证书，并须在其资质等级许可的范围内从事建筑活动。

4.专业技术人员执业资格

《建筑法》第十四条对从事建筑活动的专业技术人员实行执业资格制度做出了明确规定。

执业资格制度是指对具备一定专业学历的从事建筑活动的专业技术人员，通过考试和注册确定其执业的技术资格，获得相应建筑工程文件签字权的一种制度。

对从事建筑活动的专业技术人员实行执业资格制度非常必要。一是深化我国建筑工程管理体制改革的需要。以往由于专业技术人员的责、权、利不明确，常常出现高资质单位承接的业务，由低水平的专业技术人员来完成的现象，影响了建筑工程质量和投资效益的提高，实行专业技术人员执业资格制度，可以保证建筑工程由具有相应资格的专业技术人员主持完成设计、施工、监理任务。二是我国工程建设领域与国际惯例接轨，适应对外开放的需要。随着我国对外开放的不断扩大，我国的专业技术人员走向世界，其他国家和地区的专业技术人员希望进入中国建筑市场，建立专业技术人员执业资格制度有利于对等互认和加强管理。三是加速人才培养，提高专业技术人员业务水平和队伍素质的需要。执业资格制度有一套严格的考试和注册办法以及继续教育的要求，这种激励机制有利于促进建筑工程质量、专业技术人员水平和从业能力的不断提高。

目前，我国建筑工程的执业人员主要包括：注册建筑师、注册结构工程师、注册监理工程师、注册工程造价师、注册建造师以及法律、法规规定的其他人员。

二、《建筑法》关于建筑工程发承包的主要内容

1.禁止肢解工程发包的有关规定

《建筑法》第二十四条规定：提倡对建筑工程实行总承包，禁止将建筑工程肢解发包。建筑工程的发包单位可以将建筑工程的勘察、设计、施工、设备采购一并发包给一个工程总承包单位，也可以将建筑工程勘察、设计、施工、设备采购的一项或者多项发包给一个工程总承包单位；但是，不得将应当由一个承包单位完成的建筑工程肢解成若干部分发包给几个承包单位。

2.承揽工程的有关规定

(1)承包建筑工程的单位应当持有依法取得的资质证书，并在其资质等级许可的业务范围内承揽工程。禁止建筑施工企业超越本企业资质等级许可的业务范围或者以任何形式用其他建筑施工企业的名义承揽工程。禁止建筑施工企业以任何形式允许其他单位或者个人使用本企业的资质证书、营业执照，以本企业的名义承揽工程。

(2)大型建筑工程或者结构复杂的建筑工程，可以由两个以上的承包单位联合共同承包。

共同承包的各方对承包合同的履行承担连带责任。两个以上不同资质等级的单位实行联合共同承包的，应当按照资质等级低的单位的业务许可范围承揽工程。

3.分包的有关规定

(1)禁止承包单位将其承包的全部建筑工程转包给他人，禁止承包单位将其承包的全部建筑工程肢解以后以分包的名义分别转包给他人。

(2)建筑工程总承包单位可以将承包工程中的部分工程发包给具有相应资质条件的分包单位；但是，除总承包合同中约定的分包外，必须经建设单位认可。施工总承包的，建筑工程主体结构的施工必须由总承包单位自行完成。建筑工程总承包单位按照总承包合同的约定对建设单位负责；分包单位按照分包合同的约定对总承包单位负责。总承包单位和分包单位就分包工程对建设单位承担连带责任。

禁止总承包单位将工程分包给不具备相应资质条件的单位。禁止分包单位将其承包的工程再分包。

三、《建筑法》关于勘察设计单位法律责任的规定

《建筑法》中对勘察设计单位违反本法应承担的法律责任做出了相关规定，具体条款如下：

第六十五条　发包单位将工程发包给不具有相应资质条件的承包单位的，或者违反本法规定将建筑工程肢解发包的，责令改正，处以罚款。超越本单位资质等级承揽工程的，责令停止违法行为，处以罚款，可以责令停业整顿，降低资质等级；情节严重的，吊销资质证书；有违法所得的，予以没收。未取得资质证书承揽工程的，予以取缔，并处罚款；有违法所得的，予以没收。以欺骗手段取得资质证书的，吊销资质证书，处以罚款；构成犯罪的，依法追究刑事责任。

第六十七条　承包单位将承包的工程转包的，或者违反本法规定进行分包的，责令改正，没收违法所得，并处罚款，可以责令停业整顿，降低资质等级；情节严重的，吊销资质证书。承包单位有前款规定的违法行为的，对因转包工程或者违法分包的工程不符合规定的质量标准造成的损失，与接受转包或者分包的单位承担连带赔偿责任。

第六十八条　在工程发包与承包中索贿、受贿、行贿，构成犯罪的，依法追究刑事责任；不构成犯罪的，分别处以罚款，没收贿赂的财物，对直接负责的主管人员和其他直接责任人员给予处分。对在工程承包中行贿的承包单位，除依照前款规定处罚外，可以责令停业整顿，降低资质等级或者吊销资质证书。

第七十三条　建筑设计单位不按照建筑工程质量、安全标准进行设计的，责令改正，处以罚款；造成工程质量事故的，责令停业整顿，降低资质等级或者吊销资质证书，没收违法所得，并处罚款；造成损失的，承担赔偿责任；构成犯罪的，依法追究刑事责任。

第四节　《中华人民共和国森林法》的相关内容

《中华人民共和国森林法》于 1984 年 9 月 20 日第六届全国人民代表大会常务委员会第七次会议通过，1998 年 4 月 29 日第九届全国人民代表大会常务委员会第二次会议进行修正，自 1998 年 7 月 1 日起施行。2009 年 8 月 27 日第十一届全国人民代表大会常务委员会第十次会议第二次修正(将征用改为征收、征用)。

主要关注以下条款：

第十八条　进行勘查、开采矿藏和各项建设工程，应当不占或者少占林地；必须占用或者

征收、征用林地的，经县级以上人民政府林业主管部门审核同意后，依照有关土地管理的法律、行政法规办理建设用地审批手续，并由用地单位依照国务院有关规定缴纳森林植被恢复费。森林植被恢复费专款专用，由林业主管部门依照有关规定统一安排植树造林，恢复森林植被，植树造林面积不得少于因占用、征收、征用林地而减少的森林植被面积。上级林业主管部门应当定期督促、检查下级林业主管部门组织植树造林、恢复森林植被的情况。

任何单位和个人不得挪用森林植被恢复费。县级以上人民政府审计机关应当加强对森林植被恢复费使用情况的监督。

第二十三条　禁止毁林开垦和毁林采石、采砂、采土以及其他毁林行为。

第四十条　违反本法规定，非法采伐、毁坏珍贵树木的，依法追究刑事责任。

第四十四条　违反本法规定，进行开垦、采石、采砂、采土、采种、采脂和其他活动，致使森林、林木受到毁坏的，依法赔偿损失；由林业主管部门责令停止违法行为，补种毁坏株数一倍以上三倍以下的树木，可以处毁坏林木价值一倍以上五倍以下的罚款。

第五节　《中华人民共和国合同法》的相关内容

《中华人民共和国合同法》(以下简称《合同法》)于 1999 年 3 月 15 日第九届全国人民代表大会第二次会议通过，自 1999 年 10 月 1 日起施行。

一、合同的有关概念

1.合同的概念

合同是平等主体的自然人、法人、其他组织之间设立、变更、终止民事权利义务关系的协议。

民法中的合同有广义和狭义之分。广义的合同是指两个以上的民事主体之间设立、变更、终止民事权利义务关系的协议；狭义的合同是指债权合同，即两个以上的民事主体之间设立、变更、终止债权关系的协议。广义的合同除了民法中债权合同之外，还包括物权合同、身份合同，以及行政法中的行政合同和劳动法中的劳动合同等。《中华人民共和国合同法》(以下简称《合同法》)中所称的合同是指狭义上的合同。此外，《合同法》第二条第二款还明确规定，“婚姻、收养、监护等有关身份关系的协议，适用其他法律的规定”。

《合同法》第十二条规定：“合同的内容由当事人约定，一般包括以下条款：(一)当事人的名称或者姓名和住所；(二)标的；(三)数量；(四)质量；(五)价款或者报酬；(六)履行期限、地点和方式；(七)违约责任；(八)解决争议的方法。”

2.合同无效的概念

合同无效，是指虽经合同当事人协商订立，但因其不具备或违反了法定条件，法律规定不承认其效力的合同，即合同不受法律保护。

《合同法》第五十二条规定：有下列情形之一的，合同无效：

(1)一方以欺诈、胁迫的手段订立合同，损害国家利益。

(2)恶意串通，损害国家、集体或者第三人利益。

(3)以合法形式掩盖非法目的。

(4)损害社会公共利益。

(5)违反法律、行政法规的强制性规定。

3.可变更或可撤销合同

《合同法》第五十四条规定：下列合同，当事人一方有权请人民法院或者仲裁机构变更或者撤销：

(1)因重大误解订立的。

(2)在订立合同时显失公平的。

一方以欺诈、胁迫的手段或者乘人之危，使对方在违背真实意思的情况下订立的合同，受损害方有权请求人民法院或者仲裁机构变更或者撤销。

重大误解，是指当事人一方因自己的过失导致对合同的内容等发生重大误解而订立合同的行为。

显失公平，是当事人一方处于紧迫或者缺乏经验的情况下而订立明显对自身重大不利的合同的行为。

4.合同条款缺陷的处理

合同条款缺陷(或空缺)，是指合同生效后，当事人对合同条款约定有缺陷。

《合同法》第六十一条规定："合同生效后，当事人就质量、价款或者报酬、履行地点等内容没有约定或者约定不明确的，可以协议补充；不能达成补充协议的，按照合同有关条款或者交易习惯确定。"

《合同法》第六十二条规定："当事人就有关合同内容约定不明确，依照本法第六十一条的规定仍不能确定的，适用下列规定：

(一)质量要求不明确的，按照国家标准、行业标准执行；没有国家标准、行业标准的，按照通常标准或者符合合同目的的特定标准履行。

(二)价款或者报酬不明确的，按照订立合同时履行地市场价格履行；依法应当执行政府定价或者政府指导价的，按照规定履行。

(三)履行地点不明确，给付货币的，在接受货币一方所在地履行；交付不动产的，在不动产所在地履行；其他标的，在履行义务一方所在地履行。

(四)履行期限不明确的，债务人可以随时履行，债权人也可以随时要求履行，但应当给对方必要的准备时间。

(五)履行方式不明确的，按照有利于实现合同目的的方式履行。

(六)履行费用的负担不明确的，由履行义务一方负担。"

《合同法》第六十三条规定："执行政府定价或者政府指导价的，在合同约定的交付期限内政府价格调整时，按照交付时的价格计价。逾期交付标的物的，遇价格上涨时，按照原价格执行，价格下降时，按照新价格执行。逾期提取标的物或者逾期付款的，遇价格上涨时，按照新价格执行，价格下降时，按照原价格执行。"

5.效力待定合同的概念

效力待定合同，是指合同一方当事人签订的合同，已经成立，但因其不完全符合有关合同生效要件的规定，其法律效力能否发生，尚未确定，一般须经有权人表示承认方能生效的合同。

(1)限制民事行为能力人订立的合同，经法定代理人追认后，该合同有效，但纯获利益的合同或者与其年龄、智力、精神健康状况相适应而订立的合同，不必经法定代理人追认。

(2)行为人没有代理权、超越代理权限范围代理或者代理权终止后仍以被代理人的名义订立的合同，属于效力待定的合同。

无权代理人代订的合同对被代理人不发生效力，未经被代理人追认，对被代理人不发生效力，由行为人承担责任；行为人没有代理权、超越代理权或者代理权终止后以被代理人名义订立合同，相对人有正当理由相信行为人有代理权的，该代理行为有效（注：表见代理是有效代理）。

（3）法定代表人、负责人依法享有相应的权利订立的合同是有效的；只有在相对人知道或者应当知道法定代表人、负责人超越权限时，才属无效。

（4）无处分权的人处分他人的财产，经权利人追认或者无处分权的人订立合同后取得处分权的，该合同有效。（注：无处分权人处理他人财产的，其合同效力待定）

6. 合同转让的概念

合同转让，是指合同成立后，当事人依法可以将合同中的全部权利、部分权利或者合同中的全部义务、部分义务转让或转移给第三人的法律行为。合同转让分为权利转让和义务转移，《合同法》还规定了当事人将权利和义务一并转让时适用的法律条款。

1）债权人转让权利

债权转让，是指合同债权人通过协议将其债权全部或者部分转让给第三人的行为。债权转让又称债权让与或合同权利的转让。

《合同法》第七十九条规定："债权人可以将合同的权利全部或者部分转让给第三人，但是下列情形之一的除外：根据合同性质不得转让；按照当事人约定不得转让；依照法律规定不得转让。"

《合同法》第八十条规定："债权人转让权利的，应当通知债务人。未经通知，该转让对债务人不发生效力。债权人转让权利的通知不得撤销，但经受让人同意的除外。"

2）债务人转移义务

债务转移，是指合同债务人与第三人之间达成协议，并经债权人同意，将其义务全部或部分转移给第三人的法律行为。债务转移又称债务承担或合同义务转让。

《合同法》第八十四条规定："债务人将合同的义务全部或者部分转移给第三人的，应当经债权人同意。"

3）合同当事人对合同中权利和义务的概括转让

债权、债务概括转让是指合同当事人一方将其债权债务一并转移给第三人，由第三人概括地接受原当事人的债权和债务的法律行为。

债权债务概括转让的法律规定《合同法》第八十八条规定："当事人一方经对方同意，可以将自己在合同中的权利和义务一并转让给第三人。"

《合同法》第九十条规定："当事人订立合同后合并的，由合并后的法人或者其他组织行使合同权利，履行合同义务。当事人订立合同后分立的，除债权人和债务人另有约定的以外，由分立的法人或者其他组织对合同的权利和义务享有连带债权，承担连带债务。"

7. 合同终止的概念

合同终止是指因某种原因而引起的合同权利义务客观上不复存在。

《合同法》第九十一条规定，导致合同终止的原因主要有：

（1）债务已经按照约定履行。

（2）合同解除。

（3）债务相互抵销。

（4）债务人依法将标的物提存。

（5）债权人免除债务。

(6)债权债务同归于一人(也称为混同)。

(7)法律规定或者当事人约定终止的其他情形。

二、《合同法》对建设工程合同的具体规定

《合同法》对建设工程合同的具体规定在其第十六章中体现,具体条款如下:

第二百六十九条建设工程合同是承包人进行工程建设,发包人支付价款的合同。建设工程合同包括工程勘察、设计、施工合同。

第二百七十条　建设工程合同应当采用书面形式。

第二百七十一条　建设工程的招标投标活动,应当依照有关法律的规定公开、公平、公正进行。

第二百七十二条　发包人可以与总承包人订立建设工程合同,也可以分别与勘察人、设计人、施工人订立勘察、设计、施工承包合同。发包人不得将应当由一个承包人完成的建设工程肢解成若干部分发包给几个承包人。

总承包人或者勘察、设计、施工承包人经发包人同意,可以将自己承包的部分工作交由第三人完成。第三人就其完成的工作成果与总承包人或者勘察、设计、施工承包人向发包人承担连带责任。承包人不得将其承包的全部建设工程转包给第三人或者将其承包的全部建设工程肢解以后以分包的名义分别转包给第三人。

禁止承包人将工程分包给不具备相应资质条件的单位。禁止分包单位将其承包的工程再分包,建设工程主体结构的施工必须由承包人自行完成。

第二百七十三条　国家重大建设工程合同,应当按照国家规定的程序和国家批准的投资计划、可行性研究报告等文件订立。

第二百七十四条　勘察、设计合同的内容包括提交有关基础资料和文件(包括概预算)的期限、质量要求、费用以及其他协作条件等条款。

第二百七十五条　施工合同的内容包括工程范围、建设工期、中间交工工程的开工和竣工时间、工程质量、工程造价、技术资料交付时间、材料和设备供应责任、拨款和结算、竣工验收、质量保修范围和质量保证期、双方相互协作等条款。

第二百七十六条　建设工程实行监理的,发包人应当与监理人采用书面形式订立委托监理合同。发包人与监理人的权利和义务以及法律责任,应当依照本法委托合同以及其他有关法律、行政法规的规定。

第二百七十七条　发包人在不妨碍承包人正常作业的情况下,可以随时对作业进度、质量进行检查。

第二百七十八条　隐蔽工程在隐蔽以前,承包人应当通知发包人检查。发包人没有及时检查的,承包人可以顺延工程日期(编者注:即工程工期),并有权要求赔偿停工、窝工等损失。

第二百七十九条　建设工程竣工后,发包人应当根据施工图纸及说明书、国家颁发的施工验收规范和质量检验标准及时进行验收。验收合格的,发包人应当按照约定支付价款,并接收该建设工程。建设工程竣工经验收合格后,方可交付使用;未经验收或者验收不合格的,不得交付使用。

第二百八十条　勘察、设计的质量不符合要求或者未按照期限提交勘察、设计文件拖延工期,造成发包人损失的,勘察人、设计人应当继续完善勘察、设计,减收或者免收勘察、设计费并

赔偿损失。

第二百八十一条　因施工人的原因致使建设工程质量不符合约定的，发包人有权要求施工人在合理期限内无偿修理或者返工、改建。经过修理或者返工、改建后，造成逾期交付的，施工人应当承担违约责任。

第二百八十二条　因承包人的原因致使建设工程在合理使用期限内造成人身和财产损害的，承包人应当承担损害赔偿责任。

第二百八十三条　发包人未按照约定的时间和要求提供原材料、设备、场地、资金、技术资料的，承包人可以顺延工程日期(编者注：即工程工期)，并有权要求赔偿停工、窝工等损失。

第二百八十四条　因发包人的原因致使工程中途停建、缓建的，发包人应当采取措施弥补或者减少损失，赔偿承包人因此造成的停工、窝工、倒运、机械设备调迁、材料和构件积压等损失和实际费用。

第二百八十五条　因发包人变更计划，提供的资料不准确，或者未按照期限提供必需的勘察、设计工作条件而造成勘察、设计的返工、停工或者修改设计，发包人应当按照勘察人、设计人实际消耗的工作量增付费用。

第二百八十六条　发包人未按照约定支付价款的，承包人可以催告发包人在合理期限内支付价款。发包人逾期不支付的，除按照建设工程的性质不宜折价、拍卖的以外，承包人可以与发包人协议将该工程折价，也可以申请人民法院将该工程依法拍卖。建设工程的价款就该工程折价或者拍卖的价款优先受偿。

第二百八十七条　本章没有规定的，适用承揽合同的有关规定。

三、合同的担保形式

担保，是指合同的当事人双方为了使合同能够得到全面按约履行，根据法律、行政法规的规定，经双方协商一致而采取的一种具有法律效力的保护措施。

《中华人民共和国担保法》规定的担保方式有五种，即保证、抵押、质押、留置和定金。

1.保证

保证，是指保证人(编者注：一定是第三人)和债权人约定，当债务人不履行债务时，保证人按照约定履行债务或承担责任的法律行为。

保证人须是具有代为清偿债务能力的人，既可以是法人，也可以是其他组织或公民。下列单位不可以做保证人：

(1)国家机关不得做保证人，但经国务院批准为使用外国政府或国际经济组织贷款而进行的转贷除外。

(2)学校、幼儿园、医院等以公益为目的的事业单位、社会团体不得做保证人。

(3)企业法人的分支机构、职能部门不得做保证人，但有法人书面授权的，可在授权范围内提供保证，保证的方式有两种，一是一般保证，二是连带保证。保证方式没有约定或约定不明确的，按连带保证承担保证责任。

一般保证，是指当事人在保证合同中约定，当债务人不履行债务时，由保证人承担保证责任的保证方式。一般保证的保证人在主合同纠纷未经审判或仲裁，并就债务人财产依法强制执行仍不能履行债务前，对债权人可以拒绝承担保证责任。

连带保证，是指当事人在保证合同中约定保证人与债务人对债务承担连带责任的保证方式。连带责任保证的债务人在主合同规定的债务履行期届满没有履行债务的，债权人可以要求债务人履行债务,也可以要求保证人在其保证范围内承担保证责任。

当事人对保证方式没有约定或者约定不明确的,按照连带保证承担保证责任。

2.抵押

根据《中华人民共和国担保法》《中华人民共和国物权法》(以下简称《担保法》《物权法》)的规定,抵押是指债务人或者第三人不转移对特定财产(主要是不动产)的占有,将该财产作为债权的担保。其中,债务人或者第三人称为抵押人,债权人称为抵押权人。禁止抵押的财产有:

(1)土地所有权。

(2)耕地、宅基地、自留地、自留山等集体所有的土地使用权;抵押人依法承包并经发包方同意抵押的荒山、荒沟、荒丘、荒滩等荒地的土地使用权以乡镇村企业厂房等建筑抵押的除外。

(3)学校、幼儿园、医院等以公益为目的的事业单位、社会团体的教育设施、医疗设施和其他社会公益设施。

(4)所有权、使用权不明确或有争议的财产。

(5)依法被查封、扣押、监管的财产。

(6)依法不得抵押的其他财产。

当债务履行期届满而抵押权人未受清偿的,债权人可以与抵押人协议以抵押物折价或者以拍卖、变卖该抵押物所得的价款受偿。协议不成的,抵押权人可以向人民法院提起诉讼。

抵押物折价或者拍卖、变卖后,其价款超过债权数额的部分归抵押人所有,不足部分由债务人清偿。

3.质押

根据《担保法》《物权法》的规定,质押是指债务人或第三人将其动产或权利转移债权人占有,用以担保债权的实现,当债务人不能履行债务时,债权人依法有权就该动产或权利优先得到清偿的担保法律行为。

质押包括动产质押和权利质押两种。

法律规定下列权利可以质押:

第一,汇票、支票、本票、债券、存款单、仓单、提单。

第二,依法可以转让的股份、股票。

第三,依法可以转让的商标专用权、专利权、著作权中的财产权。

第四,依法可以质押的其他权利。

4.留置

根据《担保法》《物权法》的规定,留置是指合同债权人按照合同约定占有合同债务人的动产,债务人不按照合同约定的期限履行债务的,债权人有权按照法律规定留置该财产,以该财产折价或者拍卖、变卖该财产的价款优先受偿的法律行为。担保法规定因保管合同、运输合同,加工承揽合同发生的债权,债务人不履行债务的,债权人有留置权。

5.定金

定金,是指合同当事人一方为了证明合同的成立和担保合同的履行,在按合同规定应给付的款额内,向对方预先给付一定数额的货币。定金的数额由当事人约定,但不得超过主合同标的额的20%。

法律规定债务人履行债务后,定金应当抵作价款或者收回,给付定金的一方不履行约定的债务的,无权要求返还定金;收受定金的一方不履行约定的债务的,应当双倍返还定金。

第六节 《中华人民共和国招标投标法》的相关内容

《中华人民共和国招标投标法》(以下简称《招标投标法》)由第九届全国人民代表大会常务委员会第一次会议于1999年8月30日通过,自2000年1月1日施行;2017年12月27日中华人民共和国第十二届全国人民代表大会常务委员会第三十一次会议第一次修正(修改第13、14、50条,主要是取消招标代理机构资格政府认定要求)。《招标投标法》的立法目的是为了规范招标投标活动,保护国家利益、社会公共利益和招标投标活动当事人的合法权益,提高经济效益,保证项目质量,制定本法。《招标投标法》共六章六十八条,分别从招标、投标、开标、评标和中标等各主要阶段对招投标活动作出了规定。2011年11月30日国务院第183次常务会议通过并公布《中华人民共和国招标投标法实施条例》(以下简称《招标投标法实施条例》),于2012年2月1日起施行。2018年3月8日国务院发布《国务院关于〈必须招标的工程项目规定〉的批复》(国函〔2018〕56号)。

一、《招标投标法》规定的范围和规模以及基本原则

根据《招标投标法》和《招标投标法实施条例》第三条规定,依法必须进行招标的工程建设项目的具体范围和规模标准,由国务院发展改革部门会同国务院有关部门制订,报国务院批准后公布施行。2018年3月27日国家发展和改革委员会发布《必须招标的工程项目规定》(发改委令〔2018〕第16号)。

1.必须招标的建设工程项目的规定

1)工程建设项目必须招标范围

(1)全部或者部分使用国有资金投资或者国家融资的项目包括:①使用预算资金200万元人民币以上,并且该资金占投资额10%以上的项目;②使用国有企业事业单位资金,并且该资金占控股或者主导地位的项目。

(2)使用国际组织或者外国政府贷款、援助资金的项目包括:①使用世界银行、亚洲开发银行等国际组织贷款、援助资金的项目;②使用外国政府及其机构贷款、援助资金的项目。

(3)大型基础设施、公用事业等关系社会公共利益、公众安全的项目。

2)工程建设项目必须招标规模标准

上述各类必须招标范围内的工程建设项目,其勘察、设计、施工、监理以及与工程建设有关的重要设备、材料等的采购达到下列标准之一的,必须招标:

(1)施工单项合同估算价在400万元人民币以上。

(2)重要设备、材料等货物的采购,单项合同估算价在200万元人民币以上。

(3)勘察、设计、监理等服务的采购,单项合同估算价在100万元人民币以上。

同一项目中可以合并进行的勘察、设计、施工、监理以及与工程建设有关的重要设备、材料等的采购,合同估算价合计达到前款规定标准的,必须招标。

《必须招标的工程项目规定》取消了国务院各部委和各地方政府可以自行确定必须依法招标的工程项目范围和规模的规定,彻底解决了地方与国家在这方面规定的矛盾和乱象。

2.招投标活动的基本原则

1)公开原则

招标投标活动的公开原则,首先要求进行招标活动的信息要公开。采用公开招标方式,应

当发布招标公告,依法必须进行招标的项目的招标公告,必须通过国家指定的报刊、信息网络或者其他公共媒介发布。无论是招标公告、资格预审公告,还是投标邀请书,都应当载明能大体满足潜在投标人决定是否参加投标竞争所需要的信息。另外,开标的程序、评标的标准和程序、中标的结果等都应当公开。

2)公平原则

招标投标活动的公平原则,要求招标人严格按照规定的条件和程序办事,同等地对待每一个投标竞争者,不得对不同的投标竞争者采用不同的标准。招标人不得以任何方式限制或者排斥本地区、本系统以外的法人或者其他组织参加投标。

3)公正原则

在招标投标活动中招标人行为应当公正,对所有的投标竞争者都应平等对待,不能有特殊。特别是在评标时,评标标准应当明确、严格,对所有在投标截止日期以后送到的投标书都应拒收,与投标人有利害关系的人员都不得作为评标委员会的成员。招标人和投标人双方在招标投标活动中的地位平等,任何一方不得向另一方提出不合理的要求,不得将自己的意志强加给对方。

4)诚实信用原则

诚实信用是民事活动的一项基本原则,招标投标活动是以订立采购合同为目的的民事活动,当然也适用这一原则。诚实信用原则要求招标投标各方都要诚实守信,不得有欺骗、背信的行为。

3.招标方式

根据《招标投标法》第十条规定:“招标分为公开招标和邀请招标。公开招标,是指招标人以招标公告的方式邀请不特定的法人或者其他组织投标。邀请招标,是指招标人以投标邀请书的方式邀请特定的法人或者其他组织投标。”

《招标投标法》第十一条规定:“国务院发展计划部门确定的国家重点项目和省、自治区、直辖市人民政府确定的地方重点项目不适宜公开招标的,经国务院发展计划部门或者省、自治区、直辖市人民政府批准,可以进行邀请招标。”

二、《招标投标法》关于招标的主要规定

1.招标程序

根据《招标投标法》和《工程建设项目施工招标投标办法》的规定,招标程序如下:

(1)成立招标组织,由招标人自行招标或委托招标。

(2)编制招标文件和标底(如果有)(或最高限价)。

(3)发布招标公告或发出投标邀请书。

(4)对潜在投标人进行资格审查,并将审查结果通知各潜在投标人。

(5)发售招标文件。

(6)组织投标人踏勘现场,并对招标文件答疑(如果需要)。

(7)接受投标书。

(8)开标。

(9)评标。

(10)定标、签发中标通知书。

(11)签订合同。

工程招标投标(合同订立)的过程如图 6-1 所示。

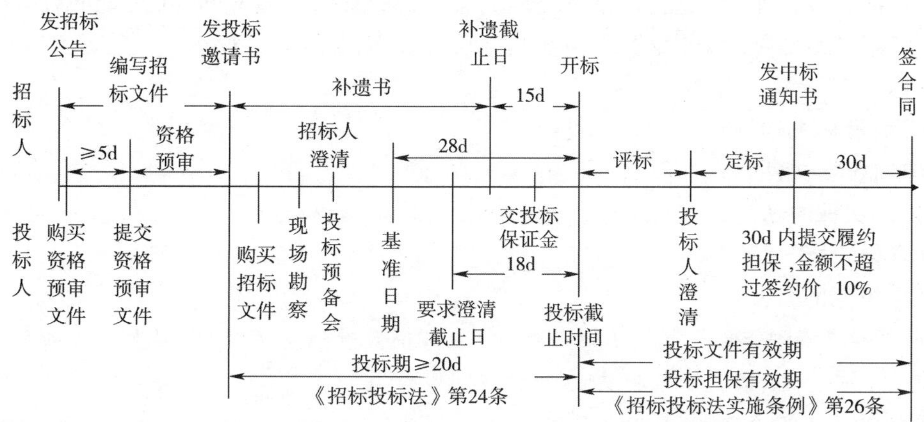

图 6-1 工程招标投标(合同订立)的过程图

2.招标代理

招标人有权自行选择招标代理机构,委托其办理招标事宜,任何单位和个人不得以任何方式为招标人指定招标代理机构。招标人具有编制招标文件和组织评标能力的,可以自行办理招标事宜。任何单位和个人不得强制其委托招标代理机构办理招标事宜。依法必须进行招标的项目,招标人自行办理招标事宜的,应当向有关行政监督部门备案。

招标代理机构是依法设立、从事招标代理业务并提供相关服务的社会中介组织。

2017 年 12 月 27 日第十二届全国人民代表大会常务委员会第三十一次会议对《招标投标法》的第 13、14、50 条作了部分删除和修改,主要是取消招标代理机构的资格由政府认定的要求。

招标代理机构应当具备下列条件:

(1)有从事招标代理业务的营业场所和相应资金。

(2)有能够编制招标文件和组织评标的相应专业力量(编者注:条例规定是指具有与招标项目规模和复杂程度相适应的技术、经济等方面的专业人员;删除具备专家库条件;不再要求招标师条件)。

招标代理机构与行政机关和其他国家机关不得存在隶属关系或者其他利益关系。

招标代理机构应当在招标人委托的范围内办理招标事宜,并遵守本法关于招标人的规定。

三、《招标投标法》关于投标的主要规定

1.投标的要求和程序

1)投标的要求

《招标投标法》第二十六条规定:“投标人应当具备承担招标项目的能力;国家有关规定对投标人资格条件或者招标文件对投标人资格条件有规定的,投标人应当具备规定的资格条件。”

投标人应当具备承担招标项目的能力。依据建设部 2001 年 7 月 25 日发布并实施的第 93 号令《建设工程勘察设计企业资质管理规定》,工程勘察资质分为工程勘察综合资质、工程勘察专业资质、工程勘察劳务资质;工程设计资质分为工程设计综合资质、工程设计行业资质、工程设计专项资质,每种资质各有其相应等级(如工程勘察、设计综合资质只设甲级)。

根据《建筑法》的有关规定，承包建筑工程的单位应当持有依法取得的资质证书，并在其资质等级许可的范围内承揽工程。《建设工程勘察设计企业资质管理规定》规定的各等级具有不同的承担工程项目的能力，各企业应当在其资质等级范围内承担工程。

2)投标程序

(1)组织投标机构。

(2)编制投标文件。

(3)投标文件的送达。

2.联合体投标

1)联合投标的含义

根据《招标投标法》第三十一条第一款的规定，联合投标是指“两个以上法人或者其他组织可以组成一个联合体，以一个投标人的身份共同投标”。

2)联合体各方的资格要求

《招标投标法》第三十一条第二款规定：“联合体各方均应当具备承担招标项目的相应能力；国家有关规定或者招标文件对投标人资格条件有规定的，联合体各方均应当具备规定的相应资格条件。由同一专业的单位组成的联合体，按照资质等级较低的单位确定资质等级。”

3)联合体各方的权利和义务

《招标投标法》第三十一条第三款规定：“联合体各方应当签订共同投标协议，明确约定各方拟承担的工作和责任，并将共同投标协议连同投标文件一并提交招标人。联合体中标的，联合体各方应当共同与招标人签订合同，就中标项目向招标人承担连带责任。”根据该规定，联合体各方的权利和义务分为内部和外部两种。

(1)联合体各方内部的权利和义务。

共同投标协议属于合同关系，即平等主体的自然人、法人、其他组织之间通过设立、变更、终止民事权利义务关系的协议而形成的关系。联合体内部各方通过协议明确约定各方在中标后要承担的工作和责任，该约定必须详细、明确，以免日后发生争议。同时，该共同协议应当同投标文件一并提交招标人，使招标人了解有关情况，并在评标时予以考虑。

(2)联合体各方外部的权利和义务。

联合体各方就中标项目对外向招标人承担连带责任。

所谓连带责任，是指在同一债权债务关系中两个以上的债务人中，任何一个债务人都负有向债权人履行债务的义务。债权人可以向其中任何一个或者多个债务人请求履行债务，可以请求部分履行，也可以请求全部履行。负有连带责任的债务人不得以债务人之间对债务分担比例有约定来拒绝部分或全部履行债务。连带债务人中一个或者多人履行了全部债务后，其他连带债务人对债权人的履行义务即行解除。但是，对连带债务人内部关系而言，根据其内部约定，债务人清偿债务超过其应承担份额的，有权向其他连带债务人追偿。联合体各方在中标后承担的连带责任包括以下两种情况：

第一种，联合体在接到中标通知书未与招标人签订合同前，除不可抗力外，联合体放弃中标项目的，其已提交的投标保证金不予退还，给招标人造成的损失超过投标保证金数额的，还应当对超过部分承担连带赔偿责任。

第二种，中标的联合体在签约后除不可抗力外，不履行与招标人签订的合同时，履约保证金不予退还，给招标人造成的损失超过履约保证金数额的，还应当对超过部分承担连带赔偿责任。

四、投标的禁止性规定

1.投标人之间串通投标

《招标投标法》第三十二条第一款规定："投标人不得相互串通投标报价，不得排挤其他投标人的公平竞争，损害招标人或者其他投标人的合法权益。"

《关于禁止串通招标投标行为的暂行规定》列举了以下几种表现形式：

(1)投标者之间相互约定，一致抬高或者降低投标价。

(2)投标者之间相互约定，在招标项目中轮流以高价位或低价位中标。

(3)投标者之间进行内部竞价，内定中标人，然后再参加投标。

(4)投标者之间其他串通投标行为。

《招投标法实施条例》第三十九条规定，下列情形之一的，属于投标人相互串通投标：

(1)投标人之间协商投标报价等投标文件的实质性内容。

(2)投标人之间约定中标人。

(3)投标人之间约定部分投标人放弃投标或者中标。

(4)属于同一集团、协会、商会等组织成员的投标人按照该组织要求协同投标。

(5)投标人之间为谋取中标或者排斥特定投标人而采取的其他联合行动。

《招投标法实施条例》第四十条规定，有下列情形之一的，视为投标人相互串通投标：

(1)不同投标人的投标文件由同一单位或者个人编制。

(2)不同投标人委托同一单位或者个人办理投标事宜。

(3)不同投标人的投标文件载明的项目管理成员为同一人。

(4)不同投标人的投标文件异常一致或者投标报价呈规律性差异。

(5)不同投标人的投标文件相互混装。

(6)不同投标人的投标保证金从同一单位或者个人的账户转出。

2.投标人与招标人之间串通招标投标

《招标投标法》第三十二条第二款规定："投标人不得与招标人串通投标，损害国家利益、社会公共利益或者他人的合法权益。"

《关于禁止串通招标投标行为的暂行规定》列举了下列几种表现形式：

(1)招标者在公开开标前，开启标书，并将投标情况告知其他投标者，或者协助投标者撤换标书，更改报价。

(2)招标者向投标者泄露标底。

(3)投标者与招标者商定，在招标投标时压低或者抬高标价，中标后再给投标者或者招标者额外补偿。

(4)招标者预先内定中标者，在确定中标者时以此决定取舍。

(5)招标者和投标者之间其他串通招标投标行为(如通过贿赂等不正当手段)，使招标人在审查、评选投标文件时，对投标文件实行歧视待遇；招标人在要求投标人就其投标文件澄清时，故意作引导性提问，以使其中标等。

《招投标法实施条例》第四十一条规定，有下列情形之一的，属于招标人与投标人串通投标：

(1)招标人在开标前开启投标文件并将有关信息泄露给其他投标人。

(2)招标人直接或者间接向投标人泄露标底、评标委员会成员等信息。

(3)招标人明示或者暗示投标人压低或者抬高投标报价。

(4)招标人授意投标人撤换、修改投标文件。

(5)招标人明示或者暗示投标人为特定投标人中标提供方便。

(6)招标人与投标人为谋求特定投标人中标而采取的其他串通行为。

3.投标人以行贿的手段谋取中标

《招标投标法》第三十二条第三款规定:"禁止投标人以向招标人或者评标委员会成员行贿的手段谋取中标。"

投标人以行贿的手段谋取中标是违背招标投标法基本原则的行为,对其他投标人是不公平的。投标人以行贿手段谋取中标的法律后果是中标无效,有关责任人和单位应当承担相应的行政责任或刑事责任,给他人造成损失的,还应当承担民事赔偿责任。

4.投标人以低于成本的报价竞标

《招标投标法》第三十三条规定,投标人不得以低于成本的报价竞标。

投标人以低于成本的报价竞标,其目的主要是为了排挤其他对手。

这里的成本应指个别企业的成本。投标人的报价一般由成本、税金和利润三部分组成。当报价为成本价时,企业利润为零。

5.投标人以非法手段骗取中标

《招标投标法实施条例》第四十二条　使用通过受让或者租借等方式获取的资格、资质证书投标的,属于招标投标法第三十三条规定的以他人名义投标。

投标人有下列情形之一的,属于招标投标法第三十三条规定的以其他方式弄虚作假的行为:

(1)使用伪造、变造的许可证件。

(2)提供虚假的财务状况或者业绩。

(3)提供虚假的项目负责人或者主要技术人员简历、劳动关系证明。

(4)提供虚假的信用状况。

(5)其他弄虚作假的行为。

五、《招标投标法》以及相关规定中关于开标、评标和定标的主要规定

1.开标程序

开标应当在招标文件确定的提交投标文件截止时间的同一时间公开进行;开标地点应当为招标文件中预先确定的地点。开标由招标人主持,邀请所有投标人参加。

开标时,由投标人或者其推选的代表检查投标文件的密封情况,也可以由招标人委托的公证机构检查并公证;经确认无误后,由工作人员当众拆封,宣读投标人名称、投标价格和投标文件的其他主要内容。

招标人在招标文件要求提交投标文件的截止时间前收到的所有投标文件,开标时都应当当众予以拆封、宣读。

开标过程应当记录,并存档备查。

2.评标委员会和评标程序

1)评标委员会

评标由招标人依法组建的评标委员会负责。评标委员会由招标人的代表和有关技术、经济等方面的专家组成,成员人数为五人以上单数,其中技术、经济等方面的专家不得少于成员

总数的三分之二。评标委员会专家应当从事相关领域工作满八年并具有高级职称或者具有同等专业水平，由招标人从国务院有关部门或者省、自治区、直辖市人民政府有关部门提供的专家名册或者招标代理机构的专家库内的相关专业的专家名单中确定；一般招标项目可以采取随机抽取方式，特殊招标项目可以由招标人直接确定。与投标人有利害关系的人不得进入相关项目的评标委员会；已经进入的应当更换，评标委员会成员的名单在中标结果确定前应当保密。

2)评标程序

(1)招标人应当采取必要的措施，保证评标在严格保密的情况下进行。任何单位和个人不得非法干预、影响评标的过程和结果。

(2)评标委员会可以要求投标人对投标文件中含义不明确的内容作必要的澄清或者说明，但是澄清或者说明不得超出投标文件的范围或者改变投标文件的实质性内容。

(3)评标委员会应当按照招标文件确定的评标标准和方法，对投标文件进行评审和比较；设有标底的，应当参考标底。《招投标法实施条例》第五十条进一步细化规定："招标项目设有标底的，招标人应当在开标时公布。标底只能作为评标的参考，不得以投标报价是否接近标底作为中标条件，也不得以投标报价超过标底上下浮动范围作为否决投标的条件"。评标委员会完成评标后，应当向招标人提出书面评标报告，并推荐合格的中标候选人。《招投标法实施条例》第五十三条进一步细化为中标候选人应当不超过3个，并标明排序。

(4)招标人根据评标委员会提出的书面评标报告和推荐的中标候选人确定中标人。招标人也可以授权评标委员会直接确定中标人。

《评标委员会和评标办法暂行规定》(国家发展计划委员会令第12号2001年，2013年修改)中第二十七条的规定，评标委员会根据本规定第二十条、第二十一条、第二十二条、第二十三条、第二十五条的规定否决不合格投标后，因有效投标不足三个使得投标明显缺乏竞争的，评标委员会可以否决全部投标。(编者注：交通运输部2017年《公路工程建设项目招标投标评标工作细则》第29条规定，如果有效标不足三个，评标委员会各成员一致认为还有竞争性可以评标)。

(5)评标委员会经评审，认为所有投标都不符合招标文件要求的，可以否决所有投标。依法必须进行招标项目的所有投标被否决的，招标人应当依照本法重新招标。

(6)在确定中标人前，招标人不得与投标人就投标价格、投标方案等实质性内容进行谈判。

六、中标和中标通知书的有关规定

1.中标条件

(1)能够最大限度地满足招标文件中规定的各项综合评价标准。

(2)能够满足招标文件的实质性要求，并且经评审的投标价格最低，但是投标价格低于成本的除外。

2.中标候选人的公示和中标人的确定

《招投标法实施条例》第五十四条规定，依法必须进行招标的项目，招标人应当自收到评标报告之日起3日内公示中标候选人，公示期不得少于3日。投标人或者其他利害关系人对依法必须进行招标的项目的评标结果有异议的，应当在中标候选人公示期间提出。招标人应当自收到异议之日起3日内作出答复；作出答复前，应当暂停招标投标活动。

《招投标法实施条例》第五十五条规定，国有资金占控股或者主导地位的依法必须进行招标的项目，招标人应当确定排名第一的中标候选人为中标人。排名第一的中标候选人放弃中标、因不可抗力不能履行合同、不按照招标文件要求提交履约保证金，或者被查实存在影响中标结果的违法行为等情形，不符合中标条件的，招标人可以按照评标委员会提出的中标候选人名单排序依次确定其他中标候选人为中标人，也可以重新招标。

3.中标通知书

中标人确定后，招标人应当向中标人发出中标通知书，并同时将中标结果通知所有未中标的投标人。

中标通知书对招标人和中标人具有法律效力。中标通知书发出后，招标人改变中标结果的，或者中标人放弃中标项目的，应当依法承担法律责任。

招标人和中标人应当自中标通知书发出之日起三十日内，按照招标文件和中标人的投标文件订立书面合同，合同的标的、价款、质量、履行期限等主要条款应当与招标文件和中标人的投标文件的内容一致。招标人和中标人不得再行订立背离合同实质性内容的其他协议。招标文件要求中标人提交履约保证金的，中标人应当提交。

依法必须进行招标的项目，招标人应当自确定中标人之日起十五日内，向有关行政监督部门提交招标投标情况的书面报告。

七、违反《招标投标法》的有关法律责任规定

1.应该招标而未招标的法律责任

违反本法规定，必须进行招标的项目而不招标的，或将必须进行招标的项目化整为零或者以其他任何方式规避招标的，责令限期改止，可以处项目合同金额千分之五以上千分之十以下的罚款；对全部或者部分使用国有资金的项目，可以暂停项目执行或者暂停资金拨付；对单位直接负责的主管人员和其他直接责任人员依法给予处分。

2.招标代理机构法律责任

招标代理机构违反本法规定，泄露应当保密的与招标投标活动有关的情况和资料的，或者与招标人、投标人串通损害国家利益、社会公共利益或者他人合法权益的，处五万元以上二十五万元以下的罚款，对单位直接负责的主管人员和其他直接责任人员处单位罚款数额百分之五以上百分之十以下的罚款；有违法所得的，并处没收违法所得；情节严重的，禁止其一年至二年内代理依法必须进行招标的项目并予以公告，直至由工商行政管理机关吊销营业执照；构成犯罪的，依法追究刑事责任。给他人造成损失的，依法承担赔偿责任。上述所列行为影响中标结果的，中标无效。

3.招标人法律责任

(1)招标人以不合理的条件限制或者排斥潜在投标人的，对潜在投标人实行歧视待遇的，强制要求投标人组成联合体共同投标的，或者限制投标人之间竞争的，责令改正，可以处一万元以上五万元以下的罚款。

(2)依法必须进行招标的项目的招标人向他人透露已获取招标文件的潜在投标人的名称、数量或者可能影响公平竞争的有关招标投标的其他情况的，或者泄露标底的，给予警告，可以并处一万元以上十万元以下的罚款；对单位直接负责的主管人员和其他直接责任人员依法给予处分；构成犯罪的，依法追究刑事责任。上述所列行为影响中标结果的，中标无效。

(3)依法必须进行招标的项目，招标人违反本法规定，与投标人就投标价格、投标方案等实质性内容进行谈判的，给予警告，对单位直接负责的主管人员和其他直接责任人员依法给予处分。上述所列行为影响中标结果的，中标无效。

(4)招标人在评标委员会依法推荐的中标候选人以外确定中标人的，或依法必须进行招标的项目在所有投标被评标委员会否决后自行确定中标人的，中标无效，责令改正，可以处中标项目金额千分之五以上千分之十以下的罚款；对单位直接负责的主管人员和其他直接责任人员依法给予处分。

4.投标人法律责任

(1)投标人相互串通投标或者与招标人串通投标的，投标人以向招标人或者评标委员会成员行贿的手段谋取中标的，中标无效，处中标项目金额千分之五以上千分之十以下的罚款，对单位直接负责的主管人员和其他直接责任人员处单位罚款数额百分之五以上百分之十以下的罚款；有违法所得的，并处没收违法所得；情节严重的，取消其一年至二年内参加依法必须进行招标的项目的投标资格并予以公告，直至由工商行政管理机关吊销营业执照；构成犯罪的，依法追究刑事责任。给他人造成损失的，依法承担赔偿责任。

(2)投标人以他人名义投标或者以其他方式弄虚作假，骗取中标的，中标无效，给招标人造成损失的，依法承担赔偿责任；构成犯罪的，依法追究刑事责任。依法必须进行招标的项目的投标人有上述所列行为尚未构成犯罪的，处中标项目金额千分之五以上千分之十以下的罚款，对单位直接负责的主管人员和其他直接责任人员处单位罚款数额百分之五以上百分之十以下的罚款；有违法所得的，并处没收违法所得；情节严重的，取消其一年至三年内参加依法必须进行招标的项目的投标资格并予以公告，直至由工商行政管理机关吊销营业执照。

5.中标人法律责任

(1)中标人将中标项目转让给他人的，将中标项目肢解后分别转让给他人的，违反本法规定将中标项目的部分主体、关键性工作分包给他人的，或者分包人再次分包的，转让、分包无效的，处转让、分包项目金额千分之五以上千分之十以下的罚款；有违法所得的，并处没收违法所得；可以责令停业整顿；情节严重的，由工商行政管理机关吊销营业执照。

(2)中标人不履行与招标人订立的合同的，履约保证金不予退还，给招标人造成的损失超过履约保证金数额的，还应当对超过部分予以赔偿；没有提交履约保证金的，应当对招标人的损失承担赔偿责任。

(3)中标人不按照与招标人订立的合同履行义务，情节严重的，取消其二年至五年内参加依法必须进行招标的项目的投标资格并予以公告，直至由工商行政管理机关吊销营业执照。

第七节 《中华人民共和国安全生产法》的相关内容

《中华人民共和国安全生产法》(以下简称《安全生产法》)于2002年6月29日第九届全国人民代表大会常务委员会第二十八次会议通过，自2002年11月1日起施行；2014年8月21日第十二届全国人民代表大会常务委员会第十次会议修改，自2014年12月1日起施行。这是我国第一部有关安全生产管理的综合性法律，该法对安全生产工作的方针，生产经营单位的安全生产保障，从业人员的权利和义务，生产安全事故的应急救援和调查处理以及违法行为的法律责任等都做出了明确的规定，是加强安全生产管理，提高安全生产工作的重要的法律依据。

一、《安全生产法》的立法目的和安全生产的工作方针

《安全生产法》的立法目的是为了加强安全生产工作，防止和减少生产安全事故，保障人民

群众生命和财产安全，促进经济社会持续健康发展。（新法第一条）

安全生产工作应当以人为本，坚持安全发展，坚持安全第一、预防为主、综合治理的方针，强化和落实生产经营单位的主体责任，建立生产经营单位负责、职工参与、政府监管、行业自律和社会监督的机制。（新法第三条）

二、安全生产"三同时"制度及有关规定

生产经营单位新建、改建、扩建工程项目（以下统称建设项目）的安全设施，必须与主体工程同时设计、同时施工、同时投入生产和使用，安全设施投资应当纳入建设项目概算。

矿山建设项目和用于生产、储存危险物品的建设项目，应当分别按照国家有关规定进行安全条件论证和安全评价。建设项目安全设施的设计人、设计单位应当对安全设施设计负责。矿山建设项目和用于生产、储存危险物品的建设项目的安全设施设计应当按照国家有关规定报经有关部门审查，审查部门及其负责审查的人员对审查结果负责。

安全设备的设计、制造、安装、使用、检测、维修、改造和报废，应当符合国家标准或者行业标准。生产经营单位不得使用国家明令淘汰、禁止使用的危及生产安全的工艺、设备。

生产经营单位使用危险物品的容器、运输工具（旧法还包含：涉及生命安全、危险性较大的特种设备），必须按照国家有关规定，由专业生产单位生产，并经取得专业资质的检测、检验机构检测、检验合格，取得安全使用证或者安全标志，方可投入使用。检测、检验机构对检测、检验结果负责。（新法 34 条，旧法 30 条）

三、安全生产中从业人员的权利和义务

1. 安全生产中从业人员的权利

(1)知情权，即有权了解其作业场所和工作岗位存在的危险因素、防范措施和事故应急措施。

(2)建议权，即有权对本单位的安全生产工作提出建议。

(3)批评权和检举、控告权，即有权对本单位安全生产管理工作中存在的问题提出批评、检举、控告。

(4)拒绝权，即有权拒绝违章作业指挥和强令冒险作业。

(5)紧急避险权，即发现直接危及人身安全的紧急情况时，有权停止作业或者在采取可能的应急措施后撤离作业场所。

(6)依法向本单位提出要求赔偿的权利。

(7)获得符合国家标准或者行业标准劳动防护用品的权利。

(8)获得安全生产教育和培训的权利。

2. 安全生产中从业人员的义务

(1)自律遵规的义务，即从业人员在作业过程中，应当遵守本单位的安全生产规章制度和操作规程，服从管理，正确佩戴和使用劳动防护用品。

(2)自觉学习安全生产知识的义务，要求掌握本职工作所需的安全生产知识，提高安全生产技能，增强事故预防和应急处理能力。

(3)危险报告义务，即发现事故隐患或者其他不安全因素时，应当立即向现场安全生产管理人员或者本单位负责人报告。

四、生产安全事故应急救援与调查处理的法律规定

1.安全生产责任事故应急救援

县级以上地方各级人民政府应当组织有关部门制定本行政区域内特大生产安全事故应急救援预案，建立应急救援体系。单位负责人接到事故报告后，应当迅速采取有效措施，组织抢救，并按照国家有关规定立即如实报告当地负有安全生产监督管理职责的部门，不得隐瞒不报、谎报或拖延不报，不得故意破坏事故现场、毁灭有关证据。

危险物品的生产、经营、储存单位以及矿山、建筑施工单位应当建立应急救援组织；生产经营规模较小、可以不建立应急救援组织的，应当指定兼职的应急救援人员。

危险物品的生产、经营、储存单位以及矿山、建筑施工单位应当配备必要的应急救援器材、设备，并进行经常性维护、保养，保证正常运转。

2.安全生产责任事故报告

(1)生产经营单位发生生产安全事故后，事故现场有关人员应当立即报告本单位负责人。

(2)负有安全生产监督管理职责的部门接到事故报告后，应当立即按照国家有关规定上报事故情况。负有安全生产监督管理职责的部门和有关地方人民政府对事故情况不得隐瞒不报、谎报或者拖延不报。

(3)有关地方人民政府和负有安全生产监督管理职责部门的负责人接到重大生产安全事故报告后，应当立即赶到事故现场，组织事故抢救。

3.安全生产责任事故调查处理

(1)事故调查处理应当按照科学严谨、依法依规、实事求是、注重失效(旧法为实事求是、尊重科学)的原则，及时、准确的查清事故原因，查明事故性质和责任，总结事故教训，提出整改措施，并对事故责任者提出处理意见。

(2)生产经营单位发生生产安全事故，经调查确定为责任事故的，除了应当查明事故单位的责任并依法予以追究外，还应当查明对安全生产的有关事项负有审查批准和监督职责的行政部门的责任，对有失职、渎职行为的，追究法律责任。

(3)任何单位和个人不得阻挠和干涉对事故的依法调查处理。

(4)县级以上地方各级人民政府负责安全生产监督管理的部门应当定期统计分析本行政区域内发生生产安全事故的情况，并定期向社会公布。

五、安全生产费用的确定与使用

1.《安全生产法》授权财政部和安监总局(现并入应急管理部，下同)确定安全生产费用的标准和使用范围

2014 年 8 月 21 日第十二届全国人民代表大会常务委员会第 10 次会议修改后的《安全生产法》第二十条规定，生产经营单位应当具备的安全生产条件所必需的资金投入，由生产经营单位的决策机构、主要负责人或者个人经营的投资人予以保证，并对由于安全生产所必需的资金投入不足导致的后果承担责任。有关生产经营单位应当按照规定提取和使用安全生产费用，专门用于完善和改进安全生产条件的有关支出。安全生产费用在成本中据实列支。安全生产费用提取、使用和监督管理的具体办法由国务院财政部门会同国务院安全生产监督管理部门征求国务院有关部门意见后制定。

2.《建设工程安全生产管理条例》规定工程概算中应包含工程安全生产费

根据《建设工程安全生产管理条例》第八条规定，建设单位在编制工程概算时，应当确定建设工程安全作业环境及安全施工措施所需费用。

3.财政部和安监总局规定安全生产费的提取标准

财政部和安监总局的《企业安全生产费用提取和使用管理办法》[财企(2012)16 号]第七条规定，建设工程施工企业以建筑安装工程造价为计提依据。各建设工程类别安全费用提取标准如下：

(1)矿山工程为 2.5%。

(2)房屋建筑工程、水利水电工程、电力工程、铁路工程、城市轨道交通工程为 2.0%。

(3)市政公用工程、冶炼工程、机电安装工程、化工石油工程、港口与航道工程、公路工程、通信工程为 1.5%。

4.财政部和安监总局规定安全生产费的使用范围

《企业安全生产费用提取和使用管理办法》[财企(2012)16 号]第十九条规定，建设工程施工企业安全费用应当按照以下范围使用：

(1)完善、改造和维护安全防护设施设备支出(不含“三同时”要求初期投入的安全设施)，包括施工现场临时用电系统、洞口、临边、机械设备、高处作业防护、交叉作业防护、防火、防爆、防尘、防毒、防雷、防台风、防地质灾害、地下工程有害气体监测、通风、临时安全防护等设施设备支出。

(2)配备、维护、保养应急救援器材、设备支出和应急演练支出。

(3)开展重大危险源和事故隐患评估、监控和整改支出。

(4)安全生产检查、评价(不包括新建、改建、扩建项目安全评价)、咨询和标准化建设支出。

(5)配备和更新现场作业人员安全防护用品支出。

(6)安全生产宣传、教育、培训支出。

(7)安全生产适用的新技术、新标准、新工艺、新装备的推广应用支出。

(8)安全设施及特种设备检测检验支出。

(9)其他与安全生产直接相关的支出。

六、违反规定应承担的法律责任

第九十六条　生产经营单位有下列行为之一的，责令限期改正，可以处 5 万元以下的罚款；逾期未改正的，处 5 万元以上 10 万元以下的罚款，对其直接负责的主管人员和其他直接责任人员处 1 万元以上 2 万元以下的罚款；情节严重的，责令停产停业整顿；构成犯罪的，依照刑法有关规定追究刑事责任：

(1)未在有较大危险因素的生产经营场所和有关设施、设备上设置明显的安全警示标志的。(旧法 83 条 4 点)

(2)安全设备的安装、使用、检测、改造和报废不符合国家标准或者行业标准的。(旧法 83 条 5 点)

(3)未对安全设备进行经常性维护、保养和定期检测的。(旧法 83 条 6 点)

(4)未为从业人员提供符合国家标准或者行业标准的劳动防护用品的。(旧法 83 条 7 点)

(5)危险物品的容器、运输工具，以及涉及人身安全、危险性较大的海洋石油开采特种设备和矿山井下特种设备未经取得专业资质的机构检测、检验合格，取得安全使用证或者安全标志，投入使用的。(旧法 83 条 8 点)

(6)使用应当淘汰的危及生产安全的工艺、设备的。(旧法 83 条 9 点)

第八节 《建设工程安全生产管理条例》的相关内容

《建设工程安全生产管理条例》于 2003 年 11 月 12 日国务院第 28 次常务会议通过,2003 年 11 月 24 日发布,自 2004 年 2 月 1 日起施行。

一、《建设工程安全生产管理条例》的内容

1. 立法目的

(1)直接目的:贯彻《中华人民共和国建筑法》和《中华人民共和国安全生产法》。

(2)间接目的:为了加强建设工程安全生产监督管理。

(3)根本目的:保障人民群众生命和财产安全。

2. 适用范围

(1)在中华人民共和国境内从事建设工程的新建、扩建、改建和拆除等有关活动及实施对建设工程安全生产的监督管理,必须遵守本条例。

本条例所称建设工程,是指土木工程、建筑工程、线路管道和设备安装工程及装修工程。

(2)抢险救灾和农民自建低层住宅的安全生产管理不适用本条例;军事建设工程的安全生产管理,按照中央军事委员会的有关规定执行。

3. 方针

安全第一、预防为主。

4. 建设工程安全生产管理基本制度

1)安全生产责任制度

安全生产责任制度是建筑生产中最基本的安全管理制度,是所有安全管理制度的核心。安全生产责任制度是指各种不同的安全责任落实到负责有安全管理责任的人员和具体岗位人员身上的一种制度。这一制度是安全第一、预防为主方针的具体体现,是建筑安全生产的基本制度。安全生产责任制的主要内容包括:一是从事建筑活动的负责人的责任制。比如,施工单位的法定代表人要对本企业的安全负主要的安全责任。二是从事建筑活动的职能机构或职能处室负责人及其工作人员的安全生产责任制。比如,施工单位根据需要设置的安全处室或者专职安全人员要对安全负责。三是岗位人员的安全生产责任制。岗位人员必须对安全负责。从事特种作业的安全人员必须进行培训,经过考核合格后方能上岗作业。

2)群防群治制度

群防群治制度要求建设企业的职工在施工中应当遵守有关生产的法律、法规和建设行业安全规章、规程,不得违章作业;对于危及生命安全和身体健康的行为有权提出批评、检举和控告。

3)安全生产教育培训制度

施工单位的主要负责人、项目负责人、专职安全生产管理人员应当经建设行政主管部门或者其他有关部门考核合格后方可任职。安全生产教育培训考核不合格的人员,不得上岗。作业人员进入新的岗位或者新的施工现场前,应当接受安全生产教育培训。未经教育培训或者教育培训考核不合格的人员,不得上岗作业。

4)安全生产检查制度

安全生产检查制度是上级管理部门或企业自身对安全生产状况进行定期或不定期检查的

制度。通过检查可以发现问题，查出隐患，从而采取有效措施，把事故消灭在发生之前。

5)伤亡事故处理报告制度

施工中发生事故时，企业应当采取紧急措施减少人员伤亡和事故损失，并且按照国家有关规定及时向有关部门报告的制度。事故处理必须遵循一定的程序，现在进一步完善为四不放过，即事故原因未查清不放过，事故责任者未受处理不放过，整改措施未落实不放过，有关人员未受到教育不放过。

6)安全责任追究制度

建设单位、设计单位、施工单位、监理单位，由于没有履行职责造成人员伤亡和事故损失的，视情节轻重给予相应的处理；情节严重的，责令停业整顿，降低资质等级，直至吊销资质证书；构成犯罪的，依法追究刑事责任。

5.勘察、设计有关单位的安全责任

1)勘察单位的安全责任

根据《建设工程安全生产管理条例》第十二条规定，勘察单位的安全责任包括以下几点：

(1)勘察单位应当按照法律、法规和工程建设强制性标准进行勘察，提供的勘察文件应当真实、准确，满足建设工程安全生产的需要。

(2)勘察单位在勘察作业时，应当严格执行操作规程，采取措施保证各类管线、设施和周边建筑物、构筑物的安全。

2)设计单位的安全责任

根据《建设工程安全生产管理条例》第十三条规定，设计单位的安全责任包括以下几点：

(1)设计单位应当按照法律、法规和工程建设强制性标准进行设计，防止因设计不合理导致生产安全事故的发生。

(2)设计单位应当考虑施工安全操作和防护的需要，对涉及施工安全的重点部位和环节在设计文件中注明，并对防范生产安全事故提出指导意见。

(3)采用新结构、新材料、新工艺的建设工程和特殊结构的建设工程，设计单位应当在设计中提出保障施工作业人员安全和预防生产安全事故的措施建议。

(4)设计单位和注册建筑师等注册执业人员应当对其设计负责。

二、建设单位安全生产管理的如下责任和义务

1.不得向有关单位提出不符合建设工程安全生产法律、法规和强制性标准规定的要求

根据《建设工程安全生产管理条例》第七条规定，建设单位不得对勘察、设计、施工、工程监理等单位提出不符合建设工程安全生产法律、法规和强制性标准规定的要求，不得压缩合同约定的工期。

工期并非不可压缩，但是此处的"不得压缩合同约定的工期"指的是不得单方面压缩工期。如果由于外界的原因不得不压缩工期的话，也要在不违背施工工艺的前提下，与合同另一方当事人协商并达成一致意见后方可压缩。交通运输部2017年《公路水运工程安全生产监督管理办法》第28条规定得更加具体，建设单位不得随意压缩工期。工期确需调整的，应当对影响安全的风险进行论证和评估，经合同双方协商一致，提出相应的施工组织和安全保障措施。

2.应当确定安全生产所需费用

根据《建设工程安全生产管理条例》第八条规定，建设单位在编制工程概算时，应当确定建设工程安全作业环境及安全施工措施所需费用。

三、条例对勘察、设计单位的法律责任规定

违反本条例的规定，勘察单位、设计单位有下列行为之一的，责令限期改正，处10万元以下30万元以下的罚款；情节严重的，责令停业整顿，降低资质等级，直至吊销资质证书；造成重大安全事故，构成犯罪的，对直接责任人员，依照刑法有关规定追究刑事责任；造成损失的，依法承担赔偿责任：

(1)未按照法律、法规和工程建设强制性标准进行勘察、设计的。

(2)采用新结构、新材料、新工艺的建设工程和特殊结构的建设工程，设计单位未在设计中提出保障施工作业人员安全和预防生产安全事故的措施建议的。

(3)注册执业人员未执行法律、法规和工程建设强制性标准的，责令停止执业3个月以上1年以下；情节严重的，吊销执业资格证书，5年内不予注册；造成重大安全事故的，终身不予注册；构成犯罪的，依照刑法有关规定追究刑事责任。

第九节 《建设工程质量管理条例》的相关内容

《建设工程质量管理条例》于2000年1月10日国务院第25次常务会议通过，2000年1月30日中华人民共和国国务院令第279号发布并自发布之日起施行；2017年10月7日国务院687号令对第11条进行修改。

一、《建设工程质量管理条例》的内容

1.立法目的

为了加强对建设工程质量的管理，保证建设工程质量，保护人民生命和财产安全，根据《中华人民共和国建筑法》，制定本条例。

2.适用范围

凡在中华人民共和国境内从事建设工程的新建、扩建、改建等有关活动及实施对建设工程质量监督管理的，必须遵守本条例。

本条例所称建设工程，是指土木工程、建筑工程、线路管道和设备安装工程及装修工程。

3.建设工程质量管理的基本制度

1)工程质量监督管理制度

建设工程质量必须实行政府监督管理。政府对工程质量的监督管理主要以保证工程使用安全和环境质量为主要目的，以法律、法规和强制性标准为依据，以地基基础、主体结构、环境质量和与此有关的工程建设各方主体的质量行为为主要内容，以施工许可制度和竣工验收备案制度为主要手段。

2)工程竣工验收备案制度

《建设工程质量管理条例》确立了建设工程竣工验收备案制度。该项制度是加强政府监督管理，防止不合格工程流向社会的一个重要手段。结合《建设工程质量管理条例》和《房屋建筑工程和市政基础设施工程竣工验收备案管理暂行办法》(2000年4月4日建设部令第78号发布)的有关规定，建设单位应当在工程竣工验收合格后的15天内到县级以上人民政府建设行政主管部门或其他有关部门备案。建设单位办理工程竣工验收备案应提交以下材料：

(1)工程竣工验收备案表。

(2)工程竣工验收报告:竣工验收报告应当包括工程报建日期,施工许可证号,施工图设计文件审查意见,勘察、设计、施工、工程监理等单位分别签署的质量合格文件及验收人员签署的竣工验收原始文件,市政基础设施的有关质量检测和功能性试验资料以及备案机关认为需要提供的有关资料。

(3)法律、行政法规规定应当由规划、公安消防、环保等部门出具的认可文件或者准许使用文件。

(4)施工单位签署的工程质量保修书。

(5)法规、规章规定必须提供的其他文件。

(6)商品住宅还应当提交《住宅质量保证书》和《住宅使用说明书》。

建设行政主管部门或其他有关部门收到建设单位的竣工验收备案文件后,依据质量监督机构的监督报告,发现建设单位在竣工验收过程中有违反国家有关建设工程质量管理规定行为的,责令停止使用,重新组织竣工验收后,再办理竣工验收备案。

3)工程质量事故报告制度

建设工程发生质量事故后,有关单位应当在24小时内向当地建设行政主管部门和其他有关部门报告。对重大质量事故,事故发生地的建设行政主管部门和其他有关部门应当按照事故类别和等级向当地人民政府和上级建设行政主管部门和其他有关部门报告。

4)工程质量检举、控告、投诉制度

任何单位和个人对建设工程的质量事故、质量缺陷都有权检举、控告、投诉。工程质量检举、控告、投诉制度是为了更好地发挥群众监督和社会舆论监督的作用,是保证建设工程质量的一项有效措施。

4.勘察、设计单位的质量责任和义务

《建设工程质量管理条例》第三章明确了勘察、设计单位的质量责任和义务。

第十八条　从事建设工程勘察、设计的单位应当依法取得相应等级的资质证书,并在其资质等级许可的范围内承揽工程。

禁止勘察、设计单位超越其资质等级许可的范围或者以其他勘察、设计单位的名义承揽工程。禁止勘察、设计单位允许其他单位或者个人以本单位的名义承揽工程。

第十九条　勘察、设计单位必须按照工程建设强制性标准进行勘察、设计,并对其勘察、设计的质量负责。

注册建筑师、注册结构工程师等注册执业人员应当在设计文件上签字,对设计文件负责。

第二十条　勘察单位提供的地质、测量、水文等勘察成果必须真实、准确。

第二十一条　设计单位应当根据勘察成果文件进行建设工程设计。

设计文件应当符合国家规定的设计深度要求,注明工程合理使用年限。

第二十二条　设计单位在设计文件中选用的建筑材料、建筑构配件和设备,应当注明规格、型号、性能等技术指标,其质量要求必须符合国家规定的标准。

除有特殊要求的建筑材料、专用设备、工艺生产线等外,设计单位不得指定生产厂、供应商。

第二十三条　设计单位应当就审查合格的施工图设计文件向施工单位做出详细说明。

第二十四条　设计单位应当参与建设工程质量事故分析,并对因设计造成的质量事故,提出相应的技术处理方案。

二、建设单位质量管理的责任和义务

(1)建设单位应当将工程发包给具有相应资质等级的单位,不得将工程肢解发包。

(2)建设单位应当依法对工程建设项目的勘察、设计、施工、监理以及与工程建设有关的重要设备、材料等的采购进行招标。

(3)建设单位不得对承包单位的建设活动进行不合理干预。

(4)施工图设计文件未经审查批准的,建设单位不得使用。

(5)涉及建筑主体和承重结构变动的装修工程,建设单位要有设计方案。

(6)建设单位应按照国家有关规定组织竣工验收,建设工程验收合格的,方可交付使用。

三、条例对勘察、设计单位的法律责任规定

第六十条　违反本条例规定,勘察、设计、施工、工程监理单位超越本单位资质等级承揽工程的,责令停止违法行为,对勘察、设计单位或者工程监理单位处合同约定的勘察费、设计费或者监理酬金1倍以上2倍以下罚款;对施工单位处工程合同价款百分之二以上百分之四以下的罚款,可以责令停业整顿,降低资质等级;情节严重的,吊销资质证书;有违法所得的,予以没收。

以欺骗手段取得资质证书承揽工程的,吊销资质证书,依照本条第一款规定处以罚款;有违法所得的,予以没收。

第六十一条　违反本条例规定,勘察、设计、施工、工程监理单位允许其他单位或者个人以本单位名义承揽工程的,责令改正,没收违法所得,对勘察、设计单位和工程监理单位处合同约定的勘察费、设计费和监理酬金1倍以上2倍以下的罚款;对施工单位处工程合同价款百分之二以上百分之四以下的罚款;可以责令停业整顿,降低资质等级;情节严重的,吊销资质证书。

第六十二条　违反本条例规定,承包单位将承包的工程转包或者违法分包的,责令改正,没收违法所得,对勘察、设计单位和工程监理单位处合同勘察费、设计费百分之二十五以上百分之五十以下的罚款;对施工单位处工程合同价款千分之五以上千分之十以下的罚款;可以责令停业整顿,降低资质等级;情节严重的,吊销资质证书。

第六十三条　违反本条例规定,有下列行为之一的,责令改正,处10万元以上30万元以下的罚款:

(1)勘察单位未按照工程建设强制性标准进行勘察的。

(2)设计单位未根据勘察成果文件进行工程设计的。

(3)设计单位指定建筑材料、建筑构配件的生产厂、供应商的。

(4)设计单位未按照工程建设强制性标准进行设计的。

有前款所列行为,造成工程质量事故的,责令停业整顿,降低资质等级;情节严重的,吊销资质证书;造成损失的,依法承担赔偿责任。

第七十二条　违反本条例规定,注册建筑师、注册结构工程师、监理工程师等注册执业人员因过错造成质量事故的,责令停止执业1年;造成重大质量事故的,吊销执业资格证书,5年以内不予注册;情节特别恶劣的,终身不予注册。

第七十七条　建设、勘察、设计、施工、工程监理单位的工作人员因调动工作、退休等原因离开该单位后,被发现在该单位工作期间违反国家有关建设工程质量管理规定,造成重大工程质量事故的,仍应当依法追究法律责任。

第十节 《建设工程勘察设计管理条例》的相关内容

《建设工程勘察设计管理条例》于 2000 年 9 月 20 日国务院第 31 次常务会议通过，2000 年 9 月 25 日中华人民共和国国务院令第 293 号发布并自发布之日起施行；2015 年 6 月 12 日中华人民共和国国务院令第 662 号进行修改；2017 年 10 月 7 日国务院 687 号令对第 33 条进行修改。

一、第二章“资质资格管理”和第四章“建设工程勘察设计文件的编制与实施”的如下条款

第七条　国家对从事建设工程勘察、设计活动的单位，实行资质管理制度。具体办法由国务院建设行政主管部门商国务院有关部门制定。

第八条　建设工程勘察、设计单位应当在其资质等级许可的范围内承揽建设工程勘察、设计业务。

禁止建设工程勘察、设计单位超越其资质等级许可的范围或者以其他建设工程勘察、设计单位的名义承揽建设工程勘察、设计业务。禁止建设工程勘察、设计单位允许其他单位或者个人以本单位的名义承揽建设工程勘察、设计业务。

第九条　国家对从事建设工程勘察、设计活动的专业技术人员，实行执业资格注册管理制度。

未经注册的建设工程勘察、设计人员，不得以注册执业人员的名义从事建设工程勘察、设计活动。

第十条　建设工程勘察、设计注册执业人员和其他专业技术人员只能受聘于一个建设工程勘察、设计单位；未受聘于建设工程勘察、设计单位的，不得从事建设工程的勘察、设计活动。

第二十五条　编制建设工程勘察、设计文件，应当以下列规定为依据：

(1)项目批准文件。

(2)城乡规划(原为“城市规划”)。

(3)工程建设强制性标准。

(4)国家规定的建设工程勘察、设计深度要求。

铁路、交通、水利等专业建设工程，还应当以专业规划的要求为依据。

第二十六条　编制建设工程勘察文件，应当真实、准确，满足建设工程规划、选址、设计、岩土治理和施工的需要。

编制方案设计文件，应当满足编制初步设计文件和控制概算的需要。

编制初步设计文件，应当满足编制施工招标文件、主要设备材料订货和编制施工图设计文件的需要。

编制施工图设计文件，应当满足设备材料采购、非标准设备制作和施工的需要，并注明建设工程合理使用年限。

第二十七条　设计文件中选用的材料、构配件、设备，应当注明其规格、型号、性能等技术指标，其质量要求必须符合国家规定的标准。

除有特殊要求的建筑材料、专用设备和工艺生产线等外，设计单位不得指定生产厂、供应商。

第二十八条　建设单位、施工单位、监理单位不得修改建设工程勘察、设计文件；确需修改

建设工程勘察、设计文件的，应当由原建设工程勘察、设计单位修改。经原建设工程勘察、设计单位书面同意，建设单位也可以委托其他具有相应资质的建设工程勘察、设计单位修改。修改单位对修改的勘察、设计文件承担相应责任。

施工单位、监理单位发现建设工程勘察、设计文件不符合工程建设强制性标准、合同约定的质量要求的，应当报告建设单位，建设单位有权要求建设工程勘察、设计单位对建设工程勘察、设计文件进行补充、修改。

建设工程勘察、设计文件内容需要作重大修改的，建设单位应当报经原审批机关批准后，方可修改。

第二十九条　建设工程勘察、设计文件中规定采用的新技术、新材料，可能影响建设工程质量和安全，又没有国家技术标准的，应当由国家认可的检测机构进行试验、论证，出具检测报告，并经国务院有关部门或者省、自治区、直辖市人民政府有关部门组织的建设工程技术专家委员会审定后，方可使用。

第三十条　建设工程勘察、设计单位应当在建设工程施工前，向施工单位和监理单位说明建设工程勘察、设计意图，解释建设工程勘察、设计文件。

建设工程勘察、设计单位应当及时解决施工中出现的勘察、设计问题。

二、建设工程勘察、设计的概念及其发包与承包规定

1.工程勘察、设计的概念及有关规定

本条例所称建设工程勘察，是指根据建设工程的要求，查明、分析、评价建设场地的地质地理环境特征和岩土工程条件，编制建设工程勘察文件的活动。本条例所称建设工程设计，是指根据建设工程的要求，对建设工程所需的技术、经济、资源、环境等条件进行综合分析、论证，编制建设工程设计文件的活动。

从事建设工程勘察、设计活动，应当坚持先勘察、后设计、再施工的原则。

建设工程勘察、设计单位必须依法进行建设工程勘察、设计，严格执行工程建设强制性标准，并对建设工程勘察、设计的质量负责。

国家鼓励在建设工程勘察、设计活动中采用先进技术、先进工艺、先进设备、新型材料和现代管理方法。

2.建设工程勘察设计发包与承包

建设工程勘察、设计方案评标，应当以投标人的业绩、信誉和勘察、设计人员的能力以及勘察、设计方案的优劣为依据，进行综合评定。

建设工程勘察、设计发包依法实行招标发包或者直接发包。

下列建设工程的勘察、设计，经有关主管部门批准，可以直接发包：

(1)采用特定的专利或者专有技术的。

(2)建筑艺术造型有特殊要求的。

(3)国务院规定的其他建设工程的勘察、设计。

发包方不得将建设工程勘察、设计业务发包给不具有相应勘察、设计资质等级的建设工程勘察、设计单位。发包方可以将整个建设工程的勘察、设计发包给一个勘察、设计单位，也可以将建设工程的勘察、设计分别发包给几个勘察、设计单位。

除建设工程主体部分的勘察、设计外，经发包方书面同意，承包方可以将建设工程其他部分的勘察、设计再分包给其他具有相应资质等级的建设工程勘察、设计单位。

建设工程勘察、设计单位不得将所承揽的建设工程勘察、设计转包。

建设工程勘察、设计的发包方与承包方，应当执行国家规定的建设工程勘察、设计程序并签订建设工程勘察、设计合同。

建设工程勘察、设计发包方与承包方应当执行国家有关建设工程勘察费、设计费的管理规定。

三、条例对勘察、设计单位的法律责任规定

违反本条例规定，未经注册，擅自以注册建设工程勘察、设计人员的名义从事建设工程勘察、设计活动的，责令停止违法行为，没收违法所得，处违法所得 2 倍以上 5 倍以下罚款；给他人造成损失的，依法承担赔偿责任。

违反本条例规定，建设工程勘察、设计注册执业人员和其他专业技术人员未受聘于一个建设工程勘察、设计单位或者同时受聘于两个以上建设工程勘察、设计单位，从事建设工程勘察、设计活动的，责令停止违法行为，没收违法所得，处违法所得 2 倍以上 5 倍以下的罚款；情节严重的，可以责令停止执行业务或者吊销资格证书；给他人造成损失的，依法承担赔偿责任。

习　题

6-1　县道规划由县级人民政府交通主管部门会同同级有关部门编制，报(　　)批准。

A. 国务院　　B. 交通运输部　　C. 上一级人民政府　　D. 本级人民政府

6-2　公路建设用地规划应当符合土地利用总体规划，当年建设用地应当纳入(　　)。

A. 国家用地规划　　B. 省级用地规划

C. 总体建设用地规划　　D. 年度建设用地计划

6-3　根据《建筑法》规定，对从事建筑业的单位实行资质管理制度，将从事建筑活动的工程监理单位，划分为不同的资质等级，监理单位资质等级的划分条件可以不考虑(　　)。

A. 注册资本　　B. 法定代表人

C. 已完成的建筑工程业绩　　D. 专业技术人员

6-4　根据《建筑法》规定，某建设单位领取了施工许可证，下列情节中，可能不导致施工许可证废止的是(　　)。

A. 领取施工许可证之日起三个月内因故不能按期开工，也未申请延期

B. 领取施工许可证之日起按期开工后又中止施工

C. 向发证机关申请延期开工一次，延期之日起 3 个月内，因故仍不能按期开工，也未申请延期

D. 向发证机关申请延期开工两次，超过 6 个月因故不能按期开工，继续申请延期

6-5　建筑工程开工前，建设单位应当按照国家有关规定申请领取施工许可证，颁发施工许可证的单位应该是(　　)。

A. 县级以上人民政府建设行政主管部门

B. 工程所在地县级以上人民政府建设工程监督部门

C. 工程所在地省级以上人民政府建设行政主管部门

D. 工程所在地县级以上人民政府建设行政主管部门

6-6　按照《建筑法》的规定，下列叙述中正确的是(　　)。

A. 设计文件选用的建筑材料、建筑构配件和设备，不得注明其规格和型号

B. 设计文件选用的建筑材料、建筑构配件和设备，不得指定生产厂和供应商

C. 设计单位应按照建设单位提出的质量要求进行设计

D. 设计单位对施工过程中发现的质量问题应当按照监理单位的要求进行改正

6-7 按照《建筑法》规定，建设单位申领施工许可证，应该具备的条件之一是(　　)。

A. 拆迁工作已经完成　　B. 已经确定监理企业

C. 有保证工程质量和安全的具体措施　　D. 建设资金全部到位

6-8 进行勘查、开采矿藏和各项建设工程，应当不占或者少占林地；必须占用或者征用林地的，经县级以上人民政府(　　)审核同意后，依照有关土地管理的法律、行政法规办理建设用地审批手续，并由用地单位依照国务院有关规定缴纳森林植被恢复费。

A. 国土部门　　B. 建设主管部门　　C. 林业主管部门　　D. 项目审批部门

6-9 根据《合同法》规定，要约可以撤回和撤销。下列要约，不得撤销的是(　　)。

A. 要约到达要约人　　B. 要约人确定了承诺期限

C. 受要约人未发出承诺通知　　D. 受要约人即将发出承诺通知

6-10 根据《合同法》规定，下列行为不属于要约邀请的是(　　)。

A. 某建设单位发布招标公告　　B. 某招标单位发出中标通知书

C. 某上市公司寄出招股说明书　　D. 某商场寄送的价目表

6-11 《合同法》规定的合同形式中不包括(　　)。

A. 书面形式　　B. 口头形式　　C. 特定形式　　D. 其他形式

6-12 按照《合同法》的规定：招标人在招标时，招标公告属于合同订立过程中的(　　)。

A. 要约　　B. 承诺　　C. 要约邀请　　D. 以上都不是

6-13 某建设项目甲建设单位与乙施工单位签订施工总承包合同后，乙施工单位经甲建设单位认可，将打桩工程分包给丙专业承包单位，丙专业承包单位又将劳务作业分包给丁劳务单位，由于丙专业承包单位从业人员责任心不强，导致该打桩工程部分出现了质量缺陷。对于该质量缺陷的责任承担，以下说法正确的是(　　)。

A. 乙单位和丙单位承担连带责任　　B. 丙单位和丁单位承担连带责任

C. 丙单位向甲单位承担全部责任　　D. 乙、丙、丁三单位共同承担责任

6-14 按照《合同法》的规定，下列情形中，要约不失效的是(　　)。

A. 拒绝要约的通知到达要约人

B. 要约人依法撤销要约

C. 承诺期限届满，受要约人未做出承诺

D. 受要约人对要约的内容做出非实质性变更

6-15 根据《招标投标法》规定，某工程项目委托监理服务的招标活动，应当遵循的原则是(　　)。

A. 公开、公平、公正、诚实信用　　B. 公开、平等、自愿、公平、诚实信用

C. 公正、科学、独立、诚实信用　　D. 全面、有效、合理、诚实信用

6-16 下列属于《招标投标法》规定的招标方式是(　　)。

A. 公开招标和直接招标　　B. 公开招标和邀请招标

C. 公开招标和协议招标　　D. 协议招标和邀请招标

6-17 根据《招标投标法》的规定，某建设工程依法必须进行招标，招标人委托了招标代理

机构办理招标事宜,招标代理机构的行为合法的是(　　)。

A. 编制投标文件和组织评标　　B. 在招标人委托的范围内办理招标事宜

C. 遵守《招标投标法》关于投标人的规定　D. 可以作为评标委员会成员参与评标

6-18　根据《中华人民共和国招标投标法》的规定,招标人对已发出的招标文件进行必要的澄清或修改的,应该以书面形式通知所有招标文件收受人,通知的时间应当在招标文件要求提交投标文件截止时间至少(　　)。

A. 20 日前　　B. 15 日前　　C. 7 日前　　D. 5 日前

6-19　根据《招标投标法》的规定,招标人和中标人按照招标文件和中标人的投标文件订立书面合同的时间要求是(　　)。

A. 自中标通知书发出之日起 30 日内

B. 自中标单位收到中标通知书之日起 30 日内

C. 自中标通知书发出之日起 15 日内

D. 自中标单位收到中标通知书之日起 15 日内

6-20　根据《招标投标法》的规定,下列包括在招标公告中的是(　　)。

A. 招标项目的性质、数量　　B. 招标项目的技术要求

C. 对投标人员资格的审查标准　　D. 拟签订合同的主要条款

6-21　某生产经营单位使用危险性较大的特种设备,根据《安全生产法》规定,该设备投入使用的条件不包括(　　)。

A. 该设备应由专业生产单位生产

B. 该设备应进行安全条件论证和安全评价

C. 该设备需经取得专业资质的检测、检验机构检测、检验合格

D. 该设备需取得安全使用证或者安全标志

6-22　某施工单位是一个有职工 185 人的三级施工资质的企业,根据《安全生产法》规定,该企业下列行为中合法的是(　　)。

A. 只配备兼职的安全生产管理人员

B. 委托具有国家规定相关专业技术资格的工程技术人员提供安全生产管理服务,由其负责承担保证安全生产的责任

C. 安全生产管理人员经企业考核后即任职

D. 设置安全生产管理机构

6-23　根据《安全生产法》的规定,生产经营单位主要负责人对本单位的安全生产负总责,某生产经营单位的主要负责人对本单位安全生产工作的职责是(　　)。

A. 建立、健全本单位安全生产责任制

B. 保证本单位安全生产投入的有效使用

C. 及时报告生产安全事故

D. 组织落实本单位安全生产规章制度和操作规程

6-24　根据《安全生产法》的规定,生产经营单位使用的涉及生命安全、危险性较大的特种设备以及危险物品的容器、运输工具,必须按照国家有关规定由专业生产单位生产并经取得专业资质的检测、检验机构检测、检验合格取得(　　)。

A. 安全使用证和安全标志方可投入使用

B. 安全使用证或安全标志方可投入使用

C. 生产许可证和安全使用证方可投入使用

D. 生产许可证或安全使用证方可投入使用

6-25　按照《建设工程安全生产管理条例》规定，工程监理单位在实施监理过程中，发现存在安全事故隐患的应当要求施工单位整改；情况严重的应当要求施工单位暂时停止施工，并及时报告(　　)。

A. 施工单位　　B. 监理单位　　C. 有关主管部门　　D. 建设单位

6-26　某建设工程项目完成施工后，施工单位提出工程竣工验收申请，根据《建设工程质量管理条例》规定，该建设工程竣工验收应具备的条件不包括(　　)。

A. 有施工单位提交质量保证金

B. 有工程使用的主要材料、建筑构配件和设备的进场试验报告

C. 有勘察、设计、施工、工程监理等单位分别签署的质量合格文件

D. 有完整的技术档案和施工管理资料

6-27　根据《建设工程质量管理条例》的规定，施工图必须经过审查批准，否则不得使用。建设单位投资的大型工程项目施工图设计已经完成，该施工图应该报审的管理部门是(　　)。

A. 县级以上人民政府建设行政主管部门　B. 县级以上人民政府工程设计主管部门

C. 县级以上政府规划部门　D. 工程监理单位

6-28　按照《建设工程质量管理条例》规定，施工人员对涉及结构安全的试块、试件以及有关材料进行现场取样时应当(　　)。

A. 在设计单位监督现场取样

B. 在监督单位或监理单位监督下现场取样

C. 在施工单位质量管理人员监督下现场取样

D. 在建设单位或监理单位监督下现场取样

6-29　根据《建设工程勘察设计管理条例》的规定，建设工程勘察设计方案的评标一般不考虑(　　)。

A. 投标人资质　B. 勘察、设计方案的优劣

C. 设计人员的能力　D. 投标人的业绩

6-30　根据《建设工程勘察设计管理条例》的规定，编制初步设计文件应当(　　)。

A. 满足编制方案设计文件和控制概算的需要

B. 满足编制施工招标文件、主要设备材料订货和编制施工图设计文件的需要

C. 满足非标准设备制作，并注明建筑工程合理使用年限

D. 满足设备材料采购和施工的需要

习题参考答案

6-1　A	6-2　D	6-3　B	6-4　B	6-5　D
6-6　B	6-7　C	6-8　C	6-9　B	6-10　B
6-11　C	6-12　C	6-13　A	6-14　D	6-15　A
6-16　B	6-17　B	6-18　B	6-19　A	6-20　A
6-21　B	6-22　D	6-23　A	6-24　B	6-25　D
6-26　A	6-27　A	6-28　D	6-29　A	6-30　B

附录一　注册道路工程师基础考试(下午段)大纲(2019版)

10.建筑材料

10.1　砂石材料

矿质混合料组成设计方法,砂石材料的技术性质要求,砂石材料的检测方法,矿质混合料的级配要求

10.2　水泥和石灰

水泥、石灰的技术性质要求,石灰及水泥的质量检定方法,硅酸盐水泥熟料各矿物成分特性、凝结硬化,石灰的消化、硬化过程

10.3　无机结合料稳定材料

石灰稳定粒料、水泥稳定粒料、石灰粉煤灰稳定粒料的技术性质,无机稳定材料配合比设计方法,石灰粉煤灰稳定粒料的强度形成机理

10.4　水泥混凝土和砂浆

普通水泥混凝土的主要技术性质及其影响因素、配合比设计方法、质量评定,砂浆和水泥混凝土的特性,水泥混凝土强度测定方法,混凝土常用外加剂的作用和品种

10.5　沥青材料

石油沥青包括改性沥青、乳化沥青技术性质要求及应用,石油沥青的基本技术性质测定方法,石油沥青的组成结构

10.6　沥青混合料

沥青混合料技术性质和技术标准,现行的沥青混合料配合比设计方法及相关试验,沥青混合料的结构类型、强度形成原理

10.7　建筑钢材

建筑钢材的主要技术性能和技术标准,建筑钢材的试验方法

10.8　其他建筑材料

纤维、土工合成材料及木材的主要技术性能,土工合成材料的试验方法

11.土质学与土力学

11.1　土的物理化学性质及工程分类

土的工程分类,土的基本物理性质指标,黏性土的界限含水率,砂土的密实度,黏土颗粒与水的相互作用,土体工程性质的变化机理

11.2　土中水的运动规律

土的毛细特性,冻胀机理与影响因素,层流渗透定律(达西定律),渗透系数及其影响因素

11.3　土中应力计算

自重应力计算方法,土中附加应力计算方法,土的有效应力原理

11.4　土的力学性质

土的强度,变形指标,土的压实特性,压实土的力学特性,土体强度理论,软土在荷载作用下的强度增长规律,土体抗剪强度,直剪试验及相应的强度指标,三轴试验及相应的强度指标

11.5　地基沉降计算与地基承载力

分层总和法,一维固结理论,地基沉降的历时特征,地基破坏性状,地基承载力,地基承载

力确定方法，地基容许承载力及其修正方法

11.6 土坡稳定分析

砂性土土坡稳定分析方法，黏性土土坡圆弧滑动体整体稳定分析方法，条分法的基本原理，毕肖普条分法，土坡稳定分析中一些特殊问题的考虑

12.工程地质

12.1 岩石与矿物

三大类岩石的特点，常见的岩石类型及其特征，岩石的工程地质性质，影响岩石工程性质的主要因素

12.2 地质构造

地质构造的类型及特性，地壳运动，地质构造图，各种地质构造在地质图中的表现形式和特点

12.3 外动力地质作用

外动力地质作用，风化作用，河流的侵蚀作用，下蚀作用，侧蚀作用

12.4 地貌

河流阶地，河流阶地与山区公路建设的关系，山岭地貌，平原地貌，不同地貌单元公路建设中可能遇到的工程地质问题，地貌与地形的区别及联系

12.5 水文地质

地下水埋藏类型，上层滞水、潜水、承压水和岩溶水的分布规律特点

12.6 不良地质

岩溶、滑坡、崩塌、泥石流的特征及其工程地质性质

12.7 特殊性岩土

软土、黄土、膨胀土和盐渍土的特征及其工程地质性质

12.8 公路工程地质勘察

道路、桥基、隧道勘察的基本勘察方法

13.工程勘测

13.1 一般规定

各等级公路项目不同设计阶段的勘测内容与深度，不同设计阶段勘测新技术、新方法及其应满足的基本精度要求，控制测量桩、路线控制桩的埋设、书写等的规定与要求，桩标记录、勘测记录的规定与要求

13.2 控制测量

公路平面控制测量的主要方法，平面控制点的布设、测量、观测等技术要点，公路高程控制测量的主要方法，高程控制点的布设、测量、观测等技术要点，公路控制测量应提交的技术资料

13.3 地形图测绘

不同设计阶段对地形图测绘、图式、比例、精度等的技术要求，航空摄影测量、水下地形图测绘、数字地面模型等的技术要求及其应用要点

13.4 初测

依据批复的工程可行性研究初步拟定的路线起终点、中间控制点及路线基本走向，在地形图、航测像片、数字地面模型或实地对所拟定的勘测方案进行初测的技术要求，初测阶段路线、路基、路面、排水、小桥涵、大中桥、隧道、路线交叉、沿线设施、环境保护、临时工程、工程经济等的调查与勘测的基本技术要求，初测应提交的技术资料

13.5　定测

现场核对初步设计审批意见的执行与优化、调整的定测技术要求，定测阶段路线中线敷设、中桩高程测量、横断面测量、路基、路面、排水、小桥涵、大中桥、隧道、路线交叉、沿线设施、环境保护、临时工程、工程经济等的调查与勘测的基本技术要求，定测应提交的技术资料，一次定测的适用条件、勘测调查内容及其测量精度

14.结构设计原理

14.1　钢筋混凝土结构设计的设计原则

钢筋的应力应变曲线，混凝土的应力应变曲线，材料的设计强度，钢筋与混凝土的粘结机理，钢筋锚固规定，极限状态设计，承载能力极限状态，正常使用极限状态，作用(荷载)效应组合

14.2　受弯构件强度计算

全梁承载能力校核与构造要求，正截面受力过程和破坏特征，正截面抗剪强度计算，斜截面的受力特点和破坏形态，斜截面抗剪强度计算，斜截面抗剪能力影响因素，斜截面抗弯强度，连续梁的斜截面抗剪强度

14.3　受压构件强度计算

轴心受压构件、矩形截面偏心受压构件的特点，偏心受压构件的构造要求，偏心受压构件的纵向弯曲，I字形截面受压构件，圆形截面受压构件

14.4　钢筋混凝土受弯构件的应力、裂缝和变形计算

换算截面，裂缝及最大裂缝宽度验算，变形验算

14.5　预应力混凝土结构

预应力混凝土的特点，预加应力的方法与常用设备，受弯构件的强度计算，受扭构件的强度计算，预应力损失，有效预应力，抗裂计算，端部锚固区构造要求，受弯构件的构造要求，局部承压，挠度计算，裂缝宽度验算

14.6　砖、石及混凝土砌体结构

砌体结构设计的要素，砌体的抗拉、抗弯、抗剪强度，轴心受压构件，偏心受压构件，强度及稳定验算方法

15.职业法规

《中华人民共和国公路法》《中华人民共和国建筑法》《中华人民共和国森林法》《中华人民共和国合同法》《中华人民共和国招标投标法》《中华人民共和国安全生产法》《建设工程安全生产管理条例》《建设工程质量管理条例》《建设工程勘察设计管理条例》中与工程建设密切相关的要求

附录二　注册道路工程师基础考试(下午段)分科题量、时间和分数分配表

建筑材料	11题
土质学与土力学	12题
工程地质	13题
工程勘测	12题
结构设计原理	7题
职业法规	5题

合计:60题,每题2分。考试时间为4小时。

参考文献

[1] 姜志清.道路建筑材料[M].5版.北京:人民交通出版社股份有限公司,2015.

[2] 黄维蓉,赵可.道路建筑材料[M].北京:人民交通出版社,2011.

[3] 钱建固,等.土质学与土力学[M].北京:人民交通出版社股份有限公司,2015.

[4] 赵明阶.土质学与土力学[M].北京:人民交通出版社,2006.

[5] 戴文亭.土木工程地质[M].2版.武汉:华中科技大学出版社,2013.

[6] 胡伍生.土木工程测量学[M].南京:东南大学出版社,2011.

[7] 叶见曙.结构设计原理[M].3版.北京:人民交通出版社,2014.